Mediation

" Mediation fördert eine zivile Streitkultur und zielt auf eine einvernehmliche Konfliktlösung, wenn sich die direkte Konfliktaustragung in einer Sackgasse befindet – wenn zwei Streitende nicht weiterkommen.
Dulabaum, Nina L (2003): Mediation: Das ABC. 4. neugestaltete Auflage. Beltz, Weinheim, Basel, Berlin, S. 8

Mediation findet dann Anwendung, wenn nichts mehr geht. Sie wird bestenfalls an neutralen Orten durchgeführt, um dem „Heimvorteil" oder der Belastung durch den Arbeitsplatz entgegenzuwirken.
Ebenso wie in der Supervision geht es um die Bearbeitung eines Konfliktes. In Schulen gibt es vermehrt Projekte, wie „Streitschlichter"oder „Konfliktlotsen". Diese Rolle übernehmen zumeist nicht Erwachsene, sondern Schüler werden zu Mediatoren ausgebildet, die in der Lage sind, Streit z. B. auf dem Schulhof zu schlichten. Der Vorteil ist, dass Mediatoren im gleichen Alter oftmals die Probleme aus ihren eigenen Erfahrungen heraus besser verstehen.

Im Rahmen des Konfliktmanagements muss man sich über die verschiedenen Formen der Konfliktlösung im Klaren sein, um als Moderator oder Mediator in der richtigen Form intervenieren zu können.

Homepage des Berliner Konfliktlotsenmodells im Bildungs- und Erziehungswesen
www.konfliktlotsen.de
Informationen zum Streitschlichterprojekt aus Düsseldorf finden Sie hier:
www.schulen.duesseldorf.de/rs-tersteegenstr/index.html
→ Unsere Pädagogik
→ Projekte
→ Streitschlichterprojekt

BEISPIEL Max (5; 2 Jahre), ein Kind mit körperlicher und kognitiver Beeinträchtigung, möchte augenscheinlich in einem Turnraum an der Sprossenwand hinaufklettern. Der Erzieher beobachtet das Geschehen aus einiger Entfernung. Zunächst schaut er nur, da Max bereits Mühe hat, sich mit dem Fuß auf der untersten Sprosse so abzudrücken, dass er den Körper hochziehen kann. Nach einer Weile gelingt ihm das.
Erzieher: „Max, warte mal, ich komme und helfe dir."
Max: „Nein, Max will allein." (Max klettert bereits auf die dritte Stufe.)
Erzieher ruft: „Max, nicht weiterklettern!" (Er läuft zu ihm.)
Max: „Max kann das allein." (Max stellt den Fuß auf die nächste Stufe.)
Erzieher: „Max, du bist ja mutig. So eine hohe Wand willst du besteigen. Ich halte dich aber ein wenig, damit du nicht fällst." (Erzieher steht bei Max und sichert ihn ausreichend.)
Nachdem Max noch einmal kurz versucht hat, die Hand des Erziehers wegzuschieben, lässt er ihn gewähren und widmet sich weiter seiner Besteigung.

Die pädagogische Arbeit im Gruppenalltag ist für den Erzieher sehr anspruchsvoll. Oft wird unerwünschtes Verhalten stärker ›wahrgenommen‹. Der Erzieher übersieht dann im Gruppenalltag manchmal erwünschtes Verhalten und sieht es als selbstverständlich an. Hier sollte er darauf achten, dass er gezielt Lob einsetzt, um das Verhalten zu bekräftigen. Genauso kann es aber auch passieren, dass nicht erwünschtes Verhalten unbeabsichtigt verstärkt wird, weil es übersehen wird.

Wahrnehmung → S. 120

Die Wirkung von Lob und Belohnung hängt von der Bedürfnislage der Kinder und Jugendlichen, der Persönlichkeit des Erziehers und der Situation ab. Wenn beispielsweise einer Jugendlichen ein Schwimmbadbesuch in der Gruppe in Aussicht gestellt wird, kann das dazu führen, dass sie das gewünschte Verhalten nicht zeigt, da sich die sie sich in einer Phase befindet, in der sie mit ihrem Körper nicht zufrieden ist.

ONLINE-VERWEIS

Die Online-Kugel weist auf Internetadressen hin, die weitere Informationen zu den behandelten Inhalten liefern.

BEISPIEL

Beispiele aus allen sozialpädagogischen Handlungsfeldern und mit den verschiedenen Zielgruppen bilden die generalistische Ausbildung ab.
Die Altersangabe bei Kindern erfolgt mit Semikolon. Vor dem Semikolon befindet sich das Alter in Jahren, danach sind die ganzen Monate angeben (5;2 Jahre bedeutet 5 Jahre und 2 Monate).

SEITENVERWEIS

Zu Themen und Inhalten, die an anderen Stellen im Lehrwerk oder im anderen Band behandelt werden, befindet sich ein Seitenverweis in der Randspalte.

Eine ausführliche Literaturliste finden Sie unter:
www.cornelsen.de/cbb/erzieher

BAND 2

Sozialpädagogische Bildungsarbeit professionell gestalten

Erzieherinnen + Erzieher

herausgegeben von: Silvia Gartinger ▪ Rolf Janssen

Autorinnen und Autoren: Daniela Dietrich ▪ Christoph Fröhlich
Uwe Herrmann ▪ Susanne Hoffmann ▪ Stephanie Hummel
Annette Kessler ▪ Anne Kreuels ▪ Martin Küsell ▪ Dirk Perret
Maike Reinecke ▪ Amelie Ruff ▪ Wolf Seidel ▪ Ursula Weber

unter Mitarbeit der Verlagsredaktion

Cornelsen

Projektleitung und Redaktion:
Carina vom Hagen, Andrea Westphal

Außenredaktion:
Astrid Kühnemann, Freiburg

Redaktionelle Mitarbeit:
Susanne Stucki, Franz Schaller

Umschlaggestaltung:
SOFAROBOTNIK GbR, Augsburg & München

Coverfotos:
Heidi Mayer, München

Layout und technische Umsetzung:
SOFAROBOTNIK GbR, Augsburg & München

Bildbeschaffung:
Christina Scheuerer, Rohrbach/Ilm

Zur Erstellung dieses Werkes wurden Inhalte übernommen und überarbeitet aus:
Heilerziehungspflege, Heilerziehungspflege in besonderen Lebenslagen gestalten, Band 2
(herausgegeben von: Prof. Dr. Jeanne Nicklas-Faust und Ruth Scharringhausen; Autor: Ruth Scharringhausen)

www.cornelsen.de

1. Auflage, 5. aktualisierter Druck 2017

Druck: Mohn Media Mohndruck, Gütersloh

ISBN 978-3-06-450181-2 (Schülerbuch)
ISBN 978-3-06-451149-1 (E-Book)

PEFC
PEFC/04-31-1033

PEFC zertifiziert
Dieses Produkt stammt aus nachhaltig bewirtschafteten Wäldern und kontrollierten Quellen.

www.pefc.de

VORWORT

Die Ausbildungsmöglichkeiten für sozialpädagogische Fachkräfte der Kinder- und Jugendhilfe haben sich seit der Jahrtausendwende stark verändert. Heute stehen einer in ganz Deutschland weiter ausgebauten Fachschulausbildung zahlreiche Studiengänge für vergleichbare Einsatzbereiche gegenüber.
Die Kultusministerkonferenz sowie die Konferenz der Jugend- und Familienminister haben deutlich gemacht, dass sowohl die Ausbildung an Fachschulen für Erzieherinnen und Erzieher als auch die Bachelor-Ausbildung an Hochschulen beibehalten werden sollen. Die Bundesregierung und die Spitzenverbände der deutschen Wirtschaft haben beide Ausbildungen gleichermaßen auf Niveaustufe 6 des Deutschen Qualifikationsrahmens eingeordnet und damit ihre Gleichwertigkeit bei aller Unterschiedlichkeit bestätigt.

In dieser Situation, in der es der individuellen Entscheidung überlassen bleibt, welche Ausbildung für die Kinder- und Jugendhilfe zielführend und geeignet ist, sind alle Anstrengungen zu begrüßen, die Ausbildung an abgestimmten berufsrelevanten Kompetenzen zu orientieren und nach solchen Qualitätsstandards auszurichten, die den Absolventinnen und Absolventen breite Einsatzmöglichkeiten bieten.

Für die Fachschule haben in dieser Hinsicht wichtige Abstimmungen stattgefunden.

Die KMK-Rahmenvereinbarung über Fachschulen wurde in Zusammenarbeit mit den Einstellungsträgern der Kinder- und Jugendhilfe durch ein kompetenzorientiertes Qualifikationsprofil ergänzt. Es stellt die bundesweite Vergleichbarkeit und berufliche Verwertbarkeit der Ausbildung sicher und sorgt für ihre Anschlussfähigkeit an weiterführende Qualifizierungen.

Breite und Tiefe der Ausbildung wurden neu justiert. Die Fachschulausbildung qualifiziert mit dem Ziel der selbstständigen und eigenverantwortlichen Arbeit in allen sozialpädagogischen Bereichen. Sie ist auf alle Arbeitsfelder der Kinder- und Jugendhilfe ausgerichtet. Ein zusätzlicher Wahlbereich mit der Möglichkeit einer Erweiterung und Vertiefung in einem Arbeitsfeld und/oder Themenbereich der Kinder- und Jugendhilfe erlaubt eine Profilbildung nach persönlichen Neigungen und Fähigkeiten. Die Bildungsarbeit hat in allen Arbeitsfeldern, insbesondere auch in Tageseinrichtungen für Kinder, eine herausgehobene Bedeutung bekommen.

Neu ist darüber hinaus ein länderübergreifender Ausbildungslehrplan, der von 14 Bundesländern in freiwilliger Kooperation entwickelt wurde und eine Orientierung für die länderspezifische Lehrplanarbeit bietet.

Diese Entwicklung einheitlicher Qualitätsstandards unterscheidet die Fachschulausbildung von der Hochschulausbildung. Letztere zeichnet sich gerade durch die Betonung verschiedener Schwerpunkte und Spezialisierungen aus.

Erzieherinnen + Erzieher ist speziell für die Fachschule entwickelt. Es berücksichtigt die neuen Standards der Ausbildung und orientiert sich am länderübergreifenden Lehrplan.

Die Ausbildung gliedert sich nach Lernfeldern (Band 1) und Bildungsbereichen der sozialpädagogischen Arbeit (Band 2).

Durchgängiges Ausbildungsthema ist eine professionelle Haltung, die ausgeprägte Sozialkompetenz und Selbstständigkeit beinhaltet. Das Fachbuch liefert dafür eine Fülle von Impulsen in Form von Reflexionsaufgaben.

Besonderer Wert wird auf eine Lernortkooperation von Theorie und Praxis gelegt. Auch dafür gibt es vielfältige handlungsorientierte Anstöße.

Die wichtigen Querschnittsaufgaben der Ausbildung wie Prävention, Inklusion, Partizipation oder Sprachbildung werden in allen Lernfeldern und Bildungsbereichen berücksichtigt.

Einschlägige statistische Befunde zeigen, dass annähernd drei Viertel aller Fachkräfte in Tageseinrichtungen für Kinder Erzieherinnen und Erzieher sind. Insofern stellt dieses Arbeitsfeld einen wesentlichen Schwerpunkt in der Ausbildung dar. Erzieherinnen und Erzieher arbeiten darüber hinaus in Ganztagsschulen, in der erzieherischen Kinder- und Jugendhilfe, der Offenen Kinder- und Jugendarbeit und der Eingliederungshilfe. Auch diese Arbeitsfelder sind in den Fachbüchern *Erzieherinnen + Erzieher* berücksichtigt.

Wir danken den Autorinnen und Autoren, die ihre vielen speziellen Kenntnisse und Fähigkeiten in das gemeinsame Projekt eingebracht haben. Ein besonderer Dank gebührt der Redaktion, die das Projekt betreut sowie unsere Ideen und Konzepte kreativ sowie professionell umgesetzt hat.

Wir wünschen unseren Leserinnen und Lesern, dass ihnen *Erzieherinnen + Erzieher* eine verlässliche und anregende Begleitung und Unterstützung der eigenen Ausbildung wird.

Die Herausgeber im Namen des Autorenteams,

Silvia Gartinger und Rolf Janssen
März 2014

PS: Eine ausführliche Literaturliste zu den beiden Fachbüchern finden Sie online unter:
www.cornelsen.de/cbb/erzieher

AUTORENVORSTELLUNG

1. Daniela Dietrich • Jg. 1981 — G6
Diplom-Sozialpädagogin; seit 2006 freiberufliche Medienpädagogin; Projektarbeit an Schulen und in Kinder- und Jugendeinrichtungen; Fortbildungen für Mediatoren; Dozententätigkeit im Fach Medienpädagogik

2. Christoph Fröhlich • Jg. 1979 — F4
Diplom-Pädagoge; Lehrer in der Erzieherausbildung an der Akademie für Sozialpädagogik Saarbrücken; zuständig für die landesweite Fortbildungsorganisation im Bereich Sozialpädagogik (Landesinstitut für Pädagogik und Medien Saarland), Forschungsschwerpunkte: Organisationssoziologie, Instituetik und Kindheit

3. Silvia Gartinger • Jg. 1969
Diplom-Pädagogin; systemische Therapeutin; Fachbereichsleitung Sozialpädagogik der Sozialen Fachschulen des Evangelischen Johannesstifts Berlin; Vorstandsmitglied im Bundesverband Evangelischer Ausbildungsstätten für Sozialpädagogik (BeA)

4. Uwe Herrmann • Jg. 1966 — G7
Lehrer für die Sekundarstufe II (Biologie und Geografie); tätig an den Sozialen Fachschulen des Evangelischen Johannesstiftes Berlin in den Schulbereichen Sozialpädagogik (Ökologie und Gesundheit) und Sozialassistenz (Hauswirtschaft)

5. Susanne Hoffmann • Jg. 1960 — G1 • G2
Studium der Ernährungswissenschaften und Anglistik; Berufsschullehrerin für Sozialpädagogik sowie Leiterin der Abteilung Sozialpädagogik an der Elisabeth-Selbert-Schule in Hameln; Autorin zahlreicher Bücher über Spiel und Spielpädagogik, gemeinsam mit Annette Kessler

6. Stephanie Hummel • Jg. 1956 — G8
Diplom-Mathematikerin; Lehrerin an der Fachschule für Sozialwesen der Diakonissen Speyer-Mannheim, Speyer

7. Rolf Janssen • Jg. 1944
Diplom Sozialwissenschaftler; Lehrer der beruflichen Fachrichtung Sozialpädagogik und Deutsch in Nordrhein-Westfalen; verschiedene Funktionen im Laufe der Berufstätigkeit: Fachleiter in der Lehrerausbildung, pädagogischer Mitarbeiter im Kultusministerium der Landes, Schulleiter eines Berufskollegs der Fachrichtung Sozial- und Gesundheitswesen; Mitarbeit in der Lehrplanarbeit des Landes und bei Schulversuchen für sozialpädagogische Ausbildungen; Mitarbeit in der Weiterbildungsinitiative Frühpädagogische Fachkäfte (WiFF); Koordination des länderübergreifenden Lehrplans für Erzieherinnen/Erzieher

8. Annette Kessler • Jg. 1964 — G1 • G2
Erzieherin; Sozialpädagogin; Studium der Erziehungswissenschaften; Berufsschullehrerin für Sozialpädagogik sowie Leiterin des Arbeitskreises Schulkind und Jugend an der Elisabeth-Selbert-Schule in Hameln; Autorin zahlreicher Bücher über Spiel und Spielpädagogik gemeinsam mit Susanne Hoffmann

9. Anne Kreuels • Jg. 1975 — G4
Lehrerin an der Fachschule für Sozialpädagogik am Hermann-Gmeiner-Berufskolleg in Moers mit den Schwerpunkten Kunst, Musik/Rhythmik, Spiel, Bewegung und Digitale Medienpraxis

10. Martin Küsell • Jg. 1952 — G9
Berufsschulpastor an der Alice-Salomon-Schule Hannover (Berufsbildende Schule für Gesundheit und Soziales)

11. Dirk Perret • Jg. 1964 — G3
Lehrer am Hermann-Gmeiner-Berufskolleg in Moers; Fachleiter für Sozialpädagogik und Musik im Zentrum für schulpraktische Lehrerausbildung in Duisburg

12. Maike Reinecke • Jg. 1973 — F2
staatl. anerkannte Erzieherin; Oberstudienrätin an der Alice-Salomon-Schule Hannover, Berufsfachschule Sozialassistentin/Sozialassistent, Schwerpunkt Sozialpädagogik und Fachschule Sozialpädagogik; Leiterin für den Lernbereich Praxis; Mitarbeit in mehreren Innovationsvorhaben des Niedersächsischen Kultusministeriums; Projektbeauftragte des Schulversuchs „Modularisierung der Ausbildung von Erzieherinnen und Erziehern in Niedersachsen"; 2006–2008 Lehrbeauftragte im Studiengang „Bildung und Erziehung im Kindesalter" (BA) an der HAWK Hildesheim

13. Amelie Ruff • Jg. 1957 — F1 • G5
Diplom-Pädagogin; Studiendirektorin an der Alice-Salomon-Schule, BBS für Gesundheit und Soziales der Region Hannover; seit 2008 Leitung des Schulversuchs zur Modularisierung an der Fachschule Sozialpädagogik; Beauftragte in der länderübergreifenden Arbeitsgruppe bei der KMK zur Entwicklung des kompetenzorientierten Qualifikationsprofils; beratendes Mitglied in der Arbeitsgruppe zur Entwicklung des länderübergreifenden Lehrplans; Mitarbeit in Lehrplankommissionen und Lehrerfortbildungen

14. Wolf Seidel • Jg. 1950 — F3
M.A. Erziehungswissenschaft; Erlebnispädagoge, Erzieher, Lehrer an den Sozialen Fachschulen des Evangelischen Johannesstifts Berlin

15. Ursula Weber • Jg. 1960 — G4
Diplom-Kulturpädagogin; Lehrerin am Hermann-Gmeiner-Berufskolleg in Moers mit den Schwerpunkten Kunst, Musik/Rhythmik und Spiel; Leitung des Bereichs Musiktheater an der Musikschule Neukirchen-Vluyn

Grundlagen sozialpädagogischer Bildungsarbeit

Grundlagen sozialpädagogischer Bildungsarbeit

Sozialpädagogische Bildungsarbeit in den Bildungsbereichen professionell gestalten

G

G

Sozialpädagogische Bildungsarbeit in den Bildungsbereichen professionell gestalten

Sozialpädagogische Bildungsarbeit in den Bildungsbereichen professionell gestalten

Anhang

F

Grundlagen sozialpädagogischer Bildungsarbeit

Erzieherinnen und Erzieher arbeiten auf der Grundlage eines fachwissenschaftlich vertieften Verständnisses der Entwicklungs- und Bildungsprozesse ihrer Adressaten. Sie nehmen Kinder, Jugendliche und Erwachsene als Akteure ihrer Entwicklung wahr, sind in der Lage, gezielt zu beobachten und sie pädagogisch zu verstehen. Mit Bezug darauf werden Selbstbildungs- und Bildungsprozesse in den Bildungsbereichen angeregt, unterstützt und gefördert.

1 BILDUNG IM SELBSTVERSTÄNDNIS VON WISSENSCHAFT UND GESELLSCHAFT

Abb. 1.1 Neugierde ist der erste Schritt hin zu Bildung.

1.1 Bildungsverständnis im geschichtlichen Wandel

Wissen
Gesamtheit der Kenntnisse, die jemand (auf einem bestimmten Gebiet) hat

Bildung verbindet ›Wissen‹, Fähigkeiten und Fertigkeiten mit der eigenen Persönlichkeitsentwicklung und legt den Grundstein für lebenslanges Lernen.
In dem, was Menschen unter Bildung verstehen, spiegelt sich ihr Selbst- und Weltverständnis in der jeweiligen Zeitepoche wider. So gehörten in der Zeit der Pharaonen des alten Ägyptens (ca. 2000 Jahre vor Christus) die „Schreiber" zu den angesehensten Mitgliedern der Gesellschaft, dokumentierten sie doch die Ereignisse und das Weltwissen dieser Zeit für die nachfolgenden Generationen. Als gebildet galten ebenfalls die Priester, die für die Weitergabe von religiösen Werten und Normen verantwortlich waren.

Das Bildungsverständnis einer geschichtlichen Epoche ist von Beginn an eng verbunden mit dem Erhalt der Gesellschaft durch Weitergabe des Wissens, der Traditionen und der Religion an die nächstfolgende Generation.

1.1.1 Bildung in der Antike

Im antiken Griechenland vor Christi Geburt entwickelten sich Bildungsideale, die den jungen Menschen zu Tugenden wie Tapferkeit, Gerechtigkeit, Besonnenheit und Frömmigkeit führen sollten. Die Idee der Vorbereitung auf das gesellschaftliche Leben durch Bildung entstand und führte zur Gründung von Schulen, die allerdings nur bestimmten gesellschaftlichen Gruppen zugänglich waren. Bildung hatte von Beginn an immer auch einen elitären Charakter, war nicht für alle und jeden gleichermaßen zugänglich. Diese Beschränkungen auf Teilhabe an Bildung bezogen sich auf den gesellschaftlichen Status eines Menschen und sein Geschlecht.

Im alten Griechenland wurde weiterhin die Idee des Bildungskanons begründet, d.h. die Frage, welche Inhalte für die Bildung von jungen Menschen bedeutsam sind, findet hier ihren Ursprung. Die sog. „freien Künste“ Rhetorik, Grammatik, Dialektik, Astronomie, Arithmetik, Geometrie und Musik formulierten das, was unter einem „gebildeten Menschen“ in dieser Zeit verstanden wurde. Dieser – im alten Griechenland – entstandene Bildungskanon findet sich in etwas abgewandelter Form über viele Jahrhunderte in den Gesellschaften wieder. Bis heute lässt sich das Verständnis über das, was eine Gesellschaft als „gebildet“ ansieht, teilweise auf diesen Bildungskanon zurückführen.

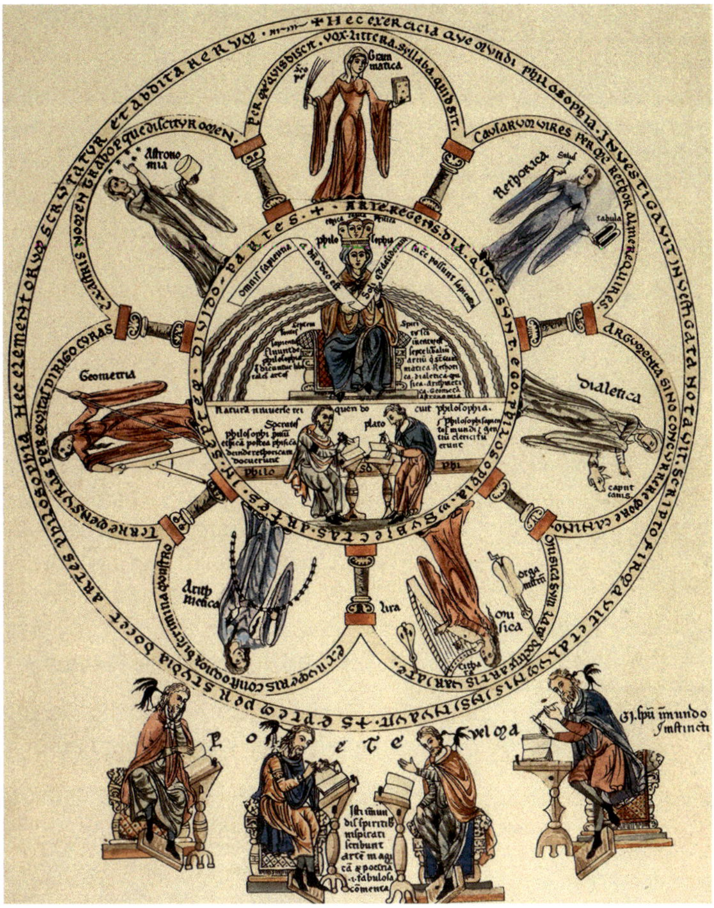

Abb. 1.2 Septem Artes Liberales – Die Sieben Freien Künste – ein Kanon aus sieben Studienfächern in der Antike (um 1180)

REFLEXION | **IMPULS** | LERNORTKOOPERATION

Blicken Sie auf Ihre Schullaufbahn und die Schulfächer, die auf Ihren Zeugnissen gestanden haben bzw. stehen.
Welche Fächer haben einen Bezug zu den sog. „freien Künsten“?

Mit der Ausbreitung des Handels und der ›Schriftkultur‹ öffneten Gesellschaften den Zugang zu Bildung auch breiteren gesellschaftlichen Schichten.

Schriftkultur → S. 310

Schon die Gesellschaft des alten Roms (ca. 500 n. Chr.) kannte elementare Schreib- und Leseschulen für die sog. „freien Bürger“, die Land und Güter besaßen; die größte Bevölkerungsgruppe, die Sklaven, hatte kein Recht auf Bildung, sondern war für den funktionalen Ablauf des täglichen Lebens zuständig (z.B. Ackerbau, Herstellung von Werkzeugen). Die Weitergabe dieses Wissens erfolgte von Generation zu Generation durch das Hineinwachsen der jungen Menschen in die jeweiligen Arbeitsabläufe.

1.1.2 Bildung im Mittelalter

Mittelalter
in Europa die Zeit zwischen dem Altertum und der Neuzeit, ca. 6. bis 15. Jh.

Bildung im ›Mittelalter‹ war eng verbunden mit dem christlichen Menschenbild. Der Mensch sollte durch eine sittlich-religiöse Lebensführung im Diesseits Erlösung im Jenseits erfahren können. Die Vorstellung der Gottesebenbildlichkeit des Menschen prägte die Ansichten darüber, was Bildung ist und wohin sie führen soll. Der Klerus hatte das Privileg der Bildung, nicht das Volk. Die Bibel konnten nur die Priester und Mönche lesen, die Messe wurde auf Latein gehalten, das Volk verstand sie nicht. Mit der wachsenden Bedeutung des Handwerks für Handel und Alltagsleben entwickelten sich die Zünfte, in denen die jungen Menschen bei einem Meister in die Lehre gingen und eine Ausbildung als Gesellen absolvierten. Dabei achtete der Meister darauf, dass sein Lehrling sich in die Gesellschaft einfügte und z. B. regelmäßig zur Kirche ging, um eine sittlich-religiöse Lebensführung nachzuweisen. Im Verlaufe seines Lebens konnte der junge Mensch selbst Meister werden und damit an der Weitergabe des Wissens und Könnens seiner Handwerkskunst mitwirken.
So bildete sich neben dem Bildungskanon der „freien Künste" auch ein Bildungskanon der sog. „unfreien Künste": Textilhandwerk, Waffen-, Bau- und Kunsthandwerk, Landwirtschaft und Jagd sowie Heilkunst. Die Ausbildung in den Handwerkszünften war über Jahrhunderte lediglich jungen Männern vorbehalten.

1.1.3 Bildung in der Neuzeit

Neuzeit
nach Antike und Mittelalter die dritte der europäischen Großepochen, reicht bis zur Gegenwart; Beginn je nach Wissenschaftszweig etwa ab Mitte des 15. Jh.

Im 15. und 16. Jahrhundert, in der sogenannten ›Neuzeit‹, erfuhr das Bildungsverständnis einen Wandel durch zahlreiche Veränderungen und Entdeckungen.

Nikolaus Kopernikus (1473–1543) forschte in den Wissenschaften Mathematik und Astronomie und fand heraus, dass sich die Erde um die eigene Achse und, wie die anderen Planeten, um die Sonne dreht. Damit prägte er das heliozentrische Weltbild.

Christoph Kolumbus (1451–1506) entdeckte auf seinen Reisen aufgrund seiner guten mathematischen und kartografischen Kenntnisse neue Kontinente, darunter Amerika.

Martin Luther (1483–1546) formulierte „das Prinzip der Gerechtigkeit Gottes" und rief damit die Reformation ins Leben.

Etwa 1400 wurden zum ersten Mal die trockene Kompassnadel und die Windrose in ein festes Gehäuse montiert, sodass sich Schiffe genauer navigieren ließen.

In der Mitte des 15. Jahrhunderts erfand der Goldschmied Johannes Gutenberg eine Maschine, die es ermöglichte, mit beweglichen, metallenen Lettern Bücher zu drucken.

Zu Beginn des 16. Jahrhunderts entstanden aus den großen Räderuhren des Mittelalters kleinere Uhren, die mittels Federantrieb und Unrast die Zeit anzeigten.

In den Niederlanden entwickelten im 17. Jahrhundert Linsenmacher oder Brillenschleifer das Lichtmikroskop. Durch Glaslinsen konnten sie auf diese Weise ein Objekt betrachten.

Durch die Folgen der ›Reformation‹ verlor die römisch-katholische Kirche ihren gesellschaftlichen Einfluss. Martin Luther übersetzte die Bibel erstmals ins Deutsche. Der Buchdruck als neue Technik konnte die Bibel wesentlich mehr Menschen zugänglich machen. Lesen wurde zu einer Kulturtechnik, die immer mehr Menschen beherrschten bzw. die an Bedeutung zunahm. Dennoch war der Zugang zu Bildung immer noch sehr stark an den gesellschaftlichen Stand gebunden, die große Mehrheit der Bevölkerung konnte daran nicht oder nur begrenzt teilhaben.

Reformation
lat. reformatio: Wiederherstellung, Erneuerung

eine kirchliche Bewegung (1517 und 1648), die zur Spaltung des westlichen Christentums in verschiedene Konfessionen (katholisch, lutherisch, reformiert) führte

Das Weltbild des Menschen änderte sich mit den Erkenntnissen der Wissenschaft. Die Vorstellung, dass der Mensch durch eigenes Denken die Welt gestalten, erkunden und erforschen kann, nahm in dieser Zeit ihren Anfang. Es war die Begründung der Wissenschaft als eigenständige Disziplin und damit waren Gelehrte nicht mehr gleichzeitig Priester, sondern es entstand die Trennung zwischen Glauben und überprüfbarem Wissen.

1.1.4 Veränderungen im 18. und 19. Jahrhundert

Das 18. und 19. Jahrhundert zeichneten sich durch eine rasante Entwicklung von Wissenschaft, Kultur und Technik aus. Gesellschaftspolitisch war mit der Französischen Revolution (1789) der demokratische Anspruch auf Freiheit für alle Menschen – unabhängig von ihrer gesellschaftlichen Herkunft – formuliert und durchgesetzt worden. Mit der Entwicklung der Elektrizität, der Dampfmaschine und der Entstehung von Fabriken für die industrielle Produktion, z. B. Webereien, zeigten sich neue gesellschaftliche Umbrüche, die auch das Bildungsverständnis beeinflussten.

Einerseits wurden viele Bildungsinstitutionen gegründet, auch die Alphabetisierung der Bevölkerung wurde vorangetrieben. Andererseits führten die Folgen der Industriearbeit zu Armut und Verelendung ganzer Bevölkerungsschichten. Im deutschen Sprachraum erfahren das 18. und 19. Jahrhundert eine Blütezeit der Musik und Dichtung. Insbesondere die deutsche Klassik mit Dichtern wie Goethe und Schiller beeinflussen das Bildungsverständnis. Der gebildete Mensch sollte nicht nur viel Wissen haben, sondern auch als Persönlichkeit wirken. In einem Zitat von Goethe wird dieses Verständnis deutlich:

> „*Es ist nicht genug zu wissen, man muß auch anwenden; es ist nicht genug zu wollen, man muß auch tun.*
> Johann Wolfgang von Goethe

Das Bildungsbürgertum und der Adel nahmen sich dieser Ideen in besonderer Weise an, gründeten Opernhäuser, Museen und Literaturzirkel.

←→ Wertevermittlung
Inwieweit verändert die Einführung der Schulpflicht die Werte einer Gesellschaft?

Im Zuge der allmählichen Institutionalisierung des höheren Bildungswesens im 18. und 19. Jahrhundert entwickelte sich in Deutschland durch die Einführung der Schulpflicht und die Einrichtung von Gymnasien ein Bildungssystem, das zunächst ausschließlich für Knaben gedacht war. Ende des 19. Jahrhunderts strebt Preußen die Einführung der allgemeinen Schulpflicht für Mädchen und Jungen an.

1.1.5 Bildung im 20. Jahrhundert

Weimarer Republik
erste deutsche parlamentarische Republik, bestand von 1918 bis 1933

Die allgemeine Schulpflicht für Jungen und Mädchen wurde erstmals 1919 in der ›Weimarer‹ Verfassung für Deutschland festgeschrieben. Die Volksschule wurde gegründet und die Gesellschaft erweiterte den Zugang zu Bildung, denn die nachwachsende Generation musste in der Lage sein, die technische und wirtschaftliche Entwicklung ebenso wie die Verwaltung der staatlichen Institutionen eines Landes zu sichern. Dennoch war der Zugang zu der sogenannten „höheren Bildung" in Gymnasien und Universitäten weiterhin ein Privileg begüterter Schichten.

Der Nationalsozialismus vertrat ein Bildungsverständnis, das sehr stark rassistisch und ideologisch überformt war. Mit der Teilung Deutschlands nach 1945 entwickelten sich auch in Abhängigkeit zum jeweiligen gesellschaftlichen System verschiedene Auffassungen zu Bildungszielen, -inhalten und -auftrag.

Das Bildungsverständnis hat in den verschiedenen geschichtlichen Zeitläufen immer zwei Aspekte umfasst:
- Was ist wichtig für den Fortbestand der Gesellschaft, welche Fähigkeiten, Einstellungen sollen die jungen Menschen erwerben, damit sie für die Gesellschaft „brauchbar" sind?
- Wie kann sich der junge Mensch über die Aneignung von Welt frei entfalten, seine Kräfte ausbilden und die Gesellschaft mit seiner Kreativität und seinem Wissen voranbringen?

Beide Aspekte stehen scheinbar in einem Gegensatz zueinander, sind aber für die Weiterentwicklung einer Gesellschaft ebenso unverzichtbar wie für den Bildungsprozess jedes einzelnen Menschen.

1.2 Bildungsverständnis aus der Sicht der Wissenschaft

Ungeachtet des geschichtlichen Wandels des Bildungsverständnisses gab es Wissenschaftler und Gelehrte, auf die sich auch heute noch das wissenschaftliche Nachdenken über Bildung bezieht.

1.2.1 Wissenschaftliche Erkenntnisse vom 16. bis 19. Jahrhundert

Abb. 1.3 Das Jugend- und Schulbuch Orbis Sensualium Pictus war ein vom 17. bis 19. Jh. in Europa verbreitetes Jugend- und Schulbuch.

Johann Amos Comenius (1592–1670) war ein tschechischer Theologe und Pädagoge, der schon im 17. Jahrhundert die Bildung für Jungen und Mädchen – egal welcher Herkunft – forderte. In seiner „Didacta magna!" propagierte er die Bedeutung der Anschauung für den Bildungsprozess und die Notwendigkeit einer universalen Bildung.

Die Idee der Allgemeinbildung geht unter anderem auf ihn zurück. Seine starke Verankerung im christlichen Menschenbild des Mittelalters wurde daran deutlich, dass er die Schöpfung als Weltgeschichte ansah, an welcher der Mensch im Auftrag Gottes mitwirken solle.

Der Philosoph **Immanuel Kant** (1724–1804) repräsentiert wie kein Zweiter das Zeitalter der Aufklärung (im 18. Jh.), das sich auf Fähigkeit des Menschen stützte, selbst zu denken. Was Aufklärung sein soll, definiert Kant in einer berühmten Formulierung:

> *Aufklärung ist der Ausgang des Menschen aus der selbst verschuldeten Unmündigkeit. Unmündigkeit ist das Unvermögen, sich seines Verstandes ohne die Leitung von anderen zu bedienen. Selbstverschuldet ist die Unmündigkeit, wenn die Ursache derselben nicht am Mangel des Verstandes, sondern der Entschließung und des Mutes liegt, sich seiner ohne die Leitung eines anderen zu bedienen. Sapere aude! Habe Mut, dich deines eigenen Verstandes zu bedienen.*
>
> Quelle: www.uni-potsdam.de/u/philosophie/texte/kant/aufklaer.htm
> (letzter Zugriff: 25.09.2013)

Für das Verständnis von Bildung als Mittel für ›Mündigkeit‹, nach der jeder Mensch streben sollte, wurde hier die Grundlage geschaffen.
Mit seinem kategorischen Imperativ lieferte Kant einen vernunftbegründeten Maßstab, woran der Mensch sein Handeln orientieren sollte: „Handle so, dass die Maxime deines Willens jederzeit zugleich als das Prinzip einer allgemeinen Gesetzgebung gelten könnte." Der Mensch ist ein Verstandeswesen, er kann sein Handeln an moralischen Wertmaßstäben ausrichten, über sich reflektieren und sich selbstständig aus der Unmündigkeit befreien, indem er sich bildet und mutig seine Ziele verfolgt.

Mündigkeit
juristisch: Handlungsfähigkeit, Volljährigkeit, Geschäfts-, Deliktfähigkeit
philosophisch: sich Einblick in seine sozialen Verhältnisse zu verschaffen, sie aufgrund dessen einschätzen zu können und sie gegebenenfalls zu ändern

Sprachliche Bildung
Wie kann Kants kategorischer Imperativ als Sprechanlass genutzt werden?

Kant verstand, wie bereits die alten Griechen und Römer, Bildung als Entfaltung der Persönlichkeit durch die aktive Auseinandersetzung mit der Welt, allerdings in einer neuen Akzentuierung. Der Mensch ist ein vernunftbegabtes Verstandeswesen, das sich selbst aus der Unmündigkeit befreien kann und sich nicht mehr an äußeren Autoritäten orientieren muss, um Wertmaßstäbe für sein Handeln zu finden.
Diese Vorstellung von einem sich selbst bildenden Menschen spielte jedoch nur in der Wissenschaft und Kultur eine Rolle. In der Lebenswirklichkeit der Menschen um diese Zeit stand die Sicherung der Lebensgrundlagen im Vordergrund, es ging um zweckdienliche Fähigkeiten, die in der Landwirtschaft, im Handwerk oder im Handel gebraucht wurden.

Critik
der
reinen Vernunft
von
Immanuel Kant
Professor in Königsberg.
Riga,
verlegts Johann Friedrich Hartknoch
1781.

Abb. 1.4 Titelbild der Erstausgabe des Werkes „Kritik der reinen Vernunft" von Immanuel Kant (1781)

Humanismus
Gesamtheit der Vorstellungen von Menschlichkeit und das Streben danach, das menschliche Dasein zu vervollkommnen

Wilhelm von Humboldt (1767–1835) wirkte als Gelehrter und Mitbegründer der Universität Berlin und setzte sich für ein allgemeines und durchgängiges Bildungssystem ein. Im Sinne eines ›humanistischen‹ Bildungsideals forderte er für jeden Menschen eine Allgemeinbildung und sah in der Beschäftigung des Menschen mit Sprache, Literatur und Musik wesentliche Anregungen für seinen Bildungsprozess.

> *Bildung ist die Anregung aller Kräfte des Menschen, damit diese sich über die Aneignung der Welt entfalten und zu einer sich selbst bestimmenden Individualität und Persönlichkeit führen.*
> Wilhelm von Humboldt 1792

Die Bildungsidee der kritischen Auseinandersetzung mit der Welt und der Grundsatz persönlicher Freiheit und Selbstbestimmung gehen auf ihn zurück. Beide, „Verstand und Gemüt“, müssen gebildet werden; das meinte Humboldt, wenn er von der Bildung des ganzen Menschen sprach. In den Mittelpunkt der Anstrengungen stellte er die Entwicklung des Denkens. Indem das Kind mit der Ideenwelt untergegangener Völker wie z. B. der Griechen bekannt gemacht wird, indem es große Entdeckungen nachvollzieht, lernt es seinen eigenen Geist entdecken und macht die Erfahrung, dass es selbst wesentliche Einsichten erringen kann. Auch der Sprachunterricht in der Muttersprache und in anderen Sprachen hatte nach Humboldts Ansicht einen besonderen Bildungsgehalt. Gerade durch die Beschäftigung mit einer fremden Sprache würde das Kind in eine andere Vorstellungswelt eintauchen und unterschiedliche kulturelle Lebensweisen erfahren. So schult es sein Denken und seine Vorstellungswelt, wird sich seiner selbst bewusst und entwickelt Individualität sowie Persönlichkeit.

Das Einmalige, das Besondere, das den Menschen prägt, wollte von Humboldt in seinem Bildungsideal „Verknüpfung des Ichs mit der Welt“ erfassen. Der Prozess, der mit dem Erringen dieses Ideals verknüpft ist, kann seiner Meinung nach nur von außen angestoßen werden und hält dann lebenslang an.

REFLEXION ◀ IMPULS LERNORTKOOPERATION

Beschreiben Sie, was für Sie einen gebildeten Menschen ausmacht: „Ein gebildeter Mensch ist für mich jemand, der …“ Sie können Ihre persönlichen Vorstellungen in einem Text formulieren, eine Mindmap gestalten oder eine andere Darstellungsform nutzen (Zeichnung, Collage). Vergleichen Sie Ihre Vorstellung mit anderen Studierenden. Nehmen Sie anschließend Bezug auf die Kap. 1.1 und 1.2. Wo können Sie Ähnlichkeiten und Unterschiede zu Ihrem Bildungsverständnis erkennen?

REFLEXION IMPULS ▶ LERNORTKOOPERATION

Befragen Sie Eltern, Erzieherinnen und Erzieher, Lehrkräfte und andere gesellschaftliche Gruppen (z. B. Geschäftsleute), was sie in der Bildung der Kinder und Jugendlichen heute für wichtig erachten. Werten Sie Ihre Ergebnisse aus und stellen Sie diese als Grafik oder in anderen Schaubildern dar.

1.2.2 Neuere wissenschaftliche Ansätze zum Verständnis frühkindlicher Bildung

Seit etwa 15 Jahren fokussiert sich die wissenschaftliche Diskussion um das Bildungsverständnis in Deutschland stark auf die frühkindliche Bildung: Was kennzeichnet Bildungsprozesse von Kindern im Alter von null bis sechs Jahren? Welche Qualität benötigen Bildungsinstitutionen wie Kindergärten und Krippen, um die Bildung der Jüngsten angemessen anzuregen? Welche Bildungsziele sind bedeutsam und welches „Weltwissen" sollen die Kinder erwerben? Die bildungspolitischen Hintergründe für diese Entwicklung werden in Kapitel 1.3 näher ausgeführt.
Die Erkenntnisse der modernen Säuglingsforschung, der Neurowissenschaften und der modernen ›Lehr-Lern-Forschung‹ bildeten den Ausgangspunkt für die Untersuchung frühkindlicher Bildungsprozesse. Dabei blieb auch der Rückbezug auf das Bildungsverständnis von Humboldts aktuell. Alle neueren wissenschaftlichen Ansätze gehen ebenfalls von einem Menschenbild aus, das Kinder als eigenaktive Konstrukteure ihres Wissens beschreibt.

Lehr-Lern-Forschung → S. 41, S. 122

Eine zentrale Stellung nimmt dabei die sinnliche Wahrnehmung ein, mit deren Hilfe sich das Kind die ›Welt‹ erschließt und zugleich sein Ich entwickelt. Als Voraussetzung für diesen Selbstbildungsprozess ist eine feinfühlige und kompetente Begleitung durch seine Bezugspersonen mit sicherer ›Bindung‹ zum Kind notwendig.

Weltwissen
bezeichnet das Wissen eines Menschen über die Welt: sein Sachwissen ebenso wie den individuellen Erfahrungsschatz, der es ihm ermöglicht, sich in seiner Umwelt zurechtzufinden und auch neue, überraschende Situationen zu meistern.

Bindung → S. 164 Band 1

Bildungsverständnis nach Gerd E. Schäfer
Gerd Schäfer, Wissenschaftler an der Humanwissenschaftlichen Fakultät der Universität zu Köln, betont in seinem Verständnis frühkindlicher Bildung den Aspekt der Selbstbildung über Selbsttätigkeit und das Verfolgen eigener Interessen. Er verbindet Selbstbildungsprozesse mit der Identitätsentwicklung des Kindes.

> *Alles, was ein Kind tut, bedeutet zunächst etwas für dieses Kind. Wenn es nichts von Bedeutung findet, langweilt es sich. Dabei ist dieser Bedeutungshorizont erst einmal subjektiv, d. h. es ist egal, ob das, womit es sich beschäftigt, für andere Menschen wichtig oder unwichtig ist. Hauptsache, das Kind selbst findet Interesse und Gefallen daran. Indem es etwas tut, erfährt es aber auch, wie seine Umwelt das einschätzt, was es tut. ... Wenn man also die Lernbereitschaft der Kinder und damit ihren Bildungsprozess unterstützen will, dann muss man die Bedeutungen ernst nehmen, die Kinder mit einer Sache verbinden.*
>
> Schäfer, Gerd E. (2002): Bildung beginnt vor der Schule. In: Kinder-Lernen-Bildung. Sammelband der Zeitschrift TPS.: Kallmeyer`sche Verlagsbuchhandlung, Seelze, S. 50

Gerd Schäfers Texte finden Sie auf der Homepage der Uni Köln: www.hf.uni-koeln.de/30612

Eine zentrale Rolle spielt in Schäfers Bildungsverständnis die Bedeutung des ›Spiels‹ und des problemlösenden, forschenden Lernens. Selbstbildung geschieht durch eine Ausdifferenzierung der sinnlichen Wahrnehmung und Erkenntnistätigkeit im Verlauf der ›Entwicklung des Kindes‹. Das Entdecken der ›Sprache‹ und der symbolischen Welt unterstützt die Eigentätigkeit des Kindes, es kann sich selbst ausdrücken und in Verständigungsprozesse eintreten. Die emotionale Seite des frühkindlichen Bildungsprozesses ist Schäfer neben der kognitiv-rationalen ebenso wichtig. Das Kind entdeckt sich durch die Entwicklung seiner vielfältigen Ausdrucksformen (z. B. Bewegung, Spiel, Sprache, kreative Gestaltung) selbst. Hierfür benötigt es die feinfühlige Resonanz seiner Bezugspersonen.

Spiel → S. 186
kindliche Entwicklung → S. 94
Sprache → S. 296

Sie erfahren mehr über das Institut für angewandte Sozialisationsforschung und Frühe Kindheit e. V. unter:

www.infans.de

Bildungsverständnis Wilhelm von Humboldts → S. 20

Bildungsverständnis nach Hans-Joachim Laewen

Hans-Joachim Laewen, Wissenschaftler und Vorstand des Instituts für angewandte Sozialisationsforschung/Frühe Kindheit e. V. (infans), betreute das Bundesmodellprojekt des Bundesministeriums für Familie, Senioren, Frauen und Jugend „Zum Bildungsauftrag von Kitas", das 1997–2000 durchgeführt wurde. Er nahm den Selbstbildungsansatz von Gerd Schäfer als Grundlage und erweiterte dieses Bildungsverständnis, indem er Bildung und Erziehung in einen wechselseitigen Bezug zueinander stellte. Ausgehend vom ›Bildungsbegriff‹ bei Humboldt formulierte Laewen:

> *Wir schlagen deshalb vor, Bildung im Sinne Humboldts als Selbst-Tätigkeit des Kindes zur Aneignung von Welt zu verstehen und Erziehung als Tätigkeit des Erwachsenen mit dem Ziel, alle Kräfte des Kindes dafür anzuregen.*
>
> Laewen, Hans-Joachim/Andres, Beate (Hrsg.) (2010): Forscher, Künstler, Konstrukteure. 3. Auflage, Cornelsen, Berlin, S. 41

Laewen verdeutlichte den Aspekt der Selbstbildung als Konstruktionsleistung des Kindes mit den Worten:

> *Wenn Bildung die zentrale Aktivität bezeichnet, über die Kinder sich die Welt aneignen, ... dann kann ein Kind nicht gebildet werden, es kann sich nur selbst bilden.*
>
> Laewen, Hans-Joachim/Andres, Beate (Hrsg.) (2010): Forscher, Künstler, Konstrukteure. 3. Auflage, Cornelsen, Berlin, S. 42

Selbstbildungsthemen des Kindes → S. 21

Team → S. 740 Band 1

Aufgabe der Erziehung ist es aus seiner Sicht, die ›Selbstbildungsthemen des Kindes‹ zu beobachten und es in seinem Bildungsbestreben durch die Gestaltung der Lernumgebung und die pädagogische Interaktion zu unterstützen. Allerdings hat Erziehung Laewens Meinung nach auch die Aufgabe, Kindern Themen bewusst zuzumuten, was eine Reflexion der Bildungs- und Erziehungsziele im ›Team‹ erforderlich macht.

> *Bleiben die Erzieherinnen dabei stehen, die Themen aufzugreifen, die Kinder aus ihrer eigenen Erfahrungswelt mit in die Kindertageseinrichtung bringen, dann bleibt vieles ausgespart, was Bildungsherausforderung sein und die Neugier und den Forschergeist der Kinder wecken kann.*
>
> ebd. S. 127

ZUM WEITERDENKEN Bildungserfahrungen, die ein siebenjähriges Kind in seinem Leben gemacht haben sollte:
Jedes siebenjährige Kind sollte ein „Ich-Buch" mit Fotos, Fragen, Bemerkungen und Wünschen haben und sein Selbstporträt gemalt haben.
Jedes Kind sollte sich als Weltverbesserer erlebt haben: „Du hast uns gefehlt."
Jedes Kind sollte die Überwindung von Heimweh erlebt und einen guten Ort des Lebens als seine Heimat erkannt haben.
Jedes Kind sollte gefragt haben, wie Leben entsteht und wissen, wie sich ein Baby anfühlt.
Jedes Kind sollte sagen können: „Das kann ich gut, denn ich habe es geübt."
Jedes Kind sollte eine Frucht geöffnet und gespalten haben.
Jedes Kind sollte einige Tage seines Lebens im Wald verbracht, Beeren gepflückt, die Jahresringe eines Baumes gezählt haben und in einen Bach gefallen sein.

Auszug aus: Elschenbroich, Donata (2001): Weltwissen der Siebenjährigen. Goldmann, München, S. 30–35

Bildungsverständnis nach Wassilios E. Fthenakis

Wassilios E. Fthenakis, Humanwissenschaftler auf dem Gebiet der Entwicklungspsychologie und Anthropologie und ehemaliger Leiter des Staatsinstituts für Frühpädagogik in München, legt Gewicht auf eine ›sozial-konstruktivistische Sicht‹ des kindlichen Bildungsprozesses. Seiner Ansicht nach entsteht Bildung durch die kooperative und kommunikative Aktivität zwischen Bezugspersonen (Eltern, Erzieher) und Kindern und innerhalb von Beziehungen unter Kindern. Wissen werde so im Dialog und in aufeinander abgestimmten Handlungsabläufen in der Zusammenarbeit aufgebaut. Dabei sind für ihn die wechselseitigen kommunikativen Austauschprozesse zentral. Wissen werde nicht einfach vermittelt, sondern das Kind erschließt sich den Sinn, die Erkenntnis gemeinsam mit einem Gegenüber und „konstruiert" sich so seine Welt.

Lernen aus der Sicht des Konstruktivismus → *S. 416 Band 1*

In ›ko-konstruktiven Lernprozessen‹ lernen die Kinder, dass
- Bedeutungen miteinander geteilt und untereinander ausgehandelt werden
- Ideen ausgetauscht, verwandelt und erweitert werden können
- ihr Verständnis bereichert und vertieft wird
- die Welt auf viele Arten erklärt werden kann
- ein Phänomen oder Problem auf viele Weisen gelöst werden kann
- die gemeinsame Erforschung von Bedeutung zwischen Erwachsenen und Kindern aufregend und bereichernd ist.

Nach: Fthenakis, Wassilios E. (2007): Auf den Anfang kommt es an. Interview in: Betrifft Kinder, Heft 08-09/2007, S. 10

ko-konstruktive Lernprozesse → *S. 404 Band 1*

" *Bildung wird in diesem Sinn nicht mehr als ein primär individuumzentrierter, sondern als ein sozialer Prozess definiert, in dessen Verlauf neben den Fachkräften und Kindern auch deren Eltern und andere eine aktive, ko-konstruktive Rolle spielen. Diesem Verständnis von Bildung liegt eine Vorstellung vom kompetenten Kind zugrunde, das Mitgestalter seiner Entwicklung und seines Lernens ist.*

Fthenakis, Wassilios E. (Hrsg.) (2003): Elementarpädagogik nach PISA. Herder, Freiburg i. B., S. 12

Nach diesem Verständnis ist **Bildung** ohne entwicklungsfördernde ›Beziehung‹ nicht denkbar. Dazu zählen auch die sozialen Beziehungen der Kinder untereinander. Die sozialen und sprachlichen Austauschprozesse regen das Denken an und sind der Motor für den Aufbau eines positiven Selbstkonzeptes sowie von Werthaltungen und Weltwissen. Kinder bilden ihr Verständnis von der Welt in der Sicht Fthenakis, indem sie sich mit anderen über Dinge austauschen. Unterschiede, z. B. durch ethnische und kulturelle Herkunft, Geschlecht und soziale Lebenslage, sollen von den Bildungseinrichtungen nicht mehr ignoriert werden, sondern als „Quelle für reichhaltige Lernerfahrungen" genutzt werden.

Beziehung → *S. 175 Band 1*

←→ Prävention

Für welche Anforderungen des Lebens sind starke Kinder vermutlich besser gerüstet?

Wesentliches Bildungsziel nach Fthenakis ist die Stärkung des Kindes. Seine „Bildungsvision" lautet:
- starke Kinder
- kommunikationsfreudige und medienkompetente Kinder
- kreative, fantasievolle und künstlerische Kinder
- lernende, forschende und entdeckungsfreudige Kinder
- verantwortungsvoll und wertorientiert handelnde Kinder

Sprachförderung → S. 300

Aufbau lernmethodischer Kompetenzen → S. 250 Band 1

Die Gestaltung von Bildungsprozessen setzt die Bereitschaft der Erzieherin voraus, den Bildungsprozess nicht nur steuern zu wollen, sondern die Ideen und Äußerungen des Kindes ernst zu nehmen und einzubeziehen. Ein sensibler pädagogischer Dialog ist erforderlich, der ganz ähnlich wie das ›sprachfördernde‹ Kommunikationsverhalten gestaltet werden sollte. Neben der Förderung von Selbstvertrauen und Selbstwirksamkeit ist es Fthenakis wichtig, die Entwicklung der ›Lernkompetenzen‹ des Kindes anzuregen. Es geht ihm darum zu lernen, wie man lernt und sein eigenes Wissen organisieren kann, um Problemsituationen auf eine sozial verantwortliche Weise zu lösen.

Der 12. Kinder- und Jugendbericht, Berlin 2005, ist zu finden unter: www.bmfsfj.de/doku/Publikationen/kjb/data/download/kjb_060228_ak3.pdf

Bildungsprozesse und Bildungsorte im Lebenslauf des Menschen – das Bildungsverständnis im 12. Kinder- und Jugendbericht

Während sich die vorangestellten Sichtweisen nur auf die frühkindliche Bildung bezogen, entwickelte Thomas Rauschenbach, Sozialwissenschaftler und Direktor des Deutschen Jugendinstituts und Vorsitzender der Sachverständigenkommission des 12. Kinder- und Jugendberichtes der Bundesregierung, einen konzeptionellen Rahmen für die Bildung im Lebenslauf eines Menschen.

Möglichst viele Bildungsorte und Lernwelten, in denen Kinder und Jugendliche aufwachsen, sollen betrachtet und die Bedeutung der außerschulischen Kinder- und Jugendarbeit und anderer Arbeitsfelder der Kinder- und Jugendhilfe dargestellt werden.

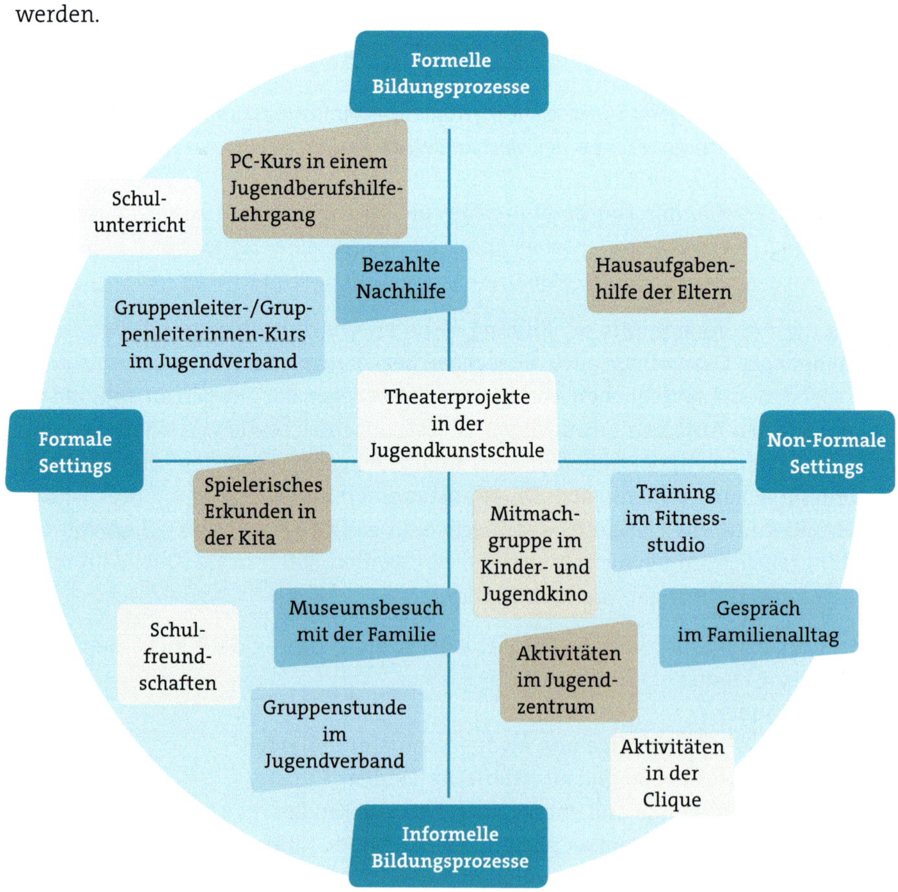

Abb. 1.5 Die Bildungsmodalitäten, dargestellt im 12. Kinder- und Jugendbericht des Dt. Bundestages, 2005, S. 97

„Bildung ist mehr als Schule." Das wurde schon in den Leipziger Thesen des Bundesjugendkuratoriums formuliert. In besonderer Weise wird die Familie als bildungsrelevanter Ort herausgestellt, der das familiäre Zusammenleben mit seinen Bildungsanregungen und Begrenzungen umfasst.
Bildung hat nach dem 12. Kinder- und Jugendbericht immer zwei Funktionen: Einmal zielt sie auf die Persönlichkeitsentwicklung in einem umfassenden Sinn, der Kritikfähigkeit und Mündigkeit einschließt sowie die Fähigkeit, sich gesellschaftlichen Ansprüchen zu widersetzen, wo dieses notwendig ist. Zum anderen hat Bildung die gesellschaftliche Funktion der Sicherung und Weiterentwicklung der Gesellschaft einschließlich der Weitergabe des kulturellen Wissens.

Die Leipziger Thesen des Bundesjugendkuratoriums werden hier präsentiert: www.bundesjugendkuratorium.de/pdf/1999-2002/bjk_2002_bildung_ist_mehr_als_schule_2002.pdf

Thomas Rauschenbach formuliert vier **Bildungsziele**, die Heranwachsende erwerben sollten:

- 1. kulturelle Kompetenzen, mit denen sich die Menschen die Wissensbestände der Gesellschaft und ihre Kulturtechniken wie Lesen, Schreiben und Rechnen erschließen können;
- 2. personale Kompetenzen, die es dem Einzelnen ermöglichen, mit seiner Gedanken- und Gefühlswelt, seiner Körperlichkeit und seiner Emotionalität umzugehen;
- 3. soziale Kompetenzen, dank derer Menschen am Gemeinwesen teilhaben und soziale Verantwortung übernehmen können;
- 4. instrumentelle Kompetenzen, die es Menschen ermöglichen, sich in der stofflichen Welt der Natur, der Waren und Produkte handelnd zu bewegen.

Bildungsangebote der Kinder- und Jugendarbeit umfassen nach Rauschenbach insbesondere kulturelle, soziale und identitätsbezogene Bildung. Sie wenden sich an alle Kinder und Jugendlichen, besonders aber an diejenigen, die innerhalb ihrer Familie, der Schule oder in ihrem unmittelbaren Umfeld zu wenig Unterstützung und Anregung erfahren.

REFLEXION — IMPULS — LERNORTKOOPERATION

Betrachten Sie Ihren eigenen bisherigen Bildungsweg. Stellen Sie Aspekte formaler, nonformaler und informeller Bildungsprozesse mithilfe eines Ausdrucksmediums (z. B. Text, bildnerische oder andere Form der kreativ-symbolischen Gestaltung) dar. Welche Erfahrungen haben Ihren Bildungsprozess positiv bzw. negativ beeinflusst?

Abb. 1.6 Bildungswege verlaufen unterschiedlich

Bildungsmodalitäten → S. 24

Partizipation

Wie können Kinder und Jugendliche in formalen, non-formalen und informellen Bildungsprozessen beteiligt werden?

Das Bildungsverständnis von Thomas Rauschenbach unterscheidet formale, non-formale und informelle ›**Bildungsprozesse**‹, in denen sich die Heranwachsenden bewegen und die sich wechselseitig fördernd und hemmend beeinflussen können.

	Kennzeichen	Beispiele
Formale Bildungsprozesse	Regeln Kontrollmechanismen Abschlüsse	Schule
Non-formale Bildungsprozesse	freiwillige Anwesenheit Vielfalt im Angebot	Jugendzentren, Tageseinrichtungen für Kinder
Informelle Bildungsprozesse	vielfältige Bildungsorte zufälliges Entstehen prozessorientiert	Cliquen, Freundschaften, soziale Netzwerke, Lernwelten in Medien

Tab. 1.7 Verschiedenheit von Bildungsprozessen

REFLEXION **IMPULS** LERNORTKOOPERATION

Erkunden Sie eine Jugendeinrichtung unter dieser Perspektive. Diskutieren Sie die Bildungsziele mit einer Fachkraft vor Ort. Werten Sie die Angebotspalette aus dem Blickwinkel der o.g. genannten Bildungsziele aus. Beobachten Sie die Interaktionen der Jugendlichen untereinander. Welche informellen Bildungsprozesse können Sie wahrnehmen?

ZUM WEITERDENKEN „In den vergangenen Jahren hat das Thema Bildungsungleichheit eine immer wiederkehrende Brisanz erlebt. Vor allem die Aussage, dass Bildung immer noch von der sozialen Herkunft abhängig ist, beschäftigt die aktuelle Bildungsforschung. Durch die Ergebnisse der PISA-Studien wird auch in der Öffentlichkeit vermehrt über die ungleichen Zugangschancen zur Bildung in unserer Gesellschaft diskutiert. So wurde festgestellt, dass Deutschland im internationalen Vergleich eine große Spanne zwischen den obersten und untersten sozialen Bildungsschichten aufweist. [...] Es wird zwar des Öfteren behauptet, dass Kinder überwiegend aufgrund ihrer schulischen Leistungen einen entsprechenden Bildungserfolg erreichen, doch empirische Untersuchungen bestätigen die vorhandene Wechselbeziehung zwischen Bildungschancen und sozialer Herkunft."

Lang, Cornelia (2013): Soziale Ungleichheit und Bildung in Deutschland – Über ungleiche Bildungschancen aufgrund sozialer Herkunft. Bachelorarbeit

Abb. 1.8 Werden sich ihre Lebenswege nach der Grundschule aufgrund ihrer Herkunft trennen?

Bildung soll hinsichtlich der Verwertbarkeit für eine Berufsausbildung nicht einseitig verkürzt werden oder nur auf den Aufbau kognitiver Kompetenzen ausgerichtet sein. Der 12. Kinder- und Jugendbericht bezieht sich hier ebenfalls auf das ›Bildungsverständnis von Humboldts‹.

Bildungsverständnis von Humboldts → S. 20

> *Bildung als selbstbestimmter und aktiver Prozess der Entwicklung der Person ist … auf die Freiheit der Person sowie auf Verhältnisse angewiesen, die Anregungen ermöglichen und von der größten Armut und Not befreit sind. Diese Einsicht ist auch im 21. Jahrhundert nach wie vor aktuell.*
>
> Drucksache 15/6014 – Deutscher Bundestag – 15. Wahlperiode
> http://www.bmfsfj.de/doku/Publikationen/kjb/data/download/a-2.pdf, S. 83

1.3 Bildungspläne in der Kinder- und Jugendhilfe der Bundesländer

1.3.1 Rechtlicher Rahmen und gesellschaftliche Gründe für die Entstehung

Seit Anfang 2000 sind in allen 16 Bundesländern Bildungspläne für die Arbeit in Tageseinrichtungen für Kinder entwickelt worden. Hierfür gab es verschiedene gesellschaftliche Gründe. Anlass waren insbesondere die Ergebnisse der ersten ›PISA-Studie‹ (2000), die aufzeigten, dass deutsche Schüler in Fähigkeiten wie Lesefähigkeit und mathematischen Kompetenzen deutlich hinter anderen Nationen mit einem ähnlich hohen wirtschaftlichen Standard wie Deutschland lagen.

PISA-Studie → S. 63 Band 1

Lesen Sie mehr zu den PISA-Studien unter:

www.kmk.org/bildung-schule/qualitaetssicherung-in-schulen/bildungsmonitoring/internationale-schulleistungsvergleiche/pisa.html

Abb. 1.9 Schlechte Ergebnisse der PISA-Studie waren unter anderem Anlass für die Erarbeitung von Bildungsplänen.

Weiterhin wurde bei der Auswertung der Ergebnisse ein starker Zusammenhang zwischen sozialer Herkunft und erreichtem Bildungsniveau in Schulabschlüssen erkennbar, der die Frage nach der Chancengerechtigkeit für alle Kinder stellte.

Kindertageseinrichtungen haben einen Bildungsauftrag

Das Thema der frühen Förderung von Kindern vor dem Eintritt in die Schule rückte in den Mittelpunkt der bildungspolitischen und wissenschaftlichen Diskussion in Deutschland. Kindertageseinrichtungen wurden als erste Stufe des Bildungssystems anerkannt und in der gesellschaftlichen Öffentlichkeit nicht mehr nur als Betreuungseinrichtungen gesehen. Damit einher ging aber auch die Forderung, dass die Kindergärten ihrem Bildungsauftrag besser gerecht werden sollten. Der gesetzliche Auftrag der pädagogischen Arbeit in einer Tageseinrichtung für Kinder liegt immer schon in der Trias von ›Bildung, Erziehung und Betreuung‹ begründet, die in den länderspezifischen ›gesetzlichen Bestimmungen für Kindertagesstätten‹ verankert sind.

Bildung, Erziehung und Betreuung → *S. 28 Band 1*

gesetzliche Bestimmungen für Kindertagesstätten → *S. 56; S. 704 Band 1*

Kinder- und Jugendhilfegesetz → *S. 619 Band 1*

SGB VIII § 1 → *S. 49 Band 1*

Darüber hinaus ist für alle Bundesländer das ›Kinder- und Jugendhilfegesetz (KJHG, siehe: SGB VIII)‹ bindend, das als oberstes Ziel die Förderung des jungen Menschen zu einer eigenverantwortlichen und gemeinschaftsfähigen Persönlichkeit hat (›SGB VIII § 1‹).

Die Bildungspläne der Länder weisen in die Zukunft

Die eingeführten Bildungspläne in den Bundesländern konkretisieren diesen Bildungsauftrag und sollen dazu beitragen, die fachlichen Anforderungen an die sozialpädagogische Praxis zu verdeutlichen.

Über „Kindheit im Wandel" erfahren Sie mehr im Vortrag der Professorin für Schulpädagogik, Ursula Pfeiffer, vom 7. 10. 2005:
www.ph-weingarten.de/erziehungswissenschaft/downloads/geschichte_kindheit.pdf

Ein weiterer Grund für die Einführung der Bildungspläne lag in den gesellschaftlichen Veränderungen, die im ausgehenden 20. Jahrhundert in allen Lebensbereichen sichtbar wurden.

Insbesondere das lebenslange Lernen und die Bereitschaft, die demokratische Gesellschaft mitzugestalten, werden als bedeutsame Bildungsziele in den Vordergrund gerückt. Die Erwachsenen von morgen sollen auf eine Welt vorbereitet werden, die sich schnell wandelt und an der sie eigenverantwortlich mitgestalten. Das erfordert Anstrengungsbereitschaft, Flexibilität und Kreativität bei der Lebensbewältigung.

Das Bildungsziel Gemeinschaftsfähigkeit im Sinne eines sozialverantwortlichen Handelns erhält deshalb einen besonderen Stellenwert in den Bildungsplänen. Es stellt das Fundament für das Hineinwachsen in eine demokratische Gesellschaft dar.

Partizipation → *S. 240 Band 1*

UNICEF-Kinderrechte:
www.unicef.de/fileadmin/content_media/Aktionen/Kinderrechte18/UN-Kinderrechtskonvention.pdf

Frühpädagogik → *S. 58 Band 1*

Entwicklungspsychologik → *S. 396 Band 1*

Hirnforschung → *S. 153 Band 1*

Der Grundsatz der ›Beteiligung‹ von Kindern und Jugendlichen an allen sie betreffenden Entscheidungen findet sich bereits im Kinder- und Jugendhilfegesetz (§ 8 Abs. 1 und 2). Darüber hinaus verdeutlicht die UN-Kinderrechtskonvention die Rechte von Kindern.

Die Entwicklung der Bildungspläne fußt weiterhin auf den wissenschaftlichen Erkenntnissen der ›Frühpädagogik‹, der ›Entwicklungspsychologie‹ und der ›Hirnforschung‹, die die Bedeutung der frühen Förderung von Kindern durch zahlreiche Erkenntnisse belegen.

Da Bildung Ländersache ist und jedes Bundesland das Recht hat, Bildungspläne für sich zu entwickeln, ergibt sich eine Vielfalt von Vereinbarungen. Sie können auf der Internetplattform des Deutschen Bildungsservers eingesehen werden.

www.bildungsserver.de
- → Übergreifende Informationen
- → Gesamter Themenbereich
- → Bildungssysteme der Länder in der Bundesrepublik Deutschland

1.3.2 Gemeinsamkeiten der länderspezifischen Bildungspläne

Empfehlung statt Vorgabe

Für die Bildungspläne aller Bundesländer gilt das ›Subsidiaritätsprinzip‹ (SGB VIII, § 4). Es sichert allen Trägern der Kinder- und Jugendhilfe die Freiheit zu, auf der Grundlage des SGB VIII eigene Schwerpunkte für die pädagogische Arbeit in Kindertageseinrichtungen zu setzen. Darum war auch die Teilnahme der verschiedenen ›Trägerverbände‹ (z. B. Caritas, AWO) bei der Erstellung und Verabschiedung der länderspezifischen Bildungspläne freiwillig.

Subsidiaritätsprinzip → *S. 678 Band 1*

Trägerverbände → *S. 675 Band 1*

Auf diesem Hintergrund haben alle Bildungspläne den Charakter einer Empfehlung, die Anregungen und Ziele für die Arbeit in Tageseinrichtungen für Kinder formuliert, aber nicht vorschreibt. Hier unterscheidet sich die Vorgabe eindeutig vom schulischen System, das durch Lehrpläne verbindliche Vorgaben macht. Einerseits eröffnet sich mit dem Empfehlungscharakter die Chance, in Tageseinrichtungen für Kinder eine vielfältige Angebotsstruktur bereitzuhalten und damit Eltern und ihren Kindern Wahlmöglichkeiten zu eröffnen, andererseits besteht die Gefahr der Unverbindlichkeit, die dazu führen kann, dass fachliche Anforderungen an die pädagogische Arbeit zu wenig umgesetzt werden.

›Bild vom Kind‹

Bild vom Kind → *S. 160 Band 1*

Auch wenn die Ausführungen in den einzelnen Bildungsplänen variieren, lässt sich ein gemeinsames Grundverständnis erkennen.
Das Kind wird als ein lernmotivierter, aktiver und neugieriger Mensch gesehen, der seine Umwelt mit allen Sinnen erkundet, wenn er dabei feinfühlig und aufmerksam von Bezugspersonen begleitet wird. Kinder sind Konstrukteure ihrer Bildungsprozesse, die im Laufe ihres Bildungsweges individuelle Stärken und Interessen entwickeln.
Im hessischen Bildungs- und Erziehungsplan heißt es z. B.:

> *Kinder gestalten ihre Bildung und Entwicklung von Anfang an aktiv mit und übernehmen dabei entwicklungsangemessen Verantwortung, denn der Mensch ist auf Selbstbestimmung und Selbsttätigkeit angelegt.*
>
> Hessisches Sozialministerium / Hessisches Kultusministerium (Hrsg.) (2012): Bildung von Anfang an. Bildungs- und Erziehungsplan für Kinder von 0 bis 10 Jahren in Hessen. 4. Auflage, Wiesbaden, S. 20

←→ Inklusion

Wie kann die aktive Beteiligung aller Kinder an der Gestaltung ihrer Bildung und Entwicklung von Anfang an gewährleistet werden?

Bildungsverständnis in den Länderempfehlungen

Was den Bildungsprozess kennzeichnet und welche pädagogischen Konsequenzen dieses erfordert, orientiert sich an den wissenschaftlichen Begriffsbestimmungen von Bildung und den geschichtlichen Wurzeln des ›Bildungsverständnisses‹. Je nach Entstehungsbedingung des Bildungsplans gibt es auch eine klare Zuordnung zu einem wissenschaftlichen Bildungsverständnis. So sind z. B. der bayerische und hessische Bildungsplan unter der Mitwirkung von W. E. Fthenakis entstanden und spiegeln sein ›Bildungsverständnis‹ wider. In allen Plänen werden jedoch frühe Bildungsprozesse als Fundament für die weitere Bildungsentwicklung angesehen, sie sind somit unverzichtbar für eine erfolgreiche Persönlichkeitsentwicklung.

Bildungsverständnis → *S. 14*

Bildungsverständnis Fthenakis → *S. 23*

Wertevermittlung
Welche Werte lassen sich aus den allgemeinen Bildungszielen ableiten?

Bildungsverständnis und Bildungsziele

Was den Bildungsprozess kennzeichnet und welche pädagogischen Konsequenzen sich daraus ergeben, orientiert sich an den wissenschaftlichen Begriffsbestimmungen von Bildung und den geschichtlichen Wurzeln des Bildungsverständnisses. In vielen Bildungsplänen wird dem durch die Voranstellung allgemeiner Bildungsziele Rechnung getragen. Anschließend folgen spezifischere Ziele für die Arbeit in den verschiedenen Bildungsbereichen.

Ein Beispiel für die Formulierung von übergreifenden Zielen, die in allen Bildungsbereichen verfolgt werden sollen, findet sich sowohl in der bayerischen als auch in der hessischen Bildungsempfehlung in ähnlicher Form.

Diese Bildungsziele werden auch als „Basiskompetenzen" bezeichnet und stellen z. B. in Hessen „Vorbedingungen für den Erfolg und die Zufriedenheit in Familie, Kindergarten, Schule sowie im späteren Beruf" dar. Darüber hinaus sollen sie „zu einem lebenslangen Lernen" befähigen.

Im hessischen Bildungs- und Erziehungsplan werden u. a. folgende Basiskompetenzen aufgeführt, die für die Arbeit mit null- bis zehnjährigen Kindern gesetzt werden:

Basiskompetenzen	
Individuumsbezogene Kompetenzen sind Persönlichkeitsaspekte des Kindes, die es zu entwickeln und zu fördern gilt	personale Kompetenzen Motivation betreffende Kompetenzen emotionale Kompetenzen kognitive Kompetenzen körperbezogene Kompetenzen
Kompetenzen zum Handeln im sozialen Kontext als Voraussetzung für die Interaktion zwischen Menschen in verschiedenen Kontexten	soziale Kompetenzen Entwicklung von Werten und Orientierungskompetenz Fähigkeit und Bereitschaft zur Verantwortungsübernahme Fähigkeit und Bereitschaft zur demokratischen Teilhabe
Lernen und lernmethodische Kompetenz als Grundlage für bewussten Wissens- und Kompetenzerwerb, lebenslanges, selbstgesteuertes Lernen, Wissen, wie man lernt und es zur Lösung komplexer Problemsituationen einsetzt	Fähigkeit, neues Wissen bewusst, selbstgesteuert und reflektiert zu erwerben Fähigkeit, erworbenes Wissen anzuwenden und zu übertragen Fähigkeit, das eigene Lernverhalten zu beobachten und zu regulieren
Kompetenter Umgang mit Veränderung und Belastung	Widerstandsfähigkeit (Resilienz): „Resilienz baut auf den individuumsbezogenen und sozialen Basiskompetenzen auf und wird maßgeblich durch die sozialen Ressourcen des Kindes begünstigt, insbesondere durch stabile emotionale Beziehungen zu Bezugspersonen, ... positive Beziehungen zu anderen Kindern oder bereichernde Erfahrungen in den Bildungsinstitutionen."

Tab. 1.10 Basiskompetenzen aus dem hessischen Bildungs- und Erziehungsplan, S. 41–44

REFLEXION — **IMPULS** — LERNORTKOOPERATION

Nutzen Sie die Leitfragen der nordrhein-westfälischen Bildungsgrundsätze, um ein Angebot aus einem der Bildungsbereiche für die Kinder Ihrer Praxis-Einrichtung zu gestalten. Betrachten Sie die Leitfragen kritisch: Wo müssten sie möglicherweise ergänzt werden?

Die **Bildungsempfehlung** in Nordrhein-Westfalen formuliert ebenfalls übergreifende Kompetenzen:

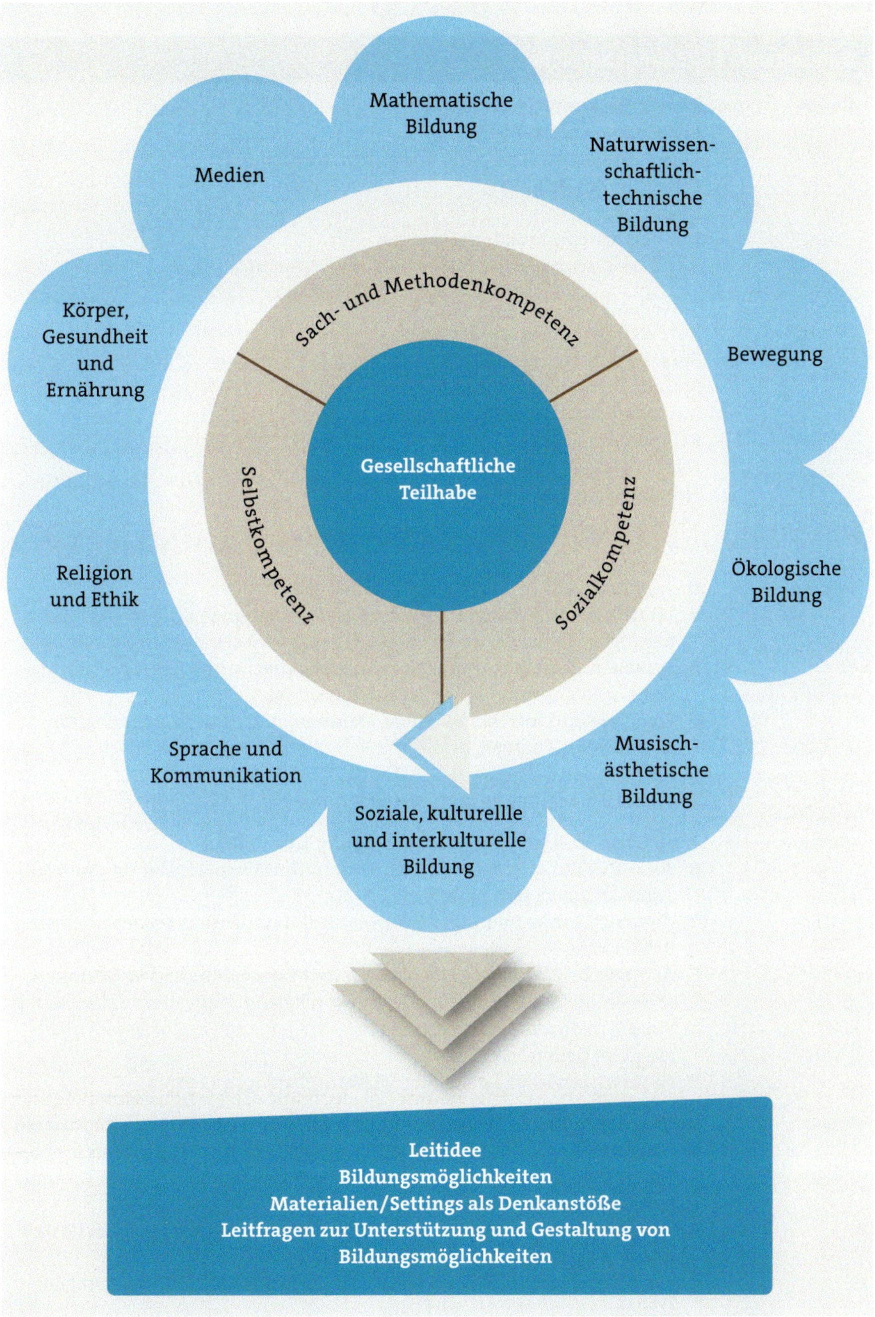

Abb. 1.11 Bildungsbereiche und Basiskompetenzen aus der Bildungsempfehlung NRW, S. 51

In der Bildungsempfehlung Nordrhein-Westfalens wird betont, dass die Abbildung nicht das Lernen in seinen Dimensionen und Prozessen aufzeigen soll, sondern dass sie als Vorschlag zu verstehen ist, wie Bildung in den Bildungsbereichen strukturiert werden kann. Auch geht das Schaubild nicht auf Lernformen und die sozialen Hintergründe der Kinder ein.

Bildungsbereiche

Im Vergleich der Bildungsempfehlungen von fünf Bundesländern zeigen sich sowohl die Unterschiede als auch ähnliche Gewichtungen in den Schwerpunkten.

Bundesland	Bildungsbereiche
Berlin	Körper, Bewegung, Gesundheit Soziale und kulturelle Umwelt Kommunikation: Sprache, Schriftkultur; Medien Bildnerisches Gestalten Musik Mathematische Grunderfahrungen Naturwissenschaftliche und technische Grunderfahrungen
Nordrhein-Westfalen	Bewegung Körper, Gesundheit und Ernährung Sprache und Kommunikation Soziale, kulturelle und interkulturelle Bildung Musisch-ästhetische Bildung Religion und Ethik Mathematische Bildung Naturwissenschaftlich-technische Bildung Ökologische Bildung Medien
Bayern	**themenbezogene Bildungs- und Erziehungsbereiche** A Werteorientiert und verantwortungsvoll handelnde Kinder: Werteorientierung und Religiosität, Emotionalität, soziale Beziehungen und Konflikte B Sprach- und medienkompetente Kinder: Sprache und Literacy, Informations- und Kommunikationstechnik, Medien C Fragende und forschende Kinder: Mathematik, Naturwissenschaften und Technik, Umwelt D Künstlerisch aktive Kinder: Ästhetik, Kunst und Kultur, Musik E Starke Kinder: Bewegung, Tanz, Rhythmik, Sport, Gesundheit
Sachsen	A Somatische Bildung: Körper, Bewegung, Gesundheit B Soziale Bildung: Soziales Lernen, Differenzerfahrungen, Werte und Weltanschauungen, Demokratie C Kommunikative Bildung: nonverbale Kommunikation, Sprache, Schriftlichkeit und Medien D Ästhetische Bildung: Musik, Theater und Tanz, bildnerisches Gestalten E Mathematische Bildung: Entdecken von Regelmäßigkeiten, Entwicklung eines Zahlenverständnisses, Messen, Wiegen und Vergleichen, Vorstellung von Geometrie F Naturwissenschaftliche Bildung: Natur, Ökologie, Technik
Hessen	**ineinandergreifende Schwerpunkte der Bildungs- und Erziehungsprozesse der Kinder:** A Starke Kinder: Emotionalität, soziale Beziehungen und Konflikte, Gesundheit, Bewegung und Sport B Kommunikationsfreudige und medienkompetente Kinder: Sprache und Literacy, Medien C Kreative, fantasievolle und künstlerische Kinder: Bildnerische und darstellende Kunst, Musik und Tanz D Lernende, forschende und entdeckungsfreudige Kinder: Mathematik, Naturwissenschaften, Technik E Verantwortungsvoll und wertorientiert handelnde Kinder: Religiosität und Wertorientierung, Gesellschaft, Wirtschaft, Kultur, Demokratie, Politik, Umwelt

Tab. 1.12 Die Inhalte der Bildungsbereiche einiger länderspezifischer Bildungspläne im Vergleich

REFLEXION IMPULS LERNORTKOOPERATION

Welche Gliederung der Bildungsbereiche in der Tabelle gefällt Ihnen am besten? Überlegen Sie, ob Sie etwas vermissen bzw. ergänzen würden. Gestalten Sie ein Tortendiagramm, in dem Sie jedem Bildungsbereich ein Tortenstück zuweisen – je nach Bedeutung, den er für Sie hat. Tauschen Sie sich darüber im Team und in der Klasse aus.

Ein Beispiel für Ziele im Bildungsbereich Körper

Als Beispiel für Ziele, die auf einen ›Bildungsbereich‹ bezogen sind, eignet sich der „Orientierungsplan für Bildung und Erziehung in baden-württembergischen Kindergärten und Kindertageseinrichtungen"(Fassung vom 15. März 2011, S. 29).

Bildungsbereich → S. 32

Hier werden z. B. folgende Ziele für das Bildungs- und Entwicklungsfeld „Körper" formuliert:
Kinder

- erwerben grundlegende Bewegungsformen und erweitern ihren Handlungs- und Erfahrungsraum.
- entwickeln ein Gespür für die eigenen körperlichen Fähigkeiten und Grenzen sowie die der anderen und lernen, diese anzunehmen.
- entwickeln ein erstes Verständnis für Pflege und Gesunderhaltung ihres Körpers
- entfalten ein positives Körper- und Selbstkonzept.
- entdecken ihre Sexualität, die Geschlechterunterschiede und erleben Behutsamkeit, Respekt und Gleichwertigkeit im Miteinander von Jungen und Mädchen.
- erfahren den genussvollen Umgang mit gesunder Ernährung.
- erweitern und verfeinern ihre grobmotorischen Fertigkeiten und Fähigkeiten.
- differenzieren ihre fein- und ›grafomotorischen‹ Fertigkeiten und Fähigkeiten aus und erweitern sie.
- erfahren ihren Körper als Darstellungs- und Ausdrucksmittel für Kommunikation, Kunst, Musik und Tanz, darstellendes Spiel und Theater.

Grafomotorik
rhythmisches, differenziertes Bewegen der Finger und Hände beim Schreiben

Bezug auf Qualitätskriterien der pädagogischen Arbeit

Alle länderspezifischen Bildungsempfehlungen nennen ausdrücklich konkrete Qualitätskriterien, die für die pädagogische Arbeit gelten sollen:

- Gestaltung einer entwicklungsfördernden Beziehung zwischen pädagogischer Fachkraft und Kind
- pädagogischer Umgang mit individuellen Unterschieden und Vielfalt
- methodische Aspekte der pädagogischen Arbeit, z. B. Hinweise zur Moderierung von Bildungs- und Erziehungsprozessen durch Ko-Konstruktion
- Raumgestaltung als lernanregendes Setting
- Beobachtung und Dokumentation
- Erziehungs- und Bildungspartnerschaft mit Eltern
- Gestaltung von Übergängen und Kooperation mit Grundschulen
- Zusammenarbeit mit anderen Fachkräften und Aufbau von regionalen Bildungsnetzwerken

Zum Teil werden diese Kriterien für spezielle Bildungsbereiche ausdifferenziert und konkretisiert.

Bezug auf die Behindertenrechtskonvention zur Inklusion

rechtliche Vorgaben → *S. 316 Band 1*

Inklusion → *S. 430 Band 1*

Alle neueren Bildungspläne nehmen die ›rechtliche Vorgabe‹ auf, ›Inklusion‹ in Bildungseinrichtungen zu verwirklichen. Sie treffen dazu Aussagen zum Umgang mit individuellen Unterschieden und soziokultureller Vielfalt.

1.3.3 Unterschiede der länderspezifischen Bildungsempfehlungen

Bezeichnung

Die Bezeichnungen der Bildungspläne variieren stark, häufig werden Formulierungen gewählt, die den Empfehlungscharakter verdeutlichen. In Baden-Württemberg heißt der Bildungsplan beispielsweise „Orientierungsplan für Bildung und Erziehung für die baden-württembergischen Kindergärten". Berlin verwendet ein Bildungsprogramm. Mecklenburg-Vorpommern geht von einer Bildungskonzeption für Kinder von null bis zehn Jahren aus, Nordrhein-Westfalen von „Grundsätzen zur Bildungsförderung für Kinder von 0 bis 10 Jahren in Kindertageseinrichtungen und Schulen im Primarbereich". Der Zusammenhang zwischen Erziehung und Bildung wird teilweise nur durch die Überschrift betont.

Abb. 1.13 Logo des hessischen Bildungsplans

Umfang

Die Umfänge der Bildungsempfehlungen unterscheiden sich ebenfalls deutlich voneinander. Es gibt eher knappe Darstellungen, die wenige Seiten umfassen, und Bildungspläne, die viele Aspekte differenziert auf über 400 Seiten erläutern. Hier zeigt sich, dass oft mit den Bildungsplänen auch ein Fortbildungsinteresse verbunden wird. Die Ausführungen sollen die im Land tätigen Fachkräfte mit neueren wissenschaftlichen Erkenntnissen in Kontakt bringen, um Innovationen anzustoßen.

Zielgruppen

Während die ersten Bildungspläne Anfang 2000 noch auf die Altersgruppe der drei- bis sechsjährigen Kinder bezogen waren, zeigt sich an den überarbeiteten Fassungen der letzten Jahre eine deutliche Erweiterung auf die Altersgruppe der null- bis zehnjährigen Kinder. Daran wird das Ziel deutlich, optimale Bildungsvoraussetzungen für das Kind zu schaffen. So werden , ›Übergänge‹ von der Familie in die Krippe bzw. Kindertagespflege oder von der Grundschule in die weiterführende Schule als pädagogisch bedeutsame Prozesse beschrieben und Kooperationen zwischen verschiedenen Institutionen als erforderlich angesehen.

Übergänge → *S. 654 Band 1*

In einigen Bundesländern ist die Zusammenarbeit von Kinder- und Jugendhilfe und Schule durch die Erstellung eines gemeinsamen Erziehungs- und Bildungsplans schon auf institutioneller Ebene gelungen. Diese „Konsistenz im Bildungsverlauf" (Fthenakis) soll die Bildungschancen für alle Kinder erhöhen, indem sich die Institutionen auf gemeinsame übergreifende Bildungsziele und ein gemeinsames Bildungsverständnis einigen konnten.

Entstehungsbedingungen, Erprobung und Fortschreibung
Einige Bildungspläne wurden im Rahmen einer wissenschaftlichen Begleitung erstellt, z.B. in NRW. In anderen Bundesländern wurde das Ziel verfolgt, möglichst viele verschiedene Akteure einzubeziehen, die mit ihren Fachkenntnissen und Perspektiven die Bildungsempfehlung entwickelt haben.
Zahlreiche Bundesländer haben Wert darauf gelegt, die Entwurfsfassung in einer Erprobungsphase der sozialpädagogischen Praxis zur Kenntnis zu geben und Anregungen aus dieser Phase einzuarbeiten, bevor die Endfassung verabschiedet wurde. Deren Gültigkeit ist länderspezifisch geregelt. Ob und in welcher Form die jeweilige Bildungsempfehlung evaluiert und fortgeschrieben wird, variiert stark.

Begleitung durch landesweite Fortbildungen
Je nach finanziellen Ressourcen der Bundesländer finden mit der Einführung bzw. Überarbeitung des Bildungsplans landesweite Fortbildungen für die Fachkräfte statt.

Zusatzmaterialien
Zahlreiche Bundesländer geben Zusatzmaterialien zu bestimmten Aspekten frühkindlicher Bildung heraus. Hier sind insbesondere die Materialien und die Handlungsempfehlungen zum Thema ›Sprachförderung‹ als Querschnittsaufgabe in der Bildungsarbeit zu nennen. Sie beruhen auf der Auswertung verschiedener Verfahren und beziehen auch die Kinder mit einer anderen Muttersprache ein.

Abb. 1.14 Sprache ist ein wichtiges Element im Bildungsprozess.

Sprachförderung → S. 296

REFLEXION | **IMPULS** | LERNORTKOOPERATION

Bereiten Sie in arbeitsteiliger Gruppenarbeit eine Präsentation Ihres länderspezifischen Bildungsplans vor. Nehmen Sie Kontakt zu verschiedenen Kindertageseinrichtungen auf und stellen Sie Ihren Teil auf einer Dienstbesprechung des Teams vor bzw. laden Sie Fachkräfte aus Kindertageseinrichtungen zu einer Informationsveranstaltung in die Schule ein. Diskutieren Sie mit den Fachkräften, welchen Stellenwert der Bildungsplan in der pädagogischen Arbeit für sie hat. Ermitteln Sie mögliche „Stolpersteine" für eine Realisierung bestimmter Empfehlungen im Bildungsplan.

Bildungspläne der Bundesländer für die frühe Bildung in Kindertageseinrichtungen finden Sie hier:

bildungsserver.de

→ Suchwort: Bildungspläne der Bundesländer für die frühe Bildung in Kindertageseinrichtungen

1.4 Bildung für eine nachhaltige Entwicklung

Nachhaltigkeit → *S. 403; S. 38 Band 1*

Nachhaltigkeit

Umwelt-, soziale und wirtschaftliche Aspekte gleichberechtigt berücksichtigen in der Sorge darum, den nachfolgenden Generationen ein intaktes ökonomisches, ökologisches und soziales System zu hinterlassen

www.nachhaltigkeit.info/artikel/definitionen_1382.htm

Nicht nur der Begriff Bildung, auch die Inhalte von ›Nachhaltigkeit‹ haben eine lange Tradition im Bewusstsein der Menschheit. Anfang des 18. Jahrhunderts formulierte Hans Carl von Carlowitz, damals Leiter des sächsischen Oberbergamtes, in seiner Sorge um Holz als knappem Rohstoff in seinem Werk „Sylvicultura oeconomica": „Schlage nur so viel Holz, wie der Wald verkraften kann. So viel Holz, wie nachwachsen kann." Von Carlowitz gilt damit als erster Verfechter von Nachhaltigkeit.
Heute beinhaltet der Begriff der Nachhaltigkeit nicht mehr nur die Grundregeln der Forstwirtschaft, sondern ist auf unsere gesamte Lebensweise ausgedehnt.

1.4.1 Welt-Dekade der Vereinten Nationen

2002 haben die Vereinten Nationen die Welt-Dekade „Bildung für nachhaltige Entwicklung" (BNE) unter dem Motto „Nachhaltigkeit lernen" für die Zeit von 2005 bis 2014 ausgerufen. Das Jahr 2014 markiert das Ende der UN-Dekade. Das Konzept soll aber weiter wichtig bleiben. Unter den Akteuren herrscht Einigkeit, dass viele im Rahmen der Dekade gestartete Maßnahmen weitergeführt werden müssen – deutschlandweit und international.

Dekade

altgriech: Zehnzahl
politisch: eine Initiative zu einem bestimmten Thema

www.bne-portal.de

Abb. 1.15 Das Logo der UN-Dekade/Weltdekade BNE in Deutschland

Die Kernaussage der ›BNE-Dekade‹ lautet, dass wir auf lange Sicht nicht auf Kosten anderer Menschen in anderen Regionen der Erde und auf Kosten zukünftiger Generationen leben können. Umwelt, Wirtschaft und Gesellschaft auf der Erde beeinflussen sich gegenseitig und es wird nicht gelingen, die Ressourcen der Welt zu bewahren, wenn Menschen um ihre wirtschaftliche Existenz kämpfen müssen. Nachhaltigkeit betrifft alle Ebenen des Zusammenlebens und des Alltags überall.
Am 30. Juni 2004 hat der Ausschuss für Bildung, Forschung und Technikfolgenabschätzung dem Deutschen Bundestag die Annahme des Aktionsplans „Bildung für nachhaltige Entwicklung" empfohlen (Drucksache 15/2758), die vom Bundestag einstimmig angenommen wurde.

Bildung hat einen hohen Stellenwert im Bewusstseinswandel. Menschen, die die Zusammenhänge zwischen gestern, heute und morgen verstehen und diese Zusammenhänge auch nachvollziehen können, sind eher in der Lage, die Lebensqualität der jetzigen Generationen zu sichern und gleichzeitig den zukünftigen Generationen die Wahlmöglichkeit zur Gestaltung ihres Lebens zu erhalten.

1.4.2 Nachhaltigkeit in verschiedenen Bereichen der Bildung

Bildung für nachhaltige Entwicklung findet an unterschiedlichen Orten statt.

Tageseinrichtungen für Kinder

BNE hat in der Elementarpädagogik noch nicht den Einzug gehalten wie im Bereich Schule. Die deutsche UNESCO-Kommission hat eine Erklärung zur Elementarpädagogik verfasst, die Vorschläge für eine zukunftsfähige Bildung macht und an die Politik und die Träger von Einrichtungen appelliert, diese zügig umzusetzen. Die Erklärung legt dar, dass Bildung von Anfang an auch die Bildung für nachhaltige Entwicklung umfasst. Die frühe Kindheit ist die sensible Phase der kindlichen Entwicklung. Zeitgemäße Pädagogik unterstützt daher die Kinder dabei, sich die Welt anzueignen und sie mitzugestalten. BNE bietet den frühkindlichen Einrichtungen eine Vielzahl von Ansätzen und Möglichkeiten zur lebendigen Ausgestaltung des Bildungsauftrags.

Informationen und Beispiele zur Gestaltung von Bildung für nachhaltige Entwicklung in Betreuungseinrichtungen für Kinder finden sich auf:

www.kita21.de
→ Kurzinfo
→ KITA21 im Portrait
→ Film angucken

Schule

Bildung findet nicht nur in der Schule statt, sondern überall, lauten die ›Leipziger Thesen› des Bundesjugendkuratoriums. Trotzdem sieht die UN-Dekade vor, das Konzept „Bildung für nachhaltige Entwicklung" gerade an den Schulen stärker zu etablieren. Mit zahlreichen Projekten und großzügigem Materialangebot für Lehrer wird das Thema dort bearbeitet und vertieft.

Leipziger Thesen → S. 25

Informationen und Material zur Gestaltung von BNE in Schulen finden sich auf:

www.transfer-21.de

Hochschule

An deutschen Hochschulen verstärkt sich das Engagement für die Bildung für nachhaltige Entwicklung. Lehre, Forschung und Dienstleistung bilden den Aufgabenbereich der Hochschulen. Damit übernehmen die Hochschulen Verantwortung als Zentren für Forschung und für die Ausbildung zukünftiger Entscheidungsträger. Die Vermittlung von fächerübergreifenden Kompetenzen und fachliche Spezialisierung sollen den Studierenden ermöglichen, die Probleme und Chancen nachhaltiger Entwicklung zu erkennen, zu beurteilen und verantwortungsvoll zu handeln.

Förderung von Medienkompetenz

Wie lassen sich Medien einsetzen, um die Bildung für nachhaltige Entwicklung an den unterschiedlichen Orten zu etablieren?

Berufliche Aus- und Weiterbildung

Den eigenen Arbeitsplatz ebenso nachhaltig zu gestalten wie Prozesse im Berufsleben, gehört zum nachhaltigen Denken und Handeln dazu. In Aus- und Weiterbildungen kann das vermittelt werden. Zum Beispiel wird in der Ausbildung zur Erzieherin das vernetzte Denken und Handeln durch das Lernfeldprinzip gefördert und die Lernenden werden in die Lage versetzt, Probleme vielschichtig zu betrachten und zu lösen.

Außerschulische Bildung und Weiterbildung

Lernorte für Nachhaltigkeit sind nicht nur Kindertageseinrichtungen und Schulen, sondern z. B. auch Volkshochschulen, Biosphärenreservate oder Umweltbildungszentren. Sie halten ebenfalls viele Möglichkeiten zur Erweiterung des Wissens über Nachhaltigkeit bereit. Ihre Angebote richten sich nicht nur an Einzelpersonen, sondern auch an Gruppen und finden teilweise am Wochenende statt, sodass Familien mit Kindern teilnehmen können.

Beispiele für Angebote außerschulischer Bildungsorte finden sich unter:

www.bne-portal.de

1.4.3 Weitere Aspekte der nachhaltigen Bildung

Informelles Lernen

Bildung für nachhaltige Entwicklung ist nicht nur etwas für Lerninstitutionen, sondern findet auch in informellen Lernsituationen statt. Beim Spielen, in der Freizeit mit Freunden oder Familie – ständig lernen wir bewusst oder unbewusst dazu. Das bedeutet, dass die alltägliche Lebenswelt dazu beträgt, unser Bewusstsein für die Nachhaltigkeit zu schärfen.

Verantwortliche für die Gestaltung der Lebenswelten haben die Verpflichtung, Bildung für nachhaltige Entwicklung zum Leitmotiv ihres Handelns zu machen.

Dimensionen der Nachhaltigkeit

Nachhaltigkeit bezieht sich auf folgende Dimensionen, die miteinander eng verbunden sind:

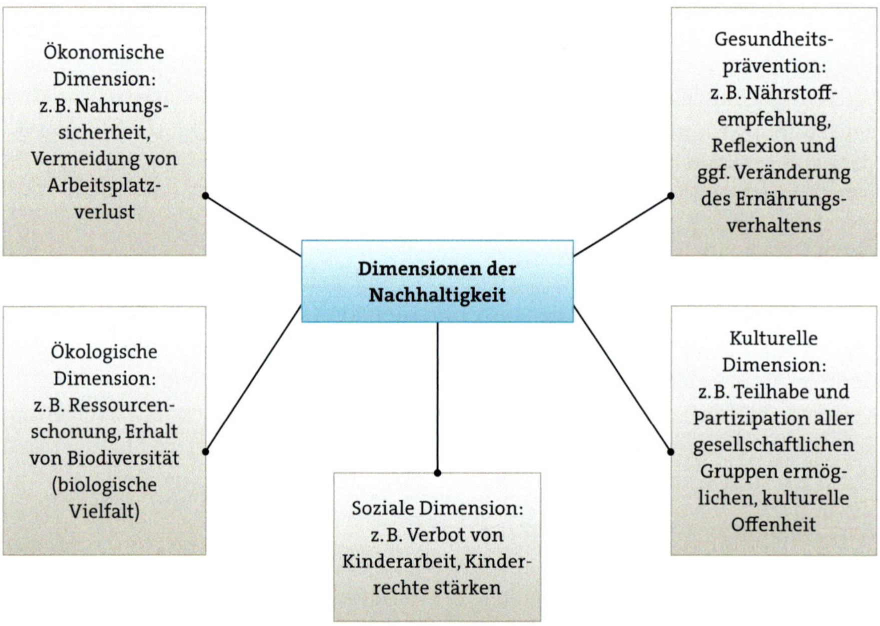

Die **Ziele,** welche die Bildung für nachhaltige Entwicklung verfolgt, sind vielfältig und lehnen sich an verschiedene Konzepte an.

Wesentliche Ziele sind:

- allen Menschen Bildungschancen zu eröffnen, um sich Wissen und Werte anzueignen
- Verhaltensweisen und Lebensstile zu erlernen, die für eine lebenswerte Zukunft und die Gestaltung einer zukunftsfähigen Gesellschaft erforderlich sind
- wirtschaftlichen Fortschritt sozial gerecht und umweltverträglich zu gestalten

Gestaltungskompetenz

In der Bildungsarbeit geht es grundsätzlich um die Förderung von Kompetenzen, die Menschen für die Gestaltung einer zukunftsfähigen Gesellschaft benötigen. Diese wird als „Gestaltungskompetenz" bezeichnet und in verschiedene Teilkompetenzen untergliedert.

Auch bei der Bildung für nachhaltige Entwicklung kann man Gestaltungskompetenz erwerben. Hier beinhaltet sie die Teilbereiche Methoden-, Sozial- und Selbstkompetenz.

Methoden- und Sachkompetenz	Soziale Kompetenz	Personale Kompetenz
T.1 Kompetenz zur Perspektivübernahme: Weltoffenheit, neue Perspektiven integrieren können, sich Wissen aneignen können	**G.1 Kompetenz zur Kooperation:** gemeinsam mit anderen planen und handeln können	**E.1 Kompetenz zur Reflexion auf Leitbilder:** die eigenen Leitbilder und die anderer reflektieren können
T.2 Kompetenz zur Antizipation: vorausschauend denken und handeln	**G.2 Kompetenz zur Bewältigung individueller Entscheidungsdilemmata:** an Entscheidungen partizipieren können	**E.2 Kompetenz zum eigenständigen Handeln:** selbstständig planen und handeln können
T.3 Kompetenz zur disziplinenübergreifenden Erkenntnisgewinnung: interdisziplinäre Erkenntnisse gewinnen und handeln	**G.3 Kompetenz zur Motivation:** andere motivieren können, aktiv zu werden	**E.3 Kompetenz zur Unterstützung anderer:** Empathie und Solidarität für Benachteiligte zeigen können
T.4 Kompetenz zum Umgang mit unvollständigen und überkomplexen Informationen: Risiken, Gefahren und Unsicherheiten erkennen und abwägen können	**G.4 Kompetenz zur Partizipation:** An kollektiven Entscheidungsprozessen teilhaben können	**E.4 Kompetenz zum moralischen Handeln:** Vorstellungen von Gerechtigkeit als Entscheidungs- und Handlungsgrundlage nutzen können

Tab. 1.16 Teilkompetenzen der Gestaltungskompetenz in der Bildung für nachhaltige Entwicklung (die in der Tabelle verwendeten Buchstaben stehen für T: Interaktive Verwendung von Medien und Tools; G: Interagieren in heterogenen Gruppen; E: Eigenständiges Handeln); Quelle: Bildung für nachhaltige Entwicklung – Hintergründe, Legitimation und (neue) Kompetenzen, S. 21

Die aktuellen ›Bildungspläne‹ nehmen auf die Bildung für eine nachhaltige Entwicklung Bezug und sehen darin eine ›Querschnittsaufgabe für die Arbeit in Tageseinrichtungen für Kinder‹.

Bildungspläne → S. 27

Querschnittsaufgaben für die Arbeit in Tageseinrichtungen für Kinder → S. 33 Band 1

REFLEXION ◀ IMPULS LERNORTKOOPERATION

Recherchieren Sie, in welcher Weise Bildung für eine nachhaltige Entwicklung in den länderspezifischen Bildungsempfehlungen vorkommt. Entwickeln Sie eine Projektidee, die in einer Tageseinrichtung für Kinder durchgeführt werden könnte. Nutzen Sie hierzu auch die Anregungen, die Sie auf den angegebenen Websites finden.

2 DIDAKTISCHE GRUNDLAGEN SOZIALPÄDAGOGISCHER BILDUNGSARBEIT

Abb. 2.1 Kinder brauchen das Gefühl von Sicherheit und eine anregungsreiche Umgebung, um sich positiv zu entwickeln

> *Ich bin klein, aber ich kann alles lernen!*
> Thore (4;6 Jahre).

Diese Formulierung macht deutlich, wie hoffnungsvoll Kinder in die Welt blicken können und sich mit ihren Anforderungen auseinandersetzen. Kinder sehen das Lernen oft als erfolgreiche Lebensaufgabe, die sie immer wieder einen Schritt nach vorn bringt und ihnen eine positive Entwicklung ermöglicht.

Erzieherinnen begleiten Kinder, Jugendliche und junge Erwachsene in ihrer Entwicklung: Sie betreuen und erziehen Menschen, die ihnen anvertraut sind, und ermöglichen es ihnen, verschiedene ›Entwicklungsaufgaben‹ zu bewältigen. Diesen Lernprozess müssen Erzieherinnen professionell gestalten können. Dazu gehören die Planung, Durchführung und Reflexion von Bildungsangeboten, durch die bestimmte Ziele erreicht sowie die Kinder und Jugendlichen in ihrer Entwicklung unterstützt werden können.

Entwicklungsaufgaben → *S. 89*

Didaktische Grundlagen bezeichnen sowohl inhaltliche als auch methodische Überlegungen und Vorgehensweisen, die zur Gestaltung von Lernprozessen nötig sind. Erziehende stellen in ihrer sozialpädagogischen Arbeit immer wieder Überlegungen an, welche Inhalte für die jeweilige Zielgruppe relevant sind und wie/wodurch es möglich ist, dass sich die Zielgruppe aktiv mit diesen Inhalten auseinandersetzt. Der Begriff Didaktik stammt vom griechischen „didaskein" ab und bezeichnet die Tätigkeiten des Lehrens, Lernens und Unterrichtens. In sozialpädagogischen Arbeitsfeldern liegt der Schwerpunkt auf der bewussten Gestaltung von Bildungsprozessen im alltäglichen Handeln. Es geht darum, wie Erziehende Kindern und Jugendlichen außerhalb schulischer Situationen im alltäglichen Zusammenleben Bildungsprozesse ermöglichen können.

←→ Wertevermittlung
Welche Bedeutung haben die eigenen Lernerfahrungen einer Erzieherin für ihre Aufgabe, Kindern und Jugendlichen Bildungsprozesse zu ermöglichen?

Lernen kann auf unterschiedliche Weise geschehen. Lernpsychologen haben verschiedene Theorien entwickelt, wann, wodurch und wie Menschen ›lernen‹.

Lerntheorien → *S. 406 Band 1*

2.1 Lernen, Entwicklung und Bildung

Bis vor einigen Jahrzehnten existierte in der Gesellschaft die Vorstellung, dass Erwachsene ihren Wissensvorsprung und ihre Erfahrungen einsetzen müssen, um Kinder und Jugendliche zu bilden – die Richtung des Lernens war also vorgegeben: Der Jüngere (das Kind) lernt vom Älteren (dem Erwachsenen) und „wird so gebildet". Heute wissen wir, dass Kinder einen eigenen Antrieb zum Lernen haben, dass sie aktiv den Kontakt zu anderen Menschen und zu ihrer Umwelt herstellen, um eigene aktive Bildungserfahrungen zu machen. Sie agieren als „forschender Lerner" und machen sich ein eigenes Bild von der Welt. Erwachsene begleiten, regen an, fordern heraus und sehen sich als ›Lernpartner‹ des Kindes.

ko-konstruktives Lernen → *S. 23*

2.1.1 Selbstbildungsprozesse

Forschungen Piagets

Dass Kinder selbst an ihrer Bildung und an ihrem Lernen selbst einen großen Anteil haben, hat schon der Schweizer Entwicklungspsychologe ›Jean Piaget‹ (1896–1980) entdeckt. Durch seine Forschung wurde deutlich, dass sich Kinder aktiv mit ihrer Umwelt auseinandersetzen. Seine Vorstellung war, dass sich Menschen entwickeln, indem sie verschiedene aufeinanderfolgende Stadien durchlaufen und dadurch bestimmte Entwicklungsstufen erreichen. Die Reihenfolge dieser Entwicklungsstufen ist bei allen Menschen gleich, das Tempo, mit dem diese erreicht werden, ist jedoch von Mensch zu Mensch verschieden.

Piaget → *S. 95; S. 398 Band 1*

Piaget stellte dabei zwei Prozesse in den Mittelpunkt, durch die das Wissen und das Denken von Kindern immer differenzierter werden:

Assimilation	Akkommodation
Informationen aus der Umwelt des Kindes werden seinen Denkschemata angepasst.	Bereits vorhandene Denkschemata werden durch neue Informationen verändert und angepasst.
Johann hat gestern mit seiner Mutter im Sandkasten gespielt. Er ließ den Sand durch seine Hände rieseln, grub ein kleines Loch und häufte den Sand daneben zu einem Hügel auf. Nach einer Weile nahm er eine Handvoll Sand aus dem Sandkasten heraus. Er hielt sie seiner Mutter hin und sagte: „Da!" Die Mutter antwortete: „Danke, Johann. Da hast du aber eine Menge Sand genommen." Sie nahm den Sand entgegen und häufte ihn auf Johanns Hügel. Das wiederholte sich einige Male, bis ein Sandberg entstand. Johann hat durch diese Erfahrung ein sogenanntes Schema (eine Denkstruktur) aufgebaut: „Ich kann Sand mit meinen Händen festhalten und ihn anhäufen, sodass ein kleiner Sandberg entsteht." Heute geht Johann in die Krippe. Die Kinder gehen mit den Erzieherinnen auf das Außengelände. Johann und Natalia häufen auf einer Stelle einen großen Sandberg auf. Die Erzieherin sagt: „Ihr habt aber Kraft in euren Händen und Armen, das ist ja schon ein Riesenberg geworden!" Johann nickt und strahlt.	Johann wird vom Vater aus der Krippe abgeholt. Nach dem Abendessen soll Johann baden. Der Vater zieht ihm die Kleidung aus und setzt ihn in die blaue Badewanne. Johann lacht und bewegt seine Hände und Füße im warmen Wasser. Er beobachtet seine Umwelt und vergleicht seine Vorkenntnisse mit seinen Erfahrungen. So greift er mit beiden Händen ins Wasser, stellt dabei jedoch fest, dass er das Wasser nicht festhalten kann. Er versucht es immer wieder, aber das Wasser rinnt ihm durch die Finger. Johanns Denkstruktur (sein Schema: „Ich kann Dinge mit meinen Händen festhalten") passt nicht zu den neuen Eindrücken. Er muss sein Schema der Umwelt anpassen, akkommodieren: „Feste Dinge wie Sand kann ich mit den Händen festhalten, aber Wasser nicht." Der Vater nimmt Johanns Spielzeugeimer und legt ihn in die Badewanne. Er zeigt Johann, wie er das Wasser mit dem Eimer schöpfen kann. Nun greift Johann beidhändig nach dem Eimer und versucht, das Wasser mit dem Eimer zu schöpfen.

Tab. 2.2 Beispiele für Assimilation und Akkommodation

Ein Kind lernt sowohl aufgrund von eigenen Selbstbildungsprozessen, z. B. indem es selbstständig mit dem Sand experimentiert, ein Loch gräbt und einen Sandberg aufschichtet, als auch durch Anregungen von Erwachsenen (zur Verfügung stellen des Eimers).

Erzieherinnen können diese **Selbstbildungsprozesse** bei Kindern wahrnehmen, wenn sie das Verhalten der Kinder intensiv beobachten und Rückschlüsse auf die Engagiertheit der Kinder schließen. Ein hohes Maß an Engagiertheit und Wohlbefinden sind nach dem Leuvener Modell (eine Form von ›Beobachtung‹ und Beschreibung kindlichen Verhaltens, entwickelt von Ferre Laevers) als Grundvoraussetzungen für selbstinitiierte Bildungsprozesse. Wenn ein Kind das Gefühl des Einsseins mit sich und der Umwelt erlebt und sich intrinsisch (selbst, von sich aus) motiviert völlig einer Aktivität hingeben kann, dann finden intensive Entwicklungs- und Bildungsprozesse statt.

Beobachtung → S. 102

Der belgische Erziehungswissenschaftler Ferre Laevers hat eine 5-Punkte-Skala zur Stärke der Engagiertheit entwickelt, anhand der Erzieherinnen erkennen können, wie ausgeprägt die Engagiertheit eines Kindes ist:
1. anhaltend intensive Aktivität
2. Aktivität mit intensiven Momenten
3. mehr oder weniger andauernde Aktivität
4. häufig unterbrochene Aktivität
5. keine Aktivität

Um zu erkennen, welche Stufe erreicht wurde, kann das Verhalten des Kindes anhand folgender Merkmale differenzierter beobachtet werden:

Konzentration	Das Kind lässt sich nicht ablenken, der Blick ist auf sein Tun gerichtet.
Energie	Das Kind ist körperlich engagiert, hat rote Wangen, teilt sich lebhaft sprachlich mit, zeigt körperliche Reaktionen wie Öffnen des Mundes oder Bewegungen mit der Zunge.
Komplexität und Kreativität	Das Handeln des Kindes geht über bekanntes, routiniertes Verhalten hinaus.
Körperhaltung, Mimik	Das Kind schaut konzentriert, der Körper zeigt eine gewisse Grundspannung.
Ausdauer	Das Kind vergisst die Zeit und lässt sich nicht ablenken.
Reaktion	Das Kind kann neue Impulse aufnehmen und umsetzen.
Verbale Äußerungen	Das Kind drückt sein Erleben, seine Gefühle aus.
Zufriedenheit	Das Kind zeigt sich zufrieden mit dem, was es erreicht hat.

Tab. 2.3 Verhaltensmerkmale des Kindes nach der Engagiertheitsskala von Laevers

Kinder lernen jedoch nicht nur durch Selbstbildungsprozesse, sondern auch durch konkrete Anreize von anderen Personen. Im Beispiel unterstützt der Vater Johann, indem er ihm einen kleinen Eimer anbietet und ihm zeigt, wie er das Wasser schöpfen kann. Im Laufe seiner Entwicklung wird Johanns Denken dadurch immer differenzierter. Schemata werden ergänzt oder neu angelegt, sodass Johann später z. B. erkennt, dass feste Stoffe greifbar sind, flüssige und gasförmige jedoch nicht.

Ein Kind ist nach ›Piagets‹ Theorie ständig mit der Überprüfung von Denkstrukturen beschäftigt. Dabei versucht es, ein Gleichgewicht herzustellen zwischen dem, was es schon versteht, und dem, was es neu erfährt. Diese Tendenz zum Gleichgewicht bezeichnet Piaget als ›„Äquilibration"‹. Sie ist notwendig, damit sich Denkmuster und Schemata ändern und eine geistige Weiterentwicklung erfolgen kann.

Piaget → S. 398 Band 1

Äquilibration → S. 399 Band 1

Abb. 2.4 Selbstbildungsprozess: Wasser kann man nicht festhalten.

REFLEXION IMPULS LERNORTKOOPERATION

Beobachten Sie forschendes Lernen von Kindern in einer sozialpädagogischen Einrichtung und übertragen Sie Ihre Beobachtungen auf die oben erläuterten Denkprozesse. Wenn wir wissen, dass sich durch Erfahrungen immer neue Schemata bilden und Kinder dadurch ihr Denken und Wissen differenzieren können, dann liegt es auf der Hand, dass Erzieherinnen Kindern diese Erfahrungen mit Neuem ermöglichen und diese auch sprachlich professionell begleiten müssen. Um die Motivation der Kinder aufrechtzuerhalten und auch eine sprachliche Unterstützung der Kinder zu gewährleisten, sollten Erzieherinnen den Kindern ein korrektives Feedback geben. Das bedeutet, dass sie Aussagen der Kinder nicht verneinen, sondern das Gesagte in korrekter Form wiedergeben, damit das Kind einen Lernzuwachs bekommt.

Sprachliche Bildung
Wie wirkst sich das korrektive Feedback auf die Sprachentwicklung von Kindern aus?

BEISPIEL Ein Kind sagt zur Erzieherin: „Du, das ist ein Fisch auf dem Bild, schwarz-weiß ist der." Erzieherin: „Das schwarz-weiße Tier ist ein Orca, ein Schwertwal."

Die Erzieherin verzichtet darauf, dem Kind zu sagen: „Nein, das stimmt nicht. Das ist ein Orca", sondern sie korrigiert das Kind, ohne seine Äußerung abzuwerten.

Erzieherinnen können nicht direkt dafür sorgen, dass sich Bildungsprozesse bei Kindern und Jugendlichen abspielen, denn diese sind ja innerliche Prozesse, die im Gehirn verortet sind und nicht bewusst von außen gesteuert werden können. Trotzdem können Erzieherinnen diese Prozesse durchaus herausfordern, unterstützen und begleiten. Kinder sind bei Bildungsprozessen auf Erwachsene angewiesen, die sie liebevoll und kompetent begleiten und ihnen Anregungen geben. Durch die Unterstützung von Erwachsenen können Kinder ihre ›Entwicklungsaufgaben‹ selbst bewältigen und selbstbewusst an ihnen wachsen. Sie lernen durch die Auseinandersetzung mit sich, ihrem Körper, der Umgebung und der Auseinandersetzung mit anderen Menschen.

Entwicklungsaufgaben → *S. 89*

Forschungen Wygotskis

Wygotski → S. 404 Band 1

Die Idee, dass der Mensch sich als soziales Wesen durch den Kontakt zu seinen Bezugspersonen entwickelt, ist grundlegend für das **sozialkonstruktivistische Bildungsverständnis**. Dieses Bildungs- und Lernverständnis geht zurück auf einen Zeitgenossen Piagets, Lew Semjonowitsch ›Wygotski‹ (1896–1934). Trotz seines frühen Todes mit 37 Jahren veröffentlichte er mehr als 180 Bücher und Artikel. Wygotski ging davon aus, dass das Kind nicht nur als Individuum gesehen werden muss, sondern als Individuum im sozialen und kulturellen Zusammenhang. Gemeinsame Erfahrungen und soziale Phänomene nehmen im Bildungs- und Lernprozess eine tragende Rolle ein. Zunächst agiert das Kind in Interaktion mit anderen Menschen, „kompetenteren Personen", die ihm den Weg weisen. Erst dann verinnerlicht es seine Aktivitäten und erlangt dadurch die Fähigkeit, selbstständig zu agieren. Erzieherinnen übernehmen eine aktive, führende Rolle, indem sie mit den Kindern interagieren und ihnen durch gezielte Angebote kulturelle Inhalte und Denkweisen vermitteln.

> *Was das Kind heute in Zusammenarbeit und unter Anleitung vollbringt, wird es morgen selbständig durchführen können. [...] Wenn wir also untersuchen, wozu das Kind selbständig fähig ist, untersuchen wir den gestrigen Tag. Erkunden wir jedoch, was das Kind in Zusammenarbeit zu leisten vermag, dann ermitteln wir seine morgige Entwicklung.*
>
> Wygotski, Lew Semjonowitsch (1987): Ausgewählte Schriften. Band 2: Arbeiten zur psychischen Entwicklung der Persönlichkeit, Pahl-Rugenstein, Köln, S. 83

Wygotski schuf in diesem Zusammenhang den Begriff „Zone der nächsten Entwicklung". Nach Wygotski sind Bildungsangebote nur dann erfolgreich, wenn sie diese „Zone der nächsten Entwicklung" berücksichtigen, wenn also die Erzieherin ihr Bildungsangebot so gestaltet, dass sie dem Kind einen Schritt voraus ist. Wenn sie auf dem aktuellen Entwicklungsniveau des Kindes liegt, dann lernt das Kind nichts Neues, ist sie allerdings zu weit vom jetzigen Niveau entfernt, ist das Kind überfordert. Die Kunst ist es, Bildungsangebote so zu gestalten, dass sie das Kind zum Lernen herausfordern, ohne es zu überfordern.

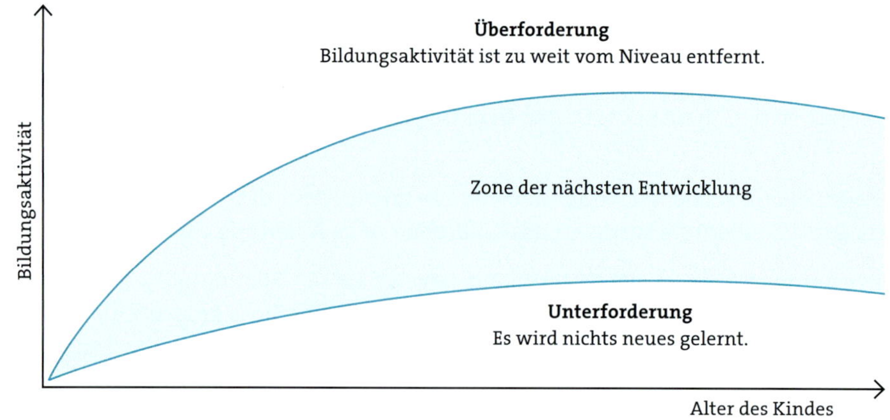

Abb. 2.5 Zone der nächsten Entwicklung

Beobachtung → S. 102
Entwicklungsstand → S. 86

Für Erzieherinnen bedeutet das, dass sie durch differenzierte ›Beobachtung‹ den aktuellen ›Entwicklungsstand‹ eines Kindes erfassen und Schlüsse auf dessen Entwicklungspotenzial ziehen müssen.

Zur Gestaltung von Bildungsangeboten hat Wygotski verschiedene Stufen entwickelt, die eine angemessene Förderung der Kinder ermöglichen sollen:

Stufe 1:
Vormachen und nachmachen lassen

Stufe 2:
Etwas beginnen und zu Ende führen lassen

Stufe 3:
Eine schwierige Aufgabe gemeinsam lösen

Stufe 4:
Hilfestellung beim eigenständigen Lösen geben

2.1.2 Die Rolle der Erzieherin bei der Durchführung von Bildungsangeboten

Bei der Durchführung von Bildungsangeboten nimmt die Erzieherin mehrere unterschiedliche Rollen ein:

- Zunächst ist sie die Beobachtende und Analysierende. Sie nimmt den aktuellen und den potenziellen Entwicklungstand des Kindes wahr, indem sie differenziert beobachtet, analysiert und daraus pädagogische Konsequenzen ableitet.
- Im Anschluss an die differenzierte Fremdwahrnehmung und Analyse plant sie ein Bildungsangebot, welches die „Zone der nächsten Entwicklung" einbezieht, wählt Thema, Zielgruppe, Materialien und Medien aus und bereitet die Lernumgebung vor. Dabei nimmt sie die Rolle der Gestalterin ein.
- Während des Bildungsangebots ist die Erzieherin Dialogpartnerin. Sie regt durch ihre Kommunikation mit den Kindern deren Denken an, vermittelt Inhalte etc.
- Außerdem nimmt sie selbst als Spielpartnerin und aktive Teilnehmerin am Bildungsangebot teil. Dabei beachtet sie das Stufenmodell und unterstützt die Kinder so viel wie nötig, aber so wenig wie möglich. Sie regt neue Erfahrungen an und ermuntert zu selbstständigem Handeln.
- Die Erzieherin übernimmt durchgängig die Rolle des „Verhaltensmodells", sie ist Stellvertreterin ihrer Kultur und Gesellschaft und vermittelt ihre eigenen Kenntnisse und Fertigkeiten.

REFLEXION **IMPULS** LERNORTKOOPERATION

Erinnern Sie sich an ein Bildungsangebot, das Sie entweder selbst geplant und durchgeführt oder das Sie in der sozialpädagogischen Praxis beobachtet haben. Welche Rollen konnten Sie bei sich selbst bzw. bei der Erzieherin erkennen? Stellen Sie innerhalb Ihrer Lerngruppe die Ergebnisse zusammen. Welche Rolle wird häufig genannt? Welche ist eher selten erfüllt worden? Suchen Sie nach Erklärungen.

2.2 Bedeutung der Interaktion und Kommunikation im Bildungsprozess

Wertevermittlung
Welchen Einfluss haben eigene Erfahrungen in der Beziehungsgestaltung auf die sozialpädagogische Arbeit mit Kindern und Jugendlichen?

" Die Gefühle von Menschen, die Liebe von Menschen oder der Mangel an Liebe, die Beziehungen zwischen Kindern und Erwachsenen, das alles bedeutet mir mehr als irgendetwas anderes.

Astrid Lindgren; in: Edström, Vivi (1997): Astrid Lindgren: Im Land der Märchen und Abenteuer. 3. Auflage. Oetinger Verlag, Hamburg

Beziehung → *S. 175 Band 1*

Diese Worte der bekannten schwedischen Kinderbuchautorin Astrid Lindgren sollten für alle gelten, die sich mit Erziehung und Bildung von Kindern auseinandersetzen, denn nur die liebevolle ›Beziehung‹ der Menschen untereinander ermöglicht gelingende Kommunikation und Interaktion und somit auch gelingende Lernprozesse.

Selbstbildungsprozesse → *S. 41*

Interaktion → *S. 198 Band 1*

Dass Kinder Bildungserfahrungen machen können, erfordert nicht nur ›Selbstbildungsprozesse‹, sondern zusätzliche Bildungsanreize durch Erzieherinnen und die gezielte Auseinandersetzung mit der Umwelt. Es reicht nicht aus, dass Kinder selbst aktiv sind und sich dadurch bilden, sie brauchen Ansprache, Kommunikation und ›Interaktion‹ mit Bezugspersonen, um Bildungsprozesse vollständig ausschöpfen zu können.

2.2.1 Lernen im kindlichen Austausch

Wissen wird auch im gegenseitigen kindlichen Austausch aufgebaut und erweitert.

BEISPIEL Zwei Kinder spielen mit Spielfiguren „Zoo“:

Lukas (3 Jahre): Du, die Giraffe wohnt wohl da in dem Stall, oder?
Seyma (5 Jahre): Ja, und da kriegt sie immer was zu Fressen von dem Zoowärter. Der macht dann wohl da die Tür auf und legt das Fressen dahin.
Lukas: Ja, der legt dann das Heu dahin und Bananen, oder?
Seyma: Nee, die Giraffe frisst doch keine Bananen – das ist doch kein Affe!
Lukas: Nee ... Der Bär wohnt wohl da oben, oder? Der hat da einen Ausguck!
Seyma: Was ist das denn?
Lukas: Na so was, wo der drauf stehen kann und weit gucken kann!
Seyma: Ach so, aber der ist doch viel zu schwer für die Platte. Da kann der ja gar nicht stehen. Wie soll denn der da hochkommen?
Lukas: Bären können gut klettern – das hab' ich schon mal gesehen! Die Platte ist auch ganz stark – die ist aus Eisen!
Seyma: Na gut, der Bär guckt wohl zu der Giraffe rüber, oder?
Lukas: Ja ...

Lukas erfährt von Seyma, dass Giraffen keine Bananen fressen, während Seyma durch das Spiel mit Lukas das ihr unbekannte Wort „Ausguck“ kennenlernt. Beide Kinder lernen durch das gemeinsame Spiel und den Dialog miteinander und voneinander.

2.2.2 Lernen im dialogischen Prozess mit Erwachsenen

Auch Erzieherinnen und Kinder lernen gemeinsam durch Interaktion, also den gegenseitigen Austausch. Dabei ist der Erwachsene nicht ausschließlich Experte, weil er in den meisten Dingen über mehr Wissen und Kompetenzen verfügt, sondern er sieht sich als Mit-Lerner. Die Kompetenzen der Kinder werden erkannt und ernst genommen, Erzieherin und Kinder kommunizieren partnerschaftlich im Dialog. Dabei ist die Haltung der Erzieherin für den Bildungsprozess des Kindes prägend. Diese ›Haltung‹ gegenüber dem Kind basiert auf

Haltung der Erzieherin → S. 30 Band 1

- **Wertschätzung:** Die Erzieherin wendet sich dem Kind liebevoll und wertschätzend zu und geht feinfühlig auf dessen Wünsche und Interessen ein.
- **Kompetenzorientierung:** Die Erzieherin gibt anregende Impulse und angemessene Unterstützung, ohne das Kind in seiner Eigenaktivität zu begrenzen. Dabei ist es wichtig, differenzierte Beobachtungen in Bezug auf die Möglichkeiten und Kompetenzen des Kindes zu machen. Im Zentrum steht, welches Wissen das Kind bereits hat und was es schon kann. Daran anknüpfend werden neue Lernerfahrungen ermöglicht.
- **Partizipation:** Das Kind kann durch eigene Wünsche, Meinungen, Überlegungen etc. mitbestimmen und den Lernprozess aktiv mitgestalten.
- **Flexibilität:** Die Erzieherin geht flexibel auf Fragen und Wünsche des Kindes ein, sie ist beweglich in ihrer eigenen Planung und kann sich auf Änderungen einlassen.
- **Fehlerfreundlichkeit:** Fehler werden zugelassen, weil sie uns zu neuen Denkprozessen herausfordern (nicht alles muss immer sofort richtig sein!).
- **Selbstreflexion:** Auch das eigene Verhalten wird von der Erzieherin immer wieder reflektiert, sie ist sich ihrer eigenen Werte und ihrer Haltung gegenüber dem Kind bewusst.

Die zentrale Aufgabe der Erzieherin ist es, optimale Bedingungen für Bildungsprozesse zu schaffen, die eigenaktives, individuelles und kooperatives Lernen ermöglichen. Dazu gehört das Bewusstmachen der eigenen Haltung dem Kind, seinen Kompetenzen und Bildungsprozessen gegenüber, dazu gehört aber auch die Auseinandersetzung mit bestimmten Themen.

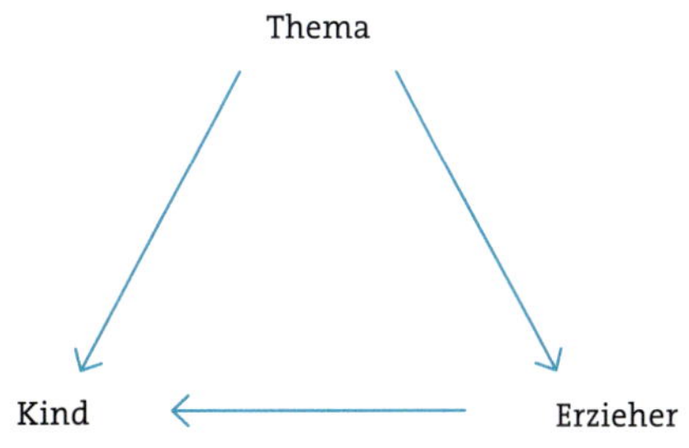

Aufgabe der Erzieherin besteht darin, ein gemeinsames Thema zu finden. Dazu nutzt sie Hinweise von Kindern (Äußerungen, Wünsche, Verhaltensbeobachtungen etc.). Sie ermöglicht den Kindern durch eine gezielte Planung die Auseinandersetzung mit dem Thema durch Interaktion. Lern- und Bildungsprozesse werden durch geeignete Impulse und die aktive Auseinandersetzung mit der sozialen Umwelt angeregt und besonders unterstützt.

Interaktionen bewusst leiten

BEISPIEL Bill (4;3 Jahre) und Lia (10;1 Jahre) sitzen gemeinsam mit der Erzieherin Laura im Wohnzimmer auf dem Sofa. Lia streichelt die Katze des Kinderheims, die vor einigen Wochen von einem Auto angefahren wurde.

Lia: „Wie schön, dass es dir wieder gut geht, Minka!"

Bill: „Ja, jetzt musst du aber gut aufpassen, wenn du über die Straße läufst. Sonst wirst du noch mal totgefahren und stirbst."

Lia: „Nee, das geht doch gar nicht!"

Bill: „Jawohl – na klar kann man sterben!"

Lia: „Weiß ich auch, aber man kann nicht öfter sterben – das geht nur einmal."

Erzieherin: „Ja, Minka hat großes Glück gehabt – sie wurde angefahren und war schwer verletzt, aber sie hat überlebt. Sie ist nicht gestorben."

Bill: „Ja, weil sonst wär' sie ja jetzt tot!

Lia: „Genau, und dann wär' sie nicht hier. Wenn man tot ist, dann kommt man nicht wieder."

Bill: „Dann liegt man einfach da und wird eingegraben."

Erzieherin: „Das stimmt, Menschen und manchmal auch Tiere, die sterben, werden in der Erde begraben. Dann haben die Menschen, die die Verstorbenen lieb gehabt haben, einen Platz, an dem sie an sie denken können."

Lia: „Einmal habe ich auf dem Friedhof ein Grab gesehen, da standen ein Foto und ein Engel – das sah schön aus. Liegt man da ganz unten in der Erde?"

Erzieherin: „Ja, der Körper liegt in einem Sarg in der Erde."

Bill: „Und was ist, wenn man wieder aufwacht?"

Lia: „Das geht doch gar nicht!"

Erzieherin: „Wenn man tot ist, kann man nicht wieder aufwachen. Aber die Vorstellung, dass das passieren könnte, kann einem schon Angst machen. Deshalb wird ganz genau überprüft, ob derjenige wirklich gestorben ist. Wisst ihr, woran man erkennen kann, ob jemand gestorben ist?"

Lia: „Ja, der atmet nicht mehr."

Bill: „Und bewegt sich nicht mehr. Der Vogel neulich – der kleine, der aus dem Nest gefallen ist, der war auch tot."

Erzieherin: „Ja, ich erinnere mich, den habt ihr auch begraben, weißt du noch?"

Bill: „Ja, und das Grab haben wir auch mit Blumen geschmückt, oder, Lia? Komm, wir gehen mal gucken, ob das noch zu sehen ist. Ich habe einen Stein hingelegt, damit ich die Stelle wiederfinden kann."

Lia: „Geh' schon mal vor! Ich komme gleich!"

Bill zieht sich an und rennt in den Garten. Laura sieht Lia an und nickt ihr aufmunternd zu.

Lia: „Glaubst du, dass ich in den Himmel komme, wenn ich tot bin?"

Erzieherin: „Ich weiß es nicht. Ich glaube aber schon daran, dass diejenigen, die gestorben sind, irgendwo weiterleben – zumindest die Seelen der Menschen." „Viele Menschen glauben, dass wir nicht nur aus unserem Körper bestehen, sondern auch eine Seele haben. Das, was wir denken und fühlen, die Besonderheiten, die uns ausmachen, das ist unsere Seele. Manche Menschen glauben auch, dass sie noch einmal wiedergeboren werden ..."

Lia: „Ja, das weiß ich, das glaube ich aber nicht. Ich würde gern im Himmel sein und runtergucken auf euch alle."

Im Beispiel wird deutlich, wie es der Erzieherin gelingt, die Interaktion mit den Kindern bewusst zu leiten und durch diesen Interaktionsprozess Denkanstöße zu geben, Erklärungen zu finden, Vorstellungen zu transportieren etc. Dabei geht sie auch auf den individuellen Entwicklungsstand des jeweiligen Kindes ein und ermutigt es, Fragen zu stellen. Die Antworten entsprechen ihrer eigenen persönlichen Einstellung. Sie macht deutlich, dass es manchmal nicht auf alle Fragen definitive Antworten gibt, stellt jedoch ihre persönliche Sicht der Dinge dar und gibt Beispiele.

Kommunikation als Unterstützung des Lernprozesses

Es gibt zahlreiche Möglichkeiten für die Erzieherin, Interaktionsprozesse zu gestalten.

Möglichkeiten	Beispiele
Ja-Nein-Fragen, die Antwort fordern (Interaktionscharakter)	„Sollen wir gemeinsam ‚Verstecken' spielen?"
offene Fragen	„Was hast du eben im Sandkasten gespielt?"
Aussagen des Kindes (Spiegeln)	„Du warst gestern auf dem Spielplatz."
Bezüge zu bekannten Sachverhalten herstellen	„Könnt ihr euch erinnern, als wir im Sommer am See waren? Da haben wir auch Frösche gesehen."
Bezug zum gegenwärtigen Sachverhalt herstellen	„Habt ihr gesehen, dass die Kaulquappe schon Hinterbeine hat?"
nach Ursachen fragen	„Warum ist das Wasser so braun?
Feedback geben	„Ja", „Hm."
Loben	„Das ist aber ein schönes Bild mit den Bäumen!"
die Kinder auf Regeln hinweisen	„Lea spricht gerade. Hör bitte erst zu."
Handlungsanweisungen geben	„Schneide bitte den Elefanten aus."
Erklärungen zu Sachverhalten geben	„Hier gibt es kleine Fenster, damit die Pflanzen auch Licht haben."
Kinder zu neuen Erfahrungen ermutigen	„Hast du schon einmal versucht, mit den Wasserfarben darüberzumalen?"
Tipps und Hinweise geben, die das Handeln der Kinder noch verbessern könnten	„Damit das Flugzeug besser fliegt, solltest du die Tragflächen größer machen."
den Kindern Aufgaben übertragen	„Anton, du kannst schon einmal den Tisch decken."
auf einzelne Kinder verweisen, welche die anderen bei bestimmten Aufgaben unterstützen können	„Sophia kann dir zeigen, wo du die Gläser findest."
die Kinder nach Lösungsmöglichkeiten fragen	„Was meint ihr, wie wir besser organisieren könnten, dass jeder einmal an die Reihe kommt?"

Tab. 2.6 Möglichkeiten zur Gestaltung von Interaktionsprozessen . Nach: König, Anke (2010): Interaktion als didaktisches Prinzip. Bildungsprozesse bewusst begleiten und gestalten, Bildungsverlag EINS, Troisdorf S. 67 ff.

Die genannten Möglichkeiten beziehen sich immer auf die verschiedenen Phasen einer Interaktion. Bildungsangebote sind in der Regel nach dem ›didaktischen Dreischritt‹ aufgebaut:

didaktischer Dreischritt → S. 71

Einstieg → Arbeitsphase → Abschluss

Auch die **Interaktionsprozesse** richten sich nach diesem Dreischritt. Während in der Einstimmungsphase zunächst einmal Kontakte zwischen Erzieherin und Kind oder Kindern untereinander initiiert und die Kinder für ein bestimmtes Thema begeistert werden, verläuft die Arbeitsphase unter dem Aspekt der Dialogorientierung. Erzieherin und Kinder versuchen gemeinsam Lösungen für Probleme zu finden, tauschen sich aus, entwickeln gemeinsam Fragen etc. In der Abschlussphase werden Fragen und Anregungen gegeben, die es ermöglichen, dass die Kinder sich mit dem gerade Erlebten noch einmal auseinandersetzen und ihre Erfahrungen verbalisieren (versprachlichen).

Aus den vorangegangenen Beispielen ist deutlich geworden, dass Kommunikations- und Interaktionsprozesse bei der Bildungsarbeit mit Kindern und Jugendlichen einen wichtigen Schwerpunkt darstellen. In sozialpädagogischen Arbeitsfeldern geschieht Bildung meist indirekt, d.h. die Lernprozesse sind alltagsbezogen. Im Gegensatz dazu erfolgt Bildung in schulischen Zusammenhängen ganz strukturiert und direkt. Die didaktischen Prinzipien von Bildungsprozessen in sozialpädagogischen Arbeitsfeldern unterscheiden sich deshalb von der schulischen Didaktik.

Didaktik der sozialpädagogischen Arbeit ist die zielgerichtete Gestaltung von Bildungsprozessen im Rahmen der Arbeit mit Gruppen oder Einzelnen in sozialpädagogischen Einrichtungen. Dazu gehören die Analyse und Planung, die Durchführung durch die Erzieherin und die anschließende Reflexion.

←→ Partizipation
Welche Maßnahmen können die Beteiligung der Jugendlichen bei der Planung von Bildungsangeboten sicherstellen?

Erzieherinnen beziehen ihre didaktischen Überlegungen stärker auf individuelle Erfahrungen und Bedürfnisse von Kindern und Jugendlichen, als das z.B. Lehrerinnen in der Schule können. Sie planen Bildungsangebote, die sie in den Alltag integrieren und den Rahmenbedingungen darstellen anpassen. Die Bildungsprozesse ermöglichen Kindern und Jugendlichen eine aktive Auseinandersetzung mit bestimmten Themen, die den Kindern und ihnen zugemutet werden oder die sie von sich aus fordern. Ein Beispiel kann sein, dass Jugendliche einen Ausflug in den Kletterpark unternehmen und gemeinsam Abenteuer erleben. Ziel dieses Bildungsangebotes ist es, dass sie lernen, sich mit ihren eigenen Grenzen auseinanderzusetzen und sich selbst zu vertrauen. Das gemeinsame Erleben und Kooperationsspiele stärken außerdem den Zusammenhalt der Gruppe und verdeutlichen, dass die Jugendlichen sich vertrauen können.

Abb. 2.7 Ein gemeinsamer Ausflug in den Kletterpark ermöglicht Bildungsprozesse.

2.3 Formen der Bildungsarbeit

2.3.1 Lernen benötigt einen gestalteten Rahmen

BEISPIEL **Situation 1:** In einer Krippe sitzen die Erzieherinnen mit allen Kindern am Frühstückstisch. Sie begrüßen sich mit dem Lied „Halli hallo, wir winken uns zu." Eine Erzieherin hat die Fotos aller Kinder der Gruppe in der Hand – nacheinander schauen sie sich gemeinsam die Fotos an und ordnen sie den anwesenden Kindern zu. So wird deutlich, wer heute da ist und wer fehlt. „Ich habe hier noch ein Foto von ..." Die Erzieherin zeigt das Bild herum. „Torben!", rufen die Kinder. „Ja, richtig, ist Torben heute bei uns?" Die Kinder blicken sich um. „Nein." „Richtig, Torben ist noch im Urlaub. Er ist am Meer. Ihr müsst noch zweimal schlafen und dann ist Torben wieder bei uns."

BEISPIEL **Situation 2:** Timur sagt beim Bringen in die heilpädagogische Kita zu seiner Mutter: „Mama, erst Mittagessen, dann schlafen und dann kommst du schon wieder!"

BEISPIEL **Situation 3:** Joyce und Natalie treffen sich in der Horteinrichtung immer zuerst auf dem großen roten Sofa im Nebenraum. Dann sitzen sie nebeneinander und erzählen sich von ihre Schultagen. Oft sind „Jungen, Lehrerinnen und Mitschülerinnen" ihr: Themen. Sie gehen in unterschiedliche Klassen, treffen sich aber jeden Tag im Hort. Sie verteidigen ihren Rückzugsort auch gegenüber anderen Kindern „Hey, jetzt sind wir hier – wir wollen allein sein!", und genießen es, gemeinsam auf dem Sofa zu sitzen. Niemand anderes soll zuhören, auch die Erzieherinnen nicht! Manchmal machen sie es sich auch mit einer Decke richtig gemütlich. Nach einer Weile kommen sie dann in den Gruppenraum zurück, machen Hausaufgaben und spielen mit den anderen Kindern.

Partizipation
Wie kann die Beteiligung von Kindern und Jugendlichen bei der Raumgestaltung gewährleistet werden?

BEISPIEL **Situation 4:** Heute ist Freitag – der Tag in der Wohngruppe, an dem alle gemeinsam aufräumen, putzen und zum Abschluss des Tages zusammen kochen. Die einzelnen Dienste sind genau festgelegt. Melanie und Patrick haben Baddienst – sie putzen die Dusche und die Toiletten, Melanie bei den Mädchen, Patrick bei den Jungen. Die anderen sind für die Ordnung in ihren eigenen Zimmern verantwortlich. Außerdem kümmern sich Ayse und Corinna um das Aufräumen im Gemeinschaftsraum. In der Zeit bereiten Helena und eine Erzieherin schon das Abendessen vor. Letzten Freitag haben alle entschieden, dass es heute selbst gemachte Pizza geben soll. Der Essenplan hängt gut sichtbar für alle im Flur, neben dem Plan, auf dem die Dienste eingetragen sind. In einer Konferenz zu Beginn des Jahres ist mit allen Bewohnerinnen und Mitarbeiterinnen besprochen worden, welche Dienste es gibt und wer wann an der Reihe ist. Zwei Mädchen haben sich bereiterklärt, eine bunte Graffititafel zu gestalten, auf der durch Namensschilder für jeden sichtbar die Diensteinteilung zu finden ist.

Zeitliche Strukturen und Räume, die zur Lernumgebung gehören, haben großen Einfluss auf die Arbeit in sozialpädagogischen Einrichtungen. Alle Kinder, Jugendlichen und jungen Erwachsenen lernen, bewegen und entwickeln sich in einem zeitlich und räumlich bewusst gestalteten Rahmen.

- **Situation 1:** Die Krippenkinder erhalten z. B. durch die Gestaltung der Frühstückssituation einen Überblick über Größe und Zusammensetzung ihrer Bezugsgruppe für den jeweiligen Tag. Sie kennen dieses Ritual, es gibt ihnen Struktur und Sicherheit.

- **Situation 2:** Timur weiß genau, wie sein Tag in der heilpädagogischen Kita gegliedert sein wird. Die zeitliche Struktur „spielen, essen, schlafen, abgeholt werden" gibt ihm Sicherheit, sodass er sich mit einem guten Gefühl von seiner Mutter verabschieden kann.

- **Situation 3:** Die beiden Mädchen nutzen die Räumlichkeiten im Hort für sich. Sie brauchen einen Rückzugsort, an dem sie Ruhe und Geborgenheit finden und den sie gemeinsam nutzen können, ohne von anderen gestört zu werden. Das gibt ihnen Kraft für die folgenden Herausforderungen ihres Alltags: Hausaufgaben zu erledigen und in Interaktion mit anderen Kindern und Jugendlichen zu treten.

- **Situation 4:** Der Dienstplan in der Wohngruppe ist gemeinsam erstellt worden und ermöglicht einen genauen Überblick über zu erledigende Dienste in der Gemeinschaft. Alle sind verantwortlich für ein gelingendes Miteinander und gestalten Räume und Tagesabläufe aktiv mit.

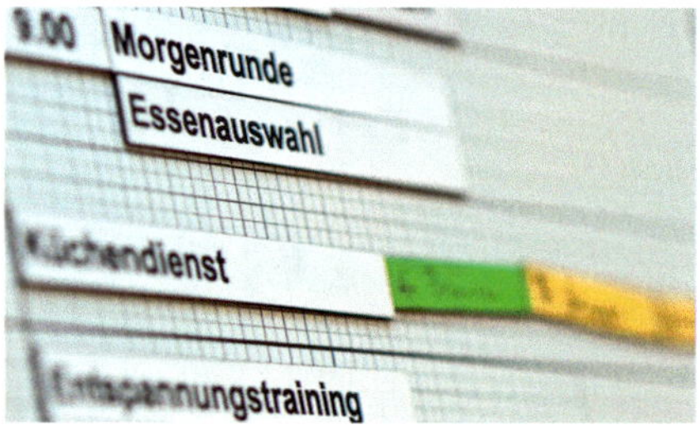

Bildung geschieht nicht nur in der Auseinandersetzung mit sich selbst und anderen Menschen, sondern benötigt auch einen bestimmten Rahmen, die Lernumgebung. Deshalb wird diese ganz bewusst gestaltet, teilweise von den Erzieherinnen, aber auch – dem Alter angemessen – von der jeweiligen Zielgruppe. Die Lernumgebung muss so gestaltet werden, dass sie den Bedürfnissen und Interessen der Zielgruppe entspricht, dass sie Geborgenheit und Sicherheit vermittelt und trotzdem Anregungen bietet, um zu neuen Erfahrungen herauszufordern. Menschen brauchen eine Lernumgebung, die es ihnen ermöglicht, aktiv, mit allen Sinnen und unmittelbar Erfahrungen zu sammeln, die ihnen helfen, selbstständig und aktiv ihr eigenes Leben zu gestalten.

2.3.2 Gestaltung der Lernumgebung

Die Lernumgebung lässt sich in die folgenden Aspekte einteilen:
- Zeit (Tagesstruktur, Rituale)
- Raum (Raumgestaltung, Freiraumgestaltung und Materialien)
- ›Bildungsangebote‹ (Lernarrangements, Projekte)

Bildungsangebote → S. 57

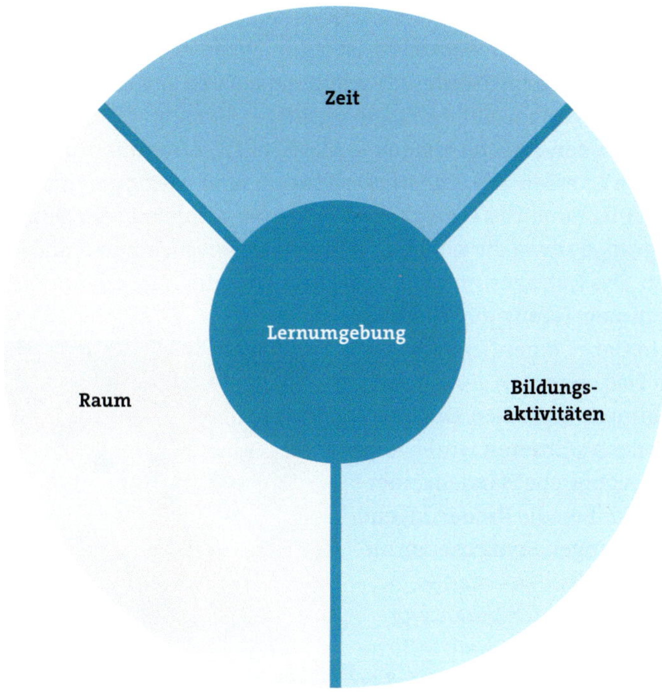

Zeitgestaltung

In den meisten sozialpädagogischen Einrichtungen ist der **Tagesablauf** stark strukturiert. Vor allem in Einrichtungen, in denen junge Kinder im Krippenalter oder Menschen mit besonderem Förderbedarf begleitet werden, sind die zeitlichen Vorgaben eine Strukturhilfe, die Sicherheit bietet. Demgegenüber hat der zeitliche Aspekt in Einrichtungen mit freizeitpädagogischem Schwerpunkt keine so große Bedeutung. Aber auch hier finden z. B. bestimmte Angebote nur zu bestimmten Zeiten oder an bestimmten Wochentagen statt. Klare, verlässliche Strukturen bieten Orientierung und Übersicht. In einem strukturierten Rahmen können auch neue Anregungen und Erfahrungsmöglichkeiten geboten werden, ohne die Zielgruppe zu überfordern – die Struktur bleibt, auch wenn sich Inhalte verändern.

Ereignisse im Tagesablauf, die immer wiederkehren, werden als **Rituale** bezeichnet. Rituale begleiten uns durch unser ganzes Leben. Viele unserer Handlungen sind ritualisiert und laufen ganz automatisch ab. Sie vereinfachen und strukturieren unseren Alltag, weil wir nicht jeden Tag unseren Alltag neu erarbeiten und unser Handeln überlegen müssen. Rituale können Menschen durch die Wiederkehr von Vertrautem Zuversicht und Vertrauen in die Welt und in sich geben. Rituale können aber auch veralten und der bestehenden Situation nicht mehr angemessen sein. Dann sollten sie verändert werden.

←→ Inklusion

Wie können alle Kinder und Jugendlichen an der Gestaltung von Ritualen in Einrichtungen beteiligt werden?

Kinder, Jugendliche und junge Erwachsene haben das Recht, den zeitlichen Ablauf und die Rituale des Alltags ›partizipatorisch‹ mitzugestalten.

Partizipation → S. 240 Band 1

Zeitlich strukturierende Ereignisse eines Tages in sozialpädagogischen Einrichtungen sind häufig:

- **Begrüßung:** Die Kinder, Jugendlichen oder jungen Erwachsenen werden individuell wahrgenommen und im Alltag der sozialpädagogischen Einrichtung willkommen geheißen.
- **Morgenkreis:** Kinder und Erwachsene einer Gruppe kommen zusammen, sie planen ihren Tag, orientieren sich im Jahresverlauf („Welche Jahreszeit haben wir? Welcher Monat, welcher Wochentag ist heute?"), sprechen über Ereignisse („nächste Woche gehen wir ins Theater ..."), feiern, singen und spielen gemeinsam.
- **Mahlzeiten:** Die Mahlzeiten sind ein wichtiges Element im Tagesablauf. Sie strukturieren den Tag und bieten die Möglichkeit, zusammenzukommen und gemeinsam zu essen. Die Frühstückssituation wird häufig genutzt, um den Kindern das Ankommen zu ermöglichen. In kleinen Gruppen oder gemeinsam als Gesamtgruppe sitzen die Kinder und Erwachsenen zusammen und kommen ins Gespräch. Das Mittagessen wird in der Regel miteinander oder in Kleingruppen eingenommen. Häufig gibt es Rituale wie ein Gebet, einen Tischspruch, oder ein Lied, die einen gemeinsamen Beginn ermöglichen. Die Gestaltung der Mahlzeiten wird häufig in das pädagogische Handeln einbezogen. So können die Kinder, Jugendlichen und jungen Erwachsenen angemessene Aufgaben erhalten. Sie übernehmen dadurch Verantwortung, verinnerlichen grundsätzliche Regeln und Umgangsformen und erlangen Selbstständigkeit.

Abb. 2.8 Gemeinsame Mahlzeiten

- **Gemeinsame Ruhezeiten:** Besonders in sozialpädagogischen Einrichtungen, die Menschen während einer relativ langen Zeit während des Tages oder auch über mehrere Tage oder länger begleiten (Krippe, Tagesgruppe, Wohngruppe, stationäre Einrichtungen), sind gemeinsame Ruhezeiten strukturgebend. Auch hier stärken Rituale die zeitliche Strukturierung: zum Beispiel leitet das Wickeln und Händewaschen die Schlafzeit nach dem Mittagessen in der Krippe ein. Das Lesen einer Geschichte oder ein gemeinsames Spiel bereitet die Kinder einer Wohngruppe auf die Nacht vor.
- **Dienste:** In teilstationären und stationären Einrichtungen der Erziehungshilfe werden gemeinsam Dienste entwickelt, die von Einzelnen im Wechsel für die Gesamtgruppe übernommen werden. So wird ein Zusammenleben in zeitlich organisierten Strukturen (Dienst, Freizeit etc.) und in gemeinsam gestalteten und gepflegten Räumen möglich.

REFLEXION **IMPULS** LERNORTKOOPERATION

Stellen Sie zeitlich strukturierende Elemente dar, die Sie in einer sozialpädagogischen Einrichtung wahrgenommen haben. Erläutern Sie, welche Bedeutung dieser zeitlichen Strukturierung Sie bei Mitarbeiterinnen und Kindern, Jugendlichen, jungen Erwachsenen wahrgenommen haben.

Raumgestaltung

Unsere Einrichtungen sind vor allem Werkstätten, in denen die Kinder die Welt untersuchen und erforschen.
Loris Malaguzzi

Die Räume einer sozialpädagogischen Einrichtung werden als Werkstätten gesehen, die zur Auseinandersetzung mit anderen Menschen, aber auch mit Materialien herausfordern. Sie gelten als Kommunikations- und Erfahrungsräume, in denen alle Beteiligten ihrem Bedürfnis nach Selbstverwirklichung nachkommen und ihre Kreativität und Neugier ausleben können. In der ›Reggio-Pädagogik‹ steht der interaktive, dialogische Lernprozess zwischen Kindern und Erwachsenen im Mittelpunkt. Diese Lernprozesse sollen sich in Räumen abspielen, die der Kreativität von Kindern und Erwachsenen Platz bieten.

Reggio-Pädagogik → *S. 294 Band 1*

Zu den Räumen gehört nicht nur der Gruppenraum, sondern ebenfalls deren Ausstattung und das nähere Umfeld, die Straßen, Plätze, öffentlichen Gebäude, Parks etc. Es geht folglich auch um die Öffnung der Räume zum Leben des Alltags in der Stadt und der Umwelt insgesamt. Die Räume dienen einer Atmosphäre des Wohlfühlens, kommen dem Bedürfnis nach Sicherheit nach, fördern aber auch die Kommunikation und die Auseinandersetzung mit neuen Materialien.

Abb. 2.9 Die Öffnung des Raumes kann spannende Perspektiven und Erkenntnisse bieten.

In der Reggio-Pädagogik gibt es die Bezeichnung des ›„Raumes als dritter Erzieher“‹, um zu veranschaulichen, wie groß die Bedeutung eines Raumes ist, in dem Bildungsprozesse stattfinden. Die Gestaltung, die Ausstattung mit Materialien, die Einrichtung und die Atmosphäre eines Raumes sind zentrale Aspekte, mit denen sich Erzieherinnen auseinandersetzen müssen, wenn sie Lernumgebungen bewusst gestalten wollen. Die Raumgestaltung orientiert sich in erster Linie an der Funktion des Raumes (Gruppenraum, Schlafraum, Rückzugsmöglichkeit, Bewegungsraum etc.) und an den Bedürfnissen der Zielgruppe.

Raum als dritter Erzieher → *S. 298 Band 1*

Folgende **Anforderungen für eine gelungene Raumgestaltung,** orientiert an den Grundbedürfnissen von Menschen, lassen sich zusammenstellen:

- Räume sollen Schutz und Geborgenheit bieten (Sicherheitsbedürfnisse; Bedürfnis nach Gelassenheit, Ruhe, Sicherheit).
- In Räumen sollen gemeinsames Essen, Ruhen, Schlafen, aber auch Pflegesituationen (waschen, wickeln etc.) in angemessener Atmosphäre möglich sein (physiologische Bedürfnisse, Bedürfnis nach Nahrung, Ruhe etc.).
- In Räumen sollen sich Kinder, Jugendliche, junge Erwachsene bewegen können (physiologische Bedürfnisse; Bedürfnis nach Bewegung).
- Räume sollen Kommunikation untereinander fördern und Begegnungen ermöglichen (sozial-emotionale Bedürfnisse; Bedürfnis nach Zusammengehörigkeit, Kontakt zu Gleichaltrigen, Verständnis).
- Räume sollen Rückzugsmöglichkeiten bieten (sozial-emotionale Bedürfnisse; Bedürfnis nach Geborgenheit, Sicherheit, Ruhe).
- Räume sollen sich nach den Vorstellungen von Menschen gestalten lassen und Möglichkeiten zum Entdecken, Experimentieren, Handeln bieten (Selbstverwirklichungsbedürfnisse; Bedürfnis nach Kreativität, wertvoller Arbeit, Neugier, Anerkennung).

Abb. 2.10 Bewegungsbaustelle

Abb. 2.11 Rückzugsort in einem Wohnheim

Abb. 2.12 Kreativität: bemalte Wände in Jugendraum

taktile Wahrnehmung → S. 218

Gestaltungselemente wie z.B. Bodenbeläge, Möbel, Farbe, künstliches und natürliches Licht oder Schallisolierung ermöglichen eine Anpassung an die Funktionen, die ein Raum erfüllen soll, an die Bedürfnisse derjenigen, die sich in den Räumen aufhalten, und an deren ästhetisches Empfinden. Die ›sinnliche Wahrnehmung‹ hat eine große Bedeutung bei der Gestaltung von Räumen in sozialpädagogischen Einrichtungen. Hier sollen sich Menschen wohlfühlen, sie sollen gemeinsam Platz zum Spielen, Kommunizieren, Experimentieren haben, neue Anregungen bekommen, aber auch Rückzugsmöglichkeiten und vertraute Elemente wiederfinden: ein hoher Anspruch.

REFLEXION | **IMPULS** | LERNORTKOOPERATION

Erstellen Sie eine Fotodokumentation für einen Funktionsbereich (Schlaf-, Wasch-, Gruppen-, Lese-, Hausaufgaben-, Bewegungsraum etc.). Werten Sie diese hinsichtlich gelungener und zu verbessernder Gestaltungsmöglichkeiten aus.

Lernarrangements → S. 66

Gestaltung der Bildungsangebote und ›Lernarrangements‹

Zur Lernortgestaltung gehören neben den Aspekten „Zeit" und „Raum" auch die Bildungsangebote und Lernarrangements, die in diesen zeitlichen und räumlichen Strukturen geplant und auch ungeplant, d.h. spontan, stattfinden. Erzieherinnen planen und verwirklichen Lernarrangements, die unterschiedlich umfangreich sein können, wie z.B.:

- das gemeinsame Zubereiten eines Frühstücks in der Krippe
- das Kennenlernen eines neuen Fingerspiels
- Musizieren mit selbst hergestellten Rasseln im Elementarbereich
- die Durchführung eines Festes im Freizeitheim
- der Ausflug in die benachbarte Stadt mit Jugendlichen einer heilpädagogischen Einrichtung
- das Treffen mit Jugendlichen anderer Kulturen innerhalb der Jugendarbeit

Lernarrangements verfolgen immer bestimmte Ziele, welche die Erzieherinnen im Vorfeld festlegen. Diese Ziele können sich auf unterschiedliche Entwicklungsbereiche der Zielgruppe beziehen, z.B. auf kognitive Lernprozesse, darauf, bestimmte motorische Erfahrungen zu sammeln oder sich sozial-emotional weiterzuentwickeln. Die Inhalte und die methodische Umsetzung orientieren sich immer an Bedürfnissen, Erfahrungen, Wünschen und Kompetenzen der Zielgruppe und richten sich nach bestimmten Rahmenbedingungen und Erfordernissen, wie z.B. räumlichen, zeitlichen und personellen Bedingungen.

Eine Möglichkeit, Bildungserfahrungen anzuregen, ist die längerfristige Durchführung von Projekten. In einem Projekt setzen sich Kinder mit Themen auseinander, die sie für sich als interessant erkannt haben und weiter erforschen möchten. Innerhalb eines bestimmten Zeitrahmens erarbeiten sie sich diese Themen möglichst selbstständig auf unterschiedliche Weise, z.B. mithilfe verschiedener Methoden. Projekte entstehen häufig aus Ideen oder Fragen der Zielgruppe oder auch aus Anregungen der Erzieherinnen. Bedeutsam bei Projektarbeit ist, dass die Kinder, Jugendlichen und jungen Erwachsenen selbsttätig sind und möglichst eigenständig Bildungserfahrungen sammeln können. Die Aufgaben während eines Projektes können auf vielfältige Art und Weise bearbeitet werden: Projektarbeit ermöglicht nicht nur kognitive Prozesse, sondern auch motorische, sozial-emotionale und soziale Lernwege. Ein Schwerpunkt liegt auf dem gemeinsamen Lernen. Kooperation und gemeinsames Tun sind zentral. Dadurch entwickeln die Kinder und Jugendlichen ein Wir-Gefühl und erkennen, dass sie sich gemeinsam Dinge erschließen können, an denen ein Einzelner gescheitert wäre. Projekte können je nach Thema von einer Woche bis zu mehreren Monaten dauern. Sie können innerhalb kleiner Gruppen, aber auch gruppenübergreifend angeboten werden. Projektarbeit verfolgt verschiedene Ziele. Lebenswelt und Perspektive der Zielgruppe werden in den Mittelpunkt gestellt, daran sollen Arbeitstechniken und Lernformen erfahren werden, die sich auch auf andere Situationen des Alltags übertragen lassen. Themen sollen für die Zielgruppe relevant sein. Methodisch werden Projekte an die Bedürfnisse und Kompetenzen der jeweiligen Zielgruppe angepasst. Kinder und Jugendliche sollen Kreativität einbringen, unfertige Ecken zur Gestaltung zur Verfügung haben, Experimente durchführen und Dinge stehen lassen, um zu einer anderen Zeit fortfahren zu können – es ist wichtig, dass die Räume der sozialpädagogischen Einrichtung Möglichkeiten zur Projektarbeit bieten.

2.4 Grundprinzipien der Didaktik

Selbstbildungsprozesse → S. 41

Lernarrangements → S. 66

Das Kind ist ein aktiv Lernender, der im Kontext von räumlicher und zeitlicher Gestaltung durch die Auseinandersetzung mit sich selbst und der Umwelt lernt. Kinder haben also einen großen eigenen Anteil daran, dass sie etwas lernen. Aber ›Selbstbildungsprozesse‹ allein sind nicht ausreichend. Kinder sind darauf angewiesen, von kompetenteren Entwicklungsbegleitern (z. B. Eltern und Erzieherinnen) zu profitieren. Geplante und vorbereitete Bildungsangebote ›Lernarrangements‹, rücken ins Blickfeld. Durch sie werden gezielte Bildungserfahrungen möglich.
Die Erzieherin stellt Überlegungen an, was Kinder in einem bestimmten Lernarrangement lernen sollen, für welche Kinder es relevant ist sowie wann, wo und in welcher Weise das Lernarrangement stattfinden kann.

2.4.1 Didaktisches Handeln

Die Auseinandersetzung mit Lehr-und Lernprozessen ist ein Teil der Pädagogik und gehört zur Didaktik, zur Wissenschaft, die sich mit den Tätigkeiten des Lehrens und Lernens auseinandersetzt. Didaktisches Handeln umfasst die Planung und Durchführung von Bildungsangeboten unter folgenden Gesichtspunkten:

Wer?	Wer sind die Lernenden? Welche Interessen, Fähigkeiten und Vorerfahrungen haben sie in Bezug auf das Thema/den Inhalt des Bildungsangebots?
Was?	Welche Lerninhalte sollen angeboten werden? Lerninhalte können Wissen, Kenntnisse und Informationen, aber auch Handlungen (z. B. mit einem Handy eine SMS senden) oder soziales Handeln (z. B. Konflikte lösen) sein.
Wie?	Wie sollen die Lerninhalte strukturiert werden? Welche Methoden sind zur Vermittlung der Lerninhalte sinnvoll? Wie sieht der Ablauf des Bildungsangebots aus? Welche Lernmaterialien werden eingesetzt?
Wozu?	Welche Ziele sollen am Ende des Bildungsangebots erreicht werden?
Wo?	Wo soll das Bildungsangebot durchgeführt werden?
Wann?	An welchen Tagen und zu welcher Uhrzeit findet das Bildungsangebot statt? Aus wie vielen Bildungseinheiten besteht das Bildungsangebot? Wie lange dauert eine Bildungseinheit?

Tab. 2.13 Leitfragen für didaktisches Handeln

Methoden

Neben der Überlegung, welche Inhalte und Themen durch das Lernarrangement vermittelt werden können, geht es auch um die Frage, wie diese Inhalte am besten von den Kindern erfasst werden können. Welche Methoden können Lernprozesse sinnvoll anregen und gestalten? Die Methodik (Lehre der Methoden) setzt sich mit der Art und Weise auseinander, wie Lerninhalte besonders gut erfasst werden können, und gilt als Teilbereich der Didaktik. Unter methodischem Vorgehen werden Verhaltensweisen verstanden, die bewusst eingesetzt werden, um Bildungsprozesse zu fördern, wie z. B. eine Frage zu stellen, Anschauungsmaterial zu zeigen, Gegenstände erfahren zu lassen, über Erfahrungen berichten zu lassen oder Spiele anzubieten. Die planende Erzieherin legt fest, welche Lernmaterialien und Medien (Filme, Bilder, Gegenstände, Lieder etc.) einbezogen werden sollen.

Zu den grundsätzlichen Überlegungen, welche die Erzieherin bei der Planung von Lernarrangements anstellt, gehört auch die Festlegung der Ziele für die jeweilige Zielgruppe oder für Einzelne. Sie orientieren sich unter anderem an den Kompetenzen der Kinder, am Entwicklungsstand der Einzelnen, dem Auftrag der sozialpädagogischen Einrichtung oder der jeweiligen ›Bildungspläne‹.

Bildungspläne → S. 27

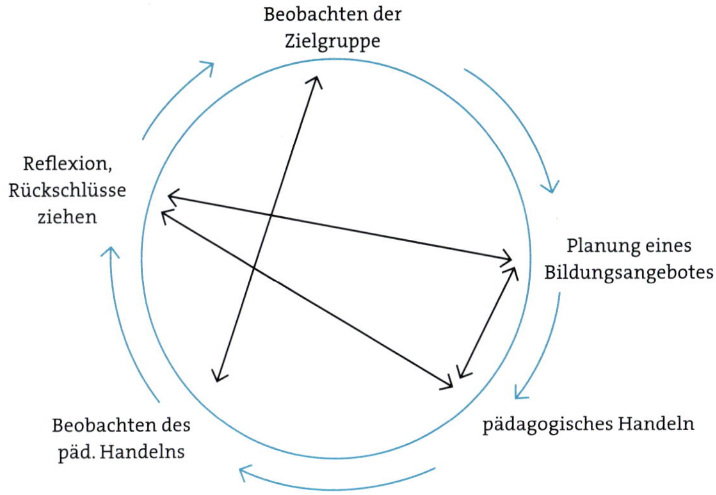

Abb. 2.14 Verknüpfung zwischen Beobachtung, Planung und pädagogischem Handeln

Wahl der Sozialform

Die didaktischen Methoden sind sehr vielfältig; dazu gehört auch die Wahl der Sozialform. Der Planende entscheidet bewusst, in welcher Form die Lernerfahrung geschehen soll:

- Einzelarbeit
- Partnerarbeit
- Gruppenarbeit
- Gesamtgruppenarbeit

Die Sozialformen haben unterschiedliche Vor- und Nachteile. Wichtig ist, dass sie der Zielgruppe und den jeweiligen Zielen angemessen sind. So kann es durchaus sinnvoll sein, eine Bildungserfahrung in Einzelarbeit anzuregen, weil sich das Kind oder der Jugendliche dabei ganz auf sich konzentrieren kann. Wenn in der stationären Jugendhilfe ein Jugendlicher dazu animiert werden soll, sich mit dem Thema Sexualität auseinanderzusetzen, dann ist das besonders gut möglich, wenn er sich unbeobachtet von Peers fühlt und mit einem Erziehenden seines Vertrauens ein Einzelgespräch führen kann. Ebenso kann aber die Auseinandersetzung mit dem Thema in einer Kleingruppe geschehen, wenn der Fokus auf dem „Miteinander“ liegt, wenn z. B. geklärt werden soll, welche Verhaltensweisen erwünscht sind und welche abgelehnt werden. Aus einem solchem Austausch kann z. B. ein Regelkatalog entstehen, der für das Zusammenleben Grundlage ist und der allein nicht hätte entstehen können. Die Arbeit einer gesamten Gruppe ist immer dann zielführend, wenn Inhalte und Methoden für alle innerhalb der Gruppe relevant sind, z. B. beim Planen eines gemeinsamen Ausflugs. Wertvolle Bildungserfahrungen werden dann bei der gemeinsamen Planung in der Gesamtgruppe gesammelt. Diskussionen und Auseinandersetzungen, schließlich die Einigung oder der Kompromiss sind wesentliche Lernerfahrungen, die Kinder und Jugendliche auf das Zusammenleben innerhalb der Gesellschaft vorbereiten.

2.4.2 Planung von Bildungsangeboten

Bildungsauftrag → S. 28

Erzieherinnen verfolgen mit ihrer Arbeit einen ›Bildungsauftrag‹. Es ist also unbedingt notwendig, dass sie sich mit didaktischem Handeln auseinandersetzen, das gezielte Lern- und Bildungserfahrungen erst ermöglicht. Erzieherinnen haben hier eine bedeutungsvolle Aufgabe: Sie gestalten aktiv mit, was Kinder lernen, und wählen Wege und Methoden, ihnen dieses Lernen zu ermöglichen. Erzieherinnen gestalten Bildungsprozesse von Kindern sowohl spontan, z.B. an augenblicklichen Ereignissen oder Bedürfnissen orientiert, oder geplant, d.h. aufgrund von vorangegangener differenzierter Planung. Es lassen sich zwei Grundkonzepte unterscheiden:

- die geschlossene Planung
- die offene Planung

Geschlossene Planung

Die geschlossene Planung ist stark strukturiert. Die Erzieherin versteht sich als kompetentere Person und nutzt ihren Kenntnisvorsprung, um die Kinder, Jugendlichen oder jungen Erwachsenen in ihrer Entwicklung zu fördern. Sie legt die Lernziele fest, wählt geeignete Methoden aus und führt als Leiterin durch ein Bildungsangebot. Nach Abschluss dieses Angebotes sind oft Leistungen und Ergebnisse sichtbar, die Lernenden sehen selbst eigene Lernfortschritte.

BEISPIEL Die Erzieherin bietet ein Schwimmtraining an. Sie hat vier Kinder im Vorschulalter in ihrer Schwimmgruppe. Keiner kann schwimmen, alle haben aber schon als Kleinkinder Kurse im Schwimmbad besucht. Das Ziel des Schwimmtrainings ist das Erwerben des Seepferdchen-Abzeichens. Die Erzieherin hat im Vorfeld festgelegt, wie sie den Kindern das Schwimmenlernen ermöglichen kann. Sie hat geeignete Methoden ausgewählt, macht Schwimmbewegungen vor, ermuntert die Kinder zum Üben und wiederholt häufig die Bewegungsabläufe. Nach einigen Wochen sehen die Kinder bereits Fortschritte. Sie freuen sich und wollen unbedingt das Ziel erreichen. Während sie zu Beginn des Kurses auf Hilfsmittel angewiesen waren, können einige von ihnen jetzt bereits ohne Hilfsmittel eine kurze Strecke im Wasser zurücklegen. Auch beim Springen und Tauchen werden sie immer mutiger. Am Ende des Kurses haben alle Kinder das Seepferdchen-Abzeichen und präsentieren es stolz ihren Eltern.

Geschlossene Lernprogramme sind systematisch aufgebaut. Die einzelnen Lernschritte sind klar gegliedert und führen in der Regel vom Leichten zum Schweren. Der Ablauf des Programms steht oft schon zu Beginn fest und kann öffentlich gemacht werden. Geschlossene Planungen werden häufig eingesetzt, um kognitive oder motorische Kompetenzen zu erreichen. Wenn den Lernenden die Methoden und das Lernziel entsprechen, dann sind sie auch bereit, sich von der Erzieherin durch das Bildungsangebot führen zu lassen und eigene Mitbestimmungsrechte zurückzustellen.

Kritisch zu sehen sind geschlossene Planungen, wenn es um Kompetenzerweiterungen im sozial-emotionalen oder sozialen Bereich geht. Hier ist eine zu starke Führung nicht angemessen, weil Kinder sich in diesen Bereichen frei entfalten, aktiv eigene Ideen einbringen und individuelle Lernwege entdecken sollen. Geschlossenes Vorgehen schränkt hier die Kreativität und Experimentierfreude ein.

Offene Planung

Die offene Planung ist weniger festgelegt. Sie berücksichtigt die Fähigkeiten der Kinder und deren Motivation, selbstständig zu lernen. Die Kinder können mitbestimmen und fühlen sich für ihre Lernerfolge mitverantwortlich. Nicht das Ziel steht im Mittelpunkt, sondern der gemeinsame Weg dorthin. Die Erzieherin sieht sich als Mitlernende, die in ›Interaktion‹ mit den Kindern, Jugendlichen und jungen Erwachsenen nach Lösungen sucht und Bildungsaktivitäten mitgestaltet.

Lernen durch Interaktion
→ S. 46

BEISPIEL Erzieherinnen, Kinder und Jugendliche treffen sich bei ihrem wöchentlichen „Stammtisch" im Wohnbereich und überlegen gemeinsam, wie sie das fünfjährige Jubiläum ihres Kinder- und Jugendheims feiern wollen. Gleichberechtigt bringen Erwachsene und Kinder/Jugendliche ihre Ideen ein. Simon (14;2 Jahre) übernimmt das Notieren der Vorschläge und moderiert den Stammtisch. Unterstützt wird er dabei vom Erzieher Marlon. In einer anschließenden Diskussion werden Argumente für verschiedene Vorschläge gesammelt. Jeder versucht seinen Vorschlag gut zu begründen. Bei der abschließenden Entscheidung durch Punktevergabe stellt sich heraus, dass der Vorschlag von Melina (8;7 Jahre) angenommen wird. Erzieherinnen, Kinder und Jugendliche wollen ein gemeinsames Sommerfest im Garten des Hauses feiern und alle einladen, die ihnen wichtig sind. Bei den nächsten Stammtischen werden Aufgaben verteilt, dabei wird auf die jeweiligen Kompetenzen und Vorstellungen der Ausführenden Rücksicht genommen. Das Jubiläums-Sommerfest gelingt und alle erleben einen harmonischen Nachmittag mit vielen Aktivitäten. Die Gruppe wird durch dieses Gemeinschaftserlebnis, das von jedem individuell mitgestaltet werden konnte, gestärkt.

Offene versus geschlossene Planung

Bildungserfahrungen, die ein bestimmtes Ziel anstreben, z.B. das konkrete Entwickeln bestimmter kognitiver Fähigkeiten und geplanter Ziele, sind gut durch eine geschlossene Form der Planung erreichbar. Hier werden der Zielgruppe Lernerfahrungen, Bildungszuwachs und dadurch Selbstbewusstsein und Anerkennung zuteil. Auch bei einer Zielgruppe, die aufgrund ihres Entwicklungsstandes (noch) nicht fähig ist, bestimmte Entscheidungen zu treffen, sind geschlossene Planungen angebracht, weil sie den nötigen Rahmen und somit Sicherheit bieten; Bedingungen, in denen Bildungsprozesse erst möglich sind.

Bei Bildungserfahrungen, die eher prozessorientiert ablaufen, ist eine offene Planung sinnvoll. Dadurch können sich die Teilnehmer selbst einbringen, eigene Ideen entwickeln und eigenverantwortlich ihren Bildungsprozess mitgestalten. Das ist wichtig, denn intrinsische Motivation und Eigentätigkeit fördern Bildungsprozesse und ermöglichen ein nachhaltiges, erfolgreiches Lernen.

2.4.3 Berücksichtigung von didaktischen Prinzipien

Bei allen gestalteten Bildungsaktivitäten ist es erforderlich, dass didaktische Prinzipien berücksichtigt werden, damit Bildungsprozesse erfolgreich ablaufen können. Dabei ist es nicht relevant, ob die Bildungsaktivitäten spontan, geplant, offen oder geschlossen gestaltet werden. Didaktische Prinzipien sind u. a. als Voraussetzung für ein erfolgreiches Lernen zu sehen und stehen miteinander in Wechselbeziehung.

Prinzip der Anschaulichkeit
Kinder werden durch Bilder, Materialien und Gegenstände, die sie sehen, anfassen und sinnlich erfahren können, herausgefordert, neue Erkenntnisse zu gewinnen. Lerninhalte können dadurch tiefer im Gedächtnis verankert werden: Durch „Begreifen" mit den Händen wird auch das Begreifen im Verstand ermöglicht. Werden Lerninhalte mit möglichst vielen unterschiedlichen Reizen (Farbe, Geruch, Geschmack, Form, Geräusch etc.) gekoppelt, dann können sie besser gespeichert werden.

BEISPIEL Die Erzieherin ermöglicht den Kindern in einer Kindertagesstätte, Kräuter mit allen Sinnen wahrzunehmen: Die Kinder betrachten die Pflanzen, zerreiben die Blätter von Pfefferminze und Thymian zwischen ihren Fingern, nehmen den Duft wahr und probieren, wenn sie möchten. Die Zitronenmelisse schmeckt vielen Kindern am besten.

Prinzip der Lebensnähe
Die Bildungsangebote stehen in direktem Bezug zur Lebenswelt der Kinder. Es werden Anknüpfungspunkte zum Alltag der Kinder und Jugendlichen hergestellt. Sie erkennen dadurch den Zusammenhang und die Bedeutung für ihr eigenes Leben. Lernprozesse sollen auch in Alltagssituationen an realen Orten stattfinden (Straßenverkehr, Supermarkt, U-Bahn etc.)

BEISPIEL Die Erzieherin begleitet ein Kind auf dem Weg von der Grundschule zur Horteinrichtung. Das Kind lernt durch die Begleitung Verhaltensregeln im Straßenverkehr und wird bestärkt, den Weg in Zukunft allein zu bewältigen.

Abb. 2.15 Anschaulichkeit

Abb. 2.16 Lebensnähe

Prinzip der Partizipation
Das Kind wird in die Planung und Durchführung von Tätigkeiten einbezogen. Kinder haben ein Recht auf Mitbestimmung und übernehmen in ihrem Rahmen Verantwortung.

BEISPIEL Die Erzieherin bezieht die Kinder und Jugendlichen einer Wohngruppe in die Gestaltung der Mahlzeiten ein. Sie dürfen mitentscheiden, was gekocht wird und wer wann welche Küchendienste erfüllt.

Abb. 2.17 Partizipation

Prinzip der Selbsttätigkeit
Kinder lernen nachhaltig, indem sie sich aktiv mit sich und ihrer Umwelt auseinandersetzen. Lösungen werden von Kindern und Jugendlichen selbst gefunden, Lernen findet durch Handeln statt. Anhand von Erfolgserlebnissen können das Selbstwertgefühl gestärkt und Lernerfahrungen nachhaltig im Gedächtnis abgespeichert werden.

BEISPIEL Die Erzieherin ermöglicht den Jugendlichen im „Haus der Jugend“ eine Aufführung ihres einstudierten Tanzes zu planen. Sie setzen sich dabei mit Zeit- und Raumgestaltung, Zielgruppe, Terminplanung etc. auseinander und lernen wichtige Organisationsprozesse kennen.

Abb. 2.18 Selbsttätig Planen

Prinzip der Teilschritte
Dem Kind wird die Möglichkeit gegeben, Tätigkeiten zu wiederholen, damit es sie versteht und verinnerlicht. Inhalte werden durch kleine Lernabschnitte leichter ermöglicht: „vom Leichten zum Schwierigen, vom Kleinen zum Komplexen". Schwierigkeitsgrad und Umfang werden dabei den Kompetenzen der Zielgruppe angepasst.

BEISPIEL Die Erzieherin in der Kita bezieht die Kinder in die Gestaltung der Mahlzeiten ein. Die Kinder wiederholen immer wieder die einzelnen Schritte, die dazugehören: Teller und Gläser bereitstellen, Bestecke neben die Teller legen, Lätzchen verteilen etc. Zu Beginn werden nur einzelne Teilschritte geübt, bis die Kinder schließlich möglichst selbstständig agieren können (Teilschritte).

Abb. 2.19 Teilschritte

Prinzip der Zielgruppenorientierung
Das Bildungsangebot ist der Zielgruppe angemessen konzipiert. Interessen, Fähigkeiten, Fragen etc. der Zielgruppe stehen im Mittelpunkt, die Bedürfnisse und Möglichkeiten der Kinder werden berücksichtigt.

BEISPIEL Die Erzieherin bietet einigen Kindern einer Kindertagesgruppe an, Fußballtrikots zu gestalten, weil diese Kinder nach dem Besuch eines Stadions Interesse am Thema „Fußball" gezeigt haben.

Abb. 2.20 Zielgruppenorientierung

Prinzip der Freiwilligkeit

Das Bildungsangebot ist tatsächlich als Angebot zu verstehen. Erziehende können Bildungsprozesse nur anregen und initiieren, lernen muss jedoch jeder selbst; dieser innere Prozess ist nicht direkt von außen steuerbar. Kinder und Jugendliche entscheiden selbst, ob und an welchen Angeboten sie teilnehmen möchten.

BEISPIEL Die Erzieherin eines Freizeitheims hat bemerkt, dass sich viele Mädchen für das Tanzen interessieren. Sie bietet daraufhin ein Angebot an, bei dem die Jugendlichen eine Einführung in den „Bauchtanz" bekommen und eigene Kostüme und Kleider herstellen können. Alle Jugendlichen, die sich dafür interessieren, können teilnehmen.

Abb. 2.21 Freiwilligkeit

Zusammenfassend stehen die didaktischen Prinzipien dafür, dass Lernende aktiv in Lernprozesse einbezogen werden. Sie haben ein Recht auf Mitbestimmung bei Abläufen, Themen und zeitlicher Strukturierung und sie setzen sich aktiv handelnd mit Lerninhalten auseinander. Die Inhalte haben einen Bezug zur Lebenswelt und zum Alltag der Kinder und Jugendlichen, sie sind auf die jeweiligen Kompetenzen der Zielgruppe angepasst; es sollte weder Unter- noch Überforderung geben. Kleinschrittiges Lernen wird ebenso ermöglicht wie das gemeinsame Lernen im Dialog und das Finden von Lösungen.

REFLEXION | **IMPULS** ▶ | LERNORTKOOPERATION

Beobachten Sie Bildungsangebote in einer sozialpädagogischen Einrichtung und analysieren Sie, welche didaktischen Prinzipien Sie wahrnehmen können.

REFLEXION | ◀ **IMPULS** | LERNORTKOOPERATION

Erinnern Sie sich an eine Tätigkeit im Praxisfeld, in der Sie ein Bildungsangebot angeregt haben. Welche didaktischen Prinzipien haben Sie berücksichtigt? Bei welchen fällt Ihnen die Berücksichtigung leicht, bei welchen fällt es Ihnen schwerer?

Die didaktischen Prinzipien werden bei der Planung und Durchführung von Lernprozessen immer einbezogen. Um Bildungsprozessen eine äußere Struktur zu geben, eignet sich die Anwendung des klassischen ›Dreischritts‹ in der Didaktik: Einstieg, Arbeitsphase und Abschluss.

Dreischritt → S. 71

2.5 Bildungsarbeit planen, durchführen und reflektieren

Entwicklungsaufgaben → S. 89

Erzieherinnen begleiten Kinder und Jugendliche im pädagogischen Alltag in der Kindertagesstätte, in der stationären Erziehungshilfe und vielen anderen sozialpädagogischen Institutionen. Sie geben konkrete Hilfestellungen im Alltag, sie unterstützen, fördern und fordern die Kinder und Jugendlichen, damit sie ihre ›Entwicklungsaufgaben‹ erfolgreich bewältigen können.

Die Gestaltung von pädagogischen Prozessen ist eine Kernaufgabe von Erzieherinnen. Hierzu gehören einerseits die Planung von alltäglichen pädagogischen Handlungen, wie z.B. das bewusste Begrüßen des Einzelnen am Beginn des Tages , die Begleitung des Toilettengangs in einer sonderpädagogischen Einrichtung oder das gemeinsame Abendessen im Jugendheim. Andererseits planen Erzieherinnen auch komplexe Bildungsangebote, die durch ihre Vorbereitung besonders zielgerichtet sind. Dazu gehen Erzieherinnen planvoll und systematisch vor: Sie bieten den Kindern und Jugendlichen durch gezielte Lernarrangements Anreize für Lernprozesse und Möglichkeiten zur Entwicklung und zum Erreichen bestimmter Ziele.

Im sozialpädagogischen Alltag gibt es viele ungeplante Situationen, auf welche die Erzieherin spontan reagiert und Kindern und Jugendlichen dadurch Bildungserfahrungen ermöglicht. Es gibt jedoch auch Situationen, die ein geplantes Vorgehen erfordern, damit bestimmte Ziele erreicht werden können. Das Erreichen dieser Ziele ist wichtig, damit Kinder und Jugendliche sich weiterentwickeln und somit zukünftige Lebenssituationen gut bewältigen können.

2.5.1 Gestaltung von Lernarrangements

Definition von Lernarrangements

Ein Lernarrangement ist ein gezieltes Bildungsangebot, das im Vorfeld differenziert geplant, innerhalb einer bestimmten Zeit durchgeführt und im Anschluss daran reflektiert wird. Eine differenzierte Planung schafft Sicherheit in Bezug auf das pädagogische Vorgehen. Mögliche Kommunikationsprozesse und Handlungsweisen können im Vorfeld durchdacht und Handlungsalternativen gefunden werden. Fragen entstehen, die schon in der Vorbereitung angemessen beantwortet werden können. Durch eine schriftliche Planung werden Ziele, Rahmenbedingungen und pädagogisches Handeln transparent und übersichtlich.

Im Vorfeld bewusst ausgewählte Inhalte werden der jeweiligen Zielgruppe oder Einzelnen (z.B. in der Einzelförderung) zugänglich gemacht. Eine schriftliche Planung dokumentiert zudem die Arbeit der Erzieherin und ist eine gute Grundlage für eine anschließende Reflexion.

Diese differenzierte Planung ist jedoch keine Struktur, an die sich die Erzieherin strikt halten muss. Es ist wichtig, im pädagogischen Handeln flexibel zu bleiben und von der Planung abweichen zu können, wenn Grund dazu besteht.

Störungen und Probleme

Mögliche Störungen und auftretende Probleme bei der Organisation von Lernarrangements können sein:

Mögliche auftretende Probleme	Mögliche Lösungen
Niemand meldet sich für das Angebot an. 	▪ das Angebot stärker bekannt machen, z. B. durch Aushänge ▪ die Zielgruppe persönlich ansprechen und nach ihren Interessen fragen
Angemeldete Kinder oder Jugendliche kommen nicht zum geplanten Termin. 	▪ Zeit und Ort im Aushang stärker hervorheben ▪ Rücksprache mit den Kollegen zu den Gründen halten und diese in der weiteren Planung berücksichtigen
Es kommen zu viele am Angebot interessierte Kinder und Jugendliche. 	▪ das gleiche Angebot zu verschiedenen Zeiten anbieten (die Gruppe teilen) ▪ klären, ob personelle Verstärkung möglich ist
Die Kinder und Jugendlichen sind vom Angebot überfordert. 	▪ Angebote mit unterschiedlichen Schwierigkeitsgraden vorbereiten ▪ Rücksprache mit den Kollegen zu den Fähigkeiten/zur Tagesform der Kinder und Jugendlichen halten

Abb. 2.22 Probleme und Lösungen bei der Umsetzung von Lernarrangements

Besonders in freizeitpädagogischen Einrichtungen oder Einrichtungen, die nach dem ›offenen Konzept‹ arbeiten, ist es möglich, dass die genannten Probleme auftreten, da die Kinder bzw. Jugendlichen sich freiwillig bestimmten Aufgaben zuordnen können. Daher ist es besonders wichtig, die Bedürfnisse und Interessen der Zielgruppe differenziert wahrzunehmen und in der Planung zu berücksichtigen. Außerdem muss die Erzieherin immer wieder den Ablauf des Lernarrangements, die Verhaltensweisen der Kinder und ihr eigenes pädagogisches Handeln beobachten und reflektieren.

offenes Konzept → S. 306 Band 1

Vorüberlegungen zur Planung von Lernarrangements

Um ein professionelles Lernarrangement zu gestalten, setzt sich die Erzieherin zunächst mit verschiedenen Fragen auseinander.

Die Erzieherin überlegt, wie sie ein Lernarrangement gestalten und durchführen möchte. Sie stellt dazu Überlegungen zur persönlichen Vorbereitung an, setzt sich mit den Inhalten des Lernarrangements auseinander und plant die Gestaltung des Raumes, in dem das Lernarrangement stattfinden wird, sowie den zeitlichen Ablauf. Diese Überlegungen dienen dazu, ein Lernarrangement zu entwickeln, das Kindern und Jugendlichen besondere Bildungserfahrungen ermöglicht, die ohne eine solche Planung nicht möglich wären.

Eine Erzieherin nimmt z. B. den Wunsch zweier Mädchen im Freizeitheim wahr, sich mit Kosmetik und Körperpflege auseinanderzusetzen. Sie plant daraufhin ein gezieltes Lernarrangement, in dem sie den Jugendlichen das Herstellen einer Hautcreme aus pflanzlichen Bestandteilen ermöglicht. Die Erzieherin muss sich selbst über Herstellungsformen, Rezepte und Zutaten von Naturkosmetik informieren, gemeinsam mit den Mädchen überlegen, welche Dinge sie einkaufen müssen und wie sie die Creme herstellen können. Räumliche Gegebenheiten und die zeitliche Struktur müssen ebenfalls in die Planung einbezogen werden.

2.5.2 Planung von Lernarrangements

Die Planung von Lernarrangements setzt eine differenzierte, professionelle Beobachtung der Bedürfnisse und Interessen der jeweiligen Zielgruppe voraus. Anhand von Fragen, Gesprächen, Verhaltensweisen oder Tätigkeiten der Kinder und Jugendlichen werden Themen erkannt, die für die Zielgruppe momentan besonders relevant sind. Daraufhin überlegt sich die Erzieherin, wie sie diese Themen methodisch so aufbereiten kann, dass sich die Kinder und Jugendlichen dadurch weiterentwickeln und Bildungserfahrungen sammeln können.

BEISPIEL Die Erzieherin Jana arbeitet in einer Kindertagesstätte. 25 Kinder im Alter zwischen drei und sechs Jahren besuchen die Gruppe. Sie hat zu den Kindern bereits eine stabile Beziehung aufbauen können und führt mit ihnen zurzeit ein Projekt zum Thema „Tiere des Waldes“ durch. Sie haben schon einen Waldspaziergang unternommen und dabei Ameisen, Käfer, Vögel und ein Eichhörnchen entdeckt. Im Kindergarten haben sie dann in einem Sachbilderbuch Wissenswertes über Eichhörnchen gelesen und ein Plakat dazu erstellt. Während ein Kind das Eichhörnchen, das sich in der Mitte des Plakates befindet, mit Fingerfarbe anmalt, sagt es: „Du, Jana, ich glaube, dass Eulen Eichhörnchen fressen! Ich kenn‘ da ein Buch, da wird ein Erdmännchen von einer Eule gegriffen und mitgenommen. Das sieht fast so aus wie unser Eichhörnchen. Aber die anderen Erdmännchen retten es zum Glück!“ Ein Gespräch über Eulen entsteht. Ein Mädchen sagt: „Eulen sind braun-weiß – mehr weiß ich nicht über Eulen.“ „Nein, ich habe im Zoo schon mal eine weiße Eule gesehen, echt!“, „Ich weiß, dass Eulen ganz leise fliegen können!“

Abb. 2.23 Kinderbuch von Ingo Siegner, „Nachts auf dem Sambesi“ erschienen bei Leuenhagen & Paris

Jana greift das Interesse der Kinder am Thema „Eule“ auf und plant dazu ein Lernarrangement. Sie überlegt zunächst, welche Inhalte die Kinder sich durch das dadruch erschließen sollen, und sammelt durch Beobachtungen Anhaltspunkte über Kompetenzen, die die Kinder im Zusammenhang mit dem Thema „Eulen“ bereits besitzen. Sie legt daraufhin Ziele fest und wählt geeignete Methoden aus, um das Erreichen der Ziele zu ermöglichen. Im ersten Abschnitt der schriftlichen Planung begründet die Erzieherin die Wahl des Themas durch Beobachtungen und konkrete Schilderungen von Verhaltensweisen, Fähigkeiten oder Fragen der Kinder. Die Relevanz (Bedeutung) des Themas für die Kinder wird dargestellt. Außerdem wird eine Einordnung des Themas in einen Bildungsbereich (in Anlehnung an den ›Bildungsplan‹ des jeweiligen Landes) vorgenommen.

Bildungspläne → S. 27

1. Thema
Die Wahl des Themas ist die Planungsgrundlage des Lernarrangements. Weshalb entspricht das Thema dem Interesse der Zielgruppe? Aus welchem Grund kann es den Kindern, Jugendlichen oder jungen Erwachsenen zugemutet werden? Die Erzieherin beschreibt außerdem, in welcher Art und Weise dieses Thema zugänglich gemacht werden soll.

Inklusion
Welche Aspekte der Vielfalt können bei der Analyse der Gruppenstruktur betrachtet werden?

2. Zielgruppe
Im zweiten Schritt wird die Zielgruppe, für die das Lernarrangement geplant wird, beschrieben. Hierbei ist es wichtig, die Anzahl der Kinder zu nennen oder das Alter und den Entwicklungsstand kurz zu erläutern. Folgende Fragen können hilfreich sein:

- Wie viele Kinder nehmen teil?
- Welche Kompetenzen besitzen die jeweiligen Kinder in Bezug auf das Thema und die Methode (Form)?
- Welche Vorerfahrungen haben die Kinder?
- Welche bedeutsamen Merkmale, Aspekte im Entwicklungsstand einzelner Kinder gibt es?

Die Erzieherin begründet die Auswahl der Kinder, die am Lernarrangement teilnehmen sollen, und auch die Gruppenzusammensetzung sowie die Gruppengröße. Lernarrangements können z. B. als Einzelförderung oder als Angebote für eine Gesamtgruppe geplant werden. Die Erzieherin nennt Namen, Geschlecht und Alter der Kinder. Wenn Planungen zu Schulzwecken verfasst werden und im Rahmen der Ausbildung von Lehrkräften gelesen und korrigiert werden, ist darauf zu achten, dass Namen aus Datenschutzgründen anonymisiert werden. Es dürfen keine Rückschlüsse auf einzelne Personen zu treffen sein.

3. Ziele
Die Zielsetzung ist der nächste wichtige Schritt bei der Erarbeitung eines Lernarrangements. Es ist wichtig, dass sich Erzieherinnen im Vorfeld überlegen, welche Ziele für einzelne Kinder oder auch für die Gesamtgruppe erreichbar sind. Ziele werden so formuliert, dass deutlich wird, was genau die Kinder in verschiedenen Entwicklungsbereichen erreichen, z. B. im kognitiven ›Entwicklungsbereich‹: Ich möchte erreichen, dass die Kinder zwei Eulenarten, die in unseren heimischen Wäldern leben, benennen können: die Schleiereule und die Waldohreule.

Entwicklungsbereiche → S. 127

Durch die Zuordnung der Ziele zu den jeweiligen Entwicklungsbereichen wird deutlich, ob vielfältige Lernerfahrungen ermöglicht werden oder ob ein Schwerpunkt auf die Förderung eines bestimmten Entwicklungsbereichs gelegt wird. Beides kann sinnvoll sein und wird individuell an die Situation, das Thema, die Kompetenzen der Kinder etc. angepasst.

4. Raum und Materialien
Wenn die Erzieherin weiß, welche Kinder an ihrem Lernarrangement teilnehmen, welches Thema sie anspricht und welche Ziele sie verfolgt, muss sie planen, welche Räume, Materialen, Medien und Werkzeuge sie benötigt und wie sie alles organisieren kann. Dazu erstellt sie eine Auflistung von Materialien und Medien und stellt Überlegungen an, ob der Raum in einer bestimmten Art und Weise gestaltet werden soll.

5. Sachwissen zum Thema

Das Lernarrangement wird konkret vorbereitet. Zunächst wird das Sachwissen zum Thema dargestellt. Wichtig ist, dass die Erzieherin im Vorfeld klärt, welche Inhalte in diesem Lernarrangement im Zentrum stehen und welches Sachwissen die Kinder erlangen sollen. Hilfreich ist es, wenn sich die Erzieherin überlegt, welche Fragen die Kinder stellen und welche Antworten sie darauf geben könnte.

Zur eigenen Vorbereitung können Sachbücher und Internetrecherchen genutzt werden. Diese Quellen werden dann vollständig angegeben, damit nachvollziehbar ist, woher die Informationen kommen.

Die Erzieherin muss sich darüber bewusst sein welche Inhalte und welches Wissen sie den Kindern vermitteln möchte. Wenn während des Lernarrangements eine Frage auftaucht, die sie selbst nicht beantworten kann, wird sie die Kinder dazu ermutigen, gemeinsam nach Möglichkeiten zu suchen, um eine Antwort zu finden.

6. Beschreiben und Begründen der Handlungsschritte

Die Beschreibung der Handlungsschritte und deren pädagogische Begründung sind für eine gelungene Durchführung sehr wichtig. Der Verlauf des Lernarrangements muss dabei wie ein Film vor dem geistigen Auge der Erzieherin ablaufen. Um einen persönlichen Bezug zum Ablauf des Lernarrangements herzustellen, ist es hilfreich, die Handlungsschritte in der „Ich-form“ zu formulieren. In jeder Phase des Lernarrangements wird notiert, wie die Erzieherin das Handeln der Kinder verbal und nonverbal anregen und begleiten wird. Wesentliche Sprachimpulse werden in wörtlicher Rede formuliert.

Phasen des Lernarrangements

Das Lernarrangement ist nach dem › didaktischen Dreischritt ‹ aufgebaut. Es beginnt mit dem Einstieg, der sog. **Einstimmungsphase**. Wie viel Zeit dafür in Anspruch genommen werden soll, wird als Zeitnotiz (z.B. 8:00 bis 8:07 Uhr) angegeben.

didaktischer Dreischritt → S. 49

Die pädagogische Begründung erfolgt parallel zur Darstellung der Handlungsschritte (das kann gut tabellarisch geschehen, siehe Beispiel).

Die Erzieherin begründet ihr Handeln, indem sie Bezug nimmt auf

- ihre Zielsetzung,
- die Bedürfnisse der Kinder,
- die Interessen und Kompetenzen der Kinder,
- Lernprinzipien,
- bereits vorhandenes Fachwissen.

Sinnvoll sind auch sachlogische Begründungen, die mit der Art des Lernarrangements zusammenhängen (z.B. Sicherheit, Hygiene, räumliche Bedingungen, Zeitplanung).

Die zweite Phase eines Lernarrangements ist die **Arbeitsphase**, in der die Kinder und Jugendlichen aktiv tätig sind und sich mit dem Thema auseinandersetzen. Auch über die geplante Dauer dieser Phase erfolgt eine Zeitangabe. Dann folgt die **Abschlussphase**, in der ein thematischer Schlusspunkt gesetzt wird, eine Reflexion mit den Kindern und Jugendlichen möglich ist, gemeinsam aufgeräumt wird etc.

Planungsschema

Fachkräfte in der Ausbildung haben noch keine Übung beim Planen eines Lernarrangements. Sie können durch das Verfassen einer schriftlichen Planung lernen, ihre Gedanken in Bezug auf Lernarrangement zu strukturieren und festzuhalten. Eine schriftliche Planung kann in unterschiedlicher Form dargestellt werden:

Hinweise zur Planung eines Lernarrangements

Angaben

- Name der Fachkraft
- Termin der Durchführung (Tag und Uhrzeit)
- Thema des Lernarrangements
- Handlungsform (Methode und Sozialform)

1. Planungsgrundlage

1.1 Begründung des Lernarrangements

Sie nennen das ausgewählte Thema des Bildungsangebotes. Zusätzlich geben Sie Ihre Beobachtungen (konkrete Beispiele) wieder, die zur Auswahl des Themas geführt haben. Dadurch verdeutlichen Sie das Interesse der Kinder am Thema bzw. zeigen auf, wieso dieses Thema den Kindern zugemutet wird.

Sie benennen die von Ihnen ausgewählte zentrale Methode für das Lernarrangement und geben Ihre Beobachtungen (konkrete Beispiele) wieder, die zur Auswahl der Methode geführt haben. (z. B. Gruppenaktivitäten, Interessen der Kinder, Spielverhalten der Kinder, persönliche Fähigkeiten, bisher weniger angewendete Methoden).

Sie setzen das Bildungsangebot in Bezug zu einem Bildungsbereich des jeweiligen Orientierungsplans.

1.2 Beschreibung und Begründung der Zielgruppe

Sie nennen die Anzahl, die Namen, das jeweilige Alter und ggf. das Geschlecht der ausgewählten Kinder.

Sie begründen die Auswahl der Kinder, die Gruppenzusammensetzung und die Gruppengröße. Sie beschreiben nacheinander die Kompetenzen jedes Kindes in Bezug auf das Bildungsangebot. Dabei gehen Sie auf das bisherige Sachwissen und die Vorerfahrungen des Kindes sowie bedeutsame Aspekte seines Entwicklungsstandes ein. Insgesamt muss deutlich werden, über welche Kompetenzen das einzelne Kind im Hinblick auf das Bildungsangebot verfügt.

←→ **Sprachliche Bildung**
Wie sollte die Gesprächsführung in einem Lernarrangement gestaltet werden, um sprachliche Bildungsprozesse anzuregen?

2. Zielsetzung

Sie entwickeln Ziele für das Lernarrangement, die Sie für alle Kinder anstreben, und individuelle Ziele für einzelne Kinder, die Sie aus Punkt 1 ableiten.
Sie ordnen die Ziele den Entwicklungsbereichen (kognitiv, sozial-emotional, motorisch) zu und notieren diese in Klammern hinter den Zielen (es müssen nicht immer alle drei Bereiche angesprochen werden).

3. Vorbereitung des Bildungsangebotes

3.1 Sachwissen zum Thema

Sie stellen Ihr Sachwissen zum Thema dar. Dabei formulieren Sie die Worte so, wie Sie auf Fragen der Kinder antworten würden bzw. wie Sie es den Kindern sagen wollen. Zur Recherche des Sachwissens werden Internetquellen und Sachbücher genutzt. Die jeweils verwendeten Quellen werden angegeben. Zudem werden die verwendeten Quellen vollständig in alphabetischer Reihenfolge aufgeführt.

3.2 Fachliche Grundlage zur Methode
Hier stellen Sie die von Ihnen erworbenen fachlichen Grundlagen zur Methode dar. Beziehen Sie sich dabei nur auf die im Mittelpunkt Ihres Bildungsangebotes stehende Methode, z. B. Bilderbuchbetrachtung, Fingerspiel, Experiment, Rollenspiel.

3.3 Einsatz und Begründung von Medien, Material und Werkzeug
Sie beschreiben, welche Medien, Materialien und Werkzeuge Sie einsetzen werden, und begründen, warum Sie diese gewählt haben. Dabei sollen Angaben zu der jeweiligen Anzahl gemacht und fachliche Begriffe wie „Borstenpinsel, Tonkarton, Sachbilderbuch, Fotos, Dosenlupen, Schaumstoffball" verwendet werden.

3.4 Raumgestaltung mit Begründung
Sie beschreiben, welche Räume Sie nutzen und wie Sie diese gestalten (Sitzordnung, Materialien, Dekoration etc.).

3.5 Organisatorische und persönliche Vorarbeiten
Hier begründen Sie, wie Sie den Raum oder den Ort für das Angebot gestalten. Dabei beziehen Sie die Sitzordnung, die Arbeitsplatzgestaltung, die Bereitstellung von Materialien usw. ein. Sie beschreiben, was Sie in der Einrichtung absprechen bzw. vorbereiten und was Sie besorgen oder einkaufen müssen. Weiterhin beschreiben Sie Ihre persönlichen Vorbereitungen und stellen hier dar, wie Sie die Kinder im Vorfeld über das Bildungsangebot informieren und an der Vorbereitung beteiligen.

Tab. 2.24 Schulintern erstellte Vorlage der Alice-Salomon-Schule, Hannover 2013

Abb. 2.25 Das Planen von Bildungsangeboten erfordert einige Übung.

Beschreibung der Handlungsschritte mit pädagogischer Begründung

Die Handlungsschritte des Lernarrangements müssen zusätzlich beschrieben und pädagogisch begründet werden. Das kann tabellarisch erfolgen.

Handlungsschritte **Hier beschreiben Sie, was Sie machen und wie Sie es machen.**	**Pädagogische Begründung** **Hier begründen Sie, warum Sie es so und nicht anders machen.**
Einstimmungsphase *(Zeitangabe in Klammern, z. B. 9.45–9.52 Uhr)* Sie zeigen auf, ▪ wie Sie die Kinder durch Anschauungsmaterial, Impulsfragen und neues Sachwissen zum Thema aktiv einbeziehen und motivieren, ▪ wie Sie den Kindern einen kurzen Gesamtüberblick geben, ▪ wie Sie die Aussagen und Erlebnisse kurz zusammenfassen und zur konkreten Erarbeitung überleiten. **Arbeitsphase** *(Zeitangabe in Klammern)* Sie zeigen auf, ▪ wie Sie mit den Kindern den methodischen Ablauf bzw. die Vorgehensweise in kleinen Schritten erarbeiten, ▪ welche Methoden, Medien und Materialien Sie zur Anschauung und Demonstration nutzen, ▪ an welchen Punkten und wie Sie das Sachwissen erweitern / vertiefen / festigen, ▪ wie Sie zur Abschlussphase überleiten und ggf. den Arbeitsprozess und die Erlebnisse mit den Kindern kurz zusammenfassen. **Abschlussphase** *(Zeitangabe in Klammern)* Sie zeigen auf, ▪ in welcher Form das Angebot beendet werden soll (z. B. mit einer gemeinsamen Abschlussrunde oder als individueller Abschluss mit dem einzelnen Kind), ▪ wie Sie die wesentlichen Bildungserfahrungen des Angebotes mit den Kindern zusammenfassen (z. B.: Was habt ihr Neues gelernt? Was habt ihr erfahren? Heute habt ihr ... erlebt/hergestellt), ▪ wie Sie der Gruppe und/oder einzelnen Kindern ein positives Feedback geben (z. B.: „Ich habe gesehen, ...", „Mir ist aufgefallen, ...", „Ich konnte erkennen, ..."), ▪ wie Sie den Ausklang des Bildungsangebotes gestalten und damit abrunden (z. B. mit dem einzelnen Kind wird sein Werk betrachtet, es räumt auf und kehrt in seine Gruppe zum Spielen zurück). ▪ wie Sie die Kinder ggf. zum Aufräumen aktivieren.	Die Begründungen werden parallel zu den entsprechenden Handlungsschritten, die in der linken Spalte stehen, geschrieben. Sie begründen Ihr Handeln, indem Sie Bezug nehmen auf: ▪ Ihre Zielsetzung, ▪ die Bedürfnisse der Kinder, ▪ die Interessen und Kompetenzen der Kinder, ▪ didaktische Prinzipien, ▪ bereits vorhandenes Fachwissen, ▪ sachlogische Begründungen, die mit der Art des Bildungsangebotes zusammenhängen (z. B. Sicherheit, Hygiene, räumliche Bedingungen, Zeitplanung).

Tab. 2.26 Schulintern erstellte Vorlage der Alice-Salomon-Schule, Hannover 2013

Eine andere Darstellungsweise bietet folgendes Beispiel:

Gliederung der schriftlichen Ausarbeitung eines Handlungsansatzes

Aktivität ☐ Projektausschnitt ☐

Schulform: Datum:
Name: Klasse:
Einrichtung:
Anleiter/-in: Lehrkraft:

1. Thema (kurze Begründung)
2. Gruppe (Alter, Anzahl, Struktur, Besonderheiten)
3. Situationsanalyse (Darstellung der Gruppensituation bezüglich der beabsichtigten Planung, Bedürfnisse und Interessen der Zielgruppe, Rahmenbedingungen etc.)
4. Zielsetzung (zentrales Ziel des Handlungsansatzes)
5. Methodisch-didaktische Verlaufsplanung (Begründung des geplanten Vorgehens zum Erreichen der Ziele unter Berücksichtigung der Ausführungen zur Situationsanalyse)

	Phasen	Verlaufsplanung mit didaktisch/methodischen Überlegungen und Begründungen	Medien	Ziele
5.1	Motivation			
5.2	Einstieg			
5.3	Phase 1			
5.4	Phase 2			
5.5	Schlussphase			

Tab. 2.27 Leitfaden für die praktische Ausbildung am Lernort Praxis

Es gibt verschiedene Modelle, um die Planung von Lernarrangements schriftlich festhalten zu können. Gemeinsamkeit der verschiedenen Darstellungsformen ist jedoch: Es soll deutlich werden,

- was das Thema des Lernarrangements ist (Worum geht es?),
- welche Methoden und Medien eingesetzt werden (Wie werden die Inhalte der Zielgruppe zugänglich gemacht?),
- welche Ziele im Mittelpunkt stehen (Welche Bildungserfahrungen werden ermöglicht?.)

Prävention
Wie können bei der Planung von Lernarrangements Konfliktlösungsstrategien gefördert werden?

Eine differenzierte Planung ist notwendig, um Bildungsprozesse professionell anregen, unterstützen und evaluieren zu können. Eine Planung ist trotzdem nicht fest und unflexibel, sie lässt immer auch Abweichungen zu. Gibt es Störungen, geht die Erzieherin flexibel auf die neue Situation ein und verlässt ihr Planungsschema.

REFLEXION IMPULS LERNORTKOOPERATION

Verfassen Sie eine detaillierte, schriftliche Planung zu einem von Ihnen geplanten Lernarrangement.

Beispiele für mögliche Bildungsangebote

Die folgende Übersicht stellt Beispiele für Lernarrangements in verschiedenen sozialpädagogischen Arbeitsfeldern dar.

Krippe:
- „Matschen mit Rasierschaum" – Förderung der taktilen Wahrnehmung
- Bilderbuchbetrachtung „Die Feuerwehr" – Förderung der Sprache und des Sprechens

Kindergarten:
- „Das ist klein und das ist groß" – Wir machen Messübungen
- „Wir backen Vollkornbrot und frühstücken gemeinsam" – Gesunde Ernährung

Einrichtungen der stationären und teilstationären Erziehungshilfe:
- „Wir richten ein Schneckenterrarium ein" – Tiere beobachten und versorgen
- „Das perfekte Dinner" – Gemeinsam einkaufen und kochen in Kleingruppen

Einrichtungen für Menschen mit besonderem Förderbedarf:
- „Massage" Einzelfallförderung zur basalen Stimulation
- „Wir durchstreifen den Dschungel" – Bewegungslandschaft zur Förderung der ganzheitlichen Wahrnehmung

Kinder- und Jugendeinrichtungen mit freizeitpädagogischem Auftrag:
- „Action-Painting" – Wir gestalten Zufallsbilder mit verschiedenen Farben, kreatives Gestalten
- „Wie stark bin ich und was kann ich?" – Wir messen unsere Kräfte und sprechen über das „Stark sein" und andere Stärken

Um bereits vorhandene Planungen oder Ideen für zukünftige Lernarrangements schnell parat zu haben, hat sich das Anlegen einer Ideensammlung bewährt. Auf Karteikarten werden die Planung und ggf. bereits vorhandene Erfahrungen notiert (z. B. „ist eher für Kinder ab 5 Jahren geeignet", „braucht einen ganzen Vormittag Zeit"). Eine solche Systematik erleichtert es, ein passgenaues Angebot zu finden. Hierbei können folgende Kriterien sinnvoll sein:
- Thema: z. B. Advent, Sommerfest, Farben
- Altersgruppe: z. B. für Unter-Dreijährige, für Vorschulkinder
- Art des Bildungsangebotes: z. B. Kreatives Gestalten, Bewegungsangebot, Lied

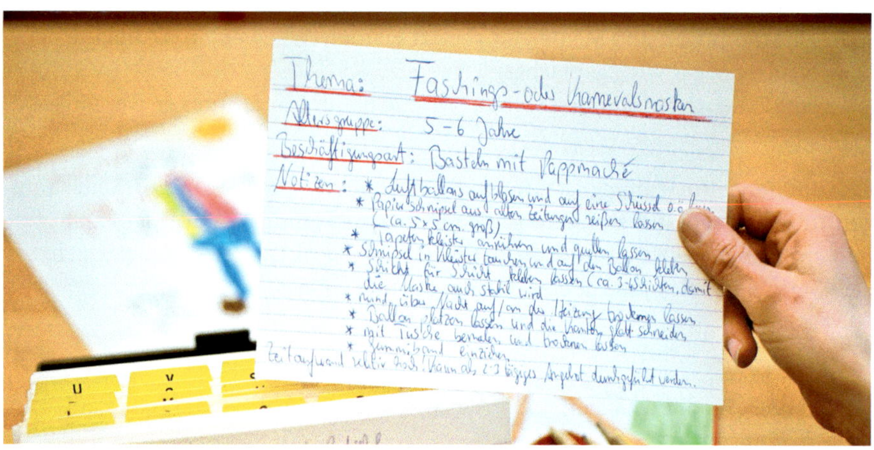

Abb. 2.28 Ideen für Angebote lassen sich auf Karteikarten sammeln.

2.6 Reflexion, Evaluation und Dokumentation

BEISPIEL „Ich war erstaunt, dass die Kinder so gut aufeinander geachtet haben – das hat mich sehr gefreut."
„Besonders bemerkenswert fand ich, dass sich Timur gegenüber den anderen Jungen durchgesetzt und seine Meinung ganz deutlich dargestellt hat – er ist daran richtig gewachsen."
„Beim nächsten Mal kann ich ruhig mehr Zeit für die Einstimmungsphase einplanen – die Jugendlichen hatten so gute Ideen!"
„Ich bin gefragt worden, wann wir das Angebot noch einmal machen, weil es so viel Spaß gemacht hat!"
„Ich habe mich gut gefühlt, weil ich die Kompetenzen der Kinder richtig eingeschätzt habe und sie durch mein Angebot neue Erfahrungen sammeln konnten."

So oder ähnlich können sich Fachkräfte äußern, wenn sie ihre Bildungsangebote/Lernarrangements reflektieren. Sie stellen dar, wie sie sich gefühlt haben, ob die inhaltliche und zeitliche Planung angemessen war, welche Beobachtungen sie bei den Kindern oder bei ihrem eigenen erzieherischen Verhalten wahrgenommen haben etc.
Im Anschluss an die Durchführung eines Lernarrangements ist es wichtig, das Erlebte auch professionell zu reflektieren, d. h. es rückblickend zu betrachten und zu analysieren. Oft ist es auch sinnvoll, zu evaluieren, die Durchführung also zu bewerten und zu beurteilen, damit Veränderungen und somit Weiterentwicklungen möglich werden.

Eine Reflexion ermöglicht es im Nachhinein Erkenntnisse zu gewinnen, die während der Durchführung eines Lernarrangements noch nicht deutlich waren. Durch die Reflexion miteinander können Fachkräfte über das eigene erzieherische Verhalten, die Planungskompetenz, die Beobachtungsfähigkeit etc. ins Gespräch kommen. Sie können sich gegenseitig unterstützen, Anregungen geben und Ergebnisse beurteilen. Durch diesen fachlichen Austausch wird eine Weiterentwicklung der Erzieherpersönlichkeit ermöglicht. Besonders Fachkräfte in der Ausbildung können den Erfahrungsschatz ihrer Anleiterinnen nutzen, indem sie regelmäßig mit ihnen reflektieren und somit von Hinweisen, Anregungen und Hilfestellungen profitieren.

Die Beurteilung des Lernarrangements findet in der sozialpädagogischen Praxis im Alltag häufig durch die jeweilige Zielgruppe statt. Natürlich muss auch die Erzieherin mit der Planung und Durchführung ihres Lernarrangements zufrieden sein, aber die Meinungen der Kinder, Jugendlichen oder jungen Erwachsenen sind besonders wichtig und ausschlaggebend für die weitere Planung und das zukünftige Angebot von Lernarrangements.

Abb. 2.29 Fachlicher Austausch

Leitfaden zur Reflexion von Lernarrangements

Folgender Reflexionsbogen kann im Anschluss an die Durchführung eines Lernarrangements genutzt werden. Er bietet einen Überblick über wesentliche Reflexionsaspekte. Die Erzieherin reflektiert das konkrete Lernarrangement, nimmt zusätzlich aber auch generelle Aspekte in den Blick. Eigene Stärken werden formuliert und Entwicklungsziele im gemeinsamen Gespräch deutlich: Wie kann das pädagogische Handeln weiterhin professionalisiert werden?

Meine Befindlichkeit ... ▪ Was hat mich gefreut, was weniger?	✍...
Mein pädagogisches Handeln während des Bildungsangebotes ▪ Wertschätzender Umgang mit der Zielgruppe ▪ Kontakt zur Gruppe, zu einzelnen Kindern ▪ Verständliche Erklärungen ▪ Individuelles Lob, Ermutigung ▪ Sprachverhalten	✍...
Das Verhalten der Kinder ... ▪ Waren Beobachtungen und Einschätzungen zutreffend? ▪ Wie habe ich die Motivation empfunden (besondere Zurückhaltung / besonderes Engagement)? ▪ Entsprach die Handlungsform / das Thema den Interessen, Bedürfnissen und Lernvoraussetzungen der Zielgruppe?	✍...
Ziele ... ▪ Welche Ziele wurden erreicht / nicht erreicht? ▪ Ermöglichung neuer Erfahrungen oder Ausbau von Bildungserfahrungen	✍...
Vorgehen bei Durchführung der Handlungsschritte ... ▪ Gelungene Abfolge der Handlungsschritte ▪ Abweichung von der Planung, Ursachen ▪ Didaktische Prinzipien	✍...
Vorbereitung ... ▪ Geeignete Auswahl von Materialien / Werkzeug / Medien ▪ Raum- und Zeitgestaltung	✍...
Fazit und Ausblick ... ▪ Was kann ich schon gut? ▪ Was muss ich noch lernen? ▪ Was nehme ich mir für die nächste Zeit vor?	✍...

Tab. 2.30 Leitfaden zur Reflexion, entwickelt an der Alice-Salomon-Schule, Hannover 2013

REFLEXION ◀ **IMPULS** LERNORTKOOPERATION

Zu welchen Reflexionsaspekten können Sie bereits angemessen Stellung nehmen, bei welchen haben Sie noch Schwierigkeiten? Besprechen Sie Ihre Erfahrungen mit einer Partnerin.

Reflexion und Evaluation sind also zentrale Aspekte, um das erzieherische Handeln zu betrachten und weiterzuentwickeln. Ebenso wichtig ist auch, die bereits gemachten Erfahrungen und durchgeführten Lernarrangements darzustellen und somit Dritten zu veranschaulichen. Das ist z.B. für Eltern, andere Kolleginnen, Kooperationspartner, aber auch Kinder oder Jugendliche, die gerade an diesem Lernarrangement nicht teilgenommen haben, bedeutsam. Um Prozesse und Ergebnisse von Lernarrangements zu veranschaulichen und zu dokumentieren, eignen sich

- Aushänge mit Beschreibungen einzelner Aktivitäten („Wir gehen auf den Markt und kaufen für unser Frühstück ein"),
- Fotodokumentationen („Diese Früchte kauften wir auf dem Wochenmarkt"),
- die Sammlung der Unterlagen in sog. ›Portfolios‹ („Da habe ich zum ersten Mal allein einen Apfel mit dem Messer kleingeschnitten"),
- Aufführungen („Wir tanzen unseren Frühlingstanz"),
- Ausstellungen (Rundgang durch unsere Mitmachausstellung „Experimente mit Wasser"),
- Einbeziehung der Werke in die Raumgestaltung („Wir dekorieren unseren Leseraum mit selbst gestalteten Laternen aus Seidenpapier").

Förderung von Medienkompetenz
Wodurch kann die Medienkompetenz der Kinder und Jugendlichen bei der Dokumentation von Lernarrangements gefördert werden?

Portfolio → S. 142

Im Anschluss an die beiden letzten Kapitel eignet sich folgende Darstellung, um den Zusammenhang zwischen Planung, Durchführung, Reflexion, Evaluation und Dokumentation von Bildungsarbeit zu veranschaulichen.

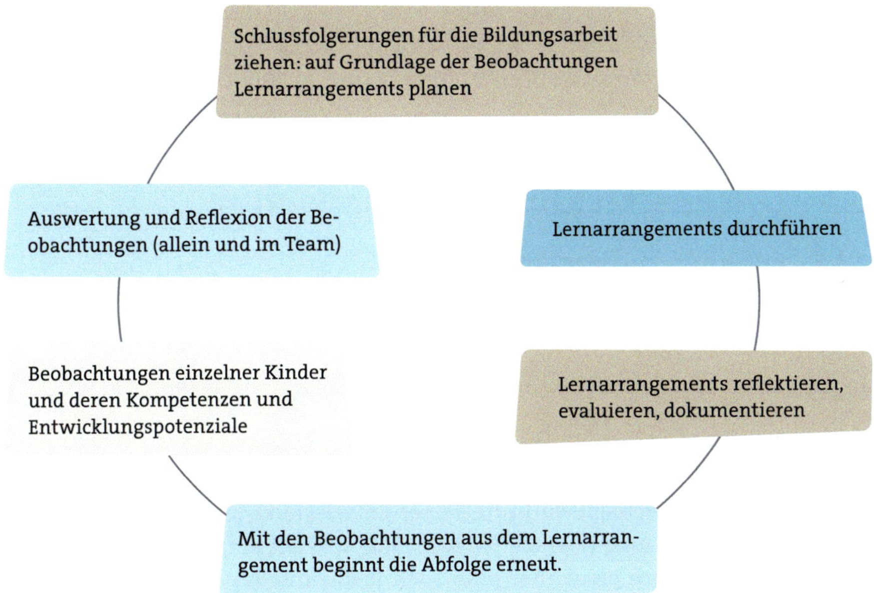

REFLEXION **IMPULS** LERNORTKOOPERATION

Welche Dokumentationsformen sind Ihnen in sozialpädagogischen Einrichtungen begegnet?

3 ENTWICKLUNGSPROZESSE UND -AUFGABEN ALS BEZUGSPUNKTE DER BILDUNGSARBEIT

Abb. 3.1 In jeder Entwicklungsphase eines Menschen gibt es besondere Bezugspunkte für die Bildungsarbeit.

3.1 Die Entwicklung des Menschen

3.1.1 Entwicklungsbegriff

Unter dem Begriff Entwicklung definiert Hanns Martin Trautner , Professor für Entwicklungspsychologie:

" Entwicklung bezieht sich auf relativ überdauernde intraindividuelle Veränderungen des Erlebens und Verhaltens über die Zeit hinweg.

Trautner, Hanns Martin (1992): Lehrbuch der Entwicklungspsychologie. Hogrefe, Göttingen

intraindividuell
innerhalb eines Individuums

Ein ›Individuum‹ durchlebt im Laufe seiner Entwicklung über Geburt, Kindheit, Jugend, Erwachsener bis zu seinem Tod beständig Veränderungen biologischer, psychologischer sowie soziologischer (und auch medizinischer) Art. Veränderungen werden mit dem Begriff Entwicklung gekennzeichnet, wenn

- sie sich als Abfolge von mehreren Schritten ereignen.
- die vorausgegangenen Schritte die Voraussetzung für spätere darstellen.
- die Schritte sich in einer Richtung auf einen angenommenen Endzustand bewegen.
- der folgende Zustand gegenüber dem vorherigen Zustand „höherwertig" ist.
- sie eine nicht umkehrbare Reihenfolge haben.
- sie eine tatsächlich qualitative Umwandlung und nicht nur eine quantitative Zunahme darstellen.
- sie in Zusammenhang mit dem Lebensalter stehen.
- sie für alle Menschen bei gleichen Voraussetzungen gleich verlaufen.

Für die menschliche Entwicklung gibt es eine gewisse Regelmäßigkeit und Vorhersagbarkeit. Viele Beschreibungen der ›kognitiven‹, ›motorischen‹ oder ›sprachlichen Entwicklung‹ weisen diese Merkmale auf. Die Entwicklung findet in der gesamten Lebensspanne statt.

kognitive Entwicklung → *S. 404; S. 398 Band 1*

motorische Entwicklung → *S. 147*

sprachliche Entwicklung → *S. 297*

Die Entwicklung eines Menschen ist immer auch abhängig von sozialen, kulturellen historischen oder medizinischen Zusammenhängen und niemals durch Anlagebedingungen alleine vorherbestimmt. Die tatsächlichen Lebensumstände, Erfahrungen und Angebote verbessern oder beschränken die vorhandenen Potenziale grundsätzlich über das ganze Leben.

3.1.2 Entwicklungsunterschiede

Ein Entwicklungsansatz reicht nicht aus, um im Einzelfall Entwicklungsunterschiede verstehen und Entwicklungsprozesse positiv unterstützen zu können. Jedes Modell ist auf eine bestimmte Sichtweise sowie auf Vergleichsaspekte begrenzt und kann nicht alle Entwicklungsbereiche, Fragestellungen und Erkenntnisse aufnehmen. Es fehlt die Berücksichtigung aller potenziellen Einflussfaktoren und ihrer Interaktion, der zahlreichen interindividuellen oder auch kulturellen Unterschiede ebenso wie die durch den Einzelnen getroffenen Entscheidungen und Selbststeuerungen.

So ergeben sich vielfältige interindividuelle Schwankungen von Entwicklungsverläufen. Gerade die motorische oder sprachliche Entwicklung von Kleinkindern weist so viele individuelle Unterschiede in Bezug auf den Zeitpunkt, das erste Auftreten einer neuen Fähigkeit, ihrer Häufigkeit und situationsbezogenen Wiederholung und Veränderung auf, dass die Beurteilung der „altersgerechten“ und „normalen“ Entwicklung anhand einzelner Merkmale nicht vorgenommen werden kann.

Die allgemeine Abfolge fester Schritte und Niveaus für Individuen in „normalen Umwelten und Kulturen“ wird häufig als gegeben angenommen. Diese Universalität der Entwicklung bedeutet nicht, dass alle Individuen in derselben Zeit zu denselben Ergebnissen kommen, dennoch bestehen gewisse Regelmäßigkeiten. Der Universalitätsgrundsatz führt aber auch dazu, dass die Entwicklungsumwelt genau die Abfolgen und Ergebnisse definiert, die sie ermöglicht.
Gerade das Zusammenspiel der kulturellen Einflüsse, der sozialen und räumlich-dinglichen Umwelt, der individuellen und spezifischen Voraussetzungen und Erfahrungen ermöglicht eine ›differenzielle‹ Wahrnehmung und Begleitung von individuellen Entwicklungsprozessen.

differenziell
unterscheidend, einen Unterschied begründend oder darstellend

ZUM WEITERDENKEN Die Annahme, Entwicklung führt natürlicherweise zu einem höheren Niveau, und die Vorstellung eines Endzustandes sind zumindest im Bereich der Persönlichkeitsentwicklung für sozio-emotionale oder kognitive Veränderungen problematisch. Wie können gültige oder unumstrittene Bewertungskriterien für Interessen, Weltbild, Selbstbild, Einstellungen usw. gefunden werden?
Erkrankungen, Abbauprozesse im höheren Alter oder geistige Behinderung wären dann von entwicklungstheoretischen Erkenntnissen ausgeschlossen, die lebensweite Entwicklungsfähigkeit für bestimmte Lebensabschnitte oder Phänomene nicht gültig. Auch ist das an diese Vorstellung gebundene Menschenbild kritisch zu hinterfragen.

3.1.3 Wachstum und Reifung

Wachstum ist die physische Zunahme, Zellvermehrung oder -vergrößerung von Organen, Muskeln oder Knochen. Dies wird durch Längenwachstum, Gewichtszunahme und Umfangvergrößerung sichtbar.

Gestaltwandel

Veränderung der Körperproportionen im Verlauf der Entwicklung

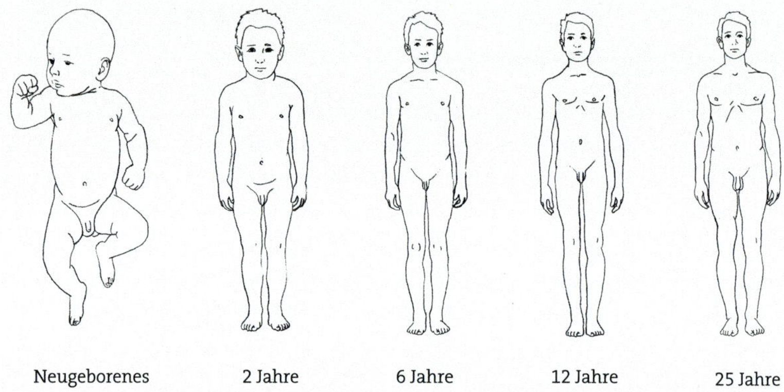

Abb. 3.2 Veränderungen der Körperproportionen im Verlauf der Entwicklung

Als **Reifung** wird die genetisch gesteuerte Entfaltung der biologischen Strukturen und Funktionen verstanden. Säuglinge werden mit einem umfangreichen Verhaltensrepertoire geboren, dessen Entfaltung nicht auf extern gesteuertes Lernen zurückgeführt werden kann.

Kinder lernen etwa mit einem Jahr gehen, Zweiwortsätze tauchen im 18. Lebensmonat auf. Diese Kompetenzen können nicht durch spezielle Lernumgebungen deutlich vorverlegt werden.

Reifung sollte nicht nur als derjenige Teil der Entwicklung betrachtet werden, der unabhängig von Erfahrung, Übung, Erziehung, Sozialisation oder Lernmöglichkeiten abläuft. Reifung ist an Kontexte gebunden, die z. B. eine Verzögerung oder Beeinträchtigung bewirken können. Die ›Deprivation‹ von sozialen Kontakten oder Erfahrungen führt auch bei Reifungsvorgängen zu ›Retardierungen‹, diese können aber bei Verbesserung der Kontextbedingungen teilweise rasch behoben werden können.

Deprivation
Vorenthaltung, Entzug, Mangel oder Verlust von etwas Erwünschtem, z. B der Kontakt zur Mutter, Aufmerksamkeit und Anerkennung

Retardierung
oder auch Retardation (lat. retardare: verzögern) bedeutet die zeitliche Verzögerung eines Ablaufs.

Unter Reifung darf man nicht verstehen, dass ein innerer Bauplan phasenhaft abläuft und man abzuwarten hat, bis die Lernvoraussetzungen herangereift sind. Diese pädagogische Passivität ist falsch und schädlich für das Verständnis von Entwicklung. Lernmöglichkeiten und Erfahrungen müssen die Reifung begleiten.

BEISPIEL Die Fähigkeit Fahrrad zu fahren wird nicht durch Reifung möglich. Koordinierte Überkreuzbewegungen, dynamisches Gleichgewicht, optische und akustische Wahrnehmungsfähigkeit, andere motorische Erfahrungen (Laufrad- oder Rollerfahren, Springen, Rückwärtsgehen) bedingen den Reifungsprozess, der sich nicht durch Abwarten allein ergibt.

Reifung ist von der ›Entwicklung der Nervenbahnen‹, welche die Wahrnehmung und die motorische Steuerung von Muskeln ermöglichen, also von Wachstumsprozessen, abhängig. Das Gewicht des Gehirns verdoppelt sich im ersten Lebensjahr, am Ende des vierten Lebensjahres hat verdreifacht. Bei der Geburt besitzt es mindestens 120 Milliarden Nervenzellen. Der zentrale Prozess der Hirnreifung und des Hirnwachstums ist die Synapsenbildung und -verknüpfung.

Entwicklung der Nervenbahnen → S. 153 Band 1

Bei einem Neugeborenen sind die Nervenzellen wie ein gleichmäßiges dichtes Netz verbunden. Es leitet die durch Sinneseindrücke entstehenden Impulse in alle Richtungen weiter. Etwa bis zum zweiten Lebensjahr werden zwischen den Nervenzellen Synapsen in großer Zahl gebildet. Sie wachsen durch intensive Nutzung oder verkümmern bei Nichtnutzung.

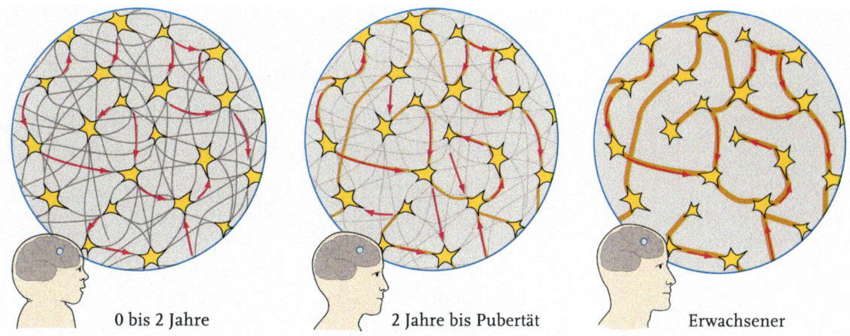

Abb. 3.3 Neuronale Netzwerke von Babies, Kindern und Erwachsensen

Etwa mit 15 Jahren sind der Aufbau der Nervenzellen und die Gehirnreifung in ihrer Struktur abgeschlossen. Die Bahnen, in denen der Erwachsene später denkt, sind grundsätzlich angelegt. Die Synapsenbildung ist nach der ›Pubertät‹ im Vergleich zum Kleinkind oder einer Zehnjährigen deutlich erschwert. Aber bis ins hohe Alter werden Synapsen durch Reize, Gedanken, Erlebnisse sowie Handlungen gestärkt oder geschwächt und neue Verbindungen gebildet.

Pubertät → S. 100

REFLEXION | **IMPULS** | LERNORTKOOPERATION

Überlegen Sie, durch welche Aktivitäten bei Ihnen selbst die Synapsenbildung im Gehirn weiter angeregt wird.

Die Muskelgruppen, die z. B. das freie Sitzen, Stehen oder Gehen gegen die Schwerkraft ermöglichen, müssen durch Zellwachstum kräftig genug werden, das Gewicht und die Körpermasse zu tragen. Die Nervenzellen müssen den Muskeln differenzierte Impulse geben können. Aber diese funktionelle Reifung durch Zellwachstum und Strukturaufbau ist von Erfahrungen abhängig. Das Nervenzellnetzwerk baut sich nicht auf, wenn es nicht vielfältig gefordert wird, Muskeln wachsen nicht, wenn die ›Ernährung‹ nicht stimmt und sie nicht beansprucht werden. Die motorischen und sensiblen Nervenbahnen reifen nur heran, wenn sie ausreichende und anspruchsvolle „Aufgaben“ haben. Je vielschichtiger die Anforderungen, desto komplexer sind die neuronalen Netzwerke.

Ernährung → S. 144

BEISPIEL Wird eine Hornhaut- oder Linsentrübung im Säuglingsalter nicht frühzeitig erkannt, erhält das Auge keine strukturierten Signale und die Nervenverbindungen, die das ›Sehen‹ ermöglichen, verstärken sich nicht. Sie bilden sich zurück, verkümmern und können später nicht wieder nachgebildet werden. Das Kind bleibt blind.

visuelles Wahrnehmungssystem → S. 219

3.1.4 Sensible Phasen

Sprachliche Bildung
Wie kann man sensible Phasen beim Spracherwerb von Kindern nutzen?

Versucht man einem Kind das Gehen, das Laufen, die Blasenkontrolle oder das Fahrradfahren zu früh beizubringen, so ist das nicht nur mühsam und langwierig, sondern oft zum Scheitern verurteilt. Darum wird angenommen, dass Einflüsse und Anregungen erst bei einem bestimmten Entwicklungsstand „auf fruchtbaren Boden fallen". In der Entwicklungspsychologie spricht man von sensiblen Perioden oder sensiblen Phasen. In spezifischen Zeitfenstern und Altersabschnitten erzeugen Einflüsse besonders negative oder positive Wirkungen. Da es aus ethischen Gründen keine gezielten Experimente gibt, können hierzu aus Studien, Fallbeispielen oder anderen Experimenten nur Vermutungen abgeleitet werden. Die Ergebnisse sind ausgesprochen unsicher und bedürfen stets weiterer Interpretation und wissenschaftlicher Forschung.

ZUM WEITERDENKEN Der Begriff „sensible Periode" stammt ursprünglich aus der Embryologie und bezeichnet die zeitlichen Entwicklungsabschnitte, in denen Organe ausgebildet werden. Die Zellsysteme erlangen in dieser Zeit ihre Differenzierung und definitive Struktur. Treffen dann durch die Erkrankung oder Unterernährung der Mutter Gifte (Medikamente, Drogen, Alkohol) oder Strahlen auf den Embryo, werden gerade in der sensiblen Periode stehende Organsysteme geschädigt und nachhaltig in der Entwicklung beeinträchtigt oder sie wirken sogar ›letal‹. Eine besondere Dichte der sensiblen Perioden gibt es im ersten Schwangerschaftsdrittel, in der Fetalphase wirken diese Einflüssen nicht mehr so stark letal aber häufig noch deutlich organschädigend.

letal
(lat. letalis. tödlich) todbringend, zum Tode führend

Lernen → *S. 406 Band 1*

Kindertageseinrichtung → *S. 56 Band 1*

Abb. 3.4 Kinder mit Migrationshintergrund beherrschen oft zwei Sprachen gut.

In bestimmten Zeitfenstern fällt das neuronale ›Lernen‹ leichter. Kleinkinder lernen eine zweite Sprache wie eine „Muttersprache". Sie sprechen in der ›Kindertageseinrichtung‹ die eine Sprache, in der Familie die andere oder mit beiden Elternteilen die jeweilige Muttersprache.

Einen Entwicklungs- oder Reifestand als natürliche, altersgebundene Leistung anzusehen, ist nicht sachgerecht. Er kann beeinträchtigt oder verhindert werden. Eine einmal erworbene Fähigkeit kann aber auch bei mangelnder Nutzung und Vernachlässigung verloren gehen. Niemand fährt nach jahrzehntelanger Abstinenz wieder Ski, als sei die Zeit nicht vergangen. Eine vergessene Fremdsprache wird nicht bei Überschreiten der Landesgrenze automatisch aktiviert. Auch der oft fälschlicherweise durch Alterung begründete Gedächtnisabbau ist nur bedingt gegeben. Lerngewohnte und motivierte Menschen erwerben bis in das hohe Alter neues Wissen und neue Fertigkeiten nicht mit schlechterer Qualität als jüngere, lernungeübte Menschen.

3.2 Entwicklung als Prozess

Der Begriff Prozess bedeutet, dass sich etwas nach und nach verändert, dass eine zeitliche Ausdehnung und Stetigkeit, einen Ausgangspunkt, aber keine Vollendung im Sinne eines statischen Endzustandes gibt. Gegenbegriffe sind ›Revolution‹ und ›Stagnation‹.

Revolution
plötzliche und starke Erneuerung, Umwälzung

Stagnation
Starre, Stillstand, Wiederholung

In einem Prozessmodell sind vor allem die Einflussnahme von außen und die Besonderheit jedes Einzelfalls Grundbedingungen. Ergebnisse der Zwillingsforschung geben Hinweise darauf, dass die genetische Übereinstimmung nicht zur gleichen Entwicklung führt. Nicht jede genetisch bedingte Behinderung führt z. B. zu den gleichen Auswirkungen. Eine weitere Grundannahme ist die Einflussnahme unterschiedlicher, zum Teil auch widersprüchlicher Faktoren, die den Gesamtvorgang verändern, sich auch gegenseitig abändern und die individuellen Voraussetzungen beeinflussen können.

3.2.1 Anlage und Umwelt

Die immerwährende Diskussion, ob die Anlage oder die Umwelt den ausschlaggebenden Einfluss auf die Entwicklung haben, drückt das Vorhandensein einer Polarität, eines „Entweder-oder" aus. Damit wäre die menschliche Entwicklung entweder ein einseitig geformter Ablauf eines vorgegebenen Programms (Anlageorientierung), das voraussetzungslose Ergebnis der Milieueinflüsse (Umweltorientierung) oder, wie in den ›konstruktivistischen‹ Ansätzen, das Erreichen bestimmter Stadien infolge der Konstruktionen der wahrgenommenen und verarbeiteten Umwelt.

Konstruktivismus → *S. 404; S. 416 Band 1*

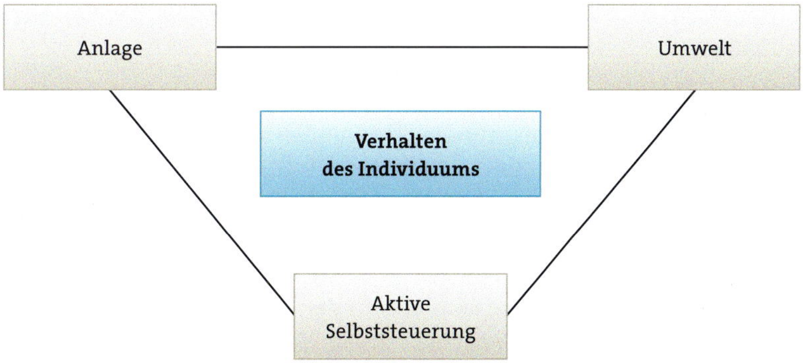

Abb. 3.5 Bedingung: Anlage, Umwelt, aktive Selbststeuerung

Sinnvoller ist die Akzeptanz einer Wechselseitigkeit von Anlage und Umwelt. Entwicklung ist an die genetischen Voraussetzungen gebunden. Aber z. B. ist Gesundheit nicht allein durch genetische Dispositionen festgelegt, sondern der Lebensstil leistet einen sehr hohen Beitrag, ob sich ein Risiko für eine Herzerkrankung tatsächlich ausprägt. Die Umwelt ermöglicht gesundheitsbewusstes Verhalten oder nicht, die soziale Lage nimmt Einfluss auf das Ernährungsverhalten oder den Zugang zu medizinischen Hilfen. Das bedeutet, dass Menschen auch durch die sogenannte aktive Selbststeuerung und durch aktive Selbstbestimmung zu ihrer individuellen Entwicklung beitragen.

Entwicklung hat keinen Abschluss oder stabilen Endzustand. Entwicklung endet nicht mit dem Eintritt in die Schule oder den Beruf, sie ist auch im Kindesalter kein immerwährendes „Vorwärts". Die menschliche Entwicklung ist ein lebenslanger Prozess, der nicht nur Verbesserung und Wachstum, sondern auch die Auseinandersetzung mit Rückgang und Scheitern in sich trägt. Die ›soziale‹ und ›emotionale Entwicklung‹ wird durch die Bewältigung von schönen und schwierigen Situationen und Erfahrungen hervorgebracht.

soziale Entwicklung → *S. 189*
emotionale Entwicklung → *S. 187*

Entwicklung erfolgt nicht in deutlich wahrnehmbaren Stufen, sondern eher fließend. Nicht alle Entwicklungsbereiche verlaufen im gleichen Tempo und Ausmaß, bedingen sich aber immer gegenseitig. So kann eine stark verminderte ›motorische Entwicklung‹ auch die ›kognitive und soziale Entwicklung‹ beeinflussen. Eine weit fortgeschrittene ›sprachliche Entwicklung‹ wirkt sich positiv auf die kognitive Entwicklung und soziale Kontakte aus.

motorische Entwicklung → *S. 147*
kognitive Entwicklung → *S. 404; S. 398 Band 1*
sprachliche Entwicklung → *S. 297*

3.2.2 Entwicklungsübergänge

Entwicklungsstufen und -phasen haben keine deutlichen Übergänge. Es ist nicht trennscharf beobachtbar, ob ein Kind noch Kind oder schon Jugendlicher ist, ob ein bestimmtes Stadium abgeschlossen ist oder noch nicht ganz. Entwicklungsübergänge sind fließend und oft erst rückwirkend feststellbar. Der Begriff der ›Transition‹ soll dieses verdeutlichen und die Wandlung zu einer nächsten Lebensphase bezeichnen. Der Eintritt in den Kindergarten, später in Schule, Universität oder Beruf, Partnerschaft und Familie, der Ausstieg aus dem Arbeitsleben oder Trennungen sind wichtige kulturspezifische und biografiegebundene Übergänge. Sie ermöglichen besondere psycho-soziale Entwicklungen und stellen jeden Menschen vor ›Entwicklungsaufgaben‹.

Transition → *S. 654 Band 1*
Entwicklungsaufgabe → *S. 89*

Abb. 3.6 Übergang von der Kita in die Schule

Feste und Feiern → *S. 445*

Häufig werden psycho-soziale Entwicklungen mit dem Eintritt in Institutionen verbunden und erkennbar. So kommt ein Kind in die Schule, wenn es als schulreif angesehen wird. Gleichzeitig übt die Eingewöhnung in die Schule einen großen Entwicklungsreiz aus und setzt so einen Impuls für eine weitere Entwicklung. ›Feste und Bräuche‹ sind ritualisierte Formen und Symbole für den Übergang in eine neue Lebensphase. Der Abschied aus der Kita oder dem bisherigen Umfeld sollte ebenso gestaltet werden wie die nachfolgende Eingewöhnung und Neuorientierung. Rituale erleichtern Übergänge und machen sie nachvollziehbar. Abschiedsgeschenke oder Begrüßungsfeste, Bräuche und Aktionen zeigen die Besonderheit eines neuen Lebensabschnittes oder Abschieds auf. Sie ermöglichen schöne Erinnerungen und helfen, schwierige Situationen zu bewältigen.

3.2.3 Entwicklungsmodelle

Entwicklungsmodelle versuchen die Beeinflussbarkeit der menschlichen Entwicklung zu erfassen. Sie treffen keine Aussagen zu individuellen Verläufen. Die Modelle beschreiben vorrangig allgemeine Regeln oder Abfolgen.

Endogenistische Theorie
In der endogenistischen Theorie gehen Entwicklung und Entfaltung auf einen angelegten inneren Plan zurück. Die Veränderungen werden durch Anlage und ›Reifung‹ ausgelöst. Äußere Einflüsse können immer nur in einer ›sensiblen Periode‹ einwirken. Die Entwicklung ist nicht das Ergebnis von äußeren Einflüssen, sondern Einflüsse werden nur aufgrund des inneren Programms und Entwicklungsstandes, mit einer gewissen Bereitschaft und Vorbereitung aufgenommen.

Reifung → *S. 82*
sensible Periode → *S. 84*

BEISPIEL Unter ›endogenen‹ Faktoren werden in erster Linie die Anlagen eines Menschen verstanden, die im Laufe seines Lebens zum Vorschein kommen, z.B. die Haarfarbe, die Körpergröße oder auch die Farbe der Augen. Veranlagungen können auch besondere Schnelligkeit beim Laufen, musikalische Veranlagung oder Hochbegabung sein.

endogen
aus inneren Ursachen entstehend, im Inneren erzeugt

Exogenistische Theorien
Die Entwicklung kann je nach Umwelteinflüssen und Erziehung ganz unterschiedliche Richtungen annehmen. Die exogenistische‹ Theorie geht davon aus, dass der Anstoß für Veränderung von außen kommt, jedes Ergebnis kann erzielt werden (behavioristisches Menschenbild). Es wird eine starke Steuerbarkeit des Verhaltens und der Verhaltensänderung zugrunde gelegt. Damit würde ein Entwicklungsdefizit aufgrund einer mangelnden Außensteuerung verursacht werden.

BEISPIEL ›Exogene‹ Faktoren sind alle Umwelteinflüsse, die außerhalb des Organismus liegen, wie z.B. Leben auf dem Dorf oder in der Stadt, Bildungsstand der Eltern, Reichtum oder Armut, Einzelkind oder viele Geschwister.

exogen
von außen oder durch äußere Ursachen entstehend

Selbstgestaltungstheorien

Der Mensch ist ein erkennendes und selbstreflexives Wesen, das sich und seine Umwelt kritisch auswertet und sein Handeln und Denken modifiziert. Entwicklung ist nicht nur durch Reifung bestimmt, der Mensch gestaltet seine Entwicklung mit. Die Umwelt kann die Entwicklung aber nur indirekt stützen und anregende Impulse geben, wie z.B. Fragen stellen, Aufgaben geben, Lösungen vorschlagen. In diesen Ansätzen ist das Subjekt selbst Konstrukteur seiner eigenen Entwicklung.

Das Kind verarbeitet die Umwelteinflüsse je nach Entwicklungsstand aktiv und selbstgesteuert. Es braucht seine Umwelt, kann durch sie, und damit auch durch pädagogisches Handeln, aber nicht direkt und maßgeblich beeinflusst werden. Das Kind verleibt sich die Umwelt durch seine Wahrnehmungs- und Interpretationsprozesse auf seine Weise ein. Demnach würde das Kind nur das erlernen können, was es aufgrund seiner kognitiven Strukturen wahrnehmen und verarbeiten kann. Die Arbeiten von ›Jean Piaget‹ werden dem Ansatz der Selbstgestaltungstheorie zugewiesen.

Jean Piaget → *S. 398 Band 1*

ZUM WEITERDENKEN Es gab (und gibt in Teilen der Bevölkerung noch immer) lange Diskussionen, ob eher Anlagen oder eher die Umwelt die Entwicklung beeinflussen. Bei jeder Neuentdeckung der Wissenschaft (z.B. der Entschlüsselung der Gene) bricht die Diskussion erneut aus. Mittlerweile wird präferiert, dass Anlage und Umwelt sich gegenseitig bedingen. Außerdem wird der Mensch als aktiv Handelnder in seiner Umwelt gesehen und nicht als passiv den Einflüssen gegenüberstehend.

Interaktionistische Theorien

Die Teilsysteme Mensch und Umwelt stehen im Austausch und beeinflussen sich gegenseitig. Entwicklungssubjekt und -kontext sind aktiv in die beiderseitigen Veränderungen einbezogen. Jede Aktivität und Veränderung wirkt auf andere Teilsysteme und das Gesamtsystem zurück. Mensch und Umwelt verändern sich durch die Einwirkung aufeinander in einem fortwährenden Prozess selbst. So wirkt sich die Umwelt beeinflussend auf den Menschen aus und gleichzeitig gestaltet der Mensch seine Umwelt (die Natur oder materielle Umgebung) bzw. er gestaltet diese aufgrund der Einflussnahme anderer Menschen um (die soziale Umgebung). Das ›bio-ökologische Entwicklungsmodell‹ von Bronfenbrenner stellt diese Wechselwirkungen dar.

bio-ökologisches Entwicklungsmodell → *S. 394 Band 1*

Entwicklungsprozesse finden jedes Mal dann statt, wenn ein Mensch neue Tätigkeiten und Rollen übernimmt, sich neuen Gruppen anschließt oder in neue Lebensbereiche wechselt.

REFLEXION | **IMPULS** | LERNORTKOOPERATION

Denken Sie über Ihre bisherige Biografie nach. An welchen Stellen fanden in Ihrem Leben Entwicklungsprozesse statt? Können Sie dies an der Übernahme neuer Rollen und Tätigkeiten bzw. dem Wechsel in neue Lebensbereiche festmachen?

3.3 Entwicklungsaufgaben

3.3.1 Der Lebenslauf als Orientierungsrahmen für Entwicklung

Jeder Lebensabschnitt stellt den Menschen vor bestimmte Anforderungen und Aufgaben, die er bewältigen muss und die so seine Entwicklung befördern. Entwicklung bedeutet eine prozesshafte und nicht endende Fortentwicklung der individuellen Kompetenzen, Lebensziele und Haltungen gegenüber sich selbst und der gesamten Umwelt. In den verschiedenen Altersstufen der Kindheit und Jugend und der Erwachsenenzeit kommen auf Mädchen und Jungen, Frauen und Männer zahlreiche Entwicklungsaufgaben zu und fordern ihre Bewältigung.

Hierbei handelt es sich
- um Anforderungen der sozialen Umwelt,
  wie z. B. die Übernahme von bestimmten Rollen;
- um Anforderungen der Gesellschaft,
  wie die Berufswahl oder einen Arbeitsplatz finden;
- um Anforderungen, die sich im Individuum selbst ergeben,
  wie z. B. die Verarbeitung des Älterwerdens.

Entwicklungsaufgaben sind im engeren Sinne normbezogene, also kulturtypische und auf die Mehrheit einer Altersgruppe zutreffende Ereignisse, deren Bewältigung zu qualitativen Veränderungen des Denkens, Handelns und Erlebens führt sowie neue Lebensabschnitte vorbereitet und einleitet. Erfahrungen, welche die Qualität von Entwicklungsaufgaben haben, stellen eine intensive und persönliche Auseinandersetzung mit der jeweiligen Herausforderung dar. Die individuell gelungene Bewältigung ermöglicht es, später mit ähnlichen Erlebnissen leichter und erfolgreicher umgehen zu können.

Entwicklungsaufgaben gliedern den Lebenslauf und geben ›Sozialisationsziele‹ vor. Einige Entwicklungsaufgaben sind planbar, sodass eine Vorbereitung möglich ist. Auf den Schuleintritt oder den Berufsbeginn kann man sich vorbereiten. Der sogenannte Normallebenslauf ist eine an der Mehrheit orientierte und durchschnittliche Idealvorstellung eines biografischen Verlaufs. Sowohl die Inhalte bestimmter Lebensphasen als auch deren Zeitpunkte sind in soziologischen Beschreibungen von Normallebensläufen standardisiert. Kindergarten- und Schulzeit, Berufsausbildung, beruflicher Aufstieg, Eheschließung und Familiengründung sind in fester zeitlicher Abfolge verkettete Lebensabschnitte, die einander bedingen. Die Gesellschaft formuliert auf der Basis ihres Wissens und ihrer Überzeugungen über die menschliche Entwicklung Entwicklungsaufgaben für bestimmte mehr oder weniger enge Altersperioden. Einige Aufgaben sind sehr stark gesellschaftlich normativ, andere sind biologisch bestimmt.

Sozialisation → *S. 383 Band 1*

←→ Wertevermittlung
In welchem Maße fordern Entwicklungsaufgaben Wertentscheidungen ein?

Die Kontrolle der Ausscheidungsfunktion, der Schulbesuch oder das Ertragen der vorübergehenden Trennung von Bezugspersonen sind ein kulturelles Muss und mit relativ festen Altersvorstellungen verbunden. Eheschließung, Berufswahl und Elternschaft sind weniger stark vorbestimmt und werden stärker individuell interpretiert, bewertet und umgesetzt.

3.3.2 Entwicklungsaufgaben verbinden Individuum und Umwelt

Die Entwicklung entfaltet sich im Spannungsfeld zwischen den Bedürfnissen und Wünschen des Kindes, Jugendlichen und Erwachsenen als Individuum und den sich permanent verändernden Anforderungen aus der sozialen (und gegenständlichen) Umwelt. Den Interaktionen kommt eine tragende Rolle für die Entstehung und Bewältigung von Entwicklungsaufgaben zu. Die Konfrontation der gegensätzlichen Anforderungen und Bedürfnisse und die sich ergebenden phasenspezifischen Krisen und Konflikte stellen die Entwicklungsaufgaben dar und tragen zur Identitätsentwicklung bei.

Die Bewältigung der alters- oder lebensabschnittbezogenen Aufgaben wird aber durch verschiedene ineinander wirkende Faktoren beeinflusst:

- biologische Veränderungen, wie z. B. die Pubertät
- durch die Gesellschaft bestimmte Aufgaben, wie z. B. der Schulbesuch
- Werte und Ziele, die sich das Individuum setzt

ZUM WEITERDENKEN Auch vermeintlich stabile biologische Faktoren werden durch Umwelteinflüsse verändert. In Europa rückte das Alter der ersten Menstruation in den letzten 150 Jahren immer stärker nach vorne. Um 1860 waren die Mädchen etwa 16,5 bis 17 Jahre alt, 1900 etwa 15 bis 16 Jahre, 1950 um 14 Jahre. Der Trend hält bis heute an. Zum Vergleich: In den USA waren die Mädchen um 1900 etwa 14,5 Jahre alt und 1950 13 Jahre alt. Menschen werden von Generation zu Generation durchschnittlich größer. Diese Phänomene sind nicht rein biologisch zu erklären, die Gesamtheit der Lebensbedingungen nimmt hier Einfluss auf die biologischen Faktoren.

Familie → S. 542 Band 1

Das Individuum spielt eine aktive Rolle bei der Gestaltung der eigenen Entwicklung. Zunächst übernehmen ›Eltern‹ die Auswahl der Entwicklungsziele und sorgen für deren Erreichung. Der Heranwachsende wählt seine Ziele zunehmend selbst aus und verwirklicht sie eigenständig auch gegen die Eltern oder evtl. Lehrer.

Entwicklungsmodell von Erikson → S. 95; S. 402 Band 1

Das ›Entwicklungsmodell von Erikson‹ spricht den sozialen Beziehungen und Interaktionen eine hohe Bedeutung für die Identitätsentwicklung zu. Die Bedürfnisse und Wünsche des Individuums einerseits stehen in Austausch mit den sich permanent wandelnden Anforderungen der sozialen und dinglichen Umwelt andererseits. Nur durch diese Gegensätzlichkeiten entstehen entwicklungsauslösende Konflikte und Krisen, deren Bewältigung die Entwicklungsaufgabe aufzeigt. Die Identitätsentwicklung ist eine fortlaufende Orientierung an den eigenen Wünschen und Bedürfnissen und den Anregungen und Begrenzungen der sozialen Umgebung. Jeder Entwicklungsfortschritt ist nicht nur Resultat, sondern auch Vorwegnahme zukünftiger Geschehnisse, er bereitet den nächsten Schritt vor. Die Diskrepanz zwischen dem jetzigen Entwicklungsstand und dem gewünschten und zukünftigen Status bildet den Antrieb für die individuelle Bewältigung. Die mangelnde Fähigkeit und Bereitschaft, diese Probleme zu lösen, führt zu Entwicklungsrückstand und Begrenzung der Identitätsentwicklung.

Entwicklungsaufgaben sind nicht nur gesellschaftlich oder biologisch definiert. Der sich entwickelnde Mensch setzt sich darüber hinaus eigene und damit persönliche Ziele. Das, was eine Person an Leistung und Leistungsfähigkeit, Erlebnissen, sozialer oder finanzieller Sicherheit, Partnerschaft anstrebt, ist nicht vollständig gesellschaftlich vorgegeben. Die Bewältigung von Entwicklungsaufgaben führt zu neuen und andersartigen Einflüssen.

Individuelle Potenziale und soziale Ressourcen spielen eine bedeutsame Rolle bei der Erfüllung der Entwicklungsaufgaben. Einflussfaktoren, die einerseits die individuelle Erfüllung von Entwicklungsaufgaben mitgestalten, andererseits auch Ziele und Aufgaben mit hervorbringen, sind:
- biologische Faktoren, wie Geschlecht, Gesundheit, Behinderung
- psychische und kognitive Ressourcen
- Bildungsstand und tatsächliche Kompetenzen
- sozialer Status der Herkunftsfamilie und des Berufs
- Gruppenzugehörigkeit und Anerkennung oder Diskriminierung der Gruppe

Abb. 3.7 Viele Einflussfaktoren spielen bei der Entwicklung eine Rolle

Die Vielzahl der Einflussfaktoren und ihre unterschiedliche Verquickung führen zu stark differenziellen Entwicklungsverläufen von Mitgliedern des gleichen Geburtsjahrgangs und der gleichen sozialen Schicht. Der Einzelne greift in die eigene Entwicklung ein, indem er Ziele auswählt und verfolgt, unterschiedlich langfristige Bindungen eingeht, Bezugsgruppen wählt und in zum Teil selbstgewählten Kontexten entscheidet und handelt.

←→ **Partizipation**
Spielt auch die Teilhabemöglichkeit an Entscheidungen eine Rolle?

3.3.3 Entwicklungsaufgaben nach Havighurst

Wie Erikson hat Robert Havighurst den Lebenslauf als eine Folge von Herausforderungen strukturiert, die er ›Entwicklungsaufgaben‹ nennt. Havighurst nimmt aber, wie oben beschrieben, eine Wechselseitigkeit von Individuum und Umwelt an und grenzt sich darin von Erikson ab. Somit steht nicht ein zentraler sozioemotionaler psychischer Konflikt im Mittelpunkt der Entwicklung, sondern konkretere Aufgaben. Kritisch zu berücksichtigen ist die Tatsache, dass sich auch Havighurst an der Mittelschicht der nordamerikanischen Gesellschaft orientierte, als er die Lebensabschnitte erstmals 1948 formulierte. Beruf und Karriere, Ehe, Kinder, soziales und politisches Engagement sind typische Mittelschichterwartungen.

Konzept der Entwicklungsaufgaben → *S. 397 Band 1*

Das Modell von Havighurst

Havighurst und Kollegen beabsichtigten, ein entwicklungspsychologisches Konzept für die Förderung pädagogisch kompetenten Handelns zu erstellen. Es greift sehr stark Eriksons Theorie der psychosozialen Entwicklung auf. Havighursts Konzept stellt im Grunde Lernaufgaben dar, die zur konstruktiven und zufriedenstellenden Lebensbewältigung notwendig sind. Die Lernaufgaben sind das Bindeglied des Spannungsverhältnisses zwischen individuellen Bedürfnissen und gesellschaftlichen Anforderungen. Bewältigungsleistungen führen zu psychischem Wohlbefinden und gesellschaftlicher Anerkennung. Für diese Lernaufgaben gibt es zeitlich günstige Perioden, die Aufgaben können aber auch zu früheren oder späteren Zeitpunkten, dann allerdings mit größerem Aufwand und geringerem Erfolg externer Hilfen, in Angriff genommen werden.

Lebenslauf → S. 89

Havighurst strukturiert den ›Lebenslauf‹ als eine Folge von Problemen, die er – wie Erikson – Entwicklungsaufgaben nennt. Im Gegensatz zu Erikson verbindet er allerdings psychologische mit biologischen und soziologischen Perspektiven. Für jede Lebensperiode spezifiziert er erforderliche Aufgaben, in deren Bewältigung er Entwicklung sieht. Entwicklung als Konfrontation mit Aufgaben, aus deren Bewältigung das Potenzial erwächst, weitere Aufgaben der Entwicklung erfolgreich bewältigen zu können.

BEISPIEL Erst wenn das Baby in der Lage ist, die entsprechende Hals- und Rückenmuskulatur anzusprechen und zu üben, wird es beginnen können, den Kopf zu heben. Als nächste Entwicklungsaufgabe kommt das Rotieren des Körpers um die Längsachse, was aber die Lösung der vorherigen Entwicklungsaufgabe voraussetzt. Erst durch diese Entwicklung ist das Baby in der Lage, ein anderes Sehfeld ein- und neue Entwicklungsaufgaben anzunehmen.

←→ Prävention
Kann die erfolgreiche Lösung der Entwicklungsaufgabe als „Prävention" gedeutet werden?

Adoleszenz → S. 100
mittlere Kindheit → S. 98

Die Entwicklungsaufgaben nach Havighurst spielen vor allem in der beginnenden ›Adoleszenz‹ eine besondere Rolle. Das „Lernen, mit Altersgenossen zurechtzukommen", eine Entwicklungsaufgabe in der ›mittleren Kindheit‹ (6–12 Jahre), führt in der Adoleszenz (12–18 Jahre) zu der Aufgabe, „neuere und reifere Beziehungen zu Altersgenossen beiderlei Geschlechts aufzubauen". Im frühen Erwachsenenalter entwickelt sich diese Entwicklungsaufgabe weiter zur „Findung einer angemessenen sozialen Gruppe".

In diesen Entwicklungsaufgaben mischen sich Lernprozesse mit physischer Reifung und gesellschaftliche Erwartungen mit individuellen Zielsetzungen und Werten. Damit stellt sich die Entwicklungsaufgabe als ein Bindeglied zwischen gesellschaftlichen Anforderungen und individuellen Bedürfnissen dar.

Die Psychologen Ute Koglin und Franz Petermann legen in Anlehnung an Havighurst folgende Entwicklungsaufgaben für das Kindheit und Jugend fest.

Kindergartenalter	Grundschulalter	Jugendalter
Sprachentwicklung	Lesen und schreiben lernen	Identität
Selbstständigkeit in Alltagsanforderungen, z.B. allein anziehen	Grundfunktionen des Rechnens lernen	Identifikation
Verbesserte Selbstregulation und Frustrationstoleranz	angemessenes Verhalten in der Schule zeigen	Selbstwert
Soziale Integration in die Gleichaltrigengruppe	allgemeine Verhaltensregeln zu Hause, in der Schule und in der Öffentlichkeit befolgen	Individualität
Intensive Phantasie- und Spieltätigkeit	mit Gleichaltrigen in der Schule zurechtkommen	Intimität
Normen, Grenzen und Regeln akzeptieren und einhalten können	Freundschaften mit Gleichaltrigen schließen	Selbstbehauptung

Tab. 3.8 Entwicklungsaufgaben in der Kindheit und Jugend (nach Koglin/Petermann 2008 in Kinder erziehen, bilden und betreuen, Cornelsen Verlag 2012, S.312)

Kritische Lebensereignisse wie der Tod oder die Geburt eines Geschwisters oder ein Schulwechsel sind Ereignisse im Lebenslauf, die entweder, als Herausforderung wahrgenommen, eine positive Entwicklung darstellen oder als negative Entwicklung ein Risiko der Störung oder Fehlanpassung bewirken. Die positive Verarbeitung von kritischen Lebensereignissen ist von der gelungenen Bewältigung der Entwicklungsaufgaben abhängig.

Entwicklungsprobleme sind Diskrepanzen zwischen Zielen, Möglichkeiten, Kapazitäten, Anforderungen und Ressourcen. Ein besonderes Risiko sind fehlende Ziele, der Verlust von Zielen und Wünschen, die motiviertes Handeln ermöglichen könnten.

Entwicklungsprobleme treten auf, wenn
- die Entwicklungsziele des Individuums selbst,
- seine Entwicklungspotenziale (Dispositionen, Kompetenzen),
- die Entwicklungsanforderungen des familiären, schulischen, subkulturellen Umfeldes des Individuums und den dort existierenden alters- und geschlechtsspezifischen Standards, Rollen- und Leistungserwartungen,
- die Entwicklungsangebote der sozialen und dinglichen Umelt (Lern- und Hilfsangebote, Ressourcen)

nicht ineinandergreifen, unzureichend vorhanden sind, unpassend angeboten werden, unter- oder überfordernd sind usw. Diese Diskrepanzen und Passungsprobleme erzeugen in jeder Lebensphase und Altersstufe Entwicklungsprobleme.

3.4 Entwicklung in den verschiedenen Lebensphasen

3.4.1 Entwicklungstheorien im Überblick

Entwicklungsstand und Entwicklungsförderung der jungen Menschen spielten für die Bildungsarbeit in allen Bildungsbereichen eine wichtige Rolle. In den einzelnen Bildungsbereichen sind unterschiedliche Entwicklungsbereiche angesprochen. Alle Entwicklungsbereiche bedingen sich aber, spielen zusammen und haben Einfluss aufeinander. So ist die Sprachentwicklung eng verbunden mit der sensomotorischen und kognitiven Entwicklung. Sie gehören zur Grundvoraussetzung für die Entwicklung der Sprache. Die Spielentwicklung ist eng verbunden mit der motorischen, sozialen und kognitiven Entwicklung.

Für die pädagogische Arbeit bedeutet dies, dass es immer wieder Berührungspunkte der einzelnen Entwicklungsbereiche gibt und in bestimmten Lebensaltern besondere Schwerpunkte zu setzen sind, die sich aus dem jeweiligen Entwicklungsstand des Kindes bzw. des Jugendlichen ergeben.

Die Erkenntnisse der Entwicklungsforschung sind als entwicklungsspezifische Grundlagen den einzelnen Bildungsbereichen zugeordnet. Selbstverständlich spielen die Entwicklungsbereiche, unabhängig von dieser Zuordnung, in jedem Bildungsbereich eine Rolle.

Bewegung, Gesundheit und Ernährung → S. 144
Spiel und Theater → S. 186
Musik und Rhythmik → S. 216
ästhetische Bildung und Kunst → S. 254
Sprache und Literacy → S. 296
Medien → S. 340
Mathematik, Naturwissenschaften und Technik → S. 402
Religion, Gesellschaft und Ethik → S. 432

Bildungsbereich	Entwicklungsbereich
›Bewegung, Gesundheit und Ernährung‹	Körperliche und Motorische Entwicklung Psychosexuelle Entwicklung
›Spiel und Theater‹	Emotionale Entwicklung Soziale Entwicklung Entwicklung des Spielverhaltens
›Musik und Rhythmik‹	Auditive, visuelle und taktile Wahrnehmungsentwicklung Musikalische Entwicklung
›Ästhetische Bildung und Kunst‹	Entwicklung der Kreativität Entwicklung der ästhetischen Wahrnehmung Entwicklung der kindlichen Zeichnung
›Sprache und Literacy‹	Sprachentwicklung Entwicklung des Lesens und Schreibens
›Medien‹	Entwicklung der Mediennutzung
›Mathematik, Naturwissenschaften und Technik‹	Entwicklung des Denkens Entwicklung von Zähl- und Rechenkompetenzen
›Religion, Gesellschaft und Ethik‹	Moralische Entwicklung und Entwicklung des Gewissens Religiöse Entwicklung

Tab. 3.9 Den Bildungsbereichen zugeordnete Entwicklungsbereiche

Zur Förderung und Unterstützung der Entwicklung können die Entwicklungstheorien Ansatzpunkte für die Bildungsarbeit geben.

Die Entwicklungstheorien von ›Freud‹, ›Erikson‹, ›Piaget‹ und ›Havighurst‹ sowie die Theorie der Moralentwicklung von ›Kohlberg‹ setzen ihren Fokus in den verschiedenen Lebensaltern auf bestimmte Bereiche.

Freud → *S. 418 Band 1*
Erikson → *S. 402 Band 1*
Piaget → *S. 398 Band 1*
Havighurst → *S. 397 Band 1*
Kohlberg → *S. 439*

Alter	Piaget (Entwicklungsstufenmodell)	Havighurst (Konzept der Entwicklungsaufgaben)	Erikson (Stufenmodell der psychosozialen Entwicklung)	Kohlberg (Stufentheorie der Moralentwicklung)	Freud (Psychoanalyse)
0–2 Jahre	**Sensomotorische Phase** Handlungen instinktorientiert Objektpermanenz	**Frühe Kindheit** Anhänglichkeit Objektpermanenz sensomotorische Intelligenz und schlichte Kausalität	**Oral-sensorisches Stadium** Urvertrauen vs. Urmisstrauen	**1. Stufe** Orientierung an Strafe und Gehorsam konsequenzabhängig, ob Handlung positiv oder negativ	**Orale Phase und narzisstische Phase** soziale Abhängigkeit erhöhtes Zuwendungsbedürfnis
2–4 Jahre Frühe Kindheit	**Präoperationale Phase** Egozentrismus Zentrierung magisches Denken komplexe Dinge merken und anwenden	**Kindheit** Selbstkontrolle Sprachentwicklung Fantasie und Spiel Verfeinerung motorischer Funktionen	**Muskulär-anales Stadium** Autonomie vs. Scham und Zweifel	**2. Stufe** instrumentell-relativistische Orientierung eigene Interessen sind Maß für positiv oder negativ	**Anale Phase** erhöhter Eigensinn Zwanghaftigkeit erhöhte Ordnungsliebe
4–6 Jahre Mittlere Kindheit		**Schulübergang** Geschlechterrollenidentifikation einfache moralische Entscheidungen treffen konkrete Operationen Spiel in Gruppen	**Lokomotorisch-genitales Stadium** Initiative vs. Schuldgefühl		**Phallische Phase** frühgenitale Phase erhöhte Elternbindung starke Orientierung an Vorbildern
6–12 Jahre Späte Kindheit	**Phase der konkreten Operationen** realistisch-logische Betrachtungen Perspektive eines anderen einnehmen mehrere Dimensionen einer Situation beachten	**Mittleres Schulalter** soziale Kooperation Selbstbewusstsein Erwerb der Kulturtechniken spielen und arbeiten im Team	**Latenzstadium** bis Pubertät Kompetenz vs. Minderwertigkeit		**Latenzphase** „scheinbarer" Stillstand der sexuellen Entwicklung Freundeskreis ist gleichgeschlechtlich
12–18 Jahre Adoleszenz	**Phase der formalen Operationen** logische Schlussfolgerungen ziehen hypothetische Fragen stellen	**Adoleszenz** körperliche Reifung formale Operationen Gemeinschaft mit Gleichaltrigen sexuelle Beziehungen	**Adoleszenz** Identität vs. Rollendiffusion	**3. Stufe** Streben nach sozialer Anerkennung Familie und Freunde als Bezugsrahmen **4. Stufe** Gültigkeit von sozialen Gesetzen Orientierung an nicht bekannten Personen	**Genitale Phase** „Erwachen" der sexuellen Entwicklung Annäherung an das andere Geschlecht
18–25 Jahre Beginn Erwachsenenalter		**Jugend** Autonomie von den Eltern Identität in der Geschlechterrolle internalisiertes moralisches Bewusstsein Berufswahl	**Frühes Erwachsenenalter** Intimität vs. Regulierung		**Erwachsene** impulsives Verhalten Ringen um Identität und Autonomie bei zu starker Belastung Regression

Tab. 3.10 Aussagen von Entwicklungstheorien über bestimmte Lebensalter

3.4.2 Säuglings- und Kleinkindalter: 0–2 Jahre

Schwerpunkte in der Entwicklung

Bindung → S. 164 Band 1

motorische Entwicklung → S. 147

kognitive Entwicklung → S. 404; S. 398 Band 1

Denkleistungen → S. 406

Objektpermanenz → S. 400 Band 1

Spiel → S. 186

Im Säuglings- und Kleinkindalter liegt der Entwicklungsschwerpunkt vor allem im Aufbau von positiven ›Bindungen‹, zuerst zu den Eltern und Bezugspersonen, dann zu Erziehern oder Tagespflegepersonen, wenn die Kinder betreut werden. Nach Erikson geht es dabei zuerst um den Aufbau des Urvertrauens und Havighurst nennt die Entwicklungsaufgabe „Aufbau emotionaler Beziehungen".

Nie wieder entwickelt sich ein Kind so schnell wie im ersten vor allem im ›motorischen Bereich‹. Zwischen fünf und sieben Monaten kann sich das Kind drehen. Mit sieben bis acht Monaten beginnt es zu robben. Es folgen der Versuch, sich aufzusetzen, und das freie Sitzen. Gegen Ende des ersten Lebensjahres bzw. zu Beginn des zweiten Lebensjahres macht das Kind dann seine ersten freien Schritte und erweitert damit den Erkundungshorizont, was zur weiteren ›kognitiven Entwicklung‹ beiträgt. Das Kind sammelt weiterhin vielfältige Sinneserfahrungen. Bestimmte ›Denkleistungen‹ vollziehen sich im ersten Jahr, z. B. das Beobachten und Nachahmen von Handlungen, der Erwerb von ›Objektpermanenz‹, das Wiedererkennen von Gegenständen oder die Unterscheidung zwischen Mensch und Tier. Spielen ist im ersten Lebensjahr noch zweckfrei, das Kind spielt um des Spielens Willen.

Im zweiten Lebensjahr hat das Kind einen ausgeprägten Bewegungsdrang und übt damit die Grobmotorik. Es möchte hüpfen, springen, laufen und klettern. Auch im Bereich der Feinmotorik gibt es große Fortschritte, z. B. werden Bausteine aufeinandergestapelt oder Verschlüsse geöffnet und wieder verschlossen.

Das Kleinkind entdeckt das eigene Ich, was sich auch auf die sprachliche Entwicklung auswirkt. Sprachlich werden der aktive und der passive Wortschatz immer weiter erhöht. Im Bereich ›Spiel‹ werden die Formen komplexer, zum Übungsspiel kommt das Symbol- oder Fiktionsspiel oder das Als-ob-Spiel.

Bezugspunkte für die pädagogische Praxis

Musik und Rhythmik → S. 216

Ästhetik und Kunst → S. 254

Sprachentwicklung → S. 296

Natur → S. 382

Freispiel → S. 209

Wichtig in der sozialpädagogischen Praxis ist in diesem Alter, verlässliche Bindungen aufzubauen, zu erhalten und zu gestalten, denn diese legen den Grundstein für die weitere Bildungsarbeit. Zur Anregung der motorischen Entwicklung und zum sicheren Ausprobieren von Bewegungsabläufen muss die Raumgestaltung für die Kleinkinder berücksichtigt werden. Verschiedene, kleine Bewegungsspiele bieten sich hier an. Im Morgenkreis und auch zur Unterstützung von pflegerischen Handlungen, z. B. des Wickelns, können kleine Lieder und Reime gesungen und aufgesagt werden. Kleinkinder hören gern ›Musik‹, sei es gesungen oder gespielt vom Erzieher oder auf einem Tonträger. Im Bereich ›Ästhetik und Kunst‹ werden erste Erfahrungen gemacht. In Bezug auf die ›Sprachentwicklung‹ werden alle Handlungen sprachlich begleitet, Bilderbücher gelesen und Geschichten erzählt. Für kleine Kinder sind sensomotorische Erfahrungen bedeutend, die man auch in der ›Natur‹, z. B. im Wald, machen kann.

Generell steht das ›Freispiel‹ im Vordergrund, in dem die Kinder auch Spielzeuge teilen bzw. auf Spielzeuge warten lernen.

Abb. 3.11 Spielen und Entdecken stehen im Vordergrund.

3.4.3 Frühe Kindheit: 2–4 Jahre

Schwerpunkte in der Entwicklung

Erikson bezeichnet diese Phase als entscheidend für die zunehmende Autonomieentwicklung des Kindes und als bedeutsam für ein positives Selbstkonzept und die eigene Identität. Es muss das Gefühl haben, selbstständig explorieren zu dürfen und seinen eigenen Willen auch durchsetzen zu können. Das Kind beginnt etwas Eigenständiges zu schaffen. Auf der anderen Seite entwickeln sich Scham und Zweifel, ob das, was es tut, auch angemessen und richtig ist. Wichtig sind in dieser Phase weiterhin die Geborgenheit und das Vertrauen in die das Kind umgebenden Personen.
Für Havighurst spielen die motorische Selbstkontrolle und die Sprachentwicklung in dieser Phase eine wichtige Rolle. Nach dem Laufen- und Sprechenlernen wird damit experimentiert. Es erfolgen neue Wortschöpfungen, die nur mühsam wieder aufgegeben werden, weil sie Kopfschütteln bei den Erwachsenen hervorrufen.
Motorisch ist das die Zeit des Balancierens und Kletterns, des Hinaufkletterns und Herunterspringens. Dreirad, Bobbycar und Roller werden als Fortbewegungsmittel erkundet und genutzt und vor allem ausprobiert. Es ist auch die Zeit des Spielens, anfangs eher alleine oder zu zweit, später auch in kleinen Gruppen, wobei zunehmend Fantasie im Spiel genutzt wird, auch Fantasiefiguren spielen vermehrt eine Rolle. In diesem Zeitraum entwickelt sich bei den Kindern auch ein Bewusstsein ihrer geschlechtlichen Identität. Sie nehmen die anatomischen Merkmale wahr und auch, welche Spielvorlieben, Verhaltensweisen und Erwartungen die Erwachsenen in ihrem Nahraum mit ihrem Geschlecht verbinden. Einige Kinder werden bereits am Ende des zweiten Lebensjahres sauber und trocken. Zu Beginn des fünften Lebensjahres sind es dann mehr als 90 Prozent.

Inklusion
Wie kann Verstehen von Verschiedenheit als Selbstverständlichkeit in die Entwicklung der eigenen Identität eingebunden werden?

Bezugspunkte für die pädagogische Praxis

Auch in diesem Lebensalter spielt der Bewegungsdrang eine große Rolle, dem durch Spiele im Raum oder an der frischen Luft nachgekommen werden soll. Kinder können auch schon Bälle fangen oder über ein niedriges Seil springen, was Erzieher in die Planung von Bewegungsangeboten einbeziehen sollten.
Im Kindergarten und im Hort sollten unterschiedliche Funktionsräume oder -ecken zur Verfügung stehen, z. B. eine Puppenecke, ein Bauzimmer, ein Toberaum, eine Verkleidungsecke, in der die Kinder entsprechendes Material vorfinden und ausreichend Platz zur Verfügung steht. Die Vielseitigkeit des Spielmaterials ist wichtiger als die Menge. Jedes Spielmaterial sollte seinen festen Platz haben, an dem es nach dem Spiel aufbewahrt wird. Eine stabile Ordnung ermöglicht bei der oft großen Menge Überblick und Orientierung. Wichtig ist eine angemessene Tagesstruktur, in der sowohl Freispielzeiten als auch Zeiten für das angeleitete Spiel berücksichtigt werden. Im zweiten bis vierten Lebensjahr können in vielen Bildungsbereichen Angebote gemacht werden, die auf spielerischer Freude und gemeinsamen Erleben aufbauen und zugleich Basiskompetenzen wie Malen, Drucken, Singen, Sprechen, Tanzen, Backen vermitteln.
Sauberkeitserziehung beginnen viele Eltern schon im Verlauf des zweiten Lebensjahres. Dafür ist aber die bewusste Wahrnehmung der Blasen- und Darmentleerung Voraussetzung. Die Eigeninitiative zur willentlichen Kontrolle tritt bei den meisten Kindern erst zwischen 18 und 36 Monaten auf. Das ist dann auch der richtige Zeitpunkt, das Kind dabei zu unterstützen.

3.4.4 Mittlere Kindheit: 4–6 Jahre

Schwerpunkte in der Entwicklung

Im Sinne der Entwicklungsaufgaben von Havighurst geht es in dieser Phase darum, die körperlichen und sozialen Fähigkeiten weiterzuentwickeln, die zum gemeinsamen Spiel erforderlich sind. Die Kinder lernen jetzt, sich mit Gleichaltrigen zu verstehen und zu vertragen. Sie können sich selbstständig an- und ausziehen, fragen nach Gott und der Welt, schreiben ihren Namen und fangen gar an zu lesen. Kindergarten- und Vorschulalter nennt Piaget diese Phase, die dann auch erst mit sechs bzw. sieben Jahren endet. So viel weiter das Denken der Kinder entwickelt ist, so steckt es nach seinen Beobachtungen doch noch voller logischer Irrtümer. Kinder neigen dazu, den Tisch zu beschimpfen, wenn sie sich an ihm stoßen, oder dem Teddy und der Puppe menschliche Eigenschaften zuzutrauen. Die Kuscheltiere werden gefüttert, schlafen gelegt, es wird mit ihnen gesprochen und sie antworten vermeintlich. Auch ist das Kind noch nicht in der Lage, sich die Sichtweise anderer anzueignen. Nur seine Sichtweise der Dinge zählt.

Die motorischen Fähigkeiten verbessern sich enorm, das Kind wird geschickter und schneller und es hat einen hohen Bewegungsdrang. Das Treppensteigen gelingt immer besser. Nach dem Dreiradfahren wird jetzt Fahrradfahren gelernt.
Auch die feinmotorischen Kompetenzen erweitern sich stetig. Das Kind kann mit der Schere immer besser umgehen und ›Bilder‹ mit mehreren Details malen.

Entwicklung der Kinderzeichnung → S. 268

Sprachlich können die Kinder schon komplexe Sätze formulieren und das Fragealter beginnt. Sie rückversichern sich, ob das erworbene Wissen so stimmt und gespeichert werden kann, und sie prüfen, inwieweit die Bezugspersonen ansprechbar sind.
Auch die sozialen Kompetenzen entwickeln sich in diesem Lebensabschnitt immer weiter. Die Kinder integrieren sich in bestehende Spielgruppen. Das ›Rollen- und das Regelspiel‹ stehen im Fokus.

Spiel → S. 193

Bezugspunkte für die pädagogische Praxis

Vorschulkinder können ihre Aufmerksamkeit voll und ganz einer Aktivität widmen, die auch länger dauern kann, z.B. eine Laterne basteln oder ein komplexeres Bild gestalten. Die feinmotorischen Kompetenzen sind immer besser ausgeprägt und lassen vor allem im Bildungsbereich Kunst und Ästhetik vielfältige Möglichkeiten zu. In dieser Zeit wird die Kindertageseinrichtung vor allem auch ein wichtiger sozialer Erfahrungsraum. Mehr als vorher geht es um Sozialbeziehungen und Spielpartnerschaften und dabei um soziale Aushandlungsprozesse, Gruppenzugehörigkeiten und Hierarchien. Ausgrenzungen finden statt. Konflikte werden ausgetragen. Gewinnen und Verlieren wird wichtig. Pädagogische Fachkräfte sind gefordert, für Teilhabe, Gleichberechtigung und faires Miteinander einzutreten.

Kinder in diesem Lebensalter entwickeln mehr und mehr Autonomie im Alltagshandeln, ziehen sich allein an und aus, essen komplett selbstständig und probieren sich in den Tätigkeiten der Erwachsenen aus. Rollenspiele mit Motiven der Erwachsenenwelt, z.B. Kaufmannsladen oder Puppenküche, sind beliebt und geben Raum, um zu experimentieren.
Bei den zukünftigen Schulkindern geht es jetzt darum, den ›Übergang zur Grundschule‹ zu gestalten, für den es je nach Bundesland unterschiedliche Richtlinien gibt.

Übergang in die Grundschule → S. 668 Band 1

3.4.5 Späte Kindheit: 6–12 Jahre

Schwerpunkte in der Entwicklung

Über Spielfreundschaften hinaus werden jetzt „feste" freundschaftliche Beziehungen wichtiger. Das sind allerdings gleichgeschlechtliche Freundschaften. Das andere Geschlecht spielt eine eher untergeordnete Rolle. Mädchen finden Jungen doof und Jungen finden Mädchen doof. Trotzdem wird aufmerksam beobachtet, wie die körperliche Entwicklung sowohl der eigenen Geschlechtsgenossen als auch des anderen Geschlechts weitergeht.

Nach Havighurst ist die Identifikation mit dem eigenen Geschlecht Entwicklungsaufgabe, aber auch die Entwicklung von Gewissen und Moral, das Lernen, sich in eine Gruppe einzufügen, und die Entwicklung größerer Unabhängigkeit in der Alltagsgestaltung. Nach Erikson spielt in dieser Phase das Gefühl der Kinder, endlich an der Welt der Erwachsenen teilnehmen zu können, eine große Rolle. Er bezeichnet das Bedürfnis der Kinder, etwas „Nützliches" zu machen, als Werksinn oder Kompetenz. Andererseits können in diesem Stadium sich Kinder auch sehr schnell selbst überschätzen oder überschätzt werden, was dann wiederum zu Minderwertigkeitskomplexen führen kann. Die Kinder können einerseits lesen, andererseits verstehen sie viele Inhalte von Büchern nicht oder nur zum Teil und wenden sich dann wieder ab.

Urteile werden laut Piaget in dieser Phase nicht mehr nur nach der Wahrnehmung gebildet, das Kind lässt sich nicht mehr täuschen. Ein hohes Glas mit Flüssigkeit und ein breites Glas mit Flüssigkeit werden sehr wohl als mit gleicher Flüssigkeitsmenge wahrgenommen, wenn die Flüssigkeit jeweils umgeschüttet wird. Es können jetzt auch Rückschlüsse gebildet werden: Wenn $2+3+4=9$ ist, dann gilt ebenso die umgekehrte Reihenfolge $4+3+2=9$.

Zentral ist gleichfalls der Erwerb der Kulturtechniken wie Lesen, Schreiben und Rechnen. Es ist auch die Zeit sozialer Kooperation und des sich steigernden Selbstbewusstseins. Die Kinder spielen und arbeiten jetzt auch gerne im Team. Sie können auf der einen Seite gut miteinander kooperieren, auf der anderen Seite bildet sich ein Unabhängigkeitsgefühl aus.

Abb. 3.12 Ab ungefähr sechs Jahren lassen sich Kinder beim Umschüttversuch nicht mehr täuschen.

Bezugspunkte für die pädagogische Praxis

In diesem Lebensalter beginnt das Interesse für Medien, das der Erzieher nutzen kann, um Bildungsangebote zu gestalten. Bei der Arbeit mit bestimmten Medien, können Themen der Kinder immer hinzugezogen werden, wie z.B. Freundschaft, Figuren aus dem Fernsehen oder Tiere.

Sportspiele sind beliebt und können bei Bewegungsangeboten das Interesse der Kinder wecken. Generell können Bildungsangebote in Gruppenarbeit angelegt werden, da Teamarbeit und Kooperation mehr in den Vordergrund rücken.

Das Interesse, sich im Bereich Musik oder Kunst kreativ auszudrücken, wächst, was wiederum genutzt werden kann. Die Kinder sind nun auch in einem Alter, in dem man ›naturwissenschaftlichen‹ Fragen besonders gut nachgehen kann. Sie haben einen Forschergeist und sind beeindruckt von Experimenten.

Naturwissenschaft → S. 402

3.4.6 Pubertät und Adoleszenz: 12 – 18 Jahre

Schwerpunkte in der Entwicklung

In dieser Phase kommt es wieder zur Annäherung an das andere Geschlecht, häufig verbunden mit Konflikten, vor allem in der Schule. In dieser Phase steht auch die schnelle körperliche und geistige Entwicklung im Vordergrund. Die Pubertät wird sowohl von den Jugendlichen als auch von den Erwachsenen als stark konfliktgeladen betrachtet. Sie ist gekennzeichnet durch innere und motorische Unruhe, was wiederum die Konflikte in der Schule anheizt. Es ist zu beachten, dass in diesem Lebensalter die Unterschiede zwischen Früh- und Spätentwicklern sehr individuell sind. Mädchen kommen im Schnitt auch eineinhalb Jahre früher in die Pubertät als Jungen.

Erikson bezeichnet dieses Stadium als Pubertät und Adoleszenz. Es gilt, die jeweilige soziale Rolle in der Gesellschaft zu finden. Der Jugendliche fügt all sein Wissen über die Welt und über sich zusammen. Er formt sein Selbstbild und testet es an der Gemeinschaft aus. Der Einfluss der Peergroup ist hoch und beeinflusst die eigene Meinung, das kann auch zu Intoleranz gegenüber Menschen führen, die einer „anderen" Gruppe angehören. Oder es führt zu Gruppen, die eine gemeinsame Identität anbieten, der man sich nur schwer entziehen kann. Nur sehr langsam schält sich daraus auch eine von den Freunden unabhängige Meinung, die öffentlich vertreten werden kann. Jugendliche sind in diesem Stadium auch schnell begeisterungsfähig, was Starkult und z. T. auch Politik ausnutzen.

←→ Medienkompetenz
Sollte die Vermittlung von Medienkompetenz vorwiegend in diesem Lebensalter stattfinden?

Medien → S. 340
Mediennutzung → S. 347

Jetzt ist der Jugendliche nach Piaget in der Lage, Probleme vollständig auf der hypothetischen Ebene zu lösen. Er ist fähig, logische Schlussfolgerungen zu ziehen. Das Ziel, kindliches Interesse zu wecken, und die Anregung zu selbstständiger und aktiver Problemlösung stehen in sehr engem Zusammenhang mit dem Konstruktivismus.

Das Interesse an ›Medien‹ ist in dieser Lebensphase zentral. Über soziale Netzwerke findet auch ein Hauptteil der sozialen Beziehungen statt und ›Mediennutzung‹ in der Freizeit steht an vorderster Stelle.

Bezugspunkte für die pädagogische Praxis

Jugendliche wollen Klarheit über ihre eigene Identität entwickeln. Sie möchten eigene Werte aufbauen. Die Wirkung auf das andere Geschlecht ist von großer Bedeutung. Das sollte in der Bildungsarbeit berücksichtigt werden. Damit treten die Werkzeuge der einzelnen Bildungsbereiche eher in den Hintergrund und es geht um die Themen, die damit transportiert werden. Mithilfe von Medien, Theater oder einer künstlerischen Ausdrucksform, wie Musik oder bildnerische Kunst, setzen die Jugendlichen ihre Sichtweise der Gesellschaft und ihrer eigenen Person um. Da die Wahrnehmung des eigenen Körpers eine Rolle spielt, können auch Ansatzpunkte aus dem Bildungsbereich Gesundheit gefunden werden, die diesen Schwerpunkt haben.

Abb. 3.13 Die Wirkung auf das andere Geschlecht spielt im Jugendalter eine große Rolle.

3.4.7 Frühes Erwachsenenalter: 18–25 Jahre

Schwerpunkte in der Entwicklung

Im Erwachsenenalter schließt die Ablösung von den Eltern ab und wird zu einer generationsübergreifenden, gleichberechtigten und wechselseitigen Erwachsenenbeziehung auch zu Personen anderer Altersgruppen und außerhalb der Familie oder des sozialen Nahraums. Die Entfaltung der Erwachsenenidentität bezieht das Knüpfen und Gestalten intimer und fester persönlicher Beziehungen in Form von engen und belastbaren Freundschaften ein. Diese dienen der Stabilisierung des Selbstwertgefühls und Selbstbilds durch die Bestätigung und Solidarität, aber auch durch wohlmeinende kritische Rückmeldungen.

Die Beziehung mit einem Lebenspartner und mit diesem leben lernen ist eine große Entwicklungsaufgabe, die auch die Wahl eines passenden Lebensstils und den Aufbau sozialer Bezugsgruppen einschließt. Familiengründung, Kinder großziehen oder ein soziales, politisches, berufliches Engagement sind ebenso Themen in diesem Lebensalter. Durch die Wahl des Wohnortes, durch Wohnform, Lebensstil, Beruf, Eheschließung verpflichten sich Erwachsene, Entscheidungen zu treffen und beizubehalten.

Nachhaltigkeit

Wie lässt sich die Bereitschaft für die Übernahme von Verantwortung für Veränderungsprozesse in der Gesellschaft in diesem Lebensalter nutzen?

Bezugspunkte für die pädagogische Praxis

Junge Erwachsene im sozialpädagogischen Handlungsfeld sind vorwiegend Menschen mit Behinderungen oder auch junge Mütter und Väter, die im Sinne der Familienhilfe Unterstützung durch Erzieher bekommen.

Abb. 3.14 Junge Eltern können in Überforderungssituationen Hilfe erhalten.

›Menschen mit Behinderung‹ erleben besondere Einschränkungen im Erwachsenenleben. Entwicklungsaufgaben in den Bereichen Freundschaften, Partnerschaft, Beruf, Familie, Haushaltsführung oder gesellschaftliche Teilhabe werden nur erschwert bewältigt oder aus vielfältigen Ursachen heraus nicht ermöglicht.

Menschen mit Behinderung
→ *S. 373 Band 1*

Diese Einschränkungen wiederum bieten Bezugspunkte für die Bildungsarbeit. Im Zentrum und am Anfang stehen der Aufbau und die Aufrechthaltung eines individuell passenden Tagesablaufs. Aufstehen, Körperpflege, Ernährung, der Weg zur Arbeit, Arbeiten, die Gestaltung der freien Zeit, soziale Kontakte, Ordnung schaffen (z.B. Wegräumen von Geschirr, Wäsche oder Abfall) und Schlafen gelten als tägliche Routineaufgaben. Ein erprobter und gestalteter Tagesablauf gibt Sicherheit, sorgt dafür, dass die eigenen Angelegenheiten ausreichend berücksichtigt werden und Freiräume für Besonderheiten und pflichtenfreie Aktivitäten bestehen.

4 BEOBACHTUNG UND DOKUMENTATION VON BILDUNGS- UND ENTWICKLUNGS-PROZESSEN

Abb. 4.1 Wie lassen sich Bildungsprozesse beobachten?

4.1 Wahrnehmung und Beobachtung in der pädagogischen Arbeit

Ein guter Bäcker zeichnet sich dadurch aus, dass er auf der Basis guter Rezepte stets gute Backwaren produziert. Zum schmackhaften Apfelkuchen kommt der Fachmann immer wieder dadurch, dass er die richtigen Zutaten im richtigen Verhältnis mischt und die entsprechenden handwerklichen Schritte in einer festgelegten Reihenfolge und unter Beachtung von Zeitangaben ausführt. Das Gelingen des Backwerks auf diesem Wege setzt voraus, dass der Bäcker mit den immer gleichen Zutaten zu tun hat und sein Handwerk, das er immer wieder in gleicher Weise ausführt, perfektioniert hat. Der Bäcker verfügt also über eine Technik, mittels derer er die immer gleichen Zutaten in eine immer gleiche Form zu überführen vermag.

Anlage und Umwelt → S. 85

In der Pädagogik gibt es keine derartige **Technik**. Das kommt daher, dass wir nicht mit leblosen Dingen zu tun haben, sondern mit Menschen. Menschen sind unterschiedlich veranlagt (›Anlage‹), machen im Verlauf ihres Lebens unterschiedliche Erfahrungen (Umwelt) und setzten sich unterschiedliche Ziele (Selbststeuerung). Kein Mensch gleicht dem anderen und so stehen Pädagogen vor der täglichen Herausforderung – anders als der Bäcker –, jedes Kind, jeden Jugendlichen, jeden Erwachsenen, mit dem sie arbeiten, als Individuum zu sehen und zu behandeln.

Individualisierung → S. 364 Band 1

Die „gute" pädagogische Arbeit zeichnet sich eben nicht dadurch aus, dass die bewährten Rezepte immer wieder auf unterschiedliche Menschen angewendet werden. Im Gegenteil: Das, was Fachkräfte für die ihnen Anvertrauten arrangieren, darf keinem Einheitsrezept folgen. ›**Individualisierung**‹ ist der Schlüssel. Jedem Menschen sollte vom „guten" Erzieher eben das angeboten werden, was er braucht, was seinem Entwicklungsstand und seinen aktuellen Selbstbildungsprozessen entspricht.

Stellt man sich die gesamte erzieherische Praxis als ein Gebäude vor, müssen in diesem Methoden und Strategien zu finden sein, die der professionelle Pädagoge zur Hand nehmen kann, um Menschen konkret auf ihrem Weg der Persönlichkeitsentwicklung mit all ihren Facetten zu unterstützen. Das Fundament dieses Gebäudes muss aber die Beobachtung sein. Nur auf der Basis bewusster Beobachtung können wir uns ein Bild vom einzelnen Menschen machen und vermeiden, pseudo-pädagogischen Einheitsbrei über all unsere Adressaten zu gießen.

Die Begriffe **Wahrnehmung** und **Beobachtung** sind in diesem Zusammenhang sehr wichtig und müssen vorab schon einmal konturiert werden. Im Zuge der Ausführungen in diesem Kapitel wird dann weiter ins Detail gegangen.

Menschen machen sich ein Bild von allem, indem sie Reize aus der Umwelt oder dem Körperinneren filtern und in einen Zusammenhang bringen. Unser Gehirn ist sehr gut darin, Neues an bereits gemachte Erfahrungen anzukoppeln. So entsteht ein Gesamteindruck von der Welt und ihren Zusammenhängen. In aller Kürze kann man sagen, dass der Begriff Wahrnehmung den Prozess und das Ergebnis einer fortwährenden Informationsverarbeitung im Gehirn bezeichnet. Da wir immer Reizen ausgesetzt sind, arbeitet unser Gehirn stetig an der Aktualisierung dessen, was gerade Sache ist. Wir nehmen folglich immer wahr und haben dabei keinen bestimmten Fokus.
Beobachten findet statt, wenn man die Wahrnehmung mit einem definierten Interesse auf einen bestimmten Gegenstand, einen Vorgang oder eine ausgewählte Person fokussiert. Wahrnehmung und Beobachtung sind also nicht klar voneinander abgegrenzt. Vielmehr ist die Beobachtung eine Kategorisierung der Wahrnehmung. Man lenkt die Wahrnehmung auf das Ausgewählte. So definiert der Beobachter bewusst einen Wahrnehmungsrahmen. Je nachdem, wie das geschieht, ergeben sich unterschiedliche Arten der Beobachtung. Eine grobe Orientierung bietet hier die Abgrenzung der Alltagsbeobachtung, die tendenziell subjektiv ist, von der systematischen Beobachtung, die eine festgelegte methodische Rahmung ist und den Anspruch erhebt, zu objektiv nachvollziehbaren Ergebnissen zu kommen.

Eine professionelle Beobachtungshaltung kann entlang der folgenden Leitfragen in drei Schritten entwickelt werden:

Fokus: Beobachter

- Wie funktioniert die Wahrnehmung als Basis der Beobachtung?
- Welche Rolle spielen die Persönlichkeit und die Erfahrungen des Beobachters?
- Welche Fehler treten häufig auf?
- Welche Organisationsmechanismen spielen grundsätzlich eine Rolle?

Fokus: Beobachtungsschwerpunkt

- Welche Beobachtungsinstrumente nehmen den Entwicklungsstand in den Blick?
- Welche Instrumente beleuchten aktuelle Themen und Bildungsinteressen?

Fokus: Auswertung

- Wie werden Beobachtungen aufbereitet?
- Wie kann man Bildungsprozesse dokumentieren?
- Wie kann Austausch stattfinden?

Abb. 4.2 Entwicklung einer professionellen Beobachtung in drei Schritten

4.2 Wahrnehmung als Grundlage der Beobachtung

4.2.1 Der Prozess der Wahrnehmung

Über die Sinnesorgane gelangen unzählige Informationen in das Gehirn. Obwohl unsere Augen, unsere Nase, unsere Ohren und unsere Haut Einzelinformationen über unsere Umgebung auf uns einstürmen lassen, gelingt es uns Menschen, Ganzheiten entstehen zu lassen. Interessant ist dabei, dass wir alles, was uns umgibt, nicht als unabhängige Details realisieren, sondern dass wir die Welt als etwas Zusammenhängendes erfahren. Der Mensch ist ein Experte darin, den Dingen Sinn zu geben, vor dem Hintergrund bereits gemachter Erfahrungen einzuordnen und zu kategorisieren. Mittels der Wahrnehmung begegnen wir der Wirklichkeit und setzen uns mit dieser auseinander. Nur dank unserer Wahrnehmung können wir uns in der uns umgebenden Welt orientieren, können wir Bedingungen einschätzen und abwägen, wie wir uns angemessen verhalten.

Der psychologische Begriff der Wahrnehmung
In der Psychologie wird Wahrnehmung als Gesamtheit aller Prozesse der Informationsgewinnung und Informationsverarbeitung aus Sinneseindrücken verstanden. Diese Wahrnehmungen können einerseits von außen kommen – das geschieht dann, wenn Umweltreize (Wahrnehmungen von Menschen, Tieren, Dingen) aufgenommen werden. Andererseits können auch Körperreize wahrgenommen werden, z. B. Schmerz.

Wahrnehmen ist aber schon das Ergebnis einer Informationsverarbeitung. Alle Informationen über die Umwelt erreichen den Menschen über seine Sinnesorgane. Über das Sehen, Hören, Riechen, Schmecken und Tasten ist er indirekt mit der Welt verbunden. Diese Verbindung ist indirekt, weil die Sinne nur begrenzt aufnahmefähig sind und lediglich einen kleinen Ausschnitt von der umgebenden Welt aufnehmen können. Was ein Mensch wahrnimmt, ist also das, was sein Gehirn aus den ihm zugeführten Sinnesreizen generiert bzw. ›konstruiert‹. Im Folgenden wird knapp der Weg vom Reizeingang zur Wahrnehmung beschrieben:

Konstruktivismus → *S. 416 Band 1*

Reize treffen auf unsere Sinnesorgane. Das kann beispielsweise in Form von elektromagnetischen Wellen (Sehen), mechanischen Schwingungen (Tastsinn, Hörsinn) oder chemischen Veränderungen (Geruchs- und Geschmackssinn) erfolgen. Reize sind also Energien aus der Umwelt, die auf die Sinnesorgane einwirken. Die Folge der Einwirkung eines Reizes auf ein Sinnesorgan nennt man **Empfindung**. Solche Empfindungen entstehen demnach durch die Reizung von Sinnesorganen und hängen in ihrer Intensität von der Reizstärke ab. Dabei muss die Art eines Reizes der Beschaffenheit eines bestimmten Sinnesorgans entsprechen. Im Gehirn werden die Reize dann verarbeitet. So kommt es, dass wir nicht Schwingungen, Wellen und Moleküle wahrnehmen, sondern Farben, Töne, Gerüche und Berührungen.

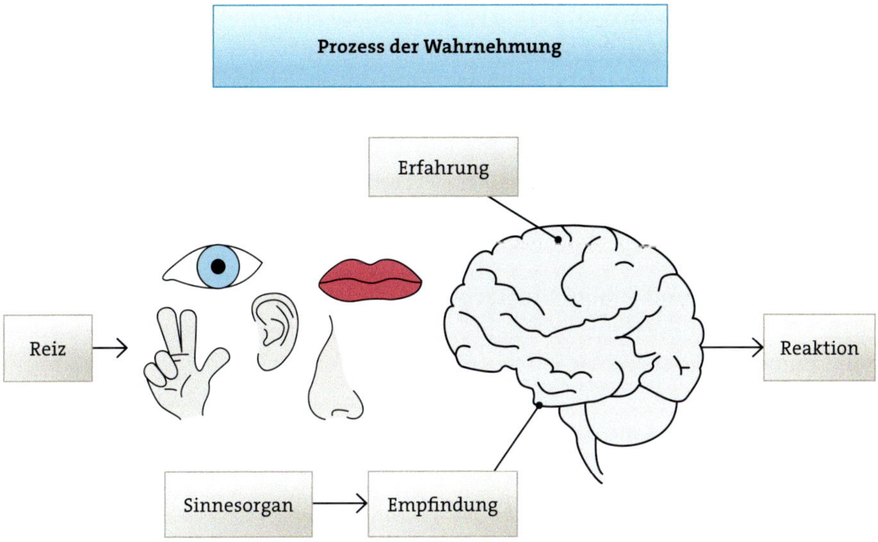

Abb. 4.3 Schematische Darstellung des Wahrnehmungsprozesses

Reizschwellen

Reize können so schwach sein, dass sie keine Empfindungen hervorrufen. Was unter dieser absoluten Schwelle der Wahrnehmung liegt, kann nicht wahrgenommen werden. Reize müssen also eine bestimmte Stärke aufweisen, damit eine Reizschwelle überschritten wird und wir körperlich überhaupt in der Lage sind, etwas zu empfinden.

Diese Reizschwellen liegen recht niedrig. Folglich nehmen Menschen sehr viele Reize auf und doch nur einen Bruchteil von all dem bewusst wahr. Trotz der Eingeschränktheit der Sinnesorgane müssen sie unsagbar viele Reize verarbeiten. Der Organismus leistet das, indem er ständig eine Auswahl trifft. Nur deshalb kann der Mensch trotz seiner begrenzten Kapazität der Informationsaufnahme und -verarbeitung mit dieser Reizflut klarkommen. Schaut man beispielsweise von einem Hochhaus über eine Stadt, so nimmt man nur einen Bruchteil der Einzelheiten wahr. Sozusagen im Hintergrund wird immer eine Wahrnehmungsauswahl getroffen. Diese Auswahl ist nicht willkürlich. Der Wahrnehmungsapparat ist so aufgebaut, dass wichtige Reize die Aufmerksamkeit erregen. Das ist über die Evolution so entstanden.

Beispiele für absolute Schwellen:

- Sehen: Kerzenlicht in klarer, dunkler Nacht aus 45 km Entfernung
- Hören: Ticken einer Armbanduhr aus ca. 6m Entfernung
- Schmecken: Ein Teelöffel Zucker in ca. 7 l Wasser
- Riechen: Ein Tropfen Parfum in einer Sechs-Zimmer-Wohnung
- Druck: Der Flügel einer Fliege, der aus einer Entfernung von 1 cm auf die Wange fällt

Bei der ersten Wahrnehmung von Dingen wirken in aller Regel unterschiedliche Sinnesorgane zusammen. Die Wahrnehmung eines Apfels beispielsweise setzt sich aus den Reizen zusammen, die mehrere Sinnesorgane aufnehmen. Wir erkennen ihn in seiner Bedeutung, weil wir wissen, wie er aussieht, wie er riecht und schmeckt und wie er sich anfühlt. So ist es auch beim ›Lernen‹: Informationsverarbeitung erfolgt effektiver, wenn bei der Aufnahme von Informationen mehrere Sinnesorgane angesprochen werden.

Lernen → S. 406 Band 1

Empfindung und Organisation

Identifikation und Bewertung

Ergebnis

Empfindungen werden mit Erfahrungen verbunden

Menschen sind kaum in der Lage, „reine" Empfindungen zu erleben. Empfindungen werden meist sofort mit Erfahrungen gekoppelt und in Verbindung mit diesen wahrgenommen. So nehmen wir einen Tisch als Tisch wahr, weil wir seine Funktion kennen. Wir sind gar nicht mehr in der Lage, ein Brett mit vier Beinen wahrzunehmen. Wahrnehmungen bestehen also folglich aus Empfindungen, die durch das Auftreffen von Reizen auf Sinnesorgane entstehen und dann aufgrund bisheriger Erfahrungen bewertet werden.

Jeder Mensch nimmt Dinge, Situationen, Menschen und deren Verhalten anders wahr – bewertet individuell vor dem Hintergrund seines Gewordenseins. Zudem wird immer auch schon eine Entscheidung getroffen, worauf die Aufmerksamkeit gelenkt wird. So sind wir mit Wahrnehmungsfiltern ausgestattet, die zugleich notwendig aber mit Blick auf die Entwicklung einer professionellen Beobachtungshaltung, auch gefährlich sind: Auf diese Weise organisiert kann unsere Wahrnehmung auch zu Fehlschlüssen führen.

4.2.2 Die Subjektivität und Selektivität der Wahrnehmung

Manche Philosophen der Antike gingen davon aus, dass unsere Augen die Fenster der Seele seien. Diese Metapher taugt nicht, wenn wir die Frage stellen, wie Menschen erkennen. Das Bild des Fensters unterstellt eine an sich existente äußere Welt, die konstant, immer und für jeden identisch ist. Wenn unsere Augen Fenster wären, so könnte unsere Seele – wie durch Glas – auf die Dinge, Menschen und Ereignisse blicken und ein Urteil fällen. Wir könnten unser Handeln auf der Sicherheit aufbauen, dass wir ja gesehen haben, wie es sich mit der Sache verhält, und auch pädagogisch zielgenau intervenieren.

Nun hat aber jeder schon einmal die Erfahrung gemacht, dass ein anderer Mensch eine Situation ganz anders erlebt und einschätzt als man selbst. Deshalb ist es wichtig, dass sich der professionelle Beobachter von der Vorstellung einer an sich seienden Welt verabschiedet. Welterkennen geschieht immer subjektiv – entsteht also im Auge des Betrachters. Beobachten verschiedene Menschen, was zu einer bestimmten Zeit an einem bestimmten Ort geschieht, so bedeutet das noch lange nicht, dass dasselbe gesehen wird und schon gar nicht, dass das auch in einen Konsens bezüglich der zu ergreifenden Konsequenzen mündet. Die beobachtete Wirklichkeit ist immer eine ›Konstruktion‹ des Beobachters, die zustande kommt, weil er die Situation im Lichte bereits gemachter Erfahrungen interpretiert.

Konstruktion, Konstruktivismus → *S. 416 Band 1*

Beobachten beispielsweise drei Fachkräfte einen Streit unter Kindern, so müssen die Wahrnehmungen der Situation keineswegs identisch sein. Es ist durchaus möglich, ja sogar wahrscheinlich, dass die Situation in der Weise unterschiedlich wahrgenommen wird, dass eine Erzieherin das Verhalten eines Kindes als Ursache des Konflikts sieht und die anderen fest der Meinung sind, dass die Sache ganz anders angefangen hat. Die Weltsichten gehen so weit auseinander, dass sogar Personen bestimmte Eigenschaften zugeschrieben werden, die die Wahrnehmung schon auf Bahnen lenken. So wird die Erzieherin, die bereits schlechte Erfahrungen mit einem Kind gemacht hat, eher dazu neigen, den eskalierten Konflikt dem Fehlverhalten eben dieses Kindes anzulasten.

Auch kann es eine gewichtige Rolle spielen, welche Charaktermerkmale, welche Persönlichkeit der Beobachter hat. Es macht einen Unterschied in der Wahrnehmung der Situation, ob er grundsätzlich dazu neigt, gereizt auf das „anstrengende" Kind zu reagieren, oder ob er das „fordernde" Kind schätzt und eben dieses Einfordern zu seinen Wertmaßstäben passt. Wäre all das nicht schon unsicher genug, spielt es doch auch noch eine Rolle, wie es um die Tagesform steht. Wie hat man geschlafen? Hat das Ei zum Frühstück geschmeckt? Wie läuft es gerade mit dem Partner? Wie war das letzte Wochenende? Selbst solche Faktoren beeinflussen die menschliche Wahrnehmung.

Der entscheidende Punkt ist der, dass wir uns als Beobachter stets bewusst sein müssen, dass wir als Menschen nichts als das wahrnehmen, was es ist. Wir sehen, und das gilt selbstverständlich auch für alle anderen Sinne, das, was unser ›Gehirn‹ uns sehen lässt.

Gehirn → S. 83

Das bedeutet nicht, dass eine Beobachtung nutzlos wäre, da ja doch jeder etwas anderes wahrnimmt. Beobachtung bleibt die Basis jedes professionellen Handelns, da Erzieherinnen nur so auf die Situation, auf den Entwicklungsstand, auf die Interessen, Bedürfnisse und Selbstbildungsaktivitäten des Adressaten maßgeschneidert Bezug nehmen können. Alles andere resultierte in Einheitsbehandlung und wäre mit der Idee der Individualisierung in der Pädagogik unvereinbar.

Beobachtung ist der unbedingte Ausgangspunkt pädagogischer Professionalität. Erzieherinnen müssen sich als Teil der Beobachtung verstehen lernen. Es gilt, sich bewusst zu machen, dass nicht die Sache, der Mensch, die Situation an sich wahrgenommen wird, sondern dass der Wahrnehmende immer auch mithervorbringt, was er wahrnimmt.

Wahrnehmung ist also folglich höchst subjektiv. Wenn Menschen etwas als etwas erkennen, so werden in einem Prozess der Informationsverarbeitung im Gehirn Sinnesreize mit bereits gemachten Erfahrungen abgeglichen und in Beziehung gesetzt. So schön die Vorstellung auch ist, dass die Augen die Fenster zur Seele sind, so wichtig ist es, sich von dieser Vorstellung zu verabschieden. Der professionelle Beobachter muss wissen, dass er nie eine an sich so seiende Konstante beobachtet. Die Welt, die wir beobachten, konstruieren wir stets vor dem Hintergrund unserer Vorerfahrungen mit.

REFLEXION **IMPULS** LERNORTKOOPERATION

Teilen Sie Ihre Lerngruppe in zwei Hälften. Eine Kleingruppe versucht, das Schulgebäude für fünf Minuten mit den Augen eines Kindes zu erforschen. Die andere versucht, das Schulgebäude für fünf Minuten mit den Augen einer Reinigungskraft zu sehen.
Notieren Sie stichwortartig, was Ihnen auffällt.
Tauschen Sie sich anschließend in der Gesamtgruppe über die Ergebnisse aus. Diskutieren Sie auch darüber, inwieweit es Ihnen gelungen ist, sich in die jeweilige Rolle zu versetzen.

Wahrnehmung ist nicht nur subjektiv, sondern auch selektiv. Das bedeutet, dass stets unterschieden wird, worauf unsere Aufmerksamkeit gelenkt wird. Es wird eine Auswahl getroffen. Aufmerksamkeit bezeichnet den Prozess der Steuerung und Regelung der Wahrnehmung. Wir filtern einprasselnde Informationen so, dass Bedeutsames von Unwichtigem unterschieden werden kann. Das muss so sein, da die Kapazität unserer Aufmerksamkeit begrenzt ist. Unsere Aufmerksamkeit bestimmt, was aus der Vielzahl der potenziell wahrnehmbaren Eindrücke ausgewählt wird.

REFLEXION | **IMPULS** | LERNORTKOOPERATION

Schließen Sie die Augen und lauschen Sie für eine Minute. Welche Geräusche fallen Ihnen nun auf? Diskutieren Sie Ihre Erfahrungen anschließend in der Gruppe vor dem Hintergrund der Theorie der Wahrnehmungsselektion.

Das Treffen einer Auswahl geschieht dabei nicht willkürlich, sondern erfolgt regelhaft. Reize werden im Zuge des Prozesses der Wahrnehmung und der Lenkung der Aufmerksamkeit dann beachtet, wenn entweder beim Wahrnehmenden oder beim Reiz bestimmte aufmerksamkeitserregende Bedingungen vorliegen:

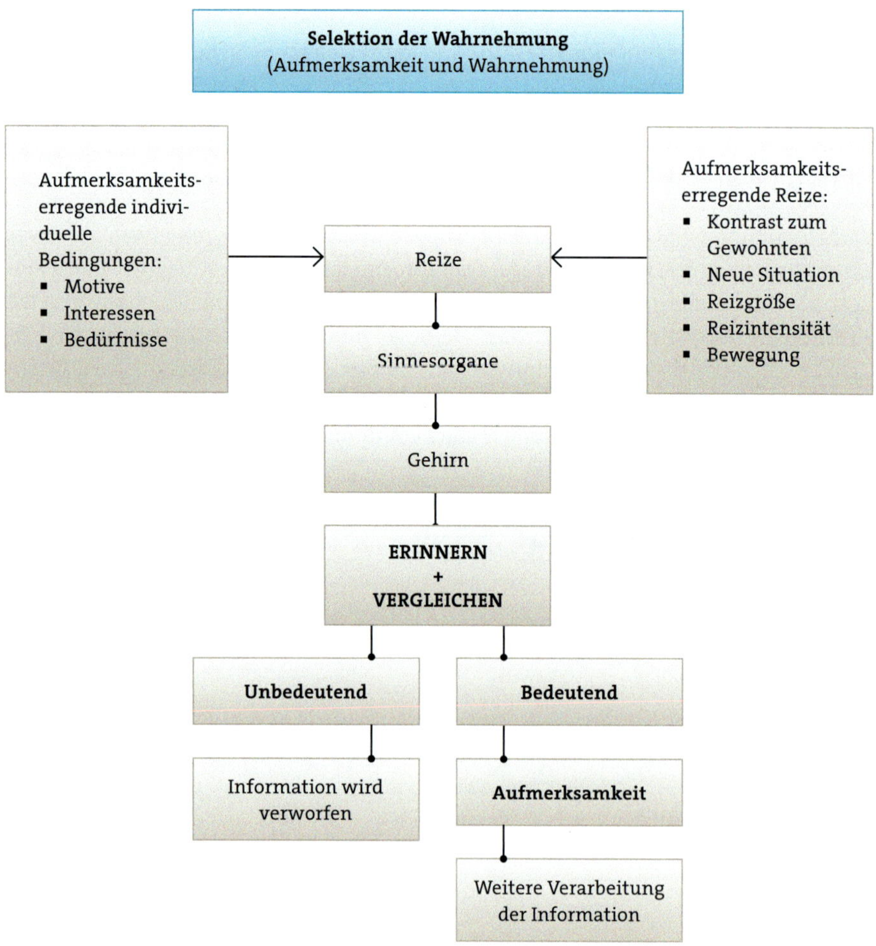

Abb. 4.4 Schematische Darstellung des Selektionsprozesses der Wahrnehmung

4.2.3 Die Hypothesentheorie der sozialen Wahrnehmung

Auch für die soziale Wahrnehmung gilt: Wir nehmen Menschen immer vor dem Hintergrund bereits gemachter Erfahrungen wahr.

Die US-amerikanischen Psychologen Jerome Bruner (*1915) und Leo Postmann (1918–2004) untersuchten die menschliche Wahrnehmung auf der Basis sozialer Faktoren und entwickelten die Hypothesentheorie der sozialen Wahrnehmung.

Die menschliche Wahrnehmung wird durch Einstellungen, Bedürfnisse, Stimmungen, Emotionen und Erfahrungen beeinflusst. Das bedeutet, dass die Persönlichkeitsmerkmale des Beobachters darüber entscheiden, wie wahrgenommen wird. Menschen gehen also schon mit bestimmten Erwartungen an die Sache heran, wenn sie beobachten. Bruner und Postmann nennen sie unsere ›Hypothesen‹.

Es ist wichtig, zu verstehen, dass diese vorläufigen Urteile notwendig sind, um schnell genug angemessen auf Situationen reagieren zu können. Die stabile Basis aus bereits gemachten Erfahrungen wird benötigt, um nicht in jeder Situation alles neu erfinden zu müssen. Wie wichtig dieses Prinzip ist, zeigt das Verhalten in Gefahrensituationen: Stürmt ein laut und aggressiv schreiender Mann mit geballter Faust auf uns zu, so lassen wir die Situation nicht einfach auf uns wirken.

Bedeutung der Hypothesentheorie in der pädagogischen Praxis

Übertragen auf die pädagogische Arbeit bedeutet das, dass Erzieher ihre Vorerfahrungen nutzen können, um Situationen schnell und zuverlässig einzuschätzen. Andererseits müssen sie sich davor hüten, sich den Blick durch Vorurteile einschränken zu lassen. Im Zuge einer Professionalisierung der Beobachtungshaltung gilt es, sich die eigenen Hypothesen bewusst zu machen. Nur wer reflektiert mit seinen Erwartungen umgeht, öffnet seine Wahrnehmung dahingehend, sich auch überraschen lassen zu können. Nur so können Verhaltensweisen in den Blick kommen, die vorher nicht erwartet wurden.

BEISPIEL Die Erzieherin, die den fünfjährigen Theo schon als Streithahn abgestempelt hat, wird eine Rangelei unter mehreren Kindern, deren Anfang sie nicht beobachten konnte, eher auf ein Fehlverhalten des Jungen zurückführen. Wenn sie vom Lärm alarmiert den Gruppenraum betritt, wird sie Theo vermutlich ermahnen und zurechtweisen. Ihr Vorurteil hindert sie daran, zu erkennen, dass Theo als Streitschlichter aufgetreten ist. Ihre Handlungskonsequenz ist eine Ermahnung, wo Lob und Bestätigung angemessen gewesen wären.

Wir brauchen vorläufige Urteile, damit wir schnell genug auf Situationen reagieren können. Wir müssen uns im Zuge der Entwicklung einer professionellen Beobachtungshaltung diese Vorläufigkeit aber bewusst machen und unser Urteil mit Blick auf das Anschlusshandeln korrigieren.

REFLEXION ◀ **IMPULS** LERNORTKOOPERATION

Welche grundsätzlichen Werte sind für Sie persönlich besonders bedeutsam? Wo haben Sie Vorurteile, derer Sie sich bewusst werden müssen?

Medienkompetenz
Wie gehen Sie mit der Subjektivität von Wahrnehmungen in der Medienerziehung um?

Hypothese
griech. hypo: unter, thesis: setzen, stellen, legen
Unterstellung, unbewiesene Voraussetzung, Annahme

Jeder **Wahrnehmungsvorgang** beginnt mit Hypothesen. Die Erwartung entscheidet darüber, worauf die Aufmerksamkeit gelenkt und was eher ausgeblendet wird. Es kann sogar geschehen, dass nur noch wahrgenommen wird, was der Hypothese entspricht. Der Beobachter läuft so Gefahr, nur noch zu sehen, was in seine durch Erfahrungen gebildete Ordnung der Welt hineinpasst. Das tatsächliche soziale Geschehen wird dann verzerrt, umgedeutet und verfälscht.
Den Einfluss der Hypothese auf die Wahrnehmung bestimmt die Hypothesenstärke. Starke Hypothesen entstehen meist im Zusammenhang mit intensiven Gefühlen. Wer neidisch ist oder eifersüchtig, wer liebt oder hasst, wird einen besonderen Rahmen setzen.
In Wahrnehmungssituationen werden die stärksten Hypothesen mit der höchsten Wahrscheinlichkeit aktiviert.
Stärkere Hypothesen sind auch leichter zu bestätigen. Das bedeutet, dass weniger Information nötig ist, um beim vorgefassten Bild zu bleiben. Umgekehrt wird wenig Information benötigt, um schwache Hypothesen zu widerlegen. Tief sitzende Überzeugungen, subjektive Theorien, sind folglich wesentlich schwieriger aufzubrechen und beeinflussen die Wahrnehmung weit stärker als vergleichsweise schwache Hypothesen.

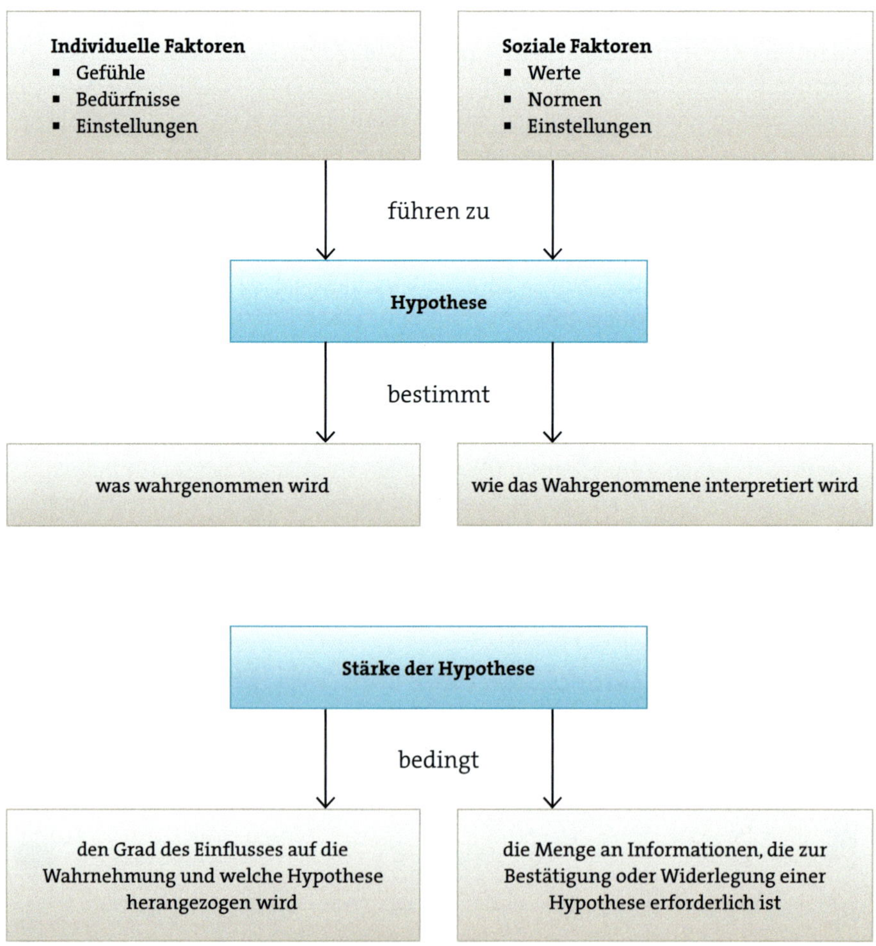

Abb. 4.5 Einfluss von Hypothesen auf die Wahrnehmung

4.2.4 Fehler der Personenwahrnehmung

Im Zusammenhang mit der Professionalisierung der Beobachtungshaltung ist es besonders wichtig, sich mit häufigen Fehlern auseinanderzusetzen, zu denen Menschen neigen, wenn sie Personen wahrnehmen.

Name	Beschreibung	Beispiel
Primacy-Effekt (Erster Eindruck)	Der erste Eindruck hat besonderes Gewicht und dominiert die Gesamtwahrnehmung der Person. Folgeinformationen zur Person, die den ersten Eindruck unterstützen, werden leichter aufgenommen. Informationen, die im Widerspruch zu diesem stehen, werden tendenziell ignoriert. Ähnliches gilt für den letzten Eindruck (Recency Effekt).	Lernt ein Erzieher ein Kind in einer Situation kennen, in der es schreit und wild um sich schlägt, so wird dieser Eindruck auch in der Folge in die Interpretation des kindlichen Verhaltens eingehen. Das gilt selbst dann noch, wenn sich das Kind im weiteren Tagesverlauf überwiegend kooperativ und unauffällig verhält.
Halo-Effekt (Hof-Effekt)	Der Begriff leitet sich vom griechischen „hálos (Lichthof)“ ab. Eine besonders hervorstechende Eigenschaft strahlt dabei auf alle anderen aus. Die Person wird so wahrgenommen, dass sie in ihrem ganzen Wesen der scheinbar charakteristischen Eigenschaft entspricht.	Ein Kind, das sehr hübsch ist, wird vielleicht auch für brav gehalten.
Mildefehler	Der Beobachter neigt dazu, erwünschten Verhaltensweisen beim Zu-Beobachtenden mehr Gewicht zu geben. Unerwünschte Verhaltensweisen bekommen tendenziell weniger Augenmerk. Der Effekt wird durch Sympathien verstärkt. Im umgekehrten Fall spricht man vom „Strengefehler“	Die Erzieherin Miriam Quast mag die vierjährige Clara. Sie ist ihr Lieblingskind. Selbst wenn Clara aggressiv und laut wird, zeigt sich Frau Quast mild und verständnisvoll.
Projektionsfehler (Übertragungsfehler)	Die Person wird nicht an sich, sondern im Vergleich mit den Persönlichkeitsmerkmalen des Beobachters eingeschätzt. Ebenfalls ist es möglich, dass der Person Eigenschaften zugeschrieben werden, die von einem anderen Menschen bekannt sind.	Die Erzieherin Jana Kloth beobachtet, wie ein Kind etwas abseits der Gruppe sitzt und sich alleine beschäftigt. Vor dem Hintergrund der eigenen Persönlichkeit deutet sie das Verhalten als Schüchternheit.
Pygmalion-Effekt (Erwartungsfehler)  **Abb. 4.6** Pygmalion und seine Statue Galatea	Pygmalion ist ein König aus der griechischen Mythologie. Als Künstler schuf er eine Statue aus Elfenbein. Er verliebte sich so sehr in sein Werk, dass Aphrodite, die Liebesgöttin, ein Einsehen hatte und die Statue zum Leben erweckte. Die Erwartungen und Überzeugungen des Beobachters beeinflussen sein Handeln dahingehend, dass er hervorbringt, was er zu erkennen glaubt. Man leitet Menschen also auf der Basis des Bildes, das man von ihnen hat, auf Wege, die dann tatsächlich zu dem führen, was man von Anfang an in ihnen zu sehen glaubte.	Der Erzieher Mikael Arnoff bekommt den kleinen Bruder eines Jungen in die Gruppe, den er als sehr forderndes Kind in Erinnerung hat. „Das kann ja was werden“, sagt er sich.

Tab. 4.7 Wahrnehmungsfehler

Inklusion
Welche Fehler in der Personenwahrnehmung können die inklusive Arbeit beeinträchtigen und belasten?

Informationen zur Hattie-Studie finden Sie hier: www.visiblelearning.de

Menschen entwickeln sich im Allgemeinen besser, wenn ihnen etwas zugetraut wird. Der Pygmalion-Effekt funktioniert leider auch in entgegengesetzter Richtung: Wird Menschen nichts zugetraut und gibt man ihnen zu verstehen, dass man sie für Versager hält, so realisieren sie tendenziell dieses Bild und entwickeln sich weit negativer.

ZUM WEITERDENKEN Dieser Effekt bekommt mit der sogenannten Hattie-Studie (2008) noch einmal viel Aufmerksamkeit. Der neuseeländische Erziehungswissenschaftler John Hattie (*1950) hat in einer Metaanalyse Faktoren guten Schulunterrichts unter die Lupe genommen und festgestellt, dass das Vertrauen der Schüler in die eigene Leistungsfähigkeit der wichtigste Faktor mit Blick auf den Lernerfolg ist. Pädagogen können die Entwicklung von Selbstvertrauen unterstützen.

Wirksam oder nicht?

Das Barometer der Lernerfolg-Faktoren
nach John Hattie

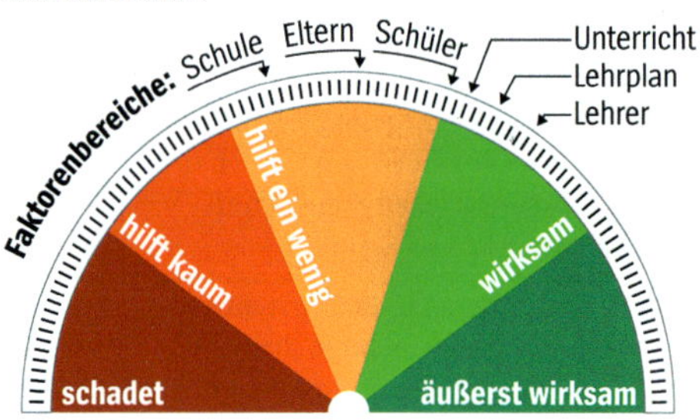

Rang	Einzelfaktoren
1	Vertrauen der Schüler in die eigene Leistung
2	Altersgerechtes Unterrichten
3	Fortlaufende Überprüfung des Unterrichtserfolgs
8	Klarheit der Lehrperson
10	Feedback an den Lehrer
15	Vokabel- und Wortschatzförderung
31	Häusliches Anregungsniveau
32	Sozioökonomischer Status der Eltern
34	Fordernde Lernziele
55	Vorschulprogramme
88	Hausaufgaben
100	Individualisierung
106	Klassengröße
131	Jahrgangsübergreifende Klassen
132	Freiarbeit
133	Offener Unterricht
136	Nicht-Versetzen
137	Fernsehen
138	Schulwechsel

DER SPIEGEL

Abb. 4.8 Die Ergebnisse Hattie-Studie; aus: Friedmann, Jan (2013): Zurück zum Kerngeschäft. In: Der Spiegel 16/2013; www.spiegel.de/spiegel/print/d-92079461.html

4.2.5 Gesetze der Wahrnehmung

Reize werden immer an bereits Erfahrenes angeschlossen. Vor dem Hintergrund bereits gemachter Erfahrungen entsteht erst das, was wir als sinnvolles Ganzes erkennen. Dieses Finden von Anschlüssen geschieht nicht irgendwie, sondern nach bestimmten Gesetzmäßigkeiten. Die Gestaltpsychologie hat einige dieser ordnungsstiftenden Mechanismen beschrieben. Die bedeutsamsten Gesetzmäßigkeiten sind dabei die folgenden:

Gesetz der Ähnlichkeit

Sich ähnelnde Reize werden als zusammengehörig wahrgenommen. So sieht man in der Grafik doch eher Zeilen als Spalten. Dieses Gesetz spielt auch in der Wahrnehmung von Personen eine Rolle. Je nachdem, in welchem sozialen Kontext wir einen Menschen sehen, werden wir ihn mit den Attributen einer Gruppe oder Umgebung assoziieren. Angehörigen einer bestimmten Gruppe werden oft gleiche Eigenschaften zugeschrieben.

Gesetz der Nähe

Beieinanderliegende Elemente werden als zusammengehörig wahrgenommen. Vermutlich käme niemand auf die Idee, Buchstaben lesend in einen Zusammenhang zu bringen, wenn die Nähe der einzelnen Buchstaben schon Wörter ergeben wüde.

Gesetz der Geschlossenheit

Wahrnehmende Wesen komplettieren Unvollständiges. Einzelne Punkte werden zu Bildern verbunden und unterbrochene Linien ergänzt, sodass das Ganze zu erkennen ist. Niemand käme auf die Idee, im folgenden Bild nur unterschiedlich lange Linien zu erkennen.

Wahrnehmung eines Vierecks, obwohl die vierte Linie fehlt.

Wir sehen keine unterschiedlich langen Linien, sondern ein Viereck.

Wertevermittlung
Welchen Einfluss kann das Gesetz der gemeinsamen Bewegung auf die Werteentwicklung haben?

Gesetz der Kontinuität
Reize erscheinen uns so, dass wir ein unterbrochenes Element als Fortsetzung einer Sache interpretieren.

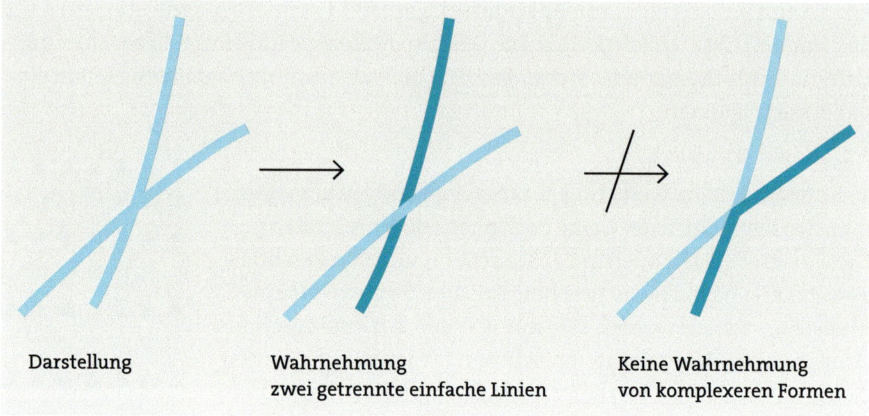

Gesetz der gemeinsamen Bewegung
Reize, die sich in die gleiche Richtung bewegen, werden als zusammengehörig interpretiert. Im Bild wird ein Dreieck sichtbar. Dieser Eindruck entsteht unter identischen Elementen deshalb, weil unsere Wahrnehmung so organisiert ist, dass wir die Pfeile der gleichen Ausrichtung als zusammengehörig deuten.

Gesetz der Prägnanz
Bestimmte Merkmale ziehen besonders viel Aufmerksamkeit auf sich. Die Aufmerksamkeit wird nicht in gleicher Weise auf alles gelenkt, sondern wir selektieren und geben Prägnantem besondere Bedeutung.

4.2.6 Die Wahrnehmungskonstanzen

Ergänzt werden diese Strukturierungen unserer Wahrnehmung durch die sogenannten Wahrnehmungskonstanzen. Wahrnehmende Wesen sind in der Lage, eine Sache oder Person als eben diese zu erkennen, obwohl die Rahmenbedingungen um Ding oder Person variieren. So erkennen wir beispielsweise eine Sache unabhängig von ihrer Größe. Wäre das nicht so, könnten wir nicht das uns klein erscheinende Haus in der Ferne als dasselbe erkennen, welches uns dann wesentlich größer erscheint, wenn wir direkt davor stehen. In diesem Zusammenhang spricht man von der **Größenkonstanz**.

Eine Konstanz zeigt sich auch, wenn sich die Perspektive auf etwas verändert. Wir sind in der Lage, ein Objekt in seiner Form gleich wahrzunehmen, obwohl wir von einer anderen Seite aus darauf blicken. Ein Bleistift bleibt für uns ein Bleistift, unabhängig davon, ob wir diesen von hinten betrachten oder auf die Spitze schauen. Dieses bezeichnet man als **Form- oder Dingkonstanz**.

Ähnliches gilt bei der **Farb- oder Helligkeitskonstanz**. Wir sind fähig, Dinge als solche zu erkennen, obwohl die Farb- oder Lichtverhältnisse diese in anderer Weise erscheinen lassen. So sind wir beispielsweise in der Lage, eine Person auf einem Foto zu erkennen, obwohl diese nur in Grauabstufungen oder in Falschfarben dargestellt wird.

4.3 Die Beobachtung als Grundlage des pädagogischen Handelns

Beobachtung muss als Akt der Wertschätzung verstanden werden. Beobachten meint nicht Bespitzeln, sondern das Schenken von Aufmerksamkeit. Wenn ein Erzieher beobachtet, so nimmt er die Besonderheit des Menschen in den Fokus, den er begleitet. Beobachten meint, sich für die Andersartigkeiten eines jeden Menschen zu interessieren und Verschiedenheit zum Ausgangspunkt planvollen pädagogischen Handelns zu machen.

4.3.1 Ziele der Beobachtung

Wird der Beobachtungsauftrag vom Team akzeptiert und hat das Prozedere seine Künstlichkeit verloren, so prägt das auch die Kultur der Einrichtung. Ein anderes Arbeiten wird möglich und die Systematik formt den Alltag. Gleichsam werden Beobachtungen zu etwas ganz Selbstverständlichem, fast Unsichtbarem, das doch so wirksam ist:

- Bislang unbeachtete Kompetenzen der Kinder und Jugendlichen werden entdeckt.
- Ressourcen kommen in den Blick.
- Entwicklung kann gezielter gefördert werden.
- Der Alltag wird transparenter und pädagogisches Handeln für alle Beteiligten, auch für Kinder oder Jugendliche, nachvollziehbarer.
- Die Kinder und Jugendlichen sind stolz auf Fortschritte, da ihnen diese sichtbar gemacht werden.
- Elterngespräche verlaufen konstruktiver.

Gelegenheitsbeobachtungen sind der natürliche Ausgangspunkt, wenn man anstrebt, die oben formulierten Ziele zu erreichen. Diese bleiben aber höchst subjektiv und ungenau. In der professionellen pädagogischen Praxis sollten Gelegenheitsbeobachtungen unbedingt durch systematische Beobachtungen ergänzt werden. Im Folgenden werden Variationen der systematischen Beobachtung skizziert.

4.3.2 Die systematische Beobachtung

Bei der systemischen Beobachtung werden verschiedene Formen unterschieden:

Offen	Verdeckt
Teilnehmend	Nicht teilnehmend
Strukturiert	Nicht strukturiert

Abb. 4.9 Formen der systematischen Beobachtung

Offene und verdeckte Beobachtung

Offen beobachten bedeutet, dass das Kind, der Jugendliche oder die Eltern über die Beobachtung informiert sind. So bekommen beispielsweise die Kindergartenkinder im Gruppenalltag mit, dass die Erzieherin sie beobachtet und etwas aufschreibt. Möglicherweise fragt ein Kind nach und will wissen, warum es beobachtet wird. So entsteht aus der Beobachtung heraus ein Gesprächsanlass. Die Erfahrung zeigt, dass Kinder diese Art der Beobachtung als Wertschätzung und Beachtung erfahren. Ein oft gehörter Einwand gegen diese Form der Beobachtung ist der, dass sich die Beobachteten ja nicht normal verhielten, weil sie wüssten, dass sie beobachtet werden. Diese Kritik lässt sich entkräften: Kinder werden ihre Verhaltensmuster nicht dauerhaft verbergen. Je routinierter die Einrichtung in Beobachtungsbelangen wird, desto selbstverständlicher wird das Zuschauen. In einer Einrichtung, die eine Beobachtungskultur entwickelt hat, werden Beobachtete kaum noch auf die Tatsache reagieren, dass sie beobachtet werden.
Bei der verdeckten Beobachtung wird „heimlich" beobachtet, z. B. mithilfe einer Einwegscheibe oder Kamera. Im Alltag der sozialpädagogischen Einrichtungen kommen verdeckte Beobachtungen aus ethischen Gründen kaum noch zum Einsatz. Der methodische Rahmen hat den Beigeschmack einer Bespitzelung und unterstellt die Haltung, dass der Beobachtete nicht ausreichend als Persönlichkeit mit Rechten respektiert würde. Aus Gründen der besseren Wiederholbarkeit eignen sich verdeckte Beobachtungen in wissenschaftlichen Settings, wenn es tatsächlich darum geht, das Beobachtungsfeld möglichst wenig durch die Anwesenheit eines Beobachters zu beeinflussen, z. B. die Beobachtung der Kinderkultur.

Teilnehmende und nicht-teilnehmende Beobachtung

Offene Beobachtungen können teilnehmend oder nicht-teilnehmend erfolgen.
Bei der teilnehmenden Beobachtung ist die Fachkraft in das Geschehen eingebunden. So spielt der Erzieher beispielsweise mit einem Jungen und beobachtet dabei die feinmotorischen Leistungen des Kindes. Die Fachkraft befindet sich also in einer Doppelrolle: Sie ist sowohl Beobachterin als auch Handelnde. Die Stärke der Beobachtungsform liegt in der Ermöglichung des Zugangs zu den Details des Geschehens. Die Beobachterin wirft keinen isolierten Blick auf einen bestimmten Aspekt, sondern kann Zusammenhänge und Entwicklungen im Zuge des Dabeiseins detaillierter betrachten. Natürlich reagieren Kinder oder Jugendliche auf den Beobachter, der sich mit ihnen beschäftigt. Soll der Beobachtungsfokus auf etwas liegen, was durch die aktive Teilnahme eines Erwachsenen gestört werden könnte, wie z. B. die Sozialstrukturen unter Kindern, so sollte man sich gegen diese Methode entscheiden.

Will man bestimmte Verhaltensweisen beobachten, die nicht ohne Impulsgabe gezeigt werden, so kann man die Situation durch Zutun „arrangieren". Interessiert sich die Fachkraft beispielsweise für Entwicklungsstände in bestimmten Bereichen, so kann die Situation mit dem Kind dahingegend beeinflusst werden, dass das zu Bewertende sichtbar wird, z. B. mit ›Bellers Entwicklungstabelle‹.
Bei der nicht-teilnehmenden Beobachtung bleibt die Fachkraft außenstehend. Der Beobachter kann sich ganz auf die Beobachtung konzentrieren und greift nicht ins Geschehen ein. Die Perspektive ist etwas objektiver, da die Fachkraft nicht unmittelbar involviert ist. Ein Vorteil ist, dass das beobachtete Verhalten zeitgleich protokolliert werden kann.

Bellers Entwicklungstabelle → S. 127

Strukturierte und unstrukturierte Beobachtung
Beobachtungen unterscheiden sich auch nach dem Blickwinkel. Es kann mit einer sehr konkreten und auf einen Fokus beschränkten Fragestellung oder eher offen beobachtet werden. Außerdem kann die Beobachtung durch ein Instrument mehr oder weniger stark vorstrukturiert werden. Prinzipiell unterscheidet man die strukturierte von der unstrukturierten Beobachtung.

Die strukturierte Beobachtung gibt einen detaillierten Beobachtungsplan vor. Die Form eignet sich, wenn bestimmte Verhaltensaspekte (Sprache, Aggression, Sozialverhalten) in den Blick genommen werden sollen (z. B. Bellers Entwicklungstabelle, ›Baum der Erkenntnis‹, ›Grenzsteine der Entwicklung‹).

Baum der Erkenntnis → S. 133
Grenzsteine der Entwicklung → S. 136

Die unstrukturierte Beobachtung folgt allgemeineren Regeln. Die Kategorien sind weniger detailiert. Der Blick soll nicht eingeschränkt werden. Geht es beispielsweis darum, etwas über die aktuellen Bildungsthemen zu erfahren, so ist es notwendig, die kindlichen Verhaltensweisen ohne Einschränkung und voreilige Schwerpunktsetzung zu betrachten. Derartige Verfahren bieten sich allgemein an, wenn eher ›explorativ‹ beobachtet wird, z. B. ›Beobachtung und fachlicher Dialog‹ oder ›Bildungs- und Lerngeschichten‹.

explorativ
lat. exploratorius:
zum Aufklären gehörend

forschend, erkundend

Beobachtung und fachlicher Dialog → S. 119
Bildungs- und Lerngeschichten → S. 122

REFLEXION | **IMPULS** | LERNORTKOOPERATION

Tauschen Sie sich darüber aus, welche Formen der Beobachtung Sie in der Praxis erlebt haben. Welche Kriterien waren bei der Auswahl der Form entscheidend?

4.4 Beobachtungsverfahren

Einen Überblick über verschiedene Beobachtungsverfahren liefert das Ministerium für Bildung und Frauen des Landes Schleswig-Holstein (2006): Systematisches Beobachten und Dokumentieren: abrufbar unter: **www.datenschutzzentrum.de/schule/systematisches-beobachten.pdf**

Sprachliche Bildung
Welche Beobachtungsverfahren eignen sich, um den sprachlichen Austausch einzelner Kinder in kommunikativen Situationen zu beobachten?

Verschiedene Beobachtungsinstrumente kommen mit unterschiedlichen Absichten zum Einsatz. Erzieherinnen müssen entscheiden, was mit der Beobachtung in den Blick genommen werden soll. Der Schweizer Sozialwissenschaftler Hans-Rudolf Leu (*1946) hat Verfahren in Kategorien eingeteilt und ermöglicht so eine grundsätzliche Orientierung. Will man Beobachtungen in die Einrichtungsroutinen implementieren, so kann man mit Blick auf die Zielstellungen der Verfahren vergleichen und dann jene auswählen, die prinzipiell den angestrebten Beobachtungsfokus anlegen. Leu benennt drei Ebenen der Beobachtung:

Ebene A: Entwicklung einer kindzentrierten Perspektive in der Pädagogik

Ebene B: Kontrolle von Lernfortschritten im Rahmen klar definierter Altersnormen und Lernziele

Ebene C: Frühzeitiges Erkennen von Entwicklungsstörungen

Abb. 4.10 Ebenen der Beobachtung nach Leu

4.4.1 Beobachtungsverfahren zur Entwicklung einer kindzentrierten Perspektive

Abb. 4.11 Beobachtungsverfahren können der Erfassung der aktuellen „Baustellen" der Kinder oder Jugendlichen dienen.

Die hier eingeordneten Verfahren haben zum Ziel, das Kind oder den Jugendlichen besser zu verstehen. Was sind die aktuellen Themen, die Baustellen, mit denen sich der Mensch gerade befasst? Was beschäftigt gerade? Wo liegen die aktuellen Interessen? Welche Bedürfnisse werden im Verhalten sichtbar und auf welchen Wegen findet Lernen und Bildung gerade statt?

Individualisierung → *S. 364 Band 1*

Die Instrumente dieser Ebene helfen dabei, die Besonderheiten des Einzelnen in den Blick zu nehmen. Die so wichtige ›Individualisierung‹ kann besser stattfinden, wenn das Individuum systematisch beobachtet wird. Dazu dienen verschiedene Beobachtungsinstrumente, von denen im Folgenden zwei vorgestellt werden:

- Beobachtung und fachlicher Dialog (nach Laewen und Andres)
- Bildungs- und Lerngeschichten (nach Leu in Anlehnung an Carr)

Das Verfahren Beobachtung und fachlicher Dialog nach Laewen und Andres

Ziel	Das Verfahren hat das Ziel, aufgrund von Beobachtungen Anhaltspunkte zu den Bildungsthemen der Kinder zu sammeln. Der Bogen ist offen gestaltet. Damit soll eine Einengung auf bestimmte Fertigkeiten oder Verhaltensweisen der Kinder vermieden werden.
Zielgruppe	Die Beobachtungsmethode eignet sich ohne Einschränkung für den Einsatz in Kindertagesstätten. Es gibt aber keinen Grund, warum man nicht auch Jugendliche nach dem Verfahren beobachten können sollte.
Grundannahmen	Kinder und Jugendliche entwickeln sich entlang bestimmter Themen. Der Mensch befasst sich nicht mit der ganzen Welt, sondern immer in Happen, die er sich selbst ausgesucht hat. Versteht sich die Erzieherin als Bildungsbegleiterin, die ›Welterfahrungen‹ arrangiert, bestimmte Erfahrungen über das Schaffen von Erfahrungsräumen provoziert, so ist es unabdingbar, Wissen zu den aktuellen Themen des Kindes zu haben. Im Kern dieses Gedankens steht der Mensch als Konstrukteur seiner selbst. Pädagogik betreiben bedeutet dann nicht Hervorbringen, sondern Rahmensetzen. Der Erzieher muss wissen, womit sich die einzelnen Kinder beschäftigen. Die selbst gewählte Tätigkeit zeigt der aufmerksam beobachtenden sozialpädagogischen Fachkraft die offene Tür, welche die Chance der pädagogischen Einflussnahme über das Anbieten artverwandter „spannender" Themen eröffnet. Das Ziel des Verfahrens ist es, dem Kind sein Thema zuzugestehen und den Selbstbildungsprozess durch Rahmenbedingungen konsequent zu unterstützen.

Welterfahrung → S. 355 Band 1

Anwendung

Die Anwendung erfolgt in **vier Schritten**:

1. Die wertungsfreie Beschreibung der Situation

Hier wird schriftlich festgehalten, was die Kinder tun und sagen. Entscheidend ist es dabei, konsequent beschreibend zu bleiben. Es wird lediglich erfasst, welches Verhalten zu beobachten ist. Es soll noch nichts gedeutet werden.
Die Perspektive des Kindes kann eine ganz andere sein als die des erwachsenen Beobachters. Die Kinderkultur, der kindliche Sinn im Geschehen, kommt oft gar nicht erst in den Blick, weil Erwachsene ihre Perspektive regelrecht überstülpen. In der Folge wird dann nur noch von der Prämisse ausgehend beobachtet, dass ihre Deutung der Situation die zutreffende sei. Damit geht die Chance verloren, sich im kollegialen Austausch und sehr viel reflektierter bewusst zu machen, was eigentlich gerade für das Kind bzw. die Kinder „Sache ist". Im Sinne des Verfahrens bedeutet das, dass auf Zuschreibungen zunächst verzichtet wird.

BEISPIEL Falsch: „Carla ist traurig, weil sie nicht mitspielen darf".
Richtig: „Carla senkt den Kopf, verschränkt die Arme. Aus einigen Schritten Distanz betrachtet sie dann Laura und Max beim Bauen mit den Holzbausteinen. Kurz darauf wendet sie sich der Fensterfläche zu und betrachtet das Baumhaus."
Im ersten Beispiel überdeckt die Interpretation das Geschehen. Der Erzieher wird in der Folge nur noch von der Prämisse ausgehend handeln, dass Carla eben traurig ist. Unter Umständen wird er ein Kind trösten, das nur darüber nachdenkt, ob das Baumhaus wohl auch so aufgetürmt worden ist. Der Aspekt des Vergleichens und das mögliche Interesse an Konstruktionsprinzipien kämen nicht in den Blick.

2. Reflexion aus der Perspektive des Beobachters

Der Beobachtende muss sich als Teil dessen verstehen, was beobachtet wird. Schließlich geht man mit bestimmten Erfahrungen und Gefühlen an die Beobachtung heran. Was verursacht beispielsweise die Beobachtung eines Kindes, das Toilettenpapier in den Abfluss stopft, damit das Wasser nicht abfließen kann? Steht die Sorge im Vordergrund, dass das Badezimmer überschwemmt werden könnte? Hat die Erzieherin die Verschwendung und den unsachgemäßen Gebrauch von Toilettenpapier im Kopf? Oder sind doch eher die eigenen Erinnerungen an das freudvolle Experimentieren mit Wasser und Dammbau präsent? Die regelmäßige gezielte Beobachtung hilft der Erzieherin nicht nur dabei, die Bildungsthemen der Kinder besser zu verstehen, sondern auch die eigenen Handlungen und Emotionen im Zusammenhang der Beobachtungssituationen reflexiv zu nutzen. So wird die Beobachtung des Kindes auch zur Selbstbeobachtung, bei der die Erzieherin herausfinden kann, wie sie auf bestimmte Situationen reagiert. Oft hängt es von der Person des Beobachters ab, ob er mit Begeisterung, Ärger oder Vermeidung reagiert.

Situation:

Was macht diese Situation mit mir?

- Welche Reaktionen (körperlich, emotional, z. B. Anspannung, Freude, Interesse, Ärger, Langeweile, Angst) werden bei mir hervorgerufen?
- Was berührt mich, ruft Bilder, Erinnerungen wach, löst Gedanken, Ideen aus? „Worauf springe ich an?"

Abb. 4.12 Ausschnitt des Beobachtungsbogens; nach Laewen, Hans-Joachim/Andres, Beate (2010): Forscher, Künstler, Konstrukteure. Werkstattbuch zum Bildungsauftrag von Kindertageseinrichtungen. Cornelsen, Berlin

Erzieherinnen müssen als ganze Personen, in ihrem Gewordensein und mit ihrer Biografie, den Kindern und Jugendlichen begegnen. Deshalb ist es besonders wichtig, sich selbst zu befragen, welche Erinnerungen, Gedanken und Gefühle eine Situation wachruft. Die eigenen Empfindungen spiegeln zugleich auch die Atmosphäre, die in der Situation steckt. Ist etwas für den Beobachter spannend oder eher langweilig? Fehlt es dem Beobachter an etwas in der Situation, so kann das darauf hinweisen, dass es auch den Kindern an angemessener Herausforderung fehlt – vielleicht sollte man andere Materialien anbieten, Räume verändern und den Erfahrungsraum der Kinder so ansprechender gestalten. Im zweiten Schritt des Beobachtungsverfahrens geht es also um die Auseinandersetzung mit sich selbst. Erst wenn sich der Beobachter der eigenen Gefühle bewusst geworden ist und er das auch schriftlich festgehalten hat, geht es in den fachlichen Diskurs mit den Kollegen.

3. Reflexion aus der Perspektive des Kindes
Im dritten Schritt wird die Perspektive des Kindes eingenommen. Die Frage, wie man sich fühlen würde, welche Bedeutung die Situation hätte, wenn man das Kind wäre, rückt nun in den Mittelpunkt. Mit welchen Gefühlen und getrieben von welcher Motivation geht das Kind wohl ans Werk? Baut es einen Damm? Wird ausprobiert, was schwimmt und untergeht, oder ist die Veränderung der Konsistenz des Toilettenpapiers reizvoll?

Situation:

Perspektivenübernahme
- Wenn ich das Kind wäre, welche Bedeutung hätte die Situation für mich?
- Wie fühlen sich die einzelnen Kinder aus meiner Sicht?

Abb. 4.13 Ausschnitt des Beobachtungsbogens; nach Laewen, Hans-Joachim/Andres, Beate (2010): Forscher, Künstler, Konstrukteure. Werkstattbuch zum Bildungsauftrag von Kindertageseinrichtungen. Cornelsen, Berlin

4. Kollegialer Austausch
Auf der Grundlage der einzelnen Dokumentationen der beteiligten Erzieher erfolgt der fachliche Austausch. Die Beobachtungen der Fachkräfte werden nun zur Grundlage des fachlichen Dialogs im Team. Im Mittelpunkt stehen die Bildungsthemen der Kinder. Das Team tauscht sich darüber aus und überprüft die Bildungs- und Erfahrungsmöglichkeiten, die den Kindern geboten werden.
Dazu gehört auch die Reflexion des erzieherischen Handelns. Basis dieser Überprüfung sind die verschriftlichten Beobachtungen. Im fachlichen Dialog werden Deutungen zusammengetragen. Mit Blick auf unterschiedliche Beobachtungen kann dann ein roter Faden sichtbar werden, etwas, das die Situationen verbindet und ein aktuell zentrales Thema des Kindes markiert. Die gesammelten Erkenntnisse über die aktuellen Themen, Interessen und Bedürfnisse der Kinder werden dann zur Basis der weiteren pädagogischen Planung.

Situation:

Fachliche Reflexion mit Kolleginnen – Überlegungen, Erkenntnisse, weiterführende Fragen
- Welche intuitiv begründeten Schlüsse ziehen wir aus der Beobachtung?
- Welche fachlich begründeten Schlüsse ziehen wir aus der Beobachtung?
- Wie deuten wir das, was die einzelnen Kinder tun?
- Was konstruieren die Kinder jeweils für sich und miteinander?
- Mit welchen Themen gehen die Kinder um?

Abb. 4.14 Ausschnitt des Beobachtungsbogens; nach Laewen, Hans-Joachim/Andres, Beate (2010): Forscher, Künstler, Konstrukteure. Werkstattbuch zum Bildungsauftrag von Kindertageseinrichtungen. Cornelsen, Berlin

Identifizierung von Lerndispositionen durch Bildungs- und Lerngeschichten (nach Leu/Carr)

Lerndisposition → S. 123

Beim Verfahren der Bildungs- und Lerngeschichten werden Handlungsweisen von Kindern und Jugendlichen in Alltagssituationen in den Blick genommen. Die sogenannten ›Lerndispositionen‹ werden dabei als grundlegende Voraussetzungen für Lern- und Bildungsprozesse verstanden.

Ziel	Das Verfahren hat zum Ziel, die individuellen Lerndispositionen, mit denen sich der Mensch gerade befasst, an denen er sich gerade abarbeitet, zu erkennen. Kinder und Jugendliche sollen in Alltagssituationen und entlang gerade bedeutsamer Aktivitäten und Interessen wahrgenommen werden. So kommen Bildungsprozesse in den Blick, die dann als Lerngeschichten dokumentiert werden. Als Ergebnis des Verfahrens tauschen sich Erzieher untereinander aus, gehen in den Dialog mit den Eltern und vor allem mit den Beobachteten. Diese werden als Akteure der eigenen Entwicklung und als Subjekte, die sich selbsttätig mit der sie umgebenden Welt auseinandersetzen, ernst genommen und in den Prozess der Bildungsarbeit aktiv miteinbezogen. So können Kinder und Jugendliche in ihren Eigenwegen besser verstanden und in der Konsequenz Prozesse passgenau und individuell gefördert werden. Die Lerngeschichten werden dann zur Grundlage für pädagogisches Handeln. Folglich können Lernaktivitäten wirkungsvoller unterstützt und die Lernumgebung anregungsreicher gestaltet werden.
Zielgruppe	Das Verfahren eignet sich ohne Altersbegrenzung.
Grundannahmen	Die neuseeländische Pädagogin Margaret Carr entwickelte einen Ansatz, mit dem frühkindliche Bildungsprozesse erfasst und auf ihre Bedeutsamkeit hin überprüft werden sollen. Carrs Ziel war es, ein alltagstaugliches Verfahren zur Beobachtung von Lernerfolgen zu finden. Wichtig war ihr dabei, dass nicht die Schwächen in den Blick genommen werden, sondern dass von den Ressourcen, den Möglichkeiten, den Potenzialen ausgegangen wird. Beim Verfahren der Bildungs- und Lerngeschichten geht es darum, zu erkennen, wo sich Kinder und Jugendliche in ihren Lern- und Bildungsprozessen befinden. Dabei geht es nicht um das Feststellen konkreter Fertigkeiten oder die Überprüfung, ob ein Kind, gemessen am Durchschnitt seiner Altersgenossen, etwas Bestimmtes schon kann oder nicht. Vielmehr geht es darum, grundsätzlicher und allgemeine Kompetenzen zu beobachten.

Ein siebenjähriges Kind sollte ...

... vier Ämter im Haushalt ausführen können
... ein Geschenk verpacken können
... zwei Kochrezepte umsetzen können
... schon einmal beim Wickeln eines Babys geholfen haben
... gefragt haben, wie Leben entsteht
... eine Vorstellung davon haben, was bei einer Erkältung in seinem Körper vorgeht
...

Abb. 4.15 Auszug einer „ersten Liste“; nach Elschenbroich, Donata (2002): Weltwissen der Siebenjährigen. Goldmann, München, S. 23

Die deutsche Pädagogin Donata Elschenbroich (*1944) stellt in ihrem Buch „Weltwissen der Siebenjährigen“ die Frage, was ein Kind zum Zeitpunkt des Schuleintritts erfahren und gelernt haben sollte. Zu Beginn ihrer Forschungen stellte sie als Provokation und Gesprächsimpuls eine Ursprungsliste auf, mit der sie ins Gespräch mit verschiedenen Experten ging, um die Liste zu diskutieren, zu erweitern und zu kategorisieren.

REFLEXION ◀ **IMPULS** LERNORTKOOPERATION

Was würde auf Ihrer Weltwissensliste stehen?

Dies zeigt, dass die Möglichkeiten, wie ein Kind die Welt erfährt und sich mit den Dingen auseinandersetzt, unendlich vielfältig sind. Die konkrete Erfahrung des Kindes ist immer exemplarisch und könnte der Art nach auch anders erfolgen. Das Kind kann beispielsweise mit Kochlöffeln auf Töpfen trommeln, es kann aber auch Flöte spielen oder Klavier. Die konkreten Tätigkeiten unterscheiden sich. Der Art nach eröffnen diese Tätigkeiten aber vergleichbare Welterfahrungen. Sie stehen alle in Bezug zum thematischen Hauptnenner der musikalischen Erfahrung.

Informationen zu Bildungs- und Lerngeschichten finden Sie auch hier: **www.datenschutzzentrum.de/schule/systematisches-beobachten.pdf**

Vor diesem Hintergrund wird deutlich, was mit **Lerndispositionen** gemeint ist. Es sind Kategorien von Welterfahrungen, die so allgemein gefasst werden, dass jede konkrete Erfahrung eingeordnet werden kann.
Sie bilden den Kern des Ansatzes und sind bei der Beobachtung des Lernens von besonderer Bedeutung. Schließlich kommt in den Lerndispositionen nach Margaret Carr die Motivation zum Ausdruck, sich mit Anforderungen und Situationen auseinanderzusetzen. Das macht Lerndispositionen zu grundlegenden Voraussetzungen für Bildungsprozesse und zum Fundament lebenslangen Lernens.
Ausgewertet werden die Beobachtungen nach fünf Lerndispositionen:

- interessiert sein
- engagiert sein
- standhalten bei Herausforderungen und Schwierigkeiten
- sich ausdrücken und mitteilen
- an der Lerngemeinschaft mitwirken und Verantwortung übernehmen

Anwendung
Lerngeschichten erzählen, wie der Name schon verrät, vom Lernen des Kindes. Das Kind wird hierzu während einer Tätigkeit beobachtet. Die Erzieherin beschreibt das Tun des Kindes in Alltagssituationen. Diese Momentaufnahmen erzählen etwas über die Bildungswege, die das Kind gerade beschreitet.
In vier Schritten wird **beschrieben, diskutiert, dokumentiert** und schließlich im kollegialen Austausch **entschieden**, was dem Kind angeboten werden soll.

Inklusion
Eignet sich eher das Verfahren nach Laewen/Andres oder das nach Leu/Carr, um die Teilhabe eines Kindes an Gruppenprozessen zu beobachten?

1. Beobachten und Beschreiben
Zunächst wird beobachtet. Die Handlungen des Beobachtungskindes stehen dabei im Vordergrund. Wichtig ist es, dass mehrere Fachkräfte unabhängig voneinander Beobachtungen anstellen und diese schriftlich festhalten. Auch hier gilt es, zunächst streng ›deskriptiv‹ zu bleiben. Zu diesem Zeitpunkt dürfen noch keine Deutungen und Interpretationen eingehen. Verschriftlicht wird nur das Geschehen, das unmittelbar sichtbar ist. Der Wert einer guten Beobachtung liegt oft im Detail. Hier hat man schließlich den Ausgangspunkt für das weitere Vorgehen und sollte keine Informationen verlieren. Sinnvoll ist es, das Gesagte in wörtlicher Rede und auch Details der Körpersprache aufzunehmen.

deskriptiv
lat. describer: beschreiben, umschreiben
wertfrei, nicht deutend betrachten

BEISPIEL Luis sitzt in der Bauecke im Schneidersitz etwas abseits von Elif und Tom und schaut diesen beim Spiel mit Bauklötzen zu. Sein Oberkörper ist etwas abgewendet. Wenn Elif oder Tom ihn anschauen, schaut er weg.

2. Analyse nach Lerndispositionen
Diese Rohbeobachtungen der Fachkräfte werden im Anschluss jeweils auf die Lerndispositionen bezogen. Jede Erzieherin beantwortet erst einmal für sich die Frage, wo das Kind interessiert ist, engagiert ist, bei Herausforderungen und Schwierigkeiten standhält, sich ausdrückt und mitteilt und an der Lerngemeinschaft mitwirkt und Verantwortung übernimmt.

Eine besondere Herausforderung für die Erzieherin liegt in der sogenannten **Operationalisierung**. Das bedeutet, dass sie sich überlegen muss, woran man die Lerndispositionen konkret beobachten kann. Im pädagogischen Alltag generieren Erzieherinnen ihr Wissen über den Entwicklungsstand oder aktuell bedeutsame Themen der ihnen anvertrauten Menschen aus Beobachtungen und strukturieren ihr Handeln darüber. Sie müssen sich genau überlegen, was in den Blick genommen werden soll und wie es sich zeigt. Sichtbar sind nur Verhaltensweisen.

REFLEXION — IMPULS — LERNORTKOOPERATION

Anhand welcher konkreten Verhaltensweisen kommt die Motivation des Kindes zum Ausdruck, sich mit Anforderungen und Situationen auseinanderzusetzen und diese mitzugestalten? Erstellen Sie in der Praxis eine Liste mit beobachteten Tätigkeiten von Kindern. Ordnen Sie diese Verhaltensweisen in Partnerarbeit den Lerndispositionen zu. Diskutieren Sie die Ergebnisse in der Klasse.

Partizipation
Auf welche Weise kann durch Beobachtung nach Laewen/Andres bzw. Leu/Carr die Selbsttätigkeit des Kindes erfasst und partizipativ unterstützt werden?

3. Austausch im Team und Festlegen der Folgeschritte
Die aufgezeichneten Beobachtungen werden nun im Team diskutiert. Dabei werden die eigenen Beobachtungen des Kindes mit denen der Kollegen verglichen. Ziel ist es, übereinstimmende Deutungen zu finden. Wird ein roter Faden sichtbar, so wird dieser zum Orientierungs- und Bezugspunkt für die weitere Planung. Zudem trägt der Austausch im Team zur Reflexion des eigenen Handelns und zu einem Abgleich unterschiedlicher Wahrnehmungen und Perspektiven bei. Auch der fachliche Austausch im Team wird schriftlich dokumentiert.
Ziel ist es, nächste Schritte zu formulieren, die konsequent an die aktuellen Bildungsthemen der Kinder Anschluss finden.

BEISPIEL In der Kita Sonnenschein beobachtet die Erzieherin Carla Franz, wie der dreijährige Furkan immer wieder versucht, über eine Mauer zu balancieren. Ihr Kollege Pierre Petit sieht Furkan Bausteine auftürmen und die Erzieherin Anne Liebig bemerkt, dass sich Furkan vorzugsweise ein Bilderbuch über Seiltänzer anschaut. Im kollegialen Austausch wird Furkans zentrales Thema „Balancieren" deutlich und die Erzieher vermuten, dass hier eine aktuelle Entwicklungsaufgabe vorliegt.

Im Team muss es nun darum gehen, diese zu markieren, damit dem Kind in der Folge die Erfahrungsräume zur Verfügung gestellt werden können, die den derzeitigen Interessen und Bedürfnissen entsprechen, Gewissermaßen macht man sich mit dem Verfahren auf die Suche nach offenen Türen, die dann genutzt werden können, um andere, artverwandte Erfahrungsmöglichkeiten in die Lebenswelt des Kindes zu „schleusen".
Auch die nächsten Schritte werden im kollegialen Austausch schriftlich festgehalten.

4. Brief an das Kind, Besprechung und Ablage im Portfolio
Im letzten Schritt geht es darum, die nun folgende Bildungsarbeit an die Beobachtungen anzuschließen. So wird das Kind als Akteur in die Bildungsarbeit einbezogen. Das Kind soll dabei nicht pädagogisch „behandelt" werden, sondern es soll transparent werden, warum jetzt bestimmte Angebote gemacht werden.

Dazu wird dem Kind ein Brief geschrieben. Dieser erzählt von den Dingen, mit denen sich das Kind gerade befasst. Wichtig ist, dass kindgemäß und wertschätzend auf das eingegangen wird, wofür sich das Kind gerade interessiert. In kurzen und klaren Sätzen soll in ›kindgerechter Sprache‹ und mit Blick auf die altersabhängige ›Aufmerksamkeitsspanne‹ formuliert werden, was beobachtet worden ist.
Gelingt das, wird die Beobachtung zum Akt der Wertschätzung und zeigt, dass interessiert und aufmerksam verfolgt wird, womit sich das Kind gerade befasst. Das Kind erfährt, dass die es umgebenden Erwachsenen hinsehen, dass sie sein Tun, seine Baustellen und die sich gerade stellenden Herausforderungen wahrnehmen.
Dem Kind wird dann in diesem Brief ein Vorschlag gemacht. Der Brief wird mit dem Kind besprochen und anschließend im ›Portfolio‹ des Kindes abgelegt.

kindgerechte Sprache → S. 316
Aufmerksamkeitsspanne → S. 98
Portfolio → S. 142

Lieber Furkan,

ich habe beobachtet, wie geschickt du über die Spielplatzmauer balanciert bist. Ich fand ganz toll, dass du es immer wieder versucht hast. Du hast nicht aufgegeben und dann hast du es schließlich geschafft. Bravo!
Es ist eine ganz schöne Herausforderung, das Gleichgewicht zu halten. Das hast du auch gemerkt, als du die Bauklötze so hoch gestapelt hast. Pierre hat mir davon erzählt.
Was hältst du davon, wenn wir gemeinsam mit Max, Clara und Ahmed ein Training für Seiltänzer veranstalten? Ganz so wie in dem Buch, das du dir immer so gerne mit Frau Liebig anschaust? Hättest du darauf Lust?

Deine Carla
20.06.2013

kognitive Entwicklung → S. 404; S. 398 Band 1

Prävention

In welcher Weise könnte man das Instrument der Bildungs- und Lerngeschichten auch präventiv einsetzen?

Das Verfahren der **Bildungs- und Lerngeschichten** kann durchaus auch schon im Krippenalter angewendet werden. Wichtig ist dann, dass eher in Form von Fotogeschichten gearbeitet wird. Die ›kognitive Entwicklung‹ der Kinder muss berücksichtigt werden. Rückblickend führt die Dokumentation in Form des Briefs im Portfolio dem Kind die gemachten Fortschritte und Veränderungen vor Augen.

Abb. 4.16 Mit Lerngeschichten kann schon im Krippenalter gearbeitet werden.

Abb. 4.17 Die Lerngeschichten werden in Schatzmappen gesammelt.

Informationen zum Projekt der Bildungs- und Lerngeschichten des DJI finden Sie hier:

www.dji.de/cgi-bin/projekte/output.php?projekt=320

Für den deutschen Sprachraum wurden Margaret Carrs „learning stories“ vom Deutschen Jugendinstitut (DJI) angepasst. Das Autorenteam um den Schweizer Sozialwissenschaftler Hans Rudolf Leu führt in Form eines Methodentrainings in das Verfahren ein. Die Beobachtungsbögen sind als Kopiervorlage vorhanden. Es werden Übungen angeboten, die sich auf Videosequenzen beziehen.

REFLEXION | **IMPULS** | LERNORTKOOPERATION

Suchen Sie gemeinsam mit einem anderen Lernenden in einer Praxiseinrichtung zwei Kinder aus, die Sie jeweils bei einer Tätigkeit über fünf Minuten beobachten können. Führen Sie das Verfahren der Bildungs- und Lerngeschichten in den vier beschriebenen Schritten durch und halten Sie Ihre Ergebnisse schriftlich fest. Werten Sie Ihre Ergebnisse in der Lerngruppe gemeinsam mit Ihrer Lehrerin aus.

4.4.2 Kontrolle von Lernfortschritten im Rahmen klar definierter Altersnormen und Lernziele

Beobachtungsinstrumente auf dieser Ebene legen den Fokus auf bestimmte Entwicklungsbereiche des Kindes. Die Orientierung erfolgt hierbei über Altersnormen. Auf der Basis der Beobachtungen vieler Kinder wurden Durchschnittswerte ermittelt, die als Orientierungsrahmen dienen. Entwicklungsfortschritte werden sichtbar, indem man frühere mithilfe des Instruments durchgeführte Beobachtungen mit späteren vergleicht.

Hier werden exemplarisch die folgenden Instrumente vorgestellt:
- die Entwicklungstabelle nach Beller
- der Baum der Erkenntnis

Bellers Entwicklungstabelle

Ziel	Dem österreichischen Entwicklungspsychologen Kuno Beller (1919–2010) war es wichtig, ein Beobachtungsinstrument zu entwickeln, das Informationen liefern kann, die sich in pädagogisches Handeln umsetzen lassen. Das Ziel der Entwicklungstabelle ist es, Kinder entwicklungsangemessen zu fördern. Erzieher müssen dazu über Kenntnisse zu kindlichen ›Entwicklungsprozessen‹ und Entwicklungsveränderungen verfügen. Das Instrument greift hierzu auf Ergebnisse vorhandener Studien und Tests zur Entwicklung von Kindern zurück.
Zielgruppe	Die Entwicklungstabelle umfasst den Zeitraum von der Geburt bis zum 72. Lebensmonat.
Grundannahmen	Bellers Entwicklungstabelle erfasst verschiedene Entwicklungsbereiche und gibt so ein Bild über die komplexe Entwicklung des Kindes. Das Verfahren hilft dabei, Information darüber zu generieren, wie sich die Entwicklungsstände in den unterschiedlichen Bereichen im Kind verteilen. Es geht also nicht vorrangig um den Vergleich mit Altersnormen. Vielmehr sollen individuelle Stärken und Schwächen im gesamten Entwicklungsprofil des Kindes in den Blick gebracht werden. Für die differenzierte pädagogische Planung liefert dieses weit wichtigere Informationen als der bloße Vergleich mit dem durchschnittlichen Entwicklungsstand der Altersgenossen. Außerdem wurde viel Wert darauf gelegt, dass die Beobachtungen der Erzieherinnen in natürlichen Situationen, also im Einrichtungsalltag stattfinden können. Kinder verhalten sich schließlich in fremden Situationen anders als in vertrauter Umgebung.

Entwicklung → S. 80

Bei den ›Items‹ des Instruments stützt man sich auf die internationale Literatur. In einem Item wird einem Merkmal eine Ausprägung zugeordnet: „tut es", „tut es teilweise" und „tut es nicht". Als grundsätzliche Orientierungsbasis dienen die durchschnittlichen Entwicklungsstände von Kindern im Alter zwischen null und sechs Jahren.

Item
engl.: Fragepunkt, Element, Bestandteil

In jedem dieser Bereiche werden Verhaltensweisen in 14 Entwicklungsphasen eingeteilt. Die ersten vier davon erstrecken sich dabei über je drei Monate des ersten Lebensjahres. Die Folgephasen erstrecken sich über je sechs Monate vom zweiten bis zum sechsten Lebensjahr.

Prävention

Welchen Nutzen hat Bellers Entwicklungstabelle in der präventiven Arbeit?

Retardierung

lat. retardare: verzögern, hemmen

Verzögerung, Verlangsamung

Entwicklungsprofil

Kinder entwickeln sich unterschiedlich in den verschiedenen Bereichen. Es ist beispielsweise möglich, dass ein Kind in der Sprachentwicklung bereits weiter vorangeschritten ist als in der Motorik. Die Unterschiede im intraindividuellen Entwicklungsprofil liegen meist in den Grenzen normaler Entwicklung. Mit dem Instrument gewinnt der Erzieher einen Überblick über die Kompetenzen des Kindes in den acht Entwicklungsbereichen – es entsteht ein individuelles Entwicklungsprofil. Das Kind wird besser verstanden und kann zielgenau gefördert werden.
Die Inhalte der Entwicklungstabelle bilden die Basis für die Auswahl von pädagogischen Anregungen. So kann die Förderarbeit individualisiert und Über- bzw. Unterforderungen können vermieden werden.

Wichtig ist, dass die mit der Tabelle erhobenen Entwicklungsstände nicht dahingehend interpretiert werden, ob die Entwicklung der Altersnorm entspricht oder wie sehr sie von der Altersnorm abweicht. Ein Tiefpunkt im Entwicklungsprofil markiert also keine ›Entwicklungsretardierung‹, sondern zeigt lediglich an, dass das Kind in diesem Entwicklungsbereich weniger weit entwickelt ist als in den anderen. Die Beobachtungsperspektive ist nicht defizitorientiert, sondern zielt auf die Individualisierung.
Kinder entwickeln sich nicht in allen Bereichen gleich schnell. Das wäre sogar höchst ungewöhnlich. Die Entwicklungstabelle soll folglich auch keinen Druck auf das Kind ausüben, sondern ein Instrument sein, mit dem der Entwicklungsstand des individuellen Kindes besser verstanden werden kann und in der Konsequenz eine angemessenere Förderung möglich wird.

Feinmotorik	
▪ streicht Butter auf das Brot ▪ schneidet mit dem Messe und isst mit der Gabel ▪ malt einzelne Buchstaben ▪ klebt Papierschnipsel als Muster auf ein Blatt ▪ verbindet Punkte zu einem Bild ▪ baut Pfade, Wege, Tunnel im Sand	9. Phase
▪ isst und trinkt ohne Betreuung ▪ trägt ein Tablett mit mehreren Gegenständen ▪ baut aus drei Klötzen eine Brücke ▪ malt ein Bild aus ▪ zeichnet nach Vorlage einen Kreis ▪ zeichnet horizontale und vertikale Linien auf das Papier ▪ zieht die Schuhe allein an	8. Phase
▪ öffnet und schließt den Wasserhahn ▪ lernt seine Zähne zu bürsten ▪ geht mit einer Schere um ▪ bevorzugt eine Hand ▪ knöpft Kleider selbst auf und zu, zieht Socken und Unterwäsche allein an, achtet unter Umständen nicht auf den richtigen Sitz der Kleidungsstücke ▪ legt verschiedene Formen ins Formenbrett, auch schwierigere z.B. Figuren	7. Phase
▪ fädelt große Perlen auf eine Schnur mit festem Ende ▪ be- und entlädt Spielzeugautos mit kleineren Gegenständen ▪ zieht und schiebt wiederholt Spielzeug mit Rädern ▪ spielt mit dem Telefon ▪ blättert Seiten im Buch einzeln um ▪ legt verschiedene einfache Formen ins Formenbrett (Kreis, Quadrat, Dreieck)	6. Phase

Tab. 4.18 Ausschnitt aus der Entwicklungstabelle nach Beller; Entwicklungsbereich Feinmotorik

Anwendung der Entwicklungstabelle

Bei der Anwendung der Entwicklungstabelle sind die Erzieherin, die das Kind beobachtet, und ein Erfasser beteiligt. Zur Einführung werden der Erzieherin die Inhalte der acht Entwicklungsbereiche und die Abfolge der Phasen vorgestellt. Nach der Einführung des Instruments wird die Tabelle ausgehändigt und die Erzieherin, die im direkten Bezug zum Kind steht, beobachtet es aktiv über einen Zeitraum von ein bis zwei Wochen. Dabei wird immer wieder auf die Tabelle zurückgegriffen. Aktive Beobachtung meint dabei, dass fokussiert wahrgenommen wird. Die beobachtende Erzieherin versucht also zu verstehen, was sie wahrnimmt. Am Ende dieser Beobachtungen erstellen Erfasser und Erzieherin gemeinsam ein Entwicklungsprofil des beobachteten Kindes.

Die Befragung beginnt in der Phase unter dem Alter des Kindes. Die Einordnung erfolgt folgendermaßen:

- Im ersten Lebensjahr wird die Entwicklung des Kindes in vier Phasen von jeweils drei Monaten eingeteilt.
- Vom 13. Lebensmonat an umfasst eine Phase sechs Monate der Entwicklung des Kindes.

REFLEXION IMPULS LERNORTKOOPERATION

Gina ist 15 Monate alt. Bestimmen Sie die Phase, in der die Befragung beginnt.

Die Entwicklungstabelle enthält die sogenannten Items, die typische Verhaltensweisen und Handlungen von Kindern beschreiben, die im Kindergartenalltag auftreten. Die Erzieherin, die das Kind beobachtet hat, wird nun vom Erfasser systematisch zum beobachteten Verhalten des Kindes befragt. Die Antworten werden nach den Kriterien „tut es", „tut es teilweise", „tut es nicht" und „weiß nicht" bewertet. Die Antworten werden in einem Protokollbogen notiert.

Abb. 4.19 Der Erfasser befragt die Erzieherin zu den beobachteten Verhaltensweisen. Beobachtung und Erfassung sind somit zwei voneinander getrennte Schritte.

Erhebung der Werte der Entwicklungstabelle

Nun werden drei zentrale Werte erhoben, die für die Erstellung des Entwicklungsprofils notwendig sind.

1. Der Basiswert

Wenn in der Phase unter dem Alter des Kindes alle Fragen mit „tut es" beantwortet worden sind, geht man zur höheren Phase über. Wurden hingegen nicht alle Items mit „tut es" beantwortet, stellt man die Fragen der darunterliegenden Phase. So erhält man Aufschluss über die Basis der Entwicklung im jeweiligen Entwicklungsbereich. Die Basis ist die höchste Phase, in der das Kind über volle Kompetenz bezüglich der erfragten Verhaltensweisen verfügt.

2. Der Deckenwert

Ist die Basis ermittelt, so fährt der Erfasser mit der Befragung fort, bis eine Phase erreicht wird, für die alle Fragen mit „tut es nicht" beantwortet werden. Die Decke eines Bereichs beginnt also mit der Phase, in der das Kind keine Kompetenzen mehr zeigt.

In der beschriebenen Weise werden Basis und Decke für alle acht Entwicklungsbereiche erhoben.

3. Die Berechnung der Entwicklungsdurchschnittswerte

Die gegebenen Antworten werden im Protokollbogen notiert und erhalten verschiedene Werte:

- Jede Antwort mit **„tut es"** erhält den Wert 1.
- Jede Antwort mit **„tut es teilweise"** erhalten den Wert 0,5.
- Antworten mit **„tut es nicht"** erhält den Wert 0.
- Antworten mit **„weiß nicht"** werden nicht berücksichtigt.

In einem ersten Schritt zur Berechnung der Durchschnittswerte werden die **Phasenwerte** ermittelt. Die Itemwerte einer Phase werden dazuaddiert und die Summe dann durch die Anzahl der Fragen geteilt.

BEISPIEL Beinhaltet eine Phase beispielsweise sechs Fragen, wobei zwei mit „tut es", eine mit „tut es teilweise", zwei mit „tut es nicht" und eine mit „weiß nicht" beantwortet wurden, so ergibt sich diese Rechnung:
$1 + 1 + 0{,}5 + 0 + 0 = 2{,}5$

Der Phasenwert wird ermittelt, indem man die Summe durch die Anzahl der Fragen dividiert. Die Antworten mit „weiß nicht" werden dabei nicht berücksichtigt:
$2{,}5 : 5 = 0{,}5$

Wurden alle Durchschnittswerte der Phasen eines Bereichs ermittelt, so werden diese addiert. Die Basis und alle darunterliegenden Phasen bekommen den Wert 1. Von der Deckenphase an wird mit 0 gerechnet, denn die Summe von null bleibt ja null. So kommt man auf den Entwicklungsdurchschnittswert eines ganzen Bereichs.

BEISPIEL Die Basis liegt in der fünften Phase, die Decke in Phase 9:

5,0	+	0,5	+	0,29	+	0,13	+	0	= 5,92
Basis		Phase 6		Phase 7		Phase 8		Decke	

Hinweise zum Verfahren und Auszüge aus den Instrumenten; **www.entwicklungstabelle.de/Beller-Erfahrungsangebote-mit-Kuno-Bellers-Entwicklungstabelle-erarbeiten.pdf**

Wurden die drei Werte für jeden der acht Entwicklungsbereiche errechnet, so werden diese in eine Profilgrafik eingetragen. Die einzelnen Punkte (Basis, Durchschnitt, Decke) werden miteinander verbunden.

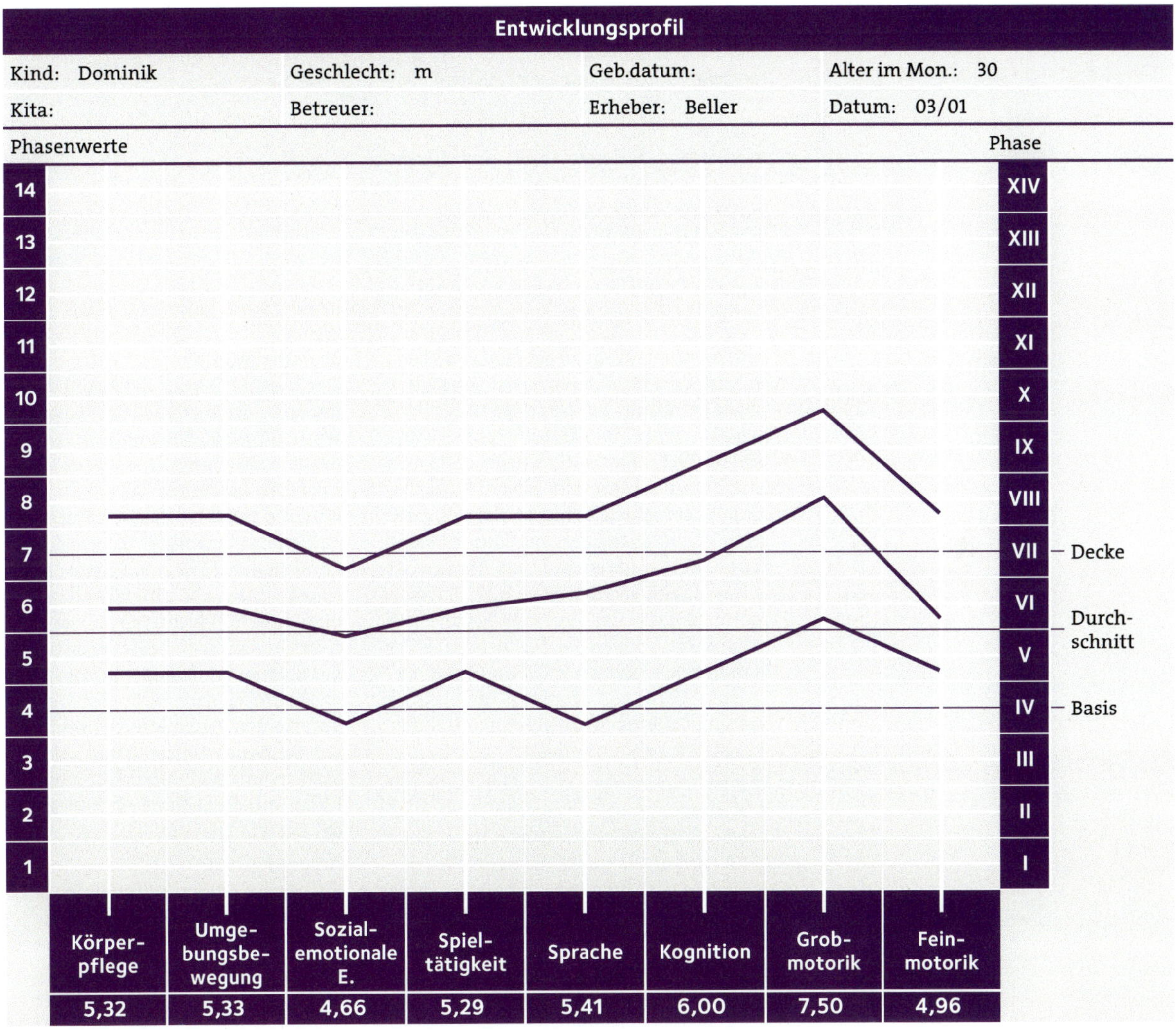

Abb. 4.20 Entwicklungsprofil nach Beller, Emanuel Kuno/Beller, Simone (2010): www.entwicklungstabelle.de/Beller-Erfahrungsangebote-mit-Kuno-Bellers-Entwicklungstabelle-erarbeiten.pdf

Das resultierende Entwicklungsprofil gibt Auskunft darüber, was das Kind bereits vollständig beherrscht (Basis und darunter) und was sich dem Kind gegenwärtig als Entwicklungsaufgabe stellt und womit es sich gerade befasst (Bereich zwischen Basis und Decke). Über der Deckenlinie verfügt das Kind noch über keine Kompetenzen. Die so generierten Informationen sind von großem Wert, wenn es darum geht, entwicklungsangemessen zu fördern.

←→ Sprachliche Bildung
Beobachten Sie die Sprachbeherrschung nach Beller und planen sie Förderungsangebote.

Motivationsprinzipien

Kuno Beller schlägt in diesem Zusammenhang zwei sogenannte Motivationsprinzipien vor.

	Beschreibung	Beispiel
Das erste Motivationsprinzip	Die Ergebnisse aus der Erhebung des Entwicklungsstandes des Kindes bilden die Grundlage für die Planung des Erfahrungsangebotes für das Kind. Das erste Motivationsprinzip besteht darin, den am wenigsten weit entwickelten Bereich in der Förderarbeit dem am weitesten entwickelten zu verbinden. Ein Bereich, in dem das Kind vermutlich schon Erfolgserlebnisse hatte, wird mit mit einem Bereich kombiniert, in dem Misserfolge oder sogar Ängste eine Rolle spielen könnten. Das Kind kann Vertrauen aus einem Bereich schöpfen, in dem es Erfolg erfahren hat. Diese Zuversicht gilt es nun auf einen Bereich zu übertragen, in dem die Erfolgserlebnisse bislang weitgehend ausgeblieben sind.	Nadja (2;10 Jahre) ist in der Motorik recht weit entwickelt, in der Sprache hingegen am wenigsten. Der Erzieher Cedrick Fuller bietet Nadja ein Spiel an, bei dem es darum geht, diese Bereiche zu verbinden.
Das zweite Motivationsprinzip	Anfangs werden Angebote gemacht, die sich aus den Verhaltensweisen der Basisphase des Kindes zusammensetzen. Werden also zwei Entwicklungsbereiche kombiniert (erstes Motivationsprinzip), so muss man darauf achten, dass sowohl im starken als auch im schwächeren Entwicklungsbereich Verhaltensweisen aus Phasen abgerufen werden, in denen das Kind über die volle Kompetenz verfügt. Hier steht neben der Motivation und der Vermeidung von Frustrationserfahrungen die Gestaltung der Beziehung zum Erzieher im Vordergrund. Es entsteht Vertrauen, wenn das Kind weiß, dass der Erzieher ihm Dinge anbietet, die gemeistert werden können. Es wird zwischen der Sicherheitsstufe und der Anregungsstufe unterschieden. Hat das Kind erfolgreich Herausforderungen aus der Basisstufe bewältigt, so können auch Angebote aus Verhaltensweisen des Kindes durchgeführt werden, bei denen die Fragen mit „tut es teilweise" beantwortet worden sind. Das auf der Sicherheitsstufe gewonnene Vertrauen sich selbst und dem Erzieher gegenüber ermöglicht es dem Kind, sich auf Risiken und mögliche Misserfolge einzulassen. So wird die Herausforderung spannend gemacht. Wichtig ist es dabei jedoch, dass jederzeit auf die Sicherheitsstufe zurückgegangen wird, sobald das Kind Unsicherheit ausdrückt. Das Ziel der so gestalteten Förderarbeit ist das Erzeugen des inneren Arbeitsmodells des Kindes „ich kann es in Angriff nehmen".	Sicherheitsstufe Der Erzieher Cedrick hat mithilfe der Entwicklungstabelle die Basiswerte für Nadja bestimmt. Er kann deshalb sichergehen, dass er das Mädchen auf keinen Fall überfordert und somit frustriert, wenn er das Spiel so arrangiert, dass in den Bereichen Motorik und Sprache nur Kompetenzen abgerufen werden, über die das Mädchen sicher verfügt. Deshalb entscheidet er sich, das Spiel so zu arrangieren, dass das Mädchen nach Aufforderung durch einen Reifen kriecht (Item aus der Basis in Phase 7) und dann Tiere in einem Bilderbuch benennt („Zeig' mir die Schlange") (Item aus der Basis in Phase 5). Anregungsstufe Zu einem späteren Zeitpunkt wird der Erzieher das Anspruchsniveau steigern. Er kann dann davon ausgehen, dass Nadja ausreichend Selbstvertrauen „getankt" hat, um sich nun auch auf Herausforderungen einzulassen, die sie vielleicht nicht sofort meistern kann.

Der Baum der Erkenntnis

Das Beobachtungsinstrument „Kunskapens Träd“ kommt aus Schweden und verdeutlicht die ganzheitliche Sicht auf das Kind, die das skandinavische Bildungswesen kennzeichnet. Das Verfahren hat die Form eines als Baum dargestellten Gesamtlehrplans, der sich über den Zeitraum vom ersten bis zum 16. Lebensjahr erstreckt.

Die Wurzeln des Baumes stehen sinnbildlich für die

- soziale,
- gefühlsmäßige,
- intellektuelle,
- motorische und
- sprachliche

Entwicklung des Kindes.

In der Baumkrone findet man die Ziele der schwedischen Grundschulen.

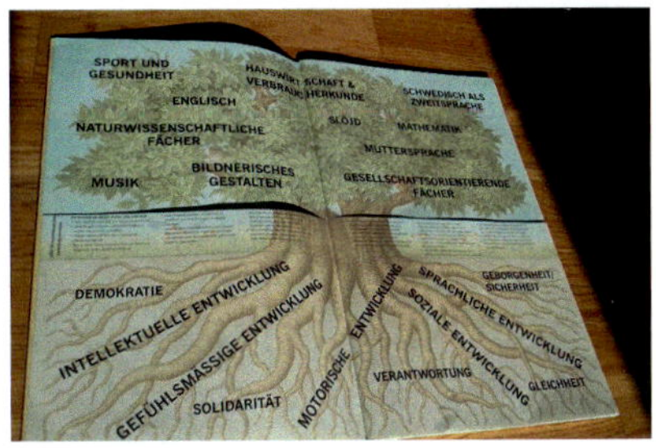

Abb. 4.21 Beispielseite aus "Der Baum der Erkenntnis" (Deutsches Redaktionsteam: Marianne Berger, Lasse Berger, Bremen)

Ziel	Ziele sind ist die Entwicklung persönlicher Kompetenzen, die Auseinandersetzung mit Werten und Normen der Kultur und die Aneignung von Fachwissen. Diese Zielkategorien werden in der Elementarpädagogik in der Schule und im Hort dem Alter und Entwicklungsstand entsprechend angegangen. Das Verfahren eignet sich auch zur Dokumentation. Zu diesem Zweck wird für jedes Kind ein Baumbuch angelegt, in welches der aktuelle Entwicklungsstand eingetragen wird. So wird festgehalten, welche Lernziele bereits erreicht worden sind.
Zielgruppe	Das Verfahren eignet sich für Kinder und Jugendliche im Alter von einem bis 16 Jahren.
Grundlagen	Entscheidend ist, dass die Perspektive nicht die Defizite, sondern die Potenziale in den Blick nimmt. Hier gilt es, Erreichtem Wert zu geben. Jedes Kind darf im selbst gewählten Tempo lernen und den Interessen und Herausforderungen so nachgehen, wie es die innere Uhr vorgibt.

Diese Dokumentation in Form des Baums ist ein nutzbringendes pädagogisches Werkzeug, wenn es darum geht, den Entwicklungsstand des Kindes und die eigene Arbeit zu reflektieren. Sie bildet eine Unterlage zur individuellen Förderplanung. Übergänge zwischen Bildungsinstitutionen (›Transitionen‹) werden erleichtert, da an der für alle sichtbaren Baustelle weitergearbeitet wird. So kann gewährleistet werden, dass die Kompetenzen des Kindergartenkindes auch noch im Blick bleiben, wenn es zum Schulkind wird.

Transition → *S. 654 Band 1*

REFLEXION ◀ **IMPULS** LERNORTKOOPERATION

Im deutschen Bildungssystems werden Grundschulkinder oft zu Lernanfängern degradiert. Reflektieren Sie Ihre Haltung zu dieser Aussage. Diskutieren Sie, wie Übergänge im deutschen Bildungssystem gestaltet sind. Erleben Kinder beispielsweise den Übergang zwischen dem Kindergarten und der Grundschule als „weich“ oder doch eher als einen Bruch?

Die Anwendung des Baumes der Erkenntnis

Der Baum der Erkenntnis wird von unten nach oben gelesen. So versinnbildlicht er die ganzheitliche Entwicklung vom Kleinstkind bis ins Jugendalter. In den fünf Wurzelsystemen, die für die Entwicklungsbereiche stehen, markieren die Fachkräfte die bereits erworbenen Kompetenzen mit einem Textmarker. Die Fachkraft findet Beispiele für Kompetenzen, für deren Entwicklung jedem Kind, entsprechend seiner Reife und in Abhängigkeit von der momentanen Interessenlage, die Möglichkeiten zur Entwicklung gegeben werden sollten. Die Wurzeln werden als Fundament der weiteren Entwicklung betrachtet. Macht das Kind den Schritt in die Schule, so wird Erreichtes derart markiert, dass stets der Bezug zu den Basiskompetenzen (Wurzel) erhalten bleibt.

Die Markierungen werden vom pädagogischen Team (mindestens zwei Personen) diskutiert. Die Erzieher oder Lehrer versuchen gemeinsam die Frage zu beantworten, ob das Kind oder der Jugendliche eine Kompetenz schon erreicht hat oder nicht. Sind die Markierungen eingetragen, kann man auf einen Blick die Entwicklungsstände der Bereiche ablesen.

Besonders effektiv wird die Arbeit mit dem Instrument, wenn sich die Fachkräfte nicht einig sind, ob eine Kompetenz bereits erreicht worden ist. Kompetenzen sollen nicht einfach „abgehakt" werden. Der Einsatz des Instruments provoziert die Teammitglieder zum kollegialen Austausch. Sie diskutieren, wie sie jedes einzelne Kind erleben. Die wichtigste Frage, an der sich der Handlungsplan des Erwachsenen orientieren muss, ist die, wie jetzt gerade mit dem Kind gearbeitet werden sollte, damit Kompetenzen individuell entwickelt werden.

Kritische Würdigung

Beim Baum der Erkenntnis handelt es sich um ein Beobachtungs- und Dokumentationsverfahren, mit dem ein ganzheitlicher und Institutionen übergreifender Blick auf die Bildungsbiografie geworfen werden kann. Die formulierten Ziele sind aber explizit dem schwedischen Schullehrplan entnommen. Das macht die Anpassung an das deutsche Bildungssystem, die deutschen Lehrpläne und formulierten Kompetenzziele schwierig. Ganz bestimmt ist es aber auch in Deutschland von großem Nutzen, wenn Fachkräfte die Entwicklung des einzelnen Kindes diskutieren. Das kann auch problemlos auf Grundlage des Instruments gelingen, da die formulierten Kompetenzen in der Baumwurzel so allgemein gehalten sind.
Mittels eines Instruments wie dem Baum der Erkenntnis kann es besser gelingen, Stetigkeit zu erzeugen und an bereits Erfahrenes und Erarbeitetes anzuknüpfen. Künstliche Brüche in der Lernbiografie eines Menschen werden damit vermieden oder zumindest vermindert. Das Instrument ermöglicht es dem Kind außerdem, der eigenen Entwicklung zu folgen und die Wege des Lernens zu reflektieren. Die Förderung von Lernkompetenz bekommt so eine konkrete Form. Außerdem ist das liebevoll gestaltete Buch eine hervorragend geeignete Basis für die Zusammenarbeit mit den Eltern. Den besonderen Wert entfaltet das Verfahren, weil es nicht nur aufzeigt, was das Kind schon kann, sondern auch Perspektiven eröffnet und den so wichtigen Zusammenhang zwischen Grundkompetenzen (Wurzeln) und dem schulischen Lernen (Baumkrone) auch für pädagogische Laien sichtbar macht.

4.4.3 Frühzeitiges Erkennen von Entwicklungsstörungen

An dieser Stelle sei noch einmal ausdrücklich darauf hingewiesen, dass sich Beobachtungen an den Ressourcen orientieren sollen. Lernerfolge und Entwicklungsfortschritte sollen im Prozess und im Zusammenhang mit der jeweiligen Situation und dem sozialen Kontext des beobachteten Menschen in den Blick rücken. Ergebnisse der ressourcenorientierten Beobachtung sind also die Erfassung und die kontextuelle Einbindung und Individualität des Kindes, Jugendlichen oder Erwachsenen. Hier geht es darum, die Stärken zu markieren und über diesen Weg Brücken zu den Schwächen zu bauen. So kann man die grundlegende Aufforderung an den Beobachter formulieren: Stärke die Stärken und schwäche so die Schwächen! (vgl. Bensel, Joachim/Haug-Schnabel, Gabriele (2005): Kinder beobachten und ihre Entwicklung dokumentieren. Kindergarten heute, Spezial, Herder, Freiburg, Herder. S. 12)
Ressourcenorientierung darf dabei aber nicht bedeuten, dass Defizite unbeachtet bleiben. Entwicklungsrisiken blieben so unsichtbar.

Instrumente der ›Ebene‹ C

Ebenen der Instrumente → S. 118

Die dritte Ebene an Beobachtungsverfahren nach Leu fasst alle Instrumente zusammen, die als Alarmsysteme für sozialpädagogische Fachkräfte dienen. Diese Verfahren signalisieren, wenn eine auffällige Entwicklungsretardierung vorliegt, ein Kind also in einem oder mehreren Entwicklungsbereichen gravierend hinter anderen Kindern zurückbleibt. Auffällige Entwicklungsverzögerungen können ein Indikator für Erkrankungen oder auch Kindeswohlgefährdungen sein. Kommen diese rechtzeitig in den Blick, so können nach genauem Hinsehen Gegenmaßnahmen ergriffen werden. Es existieren verschiedene Instrumente, z. B.:

- Sensomotorisches Entwicklungsgitter nach Kiphard
- BEK – Beobachtungsbogen zur Erfassung von Entwicklungsrückständen und Verhaltensauffälligkeiten bei Kindergartenkindern von Toni Mayr
- Validierte Grenzsteine der Entwicklung nach Michaelis, bearbeitet für die Praxis durch Infans

Das Entwicklungsgitter nach Kiphard finden Sie unter:
www.gaertner-servatius.de/downloads/merkblaetter/enk.pdf

Informationen zum BEK finden Sie unter:
www.ifp-bayern.de/imperia/md/content/stmas/ifp/beobachtungsbogen_bek.pdf

Exemplarisch wird im Folgenden das letztgenannte Verfahren näher ausgeführt.

Das Instrument kann heruntergeladen werden unter:
www.frueherziehung.ch/uploads/1/7/9/4/17948117/grenzsteine_der_entwicklung.pdf

Den Artikel von Hans-Joachim Laewen „Grenzsteine der Entwicklung – Ein Frühwarnsystem für Risikolagen" finden Sie unter:
www.brandenburg.de/media/5lbm1.c.107479.de

Validierte Grenzsteine der Entwicklung nach Michaelis

Ziel	Das Instrument kann in der Hand der Erzieherin dazu dienen, Risiken in den Bildungsverläufen von Kindern frühzeitig zu erkennen. So ist es Teil eines Frühwarnsystems, das darauf hinweisen kann, dass das beobachtete Kind hinter Entwicklungsmarken zurückfällt, die von den allermeisten Altersgenossen erreicht werden. Das Verfahren hat den Vorzug, dass mit nur wenigen Fragen aus sechs wichtigen Bereichen Warnhinweise auf ernste Risikolagen gegeben werden können.
Zielgruppe	Die „Grenzsteine der Entwicklung" sind in den Tabellen für die Altersspanne von drei Monaten bis sechs Jahren beschrieben.
Grundlagen	Die „Grenzsteine" sind kein Diagnoseinstrument. Die Aufmerksamkeit des Erziehers wird auf Entwicklungs- und Bildungssegmente gelenkt, die in den jeweiligen Altersstufen bei 90–95 % der Kinder beobachtbare Kompetenzen hervorbringen. Sind diese Kompetenzen im Zuge der Beobachtung mit der Grenzsteintabelle nicht erkennbar, so existiert Handlungsbedarf. Diese Kinder dürfen nicht mehr nur als „Spätentwickler" gelten, sondern es müssen nächste Schritte veranlasst werden. Konkret bedeutet das, dass eine diagnostische Abklärung durch spezialisierte Fachkräfte (z. B. Frühförderstellen, psychosoziale Zentren, Kinderärzte) erfolgen muss.

Das Verfahren

Die Grenzsteine markieren Entwicklungsziele, die von den allermeisten Kindern einer bestimmten Grundgesamtheit mit einem bestimmten Alter erreicht worden sind. Hinter der genauen Festlegung der ›Population‹ steht die Grundannahme, dass der typische Entwicklungsstand auch kulturellen ›Einflüssen‹ unterliegt. Menschen entwickeln sich auch entlang gemachter Erfahrungen. Welche dieser Erfahrungen ein Kind in welchem Alter macht, ist eben auch abhängig vom Kulturkreis, in dem das Kind aufwächst. Der Blick des Beobachters wird auf unerlässliche Durchgangsstadien der kindlichen Entwicklung in westlichen Zivilisationen gelenkt.

Population
Gruppe von Individuen mit bestimmten übereinstimmenden Kriterien

Einflüsse auf Entwicklung
→ S. 85

Zu definierten Zeitpunkten werden entlang einer Tabelle entsprechende Fragen mit „Ja" oder „Nein" beantwortet. Diese Zeitpunkte müssen genau wie möglich eingehalten werden. Die Grenzsteine sind so klar definiert, sodass sie leicht von den Eltern verstanden und auch in der kinderärztlichen Praxis schnell beobachtbar sind. Hat ein Kind zum angegebenen Grenzsteinalter ein Entwicklungsziel nicht erreicht, so darf es nicht mehr nur als Spätentwickler bezeichnet werden. Es ist dann notwendig, mittels geeigneter diagnostischer Verfahren nach möglichen Ursachen zu suchen. Dabei darf das Grenzsteinprinzip nicht mit einem Entwicklungstest verwechselt werden. Es dient ausschließlich dazu, auf Entwicklungsgefährdungen und -auffälligkeiten aufmerksam zu machen. In der Konsequenz können dann häufiger und rechtzeitig entsprechende Maßnahmen ergriffen werden.

Das Erreichen der Grenzsteine wird zu zehn Zeitpunkten entlang des Lebensalters des Kindes erfragt. Die Fragen sind dabei in sechs Bereiche eingeteilt:

- Grenzsteine der Körpermotorik
- Grenzsteine der Hand-Fingermotorik
- Grenzsteine des Spracherwerbs
- Grenzsteine der kognitiven Entwicklung
- Grenzsteine der sozialen Kompetenz
- Grenzsteine der emotionalen Kompetenz

In jedem dieser Bereiche beantwortet die Erzieherin eine Frage durch Ankreuzen von „Ja“ oder „Nein“. Wenn eine oder mehrere der Fragen mit „Nein“ beantwortet werden, so wird die Auffälligkeit auf einer separaten Auswertungsliste in der Zeile des entsprechenden Alters eingetragen. In diesem Fall sollte der Entwicklungsstand des Kindes vom Kinderarzt oder in der Frühförderstelle abgeklärt werden.

Alter des Kindes	Grenzsteine der Körpermotorik	Grenzsteine der Hand- und Fingermotorik	Grenzsteine der Sprachentwicklung	Grenzsteine der kognitiven Entwicklung	Grenzsteine der sozialen Entwicklung	Grenzsteine der emotionalen Entwicklung
	auffällig-x	auffällig-x	auffällig-x	auffällig-x	auffällig-x	auffällig-x
3 Monate						
6 Monate						
9 Monate						
12 Monate						
15 Monate						
18 Monate						
24 Monate						
36 Monate						
48 Monate						
60 Monate						
72 Monate						

Alter des Kindes	Grenzsteine der Körpermotorik	Grenzsteine der Hand- und Fingermotorik	Grenzsteine der Sprachentwicklung	Grenzsteine der kognitiven Entwicklung	Grenzsteine der sozialen Kompetenz	Grenzsteine der emotionalen Kompetenz
Wenn das Kind **6 Monate** alt ist	▪ Symmetrische Rückenlage ohne konstante Asymmetrien in Haltung und Bewegung des Rumpfes, der Extremitäten ▪ Kind hebt Kopf in Bauchlage und schaut einem vor dem Gesichtsfeld bewegten Gegenstand nach, stützt sich auf Unterarme ja / nein	▪ Kind transferiert Gegenstand, Spielzeug in der Mittellinie von einer Hand in die andere, greift palmar, radial betont (palmar: Daumen und Zeigefinger in Gegenposition) ja / nein	▪ Kind vokalisiert spontan, variationsreich (noch ohne deutliche und gezielte Lippenschlusslaute), für sich allein oder beim Ansprechen (Baby-Dialoge) ja / nein	▪ Kind steckt Objekte/Spielzeug in den Mund, greift sie/es mit beiden Händen, benagt Gegenstände, betrachtet sie jedoch kaum gezielt ja / nein	▪ Kind hält Blickkontakt, lächelt auf vertraute und fremde Personen, die sich im nähern, es ansprechen ▪ Kind versucht, von sich aus Kontakt aufzunehmen ja / nein	▪ Kind lacht, lautiert, hält Blickkontakt, zeigt freudige Arm-, Bein- und Gesichtsbewegungen bei Ansprechen durch bekannte Personen ja / nein
Wenn das Kind **9 Monate** alt ist	▪ Kind sitzt sicher, zeitlich nicht beschränkt frei mit geradem Rücken und guter Kopfkontrolle; ein ausschließlicher Langsitz ist noch nicht zu fordern ja / nein	▪ Kind hält Gegenstand in einer oder in beiden Händen und exploriert intensiv durch tasten ja / nein	▪ Kind vokalisiert spontan mit längeren Silbenreihungen mit dem Vokal „A“ (wa-wa-wa-wa; ra-ra-ra-ra) ja / nein	▪ Kind exploriert intensiv taktil, visuell, oral Struktur und Textur von Objekten ja / nein	▪ Kind unterscheidet sicher bekannte und fremde Personen, was sich jedoch nicht nur als „Fremdelreaktion“ äußern muss ja / nein	▪ entfällt ja / nein
Wenn das Kind **12 Monate** alt ist	▪ Kind sitzt frei mit geradem Rücken und sicherer Gleichgewichtskontrolle ▪ Kind dreht sich selbstständig und prompt von Bauchlage in Rückenlage ja / nein	▪ Kind benutzt Scherengriff: kleine Gegenstände werden zwischen Daumen und gestrecktem Zeigefinger gehalten, oft schon präziser Pinzettengriff ja / nein	▪ Kind vokalisiert spontan mit längeren Silbenketten, vorwiegend mit a/e-Vokalen und mit Lippenverschlusslauten (ba-ba-ba, oder da-da-da-da u.ä. Reihungen) ja / nein	▪ Spielzeug, Objekte, vor den Augen des Kindes mit Papierblatt oder Tuch bedeckt, werden vom Kind durch Wegnehmen des Blattes, des Tuches wieder sichtbar ja / nein	▪ Kind kann von sich aus, selbst einen sozialen Kontakt beginnen, fortführen, variieren oder beenden ja / nein	▪ Viele Rückversicherungsbestätigungen: Blickkontakt, Berühren, Streicheln, Anlehnen, Gesten, Küsschen, emotional getönte verbale und nonverbale Dialoge zwischen Kind und Bezugsperson ja / nein

Tab. 4.22 Auswertungsliste und Ausschnitt aus der Tabelle der Grenzsteine; aus: Laewen, Hans-Joachim: Grenzsteine der Entwicklung. Download: www.frueherziehung.ch/uploads/1/7/9/4/17948117/grenzsteine_der_entwicklung.pdf

An die Tabelle, die sich bis zum 60. Lebensmonat erstreckt, schließt sich eine weitere an, die bis zum Ende des 72. Monat reicht. Im Zuge der Erweiterung auf das sechste Lebensjahr wurden die Entwicklungsbereiche noch einmal anders differenziert.

Sprachliche Bildung

Welche Hilfen geben die Grenzsteine des Spracherwerbs bei der Sprachförderung?

4.5 Dokumentation

Pädagogik hat immer mit Austausch zu tun. Damit dieser in der institutionalisierten Tagesbetreuung im Trialog zwischen Kindern und Jugendlichen, Fachkräften und Eltern stattfinden kann, ist es unverzichtbar, Beobachtungsergebnisse auch so zu dokumentieren, dass alle Beteiligten wissen, was gemeinsame Sache ist. Über diese wird es erst möglich, Handlungsimplikationen abzuleiten. Es kann dann gemeinsam, konsequent und ohne Widersprüche zwischen den Handlungsstrategien der beteiligten Fachkräfte vorgegangen werden. Beobachtungen dürfen nie zum Selbstzweck werden. Die bloße Tatsache, dass man ein Kind, einen Jugendlichen oder einen Erwachsenen beobachtet hat, verbessert die pädagogische Praxis natürlich noch nicht per se. Erst im Dreischritt von Situationsanalyse (durch Beobachtung), Zielsetzung und der konsequenten Ableitung einer geeigneten Handlungsstrategie, mittels derer das gesetzte Ziel dann erreicht werden soll, entfaltet sich die Wirkung von Beobachtungen.

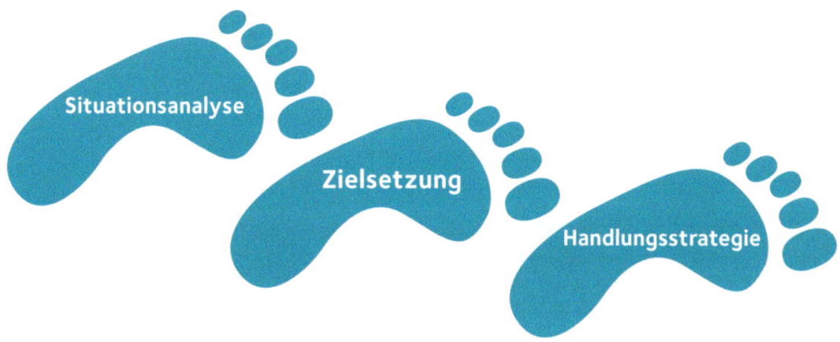

Abb. 4.23 Dreischritt

4.5.1 Ziele der Dokumentation

Die konsequente und einheitliche Dokumentation der Beobachtungsergebnisse kann dazu beitragen, dass sich die Kultur der Einrichtung verändert. Wenn sich Fachkräfte dabei auf einheitliche Formen geeinigt haben, fällt es sehr viel leichter, auch die Beobachtungen von Kollegen als Informationsquelle heranzuziehen. Man versteht dann, wie der andere vorgegangen ist, nach welchem System der Prozess der Beobachtung organisiert war und in welche Form die Beobachtungsergebnisse gebracht worden sind. Man kann damit arbeiten, weil man selbst genau so verfährt. Einrichtungen, in denen jeder sein eigenes „Beobachtungssüppchen" kocht, wird es nur schwer gelingen können, eine gemeinsame Beobachtungskultur zu entwickeln. Grundsätzlich sollten sich Teams auf bestimmte Verfahren einigen, mit denen dann auch alle Fachkräfte kompetent umgehen können. Hierbei müssen teilweise die spezifischen Vorgaben des jeweiligen Bundeslandes berücksichtigt werden.

Allgemein dienen Dokumentationen der Weiterverwendung von Informationen. Die Dokumentation sichert die Kontinuität und Konsequenz der Arbeit im Team. Die oben beschriebenen Verfahren beinhalten jeweils schon eine bestimmte Form der Dokumentation, die es ermöglicht, die weitere pädagogische Arbeit zu planen. Gewonnene Informationen werden gemeinsam vor dem Hintergrund der Zielsetzung des jeweiligen Verfahrens interpretiert. Im Zuge der Auswertung werden Rückschlüsse gezogen, weiterführende Fragen formuliert, Veränderungen geplant und getroffene Maßnahmen bewertet. Es ist wichtig, dass Beobachtungsergebnisse auch für alle verständlich abgelegt werden.

4.5.2 Umgang mit Dokumentationen

Nachvollziehbar dokumentieren

Die Teile des Ursprungsprotokolls, die für einen späteren Austausch mit Kollegen oder Eltern erhalten bleiben sollen, werden, falls notwendig, in Form gebracht. Das bedeutet, dass es für andere Beteiligte möglichen sein muss, die relevanten Teile der Beobachtung selbstständig nachzuvollziehen. Für die Praxis der Beobachtung bedeutet das, dass die Beobachtungsprotokolle schon möglichst sauber und leserlich verfasst werden sollten, um sie nicht später noch einmal abschreiben oder abtippen zu müssen. In der Praxis ist es kaum möglich, grundsätzlich alle relevanten Beobachtungsergebnisse computerschriftlich aufzubereiten. Deshalb gilt es, so zu berichten, dass auch Kollegen und Eltern mit den Dokumentationen zurechtkommen.

Abb. 4.24 Beobachtungen müssen so dokumentiert werden, dass sie für andere nachvollziehbar sind.

Diese Unterlagen werden in einem **Entwicklungsportfolio** abgelegt. Dieses ist für die Hand der Fachkraft bestimmt. Die Dokumentationen verbleiben in der Einrichtung und sind so aufzubewahren, dass ausschließlich befugten Fachkräften, Eltern und ggf. Kindern Einblick gewährt wird. Allgemein gelten die Bestimmungen des ›Datenschutzes‹. Es handelt sich um eine Sammlung relevanter Beobachtungsergebnisse aller Fachkräfte, die mit dem Kind arbeiten. In diesem Ordner werden, am besten chronologisch geordnet, Entwicklungsprofile, Beobachtungsprotokolle und dergleichen abgelegt. Ein klar und einheitlich systematisiertes Beobachtungsportfolio stellt eine solide Grundlage für den kollegialen Austausch, Elterngespräche und etwaige **›Kooperation‹** mit anderen Institutionen, wie z. B. Grundschule oder Förderstelle, dar.

Datenschutz → S. 330 Band 1

Kooperation → S. 533 Band 1

Ins Entwicklungsportfolio gehören nicht nur die Rohprotokolle, sondern alle verschriftlichten Dokumente, die aus den Beobachtungen des Kindes resultieren. So sollten auch weitere relevante Informationen, wie z. B. ›Soziogramme‹, Fotodokumentationen, Protokolle zu entwicklungsrelevanten Ereignissen, die im Elternhaus stattgefunden haben, oder ausgewählte Produkte des kindliche Schaffens, welche die Entwicklung dokumentieren, aufgenommen werden. In Abgrenzung zur willkürlichen Sammelkiste, in die alles geworfen wird, was irgendwie im Bezug zum Kind steht, sollte aber eine wohlbedachte Auswahl getroffen werden. Hier muss gelten: Wer zu viel sammelt, verliert den Blick für das Wesentliche. Das gut ausgewählte Weniger ist hier mehr, denn: Wer befasst sich in Anbetracht der Alltagsbelastung von Erzieherinnen tatsächlich noch einmal mit ungefiltertem Rohmaterial? Die ausgewählten Dokumente, die schließlich im Entwicklungsportfolio abgelegt werden, sollten signifikant bedeutsam sein. Eben diese Bedeutsamkeit sollte auch in Form von beigefügten Kommentaren markiert werden. Zweifelsohne kann man sich bei dieser Auswahl auch täuschen. Die Zusammenstellung einer solchen Sammlung wäre aber immer das Produkt systematischer Reflexion auf mehreren Ebenen und genügt deshalb den Kriterien pädagogischer Professionalität. Oder anders: Täuschen darf man sich, wenn man sein Möglichstes getan hat.

Soziogramm → S. 239 Band 1

Auswertung und Austausch im Team

Im Zuge der Auswertung im Team geht es zunächst darum, das Geschehen fachlich zu deuten und zu interpretieren. Dabei sind individuelle Reflexionen einzelner Fachkräfte notwendig, jedoch nicht ausreichend. Die Beobachtungen müssen im Team diskutiert werden. Deutungen können zur Disposition gestellt werden. So kann gewährleistet werden, dass sich die subjektive Wahrnehmung an anderen Wahrnehmungen relativiert. Was vor dem Hintergrund der selbst gemachten Erfahrungen und der eigenen Biografie selbstverständlich und richtig erscheint, entpuppt sich vielleicht vor dem Hintergrund des kollegialen Austauschs als biografisch gefärbte Fehldeutung oder Überinterpretation.

REFLEXION **IMPULS** LERNORTKOOPERATION

Suchen Sie im Internet, in der Fachliteratur oder in Praxiseinrichtungen Dokumentationen von systematischer Beobachtung im pädagogischen Alltag. Interpretieren Sie die dokumentierten Beobachtungen zunächst in Einzelarbeit. Tauschen Sie sich anschließend in Kleingruppen über Ihre Deutungen aus. Welche Gemeinsamkeiten und Unterschiede können Sie erkennen? Wie erklären Sie sich diese? Versuchen Sie, zu einer gemeinsamen Interpretation zu kommen. Diskutieren Sie, welche weiteren Informationen oder Hilfen Sie bräuchten, um zu einem Ergebnis zu kommen.

Nachhaltigkeit
Inwiefern kann die Beobachtungsdokumentation die Nachhaltigkeit der pädagogischen Arbeit fördern?

Im Rahmen des fachlichen Austauschs sollten Beobachtungen zusammengefasst dargestellt werden. Dabei ist es von Vorteil, wenn stets Bezüge zum Ursprungsprotokoll hergestellt werden oder aus diesem vorgelesen wird. So markieren die Erzieherinnen im Austausch immer wieder den Bezug zur Situation und können es vermeiden, sich in eine Verkettung von Fehldeutungen zu manövrieren. Es wird einfacher, auch alternative Interpretationen einzubringen, denn jedes Geschehen kann in Abhängigkeit von seiner Lesart gedeutet werden. Der stetige Rückbezug zur Deskription gewährleistet, dass sich die Erzieherinnen erst einmal mit Deutungen zurückhalten und auch bislang unbeteiligten Kollegen eine unvoreingenommene Betrachtung gestatten. Im Idealfall entsteht im Zusammenwirken ein Bild von konkreten Situationen, woran sich dann Fragen und Folgeplanungen anschließen können.

Abb. 4.25 Im fachlichen Austausch werden verschiedene Möglichkeiten der Interpretation deutlich.

4.5.3 Bildung sichtbar machen

Intention dieser Portfolios ist die Sichtbarmachung von Bildungsprozessen und Fortschritten. Bildungswege beginnen mit der Geburt. Kinder erkunden die Welt aus eigenem Antrieb und mit erstaunlicher Beharrlichkeit. Das Tempo, in dem Fähigkeiten und Fertigkeiten angeeignet werden, ist rasant. Sukzessive erhöhen Kinder mit diesen auch die Möglichkeiten, immer mehr Dinge selbst in die Hand zu nehmen. **Kompetenzportfolios** sind in diesem Zusammenhang die Bildungstagebücher der Kinder und werden von den Kindern selbst geführt.

Im Gegensatz zum Entwicklungsportfolio geht es beim Kompetenzportfolio darum, die Beobachtungsergebnisse auch für das Kind sichtbar zu machen. Die individuellen Lernwege und Herangehensweisen an die Welt und ihre Herausforderungen werden im Portfolio so aufbereitet, dass das Kind stolz sein darf. Diese Form der Bildungsdokumentation zeigt dem Kind: „Ich schau dir zu und ich wertschätze, was du kannst. Ich interessiere mich für dich und gehe mit dir gemeinsam deinen Weg." Beobachtung wird dann auch über die Dokumentationsform ein lebendiger Teil der Einrichtungskultur. Jede sinnvolle Dokumentationsform – und das gilt auch hier – führt in den ›Dialog‹. Diese Form der Dokumentation ist auch für die Gestaltung von ›Übergängen‹, z. B. beim Übergang von der Kindertageseinrichtung in die Schule, bedeutend und erleichtert die Kooperation zwischen den Einrichtungen.

dialogisches Prinzip → *S. 31 Band 1*

Übergang → *S. 654 Band 1*

Kindliche Bildungserfahrungen geschehen fortwährend. Erfahrenes, Erarbeitetes und Bewältigtes wird immer gleichsam zum Ausgangspunkt für weitere Welterkundungen des Kindes. Mit dem Kompetenzportfolio können sich alle am Bildungsprozess Beteiligten (Kind, Eltern und Fachkraft) bewusst machen, wie sich diese kindlichen Erfahrungen konkret vollzogen haben oder gerade vollziehen.

Das Portfolio ist als Dokument dabei chronologisch aufgebaut. Es beginnt mit den ersten Erfahrungen, die das Kind bereits vor dem Kindergartenbesuch gemacht hat. So kann mit der ›Eingewöhnungsphase‹ begonnen werden. Beachtend und wertschätzend werden dann, gemeinsam mit dem Kind, ausgewählte Erlebnisse, die den individuellen Bildungsweg des Kindes in Bildern, Geschichten und Werken festhalten, in eine überdauernde Form gebracht. Mit dem Alter und der Verweildauer des Kindes in der Einrichtung wächst auch das Portfolio. Die aktuellen Entwicklungsaufgaben werden dokumentiert. Blättert man im Portfolio zurück, so gewährt das einen Blick auf vergangene Baustellen. Das Kind kann in das eigene Ich-Tagebuch schauen und feststellen: Da komme ich her, jetzt bin ich größer, das habe ich schon gelernt, das war schön, das kann ich jetzt, so bin ich heute, da will ich hin.

Eingewöhnung → *S. 568 Band 1*

Obwohl sich Kinder so rasant entwickeln, geschehen Veränderungen und Fortschritte doch zu langsam, um sie in „Echtzeit" sehen zu können. Bildung ist ein so sukzessiver Prozess der Selbstveränderung im stetigen Austausch mit der uns umgebenden Welt, dass er in einer Form gerinnen muss, um sichtbar zu werden. So werden Brücken zwischen Zeiträumen gebaut und die Vergangenheit, für das Kind erlebbar, in ein Verhältnis zu Gegenwart und Zukunft gesetzt.

Ein wichtiges Ziel in der **Arbeit mit Kompetenzportfolios** ist die Sichtbarmachung von Veränderungen. Konkret kann das geschehen, indem ausgewählte Bildungsdokumentationen gemeinsam mit dem Kind in einer Form abgelegt werden, die für das Kind verständlich und nachvollziehbar ist.

Daneben ist es von zentraler Bedeutung, dass Dialoge zwischen allen am Bildungsprozess beteiligten provoziert werden. Ein lebendiges und gut geführtes Portfolio ist ein Ordner, über dessen Inhalt man gerne ins Gespräch kommt. Erzieher sprechen mit den Kindern, die Gleichaltrigen miteinander und auch die Eltern sind involviert. Geschichten, die vom Kompetenzerwerb des Kindes erzählen, Werke und Dokumente aller Art, die exemplarisch wichtige Etappen auf dem Weg des Kindes markieren, regen immer wieder zum Austausch an.

Entwicklungsportfolio	Kompetenzportfolio
Für die Hand der Fachkraft	„Ich-Buch" des Kindes
Gemeinsame Basis für die Gestaltung der pädagogischen Arbeit und die weitere Planung	Beobachtung ist Beachtung und wird als solche festgehalten
Grundlage für kollegiale Beratung und Austausch im Team	Dokumentation der Bildungsarbeit als gemeinsamer Prozess mit dem Kind

Tab. 4.26 Unterscheidung zwischen Entwicklungs- und Kompetenzportfolio

Tab. 4.27 Kompetenzportfolio

G

Sozialpädagogische Bildungsarbeit in den Bildungsbereichen professionell gestalten

Die Selbstbildungs- und Bildungsprozesse in den Bildungsbereichen Bewegung, Spiel und Theater; Musik und Rhythmik; Ästhetik und Kunst; Sprache, Literacy und Medien; Religion, Gesellschaft und Ethik; Natur und Umwelt; Gesundheit und Ernährung; Mathematik, Naturwissenschaften und Technik werden durch Erzieherinnen und Erzieher angeregt, unterstützt und gefördert.

1 GESUNDHEIT, BEWEGUNG UND ERNÄHRUNG

Abb. 1.1 Gesundheit, Bewegung und Ernährung gehören zusammen.

Gesundheit ist ein ganzheitlicher Begriff. Körperliches Wohlbefinden ist eng mit seelischer und geistiger Gesundheit verbunden. Wenn ein Mensch körperliche Schmerzen empfindet, kann er nicht gleichzeitig gute Laune haben und Witze erzählen. Gedrückte Stimmung löst auch in einem fitten Körper bestimmte Prozesse aus, die den ausgezeichneten körperlichen Zustand hemmen.
Gesundheit wird durch Ernährung und Bewegung stark beeinflusst. Man spricht von „gesunder Ernährung" oder „gesunder Bewegung". Gesundheitsförderliches Verhalten umfasst natürlich mehr als diese beiden Aspekte und doch stellen sie Schwerpunkte dar. Gerade in der sozialpädagogischen Bildungsarbeit gehören Gesundheit, Bewegung und Ernährung untrennbar zusammen.

Bildung zu diesem verwobenen Themenkomplex bezieht sich immer auch auf die eigene Haltung und Einstellung. Jeder muss die Verantwortung für den eigenen Körper übernehmen. Gesundheitsförderung kann nicht einfach an andere Personen wie z. B. Familie, Freunde oder Ärzte abgegeben werden. Jeder Mensch sollte sich fortlaufend die Frage stellen: „Wie kann ich ein Leben lang gesund bleiben und eine gute individuelle Balance zwischen Anspannung und Entspannung finden, damit ich leistungsfähig und zufrieden in Beruf und Privatleben bleibe?"

In der pädagogischen Arbeit mit Kindern und Jugendlichen und ihren Erziehungsberechtigten geht es vor allen Dingen darum, den jeweiligen Zielgruppen in den verschiedenen Arbeitsfeldern zu vermitteln, wie seelisches Wohlbefinden und ein guter körperlicher Zustand erreicht werden können. Kinder sollten so früh wie möglich lernen, auf ihre Gesundheit in all ihren Facetten, insbesondere in Bezug auf Bewegung und Ernährung, zu achten.

1.1 Sozialisationseinflüsse und entwicklungsspezifische Grundlagen

1.1.1 Körperliche Entwicklung

Die körperliche Entwicklung in der Säuglingszeit, Kindheit und Jugend zeigt sich am sichtbarsten in Längenwachstum und Körpergewicht sowie in der Veränderung der Körperproportionen. Körperteile wachsen nicht alle gleich, Kopf, Hände und Füße erreichen als Erste Erwachsenenstatus, Arme und Beine wachsen vor dem Rumpf. Deshalb sehen Jugendliche in der Pubertät unproportioniert, schlaksig und die Bewegung ungelenk aus.

In den ersten drei Monaten nehmen Säuglinge ca. 25 bis 30 Gramm täglich zu, im zweiten Vierteljahr 20 bis 25 Gramm. Am ersten Geburtstag wird das Geburtsgewicht verdreifacht, im zweiten Lebensjahr vervierfacht, im sechsten versechsfacht und im zehnten verzehnfacht. Mit vier Jahren haben Kinder die Länge von 100 cm überschritten.

Ein Kind nimmt zwei bis drei Kilo pro Jahr zu, in der Pubertät können es sieben bis dreißig Kilo sein. Mit zwölf Jahren wiegen Jungen und Mädchen im Durchschnitt etwa 40 Kilo und sind 152 bis 154 cm groß. Bereits mit 16 Jahren sind Jungen 10 cm größer und 7 Kilo schwerer als die Mädchen. Mit etwa 18 bis 20 Jahren sind Jugendliche ausgewachsen.

Inklusion
Inwieweit werden Menschen mit Abweichungen von der Norm in Bezug auf Körpergewicht und -größe in sozialpädagogischen Einrichtungen diskriminiert?

Alter	Körpergröße	Körpergewicht
Neugeborenes	ca. 50 cm	3–3,5 kg
4–5 Monate	ca. 60 cm	6–7 kg
1 Jahr	ca. 75 cm	9–10,5 kg
4 Jahre	ca. 100 cm	15–17,5 kg
6 Jahre	ca. 120 cm	18–21 kg
12 Jahre	ca. 150 cm	40 kg

Tab. 1.2 Körpergröße und Gewicht von Kindern in verschiedenen Lebensaltern

Das Längenwachstum ist genetisch bestimmt und hormonell gesteuert. Das Körpergewicht wird durch zahlreiche Einflüsse gelenkt, z. B. durch genetische Faktoren, hormonelle Steuerung, ›Ernährung‹ und ›Bewegung‹. Es gibt zahlreiche Untersuchungen und Vergleichstabellen, die sowohl den Normalbereich als auch übermäßige Abweichungen von Gewicht und Größe darstellen. Das starke Anwachsen der Zahl von Kindern und Jugendlichen mit erheblichem ›Übergewicht‹, Essstörungen oder Fehlernährung fordern Eltern und Pädagogen zu kritischer Aufmerksamkeit auf.

Ernährung → *S. 160*
Bewegung → *S. 172*
Übergewicht → *S. 512 Band 1*

REFLEXION | **IMPULS** | LERNORTKOOPERATION

Reflektieren Sie Ihre eigene Haltung zu Körpergewicht und -größe. Wie sehen Sie sich selbst und andere?

Vitalzeichen
messbare Zeichen der Lebendigkeit, dazu gehören Bewusstsein, Atmung, Puls, Blutdruck und Körpertemperatur

Weitere körperliche Veränderungen zeigen sich in den ›Vitalzeichen‹. Puls- und Atemfrequenz reduzieren sich mit der Entwicklung vom Neugeborenen und Säugling zu Jugendlichen und Erwachsenen deutlich. Mit 18 Monaten liegt die Pulsfrequenz bei ca. 120 Schlägen und 24 Atemzügen pro Minute. Im Alter von sechs Jahren hat sie sich weiter auf einen Puls von etwa 100 Schlägen und 18 bis 22 Atemzüge und bei 16-jährigen auf 75 Pulsschläge und 16 bis 18 Atemzüge in der Minute reduziert. Die Reifungs- und Wachstumsprozesse sowie die körperliche Aktivität eines Säuglings- und Kleinkindes erfordern einen hohen Stoffwechsel.

ZUM WEITERDENKEN Dem globalen Frühgeborenen-Report „Born Too Soon: The Global Action Report on Preterm Birth" aus dem Jahr 2012 zufolge kommen in Deutschland ca. 9 % aller Kinder als ›Frühgeburt‹ zur Welt (Tendenz steigend), 1 % vor der 32. ›SSW‹. Der ›Fetus‹ hat einen physiologisch anderen Körper- und Lungenkreislauf, der sich bei reifen Neugeborenen rasch umbildet und an das Leben außerhalb der Gebärmutter anpasst. Frühgeborene Kinder sind deshalb einem besonderen Risiko der Minderdurchblutung (Ischämie) ausgesetzt, wodurch insbesondere das Gehirn durch den Sauerstoffmangel Schaden nehmen und Entwicklungsrückstände ausbilden kann. Heute überlebt etwa die Hälfte aller Kinder mit einem Geburtsgewicht von unter 500 Gramm. Sie haben zu einem hohen Prozentsatz Organschäden sowie Entwicklungsrückstände in den Bereichen Wahrnehmung, Motorik, geistige und sozio-emotionale Entwicklung.

Frühgeburt
Geburt vor Vollendung der 37. Schwangerschaftswoche

SSW
Schwangerschaftswoche

Fetus
ungeborenes Kind nach der 12. SSW

Körperliche Entwicklung und Nahrungsaufnahme

Kauen und Schlucken sind von der körperlichen Entwicklung abhängig. In den ersten drei Monaten wird ein rhythmisches und ganzheitliches Saug-Schluckmuster durch Such-, Saug- und Beißreflexe aktiviert, die vom Hirnstamm gesteuert werden. Atmen und Trinken werden verknüpft. Als Schutzreflexe sind Würg- und Hustenreflex beteiligt, die verhindern, dass unverträgliche Nahrung aufgenommen wird oder Nahrungsbestandteile in die Lunge geraten (›Aspiration‹).

Aspiration
Einatmen von körpereigenen Sekreten sowie körperfremden, festen und flüssigen Substanzen in die Atemwege

Ab dem sechsten Monat bauen sich diese Reflexmuster ab, die orale Motorik kann willentlich gesteuert werden. Das Kind kann mit den Lippen Nahrung vom Löffel nehmen und beginnt Kaubewegungen. Im sechsten bis achten Lebensmonat wachsen die ersten Milchzähne.

Die Entwicklung des Sitzens, Greifens, der Auge-Hand-Koordination trägt zur selbstständigen Nahrungsaufnahme bei. Bis zum dritten Lebensjahr entwickeln sich durch die Großhirnrinde selbstständig gesteuerte Zungen- und Kieferbewegungen, wodurch die Anpassung an Konsistenz, Menge, Art und Weise der Aufnahme feiner koordiniert werden können. Der willkürliche und unwillkürliche Teil des Kauens und Schluckens beteiligt 50 Muskelgruppen. Ab dem 36. Lebensmonat ist das Schlucken voll entwickelt.

↔ Prävention
Auf welche Weise können Kinder in der Kindertagesstätte zur Zahnpflege angehalten werden?

Mit fünf bis sieben Jahren werden die 20 Zähne des Milchgebisses nach und nach durch 32 bleibende Zähne ersetzt. Der Zahnwechsel kann mehrere Jahre dauern. Je nach Anlage, Ernährung und Zahnpflege müssen bereits junge Erwachsene „dritte Zähne" bekommen. Altersbedingt lösen Schäden an der Zahnsubstanz (Karies) und am Zahnhalteapparat (Parodontose) den Bedarf für Zahnersatz aus.

1.1.2 Motorische Entwicklung

Die motorische Entwicklung ist untrennbar an die körperliche, ›emotionale‹, ›soziale‹ und ›kognitive Entwicklung‹ gekoppelt. ›Reifungsprozesse‹ schaffen die körperlichen Voraussetzungen für den Empfang und die Ausübung von Impulsen. Motorische Aktivitäten unterstützen die Reifung der Nerven und Muskeln.

emotionale Entwicklung → *S. 187*
soziale Entwicklung → *S. 189*
kognitive Entwicklung → *S. 398 Band 1*
Reifung → *S. 82*

Reflexe

Die sogenannten frühkindlichen Reflexe bereiten die erlernte und willkürlich gesteuerte ›Motorik‹ vor. Diese Reflextätigkeit ist eine motorische Antwort auf Umgebungsreize, die das Überleben des Neugeborenen sichert, indem sie u.a. das Atmen oder die Nahrungsaufnahme unterstützt. Im Reflexbogen sind Rückenmark und Muskulatur verknüpft, sowie das Gehirn (spinales Reflexzentrum des ZNS, nicht Großhirn) einbezogen. Viele dieser Reflexe werden in den ersten sechs Lebensmonaten durch willkürliche Bewegungen abgelöst. Einige Reflexe bleiben uns erhalten, wie z.B. der Lidschlussreflex, wenn etwas auf unser Auge zukommt.

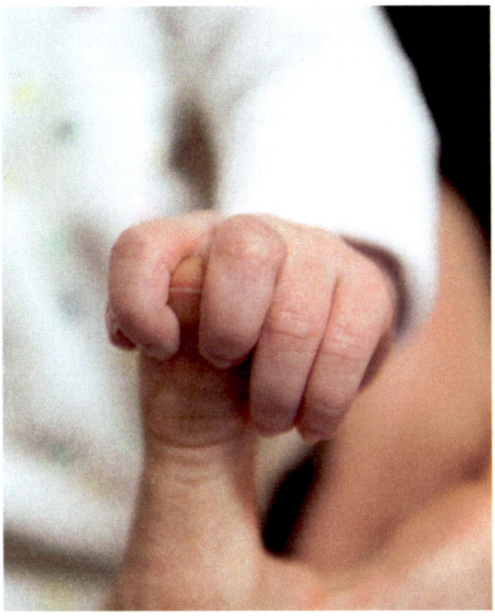

Abb. 1.3 Greifreflex bei einem Neugeborenen

Motorik
Gesamtheit der Bewegungsabläufe

Wichtige Reflexe des Neugeborenen für die Nahrungsaufnahme sowie den Lage- und Bewegungssinn sind z.B.:

- der Nies-, Husten-, Würge- und Blinzelreflex
- der Saug-Schluck-Reflex (ausgelöst durch die Berührung der Lippen)
- der Such- oder Hinwendereflex (ausgelöst durch das Berühren der Mundwinkel wird der Mund geöffnet)
- der Greifreflex (ausgelöst durch Berührung der Handflächen und des Fußballens)
- der Schreit- oder Kriechreflex (ausgelöst durch Berühren der Fußsohlen in aufrechter Haltung oder Bauchlage)
- der Handgreifreflex (ausgelöst durch das Berühren der Innenhand erfolgt der Faustschluss mit eingeschlagenem Daumen)
- der Fußgreifreflex (bei Stimulation im Bereich des mittleren Fußballens erfolgt das Einkrallen der Zehen)
- die Galant-Reaktion oder auch Rückgratreflex (in Bauchlage erfolgt beim Streichen des Rückens neben der Wirbelsäule eine seitliche Krümmung des Rumpfes auf der jeweilig stimulierten Seite)

Der sensomotorische Entwicklungsprozess, also das Zusammenspiel zwischen den Sinnessystemen und der Motorik, verfeinert das Wahrnehmungs- und Steuerungssystem, den Aufbau der Muskulatur, die ›Tonusregulation‹ und die ›Synapsenbildung‹. Auch die sozio-emotionale Entwicklung wird durch Bewegungserfahrungen angeregt.

Synapse
Berührungsstelle der Grenzflächen von Muskel und Nerv

Tonus
Spannungszustand eines Muskels
Synapse
Kontaktstelle zwischen Nervenfortsätzen, an der Reize weitergeleitet werden

Entwicklungsrichtungen der motorischen Entwicklung

Die motorische Entwicklung folgt zwei Entwicklungsrichtungen: dem cephalo-caudalen Trend (vom Kopf in Richtung der Füße) und dem proximo-distalen Trend (von der Körpermitte zur Peripherie). Kopfbewegungen zeigen sich z.B. vor Arm- oder Beinbewegungen, denn die Kontrolle näherer Muskeln gelingt eher. Die Bewegung der Körpermitte (Rumpf, Schultern, Hüfte) und die Grobmotorik entfalten sich vor der feinen Muskulatur, der Peripherie und den feinmotorischen Leistungen. Außerdem werden zunächst immer beide Arme und Beine gemeinsam angesteuert und bewegt, bevor eine isolierte (nur die Arme, nur ein Bein) oder gegenläufige Bewegung (wie z.B. Überkreuzbewegungen) möglich ist. Diese Differenzierung der Bewegungssteuerung und Bewegungsmöglichkeiten wird im Lauf der Bewegungsentwicklung vom Kleinkind im Alltag geübt, z.B. wenn es immer wieder die Murmel auf die Kugelbahn legt, Gegenstände von einer Hand in die andere gibt, krabbelt.
Die vom Kind ausgehende Bevorzugung einer Körperseite begleitet diese Entwicklung und kündigt die spätere Rechts- oder Linkshändigkeit an.

persistierend
bestehen bleibend, fortdauernd

ZUM WEITERDENKEN ›Persistierende‹ Reflexe und mangelnde Willkürbewegungen sind ein Hinweis auf Entwicklungsstörungen. Bleiben angeborene Reflexmuster zu lange und vorherrschend bestehen, entsteht im Gehirn eine für diese Bewegung dominante Struktur, die differenzierte und freie Bewegungen einschränkt. Die nachfolgend erlernte und willkürliche Bewegung wird dann nicht oder unvollständig umgesetzt. Menschen mit einer ›Zerebralparese‹ sind z.B. aufgrund einer frühkindlichen Hirnerkrankung oder durch einen Sauerstoffmangel bei der Geburt durch die verbleibenden Reflexe in ihrer motorischen Entwicklung beeinträchtigt.

Zerebralparese
durch Hirnschädigung hervorgerufene Störung der Muskelspannung und Bewegungskoordination

Inklusion
Wie können Bewegungssteuerung und -möglichkeiten aller Kinder spielerisch gefördert werden?

Schritte der motorischen Entwicklung

Die Selbsterfahrung und Identitätsentwicklung des Kindes beginnt auf der körperlichen Ebene und vermittelt sich zunächst über motorische und körperliche Erfahrungen. Die motorische Entwicklung ist wichtiger Bestandteil der frühen Kindheit. Mit dem Schulalter sind bei durchschnittlicher Entwicklung bereits wesentliche Grundlagen und Schritte erreicht.

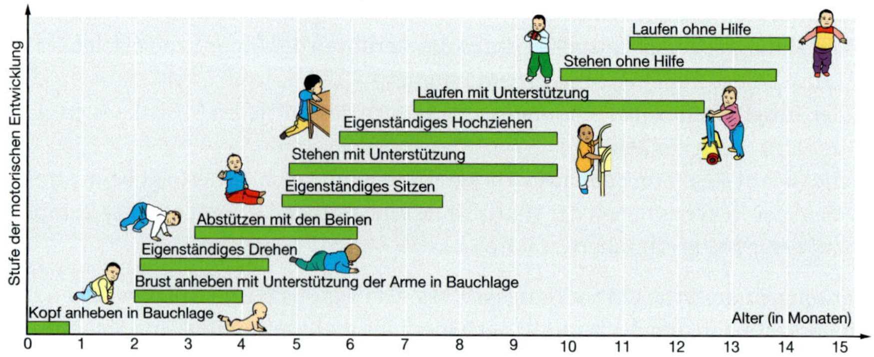

Abb. 1.4 Meilensteine der motorischen Entwicklung bei gesunden Kindern

Die folgenden Entwicklungsschritte sollen wichtige Fähigkeiten darstellen und auf die Bedeutung der motorischen Entwicklung für andere Entwicklungsbereiche hinweisen. Dabei ist die Entwicklung individuell sehr unterschiedlich und die Zeitangaben stellen lediglich eine Orientierung dar.

Neugeborenes	Das Kind kann sich der Schwerkraft nur wenig entgegenstellen, liegt hauptsächlich stark gebeugt. Der Kopf kann bereits auf die andere Seite gedreht werden, Arme und Beine bewegen sich, der Körperstamm kann noch nicht bewegt werden. Berührungen oder Lageveränderungen lösen frühkindliche Reflexe aus, die im Laufe des ersten sechs bis zwölf Monate durch differenzierte, willkürliche Bewegungen abgelöst werden.
Bis drei Monate	Kopf und Schultern können gehoben und gehalten werden, Aufstützen auf die Unterarme; in Rückenlage Führung der Hände zur Körpermitte; Gegenstände werden anschaut und in den Mund gesteckt. Kopf kann ohne Mitbewegung des Rumpfes gedreht werden, das Kind kann sich in der Umgebung umschauen, Objekte verfolgen. Die ersten Greifversuche erfolgen, gezieltes Loslassen ist noch nicht möglich.
Bis sechs Monate	Volle Kopfkontrolle, Drehen von Bauch- in die Rückenlage, Greifen zwischen Fingern und Handfläche; Wechsel von Gegenständen von einer Hand in die andere; Sitzen mit Unterstützung; Rollen um die eigene Achse, Schlängeln, Robben, Kriechen; hilft mit beim Hochziehen aus der Rückenlage an den Händen. Die verbesserten abwechselnden Rechts-Links-Bewegungen, statische und dynamische Gleichgewichtskontrolle sind Voraussetzung für die weitere Körperbeherrschung.
Bis neun Monate	Setzt sich aus der Bauchlage heraus hin, steht mit Festhalten, beginnt zu krabbeln auf Knien und Händen, Gegenstände werden aneinandergehalten oder -geschlagen; beherrscht Pinzettengriff (Gegenstände werden zwischen Daumen und Zeigefinger festgehalten und aktiv losgelassen); isst Zwieback o.Ä. Aus der Hand, umfasst Tasse beidhändig und trinkt.
Bis zwölf Monate	Übergang vom Säugling zum Kleinkind. Kind krabbelt viel, macht die „ersten Schritte" an der Hand von Erwachsenen, an Möbeln und evtl. bereits selbstständig, Vierfüßlergang auf Händen und Füßen kann Krabbeln ablösen, Wechsel von Fortbewegung und Sitzen frei möglich, führt beim Essen einen Löffel selbstständig zum Mund.
Bis 15 Monate	Guter Langsitz mit gestrecktem Rücken, aus dem Stand kann es in jede andere Position kommen, freies Laufen mit Gegenstand in den Händen.
Ab 18 Monate	Freies Gehen mit sicherer Gleichgewichtskontrolle ist möglich, Tragen von Gegenständen in jeder Hand beim Laufen, Aufstehen aus dem Sitzen mit einer Hand, Anstoßen eines Balls mit dem Fuß, aus dem Stand etwas werfen, beim Laufen abbremsen. Eine Treppe steigt es mit Hilfe und nachgezogenem Bein.
Zwei Jahre	Rennen und Hindernisse umsteuern, drehen um sich selbst, rückwärts gehen, auf Zehenspitzen stehen, Buchseiten umblättern oder Bonbons auspacken.
Drei Jahre	Hüpfen von der untersten Treppenstufe, die Treppe alternierend nutzen (Voraussetzung für Klettern), Stehen auf einem Bein, Balancieren auf einem Balken, teilweise Tretbewegungen für das Dreiradfahren, Öffnen großer Knöpfe, Bedienen von Wasserhähnen, Schneiden mit der Schere.
Vier Jahre	Koordiniertes Steuern und Treten auf dem Dreirad oder Roller möglich. Kinder können hüpfen sowie schneller und sicherer rennen, Halten eines Malstiftes mit drei Fingern, Knoten binden, alleine anziehen und Knöpfe schließen, mit kleinen Bausteinen anspruchsvolle Konstruktionen bilden.
Fünf Jahre	Springen, Kraft, Schnelligkeit und Großräumigkeit der Bewegungen nehmen zu; genaueres Malen, Zeichnen, Schreiben ist möglich, Vorlagen können entlang der Begrenzung ausgemalt werden, großflächiges Malen ist deutlich früher möglich; Buchstaben zeichnen.
Sechs Jahre	Beidhändiges sicheres Fangen, Binden von Schleifen, Radfahren wird besser, ist aber noch nicht verkehrssicher.
Kindheit und Jugend	Vielfältige Bewegungsspezialisierungen und -verbesserungen, Kraft, Ausdauer, Schnelligkeit, Genauigkeit, Koordination verschiedener Bewegungen und deren Kombination, mit Sportarten werden hochdifferenzierte motorische Leistungen erlernt, Gebrauch von Werkzeug wird erlernt.

Tab. 1.5 Motorische Entwicklungsschritte im Kindes- und Jugendalter

intraindividuell
innerhalb einer Person

interindividuell
zwischen verschiedenen Personen

Die Beurteilung der motorischen Entwicklung

Die motorische Entwicklung unterliegt trotz aller Vorhersagbarkeit hohen ›intraindividuellen‹ Unterschieden in der Entwicklungsgeschwindigkeit und Fähigkeitsentfaltung in den einzelnen Bereichen. Eine schnelle und gute sprachliche Entwicklung kann z. B. von einer eher langsamen und weniger differenzierten motorischen Entwicklung begleitet werden oder diese zum Teil kompensieren. Auch liegt eine ebenso starke ›interindividuelle‹ Variationsbreite vor. Das Lebens- und Entwicklungsalter von z. B. Siebenjährigen kann mehr als anderthalb Jahre nach oben oder unten verändert sein, ohne dass es sich um eine fortwährende Entwicklungsverzögerung handeln muss.

Die Beurteilung der Gesamtentwicklung eines Kindes darf nicht ausschließlich anhand der gut zu beobachtenden motorischen Leistungen geschehen, da es hier häufig zu Fehleinschätzungen kommt.

ZUM WEITERDENKEN Die Mehrzahl aller Kinder erlernt das Laufen in der Reihenfolge Drehen in die Bauchlage, Robben, Kriechen, Vierfüßlergang, Aufstehen und Gehen. Aber die zeitliche Ausdehnung der einzelnen Phasen ist unterschiedlich lang und Modelle gelten immer nur für die Mehrzahl der Kinder. Die Varianten Rutschen aus dem Sitzen, Rollen, Schlängeln führen z. B. auch zum elementaren Schritt des Stehens und Gehens.

Die Entwicklungsgestaltung geschieht in gewisser Weise selbstregulativ und durch die hohe, zum Teil anlagebedingte Individualität des Kindes. Das Talent, die Begabung oder Neigung eines Kindes führt unvermeidbar früh zu einer gewissen Spezialisierung. Kein Mensch ist in allen motorischen Bereichen gleich gut, jeder beherrscht bestimmte Dinge besonders geschickt und andere nur durchschnittlich oder wenig. Auch kommt das Training einer Fähigkeit nicht unbedingt anderen Fähigkeiten zugute, da immer unterschiedliche Gebiete des Nervensystems zuständig sind (Fahrradfahren trainiert nicht Schwimmen oder Handmotorik). Sinnvoll ist deshalb immer eine abwechslungsreiche und motorisch anregend gestaltete Umgebung und Bewegungsförderung, die Kindern, Jugendlichen und Erwachsenen die Gelegenheit gibt, vielfältige Erfahrungen zu machen, Interessen und Begabungen zu entdecken, immer wieder Neues zu lernen.

Partizipation
Wie können Kinder und Jugendliche mit ihren Stärken in die Planung von Bewegungsmöglichkeiten einbezogen werden?

Die Nutzung einer der zahlreichen Entwicklungstabellen sollte die Verschiedenheiten der normalen Entwicklung beachten. Gute Anlagen können bei mäßiger und schlechter Entwicklungsumgebung und -förderung nicht unabhängig hiervon zur Entfaltung kommen, gute Anregung und Unterstützung können anlagebedingte Schwächen nicht nur mildern, sondern auch kompensieren.

Die motorische Entwicklung hat folgenreiche Auswirkungen auf die Selbst-, Umwelt- und Materialerfahrungen, die kognitive Entwicklung, lebenspraktische Selbstständigkeit, soziale Unabhängigkeit sowie das Selbstwertgefühl. Das eigenständige Handeln erleichtert die ›Selbstbestimmung‹ und Autonomie von Menschen deutlich.

Selbstbestimmung → S. 330 Band 1

1.1.3 Psychosexuelle Entwicklung

Kindliche Sexualität

Die ›psychosexuelle‹ Entwicklung beginnt bereits im Mutterleib. Die kindliche Sexualität äußert sich anders als die Jugendlicher und Erwachsener.

Abb. 1.6 Wohlgefühl und Zärtlichkeit im Säuglingsalter

Sie beginnt mit Erleben von Wohlgefühl, Zärtlichkeit und sinnlicher Freude im Säuglingsalter. Das Schmusen, Saugen, Nuckeln und die intensive Auseinandersetzung mit der Umwelt durch die Mundregion ermöglichen Lustgefühle (orale Phase). Kleinkinder führen sich bereits lustvolle Reize an den Genitalien zu, sie experimentieren mit dem eigenen Körper und interessieren sich für den Körper und die Geschlechtsteile von Geschwistern, Eltern, Gleichaltrigen. Im Alter von zwei bis drei Jahren entdecken sie die Geschlechtsunterschiede und gewinnen bewusste Kontrolle über die Körperausscheidungen (anale Phase nach ›Freud‹). Das Beherrschen des Schließmuskels erfüllt das Kind mit Stolz und es ist lustvoll, Ausscheidungen herzustellen.

psychosexuell
auf Freud zurückgehender Begriff, der neben den körperlichen die seelischen Faktoren des Sexuallebens berücksichtigt

Freud → *S. 204 Band 1*

Mit drei bis fünf Jahren entwickeln Mädchen eine besondere Vorliebe für den Vater, Jungen für die Mutter und sie erleben Eifersuchtsgefühle gegenüber dem anderen Elternteil oder Partnern der Mutter oder des Vaters (phallische Phase). Zu Schulbeginn rücken Jungen und Mädchen auseinander und konzentrieren sich auf das eigene Geschlecht, oft auch verbunden mit der Abwertung des anderen Geschlechts. Einige Kinder onanieren bereits ab dem Säuglingsalter. Sie machen so die positive Erfahrung, sich Wohlgefühl und Beruhigung verschaffen zu können, und bauen ein bejahendes Körpergefühl auf. Kinder, die übermäßig und mehrmals täglich onanieren, zeigen so möglicherweise das Fehlen anderer befriedigender Erfahrungen an. Das Onanieren ist aber kein erforderliches Übungsmittel für körperliche Selbsterfahrung und befriedigende spätere Erwachsenensexualität. Sogenannte Doktorspiele sind Rollenspiele mit sexuellem Inhalt. Kinder erkunden in einem vorzugsweise intimen Rahmen den eigenen und andere Körper. Eincremen, Anmalen, im Sand wälzen, Spritzen geben, Abhorchen oder Fieber messen sind ebenso attraktive Spiele im Umgang mit körperlicher Intimität mit Gleichaltrigen.

REFLEXION | IMPULS | LERNORTKOOPERATION

Welche Erfahrungen haben Sie mit Ausdrucksformen kindlicher Sexualität gemacht? Wie bewerten Sie diese? Diskutieren Sie in der Lerngruppe, wo Sie Grenzen setzen, und begründen Sie dieses.

←→ Wertevermittlung
Welche Bedeutung hat die eigene Haltung zur kindlichen Sexualität für die Aufgabe der Wertevermittlung?

Die **Entwicklung des Schamgefühls** ist eine positive Reaktionsmöglichkeit, die eigenen Intimitätsgrenzen zu spüren. Sie verdeutlicht die Bedürfnisse nach Schutz und Abgrenzung, aber auch die Angst vor Herabsetzung, Versagen und Unsicherheit. Scham hilft, den für die Sexualität wichtigen Intimbereich aufzubauen.

Pubertät → S. 152

Sexualität in der Pubertät
In der ›Pubertät‹ wandelt sich die selbstbezogene Sexualität zu einer partnerbezogenen, erotischen Sexualität. Bei Mädchen beginnt die Pubertät zwei bis drei Jahre früher als bei Jungen. Sie haben ein größeres Reifungstempo als Jungen, dies zeigt sich auch im Vor- und Grundschulalter in der Feinmotorik, Sprache, im Lesen und Schreiben. Die erste Menstruation ist zwischen dem elften und 13. Lebensjahr zu erwarten, sie kündigt sich sechs bis zwölf Monate vorher durch einen weißen Ausfluss an, der den Beginn der Geschlechtshormonbildung aufzeigt. Die erste Ejakulation (Samenerguss) erleben Jungen im Alter zwischen neun und 15 Jahren, also etwa zwei Jahre nach Beginn der Pubertät. In zwei Drittel aller Fälle erfolgt der erste Samenerguss nach Masturbation (Selbstbefriedigung).

Sexualität im Erwachsenenalter
Für Erwachsene ist die Sexualität ein Bestandteil der Persönlichkeit. Selbstbestimmte sexuelle Aktivitäten und Erfahrungen, wechselnde Sexualpartner, Verhütung von Schwangerschaft und sexuell übertragbaren Krankheiten, Partnerschaft, Liebe, Kinderwunsch begleiten das Leben von Erwachsenen auf sehr individuelle Weise. Die gesellschaftlichen Erwartungen und kulturellen Vorbilder wandeln sich fortlaufend. Jede Generation und jeder Lebensstil haben eigene Varianten der Sexualität, Partnerschaft und Bindung.

1.1.4 Veränderungen des Gesundheitsbegriffs und -verhaltens

Wertevermittlung
Wie kann sich die Werteorientierung in Bezug auf Gesundheit im Laufe des Lebens verändern?

Der Begriff „Gesundheit" kann aus verschiedenen Blickwinkeln betrachtet werden, er ändert sich für manche Menschen mehrfach im Leben. Was unter Gesundheit verstanden wird, ist abhängig von der eigenen individuellen Situation und Geschichte und von gesellschaftlichen Einflüssen.

Zurzeit gibt es mehr Kenntnisse und Forschungen über Krankheiten, ihre Verläufe, ihre Heilung, Behandlung und Vermeidung als über gesundheitsfördernde Bedingungen sowie Ressourcen und ihre Indikatoren.

Definitionen von Gesundheit
Gesundheit des Menschen ist laut Weltgesundheitsorganisation (WHO)

> *ein Zustand des vollständigen körperlichen, geistigen und sozialen Wohlergehens und nicht nur das Fehlen von Krankheit oder Gebrechen.*
> Verfassung der Weltgesundheitsorganisation (1948)

Die Betonung liegt somit auf dem Wohlbefinden des Menschen und nimmt das ganzheitliche Verständnis von Gesundheit auf. Aber auch ein Mensch, der körperliche Gebrechen oder Krankheiten hat, kann sich durch seine geistigen und sozialen Reserven gesund fühlen. Daher wurde die Definition vom Deutschen Ärztetag 1986 um die messbare Größe der Objektivität ergänzt:

> *Gesundheit ist die aus der personalen Einheit von subjektivem Wohlbefinden und objektiver Belastbarkeit erwachsene körperliche und soziale Leistungsfähigkeit der Menschen.*
> 89. Deutscher Ärztetag 1986 in Hannover

Kritisiert wird auch der in der WHO-Definition genannte Begriff „Zustand", da es nicht nur die beiden Pole „gesund"' und „krank" gibt, sondern Entwicklungen in die eine oder andere Richtung oder auch dynamische Wechsel zwischen den Extremen im gesamten Leben. Vollendete Gesundheit ist als anzustrebendes Wunschbild zu betrachten, dem sich der Mensch möglichst gut annähern sollte. Der Sozial- und Gesundheitswissenschaftler Klaus Hurrelmann (*1944) bietet eine Definition mit der Komponente der Entwicklung und Lösung an. Gesundheit ist

> *das Stadium des Gleichgewichtes von Risikofaktoren und Schutzfaktoren, das dann eintritt, wenn einem Menschen eine Bewältigung sowohl der inneren (körperlichen und psychischen) als auch der äußeren (sozialen und materiellen) Anforderungen gelingt. Gesundheit ist ein Stadium, das einem Menschen Wohlbefinden und Freude vermittelt.*
>
> Hurrelmann, Klaus (2006): Gesundheitssoziologie. Juventa, Weinheim, S. 146

Gesundheits- bzw. Krankheitsmodelle

Geschichtlich betrachtet war Gesundheit bereits seit der Antike ein hochbewertetes Ziel der Menschen und eine bedeutsame Voraussetzung für ein glückliches Leben. Aus der damaligen Anschauung heraus, dass Gesundheit wie auch Schönheit ein Geschenk waren, entwickelte sich später die Anschauung, dass die Menschen selbst für ihre Gesundheit sorgen konnten. Bereits früher wurden die äußeren Umstände für die Gesundheit als wichtig erachtet. Trotzdem überwog bis ins 20. Jahrhundert der Gedanke, dass Gesundheit eher eine medizinische Angelegenheit sei. Es kristallisierten sich dazu zwei wesentliche Krankheitsmodelle heraus.

- Biomedizinisches Krankheitsmodell
  Im biomedizinischen Krankheitsmodell erscheint der Mensch als eine Art Getriebe, in dem alles einwandfrei zusammenspielen und funktionieren sollte. Dazu werden die Aufgaben dieser Maschine untersucht. Ein fehlerhaftes Funktionieren wird mit einem Mangel begründet. Nach dieser Denkweise werden in den letzten zweihundert Jahren zahlreiche Krankheiten erforscht und erfolgreich bekämpft.
- Biosoziales Krankheitsmodell
  Im biosozialen Krankheitsmodell erfolgt zur Erklärung von Krankheiten neben dem Fokus auf die körperlichen Funktionen der Blick auf die seelischen und sozialen Einflüsse. Es geht darum, welche besonderen psychischen Belastungen krank machen können. Dieser wichtige neue Gedanke mündete in Wissenschaftszweige, wie z. B. Arbeits- oder Verhaltensmedizin, ist aber immer noch mängel- bzw. krankheitsorientiert.

In der Medizin von heute sind die Ausrichtung an der Krankheit und der Blick auf das isolierte Defizit immer noch weitverbreitet.

Beide Modelle sind ›pathogenetische‹ Modelle. Sie gehen der Frage nach, welche Risikofaktoren für eine Erkrankung bestehen und wie die Krankheit vermieden werden kann. Heute wird Gesundheit als ein mehrdimensionales Konzept verstanden.

Pathogenese
Krankheitsentstehung

Salutogenese
Gesundheitsentstehung

Modell der Salutogenese

Im Gegensatz zu den pathogenetischen Modellen entwickelte Aaron Antonovsky (1923–1994) das ›Salutogenese-Modell‹. Der israelische Gesundheitswissenschaftler und Sozialmediziner erforschte, welche Fertigkeiten und Gegebenheiten nötig sind, damit der Mensch Gesundheit selbst erlangen kann, und beschäftigte sich mit den Gründen, wie und warum Menschen trotz widriger Umstände gesund bleiben. Antonovsky war ein Verfechter des dynamischen Gesundheitsbegriffes, bei dem es nicht mehr um einen Zustand geht, sondern auf den beweglichen Vorgang der Entstehung und Bewahrung von Gesundheit zwischen den Extremen „totale Gesundheit“ und „größtmöglicher Krankheit“ bis hin zum Tod. Der Fokus liegt in diesem dynamischen Prozess auf der Gesundheitsförderung und wichtigen Schutzfaktoren als Voraussetzung der Gesunderhaltung, was auch großen Einfluss auf die Gesundheitserziehung hat.

Kohärenz
Zusammenhang

Antonovsky stellte fest, dass Menschen sehr unterschiedlich mit den Stressoren im Leben umgehen. Ob ein Mensch unter dem Einfluss dieser Stressoren krank wird oder nicht, wird im Wesentlichen durch zwei Faktoren bestimmt: den ›**Kohärenzsinn**‹ und die **Widerstandsressourcen**.

Mit dem **Kohärenzsinn** ist eine in der Kindheit und Jugend erworbene Lebensorientierung gemeint, die von folgenden Grundannahmen ausgeht:

- Verstehbarkeit: „Die Anforderungen des Lebens sind strukturiert, vorhersagbar und erklärbar.“
- Handhabbarkeit: „Ich besitze die nötigen Ressourcen, um den Anforderungen gerecht zu werden.“
- Bedeutsamkeit: „Es lohnt sich, die Anforderung als Herausforderung anzunehmen und zu bewältigen.“

Der einmal herausgebildete starke Kohärenzsinn auf der Grundlage von positiven Verstärkern, wie z. B. guten Erfahrungen und Bestätigung, sowie äußeren Stützen, z. B. einer intakten Familie, bleibt ein Leben lang relativ beständig.

Widerstandsressourcen eines Menschen können „generalisiert“, d. h. in jeglicher Situation, eingesetzt werden. Antonovsky unterschied dazu:

Körperliche Ressourcen
wie z. B. Kondition, organische Funktionsfähigkeit, Kraft

Soziokulturelle Ressourcen,
wie z. B. gesellschaftliche Werte, kulturelle Dazugehörigkeit, Glaube

Psychische Ressourcen
wie z. B. Selbstwertgefühl, Intelligenz, emotionale Stabilität

Soziale Ressourcen
wie z. B. Beziehungen und Eingebundensein in Familie und Umfeld

Materielle Ressourcen
wie z. B. finanzielle Mittel, Verfügbarkeit von Dienstleistungen, Technik

Diese Ressourcen stehen in immerwährender Wechselwirkung. Die Lebenserfahrung wird von den Widerstandsressourcen geprägt. Inwieweit auf diese Quellen zurückgegriffen werden kann, hängt davon ab, wie stark der Kohärenzsinn ausgebildet ist.

Der moderne Gesundheitsbegriff

In der Zusammenfassung können folgende Elemente des Gesundheitsbegriffes aufgeführt werden:

- subjektives Wohlbefinden mit dem Empfinden von innerer Zufriedenheit und Ausgeglichenheit
- Abwesenheit von Krankheit im Sinne von behandlungsbedürftigen Krankheiten oder Beschwerdefreiheit
- Lebensqualität im Sinne eines angenehmen Lebens mit überwiegend positiven Merkmalen
- Leistungsfähigkeit, um verschiedene Anforderungen im Leben erfüllen zu können und in verschiedenen Situationen handlungsfähig zu sein
- Belastbarkeit für die Annahme oder Bewältigung unterschiedlicher alltäglicher Belastungen
- Steuerung durch eigenes Verhalten im Sinne von Herbeiführung oder auch Kauf von Leistungen

Nachhaltigkeit

Wie können Menschen in sozialpädagogischen Einrichtungen schon heute für ihre zukünftige Gesundheit und die kommender Generationen sensibilisiert werden?

REFLEXION | **IMPULS** | LERNORTKOOPERATION

Wie lautet Ihre Definition von Gesundheit? Welches Element ist Ihnen besonders wichtig? Begründen Sie Ihre Haltung.

Gesundheitsförderung und Prävention

Aus den Elementen des Gesundheitsbegriffes und dem Umdenken von der Pathogenese zur Salutogenese ergeben sich verschiedene Formen krankheitsverhindernder und gesundheitsfördernder Aktivitäten.

In der **Prävention** (Vorbeugung) sollen von vornherein Krankheiten vermieden und abzusehende gesundheitliche Belastungen beseitigt werden. Sie orientiert sich am sogenannten ›Risikofaktorenmodell‹. Man unterscheidet drei Formen der Prävention:

Risikofaktoren

Faktoren (Zustände, Befunde, Verhaltensweisen etc.), welche die Wahrscheinlichkeit erhöhen, an einer bestimmten Krankheit zu erkranken. Risikofaktoren für Herzinfarkt sind z. B.: zunehmendes Alter, Rauchen, Übergewicht, Stress, erhöhte Cholesterinwerte, Gefäßschädigungen, Diabetes mellitus, familiäre Veranlagung.

Präventionsform	Ziel	Beispiel
Primärprävention	Das Auftreten einer Krankheit oder Störung wird verhindert.	Anti-Rauch-Kampagne Impfung
Sekundärprävention	Eine Krankheit oder Störung wird möglichst frühzeitig erkannt und behandelt.	Früherkennungsuntersuchung U1–U9 medizinische Therapie
Tertiärprävention	Ein Rückfall oder eine Chronifizierung einer Erkrankung wird verhindert, mögliche Krankheitsfolgen werden gemildert.	Rehabilitationsmaßnahmen

Tab. 1.7 Formen der Prävention

Prävention dient also primär der Krankheitsverhütung, folgt demnach eher der pathogenetischen Betrachtungsweise.

Die Ottawa-Charta finden Sie im Internet:
www.euro.who.int/__data/assets/pdf_file/0006/129534/Ottawa_Charter_G.pdf

Gesundheitsförderung wird in der Ottawa-Charta der Weltgesundheitsorganisation (WHO) von 1986 so definiert:

> *Gesundheitsförderung zielt auf einen Prozess, allen Menschen ein höheres Maß an Selbstbestimmung über ihre Gesundheit zu ermöglichen und sie dadurch zur Stärkung ihrer Gesundheit zu befähigen.*
> Ottawa-Charta zur Gesundheitsförderung 1986

Mit dem erweiterten Fokus auf Gesundheit als grundlegendes Menschenrecht sind gewisse grundständige Voraussetzungen wie z. B. Frieden, Nahrung, Wohnung und stabiles Ökosystem verbunden. Dieses Verständnis erfordert eine gesundheitsfördernde Politik und ihre Ausführung, eine gesundheitsfördernde Lebensumwelt, die Förderung gesundheitsbezogener Konzepte und die Ausbildung von Kompetenzen.

BEISPIEL Im Hort „Panama" erzählt der elfjährige Ivo, dass der Nachbarsbauernhof seine 5000 Hühner töten muss, weil eine Krankheit die Tiere befallen hat und keine Medikamente mehr helfen. Daraus entwickelt sich eine Diskussion über Nahrungsüberschuss und -mangel. Das Erzieherteam beschließt, mit den Kindern eine Projektreihe zu diesem Thema zu beginnen, die für den Zusammenhang von Nahrung, Umwelt, Frieden und Weltpolitik sensibilisiert.

In der sozialpädagogischen Arbeit kommt der **Gesundheitsbildung und -erziehung** eine entscheidende Bedeutung zu. Zum einen geht es dabei um die gezielte Vermittlung von Wissen über eine gesunde Lebensweise, zum anderen steht die Erziehung zur Befähigung im Mittelpunkt, damit Kinder und Jugendliche Bereitschaft und Motivation entwickeln, selbst Verantwortung für ihre Gesundheit zu übernehmen.

BEISPIEL Die Jugendlichen einer betreuten Wohngruppe machen sich Gedanken zur eigenständigen Lebensführung. Einmal pro Woche wird zusammen gekocht. Bisher beherrschen sie schnelle Gerichte wie Pizza und Backofenpommes. Im Fernsehen haben sie nun einen berühmten Buchautor gesehen, der das Thema „Gesund und preiswert kochen" propagiert. Daher möchten sie ihr Repertoire an Rezepten erweitern. Sie äußern den Wunsch, mindestens zweimal pro Woche gemeinsam zu kochen.

Förderung von Medienkompetenz
Welche sinnvollen Formen der Gesundheitsberatung bieten die Medien?

Gesundheitsberatung ist wichtig, um Erziehende zu unterstützen und lernprozessanregende Ideen und zu Veränderung ermutigende Hinweise für angemessenes Gesundheitsverhalten zu vermitteln.

Kinder und Jugendliche sollen ihre Kompetenzen nicht nur auf dem Gebiet der Lebenspraxis, sondern auch im Bereich der individuellen und sozialen Kompetenzen erweitern, damit sie aktiv auf ihre Gesundheit Einfluss nehmen können. Dazu gehören z. B. Entscheidungsfähigkeit, Problemlösefähigkeit, Selbstbewusstsein, Kreativität, Empathie, Steuerung von Emotionen und Kommunikation. Grundlage ist ein ›ganzheitliches Menschenbild‹.

ganzheitliches Menschenbild → *S. 151 Band 1*

BEISPIEL In der Wohngruppe „Winterberg" haben die unterschiedlich beeinträchtigten erwachsenen Bewohner ihr Freizeitverhalten bisher auf Konsum ausgerichtet. Ein neuer Mitarbeiter bringt besondere Qualifikationen als Fitnesstrainer mit. Dieser regt mit Teamspielen dazu an, dass sich die Bewohner regelmäßig aktiv für ihre Gesundheit einsetzen. Der Tag beginnt jetzt mit Frühsport, den der Bewohner Herr Meier anleitet.

Gesundheit von Kindern und Jugendlichen heute

Im UNICEF-Bericht zur Lage von Kindern in Industrieländern 2013 liegt Deutschland insgesamt auf Rang 6 von insgesamt 29. Im Bereich Gesundheit und Sicherheit erreicht Deutschland jedoch nur Platz 12. Defizite bestehen besonders in Bezug auf Säuglingssterblichkeit, Geburtsgewicht und die Impfraten.

Das Robert Koch-Institut stellte 2007 in seiner Langzeitstudie zur Gesundheit von Kindern und Jugendlichen in Deutschland (KiGGS) fest, dass bei Kindern chronische Krankheiten, Übergewicht und Verhaltensauffälligkeiten erheblich zugenommen haben. Aufgeführt werden Bronchitis oder Neurodermitis für rund ein Zehntel der Kinder, Übergewicht für ca. 15 % und Essstörungen für erschreckende 20 %. Der Blick auf die Gewalterfahrungen mit 20 % ist ebenso alarmierend. Für ein Drittel der Jungen und ein Viertel der Mädchen ist es normal, einmal die Woche Alkohol zu trinken. Der Konsum von Drogen wie Haschisch und Marihuana betrifft ca. 7,5 %. Soziale Benachteiligung wie geringere Schulabschlüsse der Eltern, Arbeitslosigkeit und Migrationshintergrund sowie ein Verzicht auf den Besuch von Kindertageseinrichtungen in frühen Kindheitsjahren wirken sich ebenfalls negativ auf die Gesundheit von Kindern und Jugendlichen aus.

Es gibt aber auch positive Entwicklungen. So hat sich beispielsweise der Anteil der rauchenden Jugendlichen zwischen zwölf und 17 Jahren innerhalb von zehn Jahren zwischen 2001 und 2011 mehr als halbiert und liegt nun auf einem historischen Tiefstand bei 13 %. Auch die Zahngesundheit hat sich verbessert. Hatte Mitte der 1990er Jahre ein zwölfjähriger Jugendlicher noch durchschnittlich 2,4 wegen Karies gefüllte oder entfernte Zähne, waren es im Jahr 2007 nur noch 0,7.

Hier finden Sie den UNICEF-Bericht zur Lage von Kindern in Industrienationen:
www.unicef.de/presse/2013/unicef-bericht-20130/

Langzeitstudie zur Gesundheit von Kindern und Jugendlichen in Deutschland:
www.kiggs-studie.de

Hier finden Sie die Ergebnisse der internationalen HBCS-Studie, die das gesundheitsrelevante Verhalten von elf- bis 15-jährigen Schülern untersucht:
http://hbsc-germany.de

Gesellschaftliche Chancen beeinflussen in hohem Maße die Gesundheit und das Wohlergehen von Kindern und Jugendlichen. Negativ ausgedrückt sind daher soziale Benachteiligung und Armut mit gesundheitlichen Belastungen wie z. B. chronischen Krankheiten oder psychischen Belastungen verbunden. Im Zustand der Gesundheit von Kindern und Jugendlichen spiegelt sich auch die Lebensweise der Familie mit der alltäglichen Ernährungsweise oder dem Bewegungsverhalten. Diese Gewohnheiten beeinflussen die Gesundheit. Die Erziehung zu einem gesundheitsförderlichen Verhalten kann daher nicht früh genug ansetzen, da spätere Probleme wie z. B. Sucht oder Übergewicht häufig in früher Kindheit ihren Ursprung haben.

Abb. 1.8 Der Anteil der rauchenden Jugendlichen nimmt ab.

Resilienz → S. 424 Band 1

Die ›**Resilienzforschung**‹ hat ergeben, dass es heute viele Einflüsse gibt, welche die Gesundheit von Kindern und Jugendlichen fördern.

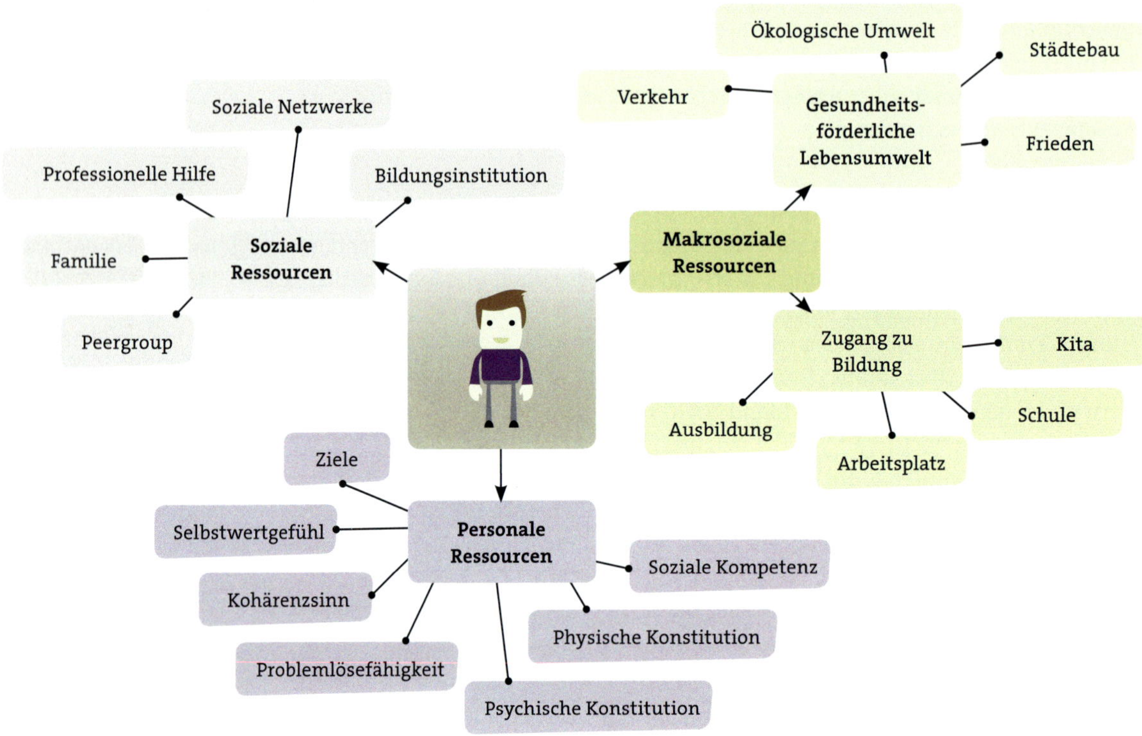

1.1.5 Veränderungen des Bewegungsverhaltens

Begriffsklärung

Bewegung ist allgemein gefasst eine Ortsveränderung in Bezug auf Raum und Zeit. Für einen Menschen bedeutet Bewegung letztlich Leben, da sie nicht nur die Bewegungsfähigkeit und das ungerichtete oder zielgerichtete Bewegungsverhalten einschließt, sondern ihm ermöglicht, sich die Umwelt zu erschließen und somit handlungsfähig macht. Mit Bewegung ist Erfahrung verbunden, sie kann Ausdruck des Individuums sein. Im Sprachgebrauch deuten Ausdrücke wie z. B. Arbeiterbewegung oder Frauenbewegung auf diese Bedeutung hin.

Vom Begriff der Bewegung können die Begriffe Motorik und Psychomotorik abgegrenzt werden:

- **Motorik** umfasst alle Prozesse, die die Haltung und Bewegung steuern und kontrollieren, also auch Vorgänge wie die Sinneswahrnehmung, die Aufnahmefähigkeit, die Erkenntnis oder die Motivation. Weite Teile der Motorik lassen sich nicht beobachten.
- **Psychomotorik** bezeichnet das Zusammenspiel zwischen psychischem Erleben und Bewegung. Es ist ein Oberbegriff für verschiedene pädagogische und therapeutische Konzepte, die Wahrnehmung und Bewegung gleichermaßen fördern sollen. Der Sportpädagoge Ernst Kiphard (1923–2010) gilt als Begründer der deutschen Psychomotorik. Andere psychomotorische Konzepte wurden z. B. von der US-amerikanischen Psychologin Anna Jean Ayres (1920–1989) oder dem französischen Sportpädagogen Bernard Aucouturier (*1934) entwickelt.

In der ganzheitlichen Betrachtung kann der Mensch als Bewegungswesen verstanden werden, das auf Erfahrungen zurückblickt, die aus seinem bewegten Leben entstanden sind. Diese Erlebnisse beziehen sich nicht nur auf die Wahrnehmung des eigenen Körpers, sondern auf die geistigen Prozesse, die damit verbunden sind oder im übertragenen Sinn die menschliche Weltbegegnung in Bezug auf das Selbst im Raum und in der Zeit prägen. Bewegung ist in den sozialen Kontext eingebunden. So ist z. B. das ›Explorationsverhalten‹ von Kleinstkindern mit Bewegung verbunden. In der Hirnforschung wird Bewegung als grundsätzliches Prinzip für kindliches Lernen betrachtet.

Exploration
lat. explorare: nachforschen
Untersuchung, Erkundung

Abb. 1.9 Bewegung hat verschiedene Ausdrucksformen.

Bewegungsverhalten im Wandel

Die Lebenssituation von Kindern und Jugendlichen hat sich in den letzten Jahrzehnten nachhaltig verändert:

- Die Umwelt ist zunehmend technisiert und motorisiert.
- Bewegung und ›Spiel‹ werden häufig auf abgegrenzte Bereiche beschränkt oder finden nur noch in dafür arrangierten Umgebungen statt, die kaum noch selbstbestimmt erforscht werden können.
- Das Spielen auf der Straße stellt oftmals eine Gefahr dar, sogar in Spielstraßen mit reduzierter Geschwindigkeit sind Kinder oft nicht sicher.
- Das Spielen verlagert sich immer mehr auf den Wohnraum, der sich aufgrund hoher Kosten verkleinert.
- Die weitere Wohnumgebung von Kindern und Jugendlichen ist meistens bebaut oder abgegrenzt, sodass immer weniger Möglichkeiten für natürliche Bewegungsabläufe bleiben, die mit selbstbestimmten Spielen sowie Forschen und Entdecken verbunden sind.
- In ihren Spiel- und Bewegungsmöglichkeiten sind Kinder und Jugendliche häufig auf Erwachsene angewiesen, die sie transportieren.
- Das Spielen und Bewegen ist ›„verinselt“‹, findet oft unter Aufsicht der Erwachsenen statt und ist in deren Zeitplan eingebunden.
- Durch den Rückgang der Kinderzahl in Deutschland insgesamt sowie die Organisation des Alltags der Kinder durch Erwachsene treffen Kinder immer weniger auf andere Kinder, mit denen sie kreativ ihren Bewegungsdrang ausleben können. Das gemeinsame Spielen wird zurückgedrängt zugunsten von Verweilen in der häuslichen Umgebung.
- Ein erhöhter ›Medienkonsum‹ führt zu Bewegungsarmut.

Spiel → S. 186

Verinselung
Soziologischer Begriff für das Phänomen, dass es für Kinder in einer Erwachsenenwelt nur noch Inseln wie Schule, Spielplatz, Sportverein, Musikschule etc. gibt, die sie einzig mithilfe Erwachsener aufsuchen können.

Medienkonsum → S. 347

Langzeitstudie zur Gesundheit von Kindern und Jugendlichen in Deutschland:
www.kiggs-studie.de

ZUM WEITERDENKEN Vor dem Fernseher oder Computer sitzend wird die Umwelt nicht mehr in Bewegung eingenommen und erlebt, sondern visuell und auditiv, quasi aus zweiter Hand erfahren. Obwohl Kinder und Jugendliche mit Spielkonsolen u.Ä. die Welt scheinbar selbst in Bewegung versetzen oder sich teilweise selbst bewegen, verbringen sie damit weitere Zeit größtenteils sitzend. Andererseits treiben einer Studie zum Gesundheitszustand von Kindern und Jugendlichen in Deutschland des Robert Koch-Instituts von 2007 zufolge 95 % der Vier- bis 17-jährigen regelmäßig Sport, die Hälfte davon sogar in einem Verein.

Bewegung und Gesundheit stehen in einem unmittelbaren Zusammenhang. Die negativen Folgen des Bewegungsmangels für Kinder und Jugendliche sind weitreichend. Neben körperlichen Beeinträchtigungen, wie Übergewicht, Haltungsschäden oder Bewegungsauffälligkeiten, kann durch fehlende Sinneserfahrungen und mangelnde Reizverarbeitung auch die geistige Entwicklung gehemmt werden.

REFLEXION — **IMPULS** — LERNORTKOOPERATION

Auch positive Veränderungen lassen sich beobachten. So unterscheidet sich z.B. die heutige Gestaltung von Spielplätzen enorm von der früheren und erlaubt vielfältige Bewegungen. Gehen Sie aufmerksam mit einem ressourcenorientierten Blick durch Ihren Stadtteil. Wo und durch wen werden gezielt Bewegungsangebote für Kinder und Jugendliche gemacht? Wie sind diese Angebote gestaltet? Welche weiteren Ressourcen können für ein Bildungsangebot im Bereich Bewegung genutzt werden?

1.1.6 Veränderungen im Ernährungsverhalten

Die Arbeitsgemeinschaft Ernährungsverhalten e.V. (AGEV) liefert interessante Informationen:
www.agev.net

Ernährungsverhalten
Mit dem Begriff Ernährungsverhalten ist nicht nur das Essen und Trinken gemeint. Vielmehr umfasst Ernährungsverhalten alle Prozesse der Beschaffung, Zubereitung, des Verzehrs und der Nachbereitung von Nahrung bzw. Lebensmitteln. Je nach Betrachtungsweise können dabei unterschiedliche Schwerpunkte gesetzt werden, z.B. natur-, sozial- oder kulturwissenschaftliche.

Ernährungsverhalten im Wandel
Die Ernährung in unserem Kulturkreis steht in engem Zusammenhang mit den Lebensbedingungen der Menschen. Einige Beispiele:

- Während zu Urzeiten die Menschen als Jäger und Sammler zeitweise Nahrung im Überfluss hatten, aber auch längere Hungerperioden überstehen konnten, kam mit der Sesshaftigkeit die gezielte Versorgung und Vorratshaltung auf.
- Durch die Kolonialisierung kamen neue, bislang unbekannte Nahrungs- und Genussmittel, wie z.B. Kartoffeln, Kakao oder Kaffee, hinzu.
- In einer sich immer weiter entwickelnden Gesellschaft in ärmere und reichere Schichten waren nicht alle Nahrungsmittel allen gleich zugänglich und es zeigten sich die Auswirkungen schlechter Ernährung sowohl in Form von Mangelernährung als auch von Ernährung im Überfluss.

- Die Industrialisierung führte dazu, dass Menschen sich nicht mehr selbst versorgten, und Nahrung in großen Mengen produziert werden musste. Auch die Gemeinschaftsverpflegung an Arbeitsstätten oder in Einrichtungen wurde eingeführt.
- Während der Weltkriege stand die Befriedigung der elementaren Nahrungsbedürfnisse im Vordergrund.
- In der Nachkriegszeit wuchs die Lebensmittelindustrie. Nahrungs- und Genussmittel werden seither immer weiter bearbeitet und verfeinert, das Ernährungsverhalten wird immer heterogener.

Ernährung heute
Heute ist Ernährung für viele Menschen ein wichtiges, zentrales Thema. Ihr Ernährungsverhalten wird durch folgende Faktoren beeinflusst:

- **Erziehung**
  Bevorzugung oder Ablehnung im Essverhalten ist stark davon abhängig, welche Lebensmittel in der Kindheit zur Verfügung standen. Die Ernährungsauswahl sollte daher für ein Kind im Elternhaus breit und ausgewogen sein. Je mehr ein Kind von Anfang an vielfältige Speisen probieren kann, desto größer ist die Aussicht, dass es sich als Erwachsener abwechslungsreich und ausgewogen ernährt. Die Akzeptanz eines neuen Geschmacks kann durch folgende Faktoren gefördert werden:
  - Das Kind kann ein breites Spektrum von Lebensmitteln probieren und lernt so die ganze Vielfalt der Möglichkeiten und Geschmacksrichtungen kennen.
  - Das Testen neuer Lebensmittel erfolgt ohne Druck und Zwang, damit der freiwillige Probierfaktor erhalten bleibt.
  - Die zunehmend eigenständige Vor- und Zubereitung erhöhen die Motivation, sich auch mit anderen Speisen oder Rezepten auseinanderzusetzen.
  - Die Erwachsenen fungieren als Vorbild in ihrem Essverhalten, u.a. auch mit Äußerungen und Wertschätzung zur Nahrung.
  - Im Sinne des Lernens am Modell wird sich ein Kind auch am Essverhalten der besten Freundin / des besten Freundes orientieren.
  - Mit dem Kosten sind positive Erlebnisse verknüpft, wenn z.B. neue Speisen im Urlaub probiert werden.

Nachhaltigkeit
Wie kann Ernährungsverhalten das Umweltbewusstsein nachhaltig beeinflussen?

  Die Kultur der Essgewohnheiten prägt sich in der Erziehung auch im Familiengefüge aus. Neben Tischbräuchen gehören dazu auch Rituale in der Familie, die mit der gemeinsamen Nahrungsaufnahme verbunden sind. Hierüber erfolgt die Verinnerlichung von Zugehörigkeit, Geborgenheit und Gemeinschaft. Eltern können diese Rituale formen durch
  - festgelegte Zeiten, an denen sich die Familie am Tisch zum Essen trifft, auch wenn es vielleicht zeitlich nur einmal am Tag passt,
  - einladende und behagliche Tischdekoration in ansprechenden Räumen,
  - Pflege von Familientraditionen mit bestimmten Gerichten zu gegebenen Gelegenheiten, z.B. Geburtstagskuchen, Osterfrühstück,
  - rücksichtsvolle Tischsitten und gemeinsame Absprachen, z.B. zum Beginn des Essens.

- **Religion und Kultur**
  Es kommt darauf an, welche Lebensmittel z. B. aufgrund klimatischer oder wirtschaftlicher Bedingungen zur Verfügung stehen und wie diese zubereitet werden. Fremd oder neu erscheinende Esskulturen sollten daher tiefer gehend erprobt werden, damit Eindrücke aus erster Hand entstehen können. Religiöse Bräuche müssen toleriert werden. Im Islam ist beispielsweise der Verzehr von Alkohol nicht erlaubt. In muslimischer und jüdischer Tradition wird z. B. kein Schweinefleisch verspeist.

- **Lebensstil und Alltagsgestaltung**
  Es kommt darauf an, wie viele Personen in einem Haushalt leben und ob diese jeweils zusammen oder alleine essen. Weiterhin hängen die von Lebens- und Arbeitsstil geprägten Angewohnheiten davon ab, wie viel Geld für Nahrung in der Familie zur Verfügung steht. Die Art der Nahrungsaufnahme begründet sich auch daraus, wie viele Stunden man überhaupt zu Hause verbringt und ob man dadurch eher zu Hause oder in der Institution (Kindergarten, Schule, Hort) bzw. auf der Arbeit isst. Daraus resultiert auch die Art der zuhause eingenommenen Mahlzeiten. Der Ort der Nahrungsaufnahme und die eigene oder fremde Zubereitung spielen ebenfalls eine Rolle. Kritisch ist z. B. das Essen vor dem Fernseher, da die Nahrungsaufnahme dann oft unbewusst abläuft.

- **Mode und Medien**
  Viele Studien konnten nachweisen, dass in den Medien vielversprechend beworbene Produkte das Essverhalten lenken. Mit prominenten Werbeträgern, z. B. Sportlern, die als Rollenvorbild dienen können, kann dieser Effekt noch verstärkt werden. Durch diverse Schlagzeilen, wie z. B. Nahrungsmittelskandale, in den Medien, aber auch saisonal bedingte Kampagnen entstehen Massentrends, die ein Nahrungsmittel dann bevorzugen oder ablehnen und neue Essgewohnheiten aufkommen lassen.

Abb. 1.10 Die Currywurst gilt als typisch deutsches Gericht.

Abb. 1.11 Viele Menschen essen unterwegs.

Abb. 1.12 Werbekampagnen beeinflussen das Ernährungsverhalten.

Es gibt ein vielfältiges, immer verfügbares Angebot von Nahrungsmitteln. Die Einstellungen dazu und das Ernährungsverhalten sind ebenso mannigfaltig. Hier können nur einige der Herausforderungen, die sich daraus ergeben, genannt werden:

„Kinder und Jugendliche erleben heutzutage leider gar nicht mehr die Herstellung von Mahlzeiten. Fertiggerichte, Tiefkühlkost und Konserven sind leicht und schnell verfügbar. Der Anbau, die Verarbeitung und Zubereitung von Nahrung werden von anderen übernommen. Das kriegen die gar nicht mehr mit."

„Ich esse alles, was mir schmeckt."

„Diese unnatürliche Produktion unserer Nahrungsmittel, wie z. B. Gentechnik, lange Transportwege von Gemüse oder Massentierhaltung, und die damit verbundenen Folgen für unsere ökologischen Systeme gefallen mir nicht. Ich kaufe vermehrt regionale Artikel oder Bio-Produkte und achte auf Inhaltsstoffe."

„Weil ich zu wenige Vitamine esse, nehme ich jetzt immer diese Vitaminpillen"

„Meine Tochter ist nicht dick. Aber sie vergleicht sich mit diesen superschlanken bis untergewichtigen Models in der Werbung und den Casting-Shows und will unbedingt abnehmen."

„Immer, wenn ich von diesen Lebensmittelskandalen höre, denke ich, ich sollte mein Ernährungsverhalten ändern, z. B. kein Fleisch mehr essen oder keine Erdbeeren aus Übersee kaufen. Aber wenn der Skandal verebbt ist, esse ich wieder wie gewohnt."

„Meine Familie und ich ernähren uns seit zwei Jahren vegan."

Empfehlungen für eine ausgewogene Ernährung

www.dge.de

Angesichts der gesellschaftlichen Veränderungen und der Folgen von Mangel-, Fehl- und Überernährung spielt eine ausgewogene Ernährung eine bedeutende Rolle.
In Deutschland hat neben anderen Institutionen die Deutsche Gesellschaft für Ernährung (DGE) auf der Basis wissenschaftlicher Erkenntnisse zehn Regeln für eine gesunde Ernährung entwickelt. Berücksichtigt wurden dabei die empfohlene Zusammensetzung und das erforderliche Mengenverhältnis der Nahrungsmittel von sieben verschiedenen Lebensmittelgruppen. Die bestmögliche Mischung dieser sieben für den täglichen Speiseplan ist im Ernährungskreis verzeichnet. Neben den Hinweisen zur Auswahl der Nahrung sind schonende Zubereitung und die Verteilung auf mehrere Mahlzeiten aufgenommen.

Förderung von Medienkompetenz
Wie kann der Umgang mit grafischen Darstellungen in Bildungsangeboten gefördert werden?

Vollwertig essen – und gesund bleiben

Nach den 10 Regeln der Deutschen Gesellschaft für Ernährung (DGE)

1. Vielseitig essen
2. Reichlich Getreideprodukte und Kartoffeln
3. Gemüse und Obst: Nimm „5" am Tag!
4. Täglich Milch und Milchprodukte; ein- bis zweimal Fisch pro Woche; Fleisch, Wurst und Eier in Maßen
5. Wenig Fett und fettreiche Lebensmittel
6. Zucker und Salz in Maßen
7. Reichlich Flüssigkeit: rund 1,5 Liter Wasser oder kalorienarme Getränke täglich
8. Essen schmackhaft und schonend zubereiten
9. Sich Zeit nehmen, das Essen genießen
10. Aufs Gewicht achten, in Bewegung bleiben

Empfohlene Zusammensetzung des Speiseplans*

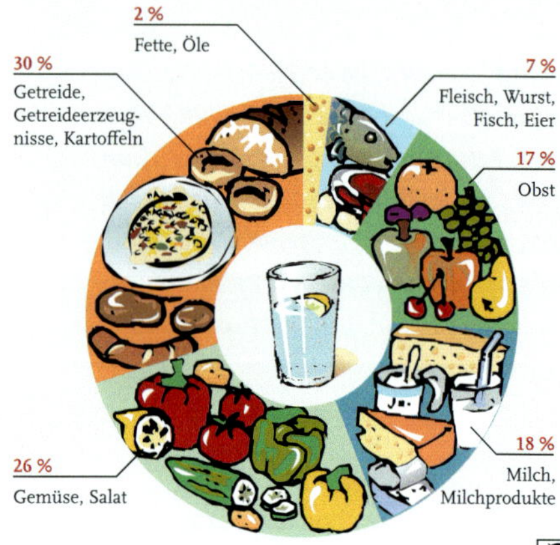

*Mengenverhältnis

© Globus 9705

Abb. 1.13 Ernährungsregeln und Ernährungskreis

Bis zu einem halben Jahr sollten die Kinder möglichst gestillt werden, weil Muttermilch wichtige Abwehrstoffe enthält und angepasst an die Bedürfnisse leichter verdaulich ist. Zudem sind gestillte Kinder selten übergewichtig und das Allergierisiko wird gemindert. Der Muttermilch angepasste Säuglingsnahrung wird angeboten, wenn Stillen nicht möglich ist. Bei Säuglingen ist aufgrund der Entwicklung ihrer Verdauungsorgane zu beachten, dass möglichst erst ab dem fünften bis sechsten Monat eine Milchmahlzeit durch Gemüsebrei ggf. mit Zusatz von gekochtem, magerem und zerkleinertem Fleisch zu ersetzen ist. Dann erfolgt etwa einen Monat später der Ersatz einer weiteren Mahlzeit durch einen Brei. Schrittweise werden die Säuglinge an die Kost der Kleinkinder oder Familie herangeführt.

Für Kinder und Jugendliche gelten folgende Ernährungsempfehlungen:
- Ausreichendes Trinken von ungesüßten oder nur sehr wenig gesüßten Getränken (Wasser, Tee, verdünnte Säfte) ist aufgrund eines erhöhten Flüssigkeitsbedarfs von Kindern und Jugendlichen wichtig.
- Das Angebot an Milch und Milchprodukten sollte für den hohen Calciumbedarf für den Knochenbau im Wachstum täglich gegeben sein.
- Zwischenmahlzeiten und Snacks sollten aus frischem Obst oder Gemüse bzw. Vollkornprodukten bestehen.
- Die Energiezufuhr sollte nicht zu hoch sein.
- Süßigkeiten sollten nur sehr maßvoll gegessen werden, gute Alternative ist Obst.

ZUM WEITERDENKEN Laut der Studie zur Gesundheit von Kindern und Jugendlichen in Deutschland des Robert Koch-Instituts von 2007 nimmt der überwiegende Teil der Kinder und Jugendlichen zu wenig Brot, Getreideprodukte und Kartoffeln, zu wenig Milch und Milchprodukte und zu wenig Obst und Gemüse zu sich. Fleisch und Wurst sowie Süßigkeiten und Knabbereien werden dagegen in zu großen Mengen konsumiert.

1.2 Bildungsarbeit im Bereich Gesundheit

1.2.1 Bedeutung und Ziele

Gesundheit ist ein Gut, dessen Wert nicht infrage gestellt wird. Im Bildungsbereich Gesundheit geht es darum, Kinder und Jugendliche dazu zu befähigen, sich gesundheitsgerecht zu verhalten. Im Sinn eines ›salutogenetischen‹ Gesundheitsverständnisses sollen dabei nicht in erster Linie Krankheiten vermieden, sondern ›gesundheitsfördernde‹ Potenziale gestärkt werden.

Salutogenese → S. 154
Gesundheitsförderung → S. 155

Einzelne Ziele der Gesundheitserziehung sind z. B.:
- positives Körperbild, Achtung und Akzeptanz des eigenen Körpers
- ›Resilienzförderung‹
- Freude an gesunder ›Ernährung‹
- Freude an ›Bewegung‹
- Einsatz für eine gesunde, sichere ›Umwelt‹
- richtiges Verhalten bei Unfall und Krankheit

Resilienzförderung → S. 426 *Band 1*
Ernährung → S. 144
Bewegung → S. 144
Umwelt → S. 382

1.2.2 Methodische Grundlagen und Aufgaben der Erzieherin

Gesundheitsförderung in einer sozialpädagogischen Einrichtung richtet sich an alle Beteiligten und umfasst somit Kinder und Jugendliche, deren Eltern und Angehörige, die Beschäftigten und das Umfeld. Daraus ergeben sich unterschiedliche Handlungsfelder, in denen Erzieherinnen aktiv werden.

Handlungsfeld Kinder und Jugendliche
Im Mittelpunkt stehen zwei Fragen:
- Wie können alle Kinder und Jugendlichen zu gesundem Verhalten befähigt werden?
- Wie können Lebensumstände geschaffen werden, die dieses Verhalten ermöglichen?

Erzieherinnen sollten verschiedene Kompetenzen haben:

›Vorbild‹ sein
Es ist wichtig, das eigene Gesundheitsverständnis und -verhalten zu reflektieren. Gesundheit ist kein abstrakter Begriff, sondern muss im Alltag (vor-)gelebt werden. Das geschieht Tag für Tag in vielen alltäglichen Situationen.

Lernen am Vorbild → S. 412 *Band 1*

BEISPIEL Die erfahrene Erzieherin Elsbeth Klei trägt bei Angeboten in der Bewegungshalle wie die Kinder bequeme Kleidung.

←→ Sprachliche Bildung
Mit welchen Worten wird über Gesundheit gesprochen?

Motivieren
Niemand lässt sich gern drohen, abschrecken oder ermahnen. Auch das Vorhalten anderer Menschen als Vorbild motiviert nicht zu einem gesundheitsförderlichen Verhalten. Viel wichtiger ist es, den Nutzen gesundheitsförderlichen Verhaltens deutlich zu machen.

BEISPIEL Während des Elternabends in der Krippe erklären die Erzieher, dass sie mit den Kindern möglichst oft hinausgehen, damit natürliche Bewegungsabläufe erlernt und das Immunsystem gestärkt werden.

Wertschätzung vermitteln
Um ein gesundes Selbstwert- und Körpergefühl zu entwickeln, müssen Kinder und Jugendliche erfahren, dass sie geachtet und auch ihre Besonderheiten wertgeschätzt werden.

BEISPIEL Im Kindergarten „Kleine Strolche" werden häufig Kooperationsspiele in der Bewegungsstunde angeboten. Bei Konkurrenzspielen gab es oft Tränen in Überforderungssituationen. Jetzt ermuntern sich die Kinder gegenseitig und lernen die eigenen Stärken und die der anderen schätzen.

Beziehung ermöglichen
Kinder und Jugendliche entwickeln Widerstandsfähigkeiten, wenn sie stabile emotionale ›Beziehungen‹, ein offenes, konsequentes Erziehungsverhalten sowie eine annehmende, warme Atmosphäre erfahren.

Beziehung → *S. 175 Band 1*

BEISPIEL In der familienanalogen Wohngruppe „Mittelstraße" lebt die zehnjährige Franziska seit einem Jahr. Der klare Tagesablauf sowie die enge Beziehung zur innewohnenden Erzieherin und den anderen Kindern bewirken, dass sie sich immer sicherer fühlt und deutlich seltener krank ist.

Informieren
Kinder und Jugendliche sollen wissen, wie ihr Körper funktioniert und was ihre Gesundheit fördert bzw. hindert. Erzieherinnen haben die Aufgabe, diese Kenntnisse so zu vermitteln, dass sie an die Lebenswelt der Kinder und Jugendlichen anknüpfen, verstanden und als relevant erlebt werden können.

←→ Inklusion
Wie können verschiedene Kinder und Jugendliche adressatengerecht informiert werden?

BEISPIEL Piet Jürgens, Praktikant in der Nachmittagsbetreuung, bringt eine Handpuppe mit, die von ihren Erfahrungen beim Kinderarzt berichtet. Das Erzieherteam richtet nach dieser Einleitung eine Rollenspielecke zum Thema „Informationen über den Körper" ein und leitet mit Requisiten verschiedene Themen an.

Gesundheit im Alltag leben
Gesundes Verhalten muss im Alltag selbstverständlich sein und eingeübt werden. Gesundheitserziehung stützt sich nicht nur auf Informationen, sondern viel mehr noch auf Erfahrungen und Erlebnisse.

BEISPIEL Nach dem Füttern des Kita-Hasen Kasimir wäscht sich die Erzieherin Beke Holst gemeinsam mit den beteiligten Kindern gründlich die Hände.

Handlungsfeld Eltern und Angehörige
Im Mittelpunkt stehen die Fragen:
- Wie kann die ›Erziehungspartnerschaft‹ so gelingen, dass Kinder und Jugendliche sich gesund verhalten und in gesunden Verhältnissen aufwachsen können?
- Wie kann an die Erfahrungen der jeweils anderen Lebenswelt angeknüpft werden?

Erziehungspartnerschaft
→ *S. 564 Band 1*

In diesem Handlungsfeld benötigen Erzieherinnen besonders Kompetenzen in den folgenden Bereichen:

Den Familienalltag wahrnehmen und verstehen
Um die Situation der Kinder und Jugendlichen einschätzen und daran anknüpfen zu können, müssen Erzieherinnen den Alltag kennenlernen.

BEISPIEL Mit dem neuen Schuljahr kommt in den Hort ein Grundschulkind, welches im Rollstuhl sitzt. Der Erzieher besucht bereits vor dem Schuljahresbeginn die Familie, um sich mit dem Alltag des Kindes in Bezug auf seine Bewegungsmöglichkeiten vertraut zu machen.

Eltern bzw. Angehörige beteiligen
Über gesundes Verhalten und gesundheitsförderliche Verhältnisse gibt es sehr unterschiedliche Auffassungen. Erzieherinnen müssen sich mit Eltern und anderen Angehörigen darüber austauschen und gemeinsam Strategien zur Gesundheitsförderung entwickeln.

BEISPIEL Auf Anregung der Eltern geht der Kindergarten „Wiesenblumen“ ganz neue Wege. Wöchentlich wird vormittags ein Kochangebot für Eltern, abends gemeinsames Joggen initiiert. Als die Kinder davon hören, wünschen sie sich eine Beteiligung, sodass immer abwechselnd gemeinsame Aktionen entstehen.

Beraten
Gesundheitsrelevante Kenntnisse und Fertigkeiten sind nicht selbstverständlich vorhanden. Auf einer partnerschaftlichen Ebene können Erzieherinnen zu verschiedenen Themen informieren, beraten oder auch Fortbildungen durchführen bzw. diese veranlassen.

BEISPIEL Immer wieder werden die Erzieherinnen in der Krippe auf die Unsicherheiten der Eltern in Bezug auf Impfungen, Nahrungsergänzungsmittel und andere Gesundheitsfragen aufmerksam. Um die Information weit streuen zu können, entscheidet sich das Team für eine Vortragsreihe „Gesundheit rund ums Kind“ in Zusammenarbeit mit dem Elternbeirat. Zum Teil halten kompetente Erziehungsberechtigte selbst die Vorträge.

Abb. 1.14 Erzieherinnen sind vielfältigen gesundheitlichen Belastungen ausgesetzt.

gesundheitliche Belastungen → S. 143 Band 1
Widerstandsquellen → S. 154

Handlungsfeld Beschäftige

Erzieherinnen und andere Beschäftigte in sozialpädagogischen Arbeitsfeldern sind selbst ›gesundheitlichen Belastungen‹ ausgesetzt. Ihre Vorbildfunktion können sie nur erfolgreich ausfüllen, wenn sie auch die eigene Gesundheit fördern. Im Mittelpunkt steht die Frage:

- Wie können Erzieherinnen trotz vieler Belastungen gesund bleiben?

Ihre Kompetenzen liegen in folgenden Bereichen:

Eigene Stärken und Ressourcen kennen und fördern

›Widerstandsquellen‹ sollten nicht erst bei Überlastung oder Krankheit genutzt werden, sondern dazu dienen, es gar nicht erst so weit kommen zu lassen. Dazu sollten Erzieherinnen die Ressourcen identifizieren und pflegen.

BEISPIEL Eine Erzieherin kommt aus der Kur zurück und schlägt im Team vor, jeden Montag, bevor die Kinder kommen, 15-minütige Achtsamkeitsübungen anzubieten. Zunächst startet freiwillig eine Dreiergruppe. Die Kolleginnen berichten so positiv von dieser Übung, dass schnell das ganze Team einsteigt.

Eigene Belastung wahrnehmen

Körperliche Belastungen durch Lärm, ungünstige Haltungen sowie schweres Heben und Tragen, aber auch psychische Belastungen durch Stress, Konflikte, ungünstige Arbeitsorganisation oder mangelnde Anerkennung werden oft erst erkannt, wenn sie krank machen. Erzieherinnen müssen lernen, erste Anzeichen der Überlastung zu erkennen.

Informationen zu Arbeitsschutz und Gesundheitsförderung von Erzieherinnen finden Sie z. B. hier:

www.gew-berlin.de/documents_public/Arbeitsschutz_und_Gesundheitsfoerderung_in_der_Kita.pdf

BEISPIEL Seit mehreren Wochen kann die Erzieherin Myra Sy schlecht einschlafen. Erst ein Gespräch mit ihrem Freund macht ihr deutlich, dass sie die Probleme in der Kita so sehr beschäftigen, dass sie nicht abschalten kann.

Belastungen vorbeugen und abbauen

Viele gesundheitsschädliche Faktoren können durch eine Änderung des Verhaltens und/oder der Verhältnisse abgebaut oder verringert werden. Erzieherinnen haben die Aufgabe, sich selbst gesundheitsbewusst zu verhalten und sich für gesunde Verhältnisse einzusetzen.

BEISPIEL Die Erzieherinnen im Kinderladen „Eigensinn“ freuen sich darüber, endlich höhenverstellbare Tische und Stühle bekommen zu haben und nicht mehr auf Kinderstühlen sitzen zu müssen.

Handlungsfeld Umfeld

Das Umfeld umfasst neben der Einrichtung auch den ›Sozialraum‹.

Sozialraum → S. 356; S. 638 Band 1

Im Mittelpunkt stehen die Fragen:

- Wie kann das räumliche Umfeld gesundheitsförderlich gestaltet werden?
- Wie können ›Vernetzung‹ und Kooperation zur Gesundheitsförderung genutzt werden?

Vernetzung → S. 533 Band 1

Hier finden sich die Kompetenzen der Erzieherinnen in den folgenden Bereichen:

Abb. 1.15 Außengelände einer Kita mit vielen Bewegungsmöglichkeiten

Innen- und Außenräume gestalten

Räume und Flächen sollten nicht nur so eingerichtet werden, dass sie Krankheiten und Unfälle vermeiden, sondern so, dass sie zu gesundheitsförderlichem Verhalten anregen.

BEISPIEL Im Flur und in verschiedenen Räumen des Hortes einer Grundschule werden Reckstangen, Boxsäcke und Kletterelemente installiert und ein Kicker aufgestellt.

Soziale Integration der Einrichtung im Umfeld fördern

Beteiligung an den Belangen des Sozialraums und gemeinsame Aktivitäten dienen der Gesundheit, weil sie die Integration der Kinder und Jugendlichen und ihrer Familien fördern.

BEISPIEL Die Eltern der Kita „Waldfüchse" beschweren sich in der letzten Zeit darüber, dass die Besucher des benachbarten Jugendclubs und die Schüler der angrenzenden Oberschule vor der Kita rauchen. Schon kurze Zeit später findet ein Treffen aller Mitarbeiterinnen der drei Institutionen statt. Alle sind sich einig, dass im Sommer ein gemeinsamer Gesundheitstag mit unterschiedlichen Angeboten (auch zum Thema Rauchen) für alle Altersstufen stattfinden soll.

Bei gesundheitsrelevanten Projekten und Aktivitäten kooperieren

Der Sozialraum bietet viele Potenziale, die für die Gesundheitsförderung genutzt werden können. Erzieherinnen haben die Aufgabe, nach Kooperationspartnern zu suchen und die Zusammenarbeit konstruktiv zu gestalten.

Partizipation
Wie können Kinder und Jugendliche bei gesundheitsrelevanten Projekten im Sozialraum einbezogen werden?

BEISPIEL Die berufsbildende Schule und der Tagesstättenverbund der evangelischen Kirche veranstalten ein großes Fest im Stadtpark. Das Gesundheitsamt nimmt Kontakt auf und fragt an, ob im Rahmen dieses Festes ein sogenannter „Schnullerbaum" gepflanzt und eingeweiht werden kann. Die Kinder, die sich von ihrem Schnuller trennen, hängen ihren Nuckel an den Baum und nutzen diesen so als Ritual.

1.2.3 Beispiele für die Gestaltung der Bildungsarbeit Gesundheit

Altersgerechte Sexualerziehung in der Kita
Zielgruppe: Drei- bis sechsjährige Kinder

Lebensweltbezug
Die Kinder einer Kindertagesstätte sind am menschlichen Körper und seinen Funktionen interessiert, gehen aber sehr unterschiedlich damit um. Während einige sich gern ausziehen oder den eigenen bzw. fremde Körper untersuchen, scheuen sich andere davor. Die Kinder erleben ihre Unterschiedlichkeit auch im Umgang mit Abgrenzung und Grenzüberschreitung.

Verlauf
Die Erzieherin erzählt im Gemeinschaftskreis eine Tischtheatergeschichte mit kleinen Puppen zum Thema „Ich sage nein". Gemeinsam mit ihrer Kollegin spielt sie eine Szene, in der ein Kind als Puppe ein anderes auffordert, mit ihm aufgrund des heißen Wetters ohne Kleidung ins Planschbecken zu gehen. Als die andere Figur ablehnend antwortet, droht die Puppe: „Wenn du das nicht machst, lade ich dich nicht zu meinem Geburtstag ein!" Die Geschichte endet an diesem Punkt. Die Kinder äußern ihre Gedanken zu dieser Szene und werden angeregt, ein mögliches Ende der Geschichte zu erfinden. Einige Varianten aus den Ideen der Kinder werden aufgegriffen, mithilfe der Puppen umgesetzt und diskutiert.

Die Materialien (zwei Finger- oder Biegepuppen, eine Schale mit Wasser als Planschbecken) stehen in einer dafür hergerichteten Rollenspielecke weiter zur Verfügung. Die Kinder können sich bei Bedarf noch andere Requisiten aus dem Gruppenraum dazuholen oder selbst herstellen. Die Erzieherinnen beobachten aufmerksam im Freispiel des Kindergartenalltags das Verhalten der Kinder und stehen für Fragen und Diskussionen zur Verfügung bzw. greifen bei Bedarf ein.

Nach etwa zwei Wochen nehmen die Erzieherinnen das Thema erneut auf. Dazu verwenden sie die Requisiten wiederum im Gemeinschaftskreis und erzählen noch einmal die Anfangsgeschichte. Nun fügen sie einen Schluss an, bei dem sich die dargestellten Figuren deutlich zu Grenzen und klaren Positionierungen äußern. Anschließend werden gemeinsam mit den Kindern Absprachen zum Umgang im Gruppenalltag aufgestellt.

Lernerfahrungen
Die Kinder machen Lernerfahrungen in vielen unterschiedlichen Bereichen, z. B. in Bezug auf Sozialverhalten, Sprache, Spiel oder auch Werte und Normen. Bezogen auf den Bildungsbereich Gesundheit kann es z. B. zu folgenden Lernerfahrungen kommen:
- Die Kinder denken über ihre Körperlichkeit und Phänomene wie Nacktsein nach. Sie sprechen über eigene Gefühle, wie Scham, Unsicherheit oder Enttäuschung, und merken, dass andere die Situation anders erleben und nicht dieselben Gefühle dabei haben.
- Sie lernen, dass es in Ordnung ist, Grenzen zu setzen und „Nein" zu sagen.
- Sie entwickeln Strategien, um Konflikte zu lösen.

Suchtprävention bei Jugendlichen
Zielgruppe: Kinder und Jugendliche zwischen zehn und 16 Jahren

Lebensweltbezug
Im Jugendzentrum erzählen Kinder und Jugendliche immer wieder von Idolen aus Fernsehserien und deren vermeintlichen Heldentaten. Es fällt auf, dass die Jugendlichen besonders am Wochenende viele Stunden vor dem Fernseher verbringen und offenbar nicht wissen, wie sie sich sonst beschäftigen sollen. Einige Fernsehserien scheinen einen so hohen Stellwert zu haben, dass keine Folge verpasst werden darf. Einen Streit darüber, wie dumm es sei, einen Serienteil aufgrund eines Punktspiels im Verein zu verpassen, nehmen die Erzieher zum Anlass, Fernsehsendungen und Konsumverhalten zu thematisieren.

Verlauf
Ein Erzieher erstellt gemeinsam mit den Jugendlichen eine Hitliste der beliebtesten Serien. Er achtet darauf, das Medium Fernsehen nicht negativ zu bewerten. Er schlägt vor, eine eigene kleine Fernsehserie zu produzieren.

Das Jugendzentrum stellt die technischen Möglichkeiten zur Verfügung und organisiert eine Einweisung in die Geräte in Form eines Videokamera-Führerscheins. Eigene Ausrüstung kann mitgebracht werden. Geschichten werden geschrieben und Rollen werden verteilt, z. B. Kamerateam, Schauspieler, Requisite, Regisseur. Gleichzeitig wird eine Präsentationsveranstaltung vor anderen Jugendlichen, Betreuern und Interessierten geplant. In einem vorgegebenen Zeitraum erfolgt die eigenständige Arbeit. Die Ergebnisse werden auf einer Generalprobe begutachtet, um weitere Optimierungen vorzunehmen. Der Höhepunkt ist die Premiere vor Publikum.

Die Erzieher dokumentieren den Prozess anschaulich. Auf dieser Grundlage diskutieren die Jugendlichen das Spannungsfeld zwischen passivem Fernsehkonsum mit möglichem Suchtverhalten und kreativer Mediennutzung und -produktion. Anschließend wird ein Mitarbeiter einer Suchtberatungsstelle eingeladen, der das Thema noch einmal aufgreift und vertieft.

Lernerfahrungen
In diesem Projekt machen die Jugendlichen viele unterschiedliche Lernerfahrungen. Bezogen auf den Bildungsbereich Gesundheit sind das beispielsweise folgende:
- Die Jugendlichen fühlen sich mit ihren Interessen, Neigungen und auch ihrem Konsumverhalten grundsätzlich respektiert und angenommen.
- Sie erkennen die potenzielle Suchtgefährdung im Umgang mit Medien, wie Fernsehen oder Internet, ohne diese deshalb grundsätzlich negativ zu bewerten.
- Sie reflektieren ihre Gewohnheiten und erkennen eine mögliche Suchtgefährdung.
- Sie lernen neue Beschäftigungsmöglichkeiten kennen und werden aktiver.
- Sie erhalten Informationen zum Thema Sucht und Prävention.

1.3 Bildungsarbeit im Bereich Bewegung

1.3.1 Bedeutung und Ziele

Bewegungserziehung verbindet die lebenswichtige Bewegung mit pädagogischen Absichten. Das Erfahren und Einschätzen der eigenen Einheit von Körper und Seele werden in einem vorgegebenen Rahmen von sozialpädagogischen Fachkräften ermöglicht und angeleitet.

Bildungsangebote im Bereich Bewegung zielen auf verschiedene Funktionen der Bewegung ab. All diese Funktionen hängen miteinander zusammen und dürfen nicht isoliert betrachtet werden.

Personale Funktion	Kinder und Jugendliche lernen ihren Körper und damit sich selbst kennen, sie entwickeln und revidieren ein Bild von sich und lernen, ihre eigenen Fähigkeiten einzuschätzen.
Soziale Funktion	Kinder und Jugendliche begegnen in Bewegungsaktivitäten anderen und handeln miteinander. Sie übernehmen soziale Rollen und kommunizieren miteinander.
Produktive Funktion	Kinder und Jugendliche werden kreativ und erschaffen etwas durch Bewegung mit ihrem Körper, indem sie z. B. ein Rad oder eine Rolle machen.
Expressive Funktion	Mit Bewegung können Kinder und Jugendliche Emotionen oder Wahrnehmungen verarbeiten und bewusst oder unbewusst körperlich darstellen.
Impressive Funktion	Kinder und Jugendliche machen Sinneserfahrungen, nehmen Eindrücke auf, verarbeiten sie und erweitern und verändern ihre Weltsicht. Phänomene wie z. B. Tatkraft, Ausdauer, aber auch Erschöpfung und Abgespanntheit können als Körpersignale entschlüsselt werden.
Explorative Funktion	Kinder und Jugendliche lernen durch Bewegung die Umwelt kennen und erschließen sie sich. Dabei findet eine Auseinandersetzung mit Raum und Zeit sowie den vorhandenen Medien statt, die vorgefundene Situation wird akzeptiert bzw. nach eigenen Bedürfnissen oder Interessen umgestaltet.
Komparative Funktion	Kinder und Jugendliche vergleichen sich mit anderen, messen sich im Wettbewerb, nehmen eigene Erfolge und Misserfolge hin und verarbeiten diese.
Adaptive Funktion	Kinder und Jugendliche stoßen an Grenzen oder steigern ihre Leistungen. Sie gleichen selbst gesetzte oder vorgegebene Parameter an und gehen mit Belastungen um.

Tab. 1.16 Funktionen von Bewegung

BEISPIEL Die 15jährige Lyn nimmt an einem Tanz-Workshop teil. Hier lernt sie ihren Körper anders kennen, erprobt neue Bewegungsabläufe, drückt Gefühle im Tanz aus und ertanzt sich den Raum. Gemeinsam mit anderen Jugendlichen entwickelt sie eine Choreografie und probt so lange, bis alle zufrieden sind. Am Ende des Workshops steht eine Aufführung vor Publikum.

Bewegung wird emotional erlebt. Das kann Freude an der Bewegung an und für sich sein, Spaß am Herumrennen und Klettern, Vergnügen am gemeinsamen Spiel oder Jubel über eine gelungene Bewegungsform. Die mit der Bewegung verbundenen Emotionen sind oft sehr intensiv und prägend, das betrifft sowohl positive als auch negative Gefühle. Denn auch Unlust, Angst und Unsicherheit können in Verbindung mit Bewegungserfahrungen auftreten. Je nach Entwicklungsstand, Alter und Situation werden diese Emotionen unterschiedlich wahrgenommen und verarbeitet.

Kinder und Jugendliche entwickeln in ihrem Tun eine **Sinnperspektive**. Sie bewerten ihre Bewegungshandlungen als Spaß oder Gemeinschaftserlebnis mit den Freunden oder ihrer Clique. Sie setzen sich Ziele und möchten diese mit Bewegung erreichen. Oft sind die Motive für Bewegung geprägt von sinnlichen Gefühlen und positiven Emotionen. Kinder und Jugendliche erfahren wie alle Menschen, dass selbst höchste Anstrengungen und größte Belastungen als sehr positiv erlebt werden, wenn sie um ihrer selbst willen ausgeführt werden. Es geht um die Freude am Erlebnis und die Tätigkeit selbst, vorausgesetzt, dass die Herausforderung mit den eigenen Fähigkeiten in einem Gleichgewichtszustand ist. Bewegung wird dann subjektiv als sinnvolle Tätigkeit empfunden, die positive Emotionen auslöst.

Ziele der Bewegungserziehung

Bewegung steht in engem Zusammenhang mit anderen Entwicklungs- und Bildungsbereichen. Somit sind die Ziele der Bewegungserziehung auch immer Ziele anderer Bereiche.

Sprachliche Bildung
Wie können Bewegungsangebote gleichzeitig zur Sprachförderung genutzt werden?

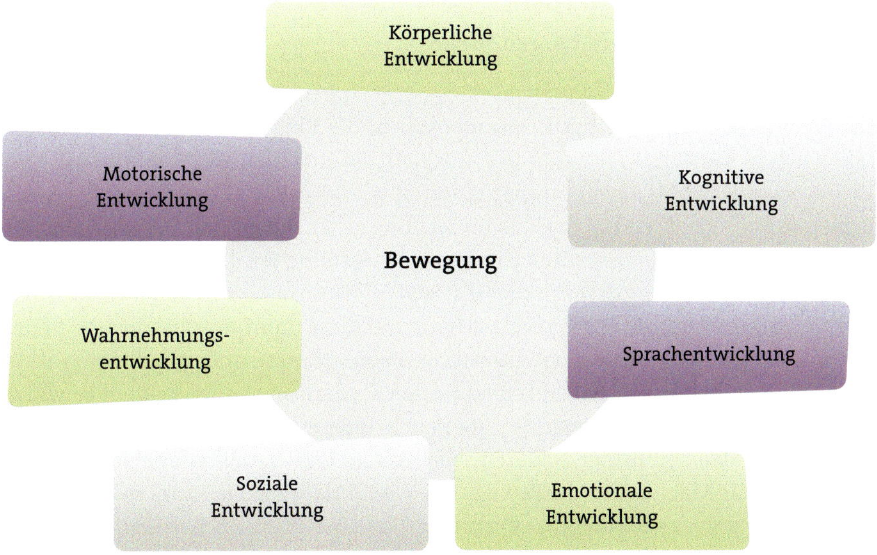

REFLEXION **IMPULS** LERNORTKOOPERATION

Beobachten Sie die Durchführung eines Bewegungsangebots in einer Praxiseinrichtung. Welche Entwicklungsbereiche werden hier noch berührt? Befragen Sie die Erzieherinnen, wie sie die Förderung einzelner Entwicklungsbereiche in dieses Angebot integriert.

Abb. 1.17 Bewegungsspiel mit Walnüssen

Inhalte der Bewegungserziehung
Die Grundformen der Bewegung sollen der individuellen Entwicklung der Kinder und Jugendlichen entsprechend berücksichtigt werden:

- Lageveränderungen des Körpers wie z. B. Gehen, Laufen, Springen, Steigen, Kriechen, Rollen
- Fortbewegungen durch Geräte oder Gegenstände wie z. B. Ziehen, Schieben, Tragen, Werfen, Stoßen, Schlagen, Heben, Drücken, Rollen
- Bewegung mithilfe von Geräten wie z. B. Radfahren, Rollern, Skaten
- Bewegungen an festen Geräten wie z. B. Hängen, Stützen, Schwingen, Drehen, Schaukeln, Springen, Balancieren

Diese Inhalte sind nicht als Katalog zu verstehen, der in einem Angebot abgearbeitet werden muss. Es sind vielmehr Hinweise, die je nach Angebot einmal mehr oder weniger Berücksichtigung finden.

1.3.2 Methodische Grundlagen und Aufgaben der sozialpädagogischen Fachkraft

Im Rahmen der Bewegungsförderung haben Erzieherinnen Aufgaben und Möglichkeiten in verschiedenen Bereichen.

Handlungsfeld Kinder und Jugendliche

Lernen am Vorbild → *S. 412 Band 1*

›Vorbild‹ sein
Die Erzieherin ist als wichtige Bezugsperson für die Kinder und Jugendlichen Vorbild, an dem sie sich orientieren und mit dem sie sich identifizieren. Die Art und Weise, wie sie sich in Bewegungssituationen verhält, welche Erfahrungen sie mit Bewegung gemacht hat und welche Einstellung sie zu Bewegung zeigt, hat großen Einfluss auf die ihr anvertrauten Kinder und Jugendlichen. Daraus resultiert ihre Haltung zur Erziehung zur Körperlichkeit und zur Bewegung. Sie steuert ihr Verhalten, indem sie sich ihrer Rolle bewusst wird und diese dann sensibel ausübt. In Bewegungssituationen ist sie nicht nur passive Beobachterin, sondern sollte sich aktiv einbringen. Das kann geschehen, indem sie den Kindern von außen Freiheit gewährt, sie stärkt, begleitet und unterstützt, aber auch, indem sie aktiv mitmacht und sich mit eigenen Ideen einbringt. Dadurch zeigt sie nicht nur Anteilnahme, sondern hat gleichzeitig die Möglichkeit, die Bewegungen der Kinder zu erweitern. Es ist wichtig, dass sie die Kinder eher anregt als überredet. Natürlich ist sie auch Helferin, Vertraute, Trösterin, Mutmacherin oder Schiedsrichterin.

REFLEXION | **IMPULS** | LERNORTKOOPERATION

Reflektieren Sie Ihre Einstellung zu Bewegung und Sport. Diskutieren Sie in der Lerngruppe, inwieweit Erzieher sportlich sein sollten.

Bewegung beobachten und Konsequenzen ableiten

›Bewegungsbeobachtung‹ ist eine Grundlage, um die individuelle Entwicklung der Kinder und Jugendlichen zu fördern. Insbesondere für Kinder im Kindergartenalter stehen dafür unterschiedliche ›Instrumente‹ zur Verfügung. Im Mittelpunkt stehen dabei folgende Kategorien:

Beobachtung → S. 102

Beobachtungsinstrumente → S. 118

- Steuerung der eigenen Bewegung: Fein- und Grobmotorik, sichere Bewegung im Raum, an Geräten, im Kontakt mit anderen, Bewegungsreaktion auf verbale Anweisung, körperliche Erscheinung, Körperspannung, flüssiger Bewegungsablauf
- räumliche und zeitliche Orientierung: Koordination, Orientierung im Raum, Orientierung zu beweglichen Gegenständen, Orientierung zu Personen, Bewegung im Verhältnis zur Zeit, Kenntnisse über den eigenen Körper
- Erkennen der gegenständlichen Welt: Kenntnis und Nutzung von Material und Gegenständen, kreativer Umgang mit Material und Raum, Erkennen von Gegenständen, ohne sie zu sehen
- soziale Kommunikation: Kontaktaufnahme zu anderen Personen, Verhalten in der Gruppe, Verhalten bei Konflikten
- konditionelle Fähigkeiten: Ausdauer, Kraft, Aufmerksamkeit, Muskelzustand, Haltung

Neben der Förderung der Entwicklung können die Erkenntnisse aus der Bewegungsbeobachtung auch für andere Zwecke genutzt werden. So kann die Erzieherin z. B. begründet entscheiden, inwieweit sie in das ›Gruppengefüge‹ eingreift oder Kinder und Jugendliche eigenständig agieren lässt oder ob sie zu dominanten Kindern im Bewegungsgeschehen eine untergeordnete Rolle zukommen lässt oder schüchternen eine tragende Rolle verleiht. Über- und Unterschätzung sowie Über- und Unterforderung kann sie beobachtend oder teilnehmend erkennen und gegensteuern bzw. bei gezielten Angeboten darauf eingehen. Auch die ›Aufsichtspflicht‹ sollte auf Grundlage der Beobachtung gestaltet werden.

Gruppe → S. 220 Band 1

Aufsichtspflicht → S. 334 Band 1

Bewegungsangebote didaktisch-methodisch planen und durchführen

Neben den freien Bewegungsmöglichkeiten gibt es regelmäßige, zeitlich festgelegte Bewegungszeiten, die von sozialpädagogischen Fachkräften didaktisch und methodisch geplant und durchgeführt werden. Dabei werden unterschiedliche inhaltliche Schwerpunkte gesetzt. In diesen gezielt vorbereiteten Bewegungsangeboten können in einer längeren Zeitdauer mit mehr Kindern und Jugendlichen umfassende und vielschichtige Inhalte und Themen durchdrungen werden. Der zeitliche Umfang hängt von Faktoren wie Art des Angebots, Alter, Geübtheit oder Ausdauer der Kinder und Jugendlichen ab. Auch eingebundene Rituale, wie z. B. ein Kleiderwechsel oder ein Anfangslied, müssen auf das Angebot, das Alter der Teilnehmer und die Gruppenkonstellation abgestimmt sein.

Abb. 1.18 Bewegungsparcour in einer Kita als geplantes Angebot

Bei geplanten Bewegungsangeboten sollten Kinder und Jugendliche mitbestimmen können, z. B. in Bezug auf Geräte und Materialien, und eigene Ideen einbringen dürfen. Sinnvoll ist ein Wechsel von angeleiteten und freien Phasen.

Lernumgebung → S. 53 Band 1

Handlungsfeld Umfeld

Sozialpädagogische Fachkräfte sollten die ›Lernumgebungen‹ für die Kinder und Jugendlichen so gestalten, dass grundsätzlich möglichst viel Freiraum für Bewegung vorhanden ist.

Innenräume gestalten

Raumgestaltung → S. 55

Innenräume sollten Kindern und Jugendlichen möglichst viel Platz bieten und so ausgerichtet sein, dass sie vielfältige Möglichkeiten für motorische und sensorische Herausforderungen bieten. Sie sollten aber auch dazu beitragen, dass Kinder und Jugendliche die Chance zur Entwicklung ihrer eigenen Individualität bekommen. Das setzt voraus, dass sie (Bewegungs-)Räume auch nach eigenen Bedürfnissen verändern oder gestalten können. Möglichkeiten für Neugierde und Entdeckungen mit allen Sinnen fördern die Lust an der Bewegung. Grundsätzlich brauchen Kinder ›Räume‹, in den sie sich geborgen fühlen und die für sie Rückzugsmöglichkeiten bieten.

BEISPIEL In der Kita „Kunterbunt" werden Treppen bewusst als Bewegungsangebote genutzt: Sie verführen zum Steigen, Klettern und Springen, am Geländer kann man rutschen. Eine Treppe wird zusätzlich als Raumteiler genutzt, im Raum dahinter können sich Kinder verstecken. Die Raumgliederung berücksichtigt alle drei Dimensionen der Höhe, Tiefe und Breite.

Da Kinder und Jugendliche mehrmals am Tag vielfältige Bewegungsmöglichkeiten brauchen, sollte die Umgebung so gestaltet sein, dass es möglichst viele offene Angebote gibt, die individuell genutzt und nach Belieben wahrgenommen werden können. Auch Flure und Eingangshallen sollten einbezogen werden.

BEISPIEL Der Hort der Buchenwald-Grundschule hat einen Raum als Bewegungsbaustelle eingerichtet. Hier stehen diverse Materialien, wie z. B. Kisten, Schaumstoffmatten, Tücher, Autoreifen, Kartons und Bretter, zur Verfügung, die flexibel und veränderbar nach den Vorstellungen der Kinder zum Einsatz kommen können. Die Kinder werden „Baumeister" und müssen entscheiden, ob z. B. eine Verbindung hält oder der selbst gebaute Turm so stabil ist, dass ein weiteres Element in der Höhe hinzugefügt werden kann. Das Kind wird so zum Akteur und Ko-Konstrukteur seiner Bewegung in Raum und freier Zeit. Es spürt seinen eigenen Körper und setzt diesen in Bezug zu seiner selbst geschaffenen Lernumwelt. Zusätzlich werden Fertigkeiten geschult, etwas zu planen und umzusetzen. Das räumliche Vorstellungsvermögen wird ausgebaut. Das Material wird im Bewegungshandeln erfahren. Die Fähigkeit zur Kooperation wird beim gemeinsamen Handeln geschult.

Außenräume gestalten

Das Außengelände bietet hervorragende Bewegungsmöglichkeiten für Kinder und Jugendliche, wenn es altersgerecht gestaltet wird. Während für Krippenkinder ein Sandhaufen, ein Tunnel oder eine Schaukel spannende Erfahrungen darstellen, bevorzugen Kitakinder Klettergeräte und Fahrzeuge oder Gegenstände, die sie selbst bauen und verändern können. Für Jugendliche wiederum bieten sich Kletterwände, Basketballkörbe, eine Skaterbahn oder ein Bolzplatz an.

Wertevermittlung
Welche Werte können bei der Gestaltung und Nutzung des Außengeländes thematisiert werden?

Neben den eigenen Räumlichkeiten können und sollten die Bewegungsangebote der Umgebung genutzt werden. Spiel- und Sportplätze, Schwimmbäder, Wald und Wiesen, aber auch Straßen und Plätze lassen sich in Bewegungsangebote einbeziehen, gerade wenn die räumlichen Kapazitäten der Einrichtung begrenzt sind.

BEISPIEL Die Integrationsgruppe des Hortes nutzt oft den nahen Wald, in dem sich ein schmaler, flacher Bach befindet. Nach einigen Erkundungsgängen beschließen die Kinder gemeinsam mit Erziehern verschiedene Aktivitäten am Bach durchzuführen und sammeln unterschiedliche Materialien. Die Kinder bringen sich dazu mit ihren Möglichkeiten ein. Ein Kind mit Asperger-Syndrom scheut sich dabei, das Wasser zu berühren, und bietet von sich aus an, Fotos zu machen.

Abb. 1.19 Oft bietet die Umgebung hervorragende Bewegungsmöglichkeiten.

Handlungsfeld Eltern und Angehörige

Auch im Bildungsbereich Bewegung ist die Gestaltung der Erziehungspartnerschaft von großer Bedeutung. Erzieherinnen arbeiten mit den Erziehungsberechtigten ›zusammen‹, stellen die eigene Haltung und das Konzept dar, tauschen sich über das Bewegungsbedürfnis und die Bewegungsgestaltung der Kinder und Jugendlichen aus und suchen gemeinsam nach Möglichkeiten, zu Hause und in der Einrichtung Bewegungsangebote zu machen. Darüber hinaus beraten Erzieherinnen bei Fragen oder beobachteten Schwierigkeiten und weisen gegebenenfalls auf therapeutische Unterstützungsmöglichkeiten wie z. B. Ergotherapie hin.

Zusammenarbeit mit Erziehungsberechtigten
→ S. 564 Band 1

1.3.3 Beispiele für die Gestaltung der Bildungsarbeit Bewegung

Abb. 1.20 Stadtlauf

Sozialraum → *S. 356; S. 638 Band 1*

Stadtlauf
Zielgruppe: Kinder und Jugendliche ab etwa sechs Jahren

Lebensweltbezug
Schule und Hort sind Teil des ›Sozialraums‹, der Stadtteil gehört zum Lebensumfeld der Kinder und Jugendlichen. Durch die Medien kennen viele den Marathonlauf und nehmen diesen als Veranstaltung für Erwachsene wahr. Selbst in einer Form daran teilnehmen zu können, ist eine spannende Herausforderung.

Verlauf
Die pädagogischen Fachkräfte einer Grundschule und eines Horts beteiligen sich im Sozialraum an der Planung und Durchführung eines Stadtlaufs. Den Kindern wird eine Kinderlaufstrecke von 5 km angeboten. In einem ersten Gespräch mit den Kindern wird die Idee einer Trainingsgruppe entwickelt. Pro Tag werden, unterstützt durch den örtlichen Sportverein, Laufeinheiten angeboten, die sich langsam steigern. Die Trainingseinheiten werden ergänzt durch Staffel- und Mannschaftsspiele für die ganze Gruppe. Kinder, die nicht so laufbegeistert sind, bekommen andere wichtige Aufgaben. Sie finden z. B. einen Namen für die Laufgruppe zur besseren Identifikation, gestalten Plakate zur Motivationssteigerung der Läufer, bemalen Laufshirts, gründen eine Mediengruppe oder recherchieren über gesunde Läuferernährung. Eltern und Erzieher suchen Sponsoren für Getränke und Kleidung, sodass keine Familie wegen finanzieller Schwierigkeiten dem Kind die Teilnahme verwehren muss.

Rechtzeitig vor dem Stadtlauf erfolgt die gemeinsame Anmeldung der Laufkinder beim Wettkampfbüro. Gäste wie Angehörige und Freunde werden mit selbst gestalteten Briefen zur Rennstrecke eingeladen. Ein erfahrener Läufer aus dem Sportverein berichtet über seine Erfahrungen und zeigt Selbst-Motivationsübungen.

Die Kinder nehmen mit ihren unterschiedlichen Aufgaben am Stadtlauf teil. Jedes Kind erhält eine Urkunde, die Laufkinder bekommen zusätzlich Medaillen.

www.netzwerk-sportjugend.de

In der Schule wird das Erlebnis anhand von Reflexionsbögen ausgewertet und diskutiert. Das Ergebnis wird den Verantwortlichen im Stadtteil mitgeteilt.

Lernerfahrungen
- Der Stadtteil nimmt die Kinder bewusst wahr, sie bekommen Anerkennung und positive Aufmerksamkeit.
- Die Kinder erleben sich als Teil des Sozialraums.
- Sie lernen einen Wettkampf als sportliche Herausforderung kennen und machen positive Erfahrungen mit Bewegung.
- Das Zusammengehörigkeitsgefühl wird gestärkt.

Bewegungsparcour Zoospaziergang
Zielgruppe: Kinder ab zwei Jahre

Lebensweltbezug
Kinder interessieren sich für Tiere, viele waren auch schon einmal im Zoo oder in einem Tierpark. Sie können sich mit ihren Vorstellungen und Kenntnissen einbringen.

Verlauf
Im Bewegungsraum stehen an verschiedenen Stationen unterschiedliche Turngeräte und Materialien wie Seile, Reifen oder Keulen bereit. Der Raum ist mit großen Bildern von Zootieren dekoriert.

Die Erzieherin erzählt einleitend den Anfang einer Geschichte: „Wir fahren in den Zoo". Die Kinder wärmen sich mit Bewegungen dazu auf, imitieren z. B. Auto fahren, radeln, joggen. An verschiedenen Stationen werden die Kinder anschließend zu Bewegungen aufgefordert, z. B. klettern wie die Affen, schleichen wie die Raubkatzen, balancieren wie die Gemsen. Dabei können sie Aufgaben jeweils mit ihren eigenen Ideen weiterentwickeln und die Laute der Tiere nachmachen.

Zum Abschluss erzählt die Erzieherin, dass sich nun alle auf die Heimreise machen und sehr müde sind. Entspannungsübungen auf Bodenmatten beenden die Aktion.

Lernerfahrungen
- Die Kinder trainieren ihre Bewegungs- und Wahrnehmungsfähigkeiten.
- Sie lernen verschiedene Zootiere mit ihren Eigenschaften kennen, verbinden diese kognitiven Kenntnisse mit Bewegung und speichern sie so nachhaltiger ab.
- Sie setzen eigene Ideen fantasievoll in Bewegung um.
- Durch den Wechsel von Aktivität zu Entspannung wird die Körperwahrnehmung gefördert.

Abb. 1.21 Balancieren wie die Gemsen

Abb. 1.22 Hüpfen wie die Kängurus

1.4 Bildungsarbeit im Bereich Ernährung

1.4.1 Bedeutung und Ziele

Ziele

Bildungsziele im Bereich Ernährung sind vielschichtig und überschneiden sich zum Teil mit denen anderer Bildungsbereiche. Im Projekt zur Reform der Ernährungs- und Verbraucherbildung in Schulen (REVIS) der Universitäten Paderborn und Flensburg und der Pädagogischen Hochschule Heidelberg werden folgende Zielvorstellungen formuliert:

http://dsg.uni-paderborn.de/evb/forschung-und-entwicklung/revis-startseite

- reflektierte und selbstbestimmte Gestaltung der eigenen Essbiografie
- gesundheitsförderliche Gestaltung der Ernährung
- sicheres Handeln bei Kultur und Technik der Nahrungszubereitung und Gestaltung der Mahlzeiten
- Entwicklung eines positiven Selbstkonzepts durch Essen und Ernährung
- Entwicklung eines persönlichen Ressourcenmanagements, Übernahme von Verantwortung für andere
- reflektiertes, selbstbestimmtes und qualitätsorientiertes Treffen von Konsumentscheidungen
- reflektierte Gestaltung der Konsumentenrolle in rechtlicher Hinsicht
- Entwicklung eines ›nachhaltigen‹ Lebensstils

Nachhaltigkeit → S. 36 Band 1

Prävention
Wie kann das Vertrauen in die eigenen Fähigkeiten im Bereich Ernährung gestärkt werden?

Je nach Arbeitsfeld, Rahmenbedingungen und Alter der Kinder und Jugendlichen kommen den einzelnen Zielen verschiedene Bedeutungen zu, die unterschiedlich konkretisiert werden müssen.

1.4.2 Methodische Grundlagen und Aufgaben der sozialpädagogischen Fachkraft

Im Bildungsbereich Ernährung haben Erzieherinnen Aufgaben in verschiedenen Handlungsfeldern.

Handlungsfeld Eltern und Angehörige

Als Erziehungspartner sollten Eltern bzw. Erziehungsberechtigte an der Konzeption der Ernährungsgestaltung der Einrichtung beteiligt werden. Erzieher und Erziehungsberechtigte tauschen sich über das Ernährungsverhalten und den Ernährungszustand des einzelnen Kindes bzw. Jugendlichen aus. Bei Fragen oder Schwierigkeiten können Erzieherinnen beraten.

REFLEXION | IMPULS | LERNORTKOOPERATION

Beobachten Sie in einer Praxiseinrichtung, zu welchen Themen im Bereich Ernährung Beratungsbedarf besteht. Befragen Sie Erzieher, in welcher Form die Beratungen dazu erfolgen und welche Erfahrungen damit gemacht wurden.

Handlungsfeld Kinder und Jugendliche

Vorbild sein

Erzieherinnen sollten eigene Nahrungsgewohnheiten und Esskultur reflektieren und sich mit den Gewohnheiten und Kulturen anderer auseinandersetzen. Ein individueller Standpunkt sollte herausgebildet werden. Auch wenn im Team ›konzeptionell‹ eine einheitliche Ausrichtung angestrebt wird, liegt die Umsetzung bei den Beteiligten selbst. Einzelne Diskussionen müssen immer wieder im Team geführt und Kindern, Jugendlichen und deren Eltern vermittelt werden.

Konzeption → S. 720 Band 1

BEISPIEL Die Erzieher einer Kita mit konzeptioneller Ausrichtung auf Vollwertkost diskutieren regelmäßig, ob Ausnahmen, wie z. B. ein süßer Frühstücksriegel oder Geburtstagstorten, erlaubt werden sollen.

Gesunde Ernährung im Alltag leben

Gemeinsame Mahlzeiten gehören in den meisten sozialpädagogischen Einrichtungen zum Tagesablauf. Diese sollten ›bildungszielorientiert‹ gestaltet werden. Dazu gehören nicht nur die Nahrungsaufnahme in der Gemeinschaft, sondern auch die Planung, der Einkauf, die Zubereitung und die Nachbereitung. Werden Kinder und Jugendliche daran beteiligt und haben sie die Möglichkeit, die einzelnen Schritte mitzugestalten und zu reflektieren, lernen sie ein gesundes Ernährungsverhalten quasi nebenbei kennen.

Bildungsziele → S. 33

BEISPIEL **Gemüsegarten:** Im Garten des Bildungshauses wird eine ungenutzte Fläche gemeinsam mit interessierten Kindern, einer Erzieherin und motivierten Eltern bzw. Großeltern unter Einbeziehung der örtlichen Gärtnerei in ein Gemüsebeet umgewandelt. Pflege und Ernte werden in einem Gruppenplan geregelt und die zubereiteten Mahlzeiten mit allen verkostet. Ein dabei entstandenes Dokumentationsbuch wird im Eingangsbereich ausgelegt.

←→ Sprachliche Bildung
Welche Elemente der Sprachförderung können bei gemeinsamen Mahlzeiten in der sozialpädagogischen Einrichtung etabliert werden?

Bildungsangebote im Bereich Ernährung methodisch-didaktisch planen und durchführen

Neben den bewusst vorbereiteten und gestalteten Mahlzeiten haben Erzieherinnen die Aufgabe, weitere Bildungsangebote zu machen. Sie informieren mithilfe von Spielen, Büchern, Gesprächen, Filmen, Exkursionen etc. über alle möglichen Aspekte der Ernährung. Sie nutzen ihr gesamtes pädagogisches Repertoire, um Kinder und Jugendliche an eine gesunde Ernährung heranzuführen.

BEISPIEL Im Kindergarten wird ein Memoryspiel mit Fotos von unterschiedlichen Obst- und Gemüsesorten erstellt. Es wird nach verschiedenen Regeln gespielt:

1. Obst und Gemüse sind vorhanden, die Karten werden zugeordnet.
2. Aus den offen liegenden Karten müssen schnell die gleichen Paare gefunden werden.
3. Aus den verdeckten Karten müssen Pärchen gefunden werden.
4. Die Karten werden als Einkaufshilfe für ein gesundes Frühstück genutzt.

Besondere Aufgaben bei Erkrankungen und Unverträglichkeiten
Viele Kinder und Jugendliche leiden unter Unverträglichkeiten und Krankheiten, die sich auf ihr Nahrungsverhalten auswirken. Grundsätzlich gilt für Erzieher, sich an die Vorgaben der Eltern, Ärzte etc. zu halten.

Erkrankung	Kurzbeschreibung	Nahrungshinweise	Weitere Infos
Diarrhoe (Durchfall)	mehr als drei flüssige bis breiige Stuhlentleerungen täglich	Flüssigkeitsverlust durch viel Trinken ausgleichen, leichte Aufbaukost	
Obstipation (Verstopfung)	weniger als drei Stuhlentleerungen wöchentlich	viel trinken, ballaststoffreiche Nahrung, Vollkornprodukte, Obst, Gemüse, saure Milchprodukte	www.ernaehrung.de/tipps/obstipation/
Diabetes mellitus	fehlende oder verminderte Insulinproduktion der Bauchspeicheldrüse oder eine mangelhafte Insulinwirkung; Insulin wird als Hormon zum Abbau von Kohlenhydraten produziert	ausgewogene Ernährung in enger Absprache mit Betroffenen und Eltern	www.deutsche-diabetes-gesellschaft.de
Nahrungsmittelunverträglichkeit	unterschiedlich ausgeprägte Beschwerden (Übelkeit, Völlegefühl, Durchfall, Hauterscheinungen etc.) unmittelbar oder bald nach Nahrungsmittelverzehr; meist nicht vollständige Intoleranz: geringe Mengen können aufgenommen werden; sehr häufig sind Unverträglichkeit gegen Milch und Milchprodukte (Laktoseintoleranz) oder gegen Gluten (Zöliakie)	entsprechende Nahrungsmittel meiden	www.ernaehrung.de/tipps/laktoseintoleranz/
Allergie	Überempfindlichkeit gegen körperfremde Stoffe in bestimmten Lebensmittelbestandteilen, Antigen-Antikörper-Reaktion als Abwehrreaktion des Immunsystems bei der wiederholten Aufnahme, z. B. mit Schwellungen und Rötungen im Gesicht, Magenkrämpfen bis hin zum Allergieschock; allergische Reaktionen können durch fast alle Lebensmittel hervorgerufen werden; oft treten Nahrungsmittelallergien in Zusammenhang mit Hühnereiweiß, Kernobst, Zitrusfrüchten oder Nüssen auf	entsprechende Nahrungsmittel und Bestandteile meiden	www.ernaehrung.de/tipps/nahrungsmittelallergien/
Essstörung	verschiedene Formen: Magersucht (Anorexia nervosa), Ess-Brech-Sucht (Bulimia nervosa), Fressattacken ohne nachfolgendes Erbrechen (Binge-Eating-Syndrom); seelisch bedingte, die Nahrungsaufnahme betreffende, von der Norm abweichende Verhaltensweisen; suchtartige Beschäftigung mit dem Thema Essen bestimmt die Gedanken und verändert die Persönlichkeit; betroffen sind überwiegend junge Frauen zwischen 14 und 35 Jahren	ausreichende Ernährung sicherstellen, ärztliche bzw. psychotherapeutische Behandlung notwendig	www.bundesfachverbandessstoerungen.de

Tab. 1.23 Unverträglichkeiten und Krankheiten, die sich auf das Essverhalten auswirken

1.4.3 Beispiele für die Gestaltung der Bildungsarbeit Ernährung

Vom verfilmten Kochbuch zum Kochduell

Die nachfolgend beschriebenen Angebote sind für Jugendliche ab zwölf Jahren geeignet. Sie können als Abfolge in einem Projekt aber auch einzeln gestaltet werden.

Ziele

Die Ziele in diesem Projekt sind mannigfaltig und beziehen sich auf unterschiedliche Bildungsbereiche. Hier können nur einige Beispiele genannt werden.
Die Jugendlichen sollen:

- Wissen über gesundes Ernährungsverhalten erlangen
- Nahrungsmittel besser kennenlernen
- Nahrung selbst zubereiten können
- Ideen zur sinnvollen Freizeitgestaltung entwickeln und Spaß haben
- sich an der Angebotsgestaltung beteiligen
- die kulturelle Vielfalt im Hinblick auf die kulinarische Bandbreite kennenlernen
- in vielfältiger Weise kreativ werden
- erste Ansätze der Haushaltsführung und Selbstversorgung kennenlernen
- erkennen, dass auch Küchenaufräum- und Abwaschaktionen leicht bewältigt werden können
- ihr Verhalten reflektieren können
- ein wertschätzendes Feedback geben können
- sich als Gruppe positiv erleben und Toleranz entwickeln

Lebensweltbezug

Da die Ernährung zum Alltag der Jugendlichen gehört, knüpft dieses Projekt thematisch unmittelbar an den Erfahrungen der Jugendlichen an. Jeder kann sich mit seinen Vorlieben, Erfahrungen und Kenntnissen einbringen. Die Erarbeitung der Inhalte erfolgt spielerisch und durch alltagsrelevante Tätigkeiten. Das Erstellen eines Films zum Projekt schafft zusätzliche Anreize.

Didaktische und organisatorische Hinweise

Im Vorfeld muss überlegt werden, welche Angebote in welcher Reihenfolge gemacht werden sollen. Bei großen Gruppen ist es auch möglich, die Angebote in Form einer Stationsarbeit in Kleingruppen bearbeiten zu lassen. Allerdings sollten dann mehrere Erzieherinnen die einzelnen Stationen betreuen.
Notwendige Materialien müssen beschafft werden. Daran sollten auch die Jugendlichen beteiligt werden, sodass frühzeitige Informationen und Planungen notwendig sind. Die Räume sollten vorbereitet werden.

Die Durchführung aller Angebote in diesem Projekt wird gefilmt und später zu einer Dokumentation zusammengefügt. Dabei handelt es sich quasi um ein Projekt im Projekt. Um möglichst viele Jugendliche an der Produktion des Films zu beteiligen, sollten notwendige Kenntnisse und Fertigkeiten vorher vermittelt werden.

Die Jugendlichen sollten über den Ablauf des Projekts sowie ihre Aufgaben und Möglichkeiten dabei informiert sein und die Regeln kennen.

Verlauf

Projektschritt	Beschreibung
Einstieg mit Geschmackstest	Nicht ganz alltägliche Nahrungsmittel werden mit verbundenen Augen gekostet und benannt. Zum Beispiel werden Ananasstücke, Kiwi, Rosinen, Mandeln oder Avocadostücke angeboten. Über die Geschmackserfahrungen findet ein kurzer Austausch statt.
Quiz: Was ist gesund?	Zwei Gruppen treten gegeneinander an. Die Erzieherin übernimmt die Rolle des Quizleiters. Jeder Gruppe werden nacheinander Fragen gestellt, die jeweils in einer Zeitspanne von maximal zwei Minuten im Team besprochen und beantwortet werden müssen. Die Fragen sollten sich um das Thema Ernährung drehen, z. B.: ▪ Wie viel Obst und Gemüse sollte man täglich zu sich nehmen? ▪ Warum ist eine gewisse Menge an Flüssigkeit so wichtig? ▪ Hängen Kartoffeln oben oder unten am Kartoffelstrauch? Für richtige Antworten gibt es Punkte. Wird eine falsche Antwort gegeben, kann die gegnerische Mannschaft versuchen, die Frage zu beantworten. Es können Telefon- oder Glücksjoker eingebaut werden. Die Siegermannschaft darf bei der nächsten Aktion aussuchen, welche Aufgaben sie übernehmen will. Variante: Statt das Quiz im Ganzen zu spielen, können die Fragen aufgeteilt und zu Beginn der einzelnen Aktionen im Projekt als Einstieg gestellt werden. Das endgültige Ergebnis der Quizrunde steht dann erst am Ende des Projektes fest.
Kochen macht Spaß	Ein Menü aus Vorspeise, Hauptgericht und Nachtisch wird gemeinsam zubereitet und verspeist. Es werden Kleingruppen gebildet. Die Vorspeisenbereiter übernehmen zusätzlich den Abräumdienst, die Zuständigen für das Dessert gestalten auch die Tischdekoration. Die Erzieherin stellt Rezepte für vollwertige, wenig zuckerhaltige Gerichte zur Verfügung. Zunächst wird gemeinsam die Zubereitung durchgegangen, überprüft, ob alle Zutaten vorhanden sind, und das notwenige Material bereitgestellt. Dann agieren die Gruppen allein und zu einer bestimmten Zeit wird gemeinsam gegessen. Mit dem Dessert wird eine Reflexionsrunde eingeleitet. Mit drei Kochlöffeln, deren Löffelseiten mit einem lachenden, einem neutralen und einem traurigen Smiley versehen sind, kann jeder Jugendliche die Situation des Kochens und des gemeinsamen Essens bewerten. Die Aufräumarbeiten werden nach der Reflexionsrunde gemeinsam bewältigt und die Jugendlichen bekommen die Rezepte ausgehändigt.

„Magst du mein Lieblingsessen?“	Die Jugendlichen stellen ihre Lieblingsgerichte vor und begründen, warum sie diese Speise so bevorzugen. Dieses Angebot sollte den Jugendlichen schon frühzeitig mitgeteilt werden, damit sie ausreichend Zeit haben, um sich Gedanken zu machen und evtl. Bilder von dem Gericht mitbringen zu können. Nach der Vorstellung werden gemeinsame Vorlieben ermittelt, indem alle Leibspeisen auf ein Plakat notiert werden und jeder mit drei Klebepunkten markieren kann, welches Essen er mag. Ein Fragebogen kann die Gemeinsamkeiten der Gruppenmitglieder noch weiter verdeutlichen. Jede Person beantwortet die Fragen und sucht innerhalb der Gruppe möglichst viele Personen, deren Antworten mit ihren übereinstimmen. Die ausgefüllten Bögen werden ausgehängt und evtl. diskutiert. Mögliche Fragestellungen: ▪ Mein Lieblingsgetränk ist... ▪ Wenn ich einen Riesenhunger habe, esse ich gern ... ▪ Zum Naschen muss bei mir immer ... im Haus sein. ▪ Süßigkeiten wie ... brauche ich, wenn ... ▪ Im Urlaub esse ich gern ... ▪ Für mich ist ein bekanntes ausländisches Gericht .... ▪ Meine Lieblingsnachspeise ist ... ▪ Abends esse ich besonders gern ... ▪ Gar nicht essen mag ich ...
„Heute back' ich ...“	Die Gruppe wird in zwei Kleingruppen geteilt und erhält eine Auswahl an vollwertigen Backrezepten, die ungefähr die gleiche Zubereitungszeit benötigen. Die Jugendlichen wählen pro Gruppe ein Rezept aus und backen einen Kuchen oder Kleingebäck. Während der Backzeit im Ofen werden von der Kameraperson kleine Interviews aufgenommen, in denen die Jugendlichen kurz etwas zum Projektverlauf sagen können. Nach dem Abkühlen der Kuchen verzehrt die Gesamtgruppe die Backwaren und bewertet den Geschmack sowie das Aussehen auf einer auf einem Plakat notierten Skala von 1 bis 10. Anschließend wird gemeinsam aufgeräumt und die Jugendlichen erhalten die Rezepte.
Das Kochduell	Zu diesem Wettbewerb werden zwei Gruppen gebildet. Jede Gruppe erhält eine Tüte mit Zutaten und die Aufgabe, daraus ein Gericht oder mehrere für die Gesamtgruppe zuzubereiten. Die Jugendlichen agieren nach Absprache ohne Rezept. Zwei geladene Gäste bewerten am Ende das Essen nach vorher festgelegten Kriterien, wie z. B. Aussehen, Zubereitung, Geschmack und evtl. Zusammenarbeit der Köche. Gemeinsam wird das Essen verspeist und am Ende wird eine Siegerehrung vorgenommen, in der die jeweiligen Stärken der Gruppen herausgestellt werden.

Abschluss

Was nehme ich aus dem Projekt mit?

Die Jugendlichen sehen gemeinsam den selbst erstellten Film an und bekommen eine Kopie. Um eine Kino-Situation zu schaffen, kann die Erzieherin Popcorn oder alkoholfreie Cocktails servieren. Anschließend geben die Jugendlichen Rückmeldungen zum Projekt und ihren Lernanlässen und machen Änderungsvorschläge.

2 SPIEL UND THEATER

Abb. 2.1 Schattenspiel – Spiel und Theater

Spiel und Theater hängen eng miteinander zusammen. Das wird beispielsweise anhand des Begriffs „Darstellendes Spiel“, der oft als Sammelbezeichnung für verschiedene Theaterformen verwendet wird, deutlich. In den meisten sozialpädagogischen Arbeitsfeldern wird in irgendeiner Art und Weise gespielt, oft auch darstellend. Erzieher benötigen umfangreiche Fähigkeiten, um z. B. Spielarrangements in Bezug auf die Zielgruppe zu schaffen, eine Gruppe zu lenken oder die Fantasie anzuregen. Gleichzeitig müssen sie sich fundierte Kenntnisse über ›Entwicklungspsychologie‹ von Kindern und Jugendlichen aneignen und über ein breites Spielrepertoire verfügen.

Entwicklungspsychologie
→ S. 396 Band 1

Mit Kindern und Jugendlichen zu spielen, die Kenntnisse und Fertigkeiten anzuwenden fällt leichter, wenn auf eigene Erfahrungen zurückgegriffen werden kann. So sollten im Sinne eines doppelten Handlungsbezugs Spiel und Theater in einer vertrauten Gruppe erprobt sowie Einsichten gesammelt und reflektiert werden.

Dass Erzieher in Ausbildung und Berufsarbeit viel und häufig spielen, wird oft mit Skepsis betrachtet. Der hohe Stellenwert des Spiels für die Entwicklung und Festigung der Kompetenzen der Kinder und Jugendlichen wird meist verkannt.

REFLEXION **IMPULS** LERNORTKOOPERATION

„Wofür brauchen Erzieher eine Ausbildung? Die spielen doch nur den ganzen Tag!“ Welche Erfahrungen haben Sie mit solchen oder ähnlichen Äußerungen gemacht? Formulieren Sie eine Entgegnung.

Dieses Kapitel soll die theoretischen Grundlagen des Bildungsbereichs Spiel und Theater erläutern, die Bedeutung für Kinder und Jugendliche herausstellen, die Ziele der Bildungsarbeit verdeutlichen sowie aufzeigen, welche Aufgaben und Möglichkeiten Erzieher in diesem Bildungsbereich haben. Gleichzeitig soll Mut gemacht werden, sich selbst in Spiel und Theater auszuprobieren.

2.1 Sozialisationseinflüsse und entwicklungsspezifische Grundlagen

Wenn Menschen mit anderen Menschen spielen, auch darstellend spielen, treten sie in soziale Interaktion miteinander.
Die Gesamtheit der Fertigkeiten, die für die soziale Interaktion nötig und nützlich sind, wird als ›soziale Kompetenz‹ bezeichnet. Emotionale Kompetenz ist die Fähigkeit, mit den eigenen sowie fremden Gefühlen umgehen zu können sowie sie richtig zu bewerten. Emotionale und soziale Kompetenzen hängen stark voneinander ab. Kommunikative Fähigkeiten, Kooperationsfähigkeit, Selbststeuerungs- und Anpassungsfähigkeit resultieren aus den Wechselwirkungen dieser beiden untrennbaren Bereiche. Das Erkennen von eigenen Gefühlen und Gefühlen anderer sowie der achtsame Umgang mit ihnen ist Voraussetzung für soziale ›Beziehungen‹. Dies wird z. B. deutlich, wenn Kinder beginnen, miteinander ›Rollenspiele‹ statt ›parallel‹ zueinander zu spielen.
Die Identität einer Person wird zu großen Teilen davon bestimmt, wie emotionale und soziale Kompetenzen aufgebaut und verbunden werden können. Sie stellen einen wichtigen Teil der Persönlichkeitseigenschaften dar.

soziale Kompetenz → S. 190
Beziehung → S. 175 Band 1
Rollenspiel → S. 193
Parallelspiel → S. 191

2.1.1 Emotionale Entwicklung

Emotionen bzw. Gefühle haben auf vieles im Leben einen entscheidenden Einfluss. Das tagtägliche Handeln folgt emotionalen Bedürfnissen und Befindlichkeiten.
Emotionen sind ein komplexes Geschehen. Sie haben eine physiologische Komponente. Aufregung, Angst oder Freude zeigen körperliche Begleiterscheinungen wie Schwitzen, Lachen, Zittern, erhöhten Herzschlag oder beschleunigte Atmung, die nicht vollständig unterdrückt werden können. Die psychische Komponente ist das innere, subjektive Erleben, welches auch durch Denkprozesse (›Kognition‹) ausgelöst oder begleitet wird. Die Vorfreude oder Sorge vor einem Ereignis ist zunächst ein Denkprozess, der ein Gefühl entstehen lässt. Weiterhin äußern sich Emotionen auch im Verhalten, in ›Mimik‹ und ›Gestik‹, Stimme und ›Sprache‹.
Auch das Verhältnis von Kognition und Emotion ist wechselseitig. Wäre die Kognition eine Voraussetzung der Emotion, könnte eine emotionale Reaktion erst entstehen, wenn etwas verstanden und intellektuell durchdrungen worden ist. Gerade das ist aber bei Emotionen nicht ausschließlich der Fall. Basisemotionen, wie Freude, Trauer, Ärger, Angst, Überraschung oder Interesse, erleben und äußern Kinder bereits mit drei Monaten.

Kognition → S. 404
Mimik → S. 199 Band 1
Gestik → S. 199 Band 1
Sprache → S. 296

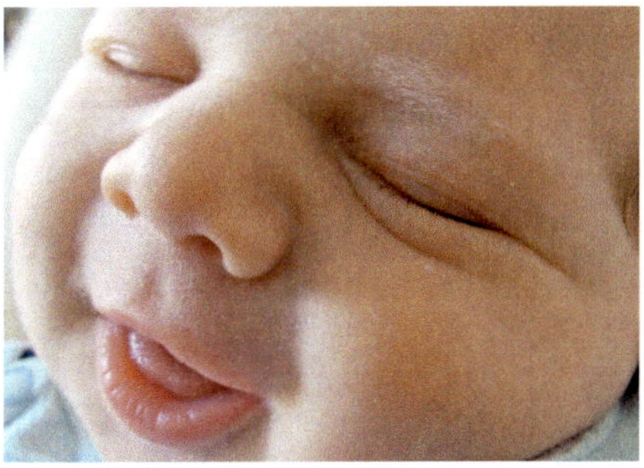

Abb. 2.2 Bevor ein Säugling bewusst lächelt, zeigt sich das Engelslächeln.

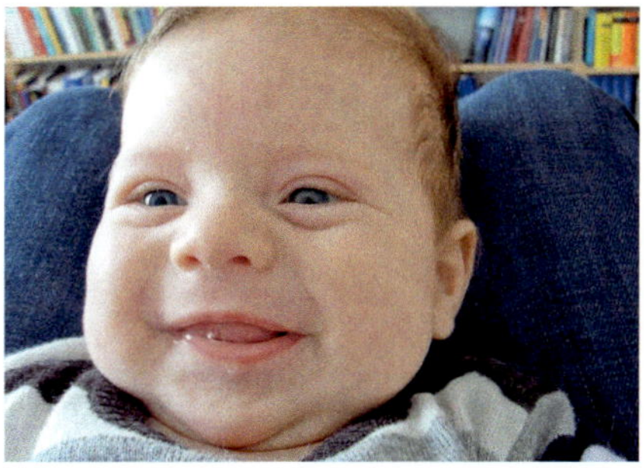

Abb. 2.3 Das soziale Lächeln erfolgt gezielt ungefähr im dritten Lebensmonat.

←→ Sprachliche Bildung
Wie können Emotionen der individuellen Entwicklung entsprechend sprachlich ausgedrückt werden?

Entwicklung sozialer Emotionen

Sekundäre oder soziale Emotionen wie Scham, Stolz, Neid, Schuld, Verlegenheit oder Empathie werden durch soziale Prozesse entwickelt und beziehen sich auf andere Personen, soziale Normen und moralisches Denken. Diese beginnen am Ende des zweiten Lebensjahres. Soziale Emotionen entstehen, weil eine ›soziale Norm‹ verstanden oder ›moralisches Bewusstsein‹ entwickelt wurde. Scham drückt z. B. aus, dass die Diskrepanz zwischen Erwartungen, Regeln und tatsächlichem Verhalten erkannt und als „groß" und unangenehm bewertet wurde. Hier geht ein beträchtlicher kognitiver Prozess voraus. Allerdings sind Emotionen nicht durch kognitive Prozesse vollständig „beherrschbar".

soziale Norm → S. 433 Band 1

moralisches Bewusstsein → S. 438

BEISPIEL Ava (3;5 Jahre) spielt neben Roy (2;8 Jahre) in der Sandkiste. Roy hat eine Schippe, Ava nicht. Als Ava bemerkt, dass Roy mit seiner Schippe besser Sand in Förmchen füllen kann als sie, nimmt sie die Schippe weg, als Roy sie mal kurz zur Seite legt. Roy beginnt zu weinen. Ava schaut verlegen zur Seite, gibt ihm die Schippe aber nicht zurück.

Inklusion
Wie kann Kindern und Jugendlichen begegnet werden, die andere soziale Regeln für den Ausdruck ihrer Emotionen gelernt haben?

Welche Emotionen öffentlich oder in vertrautem Rahmen gezeigt werden können, wird innerhalb sozialer Regeln erlernt. Auch die Art und Weise des emotionalen Ausdrucks wird durch Lernprozesse gesteuert. Bereits Säuglinge nehmen Mimik von Bezugspersonen wahr und zeigen Nachahmungsverhalten. Kinder und Jugendliche lernen zu unterscheiden, welchem Beziehungspartner sie welche emotionalen Empfindungen mitteilen.

Zur emotionalen Kompetenz gehört u. a.,

Abb. 2.4 Zur emotionalen Kompetenz gehört es, Mimik und Gestik zu deuten.

- eigene Gefühle und Bedürfnisse zu erkennen, zu erfüllen und zu unterscheiden;
- Gefühle und Bedürfnisse anderer wahrzunehmen, zu berücksichtigen und zu verstehen;
- Mimik und Gestik als Gefühlsausdruck zu erkennen, Signale anderer zu deuten;
- Gefühle und Bedürfnisse sprachlich differenziert auszudrücken;
- Gefühle verbergen zu können;
- positive und negative Gefühle selbstgesteuert zu regulieren;
- die Akzeptanz der eigenen Emotionalität und eine positive Einstellung zur eigenen Person zu erreichen;
- Kummer, Freude, Trost und Ablenkung zu teilen, zu geben und anzunehmen;
- die Erfüllung von Gefühlen und Bedürfnissen zeitlich aufzuschieben, dosiert auszuleben sowie an die soziale Situation und die Interaktionspartner anzupassen;
- altersgerechte Strategien der emotionalen Ausdrucksfähigkeit zu entwickeln;
- Gefühle und gefühlsauslösende Situationen beeinflussen und bewältigen zu können;
- emotionale Selbstkontrolle und Selbstwirksamkeit zu erleben.

Selbstwertgefühl
Das Selbstwertgefühl ist Ausdruck der Beziehung zu sich selbst, in der positive und negative Erfahrungen mit sich selbst und anderen integriert und bejaht werden. Diese „Ich-Identität" ist das zeitlich überdauernde und bei äußeren Veränderungen gleichbleibende Empfinden und Bewusstsein der eigenen Person. Sie ermöglicht ein Empfinden und Verhalten, bei dem die Person sich und ihr Umfeld als mit ihrem Wesen übereinstimmend erlebt (Selbstkonstanz). Die Beziehungskonstanz ermöglicht parallel, dass das Gegenüber differenziert wahrgenommen und dadurch auch eine Veränderung der Beziehung zugelassen werden kann. Deren fehlende Ausbildung erzeugt eine dauernde emotionale Verunsicherung und Abhängigkeit.

Abb. 2.5 Wertschätzung durch Bezugspersonen stärkt das Selbstwertgefühl.

Das Selbstwertgefühl zeigt die Einstellung zur Wertigkeit der eigenen Person und die Zuversicht in die eigenen Möglichkeiten. Dies wird auch als ›Selbstwirksamkeit‹ bezeichnet. Das Selbstwertgefühl entsteht in Kontakt und Beziehungen mit anderen Menschen, über die Wissen, Erfahrungen und Überzeugungen über sich selbst gesammelt und ausgewertet werden. Auch Erfahrungen mit der Umwelt, Materialien oder sich selbst erzeugen positive und negative Emotionen, vermitteln eigene Stärken und Schwächen, die in das Selbstwertgefühl einfließen.

Selbstwirksamkeit → *S. 24*

Wertschätzung und Sicherheit, die durch Bezugspersonen vermittelt werden, stärken das Selbstwertgefühl. Misserfolge und Schwächen zu bewältigen und die Begleitung durch konsistent zugewandte und akzeptierende Bezugspersonen stärken Ressourcen und Fähigkeiten, auch unangenehme Erfahrungen zu verarbeiten. Diese Widerstandsfähigkeit wird ›Resilienz‹ genannt.

Resilienz → *S. 424 Band 1*

2.1.2 Soziale Entwicklung

Für den Aufbau sozialkompetenten Verhaltens ist die Erfahrung von emotionaler Sicherheit und Nähe eine wichtige Grundlage. Kinder mit sicherer und emotional positiver ›Bindung‹ zeigen sich im sozialen Verhalten aktiver und selbstbewusster, empathischer und kooperativer. Erhalten Kleinkinder in belastenden Situationen zuverlässige körperliche Nähe und Zuwendung von Bezugspersonen, werden Voraussetzungen für produktive Konfliktlösungsmöglichkeiten geschaffen. Auch sozialkompetente ›Vorbilder‹ ermöglichen die Übernahme sozialen Verhaltens.
Die soziale Umgebung, die ›Werte‹, ›Normen‹, ›Kultur‹ der ›Gruppen‹, in denen Kinder und Jugendliche aufwachsen, bestimmen über den Aufbau der Sozialkompetenz und die Inhalte der sozialen Handlungsfähigkeit. Ein und dasselbe Verhalten kann in der einen Gruppe oder sozialen Situation erwünscht und sinnvoll sein und in der anderen hinderlich.

Bindung → *S. 164 Band 1*
Vorbild → *S. 193 Band 1*
Werte → *S. 433*
Normen → *S. 433*
Kultur → *S. 448 Band 1*
Gruppe → *S. 220 Band 1*

Identitätsentwicklung

Die Identität ist die in sozialen Prozessen entwickelte einzigartige Persönlichkeit eines Menschen. Sie entsteht über eine Vielzahl von Auseinandersetzungen mit den Anforderungen der sozialen Umwelt und den eigenen Vorstellungen. Nur durch die Einflüsse anderer kann sie überhaupt wachsen. Durch ›Sozialisation‹ wird die Persönlichkeit nicht nur „aufgefüllt". Soziale Erwartungen werden erkannt, reflektiert, abgelehnt oder angenommen und integriert und ermöglichen und bereichern so die Persönlichkeit. Die Identitätsbildung beginnt mit den Erfahrungen der ersten Lebensmonate und schließt im Prinzip nie ab. Der ›Entwicklungsschwerpunkt‹ liegt in der Jugend und im frühen Erwachsenalter.

Sozialisation → S. 383 Band 1

Entwicklungsschwerpunkt → S. 127

Entwicklung von sozialen Kompetenzen

Soziale Kompetenz ist einerseits als Durchsetzungsfähigkeit eigener Interessen in sozialen Beziehungen, zum anderen als Anpassungsfähigkeit an die sozialen Bedingungen der Umwelt und Beziehungsfähigkeit definiert. Beides steht nicht im Widerspruch, sondern verbindet sich in einem Kooperationsprozess, in dem die bestmögliche Berücksichtigung unterschiedlicher Interessen angestrebt wird.

Weder Durchsetzung noch Anpassung sind als alleinige Ziele der sozialen Entwicklung geeignet. Auseinandersetzungen bringen die Fähigkeit für Konfliktlösungen und Kooperationen hervor.

Die Entwicklung sozialer Kompetenzen bezieht sich auf

- die Kontaktaufnahme und die Beziehungsgestaltung mit anderen Menschen,
- das Einfühlen in andere, die Rücksichtnahme auf andere,
- das ›prosoziale‹ Verhalten,
- die Selbstregulationsfähigkeit in Bezug auf soziale Anforderungen,
- die Einhaltung und situative Ausgestaltung von Werten und Normen,
- die Kooperationsfähigkeit, das Erkennen und Einhalten der Grenzen anderer,
- die Bewältigung positiver und negativer Erlebnisse,
- die Arbeitshaltung, Leistungsbereitschaft und Motivation, einzeln und in der Gruppe mit anderen zu agieren, sich angemessen einzubringen,
- die Kommunikationsfähigkeit und -bereitschaft in sozialen Situationen,
- das Verstehen, Einhalten und Eintreten für soziale Regeln,
- das Erkennen und die kooperative Lösung von Konflikten,
- den konstruktiven Umgang mit stressvollen Situationen,
- die Verantwortungsfähigkeit und Solidarität,
- das Vermeiden von zu großen Risiken für sich und andere,
- das Interesse am Leben und Erleben sozialer Partner,
- die Reflexion des eigenen Handelns und der Absichten anderer.

prosoziales Verhalten
einer Person auf freiwilliger Basis eine Wohltat erweisen

Es gibt eine Vielzahl von Modellen, die soziale Kompetenzen benennen, strukturieren und verknüpfen. Der Einsatz, die Beschreibung und Bewertung sozialer Kompetenz sind stark von den Kontexten abhängig, in denen sie erworben und erwartet werden. Aus diesem Grund sind die ›kognitive Entwicklung‹ und das Wissen über soziale Erwartungen und Kontexte wichtige Faktoren der sozialen Kompetenz.

kognitive Entwicklung → S. 398 Band 1

Beobachtung sozialer Verhaltensweisen und Identifikation mit Vorbildern

Über ›Beobachtung‹ nimmt ein Kind auf, wer, wann, wo und mit wem, wie handelt. Dieses Modell geht davon aus, dass es ein Grundbedürfnis von Kindern und allen Menschen ist, dazuzugehören, emotionale Sicherheit, Harmonie der Denk- und Handlungsweisen zu erleben.

Beobachtung → S. 102

Die ›Familie‹ ist die erste und zentrale moralische ›Sozialisationsinstanz‹. Die Interaktion der Eltern untereinander, der Eltern mit dem Kind und anderen Kindern, in allen Alltagssituationen usw. ist Gegenstand der kindlichen Erlebniswelt. Menschen erkennen durch Beobachtung, welche Regeln in welchen sozialen Situationen existieren, für wen welche Regeln gelten, welche positiven und negativen Sanktionen zu erwarten sind, von welcher Autorität sie ausgesprochen werden und welche Wirkungen diese haben.

Familie → S. 542 Band 1

Sozialisationsinstanz → S. 383 Band 1

Dieser sehr komplexe Prozess läuft im Grunde ständig und von Erziehungspersonen oft unbemerkt ab, andere Kinder, Familienmitglieder, Medien bieten eine Vielfalt an Beobachtungsmöglichkeiten.

Die Übernahme von Verhaltensweisen resultiert u. a. aus der Identifikation mit den handelnden Vorbildern. Sozialer Status, Beliebtheit bei anderen, Macht, Gewährung von Sicherheit und Liebe, sachliche Kompetenz, soziale und äußerliche Attraktivität sind Motive, die die Identifikation und Übernahme (auch für sozial unangemessenes Verhalten) erhöhen. Misslungener Beziehungsaufbau führt zum Mangel sozialer Anerkennung, ebenso verursacht der Mangel an positiven Vorbildern Einbußen in der Wertentwicklung.

←→ Wertevermittlung
Welche Werte können über ein positives Vorbild im sozialpädagogischen Alltag vermittelt werden?

2.1.3 Entwicklung des Spielverhaltens

Entwicklung der Kooperationsformen

Alle Kinder zeigen eine ähnliche Spielentwicklung. Ein Kleinkind spielt allein oder hat Erwachsene als Spielpartner, die auf die Spielbedürfnisse des Kindes eingehen. Mit fortschreitender Entwicklung spielt das Kind etwa ab dem zweiten Lebensjahr gern mit anderen Kindern im gleichen Alter. Zuerst spielen die Kinder noch nebeneinander **(Parallelspiel)**. Die Kinder nehmen sich gegenseitig wahr, beobachten sich und ahmen Handlungen nach, ein gemeinsames Spiel findet aber noch nicht statt.

Das gemeinsame Spiel wird intensiver und geht mehr in Kooperation über **(Partnerspiel)**. Spielhandlungen werden nun gemeinsam ausgeführt. Auf der einen Seite erfordert dieses Rücksichtnahme und Abstimmung gemeinsamer Ideen, auf der anderen Seite aber auch Durchsetzungsvermögen.

Wenn die Kinder sich hierin geübt haben, erweitern sie ihr Spiel hin zum **Gruppenspiel**, bei dem sie durch gemeinschaftliche Handlungen einen Zusammenhalt in der Gruppe schaffen, zu der sie gehören. Kinder und Jugendliche benötigen als menschliche Beziehungswesen Zugehörigkeit, Akzeptanz und Sicherheit der Kleingruppe, müssen aber im Gegenzug dazu beisteuern, indem sie anderen dieses ebenso ermöglichen. Gemeinschaftsgeist und Zusammenhalt werden dadurch angelegt. Im Spiel werden ebenso Fertigkeiten geschult, die sich auf die Führung und Lenkung einer Gruppe beziehen. Als Anführer einer Gruppe wirken einzelne Kinder in wechselnden Rollen auf das Verhalten und die Entscheidungen anderer ein.

Entwicklung der Spielformen

Je nach Alter werden bestimmte Spielformen bevorzugt. Dabei löst aber nicht etwa eine Spielform die nächste ab, sondern es kommt zu fließenden Übergängen und Überschneidungen. Einzelne Spielformen entwickeln sich weiter und bleiben neben den hinzukommenden bestehen.

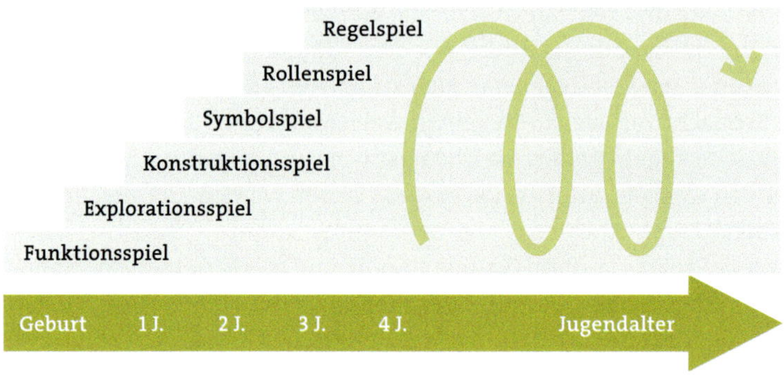

Abb. 2.6 Die Spielformen lösen sich nicht ab, sondern überschneiden sich, bleiben erhalten und entwickeln sich weiter.

Funktionsspiel / sensomotorisches Spiel / Explorationsspiel

Im Funktionsspiel ergründet und erforscht der Säugling sowohl seinen eigenen Körper als auch Gegenstände, er entdeckt erst zufällig die Funktionen und Wirkungen seiner Handlungen. Durch Wiederholung erlangt das Kind die Bestätigung, dass einmal gemachte Erfahrungen immer wieder eintreten. Dadurch lernt es sich und seine Umgebung kennen und macht sich ein Bild seiner selbst und der Umwelt. Im ›Explorationsspiel‹ folgen dem spontanen Ausprobieren das zielgerichtete Erforschen und Untersuchen, die sich mit zunehmender Beweglichkeit erweitern.

Exploration
lat. exploratio: Untersuchung, Nachforschung

BEISPIEL Luca (8 Monate) liegt in seinem Bett, über ihm hängt ein Mobile. Die erste Berührung des Mobiles mit seinen Füßen ist Zufall. Durch die Bewegung der bunten Figuren überrascht und fasziniert, versucht er das Geschehene zu wiederholen. Er stupst das Mobile immer wieder mit seinen Füßen an. Zwei Monate später haben sich seine Möglichkeiten zur Exploration erweitert. Er richtet sich am Bettgitter auf und erforscht das Mobile mit den neuen Fähigkeiten weiter (mit Mund und Hand).

Konstruktionsspiel

Ab dem zweiten Lebensjahr erfolgt der Übergang vom Explorations- zum Konstruktionsspiel. Werke und Dinge werden zielgerichtet nach eigenen Ideen erschaffen oder nach Vorgaben nachgebildet, z. B. mit Knetmasse, Papier und Farben in ersten Rollenspielen oder auch mit imaginären Spielpartnern. Das Kind erwirbt verschiedene Kenntnisse und begreift Zusammenhänge, die oft erste ›naturwissenschaftliche Phänomene‹ erklären. Auf dem Weg ist Problembewältigung gefragt, wenn etwas nicht so klappt, wie es sein soll, der selbst gebaute Turm z. B. immer wieder einstürzt. Die Kinder legen schöpferische Kraft an den Tag und entwickeln Kreativität. Die Bewältigung der selbst selbstbestimmten Herausforderungen stärkt und steigert ihr Selbstbewusstsein.

naturwissenschaftliche Phänomene → S. 402

BEISPIEL Yannik (4 Jahre) verbringt fast den gesamten Tag in der Bauecke. Er versucht, einen Turm aus Holzsteinen zu bauen, der höher sein soll als das Regal mit den Gesellschaftsspielen. Immer wieder kommen andere Kinder dazu, um neue Ideen einzubringen und mit Yannik auszuprobieren. Nach drei Tagen ist es dann geschafft, der Turm ist fertig und überragt das Regal, ohne vorher umzukippen. Die Erzieherin hält dieses Erfolgserlebnis für alle im Foto fest.

Symbol- und Rollenspiel

Ebenfalls ab dem zweiten Lebensjahr bekommen Gegenstände im Symbolspiel eine andere Funktion. Tätigkeiten und Aktivitäten werden in Als-ob-Situationen erlebt. Dabei wird die Sandschaufel zum Löffel oder der umgedrehte Tisch zum Schiff. Diese Spiele dienen dem Kind als Ersatz für Situationen, die es noch nicht selbst erlebt hat, wie z. B. Kuchen backen, oder die es nicht allein ausführen darf, z. B. Auto fahren. Zum Rollenspiel gibt es fließende Übergänge. Die Kinder schlüpfen in bestimmte Rollen und imitieren im Spiel wirkliche oder selbst erfundene Situationen, die auch nach eigenem Ermessen abgewandelt werden. Neben dem freien Rollenspiel gibt es das angeleitete Spiel, bei dem sozialpädagogische Fachkräfte Impulse setzen.

Diese Spielformen sind für die Kinder bedeutsam, weil sie sich damit schöpferisch in andere Rollen hineinversetzen und sich auf ihr späteres Leben vorbereiten. Eindrücke aus der Umwelt können dem Entwicklungsstand des Kindes entsprechend verarbeitet werden, indem diese in eigenen oder fremden Rollen nachgespielt werden. Gegebenenfalls auftretende Ängste oder Konflikte werden bewältigt, verwirrende Erlebnisse verständlich. Auf diese Weise können Kinder Handlungen aus verschiedenen Perspektiven erfahren und ihre Identität ausbilden. Die Spiele werden dadurch, oft in Absprache mit den Spielpartnern oder der Spielgruppe, flexibel erweitert und weiterentwickelt, z. B. im „Vater-Mutter-Kind-Spiel".

Prävention
Wie kann das Vertrauen in die eigenen Fähigkeiten im Spiel gestärkt werden?

Das Rollenspiel wird vom Zusammenspiel und der Kommunikation mit anderen bestimmt. Gegenstände werden oft einbezogen, es sollte aber darauf geachtet werden, dass dieses ›Spielzeug‹ nicht so vorgefertigt und perfekt ist, dass die Kinder in ihrer schöpferischen Kraft gehemmt werden.

Spielzeug → *S. 196*

BEISPIEL Marie und Ahmed (beide 2;6 Jahre) spielen in der Kita zurzeit am liebsten Vater-Mutter-Kind mit einer Babypuppe. Als Kinderwagen haben sie den Teewagen der Gruppe für sich entdeckt.

Regelspiel

Im Regelspiel, das im Kita-Alter häufig zu zweit oder in Kleingruppen gespielt wird, dienen die von den Spielern oder anderen festgelegten Regeln als Richtschnur. Das Kind wird darauf vorbereitet, dass es im sozialen Zusammenleben Normen und Regeln in Form von Verbindlichkeiten gibt, die allen eine Gleichbehandlung zugestehen. Wenn diese Regeln in Varianten abgewandelt werden, bedarf es Absprachen zwischen allen Beteiligten. Beispiele für Regelspiele sind z. B. Karten- und Brettspiele, Kreisspiele, sportliche Spiele, Straßenspiele und Computerspiele. Neben Kooperationsspielen steht oft der Wettbewerb im Vordergrund.

Entwicklung des Spielverhaltens älterer Kinder und Jugendlicher

Mit zunehmendem Alter verändern sich die Spielaktivitäten. Einige Kinder und Jugendliche bevorzugen weiter bestimmte Spielformen, die ihrem Alter angepasst sind, z. B. technische Konstruktionen oder anspruchsvolle Brettspiele. Eine zunehmende Rolle nehmen elektronische Spiele ein, die am Computer, Handy oder auf Spielkonsolen gespielt werden. Häufig finden Spiele innerhalb des Freizeitverhaltens statt, die von Jugendlichen gar nicht als Spiele im eigentlichen Sinn wahrgenommen werden, z. B. ein Bewegungsspiel zum Aufwärmen im Sportverein, ein Kooperationspiel während des Ferienlagers oder Partyspiele während einer Geburtstagsfeier.

Einen Artikel zu möglichen Ursachen geschlechtstypischen Spielverhaltens finden Sie hier:
www.alltagsforschung.de/warum-spielen-jungs-mit-autos-und-madchen-mit-puppen

ZUM WEITERDENKEN Das Spielverhalten ist auch abhängig vom ›Geschlecht‹. Studien zufolge widmen Jungen bereits im Alter von sechs bis neun Monaten einem Ball mehr Aufmerksamkeit als einer Puppe und einem Lenkrad mehr als einer Bürste, während Mädchen noch keine Vorlieben zeigen. Zwischen 12 und 18 Monaten entwickeln beide Geschlechter mehr Aktivität, wenn sie mit jeweils geschlechtstypischem Spielzeug, z. B. einem LKW oder einer Puppe, spielen. Mit dem Verständnis für das eigene Geschlecht ab etwa 2 ½ Jahren bevorzugen Kinder oft gleichgeschlechtliche Spielpartner. In diesem Alter entwickeln viele Mädchen eine Vorliebe für die Farbe rosa – auch im Hinblick auf ihr Spielzeug –, während Jungen eine Abneigung zeigen. In der Wissenschaft wird gestritten, ob dafür biologische oder soziale Determinanten verantwortlich sind (›Anlage-Umwelt-Diskussion‹).

geschlechtstypisches Verhalten → *S. 415 Band 1*

Anlage-Umwelt-Diskussion → *S. 85*

2.1.4 Sozialisationseinflüsse auf Spiel und Theater

Definition Spiel

Jeder Erwachsene kann sich unter dem Begriff „Spiel" etwas vorstellen und doch fällt es schwer, sich einer eindeutigen Definition anzunähern. Der Begriff ist durch eigene Erfahrungen und Wahrnehmungen subjektiv besetzt. Welche Bedeutung das Spiel hat, hängt z. B. davon ab, ob Spiel positiv als Bereicherung erfahren wurde oder negativ mit Frustration oder Zeitverschwendung behaftet war.

Der Psychologe Rolf Oerter veröffentlicht hier Ausführungen zum Spiel:
www.edu.uni-muenchen.de/~oerter/index.php?option=com_docman&task=doc_view&gid=77

Im lebenslangen Entwicklungsprozess kommen dem Spiel durch die verschiedenen Lebensabschnitte verschiedene Bedeutungen zu. Selten wird von Laien Spielen als Lernen aufgefasst. Im Kontext der konsumorientierten Gesellschaft lassen wir uns bei Spielauswahl lenken und beeinflussen, Medien wollen uns zum trendbewussten Spieler machen. Spielsucht, aber auch Spieltherapie werden zunehmend in verschiedenen Zusammenhängen thematisiert. Die folgende Definition fasst die wesentlichen Aspekte zusammen:

Unter Spiel versteht man eine Tätigkeit von Kindern und Erwachsenen. Diese erfolgt freiwillig, zweckfrei und selbstbestimmt allein oder mit anderen. Die Entscheidungsfreiheit im Spiel bezieht sich auf die freie Wahl des Ortes, der Spielpartner und der Zeit. Das Spiel ist von Material bestimmt oder kann ohne geschehen.

Merkmale des Spiels

Das Spiel wird durch drei Merkmale charakterisiert:

1. Selbstzweck

Die Tätigkeit selbst bietet den Anreiz und die Freude zum Spiel. Es besteht kein außerhalb des Spiels befindlicher Zweck, es erfolgt die Handlung um der Handlung willen. Vielleicht startet das Kind sein Spiel mit einem Ziel, es möchte z.B. einen Ball erreichen. Aber es kann das anvisierte Ziel vergessen, seine Handlung variieren oder sich einer anderen interessanten Tätigkeit widmen. Spiel hat keine Folgen in der Wirklichkeit.

Im Gegensatz zum Spiel steht Arbeit, die auf eine Wirkung in der Realität ausgerichtet ist. Natürlich kann Arbeit auch Freude bereiten, aber der eigentliche Zweck der Arbeit ist die Ausrichtung darauf, dass das Resultat in der Realität genutzt werden soll. Gezieltes ›Lernen‹ z.B. mit Lernspielen ist ebenfalls kein Spiel, auch wenn auf den ersten Blick spielerische Ansätze verwendet werden und die Beschäftigung damit Spaß bringt. Die beabsichtigte Folge in der Wirklichkeit ist die Wissensvermittlung. Die Übergänge sind manchmal fließend und abhängig vom inneren Engagement des Handelnden.

Lernen → *S. 406 Band 1*

BEISPIEL Martin (7;2 Jahre) wird von seiner Mutter aufgefordert abzuwaschen. Er wäscht voller Eifer und Spaß die Teller ab (Arbeit). Anschließend nimmt er die Gläser, versenkt jedes einzelne Teil im Wasser und führt dabei Selbstgespräche. Beim Zuhören wird klar, dass er sich ausmalt, jedes Glas sei ein U-Boot, das gerade untertaucht (Spiel). Dabei denkt er an die Besichtigung im letzten Urlaub, als der Pilot die Vorgehensweise für das Verschließen des Bootes erläutert hat (Lernen).

Abb. 2.7 Abwaschen – Arbeit und Spiel

2. Realitätstransformation

Für das Spiel erfolgt eine Realitätsumformung, der Spieler taucht in eine andere, „imaginäre" Welt ein. Ein Teddybär wird zum Menschen, ein Holzstab zum Besen. Das Kind hat ebenfalls eine andere Realität, wenn es zum Hund oder Busfahrer wird. Das bezieht sich auch auf die Spielumgebung. Spiel wird zu einem kreativen Vorgehen, bei dem sich Kinder eine sichere Welt erdenken können. Das trägt zur Bewältigung realer Erfahrungen bei.

3. Wiederholung und Ritual

Kinder neigen oft zur lustvollen Wiederholung ihrer Handlungen im Spiel. Das steigert ihre Spielfreude und stärkt das erworbene Wissen über Gegenstände und Zusammenhänge. Rituale im Spiel vermitteln durch immer wiederkehrende Handlungen Sicherheit und Schutz. Sie werden von Kindern in das Spielen oft eingebunden.

REFLEXION | **IMPULS** | LERNORTKOOPERATION

Denken Sie über Ihre eigenen Spielerfahrungen nach. Reflektieren Sie Ihre Vorlieben und Abneigungen und begründen Sie diese. Beschreiben Sie Ihr Spielverhalten. Tauschen Sie sich über Ihre Gedanken in der Lerngruppe aus.

Spiel in der Frühzeit

Im Altertum bestimmte häufig Aberglaube und Zauberei die Spiele. Der Wurf eines Würfels oder das Ziehen eines Loses sollte die göttlichen Neigungen verdeutlichen. Bereits in der Antike gab es Spiele, die aber als Kampfspiele oder gesellige Spiele eher auf Erwachsene bezogen waren. Murmelspiele waren bereits bei den Pharaonen im antiken Ägypten bekannt, Ballspiele und Würfelspiele waren bei den Griechen und Römern beliebt, die Verwendung von Brettspielen ähnlich aktuellen Strategiespielen ist ebenfalls überliefert. Geschicklichkeitsspiele, wie z.B. Mikado, dienten als Orakel, den geschickten Spielern wurden besondere Fähigkeiten zugesprochen. Im deutschen Sprachraum wurden neben Volksspielen, wie z.B. dem Schwerttanz, auch Steinstoßen, Speerwerfen und Wettlauf bevorzugt. Kegeln, Würfeln und Ballspiele hatten viele begeisterte Anhänger. Kampf- bzw. Ritterspiele waren in höfischen Kreisen beliebt. Das Kräftemessen gilt als Vorreiter von Sportveranstaltungen. Schaukämpfe z.B. auf Jahrmärkten sollten zum Zeitvertreib beitragen. Als Gesellschaftsspiele im Mittelalter dienten Erwachsenen auch gemeinsam mit Kindern Fang-, Rauf-, Kreisel- und Würfelspiele. Das Spiel diente hauptsächlich als Volksvergnügen.

Entwicklung des Spielmaterials

Spielmaterial Fröbel
→ S. 266 Band 1
Spielmaterial Montessori
→ S. 270 Band 1
Spielmaterial Waldorfpädagogik
→ S. 276 Band 1

Kinderspiel und Kinderspielzeug waren in vergangenen Zeiten fremde Bezeichnungen, da noch nicht zwischen Arbeit und selbstbestimmten Spiel als Ausgleich unterschieden wurde. Erst mit dem Beginn der Industrialisierung setzte sich ›Spiel- und Beschäftigungsmaterial‹ im heutigen Sinne für Kinder durch. Spiel diente als Erziehungsmittel, die Kinder sollten dadurch eher festgelegte Verhaltensnormen und Regeln lernen und Handlungen der Erwachsenen durch Nachahmung verinnerlichen. Kinder spielten, damit sie das später nötige Wissen und zukünftige Fertigkeiten daran erlernen sollten. Spiele sind auch immer ein Ausdruck ihrer Zeit, die kindliche Erlebnisse und Situationen widerspiegeln, wie z.B. Kriegsspiele. Die Spieltätigkeit bezog sich auf ihre Erfahrungen und Umwelt.

Inklusion

Wie sieht inklusives Spielmaterial aus?

REFLEXION | **IMPULS** | LERNORTKOOPERATION

Vielfach stehen Eltern und Erzieher Spielzeugwaffen und Kriegsspielzeug kritisch gegenüber. Erforschen Sie, welche Haltungen in Ihrer Praxiseinrichtung eingenommen werden. Welche Konsequenzen hat dieses im sozialpädagogischen Alltag? Beziehen Sie Stellung dazu.

Abb. 2.8 Sollen Kinder mit Spielzeugwaffen spielen dürfen?

Spielen heute

Auch wenn heutzutage bekannt ist, wie wichtig das Spiel für die Entwicklung von Kindern und Jugendlichen ist, werden sie zunehmend eher gehemmt. Gesellschaftliche Werthaltungen und Lebensformen verändern das Spielverhalten. Einige Beispiele:

- Durch einen Mangel an Spielmöglichkeiten in der näheren Wohnumgebung haben Kinder und Jugendliche oft weniger Gelegenheiten als früher, sich in der Natur frei zu bewegen.
- In teilweise beengten Wohnverhältnissen nimmt das unbeaufsichtigte Spiel ab.
- Kinder im Vorschulalter spielen in der heutigen Zeit nur noch gelegentlich ohne Aufsicht von Erwachsenen. Ihr Tagesablauf ist oft relativ ausgefüllt mit Terminen. Die Freizeitangebote werden häufig in Institutionen absolviert, die wiederum von Erwachsenen pädagogisiert sind.
- Kinder treffen zunehmend weniger auf andere Kinder, mit denen sie spielen können. Die Tendenz hin zur Ein-Kind-Familie trägt dazu bei.
- Durch die Zunahme des ›Medienkonsums‹ spielen Kinder und Jugendliche immer weniger frei.
- Lernspiele ersetzen häufig das freie Spiel.
- Durch das große Angebot von Spielmaterial können Ideenvielfalt, Eigeninitiative und Anstrengungsbereitschaft abnehmen.

Medienkonsum → S. 347

ZUM WEITERDENKEN Der mediale Wandel der Gesellschaft zeigt sich auch im Wandel der Spieltätigkeit. Doch auch am Computer wird allein oder gemeinsam nach bestimmten Regeln gespielt. Online-Spiele schaffen eine andere Art von Kontakt und Gemeinschaft. Rollenspiele sind auch am Computer möglich und digitale Spiele bieten Gesprächsstoff in Kita oder Schule. Dennoch scheiden sich an diesem Thema die Geister. Während der deutsche Neurowissenschaftler Manfred Spitzer (*1958) in seinem Buch „Digitale Demenz" die Auffassung vertritt, das Computer Kindern grundsätzlich mehr schaden als nützen, betont der Medienpsychologe Peter Vorderer (*1959) das Potenzial von Computerspielen, weil sie Jugendliche oft besser erreichen als Eltern oder Lehrer.

Ein Streitgespräch zwischen Spitzer und Vorderer finden Sie hier:
www.zeit.de/2012/37/Jugendliche-Medienkonsum-Spitzer-Vorderer
Einen Eindruck von den Möglichkeiten digitaler Spiele vermittelt ein Besuch der jährlich in Köln stattfindenden Messe gamescom:
www.gamescom.de

Abb. 2.9 Auch am Computer wird gemeinsam gespielt.

Definition Theater

Abb. 2.10 Bekanntes Figurentheater: die Augsburger Puppenkiste. Die Marionette Urmel (rechts) bekommt am 15.7.2009 in Augsburg eine Geburtstagstorte von Mama Wutz überreicht, zum 40. Geburtstag der Fernsehserie „Urmel aus dem Eis".

Das Wort Theater kommt vom altgriechischen „théatron" = Schaustätte, Theater und von „theaomai" = anschauen. Es bezeichnet eine Darbietung in Szenen mit einer geschlossenen und offenen Handlung in der künstlerischen Verständigung der Schauspieler untereinander und mit den Zuschauern. Die einfachste Form des Theaters besteht aus einem Schauspieler und einem Zuschauer, die in ihrer gegenseitigen Gewissheit der jeweiligen Rollen agieren. Das heißt, dass ein Publikum im Theater immer inbegriffen ist. Je nach Anlage des Stückes haben die Zuschauer mehr oder weniger Einflussmöglichkeiten. Nach unserem weiteren Begriffsverständnis kann mit der Bezeichnung auch das Haus, der Prozess des Spielens oder die Schauspielgruppe gemeint sein.

Merkmale des Theaters

Theater wird durch folgende Merkmale charakterisiert:

- Theater ist darstellendes Spiel, das sich auf alltägliche Handlungen bezieht und die Wirklichkeit in Als-ob-Handlungen imitiert. Im Gegensatz zum alltäglichen Handeln bleibt die Nachahmung von realen Situationen ohne Konsequenzen und ohne Sanktionen. Durch die individuelle Nachahmung der Spieler entsteht etwas Schöpferisches, Neues, was dadurch einzigartig ist und unendliche Möglichkeiten bietet. Die theatralische Freiheit ist gebunden an einen Rahmen mit bestimmten Normen und Regeln.
- Theater spielt mit Symbolen. Die Zuschauer gehen davon aus, dass alles, was auf der Bühne zu sehen ist, eine Bedeutung hat. Diese Symbole sind verbale Sprache, Körpersprache sowie Gegenstände der Ausstattung und Requisiten.
- Theater spielt vor Publikum. Damit gibt es eine klare Trennung zwischen Schauspielern und Zuschauern. Beide unterliegen im Rahmen von Vorgaben zu Ort und Zeit Rollenerwartungen und Konventionen, die aber variabel auszuführen sind. Durch die Variation der Rollenerwartungen von Schauspielern und Zuschauern entstehen abgewandelte Formen, wenn z. B. die Grenze zwischen beiden durch partizipative Elemente stärker überbrückt und aufgebrochen wird.

←→ Sprachliche Bildung
Wie kann Mehrsprachigkeit in der Theaterpädagogik berücksichtigt werden?

Formen

Die wichtigsten Formen des Theaters sind:

- Sprechtheater, wie z. B. Schauspiel, Komödie, Tragödie, Improvisationstheater
- Musiktheater, wie z. B. Musical, Oper und Operette
- Bewegungs- und Tanztheater, wie z. B. Ballett, Ausdruckstanz, Pantomime
- Figurentheater, wie z. B. Marionettentheater, Puppenspiel und Schattentheater

Es kann auch Mischformen geben.

Theater in der Antike und im Mittelalter

Erste Vorläufer des heutigen Theaters gab es bereits in der Steinzeit, z. B. in Tänzen der damaligen Zivilisationen. Religiöse Feste mit Elementen des Theaters sind aus ca. 2000–1500 v. Chr. überliefert. Doch erst seit der griechischen Antike gibt es Theater, wie wir es heute definieren. Um 530 v. Chr. fanden in Athen Bühnenaufführungen vor Zuschauern zur religiösen Würdigung des Weingottes Dionysos statt. Zunächst trat lediglich ein männlicher Darsteller auf, Frauen war die Schauspielkunst untersagt. Die Schauspieler fühlten sich bereits als Künstler in Abgrenzung zu kirchlichen Würdenträgern. Der Einklang von Handlung, Ort und Zeit wurde als wichtig erachtet.

Im alten Rom wurde die griechische Theaterform übernommen. Nun wurden auch mehr Schauspieler eingesetzt. Das bot mehr Möglichkeiten, die oft religiösen Stücke aufzuführen. Chöre erläuterten mit ihrem Gesang den Inhalt für das Publikum zwischen den Aufzügen. Es gab Freilichtbühnen, die extra für diese Zwecke gebaut wurden. Auch pantomimische Darstellungen wurden geboten.

Theater war besonders zu Anfang des Mittelalters Angelegenheit der Kirche. Die Aufführungen griffen religiöse Themen aus der Bibel auf, das Leben der Heiligen sollte dem Publikum nahegebracht werden. Die Sprache der überwiegend geistlichen Darsteller war Latein. Im weiteren Verlauf des Mittelalters wurden auch Nichtpriester als Schauspieler integriert. Die Aufführungen wurden meistens auf bekannten Versammlungsplätzen unter freiem Himmel gezeigt, zunehmend auch in der jeweiligen Sprache des Volkes. Noch heute sind z. B. Osterspiele oder Passionsspiele bekannt, die ihren Ursprung in der damaligen Zeit des religiösen mittelalterlichen Theaterspiels haben.

Erst im Barock wurden Theater in der uns heute bekannten Form mit Bühne, Vorhang, Bühnenbildern und Sitzreihen für die Zuschauer gebaut. In ganz Europa dehnte sich nun das Theater aus, die Themen betrafen neben kirchlichen Inhalten zunehmend politische und weltliche Angelegenheiten, was dem Theater andere Bedeutungen brachte. Griechische und römische Dramen wurden als Klassiker aufgegriffen und neu belebt. Komödien zur Belustigung und Unterhaltung der Gesellschaft am Königshof wurden z. B. in Norditalien geschrieben. Die Aufführungen wurden prächtiger und pompöser, die Zuschauer saßen nicht nur im Parkett, sondern je nach Reichtum und Herkunft auch in mehreren Etagen.

Theater heute

Das heutige Theater ist breit gefächert. Es ist gekennzeichnet von sehr unterschiedlichen Inhalten. Es gibt Theaterstücke für alle Altersklassen, die auf die jeweiligen Interessen abgestimmt sind.

Neben den Schauspielern sind verschiedene Berufe wie z. B. Regisseure, Bühnenbildner, Kostümschneider, Techniker, Agenturen für Werbung und Ticketverkauf involviert.

Ergänzend zum professionellen Theater gibt es zahlreiche Laienspielgruppen.

Das Unterrichtsfach „Darstellendes Spiel“ hat sich in den Schulen etabliert. Mit der Theaterpädagogik hat sich eine Disziplin entwickelt, die durch das Medium Theater Lern- und Entwicklungsprozesse initiieren möchte.

www.grips-theater.de
weltweit erstes emanzipatorisches Theater für Kinder und Jugendliche

www.atzeberlin.de
größtes deutsches Musiktheater für Kinder

2.2 Bedeutung und Ziele

2.2.1 Bedeutung und Ziele des Spielens

Das Kind bereitet sich durch sein Spiel in der Kindheit darauf vor, sein späteres Leben zu bewältigen. Spiel ist also Probehandeln und immer auch Lernen.

Spiel als selbstbestimmte und hochmotivierte Auseinandersetzung mit der Welt

Das Kind nimmt sich und seine Umgebung mit allen Sinnen wahr. Es setzt sich mit seinem Körper und seiner Umwelt auseinander und baut dadurch seine Fertigkeiten aus. Es macht sich auf diese Weise ein Bild der Welt. Seine Körpersinne (Schmecken und Tasten) als Nahsinne setzt es für seine körperlichen Aktivitäten ein. Bereits in den ersten Wochen seines Lebens kann es mit seinem Unternehmungsgeist Erfahrungen machen, die es selbst verursacht und arrangiert. Mit den Weltsinnen (Sehen, Hören, Riechen) als Fernsinne nimmt es seine Umwelt aus der Distanz wahr. Um die Welt vollständig zu begreifen und mit dem Spiel zu beginnen, muss das Kind Dinge berühren und bewegen.

Abb. 2.11 Kinder entdecken im Spiel die Welt.

Ein Kleinkind ist im Spiel bereit zur „Leistung" und zur Bewegung. Es legt Durchhaltevermögen an den Tag und zeigt Ausdauer, indem es nicht so schnell für die Erreichung eines Ziels aufgibt. Damit erprobt es immer wieder seine eigenen Grenzen, überschreitet diese und erfährt neue. All diese Eigenschaften, wie Leistungsbereitschaft, Entdeckungsfreude, Ausdauer und Durchhaltevermögen, sollten von der Bezugsperson unterstützt werden, da sie sich sonst im späteren Leben zurückbilden.

BEISPIEL Die dreijährige Katja ist aufgrund einer Infektionskrankheit des Gehirns motorisch sehr stark eingeschränkt. Besonders die Armmotorik und die Auge-Hand-Koordination sind betroffen. Die Eltern sind sehr verunsichert und wollen es ihrer Tochter leichter machen. Sie reichen ihr z. B. die Mahlzeiten an, legen ihr das Spielzeug direkt in den Schoß und stehen sofort auf, wenn Katja etwas möchte. Sie wird wie ein Säugling liebevoll umsorgt. Katja hat wenig Gelegenheiten, sich selbst auszuprobieren, eigene Grenzen zu entdecken und zu überschreiten.

Partizipation
Inwieweit kann Spielen das Hineinwachsen in demokratische Strukturen unterstützen?

Wiederholungen dienen der Vergewisserung, ob das Gelernte noch beherrscht wird. Anschließend wird die Handlung erweitert oder das Kind wendet sich neuen Herausforderungen zu. Wenn ein Kind älter wird, kann es bereits am Anfang des Spiels festlegen, wie der Ablauf sein soll. Es erfolgt in der nächsten Entwicklungsstufe ein Aushandlungsprozess mit seinen Mitspielern. Jederzeit kann aber das Spiel verändert werden, wenn die Spieler es so bestimmen. So werden die Handlungen wie bei keiner anderen Beschäftigung vom Kind selbst ausgelöst und gesteuert.

Spiel als Gegenwartsbewältigung

Aus der Verlässlichkeit und der schützenden Stabilität der Bezugsperson verlässt das Kind die sichere Basis, um die Welt um sich herum schrittweise zu entdecken und zu erobern. Alltagserfahrungen werden vom Kind spielerisch verstanden, nachvollzogen und verarbeitet, indem es diese im ›Funktionsspiel‹ etliche Male erprobt. Im ›Rollenspiel‹ versetzen sich Kinder und Jugendliche in andere Personen oder Tiere, um eine Handlung aus einer anderen Sicht durchzuführen und nachzuahmen. ›Regelspiele‹ lassen Kinder und Jugendliche das Verlieren und Gewinnen erfahren und tragen dazu bei, im Alltag aufkommende Enttäuschungen zu meistern.

Funktionsspiel → S. 192
Rollenspiel → S. 193
Regelspiel → S. 193

Das Kind kann im Spiel Gefühle annehmen und diese ausleben. Da es sich um eine Fantasieebene handelt, können Emotionen ohne negative Folgen ausgelebt werden. Mit seinem selbstbestimmten Spiel bringt das Kind Ordnung in die Fülle seiner Erfahrungen. Auf der Spielebene kann es für sich die erlebte Wirklichkeit so verändern und anpassen, wie es seinem Entwicklungsstand entspricht. Das Gefühl, schutzlos oder ausgeliefert zu sein, verschwindet und weicht dem der Sicherheit. Diese Selbstbestimmung verleiht Selbstwertgefühl und Macht über Dinge. Im ›Partnerspiel‹ werden Mitbestimmung und Kompromissfähigkeit geschult. Selbst wenn im Spiel einmal ein Misserfolg aufkommt, ist er mit dem Spiel beendet, im nächsten Spiel gibt es einen Neustart.

Partnerspiel → S. 191

Spiel als Vorbereitung für die Zukunftsbewältigung

Umwelt und Gesellschaft unterliegen einer ständigen Umwälzung. Damit verbunden ist Unsicherheit, die nicht nur Berufsausbildung, Arbeitsplatz und spätere individuelle Lebensführung betrifft, sondern sich auch auf globale Anforderungen bezieht. Die zukünftigen Anforderungen sind noch nicht erkennbar, aber in der frühen Kindheit werden Kinder auf diese Herausforderungen bereits vorbereitet. Das Kind trainiert im Spiel seine Anstrengungsbereitschaft, es hat ein Ziel, das es hartnäckig verfolgt. Das Kind übernimmt die Verantwortung für seine Entscheidungen und seine darauf abgestimmten Lösungen. Die Fähigkeit, Kompromisse einzugehen und sich in andere hineinzufühlen, wird als Vorarbeit für zukünftiges einträchtiges Handeln geschult.

Auch im späteren Leben treten viele Situationen auf, auf die flexibel reagiert werden muss. Im Spiel können wirkliche Abenteuer erlebt werden, die Spannung und Begeisterung erzeugen. Körperliche und emotionale Anforderungen und intensive Eindrücke müssen bewältigt und verarbeitet werden. Die dabei auftretenden Probleme sind zu lösen, was die Herausforderung im Spiel ausmacht. Durch die Bewältigung dieser Als-ob-Situationen entwickeln Kinder und Jugendliche Selbstbewusstsein und Zutrauen in die eigenen Fähigkeiten.

Abb. 2.12 Beim Spielen entwickeln Kinder Zutrauen in die eigenen Fähigkeiten.

Entwicklung des Spielverhaltens → S. 191

Förderung von Medienkompetenz
Wie können Computerspiele sinnvoll eingesetzt werden, um den Aufbau sozialer Beziehungen zu unterstützen?

Spiel als Weg zum Aufbau sozialer Beziehungen
Im Spiel können Kinder ihre sozialen Fähigkeiten schulen und ausbauen, sie entwickeln dabei Werte und Haltungen, indem sie ihre adaptierten mit anderen abgleichen. In der ›Entwicklung ihres Spielverhaltens‹ spielen Kinder zunächst allein und kommen dann über das Parallelspiel zu Partnerspielen, bevor sie ihre Kompetenzen im Gruppenspiel weiter trainieren. Dieses soziale Verhalten ist auch für ihre Zukunft gefragt und kann im Spiel erlernt werden.
Soziale Fertigkeiten, die spielerisch erprobt werden können, sind z.B. eigene und fremde Wünsche abschätzen, Kompromisse aushandeln, Initiative ergreifen, motivieren, Impulse für neue Spielideen einbringen und sich durchsetzen können.

Bedeutung des Spiels für Jugendliche
Fragt man Jugendliche, spielen sie hauptsächlich, um sich einen Ausgleich zu den Herausforderungen des täglichen Lebens zu schaffen. Das Spiel soll der Entspannung dienen, sie wollen sich damit in einen ansprechenden Inhalt intensiv und lustvoll vertiefen und positive Erlebnisse erfahren. Spiel hat den Charakter eines Zeitvertreibs oder Hobbys. Funktionsspiele werden primär im sportlichen Bereich gespielt. Konstruktionsspiele werden z.B. künstlerisch oder handwerklich fortgeführt. Rollenspiele werden beispielsweise im Theaterspiel oder am Computer ausgelebt. Regelspiele finden sich bei Mannschaftssportarten oder in Form von (digitalen) Gesellschaftsspielen.
Auch wenn Jugendliche es manchmal selbst nicht so sehen, behält das Spiel seine hohe Bedeutung bei, weil weiterhin die für das spätere Leben erforderlichen Fertigkeiten zur Bewältigung zukünftiger Herausforderungen ausgebaut werden.

REFLEXION — **IMPULS** — LERNORTKOOPERATION

Befragen Sie Jugendliche in den Praxiseinrichtungen, was, wann und mit wem sie spielen. Tauschen Sie sich über die Ergebnisse in der Lerngruppe aus.

2.2.2 Bedeutung und Ziele des Theaters

Theater als darstellendes Spiel hat eine ähnliche Bedeutung wie andere Spielformen. Hinzu kommen weitere Aspekte:

- Theater kann mit seiner Handlung die Menschen und ihr Leben in der Gesellschaft in all ihren Facetten spiegeln, bestätigen oder kritisieren. Durch die Aufführungsart ist es nahe am Menschen. Dabei kann es unterschiedliche Belange, z.B. politische oder gesellschaftliche, aufgreifen und aus der Sicht von Protagonisten behandeln.
- Theater ist Kunst. Inhalte sollen z.B. anmutig, geschmackvoll, stilgerecht oder aber auch provokant in Szene gesetzt werden.
- Im Theater wandelt sich der Mensch in einen anderen. Als Spieler kann er glaubhaft und wirklichkeitsgetreu Rollen einnehmen, die im wirklichen Leben nicht seine eigenen sind bzw. sein sollen oder dürfen.
- Als Zuschauer lassen sich Menschen von den Figuren auf der Bühne verzaubern und durchleben mit ihnen Höhen und Tiefen ihres Lebens. Indem sie sich mit den gezeigten Rollen identifizieren oder auch Neues ergründen, findet ein Abgleich zwischen ihrer eigenen Realität und der gezeigten Rolle statt, in der eine neue Orientierung geschieht.

- Theater kann helfen, Menschen freier und offener zu machen, und einen Perspektivwechsel ermöglichen. Es hilft, festgefahrene Einstellungen zu hinterfragen und sich vielleicht auch unbequeme Fragen zu stellen.
- Theater weckt je nach Inhalt und Inszenierung verschiedene Emotionen und regt die Fantasie an.

Ziele

Grundsätzlich wird zwischen Theater sehen und Theater machen unterschieden. Theater machen ist grundsätzlich aktiv und ermöglicht ein ›Lernen‹ in unterschiedlichen Bereichen und auf verschiedenen Ebenen.

Aber auch das scheinbar passive Sehen von Theaterstücken kann Lernprozesse initiieren, insbesondere wenn Theaterstücke gemeinsam angeschaut, verstanden und kritisiert werden. Wichtig ist die aktive Auseinandersetzung.

Abb. 2.13 Theater kann Lernprozesse in Gang setzen.

›Theaterpädagogik‹ in der sozialpädagogischen Arbeit verfolgt verschiedene Ziele, z.B.:

- Vermittlung von Sachkompetenz über das Theater und die didaktischen Grundlagen der theaterpädagogischen Arbeit
- Anregung der Lern- und Denkfähigkeit, z.B. durch die kritische Auseinandersetzung mit Theaterstücken
- Schulung der Transferfähigkeit, weil mit dem Theaterstück neue Eindrücke oder Vorstellungen auf andere Situationen übertragen werden.
- Anbahnung von Durchhaltevermögen, das für eine Aufführung und manchmal auch für den Besuch eines Theaterstücks benötigt wird
- Anregung der Fantasie, z.B. durch das Entwerfen eigener Theaterstücke
- Förderung der Problemlösefähigkeit und Kreativität im Prozess der Realisierung von Theaterprojekten, z.B. mit Bühnenbild, Beleuchtung, Handlungsabläufen, Drucken der Karten und Plakate, Planung der Aufführung mit Pausenverköstigung
- Schulung der Sozialkompetenzen durch die gemeinsame Handlung mit anderen, z.B. Kontaktfähigkeit, Hilfsbereitschaft, Kompromissbereitschaft, Empathie
- Stärkung der personalen Kompetenzen wie Selbstregulation und Selbstständigkeit durch die gemeinsame Tätigkeit in der Gruppe und die Beschäftigung mit der eigenen Rolle

Theaterpädagogik → *S. 203*

Einen Überblick über Ziele und Aufgaben der Theaterpädagogik gibt der Bundesverband Theaterpädagogik e. V. (BUT) auf seiner Homepage:
www.butinfo.de

2.3 Methodische Grundlagen und Aufgaben der sozialpädagogischen Fachkraft

Abb. 2.14 Spiel ist Bildung.

2.3.1 Allgemeine Aufgaben der Erzieherin im Bildungsbereich Spiel und Theater

Im Bildungsbereich Spiel und Theater haben Erzieherinnen verschiedene Aufgaben:

- **Grundhaltung und Selbstreflexion:** Erzieherinnen erkennen die Bedeutung des selbstbestimmten Spiels an. Sie reflektieren ihre Einstellung zum Spiel und Theater kritisch, um nicht durch eigene Hemmungen Kinder und Jugendliche zu behindern, sondern alle Beteiligten zu motivieren und zu fördern. Sie erweitern ihr eigenes Repertoire und überdenken ihre eigene Rolle und ihr Verhalten.
- **Beziehung anbieten:** Erzieherinnen bieten eine stabile und verlässliche Beziehung an, die unabhängig vom Spielarrangement trägt. Im ›Gruppengefüge‹ wirken sie sensibel und ausgleichend.

Gruppe → *S. 220 Band 1*

REFLEXION **IMPULS** LERNORTKOOPERATION

Beobachten Sie, wie sich Erzieherinnen in Ihrer Praxiseinrichtung beim Spielen mit Kindern verhalten. Beschreiben Sie Verhaltensweisen, die in besonderer Weise die Beziehung zwischen der Erzieherin und den Kindern, aber auch die Beziehungen der Kinder untereinander fördern und stärken. Erläutern Sie die Kriterien, anhand derer Sie das Verhalten beurteilen.

- **Vorbild sein:** Erzieherinnen fungieren bewusst als Vorbilder und binden Kompetenzen wie Anstrengungsbereitschaft und kreative Ideenfindung in ihre pädagogischen Überlegungen ein.
- **Gestaltung der Spielumgebung:** Erzieherinnen gestalten Räume und Einrichtung, sodass sie zu Spiel und Theater in unterschiedlichen ›Sozialformen‹ anregen und einladen, aber auch Rückzugsmöglichkeiten bieten. Sie stellen vielseitige und gestaltbare Materialien zur Verfügung, ohne ein Überangebot zu schaffen.
- **Planung von Angeboten aufgrund von Beobachtungen:** Erzieherinnen ›beobachten‹ das Verhalten der Kinder und Jugendlichen aufmerksam und leiten daraus Spiel- und Theaterangebote ab. Kinder, die einseitig und bewegungsarm spielen, können z. B. zu ansprechenden (Bewegungs-)Spielen motiviert werden. Jugendliche mit Sprachförderbedarf können beispielsweise im Sprechtheater gezielt gefördert werden. Bei der Gestaltung achten Erzieherinnen auf ein angemessenes Maß an Spannung und ›Bewegung‹ sowie Körperkontakt.

Sozialform → *S. 59*

Beobachtung → *S. 102*

←→ Partizipation
Wie können Kinder und Jugendliche mit ihren Stärken in die Planung einbezogen werden?

Bewegung → *S. 144*

- **Unterstützung im Spielprozess:** Erzieherinnen unterstützen Kinder und Jugendliche bei Spiel und Theater individuell und flexibel und berücksichtigen die jeweilige Entwicklungsstufe. Sie initiieren z. B. die Übernahme der Spielführung durch ein Kind, achten darauf, dass geschlechtstypische Zuordnungen vermieden werden, ermöglichen einen hohen Grad an Selbstbestimmung in Bezug auf Zeit, Raum, Material und Partner. Erzieherinnen vermitteln Regeln und setzen Grenzen in angemessener Form. Sie ›beteiligen‹ Kinder und Jugendliche an der Regelfindung und Überprüfung. Sie vermitteln Zutrauen und Herausforderung durch Lob und Bestärkung.
- **Beratung und Beteiligung von Erziehungspartnern:** Eltern und Erziehungspartner werden in die spielerischen und darstellerischen Angebote einbezogen. Neben dem Informationsaustausch gehört dazu auch die aktive Beteiligung an Aktionen und Projekten.

REFLEXION | IMPULS | LERNORTKOOPERATION

Recherchieren Sie in unterschiedlichen Einrichtungen der Kinder- und Jugendhilfe, wie Erziehungspartner in Aktionen und Projekte eingebunden werden. Diskutieren Sie, welche positiven und negativen Auswirkungen dies auf die pädagogische Arbeit haben kann.

2.3.2 Methodische Hinweise zur Spielgestaltung

Die Haupttätigkeit des Kindes ist das Spielen. Die Rahmenbedingungen des Spiels können sich fördernd oder hemmend auf die Spiellust und den Spielfluss auswirken. So werden manche Spiele gut angeregt oder von Anfang an unterbunden. Erzieherinnen haben die Aufgabe, fördernde Rahmenbedingungen zu schaffen.

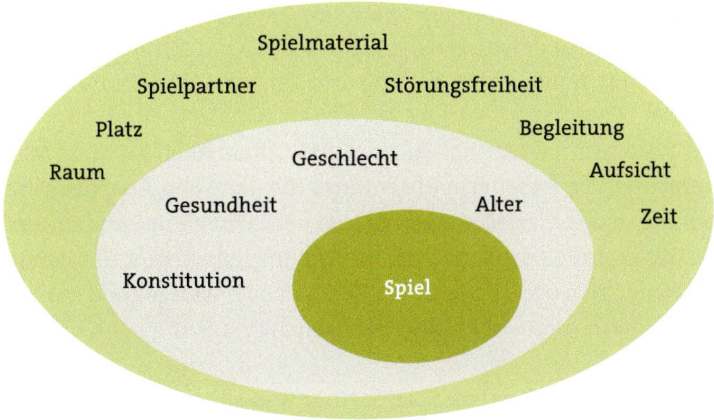

Abb. 2.15 Einflüsse auf das Spiel

Entscheidungsfreiheit als Voraussetzung

Entscheidungsfreiheit ist eine wesentliche Voraussetzung für gelingendes Spielen. Erzieherinnen gewähren Kindern und Jugendlichen Freiräume, um selbstständig Entscheidungen treffen zu können. In sozialpädagogischen Einrichtungen ist dieser Freiraum besonders in den Freispielphasen groß, sollte aber auch in angeleiteten Spielsituationen berücksichtigt werden.

Gruppe → S. 220 Band 1

Wertevermittlung
Welche Werte werden durch bestimmte Regeln vermittelt?

Regeln

Für das Miteinander in der ›Gruppe‹ sind Regeln, auch Spielregeln, nötig. Bei der Aufstellung, der konsequenten Umsetzung und der Überprüfung der Regeln bezieht die Erzieherin die beteiligten Kinder und Jugendlichen ein.

Regeln sind wichtig und sinnvoll, bergen aber auch Gefahren:

Regeln ...	Beispiel
... schaffen Klarheit, Sicherheit und Verlässlichkeit.	Bei einem Brettspiel kommen die Spieler nacheinander im Uhrzeigersinn an die Reihe. Keiner muss drängeln, jeder weiß, wann er dran ist.
... dienen der Einhaltung von Grenzen, die aus finanziellen, ökologischen oder entwicklungsbedingten Gründen notwendig sind.	Um ein einseitiges Spielen am Computer zu vermeiden, wird die Spielzeit für jedes Hortkind auf eine halbe Stunde pro Tag beschränkt.
... schützen Kinder und Jugendliche vor Gefahren.	Beim Geländespiel im Wald darf das vorher festgelegte Areal nicht verlassen werden.
... beugen Konfliktsituationen vor.	Alle Kinder, die in der Verkleidungsecke gespielt haben, räumen diese auch wieder auf.
... können zu Vorschriften werden, deren Einhaltung nicht eingesehen wird und aus bloßem Gehorsam erfolgt, wenn sie nicht begründet werden.	Das Spielen im Flur ist verboten.
... reduzieren die Eigeninitiative und Verantwortlichkeit der Mitspieler.	Alle Hortkinder, die draußen spielen, setzen eine Mütze auf.

Spielpartner

Mit zunehmendem Alter des Kindes verändern sich die Aufgaben der Erzieherin als bzw. in Bezug auf Spielpartner:

- Erzieherinnen bieten Kleinstkindern vielfältige Anreize für Erkundungsspiele. Sie ermuntern, das bereitgestellte Spielmaterial auszuprobieren und zu nutzen. Dabei beobachten sie genau, welche Signale das Kind sendet, und sorgen für eine möglichst störungsfreie Umgebung und geringe Unterbrechungen des kindlichen Spiels.

Alleinspiel → S. 192

- Im ersten bzw. zweiten Lebensjahr steht das ›Alleinspiel‹ mit dem Material oft im Vordergrund. Die Erzieherin übernimmt die Rolle des „Coaches", indem sie die Handlungen des Kindes nonverbal und verbal begleitet und unterstützt.

Parallelspiel → S. 191
Gruppenspiel → S. 191

- Während des ›Parallelspiels‹ und des ›Gruppenspiels‹ tritt die Erzieherin stärker als Spielpartnerin in den Hintergrund. Sie hält sich weitgehend zurück und unterstützt nur dann, wenn die Kinder sie brauchen, z. B. um bei Konflikten zu moderieren.
- Erzieherinnen sind auch aktive Spielpartner und spielen mit Kindern und Jugendlichen. Inwieweit sie im Freispiel als Mitspieler agieren sollen, wird unterschiedlich gesehen und in jeder sozialpädagogischen Einrichtung anders praktiziert. Einerseits kann die Erzieherin als Mitspielerin ein Vorbild sein und zudem die Kinder im Spiel besser begleiten, motivieren oder stärken. Andererseits dominiert sie als erwachsene Mitspielerin häufig das Spiel, ohne es zu wollen, sodass die Kinder und Jugendlichen weniger Möglichkeiten haben, selbst zu bestimmen, das Spiel zu lenken oder Verantwortung zu übernehmen.

Eltern sollten Kinder beim Spiel nicht nur gewinnen lassen

***Spielen** soll Spaß machen. Wenn Eltern ihre Kinder immer gewinnen lassen, ist Langeweile angesagt, wenn sie sie immer besiegen, Frust. Wie es richtig geht, erklärt Diplom-Psychologe Wilfried Griebe.*

Eltern sollten bei Gesellschaftsspielen das Frustrationsverhalten ihrer Kinder beobachten, sagt Wilfried Griebel, Diplom-Psychologe vom Staatsinstitut für Frühpädagogik München. «Frustration aushalten kann man einüben.» Griebel rät davon ab, die Kinder immer gewinnen zu lassen. Das entspreche nicht dem Spielcharakter. «Es geht ums Zusammensein und den Spaß.»

Eltern sollten versuchen, die Spielausgänge auszubalancieren: So bleibt das Spielen für sie spannend. Deshalb sollten Eltern ihre Überlegenheit nicht ausnutzen, sondern dem Kind Chancen eingestehen, damit es gewinnen kann, ihm den Sieg aber nicht schenken, so Griebel. Manche Spiele eignen sich besonders gut, weil Kinder darin von vornherein ebenbürtig, wenn nicht sogar besser sind. Bei Memory ist das zum Beispiel der Fall.

Wettkampfdenken gehört nicht zu Gesellschaftsspielen. «Wenn das Kind den größten Ehrgeiz daran setzt, den Erwachsenen zu besiegen, sollte man die Beziehung durchleuchten», meint Griebel. Grundsätzlich komme es bei Spielen darauf an, ob sie nach dem Pech-Glück- oder dem Misserfolg-Erfolg-Prinzip funktionieren. «Mensch, ärgere dich nicht» gehört zur ersten Kategorie. Obwohl die Gewinnchancen hier dem Zufall überlassen sind, eigne sich das Spiel erst für Grundschulkinder, die gelernt haben, mit dem Verlieren umzugehen. Für Jüngere sind neben Memory Solidaritätsspiele geeignet, bei denen es auf Teamarbeit ankomme. Verliert das Kind, muss der Erwachsene darauf gefasst sein, dass es Revanche fordert. Echte Schadenfreude sei nicht angemessen, sagt Griebel. Im Zweifelsfall ist trösten die bessere Alternative.

www.badische-zeitung.de/ratgeber/liebe-familie/eltern-sollten-kinder-beim-spiel-nicht-nur-gewinnen-lassen; Online-Artikel vom 17. 9. 2013

Spielraum

Ein Kleinstkind benötigt für seine Spielbeschäftigungen einen noch nicht so umfangreichen, aber sicheren Spielraum. Erweitert sich die Möglichkeit der Fortbewegung, brauchen die Kinder andere räumliche Spielbedingungen. Im Kindergarten und im Hort sollten unterschiedliche Funktionsräume oder -ecken zur Verfügung stehen, z. B. eine Puppenecke, ein Bauzimmer, ein Toberaum, eine Verkleidungsecke, in denen die Kinder entsprechendes Material vorfinden und ihnen ausreichend Platz zur Verfügung steht. Vorgegebene Spielräume in den Institutionen innen und außen werden durch öffentliche Spielplätze, Abenteuerspielplätze, Spielstraßen oder freie Orte in der städtischen oder ländlichen Umgebung erweitert.

ZUM WEITERDENKEN Jugendliche haben es häufig schwer, unbeaufsichtigte „Spielorte" zu finden. Ihr Treffen außerhalb des häuslichen Umfeldes oder von Jugendeinrichtungen, auf Spielplätzen oder in Parks wird oft als „Herumlungern" gedeutet und nicht gern gesehen.

Nachhaltigkeit
Welches Spielmaterial trägt dazu bei, die „Welt ein Stück zu verbessern"?

Spielmaterial

Als Spielmaterial reicht dem Säugling zunächst sein eigener Körper und eine Bezugsperson, die ihm positive Zuwendung gibt. Später regen einzelne Gegenstände seine Sinneswahrnehmung an. Hat das Kind die Eigenschaften eines Gegenstandes oder Spielzeugs kennengelernt, z. B. dass ein Ball rund und glatt ist und rollt, prägt es sich diese durch ständige Wiederholungen ein, so werden beispielsweise Wurf- und Fangspiele initiiert. Dadurch erhält das Spiel eine neue Funktion und Bedeutung. Die Art und Beschaffenheit des Spielzeugs sind immer vom jeweiligen Entwicklungsstand des Kindes und seinen bevorzugten Spielformen abhängig. Wichtig ist, dass Spielzeug die kindliche Spielentwicklung fördert und weder hemmt noch verhindert.
Im Kindergarten kann das Kind entsprechend seinen Spielbedürfnissen mit gleich gesinnten Spielpartnern viele verschiedenartige Spielmaterialien nutzen, z. B. mit Bausteinen und anderen Konstruktionsmaterialien nach eigenen Vorstellungen bauen, sich draußen mit Sand und Sandspielzeug beschäftigen, mit Dreirad und Roller Bewegungsspiele spielen oder mit entsprechenden Utensilien Verkaufsspiele durchführen.
Grundschulkinder und Jugendliche wenden sich zunehmend elektronischen Spielen zu, obwohl nach wie vor alte und neue Brett- und Kartenspiele oder Sportspiele ihr Spielinteresse wecken.

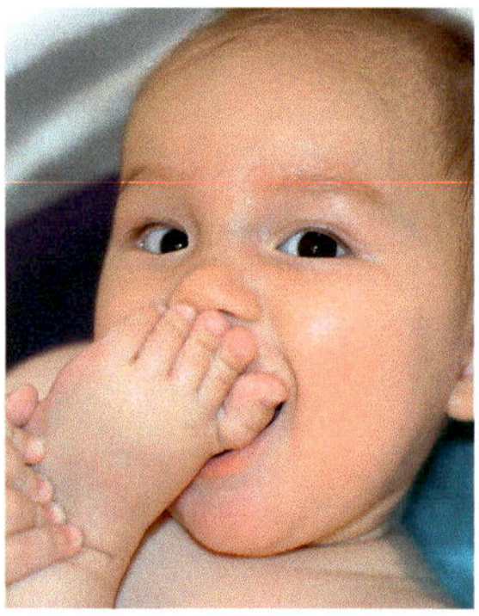
Abb. 2.16 Ein Säugling spielt mit seinem eigenen Körper.

Abb. 2.17 Kinderfahrzeuge bieten viele Möglichkeiten.

Abb. 2.18 Ältere Kinder spielen oft gern elektronische Spiele.

Erzieherinnen achten darauf, dass ein großer Teil des Spielmaterials so gestaltet ist, dass es vielseitig verwendet werden kann und die Anwendung nicht von vornherein festgelegt ist. So sollten Bausätze z. B. eigene Erfindungen zulassen und nicht nur auf ein Endprodukt hin angefertigt worden sein. Naturmaterialien regen in besonderer Weise die kindliche Fantasie an, um sich eigene Spielwelten zu schaffen.
Die Vielseitigkeit des Spielmaterials ist wichtiger als die Vielzahl.
Jedes Spielmaterial sollte seinen festen Platz haben, an dem es nach dem Spiel aufbewahrt wird. Eine stabile Ordnung ermöglicht bei der oft großen Menge Überblick und Orientierung.
Geschlechtstypische Zuordnungen des Spielmaterials sollten vermieden werden.

ZUM WEITERDENKEN Die Firma Ferrero hat seit 2012 ein weiteres Überraschungsei im Programm. Es hat eine rosafarbene Verpackung und wird mit dem Slogan „Nur für Mädchen" beworben.

Spielzeit

Die Zeit, die Erwachsene für ihre Arbeit aufwenden, ist für ein Kind das Spiel. Es bekommt damit als Betätigung einen beträchtlichen Teil der Lebenszeit. Zeit hat für Kinder einen anderen Stellenwert, da sie gemäß ihrem Entwicklungsstand das Bewusstsein für Zeit noch gar nicht haben oder dieses noch nicht so stark ausgeprägt ist.
Das jüngere Kind geht daher mit Zeit unbefangen und ohne Verpflichtungen um. In Spielbeschäftigungen vertiefen sich die Kinder, ohne zeitliche Begrenzungen überhaupt wahrzunehmen. Etwas ältere Kinder haben bereits gelernt, dass sie sich einteilen und beschränken müssen, wenn sie den Tag neben ihren Aufgaben und Verpflichtungen wie Schulzeiten, Hausaufgaben und Verabredungen mit Freunden nach ihren Vorstellungen gestalten möchten. Schulkinder brauchen Erholungszeiten von den alltäglichen Zwängen.
Jugendliche empfinden einerseits Langeweile, weil sie nichts mit sich anzufangen wissen und die kindlichen Spiele nicht mehr aktuell sind. Andererseits nehmen andere Beschäftigungen immer mehr Raum ein, z. B. Erlebnisse mit ihrer Clique oder Beschäftigung mit dem PC. Viele Erwachsene meinen, keine Zeit zum Spielen verwenden zu können. Einige spielen jedoch immer noch gern.

Erzieherinnen sorgen für eine angemessene Tagesstruktur, in der sowohl Freispielzeiten als auch Zeiten für das angeleitete Spiel berücksichtigt werden.

Abb. 2.19 In der Tagesstruktur sollten freies Spiel und angeleitetes Spiel berücksichtigt werden.

2.3.3 Methodische Hinweise zur Gestaltung der Theaterarbeit

Theaterarbeit ist sehr vielseitig. Die Aufgaben der Erzieherin unterscheiden sich z. B. je nachdem, ob ein Theaterstück besucht oder einstudiert werden soll oder ob es sich um ein spontanes Rollenspiel handelt, das ohne Proben auskommt. Grundsätzlich sollte die Erzieherin folgende Fragen stellen:

- Welche Interessen und Möglichkeiten haben die beteiligten Kinder und Jugendlichen?
- Welche Ziele bestehen?
- Wie sehen die Rahmenbedingungen aus?
- Welche Theaterform ist geeignet?

Theater besuchen

Je nach Interesse, Zielen und innerhalb der Rahmenbedingungen wählt die Erzieherin möglichst gemeinsam mit den Kindern oder Jugendlichen das Theaterstück aus. Der Theaterbesuch kann vorbereitet werden, indem z.B. das Stück oder Auszüge gemeinsam gelesen oder Informationen zu Theaterform, Gebäude oder beteiligten Personen (Autor, Regisseur, Schauspieler etc.) eingeholt werden. Auch andere Schwerpunkte, wie z.B. Bühnenbild, Kostüme oder Musik, können im Vorfeld thematisiert werden. Viele Theater bieten Führungen für Kinder- und Jugendgruppen an, die einen Blick hinter die Kulissen und gegebenenfalls auch in die Werkstätten ermöglichen. Einige Theater beschäftigen Theaterpädagogen, die unterschiedliche Angebote machen, um Kindern und Jugendlichen die Welt des Theaters näherzubringen.

Nach der Aufführung sollte die Erzieherin mit den Kindern und Jugendlichen den Theaterbesuch reflektieren. Was hat besonders gut gefallen? Was nicht? Warum? Der Inhalt des Stücks oder andere Aspekte des Besuchs können vertieft werden, indem z.B. darüber gesprochen wird, Szenen gemalt oder nachgespielt werden, die Geschichte weitererzählt oder ein eigenes Stück geschrieben wird.

Theater machen

Um sich einfühlen und fachkundig anleiten zu können, sind Theatererfahrungen der Erzieherin hilfreich. Die Reflexion der eigenen Ausdrucksmöglichkeiten ist Voraussetzung für die Vermittlung. Die Erzieherin plant nicht nur die Aufführung, führt sie durch und reflektiert den Prozess, sondern übernimmt in der Regel auch die organisatorische und strukturelle Gesamtleitung.

Um ein Theaterstück mit einer Kinder- oder Jugendgruppe aufzuführen, sind mehrere Schritte notwendig:

1. Theaterstück und Theaterform auswählen

Die Entscheidung fällt zwischen vorgegebenen Stücken, die zur Zielgruppe passen sollten, oder selbst geschriebenen Texten, die besser die individuelle Situation der Einzelnen oder der Gruppe berücksichtigen. Bei der Auswahl spielen z.B. Umfang des Stücks, Anzahl der Rollen und weiteren Beteiligten sowie notwendige Materialien und Objekte eine Rolle. Auch die Form sollte sorgfältig gewählt werden. Für das Figurentheater, wie z.B. Marionetten- oder Schattentheater, benötigt die Erzieherin neben dem schauspielerischen Verständnis beispielsweise Fertigkeiten und Kenntnisse in der Herstellung und Führung der Puppen, über den speziellen Szenenaufbau und die Spieldurchführung. Eine differenzierte Auseinandersetzung mit den verschiedenen Arten des Puppenspiels sollte vorab stattfinden. Die Interaktion mit dem Publikum läuft anders als auf einer großen Bühne. Oft eignet sich das Figurentheater gut für Kinder bzw. Jugendliche, die noch nicht genug Mut haben, selbst sichtbar auf der Bühne zu agieren.

www.lebendiges-handpuppenspiel.de

Nachhaltigkeit
Welche Theaterstücke sensibiliseren für Belange der Welt von morgen?

2. Exposé und Storyboard erstellen

Das Exposé vermittelt einen Überblick über das geplante Stück. Hier werden die wichtigsten inhaltlichen Schwerpunkte, Personen und Orte festgehalten und eine grobe Gliederung des Ablaufs erstellt. Daraus wird ein Storyboard entwickelt, das eine Art Drehbuch darstellt.

Nr.	Szene: Ort, Inhalt	Handlung: Was passiert?	Personen: Wer tritt auf?	Text? Sprecher?	Kulisse, Bühnenbild, Kostüme, Requisiten	Licht	Musik, Geräusche

Abb. 2.20 Beispiel eines Storyboards

3. Zeit- und Arbeitsplan erstellen

Es wird festgelegt, wer wann was erledigt. Dabei geht es nicht nur um die Rollenbesetzung, sondern auch um die Gestaltung des Bühnenbildes, um Materialbeschaffung, z.B. Requisiten oder Kostüme, Musik, Beleuchtung, Gestaltung von Einladungen usw.
Jede Aufgabe ist wichtig. So ist z.B. der Einsatz von Hauptdarstellern ebenso bedeutsam wie die Rollen der Komparsen. Im Theater werden auch Korrepetitoren und Souffleusen benötigt. Rollen können ebenfalls doppelt besetzt werden. Für die Öffentlichkeitsarbeit werden wieder andere Fähigkeiten benötigt. Besonders wichtig ist hier, dass die Erzieherin die Kinder und Jugendlichen gut kennt und sensibel fördert und fordert. Sie berücksichtigt dabei z.B., ob Kinder und Jugendliche mit Beeinträchtigungen oder Lernschwächen angepasste Rollen benötigen oder gerade in herausragenden Rollen einmal ihre besonderen Fähigkeiten ausspielen können. Der mögliche Ausgleich zwischen schüchternen und extrovertierten Kindern und Jugendlichen und das Aufbrechen von Hierarchien zwischen Anführern und Mitläufern können für die Vorbereitungen ebenso bedeutsam sein. In einer Rolle fällt es einem Kind als Schauspieler vielleicht leichter, etwas zu zeigen und auszudrücken, was es bewegt und was sonst verborgen bleiben würde.

4. Proben und Aufführung gestalten

Theaterarbeit ist ein Prozess, in dem sich vieles verändern kann. Für manche Inszenierungen sind intensive Proben nötig, andere können relativ spontan gestaltet werden. Häufig übernimmt die Erzieherin die Rolle des Regisseurs und ermöglicht den Kindern und Jugendlichen, verschiedene Ideen auszuprobieren, weiterzuentwickeln oder zu verwerfen, sodass ein gemeinsames Projekt entsteht. Gerade in einer intensiven Probenphase motiviert die Erzieherin Kinder bzw. Jugendliche und leitet sie an, verschiedene Aufgaben zu übernehmen. Alle Rollen auf, aber auch hinter der Bühne und bei der Organisation hat sie dabei im Blick und stärkt die jungen Akteure individuell.
Der Höhepunkt ist die Premiere. Anschließend sollte ein Dank an alle Beteiligten erfolgen, z.B. in Form einer gemeinsamen Premierenfeier.

Förderung von Medienkompetenz
Wie lassen sich digitale Medien in die Theaterarbeit einbinden?

2.4 Beispiele für die Gestaltung der Bildungsarbeit

2.4.1 Schnipsel-Angebot

Das Angebot ist für Kinder zwischen einem und drei Jahren geeignet. Es bezieht sich auf spielerische Sinneserfahrungen mit Papier.

Material
- Materialwannen ohne scharfkantige Ecken und Seiten
- große Mengen geschredderter Papierstreifen
- Papier- und Kunststofftüten, auch Eimer und Schalen
- farbiges Transparent- oder Seidenpapier

Einstieg/Motivation
Die Erzieherin bereitet eine große Kunststoffwanne mit Papierstreifen vor und stellt sie im Gruppenraum an einen geeigneten Platz. Die Aufmerksamkeit der Kinder wird angeregt und ein experimentelles Agieren kann beginnen.

Durchführung
Die Kinder können mit den unterschiedlichen Körperteilen die Papierstreifen wahrnehmen: greifen einzelner Streifen, zerreißen, hochwerfen und fangen, tragen großer Mengen mit beiden Armen z. B. in eine andere Wanne. Als Impuls kann die Erzieherin Papier- und Kunststofftüten zum Befüllen anbieten. Auch Eimer und Schalen können neue Anregungen setzen. Körperteile können versteckt und wieder hervorgeholt werden. Die Kinder können auch aus Zeitungspapier selbst Fetzen reißen. Farbiges Transparent- oder Seidenpapier bietet einen besonderen Anreiz. Es kann sich gut ein Spiel mit Anbieten und Kaufen entwickeln (Kaufmannsladenspiel) oder ein Projekt zum ›kreativen Gestalten‹ anschließen. Das Spiel kann ebenso in einen Bezug zur Jahreszeit gestellt werden: Die Papierschnipsel werden zu Schneeflocken und die Kinder lassen es schneien.

kreatives Gestalten → S. 262

Abschluss
Jedes teilnehmende Kind wird aufgefordert, an der Wanne mit anzufassen und diese fortzutragen. Zum Abschied kann ein Papierstreifen mitgenommen werden.

Lernerfahrungen
Die ›Wahrnehmung‹ wird angeregt, z. B. visuell, beim Hochwerfen oder durch die Finger gleiten lassen, und taktil, indem die Papierstücke umgepackt, gerissen und die Körperteile versteckt werden. Die Körpererfahrung wird intensiviert, wenn die Kinder spüren, wie ein Teil ihres Körpers im Material versinkt.

Wahrnehmung → S. 102

Erste ›mathematische Erfahrungen‹ werden gesammelt, wenn die Kinder einen Arm voll Papier tragen, Gewicht erspüren und schwer und leicht unterscheiden oder Volumen beim Einfüllen, Wegtragen etc. erfahren.

Mathematik → S. 402

Da die Erzieherin das Angebot sprachlich begleitet und die Kinder zum Sprechen anregen kann, werden diese in der ›Sprache‹ gefördert.
Der Ideenreichtum der Kinder wird angeregt, indem sie eigene Impulse umsetzen können.

Sprache → S. 296

2.4.2 Der Theaterworkshop

Das Angebot ist für eine Gruppe von Kindern im Alter zwischen sechs und 13 Jahren geeignet. Der Theaterworkshop umfasst Pantomime-, Ausdrucks- und Sprechszenen, in denen Kinder mit ihren unterschiedlichen Stärken an das Theaterspiel herangeführt werden. Benötigt wird ein großer Raum, bestenfalls mit Bühne. Die Gruppe sollte nicht mehr als zehn Kinder umfassen, um individuell begleiten zu können.

Material
- Erzählstein
- Aushang
- Notizzettel
- Karten mit vorformulierten Situationen
- Klebepunkte
- Videokamera
- Requisiten und Kostüme
- Material für Werbeplakate und Einladungen
- Schminke und Spiegel

Einstieg / Motivation
Die Erzieherin bereitet einen Aushang vor, der die Kindergruppe zu sechs Terminen (der letzte Termin ist eine Theateraufführung) einlädt. Beim ersten Termin kann sie schon in einem Kostüm erscheinen, übernimmt die Rolle der Seminarleiterin und begrüßt die Kinder als Theaterseminar-Teilnehmer. Dann wird der Ablauf der Treffen vorgestellt und schon geht es los.

Durchführung
1. Termin – Heranführung an Theaterarbeit
Es erfolgt die Begrüßung zum Trollmonsterkampf. Ein Kind wird aufgefordert, sich in ein Trollmonster zu verwandeln. Dieses darf sich in Zeitlupentempo bewegen und versucht, durch Zischen, Knurren und höhnisches Lachen so gefährlich wie möglich zu wirken und dabei die Mitspieler abzuschlagen. Die anderen Kinder dürfen bei diesem Trollmonsterkampf nur auf beiden Beinen hüpfen. Dann werden die Rollen getauscht. Die Kinder erleben erste Spannungen in beiden Rollen und zeigen auf spaßige Art und Weise eine andere Seite von sich. Es können auch andere Fortbewegungsarten je nach Stärken der Kinder gewählt werden.

In der zweiten Spielphase werden die Rollen nicht getauscht, sondern die Abgeschlagenen werden vom Trollmonster „angesaugt“, d.h., sie nehmen das Monster an die Hand und werden so zu einem Teil von ihm. Nach und nach entsteht eine lange Trollmonsterkette, die nur das Kind mit den freien Händen am Ende der Kette abschlagen darf. Ein Spieler wird vorher zum Helden ernannt. Er darf sich so bewegen, wie er will, und die Bedrohten schützen, indem er sie von hinten in seine Heldenarme schließt. Die Schutzumarmung gilt nur, wenn der Beschützer stillsteht.
Am Ende der Workshopstunde wird ein Erzählstein herumgereicht. Jedes Kind darf zwei Sätze einer Geschichte erzählen und dann den Stein an den Nachbarn geben. Es ist wichtig, gut aufeinander zu hören, um den Anschluss zu finden. Es können vorher auch Themen festgelegt werden, wie z.B. Indianerstory oder Seemannsgeschichte.

2. Termin – Schwerpunkt Pantomime

Das zweite Treffen steht unter dem Begriff Pantomime. Zu Beginn zeigt jedes Kind wortlos, was es gerade isst, z.B. Eis lecken, eine tropfende Melonenscheibe, eine Banane, einen Döner. Die Mitspieler raten. Anschließend wird die Gruppe in zwei Teilgruppen unterteilt. Jede Kleingruppe denkt sich eine Tätigkeit aus, die der anderen Gruppe ohne Worte gestenreich vorgeführt wird, z.B. das Suchen und Wiederfinden einer Kontaktlinse, das Einfädeln eines Fadens durch ein Nadelöhr, die Benutzung von Sekundenkleber, der die Finger verklebt, das Schreiben einer schwierigen Mathearbeit. Es wird im Wechsel vorgeführt und geraten.

Bei der nächsten Aktivität geht ein Kind vor die Tür. Die Mitspieler denken sich eine Situation aus, in der sie alle pantomimisch mitmachen können, z.B. im Zoo, am Flughafen, beim Arztbesuch, während einer Hochzeit, rufen das Kind herein und stellen die Situation dar. Errät das Kind den Ort, darf es einen erneuten Ratenden vor die Tür bitten. Zum Schluss verteilt die Erzieherin an jedes Kind jeweils einen Zettel, auf dem eine Situation beschrieben ist, die es pantomimisch nachzuahmen gilt. Innerhalb von zwei Minuten müssen die Mitspieler die Situation erraten, sonst wird sie aufgelöst.
Beispiele für diese Situationen können sein:
- ein Pizzabäcker beim gekonnten Herstellen einer Pizza
- eine zerstreute Person, die ihren Stift sucht und ihn in der Jackentasche findet
- ein Angler, der mit einem großen Fang an der Angel kämpft
- eine Kundin beim Anpassen eines viel zu engen Kleides

Abb. 2.21 Szenische Darstellung

3. Termin – Schwerpunkt Szenen spielen

Beim dritten Treffen zum Theaterworkshop geht es um das Spielen kleiner Szenen. Die Erzieherin verteilt an Kleingruppen von je zwei bis drei Kindern Karten, auf denen fiktive Situationen beschrieben werden. Jede Kleingruppe denkt sich gemeinsam eine Szene dazu aus. Nach einer kurzen Probephase werden diese Szenen den anderen Kleingruppen vorgespielt. Mögliche Szenen sind z.B.:
- Eine Familie am Frühstückstisch verspeist Dinosauriereier.
- Ein Kunde will ein getragenes Kleidungsstück umtauschen.
- Ein Lottogewinner will in einer Lottoannahmestelle seinen Gewinn abholen.
- Im Supermarkt bildet sich eine lange Schlange an der Kasse.

Die Spieler können sich auch für die jeweils andere Kleingruppe eine Situation ausdenken oder die Szenen weiterspielen, die die andere Kleingruppe vorgespielt hat. Zuletzt werden die Lieblingsszenen mit einer Klebepunktbewertung bestimmt und als mögliche Ideen für eine Vorführung notiert.

In der Schlussrunde werden Ideen für eine gemeinsame Vorführung gesammelt, erste Überlegungen zu Kostümen und Requisiten besprochen und Rollen verteilt. Nicht vergessen werden dürfen auch Aufgaben wie z.B. Platzanweiser, Kartenverkäufer, Fotograf, Reporter, der auch das Publikum befragen darf, oder Vorhangmitarbeiter.

4. Termin – Schwerpunkt Aufführung vorbereiten
Beim vierten Treffen wird auf die Vorführung hingearbeitet. Es wird verbindlich vereinbart, was aufgeführt werden soll. Das können z.B. Szenen sein, die bislang erarbeitet wurden und die bei der Aufführung durch einen Moderator oder ein Nummerngirl verbunden werden. Ein Storyboard wird erstellt, die Rollen werden festgelegt und Proben durchgeführt. Eine Videoaufnahme kann die Reflexion sehr gut unterstützen. Die benötigten Vorbereitungen zu Requisiten und Kostümen werden gemeinsam erledigt. Zum Schluss werden die Werbeplakate und Einladungen für Eltern und andere Gäste gestaltet und die Verteilung geklärt.

5. Termin – Schwerpunkt Generalprobe
Die Kinder lockern sich zunächst mit kleinen Übungen auf. Jeweils zwei Kinder stehen sich gegenüber und führen langsam pantomimisch aus, was die Erzieherin vorgibt. Mögliche Vorgaben sind z.B.:
- Ihr esst ein zähes Schinkenbrot.
- Ihr trinkt mit einem Trinkhalm.
- Ihr greift nach einer kostbaren Glasvase.
- Ihr packt einen klebrigen Bonbon aus.
- Ihr tragt einen schweren Koffer.
- Ihr habt euch einen Finger eingeklemmt.

Anschließend wird die Generalprobe für die kleine Aufführung so durchgeführt. Danach setzen sich alle zusammen und jeder darf sagen, was gut war und was noch wie optimiert werden muss, bevor die Aufführung gezeigt wird.

6. Termin – Aufführung
Vor der Aufführung muss gut mit Lampenfieber und Aufregung umgegangen werden. Das klappt besser, wenn es eine Bühnengarderobe oder einen Requisitenraum gibt, in dem sich die Schauspieler aufhalten, umziehen und gegebenenfalls schminken und in den sie auch nach der Aufführung zurückkommen können.
Nach der Aufführung werden alle Beteiligten genannt und mit Applaus geehrt.

Lernerfahrungen
Während des Theaterworkshops machen die Kinder viele bereichernde Erfahrungen, von denen hier nur einige genannt werden können:
- Das Theaterspiel bietet eine Chance, ›Inklusion‹ zu erleben. Die Kinder erkennen die unterschiedlichen Ressourcen ihrer Mitspieler und tolerieren diese.
- Die Kinder erleben sich in gewünschten Rollen, erfahren aber auch, dass sie nicht immer Wunschaufgaben übernehmen können und arrangieren sich damit.
- Die verbale und nonverbale Ausdrucksfähigkeit wird trainiert.
- Die Kinder lernen Möglichkeiten zur ›kreativen Freizeitgestaltung‹ kennen.
- Mit dem Videoeinsatz wird ein ›technisches Medium‹ kreativ genutzt.
- Das freie ›Sprechen‹ kann erprobt und erweitert werden. Das Sprechen vor größeren Menschenansammlungen ist eine wesentliche Kompetenz und beim Theaterspiel durch das Hineinschlüpfen in eine Rolle oft einfacher als gedacht.
- Spielhemmungen können abgebaut werden.
- Die ›Zusammenarbeit im Team‹ wird gestärkt.

Inklusion → *S. 362 Band 1*
Kreativität → *S. 259*
technische Medien → *S. 340*
Sprechen → *S. 296*
Zusammenarbeit im Team → *S. 738 Band 1*

3 MUSIK UND RHYTHMIK

Abb. 3.1 Frühes Bekanntmachen mit Musik und Rhythmik

Inklusion → *S. 362 Band 1*

Musik ist ein wichtiger Bestandteil jeder Kultur. Sie unterstützt die Zugehörigkeit zu einer ›Gruppe‹, z. B. durch die Nationalhymne oder das Vereinslied des Fußballclubs, oder prägt die eigene Identität, z. B. durch das Hören eines ganz bestimmten Musik-Stils.

Mit der eigenen Stimme kann man singen und mit dem eigenen Körper, z. B. durch klatschen oder stampfen, weitere Klänge erzeugen. Auch ist Musik unmittelbar mit Bewegung verbunden. Schon früh war der Mensch daran interessiert, seine musikalischen Ausdrucksmöglichkeiten zu erweitern, und hat dazu erst Alltagsgegenstände verwendet. Im weiteren Verlauf der Menschheitsgeschichte wurden Musikinstrumente entwickelt, die unverwechselbare Klänge erzeugen können. Um als Erzieherin oder Erzieher fachlich kompetent mit diesen verschiedenen Bereichen der Musik und Rhythmik arbeiten zu können, ist das Wissen um musikalische und pädagogische Grundlagen die Voraussetzung.

> *Musikerziehung im Vorschulalter bereitet den Boden für eine lebenslange Beschäftigung mit Musik und bildet so die Grundlage für eine lebendige Musikkultur. [...] Jedem Kind muss bereits im Vorschulalter eine breit angelegte Musikalische Bildung ermöglicht werden. Musikalische Bildung beschränkt sich nicht allein auf das Singen, sondern umfasst ebenso das Spiel auf Instrumenten, das Bewegen, das Wahrnehmen und Erleben, das Nachdenken und Sprechen über Musik sowie das Verbinden von Musik mit anderen Formen des Gestaltens wie dem Szenischen Spiel und der Bildenden Kunst. Alle diese Umgangsweisen mit Musik entsprechen grundlegenden menschlichen Bedürfnissen und einer besonderen Empfänglichkeit bereits junger Kinder, die nicht missachtet werden darf. Im Sinne der UNESCO-Konvention zur Kulturellen Vielfalt sollte der Fülle musikalischer Aktivitäten auch ein breites Spektrum an Stilistiken und Genres entsprechen.*
>
> Quelle: Auszug aus der Resolution des Deutschen Musikrates zur vorschulischen musikalischen Bildung vom 08. November 2011

Unser ›Gehör‹ ist für die ›Wahrnehmung‹ von Musik entscheidend. Wir können es nicht so einfach ausschalten, wie wir unsere Augen verschließen oder wegsehen können. Deshalb gibt es viele akustische Signale, z. B. das Martinshorn des Krankenwagens oder der Sound des Computers beim An- bzw. Abmelden eines USB-Sticks, die uns akustische Informationen übermitteln sollen. Die Hörfähigkeit ist die Grundlage der Sprachentwicklung. Unser Gehör kann aber auch die Stimmungslage eines Gesprächspartners herausfiltern.

Hörsinn → S. 374
Wahrnehmung → S. 102

3.1 Sozialisationseinflüsse und entwicklungsspezifische Grundlagen

Zum Erlernen von Fähigkeiten, die nicht angeboren sind, ist der Mensch auf seine Sinnesorgane angewiesen. Durch die Sinnesorgane kann er Umweltreize wahrnehmen und im Gehirn weiterverarbeiten. Um musikalische Fähigkeiten zu entwickeln, liegt es auf der Hand, dass das Gehör eine zentrale Rolle spielt. Ohne die Möglichkeit, akustische Signale zu verarbeiten, ist eine musikalische Entwicklung kaum möglich. Daher ist es notwendig, im folgenden Kapitel einen besonderen Fokus auf die auditive Wahrnehmungsentwicklung zu legen. Neben dem Hörsinn ist für die musikalische Entwicklung das Zusammenspiel mit allen anderen Sinnen von großer Bedeutung. Nimmt man als Beispiel die Schwingung eines Tons, so werden beim Fühlen oder Sehen einer Schwingung über die betreffenden Sinneskanäle andere Bereiche im Gehirn angesprochen. Ganzheitliches Erleben wird so ermöglicht und durch eine vielfältigere Vernetzung im Gehirn besser gespeichert. Deshalb werden zusätzlich die taktile und visuelle Wahrnehmungsentwicklung thematisiert.

3.1.1 Vorgeburtliche Wahrnehmungsentwicklung

Die Entwicklung unserer Wahrnehmungssysteme beginnt schon vor der Geburt. Gerade die vorgeburtliche Entwicklung von der Befruchtung bis zur Geburt ist ein sehr komplexer Vorgang, der immer differenzierter erforscht wird. Durch die Entwicklung neuer Untersuchungsmethoden, wie der ›Magnetenzephalografie (MEG)‹, ist es möglich, die Hirntätigkeit des Fetus bei der Verarbeitung von akustischen oder visuellen Reizen zu verfolgen. Daher müssen die bisher in der Literatur veröffentlichten Entwicklungszeiträume eventuell verändert werden.

Magnetenzephalografie (MEG)
Das Magnetenzephalogramm misst die magnetische Aktivität des Gehirns (griech.: encephalon), die durch die elektrischen Ströme aktiver Nervenzellen entsteht.

ZUM WEITERDENKEN Derzeit betreibt die Universität Tübingen mithilfe eines fetalen Magnetenzephalogramms (fMEG) Grundlagenforschung zur Ermittlung von Normwerten für die vorgeburtliche Entwicklung. Durch diese neuen Untersuchungsmethoden kann man nachweisen, dass der Fetus bereits ab der 20. Schwangerschaftswoche hören und sehen kann. Dies lässt sich mittlerweile mithilfe des fMEG belegen. Ton- oder Lichtsignale, die über die Bauchwand der Mutter den Fetus erreichen, rufen bei ihm messbare Hirnaktivitäten hervor.

Quelle: Universitätsklinik Tübingen (17.07.2009): „Erstes fetales MEG-Gerät an der Uniklinik Tübingen"; www.medizin.uni-tuebingen.de/Forschung/Kliniken/Frauenklinik/Pressemeldungen/2009_07_17-p-21163.html; letzter Zugriff: 30.08.2013

3.1.2 Auditive, visuelle und taktile Wahrnehmungsentwicklung

Im Folgenden wird näher auf die Entwicklung der Wahrnehmungsbereiche Fühlen, Hören und Sehen eingegangen und eine Zuordnung zu den entsprechenden Sinnessystemen bzw. Sinnesorganen vorgenommen.
Das Zusammenspiel der Sinneskanäle hat aber auch in anderen Bereichen eine wichtige Bedeutung, nicht nur im Hinblick auf die Musik.

Sinnessystem	Sinnesorgan	Tätigkeit
taktiles System	Haut Mund Hand Fuß	Fühlen Tasten Berühren
auditives System	Ohr	Hören
visuelles System	Auge	Sehen

Tab. 3.2 Ausgewählte Wahrnehmungssysteme und die dazugehörigen Sinnesorgan

Taktiles Wahrnehmungssystem
Die gesamte Haut bzw. das taktile Wahrnehmungssystem ist das größte und wichtigste Sinnesorgan des Menschen, das als Erstes ausgebildet wird. Die Haut bildet die Grenze zwischen innen und außen. Der Embryo reagiert schon ab der neunten bzw. zehnten. Schwangerschaftswoche empfindlich auf vorsichtiges Streicheln der Mund- und Nasenregion, indem er von der Stimulationsquelle leicht zurückweicht. Im Gegensatz dazu sind zu diesem Zeitpunkt beim Embryo weder Augen noch Ohren ausgebildet.
Ab diesem Zeitpunkt wird die Sensibilität für Berührungen vom Kopf ausgehend weiter bis zu den Händen und Füßen ausgebildet. In der 15./16. Schwangerschaftswoche ist das taktile Wahrnehmungssystem am ganzen Körper herangereift. Die meisten Rezeptoren befinden sich in den Lippen, den Fingerspitzen und den Fußsohlen.

Auch nach der Geburt kommuniziert der Säugling über die Haut mit der Umwelt. Die Art, wie gestreichelt, gehalten oder gedrückt wird, kann dem Säugling ein Gefühl von Liebe oder von Gleichgültigkeit vermitteln. Liebevolle Berührungen bilden die Grundlage einer sozialen Existenz.

Die Erziehungswissenschaftlerin Renate Zimmer drückt es folgendermaßen aus:

> *Die taktile Kommunikation ist die erste Sprache des Kindes, auf der die verbale Sprache aufbaut.*
>
> Zimmer, Renate (2012): Handbuch der Sinneswahrnehmung. Grundlagen einer ganzheitlichen Erziehung. Herder, Freiburg i. Br., S. 107

Bindung → S. 164 Band 1

Schon Harry Harlow, ein Verhaltensforscher, hat in Tierexperimenten nachgewiesen, welche Bedeutung der angenehme Hautkontakt für Affenbabys in Angstsituationen hat. Wenn ein Kind Angst hat, klammert es sich häufig an die ›Bezugsperson‹ oder sucht zumindest den Hautkontakt, indem es nach der Hand des anderen greift. Doch nicht immer werden Hautkontakte als angenehm empfunden. Hier muss man sehr darauf achten, wie das Kind auf die Berührungen reagiert.

Auditives Wahrnehmungssystem

Die Hörschnecke, ein wichtiger Teil des Ohres bzw. des auditiven Wahrnehmungssystems, entwickelt sich zwischen der 24. und 26. Schwangerschaftswoche. Bereits ab diesem Zeitpunkt kann der Fetus den Herzschlag, die Stimme und den Atem der Mutter sowie lautere Geräusche der äußeren Umwelt hören. Zu dieser Zeit können Schreckreaktionen des Fetus auf laute Geräusche nachgewiesen werden. Tonfolgen und kürzere Sprachbausteine werden ab der 32. Schwangerschaftswoche wahrgenommen und können nach der Geburt wiedererkannt werden. Bei der Geburt ist das Ohr vollständig entwickelt und der Säugling ist in der Lage, laute und leise Töne zu hören, zu lokalisieren und darauf zu reagieren.

Visuelles Wahrnehmungssystem

Das Auge bzw. das visuelle Wahrnehmungssystem entwickelt sich in mehreren Schritten, sodass der Fetus ab der 30. Schwangerschaftswoche auf starken Lichtschein sichtbar reagiert. Bei der Geburt ist zwar die Netzhaut noch nicht vollständig ausgebildet, aber Säuglinge können schon Muster unterscheiden und bevorzugen solche, die Gesichtern ähneln. Mit der Geburt sind laut Renate Zimmer alle Wahrnehmungssysteme „arbeitsfähig", Neugeborene verfügen also in der Regel über eine voll funktionstüchtige Sinneswahrnehmung, jedoch entwickelt sich ihr Zusammenspiel erst in den ersten Lebenswochen und -monaten.

Koordination der Wahrnehmungssysteme

In der Entwicklungspsychologie gibt es verschiedene Auffassungen, wie die Koordination der unterschiedlichen Wahrnehmungssysteme möglich ist. Auf der Grundlage von ›Piagets‹ Entwicklungspsychologie hat die Psychologin Felicie Affolter das folgende dreistufige Modell zur Entwicklung der Wahrnehmung aufgestellt:

Piaget → S. 398 Band 1

1. Modalitätsspezifische Stufe (intramodale Stufe):
Die Reize der verschiedenen Wahrnehmungssysteme können getrennt voneinander verarbeitet werden.

→

2. Intermodale Stufe:
Die Reize der verschiedenen Wahrnehmungssysteme können in einen Zusammenhang gebracht werden.

→

3. Seriale Stufe:
Die Reize aus allen Wahrnehmungssystemen können sinnvoll miteinander verknüpft werden.

Abb. 3.3 Entwicklung der Wahrnehmung nach Felicie Affolter

Die Fähigkeit, Reize aus allen Wahrnehmungssystemen sinnvoll miteinander verknüpfen zu können, ist die Voraussetzung für den ›Spracherwerb‹.

Spracherwerb → S. 297

Der Säuglings- und Kleinkindforscher Martin Dornes dagegen hält den Säugling für viel kompetenter, als häufig angenommen wird. Er geht davon aus, dass Säuglinge die Wahrnehmung der unterschiedlichen Sinne schon von Anfang an miteinander in Beziehung setzen. Er nennt dies „kreuzmodale Wahrnehmung". Dabei nimmt das Kind die Umwelt mit allen Sinnen als Ganzes und nicht als Summe einzelner Wahrnehmungsreize wahr. Im weiteren Verlauf der Entwicklung können die Kinder die als Ganzes wahrgenommenen Reize ausdifferenzieren und einzelnen Wahrnehmungssystemen zuordnen.

Ob man nun die Auffassung Affolters teilt oder der Annahme Dornes zustimmt: Wichtig ist auf jeden Fall, dem Kind schon früh einen Erfahrungsraum zu ermöglichen, der alle Wahrnehmungssysteme anspricht.

Abb. 3.4 Babys hören Töne und Melodien schon im Mutterleib.

3.1.3 Die musikalische Entwicklung des Kindes

Kinder erkennen nach der Geburt die Stimme der Mutter wieder, die sie schon in der Gebärmutter gehört haben. Darüber hinaus können sich Säuglinge auch an kurze Melodien erinnern, die ihnen in den letzten Schwangerschaftsmonaten über einen längeren Zeitraum immer wieder dargeboten wurden. In einer Studie hörten sie auf zu schreien, als ihnen diese Melodie vorgespielt wurde.

ZUM WEITERDENKEN Entwicklungspsychologische Forschungsergebnisse haben gezeigt, dass Säuglinge schon in den ersten Monaten Tonfolgen einer Tonleiter und sinnvoll gegliederte musikalische Phrasen bevorzugen. Daraus ergibt sich die Frage, ob es eine „natürliche" Musik und universelle musikalische Strukturen gibt, die leichter gehört und verarbeitet werden. Mittlerweile ist es durch neue Forschungstechniken möglich, Erkenntnisse über die ersten Entwicklungsphasen eines Neugeborenen zu sammeln, der noch nicht oder nur wenig den kulturellen Einflüssen seiner Umwelt ausgesetzt war. Man darf gespannt sein, welche Erkenntnisse die Forschung in den nächsten Jahren auf diesem Gebiet machen wird.

3.1.4 Die Entwicklung musikalischer Handlungen

Bis zum zehnten Lebensjahr werden die musikalischen Fähigkeiten erworben, die ein Mensch benötigt, um sich in seiner Musikkultur zurechtzufinden und aktiv an ihr teilnehmen zu können. Dies geschieht vorrangig durch Akkulturation, d. h. durch das mithilfe von Erziehung unterstützte Hineinwachsen in die Musikkultur.

Entwicklung der grundlegenden musikalischen Fähigkeiten	
ab 3 Jahren	Es können Klangfarben bestimmten Instrumenten zugeordnet werden. Einige Kinder können unterschiedliche musikalische Stimmungen richtig deuten.
3–4 Jahre	Es deuten sich erste Ansätze zur Unterscheidung von tonalen und atonalen Melodien an.
5–6 Jahre	Es entwickelt sich ein Gefühl für das Metrum. Es zeigt sich eine wachsende Vorliebe für konsonante Harmonik anstatt Dissonanz.
7–8 Jahre	Es stabilisiert sich das Gefühl für Tonalität und Harmonik. Es können mehrere Aspekte der Musik gleichzeitig wahrgenommen werden. Es können Musikstile unterschieden werden.
9–10 Jahre	Es treten keine neuen Fähigkeiten hinzu. Es verbessern sich die Wahrnehmungsfähigkeiten weiter. Kinder äußern entschlossen musikalische Vorlieben.

Tab. 3.5 Entwicklung der musikalischen Fähigkeiten. Nach: Gembris, Heiner (1998): Grundlagen der musikalischen Begabung und Entwicklung. Wißner, Augsburg, S. 284

In einer vereinfachten Darstellung kann man die musikalische Entwicklung in Anlehnung an Piaget und ›Kohlberg‹ in drei Phasen einteilen:

Kohlberg → S. 95; S. 439 Band 1

Präkonventionelle Phase: unkontrolliertes Musik machen	Das Kind beginnt mit an die Umgebung angepassten, nachahmenden, unkontrollierten musikbezogenen Emotionen und Handlungen (z. B. Stimmgebrauch oder grob- und feinmotorische Bewegungen).
Konventionelle Phase: kontrolliertes Musik machen	Der Mensch zeigt in seinen musikalischen Handlungen, dass er die musikalischen Konventionen kennt und diese umsetzen kann.
Postkonventionelle Phase: bewusstes Musik machen	Der Mensch verändert oder relativiert im Jugend- oder Erwachsenenalter die erlernten musikalischen Konventionen durch bewusstes Handeln.

Tab. 3.6 Phasen der musikalischen Entwicklung

REFLEXION | **IMPULS** | LERNORTKOOPERATION

Wie haben Sie die Kinder oder Jugendlichen in Ihrer Praxiseinrichtung in Bezug auf die musikalische Entwicklung erlebt? In welcher Phase befanden sich die Kinder oder Jugendlichen? Woran machen Sie dies fest?

Die drei Phasen der musikalischen Entwicklung hat die Professorin für Psychologie, Stefanie Stadler Elmer, in sieben Stufen weiter ausdifferenziert. Das Wissen über die musikalische Entwicklung kann helfen, die Kinder in ihrem musikalischen Tun besser zu verstehen und die Erzieherin kann dadurch zielgerichteter die individuellen Entwicklungsprozesse der Kinder und Jugendlichen unterstützen.

Die sieben Stufen der musikalischen Entwicklung

1. Stufe – Koordination von Hören, Vokalisieren und Bewegung (1. Lebensjahr)
Ein Säugling drückt seine Empfindungen mithilfe von Lauten aus, die er mit Bewegungen kombiniert. Die Bezugspersonen reagieren darauf meist unbewusst mit anregenden oder beruhigenden Äußerungen. Darüber hinaus regen Säuglinge ihre Bezugspersonen dazu an, die Lautäußerungen nachzumachen, und wiederholen diese. Es entsteht ein improvisiertes „Führen und Folgen", eine Methode, die in der Rhythmik eine wichtige Rolle spielt. Daraus entsteht ein Kommunikationsprozess, der Hören, Vokalisieren und Bewegung miteinander verbindet.

2. Stufe – Entstehung von verschobener Nachahmung, von Ritualen und ausgedehntem Vokalspiel (1. Lebensjahr)
Aus der Verbindung von Hören, Vokalisieren und Bewegung zwischen Säugling und Bezugspersonen entstehen durch die häufige Wiederholung solcher Dialoge erste Rituale. Diese Klangmuster stimulieren die Entwicklung vorsprachlicher und vormusikalischer Fähigkeiten. Die Lautäußerungen werden oft auch zeitlich verzögert wiederholt, wenn der Säugling allein mit seiner Stimme spielt. Dies lässt auf eine verschobene Nachahmung schließen.

Sprachliche Bildung
Wie kann der Spracherwerb in dieser Stufe besonders gefördert werden?

Glissando
stufenlose kontinuierliche Tonhöhenveränderung

3. Stufe – Unterscheidung zwischen Singen und Sprechen (1. Lebensjahr)
In den beiden ersten Stufen kann man noch nicht zwischen Singen und Sprechen unterscheiden. Auf der dritten Stufe kann man nun zwei Arten von Lautäußerungen unterscheiden, die zu verschiedenen Zwecken verwendet werden: Um Gefühlszustände auszudrücken, verwendet das Kind eher singähnliche Muster, die durch ›glissandoartige Tonhöhenverläufe‹ oder Wiederholungen und Variationen von melodischen Mustern gekennzeichnet sind. Um ein Grundbedürfnis mitzuteilen, in Kontakt zu treten oder auf etwas hinzuweisen, verwendet das Kind eher sprachähnliche Muster, die durch kurze Vokale und enge Tonhöhenvariationen zum Ausdruck gebracht werden. Hier werden die Vorformen und Absichten des Singens und Sprechens schon deutlich.

4. Stufe – Genaues Nachahmen, eigenwillige Regeln (Kindergartenalter)
Auf dieser Stufe kann das Kind kurze Melodien und Lieder genau nachahmen, versteht aber häufig den Sinn noch nicht. Das Nachahmen wird kombiniert mit eigenen erfundenen Melodien. Dabei organisiert das Kind diesen Schaffensprozess völlig losgelöst von irgendwelchen Vorgaben nach ganz eigenen Regeln. Auch diese Stufe ist noch der präkonventionellen Phase zuzuordnen. Schwerpunkte der musikalischen Tätigkeiten sind genaues Nachahmen, schöpferisches Erfinden und Wiederholen bzw. Variieren.

5. Stufe – Verallgemeinern von Beispielen und Entstehung erster Regeln (Grundschulalter)
Das Kind überträgt oder verallgemeinert jetzt Gelerntes auf eine neue Situation. Es kombiniert z. B. einen Teil eines neuen Liedes mit einem Abschnitt eines anderen Liedes. Hier wird das aktuelle Erleben mit den bereits gemachten Erfahrungen kombiniert. Diese Stufe bildet das Ende der präkonventionellen Phase.

6. Stufe – Integration konventioneller Regeln in die Handlungen
Diese Stufe ist der konventionellen Phase zuzuordnen. Das Kind entwickelt eine Vorstellung von richtig bzw. falsch und hält konventionelle Regeln, die z. B. das eigene Singen betreffen, ein. Leider führt das auf der anderen Seite dazu, dass das kreative Singen oder Spielen gehemmt wird. Die musikalischen Vorlieben werden im Rahmen der ›Identitätsentwicklung‹ immer stärker von sozialer ›Gruppenzugehörigkeit‹ beeinflusst oder dienen der Abgrenzung von anderen.

Identitätsentwicklung → S. 190
Gruppe → S. 220 Band 1

7. Stufe – Beginnende Reflexion der Handlungen, Mittel, Symbole und Begriffe
Hier werden die Kriterien der postkonventionellen Phase erfüllt. Die Handlungen und die konventionellen Regeln werden bewusst reflektiert.

3.1.5 Die Förderung der Musikalität von Anfang an

Man muss sich immer wieder bewusst machen, dass Musikalität in jedem Menschen genetisch angelegt ist. Gerade die Entwicklungsschritte eines Säuglings machen das besonders deutlich. Es gibt keine Normwerte für die musikalische Entwicklung von Kindern. Sie sollten aber die Möglichkeit haben, vor allem in den Bereichen, die sich sehr früh entwickeln, wie die Musikalität, schon in der Kindertagesstätte durch Erzieherinnen und Erzieher angeregt und gefördert zu werden. Dies ist auch wichtig, weil die weitere Entwicklung in anderen Bereichen, z. B. dem der ›Sprache und Literacy‹, dadurch günstig beeinflusst wird. Hier ist z. B. auch die Entwicklung der dritten Stufe nach Stadler Elmer als Vorbereitung für diesen Bereich wichtig. Dabei sollte man mutig seiner eigenen Intuition folgen, viel mit dem Kind spielen und singen, mit ihm interagieren, es animieren, bestätigen, ermuntern und es so in seiner musikalischen Entwicklung unterstützen und bestärken. Dazu gehört es auch, den Kindern genau zuzuhören und für die sich in bestimmten Zeitfenstern vollziehenden ›Entwicklungsphasen‹ sensibel zu sein. Die Freude am Spiel mit der eigenen Stimme, Klängen, Tanz und Bewegung ist vor allem für die Erzieherin und den Erzieher ein wichtiger Lernprozess. Sie selbst befinden sich häufig in der ›konventionellen Phase‹, die auch dadurch gekennzeichnet ist, dass man das eigene Tun sofort mit den konventionellen Regeln und anderen normativen Kriterien abgleicht, was meist zu großen Hemmungen führt. Darum ist es so wichtig, die Freude am Spiel mit der eigenen Stimme, mit Klängen, Tanz und Bewegung durch das eigne Tun wachzuhalten.

Sprache und Literacy → S. 296

sensible Phasen → S. 84

konventionelle Phase → S. 221

BEISPIEL Ein schwungvoller Kanon wie der von Uli Führe „Guten Morgen, gut geschlafen", der mit Körperbewegungen begleitet wird (Guten Morgen: Hände offen nach vorne; gut geschlafen: Hände als Kissen an die Schläfe; in der letzten Nacht: Daumen zeigt über die Schulter nach hinten; ja ich: Zeigefinger zeigt auf sich; hab geträumt: beide Zeigefinger kreisen an den Schläfen; dass die Sonne wieder lacht: Hände beginnen über dem Kopf und beschreiben einen großen Kreis), ist eine gute Möglichkeit, mit den Studierenden der Fachschule ins Singen einzusteigen. Das Lied nutzt in den ersten beiden Teilen mit einem durch die Sprechlage vertrauten Tonraum (g - g') und geht im letzten Teil einmal zum Spitzenton c". Um sich allmählich der Singlage von Kindern im Elementarbereich zu nähern, kann man das Lied schrittweise eine Quarte höher singen.

Guten Morgen, gut geschlafen

Kanon für 3 Stimmen

Musik u. Text: Uli Führe

Singen mit Kindern → *S. 234*

Neue Musikzeitung (Juni 2009): „Stimmige Persönlichkeiten statt Perfektionismus":
www.nmz.de/artikel/stimmige-persoenlichkeiten-statt-perfektionismus

›Singen mit Kindern‹ benötigt vorrangig kein theoretisches Fundament der Noten- und Harmonielehre, sondern vielmehr eine positiv besetzte musikalische Selbsterfahrung. Zu Beginn der Ausbildung ist ein angstfreier Zugang zur eigenen Stimme und zum Singen unverzichtbar. Uli Führe, ein engagierter Musiker, Musikpädagoge und Komponist u. a. von Kinderliedern, wirbt deshalb in dem Artikel „Stimmige Persönlichkeiten statt Perfektionismus – Mein Gott, singt doch einfach! – eine Streitschrift für ein angstfreies Singen" dafür, genau diese positiven Erfahrungen zu sammeln und seine Hemmungen abzubauen. Dabei ist es erst einmal völlig egal, ob die Melodie stimmt, die Tonhöhe kindgemäß ist und ob man beim Singen denn überhaupt richtig atmet.

ZUM WEITERDENKEN Die Entertainerin Anke Engelke war für eine Dokumentation der ARD ein Jahr lang auf der Suche nach dem Glück. Um zu erforschen, ob Singen glücklich macht, hat sie mit dem Musikwissenschaftler Gunter Kreutz von der Universität Oldenburg den „Chor der Muffeligen" gegründet. Während der wöchentlichen Chorproben wurden neben standardisierten Fragebögen in unterschiedlichen Settings von den Sängerinnen und Sängern Speichelproben abgegeben. Man konnte nachweisen, dass die ›Oxytocinwerte‹ beim Singen deutlich höher waren als in einer Probe, in der nur gesprochen wurde. Kreutz hatte bereits in einem früheren Experiment nachgewiesen, dass die Sängerinnen und Sänger eines Laienchores nach einer Probe des Requiems von W. A. Mozart deutlich erhöhte ›Immunoglobulin-A-Werte‹ hatten. In der nächsten Probe durfte der Chor nicht singen, sondern sich das Werk nur von einer CD-Aufnahme anhören. Die Immunoglobulin-A-Werte waren hier kaum gestiegen. Singen stärkt damit nachweisbar die Immunabwehr und fördert das Wohlbefinden.

Oxytocin
Hormon, das in der Wechselwirkung mit dem Botenstoff Serotonin eine große Bedeutung für das Wohlbefinden hat

Immunglobulin A
Antikörper, der das Eindringen von Krankheitserregern verhindert

3.2 Bedeutung und Ziele von Musik und Rhythmik

> *Elementare Musik ist nie Musik allein, sie ist mit Bewegung, Tanz und Sprache verbunden, sie ist also eine Musik, die man selbst tun muss, in die man nicht als Hörer, sondern als Mitspieler einbezogen ist. [...] Elementare Musik ist erdnah, naturhaft, körperlich, für jeden erlern- und erlebbar, dem Kind gemäß.*
> Carl Orff. Zitiert nach Gersdorf, Lilo (1981). Carl Orff, Rowohlt, Reinbek, S. 54

3.2.1 Kontroverse zwischen Sozialpädagogik und Musikpädagogik

Bei der Frage, welche Bedeutung die Musik und die Rhythmik für die Arbeit mit Kindern und Jugendlichen haben, gibt es zwei konträre Standpunkte:

- Die Sozialpädagogik denkt sofort an die Förderung der sozialen und ›emotionalen Kompetenz‹, der Konzentration, der ›Sprachentwicklung‹, der ›Wahrnehmung‹ und natürlich auch an die Förderung der Intelligenz.
- Die Musikpädagogik hingegen befürchtet, dass die Sozialpädagogik die Musik nur als Mittel zum Zweck missbraucht und die eigentliche Bedeutung der Musik selbst verloren geht.

emotionale Kompetenz → *S. 188, S. 350*
Sprachentwicklung → *S. 297*
Wahrnehmung → *S. 102*

Diesen Vorwurf kennt auch der Musikpädagoge Hans-Günter Bastian, dessen zehnjährige Studie an Berliner Grundschulen „Musik(erziehung) und ihre Wirkung“ (Schott, Mainz, 2000) in der Taschenbuch-Zusammenfassung auf die publikumswirksame Formel „Kinder optimal fördern – mit Musik: Intelligenz, Sozialverhalten und gute Schulleistungen durch Musikerziehung“ reduziert wurde. Ihm wurde vorgeworfen, dass er den Musikunterricht an Grundschulen nur durch diese Transferleistungen rechtfertigen wolle. Dies war aber gar nicht sein Ziel.

Wie geht man mit diesem scheinbar unlösbaren Problem um? Beide Bereiche kann man gar nicht voneinander trennen, die Sprachentwicklung kann nicht in den Blick genommen werden, ohne auch musikalische Grundkompetenzen zu fördern. Musik kann nur ganzheitlich einen Platz im Leben von Kindern und Jugendlichen finden. Musik und Rhythmik sollen auch ein Teil des Alltags werden, sei es beim Frühstück, beim Händewaschen oder vielleicht beim Aufräumen.

> *Ob nämlich Musik für einen Menschen etwas bedeutet, ob sein Leben durch Musik reicher und glücklicher wird, hängt wesentlich von den Eindrücken und Erlebnissen aus den ersten Lebensjahren ab.*
>
> Regner, Hermann (1988): Musik lieben lernen. Schott, Mainz, Einführung

3.2.2 Ganzheitliche Förderung durch musikalisch-rhythmische Bildung

Durch das Singen, das Spielen auf Instrumenten und durch die Bewegung zur Musik werden die Hörfähigkeit und die musikalische Ausdrucksfähigkeit gefördert. Beides ist aber untrennbar mit dem emotionalen Erleben verbunden. Ohne Emotion würde Musik nur auf mechanische Bewegungen oder Geräusche reduziert. Da, wo der emotionale Zugang zur Musik fehlt, wird häufig auch die Frage laut, ob das denn überhaupt Musik sei. Trotzdem wird auch das emotionale musikalische Erleben durch erweiterte musikalische Grundkompetenzen verstärkt. Wenn sich das Wissen über Musik und die musikalische Ausdrucksfähigkeit erweitern, wird auch das musikalische Erleben intensiviert.

Förderung der Intelligenz

Es findet eine Vernetzung der verschiedenen Bereiche, die durch die Musik und Rhythmik angeregt werden, in und zwischen beiden Hirnhälften statt. Die Melodieverarbeitung findet eher in der rechten und die Rhythmusverarbeitung mehr in der linken Hirnhälfte statt. Somit sind beim Musikmachen zwangsläufig beide Hirnhälften angeregt. Dies führt zu einer ausbalancierten Aktivierung beider Hemisphären. Zudem gibt das Gehör eine unmittelbare Rückmeldung über die musikalische Aktivität und ermöglicht so eine optimale Rückkopplung, die sich wieder positiv auf die Vernetzungen im Gehirn auswirkt. Das Einprägen eines Liedablaufs beispielsweise fördert das strukturierte Denken, welches durch die rechte Hirnhälfte gesteuert wird. Die Kreativität wird in der linken Hirnhälfte verarbeitet. Die Hände und Füße werden jeweils von der gegenüberliegenden Hirnhälfte gesteuert. Also sollte man z. B. beim Trommeln darauf achten, dass beide Hände aktiv sind. Nur so ist eine ausgewogene Anregung beider Hirnhälften gewährleistet.

Inklusion
Welche inklusiven Aspekte bietet die musikalisch-rhythmische Bildung?

Kommunikation → *S. 198 Band 1*

Resilienz → *S. 424 Band 1*

Internetlink für weitere Informationen: Zaiser, Dierk (2005): „Musik und Rhythmik in der Sprachförderung. Expertise. Erstellt im Auftrag des Deutschen Jugendinstituts e. V.“:
www.dji.de/bibs/384_Expertise_Musik_Zaiser.pdf

Modulation
Gestaltungsmöglichkeiten des Sprechens durch Lautstärke, Sprechrhythmus und Tonhöhe

Intonation
Tonhöhenverlauf eines Wortes oder Satzes (Wort- oder Satzmelodie)

kinästhetisches System → *S. 255*
vestibuläres System → *S. 255*
olfaktorisches System → *S. 255*
gustatorisches System → *S. 255*

Förderung der sozialen und emotionalen Kompetenz

Man ist Teil eines Ganzen und erlebt sich beim Musikmachen in Interaktion und ›Kommunikation‹ mit den anderen. Bei einer Improvisation z. B. geht man auf andere ein, reagiert auf ihre Impulse und fügt neue Ideen hinzu. Beim gemeinsamen Singen erlebt man einen Gesamtklang, der aus vielen Einzelstimmen besteht. Man ist Teil dieses positiv erlebten Ergebnisses. Dieses gemeinsame Klangerlebnis hat auch positive Auswirkungen auf das emotionale Musikerleben. Mittlerweile weiß man, wie wichtig die Stärkung des Selbstwertgefühls für die Entwicklung ist. Somit wird durch Musik und Rhythmik auch die ›Resilienz‹ der Kinder und Jugendlichen gestärkt.

Förderung der Konzentration

Durch die große Neugierde, Faszination und Motivation, die in dem Spiel unterschiedlicher Instrumente oder an den Instrumenten selbst liegt, gelingt es Kindern häufig, sich ganz auf das Spiel mit dem Instrument einzulassen. Bei Rhythmikangeboten werden Kinder spielerisch angeregt, sich zu konzentrieren. Dabei wird darauf geachtet, dass die einzelnen Phasen der Konzentrationsspanne dem Alter der betreffenden Kinder entsprechen.

Förderung der Kreativität

Das Musikmachen mit Kindern und Jugendlichen darf sich nicht auf das Konsumieren und Reproduzieren beschränken. Besonders wichtig sind das Experimentieren und Improvisieren mit der eigenen Stimme, dem eigenen Körper, mit unterschiedlichen Materialien oder zur Verfügung stehenden Gegenständen und natürlich auch mit Instrumenten. Durch die erfolgreiche Umsetzung der eigenen Ideen wird das Selbstwertgefühl gestärkt und das hat damit auch positive Auswirkungen auf die Persönlichkeitsentwicklung.

Förderung der Sprachentwicklung

Die Aktivierung der beiden Gehirnhälften durch Melodie- und Rhythmusverarbeitung beim Singen ist hilfreich für die Sprachentwicklung. Unsere Sprache ist nicht nur eine Folge von sinnvoll geordneten Wörtern, sie ist gekennzeichnet durch ›Modulation‹, ›Intonation‹, Melodie, Tempo und Rhythmus. Dies alles sind Parameter, die durch Musik und Rhythmik gefördert werden.

Förderung der Wahrnehmung

Zur Wahrnehmung gehören neben dem taktilen, auditiven und visuellen System auch noch das ›kinästhetische‹, ›vestibuläre‹, ›olfaktorische‹ und ›gustatorische System‹. Durch spielerische musikalische Angebote werden häufig viele der Wahrnehmungssysteme parallel angeregt. Neben den Instrumenten bieten auch andere in der Rhythmik oft verwendete Materialien, z. B. Tücher, Bälle, Reifen, Bänder oder Matten und auch Alltagsgegenstände und Naturmaterialien, weitere Möglichkeiten, die Wahrnehmung vielfältig zu fördern.

Förderung der Sensomotorik

Hier geht es um das Zusammenspiel von sensorischen und motorischen Fähigkeiten. Die ›Sinneswahrnehmung‹ und das motorische Verhalten stehen in einem direkten Zusammenhang. Beim Fahrradfahren z.B. muss der Gleichgewichtssinn mit den motorischen Tätigkeiten der Füße durch das Treten und der Arme durch das Bewegen des Lenkers im Gehirn parallel verarbeitet werden. Die Bewegung ist in der Rhythmik grundlegender Bestandteil des Lernens. Daher wird in jedem Rhythmikangebot Bewegung in unterschiedlichen Formen vorkommen. Die Bewegung ist immer auch mit Sinneswahrnehmung verbunden und so werden im Gehirn alle Sinne miteinander vernetzt. Durch die Umsetzung von Musik in Bewegung, durch Tänze, musikalische Bewegungsspiele, aber auch durch das Singen wird die Sensomotorik gefördert.

Abb. 3.7 Förderung der Sensomotorik durch Tänze

Förderung des ›mathematisch-naturwissenschaftlichen Verständnisses‹

Sinneswahrnehmung → S. 255
Mathematik und Naturwissenschaften → S. 402

Die räumliche Vorstellung und das Zählen werden durch Musik und Rhythmik nachweislich gefördert. Das Singen und die gleichzeitige Bewegung dazu in einer bestimmten Zeit unterstützen diesen Lernprozess. In vielen Kinderliedern werden naturwissenschaftliche Themen angesprochen. Den Text der Lieder behalten die Kinder oft sehr schnell und naturwissenschaftliche Phänomene werden durch die Auseinandersetzung mit den Liedern besser verstanden.

Kinderlied	Autor	Beschreibung
„Die Reise der Sonne“	Melodie: Heinz Lemmermann, Text: Eva Bartoschek-Rechlin (Strophe 1)/Werner Rizzi (Strophen 2 + 3)	beschreibt den Lauf der Sonne um die Erde
„Der Herbst ist da“	Melodie + Text: Hans R. Franzke	thematisiert verschiedene typische Ereignisse (Wind, Regen, bunte und fallende Blätter, Ernte der Äpfel, Birnen und Nüsse) dieser Jahreszeit
„Summ, summ, summ“	Melodie: Volksweise, Text: Hoffmann von Fallersleben	erzählt von Bienen, die den Nektar aus Blüten aufnehmen, um ihn im Bienenstock in Honigwaben zu speichern und reifen zu lassen
„In meinem kleinen Apfel“	Melodie: W. A. Mozart, Text: Volkslied	Hier wird der Aufbau eines Kerngehäuses erklärt und beschrieben dass daraus wieder ein Apfelbaum wächst, der dann erneut Äpfel trägt
„Das Regenbogenlied“	Melodie: Volksweise, Text: Renate Kern	beschreibt unterschiedliche Farben des Regenbogens, die durch das auf Regentropfen scheinende Sonnenlicht entstehen

Tab. 3.8 Beispiele für naturwissenschaftliche Themen in Kinderliedern

3.3 Methodische Grundlagen und Aufgaben der sozialpädagogischen Fachkraft

3.3.1 Musikalische Fachbegriffe

Jede Fachdisziplin hat ihre eigene Sprache. Wenn man sich näher mit dem Bildungsbereich Rhythmik und Musik beschäftigt, wird man immer wieder mit Fachbegriffen konfrontiert, die vielleicht unbekannt sind oder von denen man nur eine vage Vorstellung hat. Daher werden ganz bewusst zu Beginn der Auseinandersetzung mit den methodischen Grundlagen und Aufgaben der sozialpädagogischen Fachkraft häufig verwendete Fachbegriffe erklärt.

Akkord	Zusammenklang mehrerer Töne.
Akkordsymbol	Kurzschreibweise für einen Zusammenklang von mehreren Tönen. Die einfachste Form eines Akkords ist der Dreiklang. Das Akkordsymbol ist über den Noten oder auch bei Liedtexten direkt über den Textsilben zu finden.
Ambitus	Umfang einer Stimme vom tiefsten bis zum höchsten Ton.
Bordun	Ein oder mehrere Begleittöne, die ein ganzes Stück über gespielt werden. Es gibt auch Instrumente mit Borduntönen. Am bekanntesten ist die unter dem umgangssprachlich geläufigen Begriff Dudelsack bekannte Sackpfeife.
Chromatisch	Im Gegensatz zu diatonisch z. B. eine Tonleiter, die aus 12 Halbtonschritten besteht. Das sind alle weißen und schwarzen Tasten auf dem Klavier.
Diatonisch	Beispielsweise eine Dur- und Moll-Tonleiter, die aus 7 verschiedenen Tönen besteht, oder eine pentatonische Tonleiter, die aus 5 verschiedenen Tönen besteht.
Dreiklang	Zusammenklang von drei Tönen.
Harmonik	Zusammenklang der Töne. Zu einer Dur-Tonleiter gehören drei Dur- und drei Moll-Dreiklänge. Mithilfe dieser Dreiklänge lassen sich in der Regel Lieder begleiten und das harmonische Gefühl beim Singen unterstützen.
Klangfarbe	Unverwechselbarer Ton eines Instruments, der durch ein bestimmtes Gemisch von Grund- und Obertönen entsteht.
Konsonant / dissonant	Töne, die gut zusammenklingen, werden als konsonanter Klang bezeichnet. Töne, die nicht so gut zusammen-, also unterschiedlich klingen, werden als dissonanter Klang bezeichnet.
Melodie	Tonfolge, die durch ihre Bewegung nach oben oder unten und ihren Rhythmus bestimmt wird.
Metrum	Grundpuls der Musik, dem ein bestimmtes Betonungsmuster zugrunde liegt.
Noten	Grafische Zeichen für Töne, die in einem aus fünf Linien bestehenden Notensystem aufgeschrieben werden.
Notenwerte	Geben die Dauer einer Note im Verhältnis zu anderen Notenwerten an. Eine halbe Note klingt auch nur die Hälfte der Tondauer im Vergleich zu einer ganzen Note.
Phrase	Musikalischer Sinnabschnitt.
Rhythmus	Allgemein die zeitliche Struktur von Tönen. Die Abfolge von bestimmten Tondauern und Pausen wird durch Noten- und Pausenwerte aufgeschrieben.
Stammton	Unveränderter Ton der C-Dur-Tonleiter. Er entspricht den weißen Tasten auf dem Klavier. Im deutschen Sprachraum heißen die Stammtöne C, D, E, F, G, A und H.
Solo	Ein Instrument spielt alleine oder tritt zumindest deutlich hervor.

Takt	Wiederkehrende Abfolge eines betont-unbetonten durchlaufenden Pulses. Takte werden durch Taktstriche voneinander getrennt.
Ton	Schallereignis, das eine bestimmte Tonhöhe hat.
Tonal / atonal	Tonal ist Musik, wenn sie auf eine diatonische Tonleiter zurückzuführen ist. Atonal ist Musik, wenn sie aus Tönen einer chromatischen Tonleiter besteht.
Tonalität	Tonalität bezieht sich heute in der Regel auf diatonische Tonleitern wie Dur- und Moll-Tonleitern
Versetzungszeichen	In der Notenschrift das # und das b.
Vorzeichen	Umgangssprachlich werden auch Versetzungszeichen als Vorzeichen bezeichnet. Sie stehen dann direkt vor einer Note und verändern diesen Ton um einen Halbton. Diese Veränderung gilt bis zum Ende des Taktes. Das #-Versetzungszeichen verändert den Ton um einen Halbton nach oben und das b-Versetzungszeichen um einen Halbton nach unten. Steht das Vorzeichen oder, um es eindeutiger zu sagen, das Generalvorzeichen am Anfang der Notenzeile unmittelbar nach dem Notenschlüssel, dann wird der Ton dauerhaft verändert. Diese Generalvorzeichen geben einen Hinweis auf die dem Stück zugrunde liegende Dur- oder Moll-Tonart. In der nachfolgenden Tabelle sieht man in der ersten Zeile die Generalvorzeichen, die am Anfang einer Notenzeile vorgezeichnet sind. Die zweite Zeile nennt die dazugehörige Dur-Tonleiter und die dritte Zeile die entsprechende Moll-Tonleiter in angelsächsischer Schreibweise. Die veränderten Stammtöne findet man in der vierten Zeile. Die gelb und grün unterlegten Tonleitern kann man mit einem einfachen Glockenspiel realisieren.

G^b	D^b	A^b	E^b	B^b	F	C	G	D	A	E	B	$F^\#$
E^bm	B^bm	Fm	Cm	Gm	Dm	Am	Em	Em	Bm	$F^\#$m	$G^\#$m	$D^\#$m

B^b, E^b, A^b, D^b, G^b, C^b	B^b, E^b, A^b, D^b, G^b	B^b, E^b, A^b, D^b	B^b, E^b, A^b	B^b, E^b	B^b	-	$F^\#$	$F^\#$, $C^\#$	$F^\#$, $C^\#$, $G^\#$	$F^\#$, $C^\#$, $G^\#$, $D^\#$	$F^\#$, $C^\#$, $G^\#$, $D^\#$, $A^\#$	$F^\#$, $C^\#$, $G^\#$, $D^\#$, $A^\#$, $E^\#$

Tab. 3.9 Übersicht der musikalischen Fachbegriffe

3.3.2 Notenschreibweisen und nach Noten spielen

Elementare Musiklehre

Musik hängt im Wesentlichen von zwei Einflussgrößen ab:

- der Tonhöhe
- der Tondauer

Die Tonhöhe wird durch die Position der Noten in den Notenzeilen deutlich.

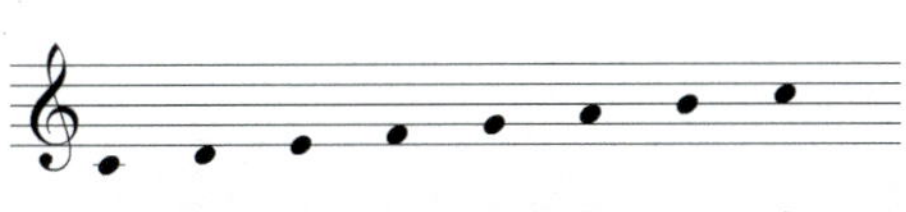

Die Tondauer wird durch das Aussehen der einzelnen Noten ersichtlich.

Tonsystem

Die weißen Tasten am Klavier oder die Töne eines diatonischen Glockenspiels werden in unserem Tonsystem als Stammtöne bezeichnet.
Im **angelsächsischen Sprachraum**, z. B. in Großbritannien oder auch in den USA, werden diese Stammtöne einfach nach dem Alphabet bezeichnet:
... A, B, C, D, E, F, G, A, B, C, D ...

Im **deutschen Sprachraum** bezeichnet man den angelsächsischen Ton „B“ mit dem Buchstaben „H“. Dadurch ist in Deutschland das Lernen der Notennamen etwas schwieriger, da die Reihenfolge der Buchstaben nicht der des Alphabets entspricht:
... A, H, C, D, E, F, G, A, H, C, D ...

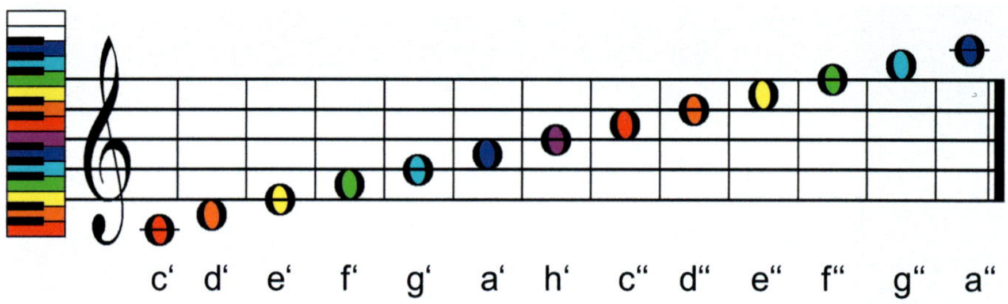

Abb. 3.10 Darstellung der Tonfolge mit farbigen Tasten auf einem Klavier

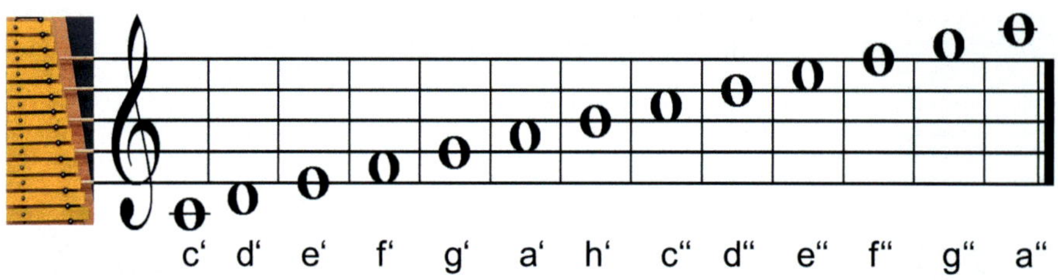

Abb. 3.11 Darstellung der Tonfolge auf einem diatonischen Glockenspiel

Versetzungszeichen

♯	Das Kreuz erhöht einen Stammton um einen Halbton nach oben. An den Stammtonnamen wir im deutschen Sprachgebrauch die Endung „is“ angehängt. Aus dem Ton „f“ wird mit einem Kreuz-Versetzungszeichen der Ton „fis“.
♭	Das B erniedrigt einen Stammton um einen Halbton nach unten. An den Stammtonnamen wir im deutschen Sprachgebrauch in der Regel die Endung „es“ angehängt. Aus dem Ton „d“ wird mit einem B-Versetzungszeichen der Ton „des“. Es gibt folgende Ausnahmen: H → B, E → Es und A → As.
♮	Das Auflösungszeichen hebt die Erhöhung oder Erniedrigung um einen Halbton durch ein Versetzungszeichen wieder auf. Es wird nun wieder der Stammton gespielt.

Tab. 3.12 Versetzungszeichen

Im angelsächsischen Sprachraum gibt es für beide Versetzungszeichen keine Ausnahmen. An den Stammtonnamen wird einfach das entsprechende Versetzungszeichen angehängt. So wird bei einem Kreuz-Versetzungszeichen aus einem „f“ ein „f#“ und bei einem B-Versetzungszeichen aus einem „e“ ein „eb“.

Pentatonik

Eine pentatonische Tonleiter besteht aus fünf verschiedenen Tönen. Für die Arbeit mit Kindern und Jugendlichen ist diese Tonleiter besonders interessant, da diese Töne immer gut zusammenpassen. So kann mit pentatonischen Tonleitern sehr gut improvisiert werden. Weiterhin kann das dazu anregen, eigene kleine Melodien zu erfinden. Man muss beim Zusammenspiel nur darauf achten, dass alle Instrumente die Töne der gleichen pentatonischen Leiter zur Verfügung haben. Wenn man z.B. vor einem Klavier sitzt und mit einer pentatonischen Tonleiter improvisieren möchte, spielt man einfach nur die schwarzen Tasten. So kann man mit mehreren Personen am Klavier gemeinsam spielen. Das wird, wenn man nicht zu tief spielt, gut zusammenklingen. Wenn man dann aber zusätzlich mit einem Glockenspiel dazu spielen möchte, wird das nicht so gut zusammenpassen.

Abb. 3.13 Glockenspiel

Möchte man mit kleineren Kindern am Glockenspiel improvisieren, kann man auch die Stäbe des Glockenspiels entfernen, die nicht benötigt werden. Von der C-Dur Tonleiter verwendet man hier nur die Töne C, D, E, G, A.

Die folgende Tabelle gibt die Töne verschiedener pentatonischer Leitern an. Die dargestellten pentatonischen Leitern sind mit dem Glockenspiel zu spielen. Die Töne in der Tabelle sind in der angelsächsischen Schreibweise notiert, da auf den meisten Instrumenten mit Tonnamen diese Schreibweise zu finden ist.

Tonart	Töne
B^b	B^b C D F G
F	F G A C D
C	C D E G A
G	G A B D E
D	D E F# A B
F#	F# G# A# C# D#

Tab. 3.14 Töne verschiedener pentatonischer Leitern, die farbig unterlegte Zeile entspricht den schwarzen Tasten auf einem Klavier

Abb. 3.15 Klavier

pentatonische Leiter → S. 231

Die Melodie des Liedes „Ich geh mit meiner Laterne" besteht aus den Tönen F, G, A und C. Das sind die ersten vier Töne der ›pentatonischen Leiter‹, die mit dem Ton „F" beginnt. Aus der Tabelle der **pentatonischen Leitern** kann man ersehen, dass nur diese pentatonische Leiter alle diese vier Töne enthält. Die Melodie verwendet hier lediglich die ersten vier Töne Tonleiter. Mit den Tönen dieser pentatonischen Leiter können zu dem Lied problemlos Zwischenspiele improvisiert werden.

Ich geh mit meiner Laterne

Volkslied

Akkordtabelle

Zu einem Akkord gehören immer mehrere Töne, die zusammen erklingen. Die wichtigsten Akkorde sind Dreiklänge, also Akkorde mit drei Tönen. Dur- und Moll-Dreiklänge sind die wichtigsten und man kann mit ihnen sehr viele Lieder begleiten. Akkordsymbole in Liedern sagen, welche Akkorde zu spielen sind. In der Regel findet man in Liederbüchern die Akkordsymbole über den Noten. Dur-Dreiklänge werden als Großbuchstaben und Moll-Dreiklänge werden entweder als Kleinbuchstaben oder als Großbuchstaben mit einem „m" für Moll dargestellt.

Lied „Guten Morgen gut geschlafen" → S. 223

Bei dem ›Lied „Guten Morgen, gut geschlafen"‹ kann man diese Akkordsymbole über den Noten sehen.

In den nachfolgenden Tabellen kann man die drei Töne finden, die zu dem betreffenden Dur- oder Moll-Dreiklang gehören. Diese Töne können nun so lange in einem beliebigen Begleitrhythmus zu einem Lied gespielt werden, bis ein neues Akkordsymbol über den Noten erscheint. Mit einem diatonischen Glockenspiel kann man nur die Töne der Akkordsymbole spielen, die in der Mitte der Tabelle markiert sind. Die links und rechts davon markierten Felder mit Dreiklängen können mithilfe der beiden Auswechselplatten gespielt werden. Um die anderen Dreiklänge zu spielen, benötigt man z. B. entweder ein chromatisches Glockenspiel oder man nimmt einen diatonischen Satz Boomwhackers mit der chromatischen Ergänzung. Mit diesen beiden Varianten kann man alle Dur- und Moll-Dreiklänge spielen.

Dur-Dreiklänge in der deutschen Schreibweise:

Grundton	Ges	Des	As	Es	B	F	C	G	D	A	E	H	Fis
Töne	Ges, B, Des	Des, F, As	As, C, Es	Es, G, B	B, D, F	F, A, C	C, E, G	G, H, D	D, Fis, A	A, Cis, E	E, Gis, H	H, Dis, Fis	Fis, Ais, Cis

Dur-Dreiklänge in der angelsächsischen Schreibweise:

Grundton	G^{b}	D^{b}	A^{b}	E^{b}	B^{b}	F	C	G	D	A	E	B	$F^{\#}$
Töne	G^{b}, B^{b}, D^{b}	D^{b}, F, A^{b}	A^{b}, C, E^{b}	E^{b}, G, B^{b}	B^{b}, D, F	F, A, C	C, E, G	G, B, D	D, $F^{\#}$, A	A, $C^{\#}$, E	E, $G^{\#}$, B	B, $D^{\#}$, $F^{\#}$	$F^{\#}$, $A^{\#}$, $C^{\#}$

Moll-Dreiklänge in der deutschen Schreibweise:

Grundton	es	b	f	c	g	d	a	e	h	fis	cis	gis	dis
Töne	Es, Ges, B	B, Des, F	F, As, C	C, Es, G	G, B, D	D, F, A	A, C, E	E, G, H	H, D, Fis	Fis, A, Cis	Cis, E, Gis	Gis, H, Dis	Dis, Fis, Ais

Moll-Dreiklänge in der angelsächsischen Schreibweise:

Grundton	E^{b}m	B^{b}m	Fm	Cm	Gm	Dm	Am	Em	Bm	$F^{\#}$m	$C^{\#}$m	$G^{\#}$m	$D^{\#}$m
Töne	E^{b}, G^{b}, B^{b}	B^{b}, D^{b}, F	F, A^{b}, C	C, E^{b}, G	G, B^{b}, D	D, F, A	A, C, E	E, G, B	B, D, $F^{\#}$	$F^{\#}$, A, $C^{\#}$	$C^{\#}$, E, $G^{\#}$	$G^{\#}$, B, $D^{\#}$	$D^{\#}$, $F^{\#}$, $A^{\#}$

Abb. 3.16 Der PC eröffnet viele Möglichkeiten, um mit Notenprogrammen zu arbeiten.

Notensatzprogramme für den Computer

Mittlerweile bieten viele Softwarehersteller kostenlose Versionen ihrer Notensatzprogramme an. Forte Free, Finale NotePad oder PriMus Free sind einige Beispiele für Software, die zumindest einfache Notenausdrucke erstellen können. Die eingegebenen Noten können die Programme mithilfe der Soundkarte hörbar machen. So kann man die Noten eines Liedes eingeben und es sich dann anschließend anhören. Sehr hilfreich ist die Möglichkeit, Noten zu transponieren, d.h. in eine andere Tonlage zu verschieben. Das kann dann notwendig sein, wenn man eine Melodie mit dem Glockenspiel spielen möchte, die Vorzeichen aber mehr als einen Stammton verändern und man die benötigten Wechselplatten nicht zur Verfügung hat.

3.3.3 Singen mit Kindern und Jugendlichen

Entwicklung des Singens

Vom Geburtsschrei an entwickelt der Säugling seine Stimme. Schon nach wenigen Wochen experimentiert er mit weiteren Lauten (Gurren, Kreischen, Brummen) und kombiniert diese mit Geräuschen, die beim Ausatmen entstehen (z. B. Schnauben oder Prusten). Er variiert mit hohen und tiefen, lauten und leisen, kurzen und langen Lauten und entdeckt dabei seine stimmlichen Möglichkeiten. Diese nutzt er auch, um mit seiner Umwelt in Kontakt zu treten. Bezugspersonen versuchen diese Äußerungen zu erwidern und durch das gegenseitige Nachahmen entsteht eine erste Form der Kommunikation. Indem mit der Stimme kreativ umgegangen wird und die Laute variieren, wird der Säugling angeregt, seine stimmlichen Ausdrucksmöglichkeiten zu erweitern. Daraus entwickelt sich das Singen, das nichts anderes als eine Lautäußerung auf kontrollierter Tonhöhe ist.

Tonumfang der kindlichen Stimme

Bei der Frage nach dem Tonumfang der kindlichen Stimme gibt es unter Gesangspädagogen die unterschiedlichsten Auffassungen. Der physiologisch mögliche Stimmumfang eines Kindes ist sehr viel größer als der gekennzeichnete Bereich, der für das Singen genutzt werden sollte. Wenn z. B. ein Kind häufig in tiefer Lage singt, kann das mit dazu beitragen, dass sich seine Stimmlippen verdicken. Als Folge kann es für das Kind schwierig oder vielleicht auch unmöglich sein, höhere Töne zu singen.

Der Deutsche Chorverband hat folgende Forderung aufgestellt: „Das gemeinsame Singen im Kindergarten darf den als untere Grenze festgesetzten Ton c' nicht unterschreiten." An diesem Grenzwert sollte man sich orientieren, um nicht Gefahr zu laufen, dass Kinder in ihrer Bruststimmlage ihre Stimmlippen überanstrengen oder evtl. überdehnen. Weitere Empfehlungen sind, mit Kindern im Kindergarten und in der Grundschule nach Möglichkeit oberhalb der Sprechstimme zu singen. Man sollte mit dem Tonraum f ' bis c" beginnen und ihn dann nach oben bis f" weiter ausbauen. In diesem Bereich entdecken die Kinder ihre Kopfstimme. Bei dieser Art des Singens werden nur die Ränder der Stimmlippen in Schwingung versetzt. Dadurch entsteht ein leiser, weicher und zarter Ton. Häufig fühlen sich Erwachsene mit diesem Klang sehr unsicher, da er so ganz anders als die vertraute Sprechstimme klingt. In der Kopfstimme fällt es aber vielen leichter, die Töne beim Singen zu kontrollieren, auf andere zu hören und den eigenen Ton anzupassen.

Abb. 3.17 Kinder sollten im Bereich der Kopfstimme singen.

Zur besseren Orientierung sind in der nachfolgenden Übersicht die unterschiedlichen Tonräume von Kindern farblich markiert.

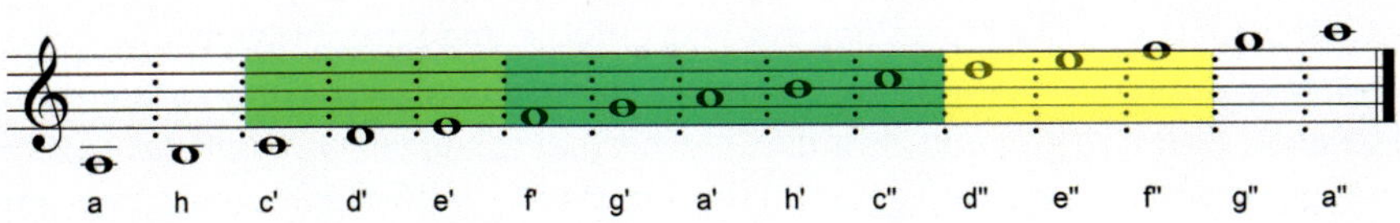

Abb. 3.18 Tonräume von Kinderstimmen

Stimmbildung mit Kindern sollte sehr spielerisch sein.

ZUM WEITERDENKEN Für viele Kinder und Jugendliche ist hohes Singen „uncool". Für die Jungen ist die Tiefe der Stimme ein Zeichen von Männlichkeit. Aber auch die Sprechstimme der Frauen ist in den letzten Jahrzehnten deutlich tiefer geworden. Ein Vergleich der Stimmlagen von Schauspielerinnen aus Filmen, die nach dem Zweiten Weltkrieg entstanden sind, mit der Stimmlage heutiger Schauspielerinnen bestätigt dieses Phänomen eindrücklich. Es scheint, dass eine Frau mit einer tieferen Stimme in unserer Gesellschaft als durchsetzungsfähiger gilt. Sicherlich erschwert diese Tatsache die Bereitschaft, seine vertraute Sprechstimmlage zu verlassen und ganz neue stimmliche Ausdrucksmöglichkeiten zu entdecken. Aber genau darin steckt ein Dilemma: Natürlich könnten Kinder auch tiefer singen, aber es sind sich alle Fachleute einig, dass Kinder den gesamten Ambitus ihrer Stimme kennenlernen und trainieren sollten.

Funktionsweise des Singens

Für das Singen bilden die schon oben beschriebenen Stimmlippen im Kehlkopf mit der Atmung und der Resonanz im Rachen- und Mundraum eine Funktionseinheit. Das Zwerchfell ist ein kuppelförmiger Muskel, der Brust- und Bauchraum voneinander trennt. Es ist maßgeblich für die Atmung verantwortlich und versetzt die Stimmlippen beim Singen durch einen gleichmäßigen Luftstrom in Schwingung. Im Rachen- und Mundraum wird der Klang verstärkt. Daher sollten diese beiden „Klangräume" möglichst groß und entspannt sein, Ziel einer jeden Stimmbildung sollte es sein, die drei Funktionseinheiten zusammenzubringen.

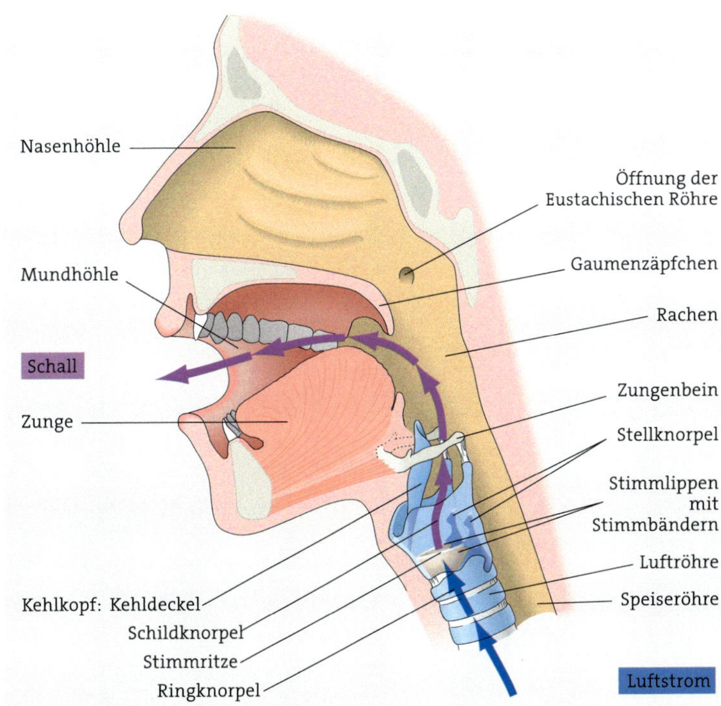

Abb. 3.19 Beteiligte Organe beim Singen

Methodik der Liedaneignung

Das gemeinsame Singen von Liedern hat für den Menschen jeglichen Alters eine große Bedeutung. Beim Singen erschaffen wir den Klang aus uns selbst und gleichzeitig transportieren die Musik und der Text Gefühle und Stimmungen.
Wenn man Kindern ein neues Lied vermitteln möchte, dann sollte dies ganzheitlich geschehen. Damit ist gemeint, dass das Lied mit Text gesungen wird und dazu eventuell auch schon Bewegungen gemacht werden. Häufig werden dabei diese Teile mit ausführlichen Erklärungen nur auf die Melodie, den Text oder die Bewegung beschränkt durch die Papageien-Methode bzw. Vormachen–Nachmachen Stück für Stück erarbeitet. Dies ist für Kinder weniger motivierend und entspricht nicht einer entwicklungspsychologisch orientieren Vorgehensweise.

Für eine Liedvermittlung muss man sich das Lied genau ansehen, um zu entscheiden, welche Methode geeignet ist. Im Folgenden sind einige Möglichkeiten zur Liedaneignung aufgeführt, die an die jeweilige Zielgruppe angepasst werden müssen:

- erste Begegnung mit dem Lied–Bewegungsspiel zu einer Instrumentalversion des Liedes
- von Schlüsselbildern zum Liedtext – Bilder zeigen zentrale Begriffe des Liedes
- Bilder zum Liedtext sortieren – nach dem Vorsingen des Liedes wird der Text mithilfe der Bilder rekonstruiert
- Mithilfe von Gesten den Liedtext lernen – erst werden nur die Gesten vorgestellt und anschließend versucht, den Gesten eine Bedeutung zu geben
- von Schlüsselwörtern zum ganzen Text – nach und nach kommen immer mehr Wörter hinzu
- sich spontan zum Lied mitbewegen oder mittanzen – die spielerischen Bewegungen helfen, den Text kennenzulernen
- das bewusste Wahrnehmen der textlosen Melodie – wovon könnte das Lied handeln

ZUM WEITERDENKEN Zwei Initiativen versuchen schon seit einiger Zeit, besonders das Singen mit Kindern zu fördern.
„Canto elementar“ ist ein Generationen verbindendes Singpatenprogramm für Kindergärten, welches von der Stiftung „Il canto del mondo“ unter der Leitung von Karl Adamek initiiert worden ist. Bei diesem Programm finden sich Menschen über 60 Jahre, die ehrenamtlich einmal pro Woche eine halbe Stunde mit den Kindern im Kindergarten vor allem Volkslieder, aber auch neuere und internationale Lieder singen.
Der Deutsche Chorverband startete im Jahr 2000 die Initiative „Felix – Wir singen gern“, um das Singen in Kindergärten wieder stärker ins Bewusstsein zu rücken. Kindergärten, die täglich singen und dabei die hohe Tonlage der kindlichen Stimme berücksichtigen, eine vielfältige altersgemäße Liedauswahl haben und auch Lieder aus anderen Kulturkreisen integrieren, können vom Deutschen Chorverband bis Ende 2014 noch eine Felix-Plakette bekommen. Derzeit läuft bereits die dreijährige Übergangsphase zur neuen Initiative des Deutschen Chorverbandes, „Die Carusos – Jedem Kind seine Stimme“. Nach einer Evaluation wurden die Kriterien für die Carusos-Zertifizierung erweitert und ein zusätzlicher Schwerpunkt auf das gemeinsame Musizieren gelegt.

Weitere Informationen unter:
www.il-canto-del-mondo.de, www.cantoelementar.de

Weitere Informationen unter:
www.die-carusos.de

3.3.4 Rappen mit Jugendlichen

Häufig haben gerade männliche Jugendliche nach dem Stimmbruch (Mutation) Schwierigkeiten, einen Zugang zu ihrer neuen Singstimme zu finden. Daher ist es nicht verwunderlich, dass der Sprechgesang (Rap) eine männlich dominierte Art des Musikmachens ist. Wenn in einer Jugendgruppe Hemmungen vorhanden sind, dann kann es sinnvoll sein, gemeinsam zu rappen. Als Einstieg in das gemeinsame Rappen kann der Rap „Rezept gerappt" von Robert Metcalf verwendet werden, der in dem Liederheft „Apfelklops und Co" zu finden ist. Diesen Rap kann man mit Körper-Percussion, selbst gebauten Instrumenten, Alltagsgegenständen oder mit Percussionsinstrumenten gestalten. Die Bundeszentrale für gesundheitliche Aufklärung (BZgA) hat Kinderliederhefte und CDs zum Thema Ernährung, Kindergesundheit und Sexualität herausgebracht. Die Liederhefte können kostenlos im Internet heruntergeladen werden.

BZgA (2001): „Apfelklops & Co":
www.bzga-avmedien.de/pdf.php?id=b2a84ff980efa5a077a541f6caeb05e9

3.3.5 Interkulturelle Musikerziehung

Musik hat in allen Kulturen eine große Bedeutung. So gibt es mittlerweile viele Informationen, Liederbücher und CDs zum Thema „Musiken der Welt", aber zu dem viel bedeutsameren Thema „Musik und Migration", das die Situation der in Deutschland lebenden ›Kinder und Jugendlichen mit Migrationshintergrund‹ thematisiert, gibt es sehr wenig. Als Projektidee im Offenen Ganztag oder im Jugendzentrum könnten gemeinsam Songs oder Songtexte geschrieben werden, welche die Migration zum Thema machen. Dadurch würde ein Reflexionsprozess angestoßen, über die eigene Migrationssituation in Deutschland nachzudenken. Über die These, dass die Kinder und Jugendlichen eine symbolisch inszenierte Ethnizität ausleben, sollte ein Austausch angeregt werden. Für Kinder im Offenen Ganztag eignet sich besser ein Zugang, den Irmgard Merkt, Lehrstuhlinhaberin für Musik und Menschen mit Behinderungen an der TU Dortmund, entwickelt und „einfachen Schnittstellenansatz" genannt hat. Der Musikwissenschaftler Wolfgang Martin Stroh hat ihn weiterentwickelt und bezeichnet ihn als „erweiterten Schnittstellenansatz". Mit Schnittstelle ist das gemeint, was alle Beteiligten gemeinsam haben, z. B. die Erfahrung von Regen. Regen hat je nach Klimazone für die Menschen eine ganz andere Bedeutung.

Mehr Informationenen unter: Stroh, Wolfgang: „Interkulturelle Musikerziehung"
http://interkulturelle-musikerziehung.de

Kinder und Jugendliche mit Migrationshintergrund → *S. 371; S. 448 Band 1*

Partizipation
Wie könnte es vom Reflexionsprozess und Austausch zu einer echten Beteiligung kommen?

BEISPIEL Maria Pilar Lozano und Wolfgang Martin Stroh haben in dem Projekt „Überall regnet es anders – Szenische Interpretation von Liedern im interkulturellen Musikunterricht" (in Musik. Nr. 17.1/2011. Friedrich Verlag, Seelze, S. 22–29) Ideen entwickelt, die sich auch gut im Offenen Ganztag umsetzen lassen. Vier Lieder aus Deutschland, Indien, Spanien und der Türkei werden nicht nur gesungen, sondern die kulturspezifischen Hintergründe werden in ein szenisches Spiel eingeflochten, um so den Ausdruck der Lieder verständlich zu machen.

REFLEXION **IMPULS** **LERNORTKOOPERATION**

Mit welchen kulturübergreifenden Themen beschäftigen sich Kinder und Jugendliche zurzeit? Welche Bedeutung haben diese Themen in verschiedenen Kulturkreisen? Suchen Sie Lieder, die sich mit einem passenden Thema beschäftigen, und entwickeln Sie daraus ein interkulturelles Projekt.

↔ Förderung von Medienkompetenz

Welche Projektideen zur Gehörbildung in Verbindung mit Medien fallen Ihnen ein?

3.3.6 Förderung der Gehörbildung

Entwicklung des auditiven Systems → S. 219

Die Hörentwicklung bzw. die ›Entwicklung des auditiven Systems‹ findet bereits im Mutterleib statt und bei der Geburt kann der Säugling laute und leise Töne lokalisieren. Das Hören ist neben dem Lesen und Sprechen eine der wichtigsten Fähigkeiten des Menschen. Für das alltägliche Leben ist das Hören bedeutsamer als das Sehen. Zudem ist ohne das Gehör die Sprachentwicklung kaum möglich und man ist dadurch von einem großen Bereich der Kommunikation ausgeschlossen. Deshalb sollte ein besonderes Augenmerk auf die Gehörbildung gelegt werden.

Sprachentwicklung → S. 297
sensible Phasen → S. 84

Es ist wichtig, die auditive Wahrnehmung schon früh zu fördern, um die ›Sprachentwicklung‹ in den ›sensiblen Phasen‹ zu unterstützen und durch eine differenzierte Hörfähigkeit der Komplexität von Sprache und Musik gewachsen zu sein. Spiele, die sehr spannend sind und Kinder von sich aus still werden lassen, ermöglichen ein intensives Hinhören. Hilfreich ist es dabei, wenn der doch sehr dominante Sehsinn ausgeschaltet wird. Aufgabe der Erzieherin und des Erziehers ist es, das Interesse durch motivierende Ideen zu wecken, denn das Zuhören kann man nicht erzwingen.

Ideen zur Förderung der Gehörbildung

Medienkompetenz → S. 361

Mit selbst gemachten Aufnahmen können die Kinder experimentieren oder selbst ein Bilderbuch vertonen. Dies leistet zudem einen Beitrag zur Förderung der ›Medienkompetenz‹ und unterstützt den kreativen Umgang mit Medien. Digitale Aufnahmegeräte sind mittlerweile ab 100,- € zu haben und bieten eine sehr gute Klangqualität.

Der spielerische Umgang mit Gehörbildung lässt sich durch Horch-Spaziergänge sehr gut umsetzen. Die Geräusche können auch aufgenommen und später zu einem Hörrätsel weiterverarbeitet werden. Die Stimmen der Kinder und Erwachsenen werden aufgenommen und dann erraten. Experimente mit der eigenen Stimme werden durch Fragestellungen wie „Welche Geräusche kann ich nachmachen?" oder „Wie klingt ein Echo?" erforscht. Mit leeren Dosen kann man selbst ein Hör-Memory herstellen: Jeweils zwei Dosen werden mit dem gleichen Material befüllt. Dann geht es darum, die Paare wiederzufinden. Mithilfe eines Hörrohrs kann man leise Geräusche besser hören. Dazu nimmt man z. B. eine Toilettenpapierrolle und kann vielleicht das sprudelnde Mineralwasser hören.

Hörspiele und Musik für Kinder

Wenn es darum geht, geeignete Hörspiele und Musik für Kinder zu finden, dann fällt die Auswahl manchmal sehr schwer. Eine Hilfe kann dabei der Medienpreis Leopold „Gute Musik für Kinder" sein, der seit 1997 alle zwei Jahre vom Verband deutscher Musikschulen verliehen wird. Kinder sind bis zum Alter von neun Jahren sehr offen für unterschiedliche Musik und sollten die Gelegenheit bekommen, ein breites Spektrum Musik zu hören. So kann man Kindern Musik von der Gregorianik bis zur Avantgarde vorspielen, sich dazu bewegen oder tanzen, dazu malen oder mit Instrumenten dazu spielen. Genauso kann man sich beim Musikmachen aufnehmen und die Improvisation auswählen, die einem am besten gefällt.

Auf der Seite **www.musikschulen.de/projekte/leopold/** werden die Unterschiede der drei Qualitätszeichen erklärt. Dort findet man eine Suchmaschine, welche die gezielte Suche nach einer CD innerhalb einer bestimmten Kategorie und für ein bestimmtes Alter sehr vereinfachen kann. Alle bisher prämierten oder empfohlenen Produktionen sind dort auch zu finden. Weiterhin erhält man Anregungen für den Bereich der klassischen Musik.

Musikaufführungen für Kinder

Viele Musiktheater oder Sinfonie-Orchester bieten mittlerweile spezielle Aufführungen für Kinder an. Kinder-Konzerte werden schon für U3-Kinder angeboten und heißen dann „Krabbelkonzerte". Musikschulen bieten Konzerte oder Musiktheater-Aufführungen an, bei denen Kinder für Kinder Musik machen. Dies motiviert Kinder in besonderer Weise, ebenfalls ein Instrument zu erlernen oder zu singen. Konzert- und Theaterbesuche sollten fest im Konzept einer Einrichtung verankert sein.

REFLEXION IMPULS LERNORTKOOPERATION

Informieren Sie sich in der örtlichen Musikschule oder in dem Kulturbüro Ihrer Stadt über Musikaufführungen für Kinder. Besuchen Sie mit Ihrer Lerngruppe ein Kinder-Konzert und beobachten Sie die unmittelbaren Reaktionen der Kinder auf die Musik. Wie sollte ein Konzertbesuch mit einer Kindergruppe vor- und nachbereitet werden?

3.4 Bewegung und Musik

›Bewegung‹ und Musik sind eng miteinander verbunden. Wir alle kennen Situationen, in denen Menschen vor Freude singen und tanzen. Dies ist in allen Kulturkreisen ähnlich und auch unabhängig von Alter, Geschlecht, sozialer Herkunft, Intelligenz oder einer Behinderung. Wenn uns Musik emotional erfasst, dann wollen wir uns dazu gerne rhythmisch bewegen.

Bewegung → S. 144

Inklusion

Warum sind rhythmische Bewegungen und Tänze besonders geeignet für inklusive Bildungsangebote?

3.4.1 Rhythmische Bewegung

Vor über 100 Jahren entdeckte Émile Jaques-Dalcroze die Bedeutung der rhythmischen Bewegung für die Musikpädagogik. Von dieser Erkenntnis getragen entwickelte er eine Methode, die **Rhythmische Gymnastik** genannt wurde. In der Rhythmischen Gymnastik wurden rhythmisch-metrische Übungen und Bewegungsgestaltungen dem zeitlichen Ablauf der Musik angeglichen. Mimi Scheiblauer entwickelte die Methode in der Schweiz zur **heilpädagogischen Rhythmik** weiter und setzte sie in der Arbeit mit geistig und körperlich behinderten Menschen ein. Elfriede Feudel nutzte die Methode in Deutschland als **Rhythmische Erziehung** in der allgemeinen Pädagogik.
Heute wird für die musikpädagogische Methode, die Musik und Bewegung direkt aufeinander bezieht, der Begriff **Rhythmik** verwendet, um sie besser von der Rhythmischen Sportgymnastik abzugrenzen. Musik, Bewegung, Sprache und Materialien bilden die Grundpfeiler der Rhythmik. Sie werden in der praktischen Arbeit untrennbar zu einer ganzheitlichen Erfahrung verwoben.

Bei der Planung und Durchführung eines Rhythmikangebots ist es wichtig, besonders auf das **Rhythmische Prinzip** zu achten. Hierbei werden bewusst gegensätzliche Aktivitäten oder Methoden kombiniert. Dadurch wird das Angebot abwechslungsreich und die Aufmerksamkeit der Kinder wird erhöht. Insgesamt wirkt so ein aus Gegensätzen gestaltetes Angebot mental sehr ausgleichend. Der rhythmische Wechsel von Gegensätzen betrifft z. B. die Bereiche Grob- und Feinmotorik, Ruhe und Bewegung, langsam und schnell, leise und laut, alleine und zusammen, frei und gelenkt, Improvisation und Nachahmung.

BEISPIEL Der Erzieher Marko Gausepohl bietet in der Schulhortgruppe der Erstklässler heute eine „Zirkusshow" an. Er hat sich dafür aus dem Werk „Karneval der Tiere" von Camille Saint-Saëns ein langsames und ein schnelles Stück ausgesucht. Er spielt den Kindern zuerst den königlichen Marsch der Löwen vor und entwickelt gemeinsam mit ihnen Ideen, wie sich dieser Löwe bewegen würde. Die Kinder beginnen sich zu bewegen und schreiten langsam und erhaben durch den Raum. Zur schnellen Musik der Wildesel gibt es dann wieder viele , aber diesmal ganz andere Vorschläge für die Bewegung.

3.4.2 Tanz

Bewegung → S. 144

Der Tanz ist eine weitere Möglichkeit, ›Bewegung‹ und Musik zu verbinden, die in allen Kulturen eine wichtige Rolle spielt. Beim Tanzen bewegt man sich gleichzeitig in Raum und Zeit. Durch das Tanzen verbessert man das Gefühl für den eigenen Körper, experimentiert mit Bewegungen, probiert neue Bewegungsformen aus und übernimmt sie in das eigene Bewegungsrepertoire. Interkulturelle Tanzelemente können ohne Vorbehalte in einen Tanz integriert werden. Man unterscheidet nach der Anzahl der Tänzer drei Formen: Einzeltanz, Paartanz und Gruppentanz. Den Gruppentanz unterteilt man weiter nach der geometrischen Anordnung in Kreistanz, Kettentanz, Reihentanz und Formationstanz.

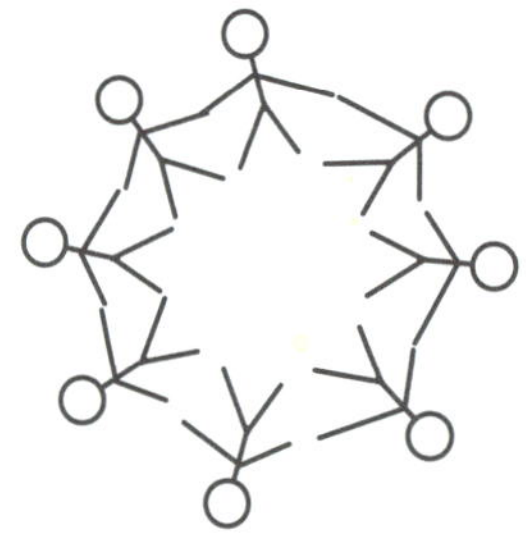

Abb. 3.20 Schema Kreistanz

Abb. 3.22 Kettentanz

Abb. 3.21 Reihentanz

Abb. 3.23 Formationstanz

3.5 Musizieren mit Instrumenten

3.5.1 Körperinstrumente

Neben dem ›Singen‹ gibt es noch viele weitere Möglichkeiten, allein mit dem eigenen Körper Klänge zu erzeugen, ohne dabei die Stimmlippen in Schwingung zu versetzen.

Singen → S. 234

Körperteil	Tätigkeit	Ausführung
Hände	klatschen	Eine Hand schlägt auf die andere Hand.
	schnippen	Der Mittel- oder Ringfinger wird auf den Daumen gepresst und anschließend seitlich an der Daumenseite vorbei zum Daumenballen gezogen.
	patschen	Die Hände schlagen auf andere Körperteile, z. B. die Oberschenkel, die Brust oder den Po.
	reiben	Die Hände werden gegeneinander gerieben.
Mund	pfeifen	Das Lippenpfeifen (labiales Pfeifen) ist die einfachste Form des Pfeifens. Die Lippen formen eine kleine runde „O"-Öffnung und der Mundraum bildet den Resonanzraum. Wenn man Luft ausstößt oder ansaugt, entstehen an der Lippenöffnung Luftwirbel, die den Pfeifton erzeugen. Daneben gibt es auch die Möglichkeit, ohne die Lippen, entweder mit der Zunge allein oder mithilfe der Finger im Mundraum, enge Spalten zu bilden. Durch die scharf ausgestoßene Luft entsteht dann der Pfeifton. Diese Techniken müssen lange geübt werden und werden in der Regel in der Kinderheit gelernt.
	schnalzen	Die Zunge liegt am Gaumen und erzeugt durch eine saugende Bewegung einen Unterdruck im Mundraum. Wenn der Zungenverschluss geöffnet wird, entsteht das Geräusch.
Füße	stampfen	Die Füße stampfen auf den Boden.

Tab. 3.24 Übersicht Körperinstrumente

Klatschen

Beim Klatschen ist die eine Hand das Instrument und die andere Hand der Schlägel. Es gibt verschiedene Techniken, wie man die beiden Hände hält und auf welchen Teil der Hand geschlagen wird. Wenn man auf die Finger, die Handfläche oder den Daumenballen schlägt, entstehen unterschiedliche Klänge. Ein sehr tiefer Klang entsteht, wenn beide Hände einen möglichst großen Hohlraum beim Aufeinandertreffen erzeugen.

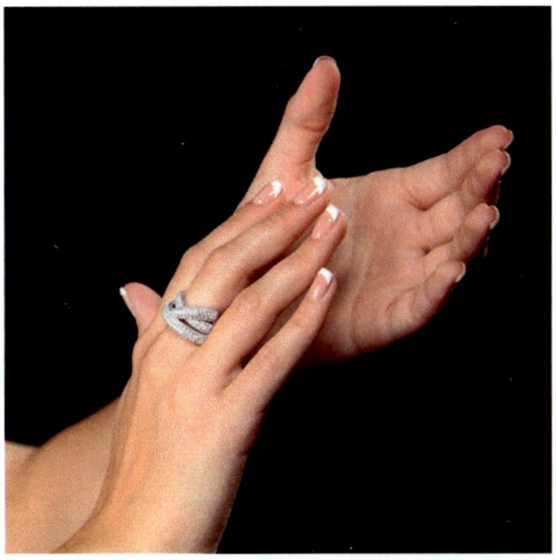

Abb. 3.25 Durch eine bestimmte Haltung der Hände werden Töne erzeugt.

BEISPIEL Empompi – ein bekanntes Klatschspiel

P = auf den Oberschenkel patschen; K = in die eigenen Hände klatschen; R = die rechten Hände klatschen zusammen; L = die linken Hände klatschen zusammen, Z = beide Hände klatschen in die des Spielpartners

Wenn man schon ein Taktgefühl entwickelt hat, ist es in der zweiten Zeile etwas schwieriger, die Klatschreihenfolge beizubehalten, da sich jetzt die Betonungen verschieben. In der ersten Reihe waren immer gemeinsame Aktionen mit dem Klatschpartner auf den betonten Zählzeiten im Takt. In der zweiten Reihe verschieben sich die Betonungen des Klatschspiels durch den Taktwechsel. Auch wenn das kaum einem Kind bewusst ist, liegt genau darin der besondere Reiz.

REFLEXION **IMPULS** LERNORTKOOPERATION

Klatschspiele sind bei Grundschulkindern sehr beliebt. Welche Klatschspiele, die man mit einem Partner macht, kennen Sie aus Ihrer Kindheit?

Stampfen

Das Stampfen fällt aus der strengen Definition von Klanggesten etwas heraus, da die Klänge nur mit dem Körper macht werden, ohne andere Gegenstände zu verwenden. Der Klang beim Stampfen entsteht nicht nur durch den Körper allein, sondern in Verbindung mit dem Boden. Der Klang ist also abhängig von der Beschaffenheit des Bodens und den Schuhen. Da wir aber durch die Schwerkraft in der Regel mit unseren Füßen Kontakt zum Boden haben, werden diese Klänge auch zu den Klanggesten gezählt.

BEISPIEL Bei Kindern und Jugendlichen ist der rhythmische Anfang des Liedes „We will rock you" von der Gruppe Queen sehr bekannt: zweimal stampfen – einmal klatschen. Diesen einfachen Rhythmus kann man folgendermaßen grafisch notieren:

K			●				●				●				●	
S	●	●			●	●			●	●			●	●		

(K = Klatschen; S = Stampfen)

Mit **Klanggesten** kann man experimentieren und als Gruppe gemeinsam Rhythmus-Pattern entwickeln. Man braucht dafür keine Materialien und keine Instrumente. Somit kann man auch ganz spontan mit Kindern und Jugendlichen mithilfe von Klanggesten Musik machen.

Vocal-Percussion

Eine neue Form der Klangerzeugung mit dem eigenen Körper ist Vocal-Percussion, Mouth-Percussion oder speziell im Hip-Hop das Beatboxing. Hierbei werden Schlagzeug- und Percussionsrhythmen sowie andere Klänge mit dem Mund, der Nase, dem Rachen und dem Kehlkopf erzeugt. Da Vocal-Percussion einen großen Stellenwert im Hip-Hop hat, ist die Faszination besonders für männliche Jugendliche groß.

3.5.2 Klanginstrumente

BEISPIEL Stomp ist 1991 von Luke Cresswell und Steve McNicholas in Großbritannien entwickelt und auf die Bühne gebracht worden. Stomp ist eine choreografierte Rhythmus-Performance, die in besonderer Weise Alltagsgegenstände, z.B. Mülltonnen, Besen oder andere Haushaltsgegenständen, verwendet, um komplexe und virtuose Klangwelten zu entwickeln.

Abb. 3.26 Die Show „Stomp" bei einem Auftritt in Moskau am 10. Mai 2005

Nach der Auffassung älterer Kinder und Jugendlicher ist das Spielen auf herkömmlichen Instrumenten, wie z.B. dem Xylophon, nur etwas für kleine Kinder. Im Gegensatz dazu hat die musikalische Arbeit mit Alltagsgegenständen für sie einen hohen Anreiz. Die Jugendlichen sollten einen Bezug zu den Alltagsgegenständen haben, die man für die Durchführung eines Projekts auswählt. Vielleicht ist es für eine Gruppe interessant, mit Basketbällen zu arbeiten. Andere wiederum finden das Poker-Spiel sehr reizvoll und würden gerne mit Spielkarten arbeiten. Zum Einstieg bietet sich eine Alltagssituation an, die alle kennen, z.B. wenn man Langeweile hat und anfängt, mit einem Kugelschreiber zu spielen. Die Kugelschreiber klingen aber erst in einer großen Gruppe von Spielern richtig gut.

BEISPIEL Bei einer Rhythmus-Performance entwickelt sich der Rhythmus aus einer alltäglichen Handlung. Das Notenbeispiel soll eine Anregung für eine kleine Kugelschreiber-Performance sein. Der Kugelschreiber erzeugt ein Klicken, wenn man ihn herunterdrückt (Noten mit einem schmalen Notenkopf), und ein etwas anderes Geräusch, wenn man wieder loslässt (Noten mit einem x-Notenkopf). Diese beiden Klänge können demnach nur abwechselnd verwendet werden. Wenn man selbst Rhythmus-Pattern für den Kugelschreiber entwickelt, muss man daher auf eine gerade Anzahl von Noten achten, sonst würde sich der Bewegungsablauf bei der Wiederholung genau umkehren.

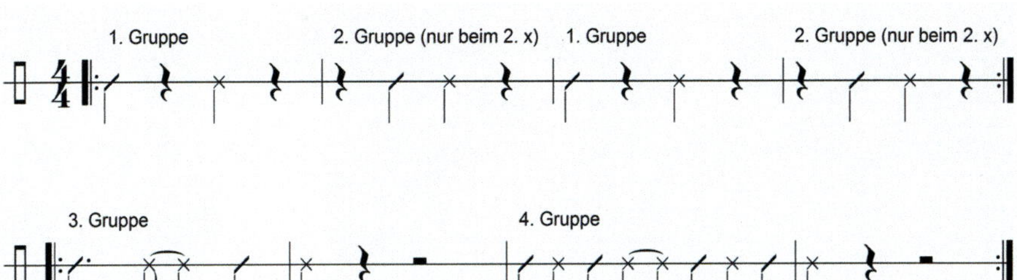

3.5.3 Musikinstrumente

Einteilung von Musikinstrumenten

Musikinstrumente kann man nach unterschiedlichen Kriterien einteilen, die heute bekannteste Einteilung geht auf eine 1888 veröffentlichte Systematik von Victor Mahillon zurück.

Erich Maria Hornbostel und Curt Sachs haben diese Systematik Anfang des 20. Jahrhunderts weiterentwickelt. Durch die Entwicklung von elektrischen Instrumenten wurde nach dem Zweiten Weltkrieg die Systematik um die Kategorie „Elektrophone" ergänzt.

Kategorie	Was erzeugt den Ton?	Ausgewählte Instrumente	Mögliche Instrumente zum Selberbauen
Aerophone	die Luft	Flöte, Klarinette, Oboe, Saxophon, Trompete, Posaune, Orgel	Panflöte, Strohhalm-Schalmei, Gartenschlauch-Trompete
Idiophone	das nicht gespannte Material selbst	Rassel, Schellen, Glocke, Gong, Xylophon, Metallophon	Schüttelbecher, Maracas, Schellenstab, Schellenglocken-Besenstiel, tönende Blumentöpfe, Flaschen-Glockenspiel
Membranophone	die gespannten Felle	Trommel, Pauke	Bongos, Blumentopf-Trommel, Knie-Trommel
Chordophone	die gespannten Saiten	Gitarre, Geige, Klavier, Harfe	Teekisten-Bass, Kinder-Harfe
Elektrophone	die Tongeneratoren oder andere elektrische Geräte, die den Klang maßgeblich prägen	Keyboard, E-Gitarre, Vibraphon	-

Abb. 3.27 Einteilung von Instrumenten

Viele Ideen für den Bau von Instrumenten findet man im Internet. Eine sehr umfangreiche Sammlung befindet sich auf der Seite „KölnPercussion" von Oliver Giefers: „Achtzig Instrumente zum Musizieren, die wir selbst bauen können":
www.kölnpercussion.de/files/fortbildungen/Instrumentenbauverzeichnis.pdf

Der Bau von einfachen Musikinstrumenten vermittelt Kenntnisse, wie der Klang entsteht, wie das Instrument funktioniert und wie man es spielt.

BEISPIEL Mittlerweile gibt es Musikgruppen, die für ihr Bühnenprogramm einfache selbst gebaute Instrumente verwenden. Derzeit ist das GlasBlasSing Quintett sehr bekannt und arbeitet hauptsächlich mit Glas- und Plastikflaschen, die sie als Melodie- und Rhythmus-Instrumente einsetzen.

Abb.3.28 Das GlasBlasSing Quintett bei einem Auftritt am 22. 5. 2013 im Köstritzer Spiegelzelt.

Instrumentalspiel

Der Pädagoge und Komponist Carl Orff wollte Kinder durch speziell konstruierte Musikinstrumente zum kreativen Umgang mit Musik, Sprache und Bewegung anregen. Es geht also nicht um das bloße Nachspielen von Musik, sondern für Orff hat die Improvisation einen hohen Stellenwert. Kinder probieren und experimentieren mit verschiedenen Instrumenten. Sie entdecken, wiederholen und verändern einen Rhythmus oder eine Melodie und sammeln so das Ausgangsmaterial für eine Improvisation. Die Musikpädagogin Ulrike Jungmair bezeichnet dies als einen Prozess von der Exploration hin zum Wagnis der Improvisation. Der interaktive Lernprozess mit der Gruppe ist ein weiteres wichtiges Prinzip.

www.orff.de
Geschichte und Hintergründe zum Lebenswerk von Carl Orff

Im Elementarbereich gehört das Orff-Instrumentarium zur Standardausstattung. Da die Instrumente sehr wertvoll sind, werden sie häufig in einem Schrank aufbewahrt und nur zu ganz besonderen Anlässen herausgeholt. Wenn man sich mit den Musikinstrumenten zudem nicht so gut auskennt und Angst hat, durch die Benutzung könnte ein Instrument beschädigt werden, bleiben sie häufig im Schrank und sehen noch nach Jahren völlig unbenutzt aus.

Einfache Instrumente finden z. B. Einsatz:
- zur harmonischen Begleitung eines Liedes,
- zur rhythmischen Begleitung eines Liedes,
- zur Gestaltung einer Klanggeschichte.

Das Orff-Instrumentarium wird in **Stabspiele** und **Percussionsinstrumente** unterschieden.

Xylophon		Ein Xylophon ist ein Stabspiel mit Klangstäben aus Hartholz. Ein Sopran-Xylophon (c'' bis a''') ist in der Regel nicht so gut für Kindergartenkinder geeignet, da die Klangstäbe sehr schmal und deshalb nicht so leicht mit einem Schlägel zu treffen sind. Besser geeignet sind ein Alt-Xylophon (c' bis a'') oder ein Bass-Xylophon (c bis a').
Metallophon	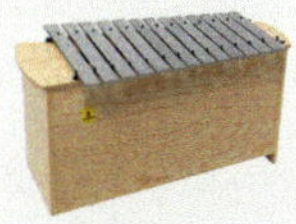	Ein Metallophon ist ein Stabspiel mit Klangstäben aus Metall (Aluminium). Auch hier sind für Kindergartenkinder größere Instrumente (Alt- oder Bass-Metallophone) besser geeignet.
Glockenspiel		Ein Glockenspiel ist ein Stabspiel mit Klangstäben aus Stahl. In der Regel werden Sopran-Glockenspiele gebaut (c''' bis f''''), daneben findet man seltener auch Alt-Glockenspiele (c'' bis a'''). Beide sind wegen der schmalen Klangstäbe nicht so gut für Kindergartenkinder geeignet.
Schlägel	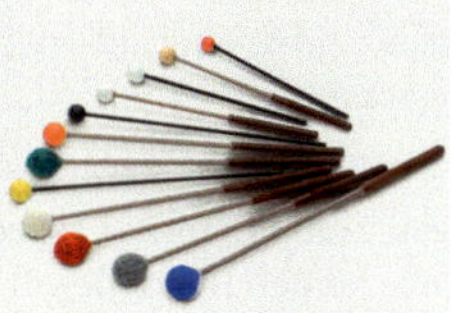	Stabspiele werden in der Regel mit zwei Schlägeln gespielt. Als Material für die Schlägelköpfe werden Gummi, Filz, Wollgarn oder Holz verwendet. Allgemein kann man sagen: Je härter das Material, desto heller ist der Klang. Um das Gehör zu schützen, sollte man Schlägel mit Holzköpfen nur für Glockenspiele verwenden und im Zweifel lieber ganz darauf verzichten.

Tab. 3.29 Stabspiele aus dem Orff-Instrumentarium

Percussionsinstrumente (Fellinstrumente und das kleine Schlagwerk)		
Trommel		Mit Trommeln sind hier Fellinstrumente gemeint, die keine klar bestimmbaren Tonhöhen produzieren. Paarweise werden z. B. Congas (siehe Abbildung) und Bongos mit den Händen gespielt. Die Djembe ist eine mittlerweile sehr populär gewordene Trommel aus Westafrika, die auch mit den Händen gespielt wird.
Pauke		Die Pauken sind Trommeln mit einer eindeutigen Tonhöhe, die durch unterschiedliche Mechanismen verändert werden können. Bei den Drehpauken z. B. kann man durch einen zentralen Drehmechanismus die Fellspannung und damit die Tonhöhe verändern.
Handtrommel		Die Handtrommel ist ein mit Fell bespannter Hartholzreif, der in der Regel mit der Hand angeschlagen wird. Sie ist eine der ältesten Trommelformen und kommt in fast allen Kulturen vor.
Schellenring, Schellentrommel/Tambourin		Ein Schellenring besteht in der Regel aus einem Hartholz- oder Kunststoffreif, in dem paarweise kleine Zimbeln befestigt sind. Die Schellentrommel bzw. das Tambourin ist ein Schellenring, der noch zusätzlich mit einem Fell bespannt ist. Umgangssprachlich werden häufig Schellenring und -trommel als Tambourin bezeichnet.
Schellenband, Schellenstab	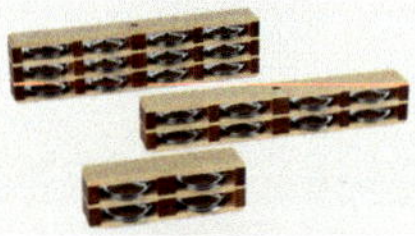	Schellenbänder sind für die Befestigung an Hand- und Fußgelenken geeignet und machen dadurch die rhythmischen Bewegungen der Arme und Beine hörbar. Schellenstäbe werden ähnlich wie Rasseln gespielt.
Rassel/Maracas		Eine Rassel ist ein mit körnigem Material gefüllter Hohlkörper. An ihr ist ein Haltegriff befestigt. Diese Form der Rasseln nennt man Rumba-Rasseln oder Maracas.
Holzblocktrommel, Röhrenholztrommel		Die Holzblocktrommel ist ein rechteckiges Holzstück, das an einer Seite über eine lange, schmale Öffnung verfügt. Sie wird mit einem Holzkopfschlägel gespielt. Der Klang ist sehr laut und durchdringend. Die Röhrentrommel hat an den beiden Enden verschiedene Klänge und wird deshalb nur in der Mitte festgehalten. Zur einfacheren Handhabung gibt es sie auch mit einem zusätzlichen Haltestab. Sie wird genau wie die Holzblocktrommel mit einem Holzkopfschlägel gespielt.
Triangel	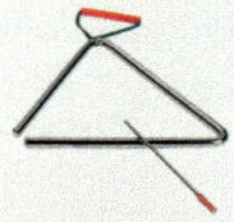	Man kann sowohl der, die oder das Triangel sagen. In der Umgangssprache wird aber häufig die weibliche Form verwendet. Die Triangel besteht aus einem runden Stahlstab, der zu einem an einer Seite offenen Dreieck gebogen ist. Sie wird mit einem Stahlstab angeschlagen.
Becken		Becken sind in der Regel Metallscheiben aus Messing oder Bronze. Sie werden entweder als Paar gegeneinandergeschlagen oder hängend mit einem Schlägel gespielt.
Fingerzimbeln		Die Fingerzimbeln sind zwei sehr kleine Becken, die an Daumen und Mittelfinger befestigt werden und ähnlich wie Kastagnetten gegeneinandergeschlagen werden. Tempelzimbeln sind durch ein Band miteinander verbunden und werden hängend durch eine entgegengesetzte vertikale Bewegung in Schwingung versetzt.
Kastagnetten	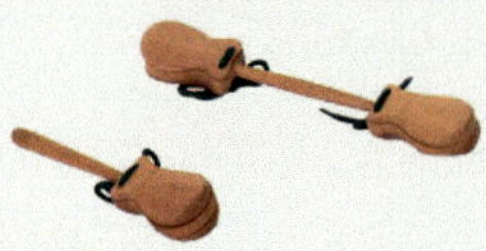	Kastagnetten sind Klappern, die aus zwei aufeinanderliegenden, ausgehöhlten Hartholzschalen bestehen. Sie sind besonders zur rhythmischen Begleitung geeignet. Das Band, das die beiden Holzteile verbindet, wird um den Daumen gewickelt und hängend mit den Fingern vor dem Daumenballen gespielt. Sehr viel einfacher sind fest verbundene Kastagnetten zu spielen, die mit einer Feder auf Spannung gehalten werden.

Tab. 3.30 Percussionsintrumente aus dem Orff-Instrumentarium

Am Anfang sollten die Instrumente ausprobiert werden. Dadurch entdecken die Kinder neue **Möglichkeiten der Klangerzeugung**. Es schließen sich Klangspiele an, die den Kindern in spielerischer Form Erfahrungen über die Beschaffenheit und Spielbarkeit der Instrumente vermitteln. Danach kann z. B. ein Gedicht verklanglicht und als Bewegungsspiel gestaltet werden. Wichtig ist hierbei, dass die Kinder überlegen, welche Klänge an den bestimmten Stellen erklingen sollen. Es geht nicht darum, eine in einem Buch beschriebene Klanggeschichte nachzuspielen. Dies würde nicht der Grundforderung von Carl Orff entsprechen, den kreativen Umgang mit der Musik anzuregen. Somit ist eine Klanggeschichte eine einzigartige Umsetzung einer bestimmten Kindergruppe zu einer bestimmten Zeit. Wenn man die gleiche Geschichte ein Jahr später mit den gleichen Kindern verklanglichen würde, wäre das Ergebnis ein ganz anderes. Hier wird deutlich, was mit dem „Wagnis der Improvisation“ gemeint ist, den Mut zur Offenheit zu finden, andere Ideen und Lösungen zuzulassen.

Ein Gedicht, das sich gut verklanglichen lässt, ist „Mein kleiner Reiseton“:

Mein kleiner Reiseton

Es war einmal ein kleiner Ton,
den hörte man von weitem schon.
Erst klang er hell und leise
auf seiner Tönereise,
dann sang er dunkel aus dem Keller,
dann sprang er »klirr« von Glas und Teller,
mal tönt er singend wie ein Wind,
dann wieder lachend wie ein Kind,
mal knisternd wie ein Stück Papier,
und quietschend wie ein Türscharnier,
mal polternd wie ein Berg aus Stein.
Wo mag der Ton jetzt grade sein?
Er steigt in seine Tönebahn,
fährt immer lauter zu mir ran
und schwups – da hab ich ihn verschluckt!
Er sitzt im Mund und zupft und ruckt.
Ich lass ihn raus – du hörst ihn schon:
hier ist mein kleiner Reiseton ...

Küntzel-Hansen, Margrit (1994): Musik in Krippe und Kindergarten. Luchterhand, Neuwied, S. 97

3.6 Beispiele für die Gestaltung der Bildungsarbeit

3.6.1 Singen für Kinder unter drei Jahren

Eingewöhnung in die Kinderkrippe → S. 172 Band 1

Wenn ein Kind unter drei Jahren in die Krippe kommt, sind ihm die Stimme der Eltern und die ihn umgebende Klangwelt vertraut. Für die ›Eingewöhnung in die Kinderkrippe‹ kann die Verwendung vertrauter Klänge eine gemeinsame Basis zwischen dem Elternhaus und der Einrichtung bilden. In dieser Zeit ist das Singen ganz wichtig. Die gleichen Lieder, die das Kind von zu Hause kennt, werden auch von der Bezugsperson in der Einrichtung gesungen und mit den ihm bekannten Bewegungen unterstützt. Das Kleinkind erlebt Vertrautes und kann sich so leichter auf neue Bezugspersonen einlassen.

Für Babys eignen sich besonders gut Kniereiterspiele, einfache Fingerspiele, Schlaflieder und später auch Bewegungslieder. Besonders bei den Kniereiterspielen muss man den Entwicklungsstand des Kindes beachten, vor allem sollte man den Kopf angemessen unterstützen, damit die Nackenmuskulatur nicht überfordert wird. Wenn man Kniereiter- oder Fingerspiele durchführt, muss man ganz bei den Kindern sein und kann kein Text- oder Notenblatt in der Hand halten oder vor sich hinlegen. Diese Spiele muss man genauso auswendig lernen wie die Schlaflieder.

Kniereiterspiele

sieben Stufen der musikalischen Entwicklung → S. 221

Kniereiterspiele sind Lieder und Reime, die durch die rhythmischen Bewegungen der Knie, auf denen das Kind sitzt, unterstützt werden. Hierbei ist es wichtig, dass der Text nicht nur gesungen oder gesprochen wird, sondern das Kind durch die Bewegungen in die Aktion eingebunden wird. So wird das Kniereiterspiel zu einem ganzheitlichen Erlebnis, welches das Kind mit vielen Sinnen aufnimmt. Natürlich kann ein Säugling noch nicht ›singen‹. Dennoch wird er nach und nach versuchen, die Sprachmelodie nachzuahmen und singähnliche Töne hervorbringen. Es gibt viele aus der eigenen Kindheit bekannte Kniereiterspiele, wie z. B. „Hoppe, hoppe, Reiter“, die aber sicherlich von Region zu Region unterschiedliche Textvarianten besitzen und in der einen Familie mit diesen Bewegungen und in einer anderen Familie mit ganz anderen Gesten gestaltet werden. Daher ist es wichtig, sich mit den Eltern sowie Kolleginnen und Kollegen in der Einrichtung abzustimmen. Vielleicht kann die Einrichtung einige Kniereiterspiele zusammenstellen und diese Sammlung den Eltern bereits bei der Anmeldung mitgeben, damit das Kind dann zu Hause die gleichen Worte und Bewegungen kennenlernt, die dann später in der Einrichtung aufgegriffen werden.

Die Stadt Lünen hat auf ihrer Internetseite des Familienbüros **www.luenen.de/familienbuero/117230100000057137.php** die Texte von Kniereiter- und Fingerspielen, Reimen und einfachen Kinderliedern veröffentlicht.

Abb. 3.31 Kniereiter mit einem Baby

Fingerspiele

Bei Fingerspielen wie z. B. „10 kleine Zappelfinger" wird das Kind selbst aktiv und macht die Bewegungen mit seinen eigenen Fingern mit. Neben der Feinmotorik werden auch die Konzentration und die Merkfähigkeit gefördert. Die Fingerspiele werden mit Reimen, Versen oder kleinen Liedern begleitet.

Schlaflieder

Bei Schlafliedern, wie z. B. „Schlaf, Kindlein, schlaf", ist das Kind eher passiv und hört zu, wenn es in der Wiege oder dem Bett liegt. Die vertraute Stimme und der beruhigende Rhythmus der Lieder unterstützen das Kind beim Einschlafen.

Im Internet kann man auf unterschiedlichen Seiten u.a. auch Schlaflieder finden:
www.liederkiste.com
Dort gibt es häufig nicht nur den Text, sondern auch die Noten mit Akkordsymbolen und ein Hörbeispiel.

Abb. 3.32 Reime und Lieder beim Fingerspiel

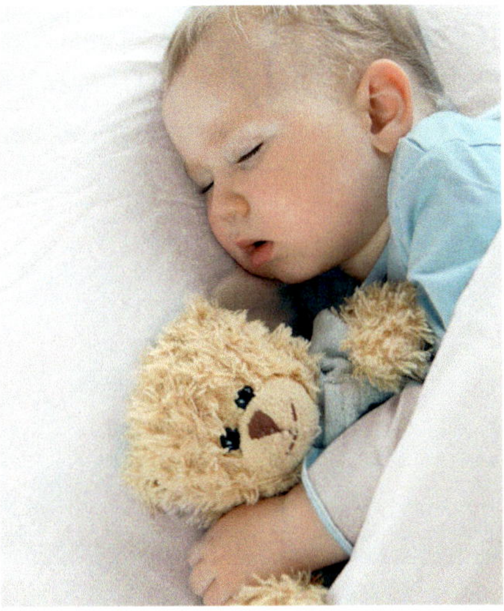

Abb. 3.33 Vertraute Töne beim Einschlafen

REFLEXION — IMPULS — LERNORTKOOPERATION

Welche Fingerspiele oder Schlaflieder kennen Sie aus Ihrer Kindheit? An welche können Sie sich noch mit dem genauen Wortlaut erinnern?

3.6.2 Holz-Bongos selbst bauen und spielen

Vorüberlegungen

Inzwischen findet man im Internet Bauanleitungen für verschiedene Instrumente. Die einzelnen Bauanleitungen erfordern unterschiedlich ausgeprägte handwerkliche Erfahrung oder benötigen spezielles Werkzeug. Wenn Instrumente schnell und einfach zu bauen sind, dann halten sie oft nur wenige Tage oder Wochen. Daher sollte man gut überlegen, welches Instrument man für die Zielgruppe auswählt.

Für das Musikprojekt „Bongos selber bauen und spielen" ist es wichtig, dass sich die Kinder oder Jugendlichen mit ihren eigenen Ideen einbringen können. Dies steigert die Motivation. Beim Bauen und beim Spielen braucht man an bestimmten Stellen eine hohe Aufmerksamkeit. Vor allem lernen die Kinder und Jugendlichen in solchen Situationen mit ›Frustration‹ umzugehen, falls beim Bauen nicht alles sofort funktioniert oder wenn man bei der Koordination der beiden Hände bzw. Gehirnhälften an Grenzen stößt. Gerade durch die Überwindung dieser Hürden kann man wieder Freude und Spaß am Gesamtprojekt entwickeln.

Frustrationstoleranz → S. 424

Bauanleitung

Offener Ganztag → S. 306 Band 1

Sehr gut kann man mit älteren Grundschulkindern im ›Offenen Ganztag‹, mit Jugendlichen in der offenen Jugendarbeit oder mit älteren Kindern im Heim selbst Bongos bauen. Bongos kommen ursprünglich aus Kuba und bestehen aus einem Paar kleiner Trommeln, die miteinander verbunden sind. Die etwas größere Trommel heißt „hembra" (Frau) und die etwas kleinere „macho" (Mann).

Die Materialien sind nicht sehr teuer und die benötigten Werkzeuge sind in vielen Werkzeugschränken vorhanden. Zudem nimmt die Bauphase nur wenig Zeit in Anspruch und man kann in der Zeit, in welcher der Holzleim trocknen muss, schon einmal das Bongo-Spiel auf Tischen oder Stühlen üben. Die Grundidee der Bauanleitung stammt von Peter Veit aus dem Buch „Digidumchaka, Trommeln bauen und spielen", erschienen 1992 im AOL-Verlag.

Abb. 3.34 Selbst gebaute Bongos (unbehandelt und bemalt)

Nachfolgend wird die Bauphase beschrieben und anschließend werden Möglichkeiten des gemeinsamen Spiels dargestellt.

Für den Bau eines Bongo-Paares benötigt man folgende Materialien:
für „hembra":
- 4 ca. 19 mm dicke Leimholzbretter in der Größe 15 x 18 cm (bitte darauf achten, dass die 18 cm lange Seite quer zur Leimrichtung des Holzes verläuft)
- 1 ca. 2–3 mm dicke Sperrholzplatte in der Größe 20,5 x 20,5 cm

für „macho":
- 4 ca. 19 mm dicke Leimholzbretter in der Größe 15 x 15 cm
- 1 ca. 2–3 mm dicke Sperrholzplatte in der Größe 17,5 x 17,5 cm
- für die Verbindung: 1 Restholzstück des ca. 19 mm dicken Holzbretts in der Größe von ungefähr 4 x 10 cm

Außerdem benötigt man folgende Werkzeuge:
- 4 Schraubzwingen mit einer Länge von mindestens 20 cm
- 4 Schraubzwingen mit einer Länge von mindestens 17 cm
- 1 Holzraspel, 1 Holzfeile, feines Schleifpapier und Leim

Der **Bau der Bongos** besteht aus fünf Arbeitsschritten. Die letzten beiden Arbeitsschritte können an einem Termin durchgeführt werden.

Arbeitsschritt 1 (am Beispiel der „hembra"-Trommel): Es werden zwei Holzbretter an der 15 cm langen Seite rechtwinkelig zusammengeleimt. Mit zwei Schraubzwingen wird die Leimung fixiert. Genauso verfährt man mit den anderen zwei Leimholzbrettern. Für die „macho"-Trommel geht man genauso vor. Man sollte darauf achten, dass die Leimkante parallel zur Maserung des Holzes verläuft. Die geleimten Teile müssen über Nacht trocknen.

Arbeitsschritt 2 (am Beispiel der „hembra"-Trommel): Die beiden geleimten Holzwinkel werden jetzt zu einem ca. 20 x 20 cm großen Kasten zusammengeleimt, sodass ein offener Quader entsteht. Auf allen Seiten müsste die Sperrholzplatte ca. 0,5 cm überstehen. Genauso muss man darauf achten, dass die Oberkanten an den Übergängen ganz eben sind, da sonst die Sperrholzplatte nicht an allen Stellen auf dem geleimten Holzkasten auflegt. Wenn alles richtig zusammengefügt ist, werden die Leimungen mit Schraubzwingen fixiert und können über Nacht trocknen. Mit der „macho"-Trommel verfahren Sie genauso.

Arbeitsschritt 3: Nun haben Sie zwei unterschiedlich große Kästen, die aber beide 15 cm hoch sind. Leimen Sie die beiden Sperrholzplatten auf die jeweiligen Kästen. Um den Druck der vier Schraubzwingen gleichmäßiger zu verteilen, legen Sie über die Sperrholzplatte ein ungefähr gleichgroßes Holzstück. Anschließend wird die Leimung fixiert und kann über Nacht trocknen.

Arbeitsschritt 4: Jetzt wird das überstehende Sperrholz vorsichtig abgefeilt, man stellt mit der Feile einen gut abgerundeten Übergang her. Ganz zum Schluss werden mit dem feinem Schleifpapier die letzten Unebenheiten beseitigt.

Arbeitsschritt 5: Wenn beide Trommeln fertig sind, wird das ca. 4 x 10 cm große Restholzstück mittig zwischen die beiden Trommeln geleimt und alles muss ein letztes Mal über Nacht trocknen.

Erste Übungen für das gemeinsame Spiel mit Bongos

Nach dem Bau der Bongos kommt man nun endlich dazu, auf dem Instrument zu spielen. Die Bongos werden in der Regel im Sitzen zwischen den beiden Knien gehalten. Dabei ist die „hembra"-Trommel auf der Führhandseite, also meist rechts. Man kann sehr einfach herausfinden, welche Hand die „Führhand" ist. Man spielt abwechselnd mit beiden Händen auf einer Trommel das folgende ›Pattern‹ und beginnt einmal mit rechts und einmal mit links:

Pattern

musikalische Phrase von einem, zwei oder vier Takten, die wie ein Baustein oft wiederholt oder mit anderen Pattern kombiniert werden kann

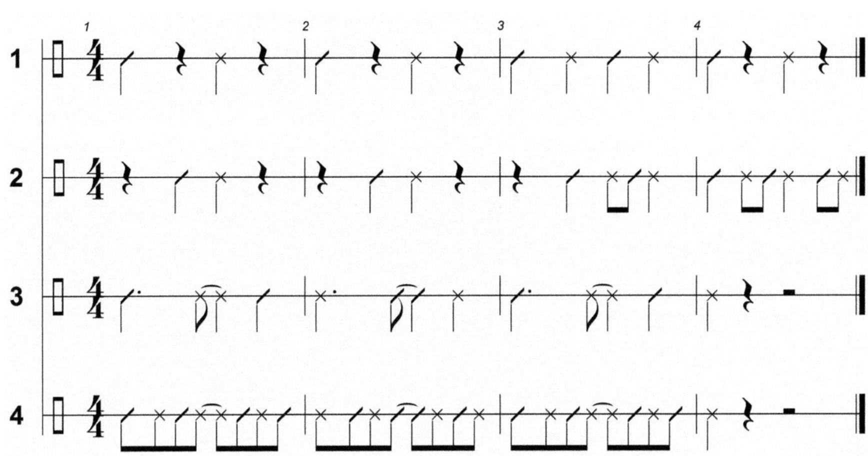

Den meisten wird es deutlich leichter fallen, mit der rechten Hand zu beginnen. Linkshänder werden es als viel natürlicher empfinden, mit der linken Hand zu beginnen. Man könnte sich diesen Test sparen und einfach überlegen, mit welcher Hand man schreibt, aber nicht bei allen ist die Schreibhand automatisch die Führhand beim Trommeln.

Kinder haben durch die quadratische Bauweise vielleicht Schwierigkeiten, die Bongos zwischen den Beinen festzuhalten. Dann kann man einfach Stuhlgleiter zum Schrauben oder Nageln unter den Ecken der Bongos befestigen. Dadurch können sich die durch das Trommeln erzeugten Schallwellen ausbreiten, wenn sie auf dem Boden oder einem Tisch stehen. Es gibt im Bongo-Spiel unterschiedliche Schlagtechniken, aber für den Anfang ist es sinnvoll, sich auf den „open tone" zu beschränken. Zu Beginn sollte man mit den ersten Gliedern der mittleren drei Finger auf den Randbereich der Trommel schlagen. Die Hände sollten während des Spiels immer locker bleiben. Die Finger berühren das „Trommelfell", was bei den selbst gebauten Bongos die Sperrholzplatte ist, nur ganz kurz, um den Klang nicht abzudämpfen. Vielleicht hilft die Vorstellung, dass die beiden Trommeln zwei heiße Herdplatten sind, die man nicht lange berühren kann.

Die ersten Übungen sind im Folgenden für Rechtshänder notiert. Linkshänder drehen die Bongos um und vertauschen einfach die Handsätze. Die Noten unter der Linie sind für die „hembra"-Trommel, die Noten über der Linie für die „macho"-Trommel. Diese Pattern können beliebig oft wiederholt und kombiniert werden.

Beim Bongo-Spiel von Kindern oder Jugendlichen muss man sehr sensibel für Schwierigkeiten und Koordinationsprobleme sein. Lieber erst einmal einfache Pattern spielen, die dann der gesamten Gruppe ein Erfolgserlebnis verschaffen. Wenn man Teilnehmer dabei hat, die bereits Vorerfahrungen haben, dann bietet es sich an, mit Tutti und Solo zu arbeiten. Beim Tutti spielen alle zusammen acht Takte und dann spielen Freiwillige ein Solo. Am Anfang sollte das Solo noch nicht zu lang sein, man kann mit einem Takt beginnen. Nach und nach wird das Solo auf zwei, vier oder acht Takte ausgedehnt.

3.6.3 Arrangements mit Boomwhackers für ältere Kinder und Jugendliche

Neben den schon beschriebenen Möglichkeiten, Lieder mit den Dreiklang-Tönen der notierten Akkordbezeichnungen zu begleiten, kann man auch Melodien oder sogar ganze Arrangements spielen, z.B. mit Boomwhackers. Boomwhackers sind Plastikröhren, deren Tonhöhen genau gestimmt sind. Beim Schlagen des Boomwhackers auf verschiedene Gegenstände ergeben sich Töne. Da die Röhren aus den USA kommen, sind die Tonnamen auf den Röhren natürlich in der ›angelsächsischen Schreibweise‹.

angelsächsische Notenschreibweise → S. 230

Abb. 3.35 Boomwhackers

Das Spiel mit Boomwhackers ist vor allem eine ›Gruppenleistung‹. Jeder Einzelne trägt mit dazu bei, dass das Spiel gelingt. Vor allem Jugendliche, aber auch größere Kinder haben großes Interesse an dem Spiel mit den Boomwhackers.
Zu Beginn ist es sinnvoll, nach Möglichkeit die einzelnen Töne an mehrere Personen zu verteilen, damit die Verantwortung nicht bei Einzelnen liegt, die sich dann vielleicht bloßgestellt oder überfordert fühlen. Sehr schnell spürt man, wer schon eine gewisse Sicherheit im Spiel erworben hat und wer noch etwas Unterstützung braucht.

Gruppenpädagogik → S. 220 *Band 1*

Ein Arrangement mit Boomwhackers kann in verschiedenen Teilen gespielt werden. Am Anfang ist es wichtig, dass man sich Zeit nimmt und die einzelnen Teile nicht zu schnell spielt. Es ist sinnvoll, sehr langsam zu beginnen und das Tempo erst zu steigern, wenn alle das Gefühl haben, es zu können.

Verschiedene Bücher zum Thema Boomwhackers geben weitere Anregungen für das Spielen mit den Röhren:

- Widmer, Michael/Uhr, Stephan (2007): Tolles Rohr. Kreative Boomwhacker-Spiele für Schule und Freizeit. Fidula, Boppard
- Gramß, Klaus (2007): Boomwhackers im Klassengroove. 2. Auflage. Helbling, Esslingen
- Gises, Gayle (2002): Boom Boom! Popular Movie And TV Songs For Boomwhackers Musical Tubes. Warner Bros Publications
- Hoff, Andreas von (2007): Boomwhackers – How To Start 1 + 2. 2. Auflage, Kohl Verlag, Kerpen-Buir
- Schnelle, Frigga (2007): Boomwhackers*. Schott Music, Mainz

4 ÄSTHETISCHE BILDUNG UND KUNST

Abb. 4.1 Ästhetische Bildung – mehr als Farben und Pinsel

Der Mensch nimmt sich und seine Umwelt mit allen Sinnen wahr. Er verknüpft vielfältige Sinneserlebnisse und Erfahrungen mit seinen persönlichen Gefühlen und Vorkenntnissen zu neuen Zusammenhängen. Durch diese aktive, kreative und ästhetische Auseinandersetzung mit seiner Umwelt entwickelt und bildet er sich weiter. Die ästhetische Bildung nimmt in der aktuellen fachlichen Diskussion über kindliche ›**Bildungsprozesse**‹ deshalb einen hohen Stellenwert ein.

Bildungsprozesse → *S. 26*

Mit ästhetischer Bildung und Kunst verbinden einige Erzieherinnen unweigerlich Farben, Pinsel und Palette sowie die wachsende Fertigkeit, damit umzugehen. Der Bildungsbereich hat aber sehr viel weiter gesteckte Ziele. Es geht um die Entwicklung der eigenen schöpferischen Kräfte in einem Erfahrungsraum, in dem jeder Mensch bereits als Kind lernen kann, seiner Problemlösungskompetenz zu vertrauen, diese auf den Alltag zu übertragen und mit seinen Mitmenschen gemeinsam Zukunft zu gestalten. Kunst wird als Möglichkeit verstanden, seinen Gefühlen und Gedanken aktiv mithilfe von ästhetischen Mitteln Ausdruck zu verschaffen. Aufgrund dieser Grundannahmen kann ästhetische Bildung weit über Farbe und Pinsel hinausgehen.

4.1 Entwicklungsspezifische Grundlagen der ästhetischen Bildung

4.1.1 Sinnliche Erfahrung als Grundlage der Welterschließung

Mit dem Begriff der Ästhetik haben sich in den vergangenen Jahrhunderten zahlreiche Wissenschaften auseinandergesetzt. Sie versuchten aus unterschiedlicher Sichtweise die ästhetische Wahrnehmung, das „Schöne" und die Künste zu ergründen und zu manifestieren (z. B. Immanuel Kant, Friedrich Schiller, John Dewey, Theodor W. Adorno).

Umgangssprachlich wird auch in unserer heutigen Gesellschaft „ästhetisch" häufig im Sinne von „schön" benutzt. Wir sprechen von ästhetischen Wohnungseinrichtungen und sehen uns Menschen unter ästhetischen Gesichtspunkten an. Die eigentliche Bedeutung des Begriffes „Ästhetik" lässt sich aus dem griechischen Wort „aisthesis" ableiten, das so viel bedeutet wie „sinnliche ›Wahrnehmung‹". In dieser Hinsicht wird es auch im Bildungskonzept der ästhetischen Bildung benutzt.

Wahrnehmung → S. 102

Ästhetische Wahrnehmung

Der Mensch verfügt über ein weitverzweigtes Sinnessystem, das ihm vom ersten Herzschlag an ermöglicht, an der Welt teilzuhaben. Dabei stehen seiner Wahrnehmung körpernahe und körperferne Sinne zur Verfügung, die Nah- und Fernsinne. Die Erziehungswissenschaftlerin Renate Zimmer unterscheidet sieben Sinnessysteme:

System	Erkenntnistätigkeit	Sinnesorgan	
taktiles System	Tasten und Berühren	Haut, Hand, Mund	Nahsinn
kinästhetisches System	Bewegungsempfindung, Tiefensensibilität	Sehnen, Muskeln, Gelenke	Nahsinn
vestibuläres System	Gleichgewichts-regulation	Gleichgewichtsorgan, Innenohr	Nahsinn
gustatorisches System	Schmecken	Zunge, Gaumen, Mundhöhle, Mund	Nahsinn
olfaktorisches System	Riechen	Nase, Nasenhöhle	Nahsinn
auditives System	Hören	Ohren	Fernsinn
visuelles System	Sehen	Augen	Fernsinn

Tab. 4.2 Sinnessysteme nach: Zimmer, Renate (2012): Handbuch der Sinneswahrnehmung, Herder, Freiburg i. Br., S. 58/59

Die **emotionale Wahrnehmung** bildet eine dritte Form der Wahrnehmung, die Gerd Schäfer, Humanwissenschaftler an der Universität Köln, unterscheidet. Sie beinhaltet das Wahrnehmen von Beziehungen zwischen Personen oder einer Person und ihrer sachlichen Umwelt. Diese äußert sich über Gefühle, wie z. B. Wut, Liebe, Hass, Enttäuschung und Freude.

Durch die Verknüpfung, Verarbeitung und Interpretation der Sinnesreize kommt es zu einer **komplexen Wahrnehmungsverarbeitung**, der ästhetischen Wahrnehmung. Wird die ästhetische Wahrnehmung in das bisherige Erleben des Einzelnen eingebettet und an sein persönliches Erfahrungswissen angeknüpft, kommt es zu einer ästhetischen Erfahrung. Diese Erfahrungen sind breit angelegt und können nach Schäfer ganz unterschiedliche Qualitäten besitzen: Sie können schön sein und hässlich, angenehm und aufwühlend, umhüllend oder zerstörerisch, besänftigend oder aufdringlich, laut oder leise.

BEISPIEL „Es ist Herbst. Heute wache ich vor dem Wecker auf. Ich höre Wildgänse, die über unser Haus ziehen. Schnell stehe ich auf und öffne das Fenster. Richtig, dort sind sie! Ich atme die frische Luft ein und rieche Laub, letztes Obst an den Bäumen, Holzfeuer. Nur das Rufen der Gänse ist zu hören. Ich stelle mir vor, wie ich ein Stück mitfliege. Unter mir die Felder, den Wind im Gefieder und die Sehnsucht nach dem Irgendwo im Herzen. In diesem Moment fühle ich mich ganz. Ich bin ein Teil dieses Moments."

REFLEXION **IMPULS** LERNORTKOOPERATION

Erinnern Sie sich an ästhetische Erfahrungen, die Sie gemacht haben, und schreiben Sie eine kurze Geschichte dazu.

Die ästhetische Bildung ist ein wesentlicher Teil basaler kindlicher Bildung. Das Baby nimmt die Welt mit all seinen Sinnen wahr, es verknüpft Erfahrungen und Gefühle. Nach und nach lernt es, diese zu differenzieren und einzuordnen. Aus ersten unwillkürlichen Handlungen werden Handlungsmuster. Diese werden verinnerlicht und führen zu inneren Bildern. Das Kind spielt mit seinen Vorstellungen und Bildern im Kopf, verbindet sie mit bereits Erlebtem und gestaltet neue Ideen. Die ästhetische Bildung beschränkt sich somit nicht nur auf den musisch-künstlerischen Bildungsbereich. Sie sollte vielmehr die Grundlage für alle pädagogischen ›Bildungsprozesse‹ sein. Kinder erleben ihre Umwelt aktiv mit allen Sinnen und entwickeln daraus neue Erkenntnisse und Wissenszusammenhänge. Aus diesen Erfahrungen heraus gelingt es ihnen, selbst gestaltend ihre Umwelt zu verändern und zu gesellschaftlicher Teilhabe zu gelangen. Dies kann ebenso wie im Bildungsbereich Kunst auch in Mathematik, den Naturwissenschaften und vielen anderen Bereichen geschehen.

Bildungsprozess → S. 26

Abb. 4.3 Die Umwelt aktiv erleben

BEISPIEL Lisa (8 Jahre) und Maren (9 Jahre) spielen auf dem Spielplatz. Sie sammeln heruntergefallene Kiefernzapfen. Um die Hände frei zu haben, legt Lisa ihre Zapfen auf dem oberen Brett der Wippe ab. Sie bewegt sich! Lisa holt neue Zapfen und legt sie auf das Brett. Haben die Zapfen genug Gewicht, um die Wippe zum Kippen zu bringen? Es passen nicht genug auf die Sitzfläche, immer wieder kullern sie herunter. Maren hat eine Idee. Sie holt Sand aus dem Sandkasten hinzu und klopft ihn auf dem zweiten Sitz fest. Langsam neigt sich das Wippenende bis zum Boden. „Und jetzt bringen wir die Wippe ins Gleichgewicht!"

Ästhetische Bildung und ästhetische Erziehung

> „ *Was der Mensch sich nicht selbsttätig angeeignet hat, hat er gar nicht; wozu er sich selbst nicht gebildet hat, ist gar nicht in, sondern ganz außer ihm.*
>
> Diesterweg, Adolph (1873): Diesterweg's Wegweiser zur Bildung für deutsche Lehrer. Band I: Das Allgemeine. Essen, S. 202

Ästhetische Bildung ist wie jede andere Bildung auch Selbstbildung. Sie ist aber ebenfalls als Bildungsbereich fest verankert in den Bildungsvereinbarungen der Länder. Um die sozialpädagogische Bildungsarbeit im Bildungsbereich besser von der ästhetischen Bildung als Selbstbildung abzugrenzen, unterscheidet man die Bereiche ästhetische Erziehung und ästhetische Bildung:

Unter **ästhetischer Bildung** versteht man den lebenslangen Bildungsprozess, der seinen Anfang in der sinnlichen Erfahrung hat und der sich daraufhin individuell weiterentwickelt, mit Wissen und Erfahrungen verknüpft wird und eigene Ausdrucksformen findet.

Unter **ästhetischer Erziehung** versteht man gezielt geplante ästhetische Bildungsangebote. Trotz guter Vorüberlegung und Planung kann es immer wieder passieren, dass das angedachte pädagogische Ziel nicht mit dem ausgesuchten ästhetischen Bildungsinhalt des Kindes übereinstimmt.

BEISPIEL Der Erzieher Jan hat ein Angebot im Rahmen der ästhetischen Erziehung vorbereitet. Er bietet den Kindern einen Korb mit textilen Materialien an. Die Kinder werden dazu angeregt, ein Dschungeltier mit den Materialien zu kleben. Alle Kinder wühlen begeistert im Korb und tauschen sich dabei aus. „Schau mal, die Farbe!", „Das fühlt sich ganz glatt an!". Nach und nach haben alle eine Idee und suchen gezielt das Material für ihr Tier heraus. Nur Lars (7 Jahre), sucht immer noch. Er sortiert alle Materialien nach Farben, macht Haufen auf seiner Tischfläche und bedient die anderen Kinder. Diese können nach einiger Zeit Bestellungen bei ihm aufgeben: „Ich brauche Fell für meinen Löwen!", „ Hast du Schlangenhaut?"

REFLEXION **IMPULS** LERNORTKOOPERATION

Diskutieren Sie mit anderen Lernenden und/oder Ihren Kollegen in der Praxis die Möglichkeiten und Grenzen von geplanten Angeboten unter dem Aspekt der ästhetischen Bildung in einem bereits vertrauten sozialpädagogischen Arbeitsbereich.

Die Angebote der ästhetischen Erziehung sollten immer den gesamten Prozess der ästhetischen Bildung unterstützen und vielfältige Impulse setzen.
Ästhetische Bildung versteht sich nach dem Modell der Erziehungswissenschaftlerinnen Saskia Bender und Cornelie Dietrich als ein Zusammenwirken von vier Komponenten:

Fingerfertigkeit	Selbstaufmerksamkeit
Als Grundvoraussetzung für ästhetische Bildung ist hier die aktive Zuwendung zu ästhetischen Materialien gemeint. Praktische Erfahrungen werden erlangt, Werkzeuge kennen- und einsetzen gelernt. Darüber hinaus lernt das Kind, mit Misserfolgen umzugehen und kreativ zu handeln. Die praktischen Erfahrungen bilden auch die Basis, um z. B. Kunstwerke angemessen beurteilen und nachvollziehen zu können.	Hierbei geht es darum, dem Kind zu ermöglichen, einen Zustand der hohen Selbstaufmerksamkeit zu erlangen. Es nimmt seine Umgebung mit allen Sinnen wahr und kann darauf persönlich mit seinen inneren Bildern und Gedanken reagieren. Dieser Moment der Selbstaufmerksamkeit wird oft als besonders beglückend empfunden. Der Mensch befindet sich in einem losgelösten Zustand. Um diesen Zustand zu erzielen, brauchen Kinder vor allem geschützte Freiräume, in denen sie sich sicher bewegen und in ihre Tätigkeiten vertiefen können.
Alphabetisierung	**Sprache**
Hierunter versteht man die lehrbaren Bestandteile der ästhetischen Erziehung und Bildung. Dies kann beispielsweise kunstgeschichtliches Wissen sein, das Kennenlernen von Geschichten und Märchen oder das Erlernen eines Tanzes und seiner Traditionen. Die Kinder erweitern ihr Wissen und schaffen einen Bezug zwischen ihren individuellen Ausdrucksmöglichkeiten und kulturellen Anknüpfungspunkten.	Menschen, die eine ästhetische Erfahrung gemacht haben, möchten diese zum Ausdruck bringen. Sie wollen das Erlebte mitteilen. Das kann mit Worten, aber auch mit Gestik, Mimik, Bewegung usw. geschehen. So wird zum Handy gegriffen, um über ein gerade erlebtes Konzert zu sprechen, dem Nachbarn bei einer guten Geschichte zugezwinkert oder ein Lächeln des Wohlgefallens bei einem guten Essen gezeigt.

Tab. 4.4 Komponenten im Modell ästhetischer Bildung. Nach: Bender, Saskia/Dietrich, Cornelie (2012) in: Kinder erziehen, bilden und betreuen. Cornelsen, Berlin, S. 356 f.

←→ **Sprachliche Bildung**
Überlegen Sie Beispiele, wie Sie in Ihrem Praxisbereich ästhetische Erfahrungen für sprachliche Bildung nutzen können.

Diese vier Komponenten stehen in einem engen Zusammenhang. So verschafft das eigene, praktische Auseinandersetzen mit dem Gestaltungsmaterial (z. B. einem Stein) ein größeres Verständnis für die betrachtete Skulptur eines anderen Künstlers. Arbeitsspuren können eingeordnet und bewertet werden. Zugleich werden Unterschiede zur eigenen Gestaltung deutlich und machen neugierig auf den Künstler und seine Arbeit. Was war er für ein Mensch? Wann hat er gelebt? Was wollte er ausdrücken? Stellt man sich diesen Fragen, erfährt man geschichtliche Zusammenhänge und stellt sich selbst in einen kulturellen Zusammenhang.

ZUM WEITERDENKEN Der Bildhauer Gunter Uecker arbeitet oft mit Nägeln. Seine Werke lösen beim Betrachter unterschiedliche Emotionen aus. Diese können Verwunderung, Begeisterung oder Bedrohung sein. Welche Chancen bietet die Auseinandersetzung mit Uecker nach dem Modell von Bender und Dietrich für die sozialpädagogische Praxis?

4.1.2 Kreativität

BEISPIEL Miro und Lisa werden von ihren Müttern aus der Nachmittagsbetreuung abgeholt. Lisa zeigt stolz ihr perfektes Lillifee-Ausmalbild. Miros Mutter seufzt: „Das ist aber schön, ach, wenn mein Miro doch auch so kreativ wäre ...“

Ähnlich wie beim umgangssprachlichen Verständnis von „ästhetisch“ als „schön“ wird oft unter ›„kreativ“‹ alles zusammengefasst, was in irgendeiner Form farbenfroh gestaltet, gebastelt oder gemalt wird.
Aber ist das Abarbeiten von engmaschigen Bastelanleitungen schon kreativ? Oder wird gar durch fließbandartiges Basteln von uniformen Laternen zu Sankt Martin die Kreativität gefördert? Und falls Kreativität nur farbenfrohes Basteln bedeutet: Warum sollte gerade dies gesellschaftlich wichtig und eine zunehmend nachgefragte Schlüsselqualifikation im Berufsleben sein? Schließlich fordern heute Politik, Wirtschaft und Gesellschaft mehr kreativ denkende Menschen.
Was verbirgt sich fachlich hinter dem Begriff Kreativität? Die Schlagworte von Daniela Braun, Professorin für Kindheitswissenschaften und Kreativitätsforschung an der Hochschule Koblenz, umreißen einige zentrale Eigenschaften eines kreativen Menschen.

kreativ
creare lat. schaffen, erschaffen, erzeugen

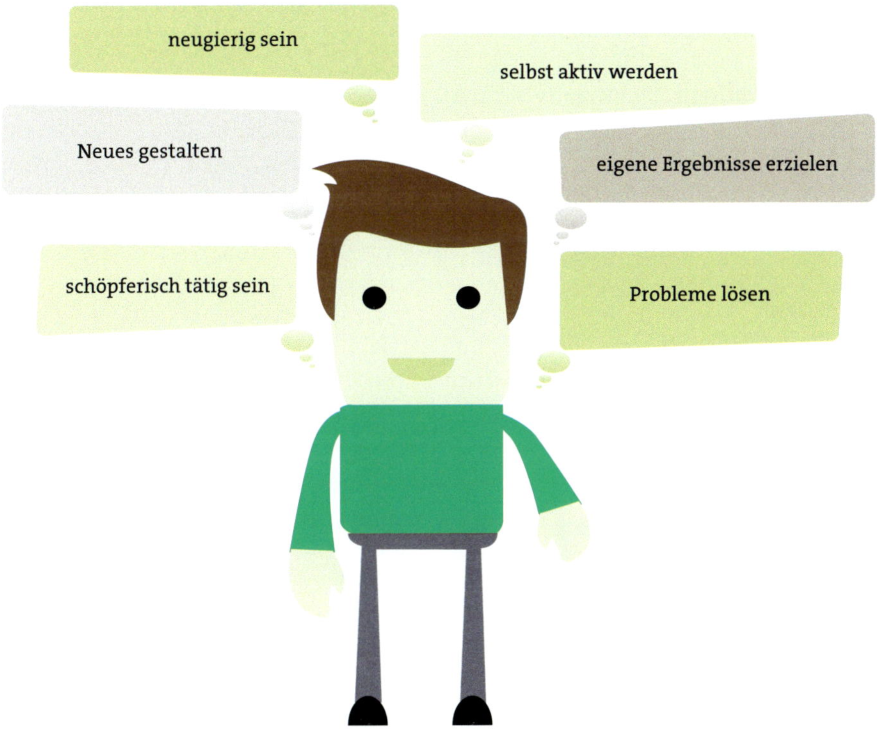

Kreativität ist jene von Neugier geprägte Aktivität, die zu eigenen, neuen, schöpferischen Ergebnissen und Problemlösungen führt.

Braun, Daniela (2007): Mehr als eine schöne Zutat: Kreativ-künstlerisches Gestalten mit Kindern. In: kindergarten heute 8; www.kindergarten-heute.de/zeitschrift/hefte/inhalt_lesen.html?k_beitrag=2189408 (letzter Zugriff: 14. 01. 2014)

Pragmatische und ästhetische Kreativität
Um unterschiedliche Dimensionen von Kreativität darstellen zu können, lassen sich pragmatische und ästhetische Kreativität unterscheiden.

Pragmatische Kreativität ist eine schöpferische Problemlösungsfähigkeit in alltäglichen Herausforderungen des Lebens: in Schule, Ausbildung, in Beruf und im Privaten, in Politik, Wirtschaft und Gesellschaft. Dort gilt es, initiativ zu werden, Probleme zu erkennen, kreative Lösungen zu finden und so Problemlösekompetenz zu entwickeln. Die pragmatische Kreativität hilft, Probleme nicht bloß nach einem bekanntem Muster zu lösen, sondern neue Wege zu denken.

←→ Partizipation
Wie kann man pragmatische Kreativität durch partizipative Entscheidungsprozesse fördern?

BEISPIEL Max (2 Jahre) möchte sich einen leckeren Keks aus der bunten Dose holen, die in der Küche im Regal steht. Weil er weder Stuhl noch Hocker findet, zögert er, schiebt aber schließlich seine Spielzeugkiste aus dem Wohnzimmer herüber und klettert hinauf.

BEISPIEL Die junge Erwachsene Tina (20 Jahre) zieht in ihre erste eigene Wohnung. Als sie ein paar Nägel für ihre kleinen Fotorahmen einschlagen will, findet sie den Hammer im Umzugschaos nicht. Anstatt aufzugeben, sucht sie eine alternative Lösung und nimmt den Absatz ihrer festen Lederstiefel.

Mit seiner **ästhetischen Kreativität** stellt sich der Mensch meistens einer inneren Herausforderung, einer selbst gestellten Aufgabe. Er will etwas gestalten, sich und seine Erlebnisse individuell und künstlerisch ausdrücken. Die künstlerischen Ausdrucksformen sind abhängig von seinen kulturellen und ästhetisch-sinnlichen Wahrnehmungen und Erfahrungen.

BEISPIEL Emma (3 Jahre) verspeist mit viel Genuss pralle dunkelrote Kirschen. Der Kirschsaft rinnt ihr über Kinn und Hände. Emma fährt die Spuren auf den Händen mit dem Finger nach. Sie lächelt und beißt vorsichtig in eine neue Kirsche hinein. Dann malt sie lauter kirschrote Tupfen auf ihre Arme und Beine und summt dabei leise vor sich hin.

Abb. 4.5 Skateboarder in Aktion

BEISPIEL Miguel (14 Jahre) und Felix (15 Jahre) sind begeisterte Skateboarder. Ihre Freundinnen Lilly und Cecil (beide 14 Jahre) schlagen an einem sonnigen Ferientag vor, mit ihren Smartphones Filme von den besten Kunststücken zu drehen, am Rechner zu schneiden und ins Netz zu stellen. Gemeinsam planen sie die zu drehenden Filmsequenzen, suchen den optimalen Kamerawinkel, mögliche rasante Schnitte und passende Hintergrundmusik. Dann legen sie los.

Im Rahmen der ästhetischen Kreativität sind vor allem sinnliche Erfahrungen die Grundlage beim Erschließen der Welt. Der Mensch experimentiert und nutzt die Zusammenhänge und Phänomene der Welt. Er kombiniert Bekanntes mit Unbekanntem und sucht neue Mittel und Wege, um etwas Neues zum Ausdruck zu bringen und sich gestalterisch auszudrücken.
Pragmatische und ästhetische Kreativität lassen sich nicht voneinander trennen. Beide Formen bilden gemeinsam ein Grundgerüst aus, das Menschen hilft, flexibel in allen Lebensbereichen zu handeln und Lösungen zu entwickeln, um die Welt mitzugestalten. Eine sich schnell verändernde Welt erfordert flexible, kreative Persönlichkeiten, die sich trauen, aktiv zu werden, Probleme zu lösen und gestalterisch tätig zu sein.

Entwicklung der kindlichen Kreativität
Kreativität sowohl im Sinne von Problemlösekompetenz als auch künstlerischer Ausdrucksform ist altersunabhängig. Bereits in jungen Jahren stoßen Kinder an jeüberall auf alltägliche Probleme:
- Lilli (1;6 Jahre) will die Tür zum Garten öffnen, aber sie kommt nicht an die Klinke.
- Meret (3;5 Jahre) will eine hohe Sandburg bauen, aber die Hänge stürzen immer wieder ab.
- Till (2;4 Jahre) sammelt Kastanien mit seinem Dreirad, aber die fallen immer wieder herunter.
- Derya (3;10 Jahre) malt mit ihren nassen Füßen Bilder auf den sonnigen Terrassenboden, aber die Bilder verschwinden immer.

Denkt man einen Moment darüber nach, welche Lösungsmöglichkeiten es geben könnte, so stößt man auf verschiedene Ansätze:
- Das Kind setzt sich hin und fängt an zu weinen.
- Ein „helfender" Erwachsener kommt und löst mal eben schnell das Problem.
- Das Kind zuckt mit den Achseln und sucht sich ein anderes Spiel.
- Eine Bezugsperson ermutigt das Kind durch einen Tipp, der die Erfahrung der Kindes aufgreift.
- Ein zweites Kind kommt dazu und es folgen Expertengespräche.
- Das Kind vertieft sich von alleine in das Problem und sucht nach Lösungen, die für erwachsene Beobachter auch unkonventionell oder sinnlos sein können.

Wenn sich das Kind dem Problem stellt bzw. dabei unterstützt wird, dann entwickeln sich Problembewusstsein und Problemlösekompetenz. Es probiert so lange, bis es die passende Lösung für sein Problem findet. Stolz kann es schließlich auf den Prozess zurückblicken und sein Wissen, seine Kenntnisse und Fertigkeiten erweitern. Sein Selbstbewusstsein und Selbstwertgefühl werden gestärkt. Das Kind wird zum Gestalter und Konstrukteur seiner eigenen Welt.
Wird dieser Prozess dem Kind abgenommen, so bekommt es zwar kurzfristig sein Problem beseitigt, jedoch hat es nicht erlebt, wie stark es sich fühlt, wenn es aus eigener Kraft heraus Probleme lösen kann.

Wertevermittlung
Wie kann Subsidiarität (Hilfe) erst dann, wenn Eigenhilfe nicht ausreicht, als Wert vermittelt werden?

REFLEXION IMPULS LERNORTKOOPERATION

Beobachten Sie sich selbst in der praktischen Arbeit mit Kindern und Jugendlichen: Ermutigen Sie die Kinder und Jugendlichen bei ihren Problemlösungsprozessen? Oder tendieren Sie dazu, ihnen „eben mal schnell" zu helfen?

Das Wissen um die eigenen Fähigkeiten und der Umgang mit den erlernten Fertigkeiten führen zur Bewältigung und Lösung alltäglicher Probleme. Diese Lösungen können überraschend und bahnbrechend sein, sie sind kreativ. Bereits in ganz jungen Jahren können Kinder durch kreative Prozesse gestärkt werden, Probleme eigenständig lösen und am gesellschaftlichen Zusammenleben teilhaben.
In früher Kindheit entwickelt, bleibt die Kreativität bis ins hohe Alter erhalten. Auch ältere Kinder und Jugendliche, selbst Erwachsene können ihre Kreativität weiterentwickeln, wenn sie sich von ausgetretenen Pfaden trennen und auf das Abenteuer Kreativität einlassen.

Prävention
Kreativitätsförderung als Präventionsbeitrag? Wie kann das in Ihrem Arbeitsbereich geschehen?

Sozialpädagogische Fachkräfte haben eine hohe Verantwortung, wenn sie in Alltagssituationen Kinder und Jugendliche unterstützen, ihre Probleme selbst mutig anzugehen. Sie können Kinder und Jugendliche durch die Initiierung kreativer Prozesse stark machen. Kreativitätsförderung ist somit gleichzeitig ein aktiver Beitrag zur ›Resilienzförderung‹.

Resilienz → *S. 424 Band 1*

Die vier Phasen der kreativen Prozesse

Freispiel → *S. 209*

BEISPIEL Beruflicher Alltag in einer Fachschule für Sozialpädagogik: Die Studierenden bekommen den Auftrag, im Praktikum einen Impuls im ›Freispiel‹ zu setzen. Jasmin (20 Jahre) berichtet von ihren Schwierigkeiten: „Ich hab den Auftrag gelesen und war total ratlos. Ich beobachtete die Kinder. Was, wie und wo spielen sie, was sind ihre Themen?
Ich habe meine Kollegen bei Facebook kontaktiert, mir ihre Ratschläge angehört, gegoogelt, einen Haufen Bücher gewälzt. Keine Idee war gut genug, es war schrecklich, die große Verzweiflung. Dann hab ich alles zur Seite gelegt und bin in der Pause ein Eis essen gegangen. Dort beim Anblick der bunten Soßenspuren auf den verschiedenen Eissorten kam mir die zündende Idee: Farben, Apothekerspritzen und große Pappen und das Ganze draußen in der Sonne ... Von dem Moment an war meine Unsicherheit weg. Ich konnte wieder klar denken und den Impuls vorbereiten. Die Kinder fanden es großartig."

Abb. 4.6 Jackson Pollock on ice

Einen solchen Geistesblitz hat jeder Mensch schon einmal erlebt, der sich aktiv und ernsthaft auf die Suche nach neuen, bislang nicht bekannten Lösungen für ein bestimmtes Problem gemacht hat. Diese Suche läuft im Großen und Ganzen nach dem Modell der kreativen Prozesse des US-Erziehungswissenschaftlers Graham Wallas (1858–1932) ab, das sich in vier Phasen unterteilt. 1926 entwickelte er in seinem Buch „The Art of Thought" das Urmodell, auf dem heute unzählige weitere Prozess-Modelle aufbauen.

Vier Phasen kennzeichnen einen kreativen Prozess:

Phase 1: Die ›Präparation‹
In dieser vorbereitenden Phase stimmt sich der kreative Mensch auf ein Problem, eine selbst gestellte Aufgabe, eine Herausforderung ein. Die Phase ist geprägt durch das Sammeln von Informationen, von unverarbeitetem, unsortiertem, ungefiltertem Material. Der Aktive erstellt einen umfangreichen Fundus, aus dem später Lösungsansätze entwickelt werden können. Es findet noch keine Bewertung des gesammelten Materials statt, sondern es entwickelt sich das sogenannte Problemwissen.
Phase 2: Die ›Inkubation‹
In dieser Phase werden erste Ideen ausgebrütet. Die gesammelten Informationen und Materialien aus der ersten Phase reifen heran zu konkreteren Ideen, werden kombiniert und wieder verworfen. Geeignete Ansätze werden weiterentwickelt und erneut verworfen. In dieser Phase hat der Kreative das Gefühl, er kommt nicht weiter, steckt irgendwo fest. Man muss sich oft erst vom Problem entfernen, um es aus einer anderen Blickrichtung neu bewerten zu können.
Phase 3: Die ›Illumination‹
Ein plötzlicher Gedankenblitz erhellt die dritte Phase. Wie eine sprichwörtliche Erleuchtung taucht plötzlich und meist unterbewusst ausgelöst der Lösungsansatz oder die mögliche Lösung auf. Für den Kreativen ist dieser Moment oft verbunden mit einem erfüllenden Glücksgefühl und dem glasklaren Durchblick, dass sich nun die einzelnen Puzzlesteine zusammensetzen lassen.
Phase 4: Die ›Verifikation‹
Der Geistesblitz hat das Problem erhellt, aber noch nicht vollständig gelöst. In der vierten Phase beginnt nun die arbeitsintensive Umsetzung, Ausgestaltung, Überprüfung der Machbarkeit und ggf. die Vermittlung der Lösungsansätze in einer Arbeitsgruppe. Manchmal muss der Prozess in einer früheren Phase noch einmal einsetzen, falls sich herausgestellt hat, dass die Lösungsansätze so nicht realisierbar sind. Reflexionen an den Phasengrenzen halten den Prozess für jedermann transparent, was gerade in Gruppenarbeiten hilfreich sein kann.

Präparation
lat. praeparatio: Vorbereitung

Inkubation
lat. incubatio: Reifung

Illumination
lat. illuminatio: Erleuchtung (des menschlichen Geistes)

Verifikation
lat. verificatio, verus: wahr, richtig, facere: machen Wahrmachung, Umsetzung

Tab. 4.7 Vier Phasen kreativer Prozesse

Jeder Mensch kann in jedem Alter kreativ werden, wenn er sich darauf einlässt und die Spannungen eines solchen Prozesses aushält. Ein kreativer Prozess, das Erfinden von bahnbrechenden neuen Lösungen, ist keine Zauberei und kein Akt der Genialität. Frei nach dem Erfinder der Glühbirne, Thomas Andrew Edison, ist Kreativität ein wenig Inspiration, aber ganz viel – wunderbare – Arbeit.

Genius is 1% Inspiration and 99% Perspiration.
Thomas A. Edison

ZUM WEITERDENKEN Überall auf der Welt findet man Beispiele für gelungene Geistesblitze, die ihren Weg bis in den Alltag der Menschen gefunden haben: das Papiertaschentuch, die Instant-Nudeln oder der USB-Stick.
Welche Probleme gilt es im Alltag noch zu lösen? Mit welcher bahnbrechenden Erfindung begeistern Sie die Welt?.

Prävention
Welche Auswirkungen kann die Kreativitätsförderung in der präventiven Arbeit mit jungen Erwachsenen haben?

In einem kreativen Prozess stellt sich das Kind einer Herausforderung. Es beschafft sich Informationen und Material. Es hält den Konflikt aus, dass es das Endprodukt zu Beginn noch nicht kennt, weil es erst noch entstehen wird. Das Kind entwickelt das Vertrauen, dass es sich lohnt, in der Unsicherheit (der Inkubationsphase) nicht wegzulaufen, sondern durchzuhalten. Aus Erfahrung kann es darauf vertrauen, dass sein Gehirn und sein Unterbewusstsein auch dann weiterarbeiten, wenn es einmal scheinbar ratlos ist. Es versinkt in seiner Tätigkeit, wird eins mit seiner Aufgabe, genießt das Forschen, den Konflikt. Man spricht hierbei von „Flowerlebnis". Trotz intensiven Schaffens taucht es schließlich geistig erfrischt auf aus seiner eigenen Welt. Es zeigt seine eigene Schöpfung seiner Umwelt, die unter Umständen nicht erkennt, was das Kind gebaut oder gemalt hat. Aber das Kind hält diese Spannung aus und steht zu seinem Werk. Es ist durch die Kreativität stark und widerstandsfähig geworden: Kreativitätsförderung als ›Resilienzförderung‹.

Resilienz → S. 424 Band 1

REFLEXION **IMPULS** LERNORTKOOPERATION

Beobachten Sie ein Kind, einen Jugendlichen oder jungen Erwachsenen an Ihrem aktuellen Praxisort bei einem kreativen Prozess. Versuchen Sie dabei, die vier Phasen zu identifizieren. Wählen Sie eine eigene Darstellungsform (z. B. eine Geschichte schreiben, digitale Fotodokumentation) und präsentieren Sie dem Plenum Ihre Erlebnisse.

Faktoren, die Kreativität blockieren
Widrige äußere Rahmenbedingungen können es Kindern schwer machen, Kreativität zu entwickeln. Kreativitätsfeindlich sind z. B. eine uniforme, anregungs- und materialarme Umgebung, starke räumliche oder zeitliche Einschränkungen.

Kreativität von Kindern kann auch durch Menschen blockiert werden. Gerade ihnen nahestehende Bezugspersonen, Eltern, Erzieher oder andere Kinder haben großen Anteil an auftretenden Blockaden. Durch unbedachte Äußerungen oder ihre eigenen Erwartungshaltungen hemmen sie die Entwicklung der kindlichen Kreativität.

Daniela Braun, Künstlerin, Kunsttherapeutin und Sozialpädagogin, hat einige zentrale Faktoren zusammengetragen, die Kreativität bei Kindern und Jugendlichen blockieren können:

Beschreibung	Beispiel
Autoritätsfurcht	
Aus Furcht vor vernichtender Kritik, Ablehnung und den damit verbundenen Ohnmachtsgefühlen einer Autoritätsperson (z. B. Oma) gegenüber, werden im Vorhinein mögliche negative Folgen bedacht und ein Handeln im Vorfeld dementsprechend angepasst. Das Bild o. Ä. entspricht den Erwartungen der Großmutter – ein kreativer Prozess inklusive Erfolgserlebnis bleibt von vorneherein aus.	„Dein Elefant ist rosa und hat sechs Beine, das müsstest du ja inzwischen besser wissen! – Ja, jetzt ist es richtig, prima."
Geschlechterrollenfixierung	
Werden Kinder angehalten, sich von angeblich dem jeweils anderen Geschlecht vorbehaltenen Tätigkeiten fernzuhalten so werden wichtige experimentelle Verhaltensweisen und kreative Prozesse gar nicht erst gemacht.	„Lotta, lass die Jungs an der Werkbank in Ruhe, das machen kleine Mädchen sowieso nicht!", „Mal nicht schon wieder deine Fingernägel an, Kevin, die Mama schimpft sonst!", „Ayse, solche Worte benutzt kein Mädchen!", „Jungen spielen doch nicht mit Puppen, hier, Mehmed, nimm wenigstens den Teddy!"
Informationsmangel	
Das rigide Ausbremsen von kindlichem Wissensdurst und Neugierde kann zu eingeschränktem Informationsfluss und somit zu Einschränkungen beim Denken und Handeln führen.	„Das musst du noch nicht wissen.", „Dafür bist Du noch zu klein."
Konformitätsdruck	
Stark einengende Vorgaben bei gestalterischen Tätigkeiten führen dazu, dass alle Kinder quasi das gleiche Ergebnis haben. Durch den Konformitätsdruck werden Individualität und künstlerische Freiheit eingeschränkt, Abweichung von der Norm nicht gefördert.	„So, jeder malt jetzt mal ein Bild vom kleinen Bären und dem kleinen Tiger auf dem Weg nach Panama." „Typisch, Max hat mal wieder nicht zugehört und macht einfach irgendwas ..."
Leistungs- und Erfolgsdruck	
Leistungsdruck führt zwar vielleicht zu vorzeigbaren Erzeugnissen, aber nicht zu kreativen Ergebnissen.	„Zeig mal dem Papa, wie gut du einen Frosch malen kannst." „Den Zug hast du aber auch schon mal besser hinbekommen."
Belohnungs- und Strafstrategien	
Werden Belohnungen oder Sanktionen an gestaltete Ergebnisse geknüpft, so wird der kreative Prozess auf der Strecke bleiben oder abgebrochen, weil die eigene Motivation in den Hintergrund tritt.	„Wenn du jetzt Opas Lieblingslied singst, gehen wir gleich ein Eis essen.", „Matsch nicht so mit der Farbe rum, mal das bitte ordentlich, sonst nehm ich sie dir weg."
Überwachung und Kontrolle	
Ein übergroßes Maß an Beaufsichtigung und Eingreifen von Erwachsenen mit dem Ziel, Hilfestellung zu leisten, lässt dem Kind keinen Spielraum, zu einer positiven Einschätzung seiner Fähigkeiten bei der Lösung von Aufgabenstellungen zu kommen.	„Warte, Kind, ich schneide das eben für dich durch". „Achtung, da tropft der Kleber gleich auf das Papier". „Nimm besser diesen dicken Stift, dann sieht man es gut". „Komm, ich mach dir das schnell" ...

Tab. 4.8 Kreativität blockierende Faktoren. Nach: Braun Daniela (2007): Handbuch Kreativitätsförderung. Herder, Freiburg, S. 89 ff.

Nachhaltigkeit
Welche Ideen haben Sie zur nachhaltigen Kreativitätsförderung?

Faktoren, die Kreativität fördern

Bei der Auseinandersetzung mit den Faktoren, die Kreativität blockieren, tauchen schnell erste Ideen auf, wie eine Umwelt und ein Zusammenleben gestaltet sein können, um eine Atmosphäre zu schaffen, in der Kreativität gefördert wird. Auch hier greifen äußere Rahmenbedingungen, die Rolle der Erzieherin und persönlicher Einsatz der Bildungspartner ineinander.

Abb. 4.9 Kreativität fördernde Faktoren

REFLEXION | **IMPULS** | LERNORTKOOPERATION

Sammeln Sie weitere Faktoren, die Kreativität fördern können. Diskutieren Sie in Kleingruppen, welche drei Faktoren Sie für die wichtigsten halten und warum.

REFLEXION | IMPULS | **LERNORTKOOPERATION**

Kreativitätsförderung ist ein wichtiges Element, um Kinder und Jugendliche stark und widerstandsfähig zu machen. Suchen Sie sich ein Medium, mit dem Sie Aufklärung zu diesem Thema betreiben können: Erstellen Sie am Rechner einen sechsseitigen Flyer (ein Blatt DIN A4 quer) oder Elternbrief, einen Beitrag für die Homepage der Einrichtung, eine digitale Präsentation für den Elternabend etc. zum Thema: „Wie fördern Sie die Kreativität Ihrer Kinder?" Berücksichtigen Sie dazu die Aspekte aus dem vorangegangenen Kapitel und Ihre weiteren Erkenntnisse.

4.1.3 Kunst

Eine Form der ästhetischen Kreativität zeigt sich im Wirkungsraum Kunst. Die vorigen Kapitel zeigen, wie wichtig ästhetische Wahrnehmung und Kreativität für die Entwicklung des Kindes und des Jugendlichen sind. Sie ermöglichen Kindern und Jugendlichen ein weites Feld zum Ausdruck ihrer Persönlichkeit und die Teilhabe am gesellschaftlichen Leben.

Was ist Kunst?
Ist es Kunst, wenn ein anerkannter Künstler ein Werk für mehrere Millionen Euro verkauft? Oder ist es Kunst, wenn ein Elefant mit seinem Rüssel einen dicken Pinsel über eine Leinwand schwingt? Auf die Frage „Was ist eigentlich Kunst?“ antworteten die Kinder der Tagesstätten Folgendes:

Kunst ist, was der Mensch draus macht. (Johanna, 5 Jahre)

Kunst ist Mathe. (Narin, 5 Jahre)

Kunst ist, wenn man auf einer Staffelei malt und viele Kleckse auf dem Tablett hat. (Luis, 5 Jahre)

Kunst ist ein schönes Bild. (Laura, 5 Jahre)

Kunst ist, wenn schöne Männer malen. (Muhammed, 5 Jahre)

Kunst ist ein Trapezkünstler. (Maya, 5 Jahre)

... was einen beeindruckt. (Killian, 6 Jahre)

Ketten und Armbänder (Tom, 5 Jahre)

Ein Handstand, ein Zirkus ... ähm ... Auf einem Pferd reitet man – ohne Zügel steht man drauf! (Ida, 5 Jahre)

„Das ist Kunst“, und zeigt auf ein Bauwerk aus Geomex. (Julius, 5 Jahre)

Weiß ich nicht! (Hanna, 3 Jahre)

Kunst ist wenn man was Riesiges gebastelt oder gemalt hat. (Lona ,4 Jahre)

Das ist nicht echt! Das steht da nur so ´rum! (Björn, 5 Jahre)

... dass man fleißig ist. (Linda, 6 Jahre)

Das ist, wenn man malt, wenn man mit Wasserfarbe malt. (Marie, 4 Jahre)

REFLEXION | IMPULS | LERNORTKOOPERATION

Entwickeln Sie Ihre persönliche Definition für Kunst.

Kunst kann entstehen, wenn ein Mensch etwas für sich Neues schafft, wenn er sich mit ästhetischen Mitteln ausdrückt. Jedes Kind schafft mit seinen Werken ständig etwas für sich Neues, auch wenn Generationen von anderen Kindern zu ähnlichen Ergebnissen gekommen sind.
Und doch bietet Kunst die individuelle Möglichkeit, die Welt nach seiner Vorstellung zu formen, Zufriedenheit im Tun zu erleben und persönliches Feedback zu bekommen.

Entwicklung von Kunst

Die Möglichkeit des ästhetischen Ausdrucks mit künstlerischen Mitteln wird schon sehr früh genutzt:

- Tillmann (3;4 Jahre) benutzt die Büromaterialien im Arbeitszimmer, er zerreißt Papier und leere Verpackungen, schneidet Knackfolie, malt und zeichnet, klebt, locht, tackert und stempelt nach Herzenslust. Auf einmal hält er inne und verschwindet im Kinderzimmer. Nach einer Weile kommt er fröhlich mit einem bunten Faden zurück und tackert den an das Objekt: „Die Maus braucht doch einen Schwanz!"

Spiel → S. 186

Kunst als Ausdruck von ästhetischer Kreativität äußert sich bei Kindern zuerst im Spuren hinterlassen, Kritzeln und Matschen, im Bauen, Drucken, im ›Spiel‹ mit der Verkleidungskiste, im Spiel mit dem eigenen Körper und dem Gleichgewicht, im Geräusche machen und Singen. Erst später entstehen daraus die verschiedenen Kunstgattungen.

Musik → S. 216

motorische Entwicklung → S. 147

Die Entwicklung der unterschiedlichen Gestaltungsformen lässt sich exemplarisch am Beispiel der Entwicklung der kindlichen Zeichnung aufzeigen und auf die verschiedenen Gattungen der Kunst übertragen. Die Entwicklungsstufen hin zur Bildhauerei entsprechen der Weiterentwicklung des Erkundungsspiels hin zum Konstruktionsspiel. Während zu Beginn der Entwicklung die Materialerkundung und die Statik im Vordergrund stehen, nimmt ein Kunstwerk in zunehmendem Maße eine geplante Gestalt an. Auch in der ›Musik‹ beginnt alles mit zufällig erzeugten Klängen und Tönen, die willentlich weiterentwickelt werden zu Kompositionen.

Die ›motorische Entwicklung‹ des Kindes beginnt auch nicht mit dem Spitzentanz, sondern mit dem Strampeln.

4.1.4 Die Entwicklung der kindlichen Zeichnung

Abb. 4.10 Versunken im Tun

Zeichnen und Malen spielen in der kindlichen Entwicklung eine große Rolle. Die Kinder sammeln dadurch vielfältige Wahrnehmungserfahrungen. Sie lernen mithilfe von Materialien und Techniken Möglichkeiten kennen, mit denen sie sich ausdrücken und ihre Erlebnisse verarbeiten können. Sie erleben Selbstwirksamkeit und werden in ihrem Selbstvertrauen gestärkt. Um Kinder und Jugendliche individuell fördern zu können, ist es notwendig, ihren individuellen Entwicklungsstand und ihre Bedürfnisse zu erkennen. Hinweise dazu geben der sozialpädagogischen Fachkraft die gestalterischen Ergebnisse, Zeichnungen, die Malarbeiten und die intensiven Beobachtungen der Kinder und Jugendlichen.

Vorschemaphase → S. 270
Schemaphase → S. 270

Die Entwicklung der kindlichen Zeichnung wurde schon seit dem 19. Jahrhundert von verschiedenen Wissenschaftlern systematisch untersucht und in Entwicklungsstufen eingeteilt. Jedes Kind entwickelt sich jedoch individuell und hat unterschiedliche Stärken und Schwächen. Es kann durchaus sein, dass sich z. B. ein Grundschulkind immer noch der Formensprache der ›Vorschemaphase‹ bedient und nicht erkennen lässt, dass es großen Wert auf eine Bildgestaltung im Sinne der ›Schemaphase‹ legt. Dies kann sehr unterschiedliche Gründe haben: Das Kind könnte insgesamt entwicklungsverzögert sein. Ebenso gut kann es sein, dass es andere Interessen hat und z. B. lieber draußen spielt. Anhand des Alters alleine lässt sich keine Aussage über den Entwicklungsstand eines Kindes treffen. Dort setzt die erzieherische Aufgabe der Fachkraft an. Es geht zunächst um eine genaue Beobachtung des Kindes im Hinblick auf seine Ressourcen und Interessen, um es individuell zu unterstützen und in seiner jeweiligen Entwicklungsphase abzuholen.

Kritzelstadium (das ein- bis drei-jährige Kind)

Weltweit, unabhängig von Kultur und Sprache, beginnt die Entwicklung der Zeichnung und Malerei bei jedem Kind gleich: mit dem Hinterlassen von Spuren.

Das kleine Kind entdeckt seine Umwelt durch Ausprobieren und Experimentieren. Es erlebt dabei, dass es eigene Spuren erzeugen kann, am Frühstückstisch mit der Marmelade, im Sandkasten oder mit der angebotenen Fingerfarbe. Es erfährt, dass seine Bewegungen sichtbar werden, die Finger, Hände und Füße Spuren hinterlassen und Muster gestalten. Gleichzeitig fügt es die große Fülle von Wahrnehmungserfahrungen zu einem Gesamteindruck zusammen. Wenig später wird es erste Zeichen setzen, die sogenannten Urzeichen, und vermehrt Werkzeuge einsetzen und ausprobieren. Auch hierbei geht es in erster Linie um Erfahrungen, die das Kind macht. Es erlebt seinen Körper, das Werkzeug und das Malmaterial, mit dem es umgeht. Folgende Elemente findet man in den frühen Bildern von Kindern:

Abb. 4.11 Kritzelbild, Alissa (2 Jahre)

- **Schwungkritzeln:** Die Kinder erleben hierbei ihre Bewegung, sie arbeiten noch mit dem ganzen Arm und ziehen mit Schwung ihre Linien auf die Fläche. Hierbei erfahren sie, wie sich die Fläche füllt, wie sich das Werkzeug und das Malmaterial verhalten. Sie üben ihre Feinmotorik und probieren verschiedene Handhaltungen aus.
- **Punktierungen:** Bei den Punktierungen erleben die Kinder in erster Linie den Widerstand des Werkzeugs. Sie probieren aus, wie man den Stift (o. Ä.) auf den Untergrund aufsetzt und wann er Spuren hinterlässt. Dies geschieht in der Regel sehr lustvoll und in dieser Phase ist es wichtig, den Kindern robuste Materialien zu geben, damit sie unbeschwert experimentieren können.
- **Urknäuel:** Wenn die Kinder motorisch in der Lage sind, mit dem Arm eine Kreisbewegung zu vollziehen, zeichnen sie wilde Linien und Bahnen um einen gedachten Mittelpunkt und schaffen so ein Linienknäuel. Dieses wird intensiv mit unterschiedlichen Geschwindigkeiten und Krafteinsatz ausprobiert und dient als Vorübung zum geschlossenen Kreis.
- **Hiebkritzeln:** Beim Hiebkritzeln verteilen die Kinder Striche mit unterschiedlichen Richtungen auf das Papier. Es geht ihnen in erster Linie darum, auszuprobieren, wie sie den Stift ansetzen und wieder abheben und wie die Richtung gewechselt wird. Aus dieser Übung heraus entwickeln sich auch oft Zick-Zack-Linien, die im späteren Verlauf der Entwicklung vom Kind oft als Bewegungslinien eingesetzt werden.
- **Urkreuz:** Urkreuze entstehen, wenn die Kinder einerseits in der Lage sind, den Stift anzusetzen und ihre Bewegung anzuhalten, und andererseits Richtungen wechseln können.
- **Urkasten:** Aus dem Urkreuz entwickeln sich dann Kastenformen, welche die Kinder im späteren Verlauf für viele Gestaltungsideen einsetzen.
- **Geschlossene Kreise:** Sind die Kinder in der Lage, die Bewegungsform des Urknäuels zu stoppen, entstehen die ersten Kreisformen, die anfangs oft noch offen sind. Bei all diesen Übungen geht es dem Kind nicht um eine geplante Gestaltung. Die Zeichen werden willkürlich auf das Blatt gesetzt, das Blatt wird dabei häufig gedreht und es entsteht das **Dreh- und Streubild**.

Abb. 4.12 Blumenbild für Oma

Vorschemaphase (das 3- bis 4-jährige Kind)

Die Kinder haben in der vorhergehenden Phase alle Grundfähigkeiten eingeübt. Sie können mit dem Druck des Stiftes umgehen, haben gelernt, die Richtung zu wechseln, den Stift an- und abzusetzen und ihre Feinmotorik weiterentwickelt. Sie sind jetzt in der Lage, die Flächenkoordinaten des Papiers einzuhalten, und orientieren sich am Papierrand. Nun beginnen sie, einzelne Formen zu malen, die Urzeichen miteinander zu kombinieren und unterlegen sie im Nachhinein mit einem Sinn. Man spricht hierbei auch von der **Bilddeutungs- und Assoziationsphase**. In dieser Phase erleben die Kinder zunehmend die Reaktionen der Betrachter. Aus den eigenen Assoziationen und den Reaktionen der Umwelt entwickelt das Kind seine erste Formensprache, bei der sich die ersten menschlichen Darstellungen, die Kopffüßler oder andere Motive erkennen lassen.

Schemaphase (das 5- bis 7-jährige Kind)

In der Schemaphase entwickelt das Kind fortlaufend seine Bildsprache weiter und beginnt nun bewusst Dinge und Erlebnisse darzustellen. Kulturelle Einflüsse spielen vermehrt eine Rolle. Neben der Verfeinerung der Einzeldarstellung interessiert sich das Kind zunehmend für die Aufteilung und Gestaltung des Gesamtbildes:

Abb. 4.13 Röntgenbild

Abb. 4.14 Bedeutungsperspektive

- **Das Standlinienbild:** Die Bildelemente werden nebeneinander auf dem unteren Bildrand aufgereiht. Der Bildrand übernimmt dabei die Funktion des Bodens. Am oberen Bildrand befindet sich der Himmel, der zum Teil mit einem blauen Strich oder Wolken dargestellt wird.
- **Das Streifenbild:** Erkennt das Kind, dass es einen Boden, den Himmel und die Luft gibt, entsteht als Nächstes das Streifenbild. Dieses zeigt einen braunen oder grünen Strich am unteren Bildrand als Boden, einen blauen oberen Rand und eine farblose Mitte.
- **Das Röntgenbild:** Das Röntgenbild zeigt, was im Inneren von Räumen und Gegenständen passiert. Das Kind kann so komplexe Szenen und sein Wissen um Funktionen (z.B. bei Maschinen) darstellen.
- **Die Bedeutungsperspektive:** Kinder in dieser Phase unterscheiden bei der Darstellung von Objekten noch keine Größenverhältnisse. Die Objekte sind in der Regel gleich groß. Ist ein Bildinhalt jedoch für das Kind besonders wichtig, wird es aus diesem Grunde größer dargestellt.
- **Das Klappbild:** Da das Kind noch nicht räumlich zeichnen kann, benutzt es das Klappbild, um Dinge darzustellen. So wird z.B. ein Flugzeug in die Bildfläche geklappt, um beide Flügel darzustellen.
- **Bewegung:** Das Kind sucht nach Wegen, um Bewegung darzustellen, und findet Lösungen, indem es einer Person z.B. mehrere Arme und Beine malt.
- **Mischprofile:** Auch das Mischprofil gehört zur Darstellung von Bewegung. In der späten Schemaphase entfernt sich das Kind von der Frontaldarstellung und versucht Seitenprofile darzustellen. Dies ist noch mit großen Schwierigkeiten verbunden und so entstehen oft Mischdarstellungen, bei denen man beispielsweise eine Nase von der Seite sieht, während das Gesicht weiter frontal dargestellt wird.
- **Lokalfarben:** Während in der Vorschemaphase und in der frühen Schemaphase Farben eher willkürlich ausgesucht werden und noch keine große Bedeutung haben, wendet sich das Kind in der späten Schemaphase mit Interesse den Lokalfarben zu. Farben werden zunehmend bewusst gemischt und kombiniert, um die Lokalfarbe des zu gestaltenden Objektes darzustellen.

Späte Kindheit (das 8- bis 10-jährige Kind)

Mit zunehmender Entwicklung hat das Kind das Bedürfnis, seine Umwelt realistisch darzustellen, sucht nach Wegen, um dies leisten zu können und findet unterschiedliche Lösungen:

- **Das Mehrstreifenbild:** Aus dem einfachen Streifenbild entwickelt sich das Mehrstreifenbild, in dem die gewählte Situation in mehreren Streifen übereinandergemalt wird.
- **Überschneidungen:** Etwas später erkennt das Kind, dass es Überschneidungen gibt, dass im Bild nicht alles gleichzeitig gesehen werden kann, und sucht nach Möglichkeiten, diese darzustellen.
- **Profile:** Das Kind wird zunehmend sicherer in der Anwendung von Profilansichten.
- **Lokalfarben:** Der Umgang mit Lokalfarben, der schon am Ende der Schemaphase begonnen hat, wird nun verfeinert.

Abb. 4.15 Überschneidungen

Jugend (das 11- bis 14-jährige Kind)

Der Jugendliche hat vor allem ein großes Interesse daran, einerseits realistisch zeichnen und malen zu können und andererseits künstlerische Ausdrucksformen auszuprobieren. Es ist wichtig, dass Jugendliche in dieser Entwicklungsstufe die Gelegenheit bekommen, folgende Fähigkeiten zu erlangen:

- Darstellung von Plastizität
- Darstellung von Perspektive
- Darstellung von Raum durch zeichnerische und malerische Methoden

Im Hinblick auf den künstlerischen Selbstausdruck und die persönliche Selbstdarstellung sollten verschiedenste künstlerische Verfahren kennengelernt und die Auseinandersetzung mit unterschiedlichen Künstlern betrieben werden.

Jugend und junges Erwachsenenalter (15–21 Jahre)

Was in der Beschreibung der letzten Phase genannt wurde, gilt auch für die weitere Entwicklung. Wichtig ist, dass nun erweiterte Kenntnisse erlangt werden können und die Möglichkeit geboten wird, Spezialwissen aufzubauen. Auch der Einsatz von digitalen Techniken erweitert das Spektrum der grafischen Möglichkeiten. Der Kontakt mit streitbaren Künstlern und deren vielleicht auch abstoßenden Werken vertieft die gestalterische Auseinandersetzung mit dem eigenen Selbst.

Abb. 4.16 Am PC erstellte Zeichnung einer Jugendlichen

4.2 Bedeutung und Ziele

4.2.1 Die Bedeutung des Bildungsbereichs „Ästhetische Bildung und Kunst"

Die Inhalte des Bildungsbereichs „Ästhetische Bildung und Kunst" finden sich in allen Bildungsplänen der Länder zur frühen Bildung in Kindertageseinrichtungen wieder und gehören zu weiteren Bildungsbereichen, die das gemeinsame Ziel haben, dass der Mensch lernt, mit sich selbst, mit seinen Mitmenschen und mit den Dingen und Phänomenen in dieser Welt umzugehen und dabei Vertrauen in die eigenen Fähigkeiten zu entwickeln.

Für den Bildungsbereich Ästhetische Bildung und Kunst bedeutet dies, dass der Bildungsprozess vor allem die Persönlichkeitsentwicklung des einzelnen Menschen im Auge hat. Persönlichkeitsentwicklung versteht sich hier jedoch immer mit einem klaren Bezug zur gesellschaftlichen Teilhabe. Es geht nicht um die Ausbildung von weltfremden Künstlern, sondern um Kunst als Methode, sich aktiv und kreativ in sozialer Bezogenheit an der Gesellschaft zu beteiligen. Die genaue Terminologie ist in jedem Bundesland unterschiedlich, .z.B. in Bayern: „Ästhetik, Kunst, Kultur, Musik", in Berlin: „Bildnerisches Gestalten".

Im Bayerischen Bildungs- und Erziehungsplan für Kinder in Tageseinrichtungen bis zur Einschulung werden beispielsweise folgende Ziele formuliert:

Inklusion
Geht das? Ästhetische Bildung und Kunst auch in der inklusiven Arbeit mit Kindern- und Jugendlichen mit Behinderungen?

» *Im Dialog mit seiner Umwelt lernt das Kind, diese mit allen Sinnen bewusst wahrzunehmen, sie bildnerisch zu gestalten und spielend in verschiedene Rollen zu schlüpfen. Es entdeckt und erfährt dabei eine Vielfalt an Möglichkeiten und Darstellungsformen als Mittel und Weg, seine Eindrücke zu ordnen, seine Wahrnehmung zu strukturieren und Gefühle und Gedanken auszudrücken. Neugier, Lust und Freude am eigenen schöpferischen Tun sind Motor der kindlichen Persönlichkeitsentwicklung.*

Wird die Ästhetische Bildung auch nicht ausdrücklich als Bildungsbereich aufgeführt, hat sie doch als Mittel zum Ausdruck und als Bestandteil der Persönlichkeitsbildung einen wichtigen Platz in den Bildungsplänen.

So findet sich im Orientierungsplan für Bildung und Erziehung / Baden-Württemberg unter Punkt 2.3 Sich ausdrücken und verständigen (C):

» *Sich ausdrücken zu können, bedeutet Bedürfnissen und Wünschen, Gedanken und Gefühlen eine äußere, für die Umwelt wahrnehmbare Gestalt zu geben. Dies kann auf drei verschiedenen Wegen geschehen: nonverbal, verbal und kreativ. Nonverbale Kommunikation meint Gestik, Mimik und alle anderen Formen nicht-sprachlicher Äußerung. Verbaler Ausdruck meint das aktive und passive Beherrschen der Herkunftssprache und den Erwerb der deutschen als der gemeinsamen Sprache. Durch den kreativen Umgang mit Musik, Kunst und Sprache, durch bildnerisches Gestalten, Tanz und Bewegung erwirbt das Kind weitere Möglichkeiten des Ausdrucks.*

Bildungspläne → S. 27

Trotz mancher Unterschiedlichkeit wird in allen ›Bildungsplänen‹ deutlich, wie wichtig es ist, dass in der frühkindlichen Bildung die Basis geschaffen wird für die weiteren Bildungsprozesse im Leben eines Menschen. Hier werden die Grundsteine der ästhetischen Bildungsarbeit gelegt, auf die im weiteren Bildungsweg aufgebaut werden kann.

4.2.2 Die Bedeutung von Kreativität

In einer sich zunehmend schneller verändernden Welt braucht unsere Gesellschaft kreative Persönlichkeiten, Menschen, die flexibel reagieren können, die neue Ideen entwickeln und die Zukunft gestalten.
Kreativität zeigt sich als Kompetenz sowohl im Alltag (pragmatische Kreativität) wie auch im künstlerisch-musischen Bereich (ästhetische Kreativität).
Im Rahmen der ästhetischen Kreativität kann der Mensch mithilfe ästhetischer Materialien und Methoden kreativ tätig sein. Künstlerisches Gestalten gehört traditionell zu diesem Bereich. Oft wird von Kreativwerkstätten gesprochen, wenn das Werkatelier gemeint ist. Hier kann jeder gestalterisch tätig werden, Erfindungen machen und originelle, neue und scheinbar verrückte Ideen entwickeln. Diese Fähigkeit des Quer-Denkens, des Um-die-Ecke-Denkens kann in den Werkateliers erlernt und auf den Alltag übertragen werden. Wer aus Recyclingmaterial eine „Was-passiert-dann-Maschine“ gebaut und dabei den kreativen Prozess mit all seinen Niederlagen und Erfolgen erlebt hat, findet auch schneller eine Lösung für alltägliche Probleme.

4.2.3 Die Bedeutung von Kunst

BEISPIEL Eines Tages strengte sich Michelangelo sehr an, um einen riesengroßen Felsbrocken den Abhang hinunterzurollen. Dabei fiel es ihm sehr schwer, die richtige Richtung zu bestimmen. Mit aller Kraft schob und zerrte er an dem großen Stein. Ein Vorübergehender blieb stehen und sah ihm zu. „Warum strengst du dich so an? Das ist doch nur ein Stein!“ „ Ich habe keine Zeit“, sagte Michelangelo. „ Ich muss mich beeilen! In dem Stein ist nämlich ein Engel, der nur darauf wartet, dass ich ihn befreie!“

An der kleinen Geschichte von Michelangelo wird die besondere Wahrnehmung eines Künstlers deutlich. Während der Vorübergehende nur einen riesengroßen Stein sieht, hat Michelangelo bereits ein inneres Bild von seinem behauenen Stein vor Augen, das er Wirklichkeit werden lassen möchte.

Wie Michelangelo ist der **Kunstschaffende** offen für ›ästhetische Erfahrungen‹. Er kann anhand ästhetischer Mittel seine Gefühle, Erfahrungen, Ideen und Fantasien zum Ausdruck bringen. Er kann bei der Umsetzung auf Techniken und Materialien zurückgreifen, die er in seinem individuellen Bildungsprozess bisher erlernt und erfahren hat. Kunst ist hier eine Form der Sprache, die es ermöglicht, Dinge und Zusammenhänge darzustellen, für die Worte oft nicht ausreichen. Die Bilder im Kopf werden Wirklichkeit. Sie rufen in der Realität wieder neue Reaktionen hervor.

ästhetische Erfahrungen → S. 255

Abb. 4.17 Kind als Kunstschaffender

Der **Betrachter von Kunst** erlebt neue Sichtweisen. Er lässt die Darstellung eines Künstlers auf sich wirken, interpretiert und verknüpft sie mit seiner eigenen Persönlichkeit. Der Betrachter reagiert mit persönlichen Assoziationen. Er wird dabei beeinflusst durch erlerntes Wissen, aktuelle Gefühlslagen und Stimmungen. Die Reaktionen können sehr unterschiedlich sein und von völligem Unverständnis oder Abscheu bis hin zur Hochachtung für die künstlerische Leistung reichen.

Abb. 4.18 Kind als Kunstbetrachtender

REFLEXION **IMPULS** LERNORTKOOPERATION

Folgendes Material liegt bereit: buntes Papier aus der Restekiste, je ein weißes Papier pro Person, Klebstoff. Erstellen Sie damit ein Selbstporträt mithilfe der Collagetechnik. Sie sollen kein Gesicht darstellen, sondern versuchen, durch Farben und Formen und die Art und Weise, wie Sie diese auf das Papier kleben, etwas über Ihre Person auszudrücken. Benutzen Sie dabei keine Symbole! Tauschen Sie sich anschließend mit einem Partner aus. Was nehmen Sie bei dem anderen wahr? Hat er das auch so gemeint? Konnten Sie Ihre Gefühle darstellen? Gab es Punkte, an denen Sie etwas zwar mit Farben und Formen darstellen, jedoch nicht mit Worten ausdrücken konnten? Was hat Sie überrascht?

Kunst bietet Kindern und Jugendlichen im Rahmen der Ästhetischen Erziehung und Bildung einen großen Freiraum an:

künstlerische Techniken → S. 281

- ›Techniken‹ und Materialien können erprobt und eingesetzt werden, ohne einem festgelegten Ziel zu folgen. Experimentelle Herangehensweisen unterstützen den wahrnehmungsorientierten Ansatz und führen immer wieder zu neuen gestalterischen Lösungen.
- Kunst kann als Ausdrucksmöglichkeit erlebt werden. Sie kann eine Sprache sein, um eigene Erfahrungen, Erlebnisse und Gedanken darzustellen, wo die entsprechenden Worte fehlen oder unzureichend sind.

Kommunikation → S. 198 Band 1

- Kunst kann eine ›Kommunikationsbrücke‹ zu anderen Menschen sein. Über ein Kunstwerk ins Gespräch zu kommen oder mit einem eigenen Kunstwerk zu antworten, kann Möglichkeiten des sozialen Miteinanders erweitern.

Das Kunstwerk ist letztendlich frei von Bewertungen. „Jeder Mensch ist ein Künstler", sagte Joseph Beuys (Künstler und Kunsttheoretiker, 1921–1986) und meinte damit die individuelle Fähigkeit jedes Menschen, Kunst zu schaffen. Jeder Mensch kann ein Kunstschaffender oder ein Kunstbetrachter sein.

Kunst als Abbild ihrer Zeit

Kunst ist immer auch ein Abbild ihrer Zeit und berichtet über Zeitströmungen, Politik und Weltgeschehen. Da Kunst eine Möglichkeit ist, sich ohne die gesprochene Sprache auszudrücken, wurde sie immer schon als Plattform genutzt, Meinungen, Menschenbilder und Ansichten darzustellen. Die Auseinandersetzung mit Künstlern und ihren Werken kann helfen, Zeitgeschichte besser zu verstehen und einzuordnen.

ZUM WEITERDENKEN Kunstwerke in den unterschiedlichen Epochen erzählen aus ihrer Zeit wie ein spannender Kinofilm: Den Kriegshelden im alten Rom ließen die Politiker große Triumphbögen bauen, die keinem anderen Zweck als der Huldigung der Macht des Römischen Reiches dienten. Im Mittelalter wurden drastische Wandmalereien mit biblischen Szenen eingesetzt, um das Volk an die Qualen im Jenseits zu erinnern, wenn es nicht gottesfürchtig genug lebte. Was kann man aus der heutigen Kunst über unsere Epoche herauslesen?

REFLEXION **IMPULS** **LERNORTKOOPERATION**

Forschen Sie nach Künstlern in Ihrer Stadt, die in ihrer Zeit zu Diskussionen führten, und begeben Sie sich mit den Kindern und Jugendlichen Ihrer Einrichtung auf Spurensuche. Finden Sie gemeinsam Möglichkeiten zur Darstellung.

Abb. 4.19 Kirchentür in Autun (Frankreich) mit Skulpturen, die dem Volk biblische Geschichten näher bringen sollten

4.2.4 Ziele des Bildungsbereichs Kunst und ästhetische Bildung

Handlungskompetenz

Das Ziel aller Bildungsprozesse ist es, Handlungskompetenz zu erlangen. Dies bedeutet, erworbene Fähigkeiten einzusetzen, um selbstverantwortlich im eigenen Leben zu handeln und das gesellschaftliche Leben mitzugestalten.
Die Handlungskompetenz umfasst die personale Kompetenz (unterteilt in Selbstständigkeit und Sozialkompetenz) und die Fachkompetenz (unterteilt in Wissen und Fertigkeiten). Die Methodenkompetenz ist dabei ein integrierter Bestandteil. Diese Kompetenzbereiche können konkret durch den Bildungsbereich Kunst und ästhetische Bildung gefördert werden:

Personale Kompetenz
Selbstständigkeit:

- Die ästhetische Auseinandersetzung mit alltäglichen Dingen führt zu einer hohen Selbstaufmerksamkeit.
- Erfahrungen und Erlebnisse können durch gestalterische Methoden zum Ausdruck gebracht werden.
- Durch künstlerisches Gestalten wird Selbstwirksamkeit erlebt.
- Kreative Lösungsstrategien können auf den Alltag übertragen werden.
- Der Mensch entwickelt Vertrauen in die eigenen Fähigkeiten und kann diese angemessen einschätzen.

Sozialkompetenz:

- Künstlerisches Gestalten bietet Anlässe zur Kommunikation.
- Erfahrungen, Ansichten und Meinungen können zum Ausdruck gebracht werden.
- Der Mensch lernt, die Werke von anderen wertzuschätzen.
- Die eigene Meinung und Urteilsfähigkeit werden ausgebildet.
- Kulturelle Zusammenhänge werden deutlich und erlebbar.

Fachkompetenz
Wissen:

- Kreatives Gestalten ermöglicht die Aneignung von Wissen in vielen Bereichen und führt zu neuen Zusammenhängen und Verknüpfungen.
- Das Wissen über Künstler und Kunstwerke wird erweitert.
- Kulturelle Zusammenhänge werden deutlich und erlebbar.

Fertigkeiten:

- Durch den experimentellen Umgang mit Materialien, Werkzeugen und Techniken erfährt der Mensch eine Fülle von Gestaltungsmöglichkeiten.
- Der wahrnehmungsbetonte Umgang mit den Materialien und künstlerischen Umsetzungsmöglichkeiten führt zu ästhetischen Erfahrungen.

REFLEXION | **IMPULS** | LERNORTKOOPERATION

Ergänzen Sie mit Beispielen aus Ihrem Praxisbereich weitere Ansatzpunkte, wie Sie die Kompetenzen durch den Bildungsbereich Kunst und ästhetische Bildung weiter fördern können.

4.3 Methodische Grundlagen und Aufgaben der sozialpädagogischen Fachkraft

" *Wenn Du ein Schiff bauen willst, dann trommle nicht Männer zusammen um Holz zu beschaffen, Aufgaben zu vergeben und die Arbeit einzuteilen, sondern lehre die Männer die Sehnsucht nach dem weiten, endlosen Meer.*

de Saint-Exupéry, Antoine (1948/2009): Die Stadt in der Wüste/Citadelle. Rauch, Düsseldorf

Die sozialpädagogische Fachkraft hat eine große Verantwortung für die Umsetzung der Chancen des Bildungsbereichs. Sie ist diejenige, welche die Lernumgebung schafft und die Inhalte zur Verfügung stellt. Sie motiviert und steckt durch ihre eigene Begeisterung für ästhetische Sinnzusammenhänge andere an. Dies erfordert ein hohes Maß an Handlungsfähigkeit.

Der Erwerb von explizitem Fachwissen und implizitem Erfahrungswissen zusammen mit umfangreichen Fertigkeiten ist für die sozialpädagogische Fachkraft eine lebenslange Aufgabe. Dieser Prozess der eigenen Weiterentwicklung umfasst auch ihre professionellen Haltung im Bildungsbereich, ihre Sozial- und Selbstkompetenz. Das Wissen über entwicklungsspezifische Grundlagen und theoretische Zusammenhänge verbindet sich mit dem Wissen, das durch die Praxiserfahrungen erworben wird. Das Erlernen neuer Techniken, neuer pädagogischer Ansätze und Methodenvielfalt kann nicht allein im Rahmen der Ausbildung geschehen, sondern wird das gesamte Berufsleben begleiten. Regelmäßige Reflexionen bzgl. der beruflichen Rolle, der persönlichen Schwerpunkte und Bedürfnisse können helfen, ein reflektiertes Verhältnis zur beruflichen Aufgabe zu entwickeln.

Selbstreflexion anregen

Die Auseinandersetzung mit der eigenen ästhetischen Biografie ist für eine angehende Erzieherin unabdingbar: Gab es Abneigungen oder Vorlieben? Welche Einflüsse hatten die eigenen Eltern, Geschwister, Erzieher oder Lehrer? Gerade weil die Ausdrucksformen und das ästhetische Empfinden individuell sind, ist es wichtig, die eigenen Erfahrungen und Maßstäbe nicht auf das Kind oder den Jugendlichen zu übertragen. Dies gelingt nur, wenn sich die sozialpädagogische Fachkraft dessen bewusst ist und eine professionelle Haltung dazu entwickelt.

Wissen über entwicklungsspezifische Grundlagen erwerben

Entwicklung der kindlichen Zeichnung → S. 268

Nur mit dem Wissen über entwicklungsspezifische Grundlagen kann es der pädagogischen Fachkraft gelingen, dem Kind und Jugendlichen gerecht zu werden. Neben allgemeinen Kenntnissen über die kindliche Entwicklung gehört hierzu speziell das Wissen über die ›Entwicklung der kindlichen Zeichnung‹.

Repertoire an handwerklichen Fähigkeiten ausbauen

Die sozialpädagogische Fachkraft wird persönliche Vorlieben und Schwerpunkte entwickeln. Es wird nicht verlangt, dass sie alle Techniken gleich gut beherrscht. Sie sollte jedoch über ein breit gefächertes Grundwissen und Repertoire an Materialien, Techniken und Werkzeugen verfügen.

Wissen über kulturelle Zusammenhänge erlangen

Musik → S. 216

Kommunikation → S. 198 Band 1

Da sich in unserer Gesellschaft die verschiedenen Kulturen zunehmend durchdringen, ist es notwendig, sich Wissen über die kulturellen Zusammenhänge zu verschaffen. Dies geschieht vor allem durch eine offene, interessierte und neugierige Grundeinstellung. Die Kinder und Jugendlichen erleben ›Musik‹ aus verschiedenen Ländern und traditionelle Tänze oder Kunstformen aus den bildnerischen Bereichen. Dabei wird oft deutlich, dass z. T. unterschiedliche „Sprachen“ gesprochen werden und es zu Missverständnissen kommen kann. Umso wichtiger ist es, für eine ausreichende ›Kommunikation‹, einen Austausch von Wissen zu sorgen und entsprechende Erlebnisse zu fördern. Auch die Kenntnisse und das Wissen über Künstler und Kunstrichtungen führen zu einem größeren Verständnis von kulturellen und geschichtlichen Zusammenhängen.

Verknüpfungen anregen

Von der Erzieherin wird erwartet, dass sie über den Tellerrand schaut und fachübergreifend in Lernfeldern arbeitet. Dies wird besonders in Projekten deutlich. Bedenkt man die oft situationsorientierte Arbeitsweise im Bildungsbereich der ästhetischen Bildung, so wird klar, dass Angebote stets offen für neue Nebenwege und Überraschungen sein sollten.

Bildungsanlässe wahrnehmen

Partizipation
Welche partizipativen Handlungskonzepte haben Sie bereits in diesem Bildungsbereich kennengelernt?

Beim Wahrnehmen von Bildungsanlässen muss die Fachkraft einen engen Kontakt zu den Kindern und Jugendlichen haben und offen sein für ihre Ideen, Wünsche und Bedürfnisse. Die Themen sind immer der Lebenswelt des Kindes und Jugendlichen entnommen. Die sozialpädagogische Fachkraft entwickelt gemeinsam mit den Kindern und Jugendlichen die Ideen, erweitert und verknüpft diese und führt so zu neuen Bildungsinhalten.

BEISPIEL Die Jugendlichen einer Betreuten Wohngruppe wünschen sich eine neue Wandgestaltung in der gemeinsamen Wohnküche. Einer der Jugendlichen hat bereits eine Wand mit einem Motiv von Keith Haring gesehen. Das hat ihm sehr gefallen. Die pädagogische Fachkraft nimmt diese Ideen auf, führt Gespräche mit allen Beteiligten und beschafft gemeinsam mit ihnen Bildmaterial aus der Bücherei. Zudem machen sie sich bei einem Maler über geeignete Farben kundig. Ganz nebenbei sammeln die Jugendlichen so Informationen über den Künstler, kennen sich mit entsprechenden Farben aus und lernen Vergrößerungstechniken kennen.

Lernumgebungen schaffen

Das Schaffen von geeigneten Lernumgebungen und Lernarrangements für kunstpädagogische Angebote im Sinne der ästhetischen Erziehung und Bildung ist eine spannende Aufgabe. Kunstpädagogische Angebote können in einem offenen oder geschlossenen Rahmen stattfinden.

Offene Angebote: Offene Angebote leben von der freien Gestaltung. Hier können die Kinder und Jugendlichen eigene Ideen entwickeln und umsetzen. Sie können erlangtes Wissen und Techniken anwenden und neue Erfahrungen machen. Die sozialpädagogische Fachkraft hat dabei die Aufgabe, die passenden Rahmenbedingungen zu schaffen und zu schützen. Sie assistiert den Kindern und Jugendlichen, indem sie diese in ihren eigenen Ideen unterstützt und bestärkt. Sie sorgt für Materialien, Raum und Zeit für ungestörtes Arbeiten. In manchen Einrichtungen finden offene Angebote in gesonderten Räumen wie Ateliers und Werkstätten statt.
Ebenso gut kann der Arbeitsbereich aber auch eine Ecke oder ein Tisch sein, der für diese Arbeiten zur Verfügung steht und frei gehalten wird. Dazu findet man Anregungen aus dem Bereich der ›Reggio-Pädagogik‹ oder auch z. B. durch das Konzept des Malraumes nach Arno Stern (*1924). Der Pädagoge und Forscher entwickelte in der Nachkriegszeit durch die Betreuung von Kriegswaisen seine Theorien, die auch heute noch großes Interesse wecken.

Reggio-Pädagogik → *S. 294 Band 1*

Angeleitete Angebote: Angeleitete Angebote richten sich an bestimmte Zielpersonen und haben ein spezielles Ziel. Das kann für den Erwerb von Grundfertigkeiten nötig sein, wie z. B. den Einsatz von bestimmten Werkzeugen und Maschinen. Auch neue Materialien kennenzulernen und damit besonderen Wahrnehmungserfahrungen zu machen, erfordert manchmal ein geplantes Angebot.
Nicht zuletzt muss der Umgang mit anderen Kindern und Jugendlichen im Bereich des künstlerischen Gestaltens zunächst erlernt werden und kann auch Inhalt eines Angebotes sein. So brauchen manche Kinder und Jugendlichen durchaus Hilfestellung und gezielte Lernaufgaben, um ihre Kompetenzen zu stärken und Selbstvertrauen aufzubauen.

Abb. 4.20 Blick in ein Atelier im Kindergarten

←→ Förderung von Medienkompetenz
Nennen Sie Beispiele, wie angeleitete Angebote zur Vermittlung von Medienkompetenz genutzt werden können.

Impulse: Impulse bieten eine Brücke zwischen freien und angeleiteten Angeboten. Sie geben keine Lösung vor, sondern bieten lediglich eine Anregung, um zu eigenen kreativen Ergebnissen zu kommen. Eine solche Anregung kann z. B. ein Karton mit Verpackungsmaterial sein, eine Wanne voll Tonschlicker, ein Eimer mit Wandfarbe oder eine Kiste mit Schrott. Es kann ein Brief mit einer Einladung zu einer Ausstellung oder ein leer geräumter Raum sein, in dem eine große Kiste mit Stoffen steht. Ein Impuls kann auch sprachlich stattfinden. Hier bieten sich offene Fragen an, wie z. B. „Womit lassen sich diese beiden Teile wohl verbinden?" oder „Welche Farben mag wohl so ein Monster?". Impulse können und müssen durchaus geplant werden: Was sind die Ziele? Was soll dadurch erreicht werden? Wie und wann muss dieser Impuls gesetzt werden? Bei all diesen Überlegungen sollte sich die sozialpädagogische Fachkraft bewusst sein, dass die ästhetische Erziehung und Bildung immer Raum lässt für individuelle Bildungswege, freie Entscheidungen und Ausdrucksmöglichkeiten.
Im Rahmen der eigenen Biografiearbeit als Erzieherin und durch Erfahrungen in der Praxis kristallisiert sich mit der Zeit heraus, welche Arbeitsform der Fachkraft mehr liegen. Wichtig ist, dass sie nicht nur darin verbleibt, sondern sich der Situation der Zielgruppe anpasst und auch den Mut hat, neue Formen auszuprobieren.

Ergebnisse präsentieren, reflektieren und dokumentieren: Die Dokumentation der Bildungsprozesse und individuellen Entwicklungen gehört für jede sozialpädagogische Fachkraft zum Alltag. Gerade die Ergebnisse und Prozesse der künstlerisch-ästhetischen Tätigkeiten können viel über die Entwicklung, die Bedürfnisse, die Ressourcen und den Hilfebedarf des Kindes oder Jugendlichen zeigen. Viele Werke und Beobachtungsprotokolle werden im Rahmen der ›Portfolioarbeit‹ eine wichtige Stelle einnehmen.

Portfolioarbeit → S. 141

Das Modell der ästhetischen Bildung macht an dieser Stelle die Bedeutung der Sprache deutlich. Nicht allein das entstandene Werk, sondern auch schon der Prozess an sich wird häufig artikuliert. Dies kann zu intensiven Gesprächen über Gefühle, Meinungen und Ausdrucksmöglichkeiten führen. Wichtig ist in diesem Zusammenhang die wertschätzende Einstellung der Erzieherin. Sie darf sich nicht in einem immerwährenden „Das hast du schön gemacht „oder „Toll!" erschöpfen, sondern sollte echtes Interesse am Kind und Jugendlichen zeigen. Möchte das Kind, möchte der Jugendliche darüber sprechen, hört die Erzieherin zunächst nur zu und bewertet die Arbeit nicht. Sie kann offene Fragen stellen, sollte sich aber mit eigenen Deutungen zurückhalten.
Zur Wertschätzung gehört auch eine Präsentations- bzw. Ausstellungsmöglichkeit. Dies sollte mit den Kindern und Jugendlichen gemeinsam geklärt werden. Jeder sollte selbst bestimmen dürfen, was aufgehängt oder ausgestellt wird.

←→ Sprachliche Bildung
Welche offenen Fragen regen Kinder an, ins Gespräch zu kommen und Geschichten zu erzählen?

Abb. 4.21 Präsentationsform auf Augenhöhe

4.4 Beispiele für die Gestaltung der Bildungsarbeit

Das Erlernen von künstlerischen Methoden ist ein lebenslanger Prozess. Es öffnen sich immer wieder neue Fenster, die zu weiterem Lernen einladen und so die Ausdrucksmöglichkeiten des Einzelnen verändern und erweitern. Es gibt zahlreiche Methoden des künstlerischen Ausdrucks, die jeder, unabhängig von Alter, Begabung, Sozialisation oder Behinderung, für sich wählen kann. Unterschiedliche Lebenssituationen führen zu einer ganz persönlichen Methodenwahl.

Die folgenden Praxiswerkstätten bieten der sozialpädagogischen Fachkraft eine breite Auswahl an Ideen, Anregungen und Umsetzungsmöglichkeiten für die Arbeit mit Kindern und Jugendlichen in allen künstlerischen Bereichen. Individuelle Förderung ist hier Ausgangspunkt und Ziel allen professionellen Handelns.

Dabei sind „Praxiswerkstätten" zunächst als virtuelle Räume der Bildung und Weiterbildung zu verstehen. Sie werden Wirklichkeit, wenn für Ausbildungszwecke in der Fachschule der Werkraum oder für praktische Bildungsprojekte der Gruppenraum, z. B. für ein Projekt „Drucken mit Kinder" oder „Selbstdarstellung in der Fotografie" für Jugendliche, vorbereitet wird.

Es ist Aufgabe der Erzieherinnen, sich Anregungen zu suchen, die einzelnen Bereiche zu verknüpfen und ganzheitlich zu arbeiten, darüber hinaus genau für diese ästhetisch-künstlerisch Bildungsarbeit Kinder und Jugendliche zu motivieren und sie dabei zu unterstützen.

Der Aufbau der Werkstätten ist jeweils in drei Bereiche unterteilt:

- **Grundlagen** – Hier geht es um grundlegende Fertigkeiten und Erfahrungen, die Basis für die Entwicklung in dem entsprechenden künstlerischen Gebiet.
- **Weiterführende Techniken** – Hier werden Techniken vorgestellt, die auf den Grundlagen aufbauen und Freiraum zur Weiterentwicklung bieten.
- **Künstler kennenlernen** – Hier wird eine Auswahl an Künstlern unterschiedlicher Stilrichtungen aufgeführt, die sich schwerpunktmäßig mit dieser Technik auseinandergesetzt haben.

Viele Anregungen, Anleitungen und Tipps finden Sie außerdem unter:

www.zzzebra.de

www.handmadekultur.de

www.youtube.de

4.4.1 Praxiswerkstatt Drucken

Grundlagen

Die ersten Erfahrungen mit dem Drucken beginnen beim Hinterlassen von Spuren beim Essen, dem nassen Fußabdruck auf der Terrasse im Sommer, der Spur im Sand oder mit den schmutzigen Händen an der Wand. Aus diesen Alltagserfahrungen entwickeln sich dann die ersten gestalterischen Methoden, z. B.:

- Hand-und Fußabdrücke mit Fingerfarben
- Stempeldrucktechniken wie Kartoffeldruck, Drucken mit Schaumstoffstempeln
- Materialdruck mit gesammelten Gegenständen aus der Natur und dem alltäglichen Umfeld

Für alle ersten Druckmethoden eignen sich vor allem wasserlösliche Farben wie Finger- und Temperafarben.

(Rezept für Fingerfarbe: 120 g Mehl, 200 ml Wasser, 10 ml Speiseöl, 10 ml Zitronensaft, 10 ml Lebensmittelfarbe miteinander verrühren, im Kühlschrank aufheben und bald verbrauchen!)

Abb. 4.22 Spuren im Sand

Weiterführende Techniken

Hochdruck: Diese Technik ist das älteste Druckverfahren und folgt dem Prinzip, dass nur die erhabenen Stellen des Druckstocks abgebildet werden, wie man es vom Stempeldruck kennt. Es bieten sich folgende Verfahren an: Linolschnitt, Holzschnitt, Druckplatten aus weichen Materialien wie Styrene, Gummi, o.Ä. Buchdruck.
Tipp: Sammeln Sie Verpackungsmaterial aus Polystyrol. Daraus lassen sich leicht Druckformen herausschneiden und ohne viel Kraft mit einem Bleistift, Kugelschreiber oder anderen Werkzeugen bearbeiten.

Abb. 4.23 Herstellung eines Druckstocks

Tiefdruck: Beim Tiefdruckverfahren werden Linien in eine Platte eingegraben, die dann mit Farbe gefüllt werden. Die hochstehenden Flächen bleiben dabei sauber. Mittels hohen Drucks saugt das Papier die Farbe auf. Die Vertiefungen können durch Ätzverfahren oder mechanische Verfahren in die Platten gebracht werden. Zu den Tiefdruckverfahren zählen die Radierung und der Kupferstich.

Radierung: Im sozialpädagogischen Umfeld wird die Kaltnadelradierung bevorzugt, da das Verfahren mit weniger Aufwand verbunden ist. Hierbei werden Linien mithilfe einer Radiernadel in eine Metall- oder Kunststoffplatte geritzt. Die Platte wird anschließend mit Druckfarbe (wasserlöslich oder auf Ölbasis) so eingerieben, dass sich die Farbe nur noch in den Linien befindet. Danach wird das Motiv mit der Druckerpresse auf saugfähiges Papier gedruckt.

Künstler kennenlernen:
Albrecht Dürer
Honoré Daumier
Henri Matisse
Gerhard Marcks
Otto Dix
Oskar Kokoschka
Andy Warhol
Ernst-Ludwig Kirchner
Paul Klee

Flachdruck: Zu diesem Druckverfahren gehören die Lithografie und die Monotypie. Hierbei liegen die druckenden und nichtdruckenden Stellen auf einer Ebene. Bei der Lithografie werden diese lediglich durch unterschiedliche Inhaltsstoffe (wasserlösliche und wasserabstoßende Materialien) voneinander getrennt.
Die Monotypie wird auch als Einmaldruck bezeichnet. Sie lässt sich schnell und einfach anfertigen und hat durch ihre experimentellen Möglichkeiten einen hohen Aufforderungscharakter. Auf eine Glas- oder Kunststoffplatte wird Druckfarbe aufgewalzt (bei wasserlöslichen Farben lässt sich die Trockenzeit durch einen Tropfen Spülmittel verlängern). Anschließend wird ein Blatt Papier lose auf die gefärbte Platte gelegt und an zwei gegenüberliegenden Ecken befestigt. Nun wird mit einem Bleistift das Bild auf die Rückseite des Druckpapiers gezeichnet. Der Druck des Bleistifts überträgt die Druckfarbe auf das Papier. Wird die Druckplatte zwischendurch gereinigt und mit anderen Farben eingefärbt, lässt sich ein Blatt auch mehrmals und farbig bedrucken.

Durchdruck: Zu den Durchdruckverfahren gehören der Siebdruck und die Frottage. Die Frottage (Durchreibetechnik) ist eine experimentelle Technik. Hierbei werden verschieden strukturierte Materialien unter das Papier gelegt. Anschließend wird mit einem weichen Stift (wie z.B. Wachsstiften, Grafitstiften, Kreiden) über das Papier gerieben. Dabei treten dann die erhabenen Stellen der unterliegenden Materialien in Erscheinung. Diese lassen sich dann wieder mit anderen Strukturen kombinieren.

4.4.2 Praxiswerkstatt Farbe

Grundlagen

Rot, Blau, Gelb und Grün sind die ersten Farben, die Kinder in der Regel benennen können. Farben in ihrer gesamten Palette wahrnehmen und wiedererkennen können sie allerdings schon viel früher. Die Schwierigkeit liegt nicht in der Farbwahrnehmung, sondern in der Verbindung des Farbreizes mit dem entsprechenden Wort. Farben in ihrer Vielfalt zu erleben ist ein sinnenreicher Prozess. Je mehr Erlebnisse damit verknüpft werden, desto leichter fällt es dem Kind, eine Farbe genau zu definieren und das entsprechende Wort dafür zu finden.

Es gibt viele Ideen, Farbe mit allen Sinnen zu erleben, Geschichten, Reime und Lieder beschreiben und besingen sie. Der Autor Leo Lionni hat das Thema Farbe in mehreren Titeln aufgegriffen. „Das kleine Blau und das kleine Gelb“ mischen sich als dicke Freunde zum kleinen Grün, in „Seine eigene Farbe“ sucht ein Chamäleon nach einer Farbe, die es für sich alleine hat, in „Frederick“ geht es um die erzählerische, wärmende Wirkung der Farben.

REFLEXION | IMPULS | LERNORTKOOPERATION

Suchen Sie in Ihren Einrichtungen nach weiteren Buchtiteln zum Thema „Farbe“ und beobachten Sie beim Vorlesen die Reaktionen der Kinder: Welche weitergehenden Ideen entwickeln die Kinder zum Thema „Farbe“ in der Auseinandersetzung mit den Büchern?

Es können Farbthementage durchgeführt werden, an denen alle Kinder und Jugendlichen die entsprechende Kleiderfarbe tragen, das Essen nach Farben gewählt wurde und ganze Räume mithilfe von Lichttechnik in Farbe getaucht werden. Es können Sammlungen angelegt, Spiele gespielt und Theaterstücke inszeniert werden.

Werden Farben als Malmittel erlebt, kommen weitere Faktoren hinzu: Jetzt können sie erfühlt und ertastet werden. Sie können mit den Händen vermalt oder mit unterschiedlichsten Werkzeugen und Pinseln aufgetragen werden. Eigenschaften können beeinflusst, das Blau kann durch Weiß heller und durch Schwarz dunkler gemischt werden. Die farbtheoretischen Inhalte lassen sich durch experimentelles Arbeiten und Auswerten erfahren und erleben.

BEISPIEL „Was passiert, wenn Blau und Gelb sich begegnen?“, fragt die Erzieherin Katrin die Kinder der Löwengruppe in der Kindertagesstätte. Auf einem großen Stück Tapete wird jeweils an die Stirnseiten ein großer Klecks flüssige Farbe gegeben. Je drei Kinder heben die Tapetenbahn an den Enden hoch und langsam bewegen sich die Farbspuren aufeinander zu.

Abb. 4.24 Erste Spuren hinterlassen

Es gibt eine Vielzahl von Zufallstechniken, bei denen die Eigenschaften von Farben, Werkzeugen und Materialien erlebt werden können. Dazu zählen u. a.: Kuller-, Puste- und Fadentechnik, Nass-in-Nass-Malerei oder Wachs-Kratz-Technik. Bei all diesen Techniken geht es um das Erlernen von Grundlagen und sie laden zum freien Experimentieren ein. In unzähligen Publikationen finden sich weitere Anregungen.

Als Malmittel bieten sich Finger-, Kleister-, Tempera- oder Aquarellfarbe, flüssig oder im Block, Wachs- oder Buntstifte an.

Weiterführende Techniken
Bei den weiterführenden Techniken geht es einerseits um die Erweiterung des Materials und andererseits um die Veränderung der Inhalte und Aufgabenstellung.

Zeichnen: Zeichenmaterialien für Fortgeschrittene sind Filzstifte, Kohlestifte und Kreiden. Für all diejenigen, die gerne besonders fein arbeiten, bieten sich auch Tuschestifte und Fineliner an oder das Zeichnen mit der Feder. Hier spielen die grafischen Elemente von Linie, Punkt und Fläche eine besondere Rolle. Schraffuren, die Darstellung von Licht und Schatten, figürliches und perspektivisches Zeichnen sind häufige Inhalte.

Malen mit Acrylfarben: Häufig wird Acrylfarbe schon in der Frühpädagogik eingesetzt. Es handelt sich hierbei um eine ›Kunststoffdispersion‹, die zwar mit Wasser vermalbar, aber im getrockneten Zustand wasserfest und aus Kleidung nicht mehr auswaschbar ist. Inzwischen gibt es für den frühpädagogischen Bereich wasserlösliche Temperafarben, die eine ähnliche Farbintensität wie Acrylfarben bieten.
Für fortgeschrittene Künstler ist die Acrylfarbe ein reizvolles Material, da sie sehr gut deckt, überstreichbar ist und mit diversen Zusatzmitteln in ihrer Konsistenz und Wirkung verändert werden kann. Als Malgrund werden in den meisten Fällen bespannte Keilrahmen benutzt. Stoff, Stroh, Sand und Kleinmaterialien bringen Struktur und Dimension.

Kunststoffdispersion
auch „Polymerdispersion" oder „Kunstharzdispersion" genannt

die feine Verteilung von Kunstharzen oder Polymeren in einer Flüssigkeit, meist Wasser; dies ergibt eine zähflüssige Farbe

Malen mit Ölfarben: Das Malen mit Ölfarben hat eine lange Tradition und die Verarbeitung ist ein langfristiger Prozess. Das Vorgehen ist aufwendig und erfordert ein hohes Maß an Fachwissen, da mit Ölen, Harzen, Lösungs- und Bindemitteln umgegangen wird.

Landschaftsmalerei und Naturstudium: Mit dem Skizzenblock auf den Knien oder der Leinwand vor sich direkt in der Natur zu arbeiten hatte immer schon eine besondere Qualität. Der Künstler arbeitet inmitten seines Motivs, umgeben von vielfältigen Sinneseindrücken. Das Naturstudium weist in der Kunst eine interessante, wechselhafte Entwicklung auf.

Porträtmalerei: Das Porträt als Abbild des Menschen, aber auch als Interpretation des Künstlers findet sich in der gesamten Kunstgeschichte wieder.

Künstler kennenlernen:
William Turner
Paul Cezanne
Emil Nolde
Paul Klee
Marc Chagall
Yves Klein
Jackson Pollock
Gerhard Richter

Action-Painting: Das Action-Painting ist eine Maltechnik, bei der sehr direkt und dynamisch vorgegangen wird. Die Farbe wird auf die Leinwand gespritzt, gespachtelt, getropft und geschüttet. Ein bekannter Vertreter war Jackson Pollock, der mit durchlöcherten Blechdosen die Farbe auf die Fläche getropft hat. Hierbei wird das Ergebnis im Vorfeld wenig geplant, sondern dem Zufall überlassen.

Abb. 4.25 Action-Painting

4.4.3 Praxiswerkstatt Bildhauerei

Grundlagen

Die ersten Erfahrungen machen Kinder mit Materialien wie Sand, Schlamm und Ton. Dies geschieht oft im Sandkasten, am Meer oder im Garten. In der Küche lernen sie Teig kennen, mit dem Kuchen, Pizza und Brot herstellt werden. Sie erleben dabei, wie sich das Material verhält, und machen intensive Wahrnehmungserfahrungen auf verschiedenen Ebenen. Neben den alltäglichen Materialien kommen mit der Zeit unterschiedliche Konstruktionsmaterialien hinzu:

- Spielmaterialien wie Bauklötze und anderes Konstruktionsmaterial unterstützen das dreidimensionale Gestalten und Bauen. Konstruktions spiele werden oft mit anderen Spielarten, wie z. B. dem Rollenspiel, verknüpft, eröffnen Fantasiewelten und schaffen innere Bilder.
- Steine werden aufgehoben und mitgenommen, nach Farben und Formen sortiert, zerschlagen und untersucht, bemalt und beklebt.
- Hölzer werden gesammelt, zum Spielen verwendet und die ersten Erfahrungen mit Werkzeugen gemacht. Kinder lernen den Umgang mit Säge, Hammer, Bohrer und Schleifmaterialien.
- Knete wird angeboten. Die Kinder können im freien Spiel das plastische Material gezielt anwenden und entsprechende Werkzeuge kennenlernen.
- Ton bietet sich als natürliches, preiswertes und nachhaltiges Material an, um erste Erfahrungen im plastischen Gestalten zu machen. Er eignet sich sowohl für basale Übungen und Spiele wie auch für die ersten Gestaltungen.

Abb. 4.26 Erste Erfahrungen mit Ton

Künstler kennenlernen:
Michelangelo
Auguste Rodin
Alberto Giacometti
Nici de Saint Phalle
Karin Sander
Tony Cragg
Ewald Mataré
Camille Claudel
Kurt Schwitters

Weiterführende Techniken

Bauen: Für das Bauen eignen sich z. B. Holz, Recyclingmaterial und Metall. Bauen kann im Kleinen passieren oder auch raumgreifende Objekte als Ziel haben. Hierbei sind die Verbindungen interessant, die sich jeweils auf die besonderen Eigenschaften des Materials beziehen.

Plastiken: Bei der ›Plastik‹ wird aus weichen, formbaren Materialien wie Ton, Gips oder Pappmaschee ein Körper geschaffen.

Skulpturen: Bei der ›Skulptur‹ wird das feste Material, z. B. Holz, Gipsblöcke, Stein, Gasbeton, durch Sägen, Meißeln, Schnitzen etc. bearbeitet und die Form herausgebildet.

Objektkunst: Gegenstände des Alltags bzw. Teile von Gegenständen werden hier gesammelt, kombiniert und verändert. Sie können zusammengefügt (Assemblage), verhüllt oder verfremdet werden.

Plastik
griech. plastikós, plássein: bilden, formen

Skulptur
lat. sculpere: meißeln, schnitzen

4.4.4 Praxiswerkstatt Natur

Die wohl umfassendste Material- und Ideensammlung findet sich kostenfrei direkt vor unserer Haustür, draußen in der Natur.
Je nach Wohnlage und Jahreszeit wechselt das tägliche Warenangebot der Natur. Mal können Kinder und Jugendliche auf die unendlichen Ressourcen der großen Wälder mit kleinen wilden Bächen, weiter Heide- oder Dünenlandschaft, saftigen Auen und Feldränder zurückgreifen. Doch auch der zahm begrünte städtische Spielplatz, der kleine Grüngürtel im Viertel oder die (zuvor besichtigte und frei zugängliche) brachliegende Baulücke bergen unzählige Ideengeber für kreative Ausdrucksmöglichkeiten und Prozesse.

Grundlagen

Natur und Umwelt → S. 382

Im freien Spiel können die Eigenschaften der einzelnen ›Naturmaterialien‹ erprobt und in unendlichen Varianten zu immer neuen Anlässen miteinander kombiniert werden: Steine, Felsen, Kiesel, Split, Sand, Matsch, Lehm, Erden, Kreiden, Ton, Schlicker, Reisig, Äste, Stöcke, Hölzer, Bäume, Wasser, Pfützen, Bäche, Rinnsale, Blätter, Blüten, Samen, Zapfen, Pflanzen, Gräser, Moose, Flechten, Feuer, Asche, Glut, Eis, Schnee und vieles mehr.

Weiterführende Techniken

Abb. 4.27 Land Art. Künstlicher Erdwall im Great Salt Lake, Utah, USA, von Robert Smithson

Land Art: In den USA entwickelte sich Ende der 1960er Jahre eine naturbezogene Kunstrichtung, die als Land Art bekannt wurde. Hierbei erschufen Künstler in und aus einer normalen Landschaft mal überdimensional große, mal unscheinbar kleine Naturinstallationen, die fernab vom Kunstbetrieb dem Einfluss der Natur ausgesetzt und vergänglich waren. Die bekanntesten Vertreter sind Robert Smithson und Andy Goldsworthy. Kindern und Jugendlichen bietet Land Art einen einfachen Zugang zu tiefen sinnlichen Erlebnissen mit und in der Natur. Naturmaterialien, die den Betrachter ansprechen, werden gesammelt und neu arrangiert. Ob inspiriert durch eine im Boden oder Baum entdeckte Form, ausgehend von der Farbigkeit herbstlicher Blätter oder der Marmorierung gesammelter Steine: Land Art zieht jeden in seinen Bann, der sich auf den kreativen Prozess in und mit der Natur einlässt.

Steinfiguren: Vor allem in Wassernähe finden sich viele flache Steine, die sich durch Schichten in unendlicher Variation zu kleinen und großen Steintürmen und Steinfiguren zusammenbauen lassen. Was anfangs banal klingt, erzeugt eine Sogwirkung, der sich weder Kinder, noch Erwachsene entziehen können. Nach getaner Arbeit zurücklehnen und die versteckten Steinmenschen, -tiere und -monster in den Steinschichten entdecken.

Wasserfahrzeuge: Aus Fundmaterial lassen sich herrliche Wasser-, Land- oder Luftfahrzeuge bauen. Stöcke, Blätter, Gräser, Moose, Steine bieten das Ausgangsmaterial für kreatives Gestalten. Spannend wird es, wenn die Fahrzeuge auch getestet werden. Schwimmen sie eine bestimmte Strecke über den Teich oder den Bach hinunter? Gleiten sie im Flug vom Baum oder plumpsen sie herunter? Als Verbindungsmaterial bietet sich je nach Altersgruppe z. B. ein Meter oder eine Rolle Baumwollnähgarn pro Team an (Umweltgedanken: kein Plastik, Tesa, Klebstoff etc. verwenden).

Mit Weiden bauen: Im Winter, in der Ruhephase geschnittene Weidenzweige lassen sich zu größeren und kleineren Objekten, Schalen, Kugeln, Lampenschirmen etc. verarbeiten. Die biegsamen und flexiblen Zweige werden entweder miteinander verflochten oder mit Seil, Bast oder Schnur verknotet. Alternativ können alle Zweige verwendet werden, die sich zweimal ums Handgelenk wickeln lassen, z.B. Haselnuss, Hartriegel oder auch mit anderer optischer Wirkung Kletterpflanzen wie Clematis (kein Efeu).

Abb. 4.28 Weidenobjekte

Reizvoll sind auch Langzeitprojekte: Im Winter oder Frühjahr in die Erde gesteckte Weidenzweige treiben im Frühjahr aus, wachsen weiter, lassen sich immer wieder verflechten und können mit der Zeit zu einer Hütte, einem Wandelgang oder Labyrinth werden. Weitere Informationen bieten auch die örtlichen Naturschutzverbände.

Ton-Perlen und Amulette brennen: Aus verschiedenen Tonarten (grauer, roter, schwarzer Ton) werden kleine Perlen gedreht, gerollt, geschichtet, flache Amulette geformt und verziert. Anschließend werden die Erzeugnisse mit einem feuchten Holz- oder Metallstäbchen durchbohrt und mehrere Tage getrocknet. Gebrannt werden können sie in kleinen tönernen Blumentöpfen, die in die Glut eines Lagerfeuers gestellt werden (bei direktem Kontakt mit der Glut kann es zu Verfärbungen des Tons kommen).

Erd- und Pflanzenfarben herstellen: Um Erdfarben herzustellen, sucht man in der Natur Erde in verschiedenen Farbtönen, trocknet und zerkleinert sie. Sind sie stark mit Steinchen versetzt, kann man sie mit einer flachen Schale auswaschen (wie beim Goldwaschen ...). Dann werden die Pigmente mit einem Bindemittel (z.B. Wasser, Quark, Caparol, Kleister, Ei oder Öl) versetzt und verwendet. Je nach Farbe des Bindemittels unterscheidet sich der Farbton bei gleichem Pigmenteinsatz.

Künstler kennenlernen:
Walter De Maria
Hans Haacke
Robert Smithson
Michael Heizer
Richard Long
Tony Plant
Andy Goldsworthy

Auch Pflanzenfarben lassen sich einfach herstellen. Bestimmte Pflanzen ergeben zerkleinert und mit etwas Wasser aufgekocht folgende Farben:
- Gelb: Löwenzahnblätter, Birkenblätter, Färberkamille
- Gelb bis Braun: Zwiebelschalen
- Rot: Rote Bete, Malventee, Hagebutten
- Violett: Rotkohlblätter
- Braun/Schwarz: schwarzer Tee und Kaffee
- Grün: Himbeerblätter, Brombeerblätter, Spinat, Brennnesselblätter

Frische Pflanzenfarbe kann man aus folgenden Lebensmitteln und Gewürzen herstellen. Dabei müssen diese zerkleinert und ausgepresst und evtl. mit Wasser verdünnt werden:
- Gelb: Karotten, Gewürze wie Curry oder Kurkuma
- Rot: Kirschen, Paprika
- Violett: Brombeeren, Holunder, schwarze Johannisbeeren
- Grün: Petersilie

4.4.5 Praxiswerkstatt Textil

Grundlagen

Textile Materialien bieten aufgrund ihrer vielfältigen Textur und Farbvariationen eine Fülle von Wahrnehmungsanregungen. Oberflächen von glatter, samtiger oder rauer Beschaffenheit regen dazu an, sie anzufassen oder sich darin zu verhüllen. Strukturierte Oberflächen in allen möglichen Farben ziehen das Auge an und fordern das Spiel mit Farbzusammenstellungen heraus.
Stoffe, Garne und Fasern bieten viele Möglichkeiten des ästhetischen Spiels und des experimentellen Entdeckens:

- Fasern lassen sich zupfen, reißen und legen. Man kann darin „baden“ und sich einkuscheln.
- Garne kann man wickeln, knoten und spannen. Mit ihnen lassen sich Dinge verpacken, verstecken und „umgarnen“. Durch gespannte Spinnennetze lassen sich Räume neu erfahren.
- Stoffe lassen sich falten und knüllen. Sie können ganz wenig Platz einnehmen und im nächsten Moment, entfaltet, den halben Raum verdecken. Man kann sich darin verstecken oder damit verhüllen, zudecken und verkleiden.

Weiterführende Techniken

Collage: Auch ohne aufwendige Verarbeitungstechniken wie Stricken oder Weben lassen sich textile Materialien künstlerisch nutzen. Die Collagetechnik bietet hierzu viele Möglichkeiten. Stoffe, Garne und Fasern können zu Bildern und Objekten geklebt werden. Dazu eignen sich vor allem Kleister, Farbe und Gipsbrei.

Knoten und Knüpfen: Knoten als Verbindungselemente spielen auch im Alltag eine große Rolle. Es gibt Knoten für Angler, für Bergsteiger, für Seefahrer ... Aus dieser Vielfalt heraus werden sie auch im kunsthandwerklichen Bereich verwandt. Freie Objekte lassen sich mit unterschiedlichen Garnen knoten. Makrameearbeiten zeigen die Vielfalt der technischen Möglichkeiten auf.

Abb. 4.29 Strick- und Häkelarbeiten im Außenbereich: ein Haus in Neukirchen-Vluyn

Häkeln und Stricken: Häkeln und Stricken sind Handarbeitstechniken, bei denen aus einem Faden ein Maschengeflecht entsteht. Einfache Arbeiten wie Luftmaschenhäkeln oder Fingerstricken ermöglichen schon Kindern, diese Techniken durchzuführen. Die Strickliesel erlebt zurzeit eine Renaissance. Meterlange Schnüre entstehen, aus denen weitere Objekte gestaltet werden können. Der erste Schal entsteht und Socken und Pullover folgen vielleicht. Die kunsthandwerklichen Fähigkeiten lassen sich dann für reine Kunstobjekte weiterverwenden.

Nähen und Sticken: Unter Nähen versteht man die Verbindung von Stoffstücken mit Nadel und Faden. Das Sticken dient zur Verschönerung und Gestaltung von Stoffen oder Stoffobjekten. Gerade unter dem Aspekt von Nachhaltigkeit und Resilienz erfahren diese Techniken zunehmend an Bedeutung. Es gibt eine Vielfalt von unterschiedlichen Nähverfahren. Beim Nähen mit der Hand lassen sich erste Erfahrungen sammeln. Die Nutzung von Nähmaschinen bietet dann weitere Möglichkeiten. Neben der rein praktischen Herstellung von Kleidung und Alltagsgegenständen kann man mit dem verwendeten Material auch künstlerische Akzente setzen. Die individuelle Auswahl von Farben, Strukturen und die Entwicklung eigener Schnittmuster führen zur freien Gestaltung und zum Textildesign.
Mit Kindern bieten sich auch folgende Aktivitäten an: experimentelles Sticken auf Karton nach eigenen Entwürfen, freies Vernähen von Stoffresten, Knöpfe annähen und Bilder gestalten, alte Kleidungsstücke umgestalten.

Künstler kennenlernen:
Anni Albers
Meret Oppenheim
Joseph Beuys
Magdalena Abakanowicz
Christo und Jeanne-Claude
Alberto Burri
Man Ray
Robert Morris
Claes Oldenburg

Weben: Weben ist eine der ältesten textilen Handwerkstechniken. Es entstehen Stoffe, Decken und Teppiche. Beim Weben werden horizontale und vertikale Fäden miteinander verkreuzt und bilden so eine Fläche. Vom einfachen Weben über einen Pappkarton bis hin zum Weben auf einem Webstuhl bietet diese Technik Möglichkeiten für Anfänger und Fortgeschrittene.

Abb. 4.30 Ein Stoff entsteht

REFLEXION — **IMPULS** — LERNORTKOOPERATION

Bauen Sie im Freien mit Kindern oder Jugendlichen aus Ästen einen einfachen Webrahmen. Bespannen Sie diesen mit Kettfäden. Weben Sie nun mit unterschiedlichen Materialien. Es können weitere Garne und Stoffstreifen sein, Naturmaterialien oder auch Recyclingmaterial. Vielleicht haben Sie noch weitere Ideen?

Filzen: Man unterscheidet zwischen Trockenfilzen und Nassfilzen. Beim Trockenfilzen werden die Wollfasern mithilfe einer speziellen Nadel miteinander verbunden, beim Nassfilzen werden lose Wollfasern durch Reiben miteinander verbunden. Seife und warmes Wasser unterstützen diesen Prozess. Besonders das Nassfilzen bietet viele Wahrnehmungserfahrungen. Der Schaffende erlebt in seinen Händen, wie sich die nasse Wolle durch das Filzen verändert und formen lässt. Beide Techniken eignen sich bereits für Kinder und es entstehen einfache kleine Werkstücke, z. B. Bälle, Bilder, kleine Figuren und Taschen. Auch Fortgeschrittenen bietet diese Technik viel Freiraum für schöpferische Ideen.

Nachhaltigkeit: Welche Auswirkungen hat das Thema Nachhaltigkeit auf die aktuellen Themen von Textilkunst?

Die Homepage zeigt Arbeiten von Textilkünstlern: **www.textilkunst-portal.de**

4.4.6 Praxiswerkstatt Papier

Grundlagen

Es gibt unzählige Papiersorten mit vielfältigen Erscheinungsformen. Verschiedene Farben, Texturen und Größen lassen eine Vielfalt von Aktivitäten zu. Papier lässt sich knüllen, falten, reißen, schneiden, bemalen, bekleben, rollen, biegen und heften. Man kann damit Geräusche erzeugen und sich einrollen oder bedecken. Es wärmt, es schützt und man kann damit bauen. Papier lässt dreidimensionales Gestalten zu und man kann es mit Farbe verändern.

Schon ganz kleine Kinder lieben es, mit Papier zu spielen und all diese Erfahrungen zu sammeln. Die Vielfalt der Erlebnismöglichkeiten lässt sich am folgenden Beispiel aufzeigen:

Das Reißen von Papier gehört zu den basalen Gestaltungstechniken. Hierbei können die Eigenschaften des Materials körpernah erlebt werden. Der Widerstand des Materials beim Reißen, das Geräusch und die Veränderung der Form werden erfahren. Das Reißen erfordert komplexe Bewegungsabläufe beider Hände. Die Selbstwirksamkeit wird deutlich und lädt zum weiteren Gestalten ein. Die entstandenen Papierschnipsel können weiterverwendet werden. Man kann sie in größere Behälter fühlen und darin „baden“ oder sich verstecken. Kleine Mengen können für Schnipselcollagen verwandt werden.

Weiterführende Techniken

Abb. 4.31 Collage aus gerissenem Papier (Moritz, 2 Jahre)

Collage
franz. colle: kleben

Reißen und Kleben: Weiterführende Techniken sind die Collage und die Decollage. Bei der ›Collage‹ werden Papier- und Bildfragmente gerissen, neu miteinander kombiniert und aufgeklebt. Durch die gerissenen Ränder ergeben sich weiche Formen. Bei Schichtmaterialien, wie z. B. Wellpappe, ergeben sich durch das Reißen interessante Effekte.

Die Decollage entsteht, wenn mehrere Schichten (bedrucktes, bemaltes, beschriftetes) Papier übereinandergeklebt und dann wieder zum Teil ab oder aufgerissen werden. Verborgenes kommt ganz oder teilweise wieder zum Vorschein und es ergeben sich neue Kombinationen. Hierbei wird man an alte Plakatwände erinnert.

(Rezept für einfachen Papierkleber: 2 geh. EL Mehl mit einer halben Tasse Wasser in einem Kochtopf verrühren. 1 Tasse heißes Wasser dazu schütten und die Flüssigkeit unter Rühren erhitzen, bis sie dick wird. 1 EL Zucker hinzufügen und die Masse abkühlen lassen.)

Papier schöpfen: Um den Vorgang der Papierherstellung erlebbar zu machen, kann man auf einfache Art und Weise selbst Papier schöpfen.
Dazu wird Toilettenpapier (2 Rollen auf 10 l heißes Wasser) mit heißem Wasser übergossen und über Nacht stehen gelassen. Am nächsten Tag wird alles mit dem Stabmixer püriert, bis ein Brei entstanden ist. Nun taucht man einen Schöpfrahmen (einen Rahmen aus Holz mit Siebgeflecht bespannt oder ein Fliegengitter) in die Pulpe und bewegt diesen vorsichtig hin und her. Wenn sich eine dünne Papierschicht auf dem Sieb abgesetzt hat, hebt man den Rahmen heraus und lässt ihn abtropfen. Der Rahmen wird nun auf ein Filz- oder Haushaltstuch umgestülpt, das Papier fällt auf das Tuch. Nun wird ein weiteres Tuch auf das Papier gelegt und mit einem Nudelholz darüber gerollt. Das Wasser sollte dabei so gut wie möglich herausgepresst werden. Eventuell muss man ein weiteres Tuch auflegen. Das obere Tuch wird entfernt und das Papier mit dem darunterliegenden Tuch zusammen zum Trocknen aufgehängt. Nach dem Trocknen kann man das geschöpfte Papier vom Tuch entfernen. Statt Toilettenpapier können auch Altpapier, Eierkartons und Zeitungspapier verwendet werden. Das Papier kann gefärbt oder mit dekorativen Materialien wie Servietten, getrockneten Blumen oder Glitter verziert werden. Diese Materialien werden entweder in die Pulpe gegeben oder beim Auswalzen aufgelegt.

Falten: Einfache Faltarbeiten erlernen Kinder schon im frühpädagogischen Bereich. Komplizierte Faltarbeiten bauen darauf auf. Das Falten hat eine lange Tradition. Als Origami besitzt es in Japan eine große Bedeutung. Aber auch in unserer Kultur spielt es eine wichtige Rolle. Bei ›Fröbel‹ gehörten Faltarbeiten z. B. im Sinne der mathematischen Bildung zum festen Repertoire (Fröbelstern).

Fröbel → *S. 263 Band 1*

Schneiden: Das Schneiden von Papier erfordert ein hohes Maß an Koordination und Konzentration. Es gibt verschiedene Schneidwerkzeuge für unterschiedliche Bedürfnisse. Das Ausschneiden von Formen, das Kombinieren und Verkleben gehören zur Collage.
Eine traditionelle Schneidetechnik ist der Scherenschnitt, der meist mit schwarzem Papier durchgeführt wird. Es werden dabei Silhouetten ausgeschnitten und ganze Szenen dargestellt. Die fertigen Schnitte werden anschließend auf weißes Papier geklebt oder an Stöcken befestigt und beim Schattentheater verwendet.
Zu den traditionellen Schneidetechniken gehören außerdem der Spaltschnitt, der Klappschnitt und der Faltschnitt.

Abb. 4.32 Chinesisches Schattentheater

Künstler kennenlernen:
Henri Matisse
Kurt Schwitters
Georges Braque
Pablo Picasso
Urs Wehrli
Claes Oldenburg
HA Schult

ZUM WEITERDENKEN Ein strittiges Thema ist die Verwendung von vorgegebenen Schablonen bei Schneidarbeiten. Arbeiten alle Kinder mit den gleichen Schablonen, werden oft austauschbare, uniforme Ergebnisse erzielt. Gestalten und verwenden die Kinder ihre eigenen Schablonen, so erleben sie das Experimentieren und Kombinieren immer gleicher Formen und können gleichzeitig zu individuellen, kreativen Lösungen kommen.

4.4.7 Praxiswerkstatt Digitale Welten

Bildungsbereich Medien → S. 340

Freeware
Software, die vom Urheber zur kostenfreien Nutzung zur Verfügung gestellt wird

Kostenfreie Bildbearbeitungs- oder Videoschnittsoftware herunterladen, z. B. bei:
www.heise.de/download
www.computerbild.de/downloads
oder im Downloadbereich von
www.chip.de

Digitale ›Medien‹ gehören zum Alltag aller Kinder und Jugendlichen. Ihr hoher Aufforderungscharakter bietet unendliche Möglichkeiten im Bereich der Kreativitätsförderung. Eine kostspielige technische Ausstattung ist dank fast flächendeckender Verbreitung von einfachen Digitalkameras und Handykameras bzw. Smartphones nicht mehr nötig. Auch im Bereich Software kann jeder Internetnutzer auf ›Freeware› zurückgreifen und diese einfach und legal auf seinem Rechner installieren.

Für Präsentationen von gemeinsamen Projektarbeiten ist in den meisten Einrichtungen der Kinder- und Jugendhilfe ein Beamer verfügbar, dessen Anschaffungsaufwand von Jahr zu Jahr geringer wird. Bereits für viele Kinder im Kindergartenalter gehört das Bedienen von elterlichen Smartphones, Digitalkameras oder Tablet-PCs zu ihrem Alltag. Das Gestalten von und mit digitalen Medien ist kein Spezialwissen mehr, sondern bereits mit Kindern, besonders gut und in jeder Ausdrucksform mit Jugendlichen, umsetzbar.

Bei Projekten, die das eigene Recht am Bild betreffen, braucht die Erzieherin immer eine Einverständniserklärung der Eltern. Wird diese Erklärung nicht gegeben, schließt dies die Beteiligung des Kindes am Projekt nicht aus, sondern nur die Veröffentlichung des Bildmaterials.

Grundlagen
Bildausschnitte wahrnehmen: Mit leeren Klopapierrollen oder weißen Pappkarten mit rechteckigem Ausschnitt als Sucher bzw. Display der Kamera „fotografiert" bereits das Kleinkind, nimmt die gewählten Bildausschnitte wahr und sammelt erste Seherfahrungen.

Fotograf und Kamera sein: Ein sehendes Kind führt ein zweites, nicht sehendes Kind durch das Haus und Gelände. An mehreren spannenden Motiven positioniert das führende Kind den Spielpartner wie ein Kamerastativ und tippt auf den Auslöser (z. B. Kopf). Das zweite Kind öffnet nur für eine Sekunde die Augen. Anschließend sucht und zeigt es dem Fotografen möglichst viele der „fotografierten" Motive.

Erste digitale Bildergeschichten: Von Eltern ausrangierte, aber noch funktionstüchtige Digitalkameras mit kleinen Speicherkarten ermöglichen es Kindern bereits im Kindergartenalter, risikofrei und kostenneutral erste eigene Fotos zu schießen. Die Kinder suchen sich ihre Themen gerne selbst: Sie stellen ihre Gruppe dar, die Spielzeuge, das Außengelände, lassen die Tiere auf den Fahrzeugen fahren und finden Sprachanlässe, erzählen ihre eigenen Bildergeschichten.

Abb. 4.33 Früher Umgang macht kompetent.

Weitergehende Darstellungsformen lassen sich je nach Verwendungszweck beliebig finden: vom analogen Plakat mit Fotos und Text bis hin zur PowerPoint-Präsentation mit Beamer beim Tag der offenen Tür oder dem vertonten Kurzfilm auf der Homepage.

Projekte filmen: Zu besonderen Anlässen (z. B. bei den Abschlusspräsentationen der Projekte) können bereits von Kindergartenkindern kurze Filme mit der Digitalkamera gedreht werden, welche die Arbeiten zeigen und den Originalton mitschneiden. So bieten vergangene, gemeinsame Erlebnisse jederzeit wieder anschauliche Sprachanlässe. Die für Erwachsenenaugen ungewohnt wilde Kamerafahrt irritiert Kinder nicht, der Stolz über die eigene Aktivität wiegt mehr. Diese Filme sollten etwas Besonderes bleiben, weil ansonsten nach Wunsch der Kinder alles gefilmt und die Kamera im Dauereinsatz sein wird.

Weiterführende Techniken

Selbstdarstellung in der Fotografie: Ob Lebenstraum, Berufswünsche, Sportart oder das eigene Hobby: Jeder Mensch hat Wünsche, die sich selbstdarstellerisch nutzen lassen. In der (digitalen) Fotografie können diese Wünsche realisiert werden. Zuerst plant jeder für sich sein Wunschmotiv und sucht sich die passenden Requisiten, dann sucht man sich einen Partner für das Shooting. Der Vorteil bei der Digitalfotografie ist die unmittelbare Möglichkeit, das eigene Motiv, Bildaufbau, Bildausschnitt, Zoom, Licht etc. auf dem Display zu begutachten und sofort zu ändern.

Inszenierte Fotografie: Ganz ohne Computerhilfe lassen sich draußen in der Natur durch die Wahl des Bildausschnittes und der Kameraeinstellung neue Welten erschaffen: Miniaturwelten in Blumenkelchen, Spielzeugszenen auf anderen Planeten, reiselustige Kuscheltiere etc.

Abb. 4.34 Jeff Friesen: Mossy Crossing

Mit Fotomontagen und -retouchen die Realität verändern: Manipulationen im Bild begegnen uns überall: in der Werbung, den Medien, der Politik. Mit gängigen Bildbearbeitungsprogrammen lassen sich mit wenigen Retouche- und Freistellwerkzeugen am Rechner Realitäten verändern und eigene Fälschungen produzieren. Weltraumspaziergang, Unterwasserwelt, Klonenkrieger, Königin von England, Superman, siebenköpfige Riesenkrake, die Möglichkeiten sind unendlich, der Spaß auch. Bitte an alten Rechnern regelmäßiges Zwischenspeichern nicht vergessen! (Neben dem Standard Photoshop gibt es günstiger bzw. kostenlos online z. B. Corel Photo Paint, Gimp, Paint.net.)

Förderung von Medienkompetenz

Welche Elemente der Medienkompetenz können durch die ästhetisch-künstlerische Arbeit vermittelt werden?

Künstler kennenlernen:
Cindy Sherman
Jim Rakete
Marina Abramović
Bill Viola
Andreas Gursky
Pipilotti Rist

Stopmotionpictures/Bewegungen einfrieren: Hier ist Teamarbeit gefragt. Ein bestimmter festgelegter Bewegungsablauf (z. B. Sprung, Flug, Tanz, Kampf) wird mehrfach aus immer der gleichen Kameraposition fotografiert (je nach Kameramöglichkeit Serienbelichtung oder mehrfache Wiederholung). Die Bilder werden auf den Rechner geladen. Nun entweder mit gängiger Bildbearbeitungssoftware Personen und Schatten freistellen (Unerwünschtes entfernen) und in ein Basisbild einfügen oder alternativ Gewünschtes maskieren und als eigene Ebene dem Basisbild hinzufügen. Es entsteht ein bewegtes Standbild, eine stehende Bewegung ...

Abb. 4.35 Fotomontagen können Bewegung und Dynamik sichtbar machen.

Kurzfilme drehen: Beinahe jeder Jugendliche hat heute ein Handy mit Kamera oder eine Digitalkamera, die auch ausgiebig genutzt werden, um Alltagsszenen mitzuschneiden. Kurze Videofilme zu einem bestimmten Thema, aus einem bestimmten Genre zu planen, zu drehen und am Rechner mit kostenloser Software zu schneiden (z. B. Windows Movie Maker), Musik und Tonspuren zu produzieren und darunterzulegen ist für Kinder und Jugendliche eine Herausforderung. Hier können sich kleine Teams in ausgiebigen kreativen Prozessen voll ausleben: Musikvideo, sportive Actionszene, Romanze, Tierfilm, Horrorstreifen, alles ist machbar ...

Trickfilme drehen (Stopmotionvideo): Auch Trickfilme nach Art eines Daumenkinos zu produzieren, ist heute kein Geheimnis mehr. Im Prinzip wird eine Szene Stückchen für Stückchen gespielt und jeweils aus der gleichen Kameraposition heraus fotografiert. Anschließend werden die Bilder am Rechner mit einem gängigen Videoschnittprogramm (z. B. mit dem kostenfreien Windows Movie Maker) hintereinandergesetzt und vertont. Je nach Ausgangssituation sind folgende Aufgaben zu planen: das Grundmaterial festlegen (Menschen, Lego, Essen, alle Naturmaterialien, Knete, Materialmix ...), ein Storyboard (Drehbuch) schreiben oder zeichnen, Kulissen gestalten, Kostüme oder Figuren bauen, schminken, Licht und Kameraposition festlegen, Proben, Szenen spielen und kleinschrittig fotografieren, Daten sichern, Bilder hochladen, Zeitintervalle der Bildfolge variieren, bis es passt, Musik drunterschneiden oder Tonspur aufnehmen, das Werk präsentieren und ggf. Online stellen. (Möchte man lediglich eine Endlosschleife ohne Ton, so reicht schon ein Speichern der Bilder als animated gif, z. B. mit dem gif-animator der kostenfreien Software Photoscape.)

Inklusion
Wie können barrierefreie Online-Plattformen die Inklusion unterstützen?

Internettrends und Projekte kann man laufend z. B. bei
www.youtube.com
neu entdecken, beobachten und selbst weiterentwickeln.

4.4.8 Bildungsbereiche vernetzen – Ideensammlung für ein Feuerprojekt

Aufgabe und Ziel einer jeden sozialpädagogischen Fachkraft sollte es sein, die ihr anvertrauten Kinder und Jugendlichen ganzheitlich, d.h. auch in und durch alle Bildungsbereiche zu fördern, damit sie größtmögliche Handlungskompetenz mit dem Ziel der gesellschaftlichen Teilhabe entwickeln.
Zum Abschluss dieses Kapitels zu ästhetischer Bildung und Kunst visualisiert eine Mindmap das große Potenzial bildungsbereichsübergreifender Verknüpfungen bei der Anlage von Projekten exemplarisch am Beispiel „Feuer".
Die sinnliche Wahrnehmung der ästhetischen Bildung fungiert hier gleichsam als Klebstoff, der das Projekt zusammenhält. Durch die mögliche enge Verknüpfung und Vernetzung der Bildungsbereiche im Projekt wirkt ästhetische Bildung wie ein Katalysator. Sie regt mehrperspektivisches Denken an und ermöglicht ganzheitliches Handeln sowie sinnliches Erleben über die einzelnen Bildungsbereichsgrenzen hinaus.

Abb. 4.36 Junge sammelt Holz für Feuer

Abb. 4.37 Stockbrot backen

Ein Feuerprojekt

Natur und Umwelt
- Holzbeschaffung und Feuer entzünden
- Sicherung der Feuerstelle

Sprache und Literacy
- Gedichte und Geschichten rund um das Feuer verfassen
- sprachlicher Austausch am Feuer

Medien
- Dokumentationsfilm des „Feuermachens"
- Fotografien der Flammen

Ästhetische Bildung und Kunst
- Tonperlen und -amulette am offenen Feuer brennen
- Stöcke schnitzen
- Asche als Malmittel nutzen

Mathematik, Naturwissenschaften und Technik
- Werkzeuge (Axt) fachgerecht einsetzen
- Eigenschaften des Feuers kennenlernen

Religion, Gesellschaft und Ethik
- kulturelle Besonderheiten und Unterschiede bei der Nutzung des Feuers
- Geschichten und Fabeln zum Thema Feuer

Gesundheit, Bewegung und Ernährung
- Kochen am offenen Feuer
- Holz beschaffen, hacken und spalten

Spiel und Theater
- Rollenspiele
- Gaukler und Feuerkünstler

Musik und Rhythmik
- Sammlung von Klängen
- Singen am Lagerfeuer
- Tänze

5 SPRACHE UND LITERACY

Abb. 5.1 Kommunikation mit Bezugspersonen ist die Grundvoraussetzung für den Spracherwerb.

> *Nie ist Sprache gewesen – ehe Ansprache war.*
> Buber, Martin (2003): Das Wort, das gesprochen wird. Werkausgabe 6, Gütersloh, S. 131

Der Mensch ist von Geburt an fähig, Sprachen zu lernen. Die Fähigkeit, Sprache zu verstehen, zu verarbeiten und zu produzieren, ist im menschlichen Gehirn angelegt. Sprachliche Fähigkeiten entwickeln sich aber nicht von selbst.
Die ersten Lebensjahre sind für die Entwicklung sprachlicher Kompetenzen entscheidend. Das Kind erwirbt in dieser Zeit die Sprache in einer ›komplexen und individuellen Auseinandersetzung‹ mit seiner Umwelt. Dabei beeinflussen sich kognitive, sensomotorische und sozial-emotionale ›Entwicklungsprozesse‹ wechselseitig.

Bildung durch aktive Auseinandersetzung → S. 22

Entwicklungsprozesse → S. 85

Der Spracherwerb kann nur stattfinden, wenn eine Grundvoraussetzung gegeben ist: die verlässliche und einfühlsame Kommunikation mit Bezugspersonen. Darüber hinaus unterstützen die Dialogmöglichkeiten mit anderen Kindern in ›Spielsituationen‹ und bei Kleingruppenaktivitäten den Spracherwerb. Kinder treten miteinander über Sprache und Spielhandlungen in Kontakt. Das Spiel bietet ein Übungspotenzial und ist entscheidend für die sozial-kommunikative und sprachlich-kognitive Entwicklung.

Spiel → S. 186

5.1 Sprachliche Sozialisation und Spracherwerb

Jede Sprache schließt soziale und kulturelle Erfahrungen ein, transportiert Normen und Werte und ist die Basis für die Entwicklung einer ›Identität‹. Die sprachliche Sozialisation in der ›familiären‹ Lebenswelt lässt das Kind einen Standort finden, an dem es sich verankert fühlt und von dem aus es die Welt betrachtet. Darin liegt die Bedeutung der Mutter- bzw. Erstsprache. Nicht selten haben Familien auch mehrere Herkunftssprachen und nutzen diese in der familiären Kommunikation. Dabei sind Eltern bedeutsame Partner in der Sprachbildung ihrer Kinder. Der erfolgreiche Sprach(en)erwerb des Kindes ist darauf angewiesen, dass sie in der Sprache mit dem Kind sprechen, in der sie sich zu Hause fühlen, d.h. in der sie sich flüssig und variationsreich verständigen können. So werden sie zu geeigneten Sprachvorbildern für ihre Kinder. Es gibt deutliche Hinweise darauf, dass der Bildungsstand der Eltern ein viel bedeutsameres Kriterium für den Bildungserfolg der Kinder ist als die Frage, in welcher Herkunftssprache das Kind im frühen Kindesalter sozialisiert wurde. Insbesondere eine geringe Schriftorientierung, d.h. der Umgang mit Büchern, Zeitschriften und die Schreibkultur, hat – unabhängig von der Familiensprache – Nachteile für den Bildungsweg des Kindes. Kinder, die in ihrer familiären Sozialisation wenig Zugang zu Sprache und Schriftkultur erhalten, benötigen dringend Anregungen in Bildungseinrichtungen.

Laut Statistischem Bundesamt lag im Jahr 2011 der Anteil der unter 18-jährigen Einwohner Deutschlands mit Migrationshintergrund bei 31,4 %, bei den unter Sechsjährigen waren es sogar 34,9 %. Auch wenn es keine genauen Zahlen zur Mehrsprachigkeit gibt, ist davon auszugehen, dass ein großer Teil dieser Kinder mehrsprachig aufwächst.

Identität
lat. idem = derselbe
Selbstkonzept, innere Einheit eines Menschen

Familie → *S. 542 Band 1*

Vielfältige Informationen zu Bildungschancen in Deutschland finden Sie hier:
www.chancen-spiegel.de

Aktuelle Informationen zum Thema Kinder und Migration finden Sie hier:
www.dji.de/kinder-migrationsreport

5.1.1 Weltweite intuitive Kommunikation zwischen Eltern und Kind

Eltern treten in allen Kulturen dieser Welt von Anfang an in einen kommunikativen Austausch mit ihrem Kind. Sie stellen sich dabei intuitiv auf die kognitiven und sprachlichen Fähigkeiten ihres Kindes ein. So sprechen sie beispielsweise zu Säuglingen in einer höheren Tonlage und mit überbetonter Satzmelodie, sie verwenden einfache Sätze und machen längere Pausen. Diese intuitive Form der Kommunikation mit dem Säugling wird auch als „baby-talk" bezeichnet.

Sie berücksichtigt die körperlichen und geistigen Entwicklungsvoraussetzungen des Säuglings und bietet ihm so eine entwicklungsfördernde Ansprache.

BEISPIEL **Mutter:** „Hallo, lach doch mal!" (streicht sanft über die Rippen)
Säugling: (gähnt)
Mutter: „Müde bist du? Du bist heute zu früh aufgewacht."
Säugling: (öffnet die Faust)
Mutter: (berührt die Hand des Kindes) „Was siehst du denn? Siehst du etwas?"
Säugling: (umfasst Finger der Mutter)
Mutter: „Ach, das wolltest du." (schaukelt leicht hin und her)
Säugling: (lächelt und sucht Blickkontakt)

Wechselbeziehung → *S. 175 Band 1*

Die Freude und **positive Resonanz**, mit der Eltern auf die körpersprachlichen Signale und die ersten Lautäußerungen reagieren, motivieren das Kind zum Sprechen. Zwischen Kind und Bezugspersonen entwickelt sich schon sehr früh eine intensive ›Wechselbeziehung‹, wenn feinfühlig auf seine Bedürfnisse eingegangen wird. Das Kind fühlt sich verstanden und geborgen. Diese frühen Erfahrungen im Austausch mit den Bezugspersonen bilden die Basis für den kindlichen Spracherwerbsprozess. Intuitive Kommunikation zwischen Eltern und Kindern zeigt sich zwar in ähnlicher Form weltweit, kann aber durch Umwelteinflüsse, wie zum Beispiel Stress und die emotionale Befindlichkeit der Bezugsperson, stark beeinträchtigt werden.

REFLEXION — IMPULS — LERNORTKOOPERATION

Beobachten Sie die Kommunikation von Erzieherin und Kind in Wickelsituationen in der Krippe. Analysieren Sie hierbei fördernde und hemmende Bedingungen für eine intensive Kommunikation mit dem Kind.

5.1.2 Aufwachsen mit einer oder mehreren Sprachen

Weltweit betrachtet ist die Mehrsprachigkeit die häufigere Variante – das Aufwachsen mit zwei Sprachen eine Normalität. Auch in Deutschland ist durch die Einwanderung von Menschen aus anderen Ländern die Situation entstanden, dass ca. jedes dritte Kind im Vorschulalter mehrsprachig aufwächst. Daher muss die individuelle sprachliche Sozialisation des Kindes Ausgangspunkt für die pädagogische Entwicklungsbegleitung sein. Zusammengefasst lassen sich verschiedene Bedingungen des Spracherwerbs unterscheiden:

Inklusion
Inwieweit wird Mehrsprachigkeit in der sozialpädagogischen Einrichtung als Bereicherung betrachtet?

Monolingualer Erstspracherwerb	Marc wächst in seiner Herkunftsfamilie einsprachig auf
Regionale Sprachvarietäten	Magda wächst in ihrer Herkunftsfamilie mit einem Dialekt der deutschen Sprache auf, sie lernt Hochdeutsch in der Schule
Bilingualer Erstspracherwerb	Amy wächst von Geburt an gleichzeitig mit zwei Erstsprachen auf
Früher, sukzessiver Zweitspracherwerb/ Bilingualismus	Cagatay lernt mit Eintritt in die Kindertageseinrichtung eine zweite Sprache, z. B. Deutsch
Fremdspracherwerb	Olga lernt eine weitere Sprache durch die Vermittlung im Schulunterricht

Kinder sind mit dem gleichzeitigen und frühen Erwerb mehrerer Sprachen in den ersten Lebensjahren nicht überfordert, wenn eine entwicklungsgemäße sprachliche Kommunikation und Anregung stattfindet. Die angeborenen Möglichkeiten des spontanen Spracherwerbs in der Zeit von der Geburt bis zum vierten Lebensjahr bilden die Basis für den fast mühelos erscheinenden Erwerb von mehreren Sprachen. Wesentlich für die mehrsprachige Entwicklung ist, dass die Umgebung des Kindes der Mehrsprachigkeit gegenüber positiv eingestellt ist.
Deshalb ist die Wertschätzung der Erstsprache des Kindes von enormer Bedeutung für einen erfolgreichen frühen Zweitspracherwerb. Das Erlernen der Sprache(n) ist untrennbar mit der Identitätsentwicklung eines Menschen verbunden.

REFLEXION IMPULS LERNORTKOOPERATION

Schreiben Sie spontan auf, welche Sprachen in der Welt einen hohen Stellenwert besitzen. Tauschen Sie sich in der Lerngruppe darüber aus. Vergleichen Sie Ihre Rangfolge mit der Häufigkeit von Sprachen, die Kinder im Kindergarten sprechen, und reflektieren Sie Ihre Einstellung gegenüber den Erstsprachen der Kinder.

Trotz vieler Gemeinsamkeiten unterscheidet sich das Sprachverhalten der mehrsprachig aufwachsenden Kinder von denen einsprachig aufwachsender Kinder. Die Sprachwissenschaftlerin Rosemarie Tracy weist insbesondere auf folgende Merkmale hin:

- **Sprachmischung**
  Sprachmischung zeigt sich in der frühen Kompetenz, Lücken in einer Sprache durch Wissen in einer anderen zu überbrücken. Ab dem Alter von drei bis vier Jahren nehmen diese Mischformen bei bilingual aufwachsenden Kindern ab. Mehrsprachig aufwachsende Kinder bauen ihre Sprachen in jedem Fall als getrennte Systeme auf. Das zeigt sich auch daran, dass sich eine Sprache in der Regel schneller entwickelt als eine andere.
- **arbeitsteilige Sprachverwendung**
  Kinder mit einer anderen Herkunftssprache berichten häufig auf Deutsch von Erlebnissen im Kindergarten, wenn ihre Eltern diese Sprache verstehen. Geht es um andere Themen, wechseln sie in die Familiensprache über. Die Erlebnisse aus dem Kindergartenalltag sind im Gedächtnis an die Umgebungssprache Deutsch gebunden, das emotionale Erleben in der Familie an die Sprache(n) der Hauptbezugspersonen. Je nach Situation und subjektivem Nutzen verwendet das mehrsprachig aufwachsende Kind eine Sprache.
- **sprachlicher Identitätsausdruck**
  Sprache ist immer auch ein Ausdrucksmedium der Identität. So heben z.B. mehrsprachig aufwachsende Jugendliche über die bewusste Wahl des jeweiligen sprachlichen Codes ihre Gruppenzugehörigkeit deutlich hervor. Dabei werden auch Sprachmischungen sehr bewusst z.B. in ihrer Gleichaltrigengruppe in der Kommunikation genutzt (Code-Switching).

Abb. 5.2 Sprache ist ein Ausdrucksmedium der Identität.

5.1.3 Sprachbildungsstrategien im frühen Zweitspracherwerb

Kinder, die mit einer anderen Herkunftssprache in die Krippe oder den Kindergarten eintreten, nutzen bestimmte Strategien für den Erwerb der deutschen Sprache. Wörter, die für die Verständigung bzw. die Befriedigung von wichtigen Bedürfnissen des Kindes bedeutsam sind, werden zuerst verstanden bzw. gesprochen. Nicht zu unterschätzen ist das Sprachverständnis, das in der Regel weit größer entwickelt ist als das aktive Sprechen in der deutschen Sprache.

Im aktiven Sprachgebrauch sind folgende Übergangsphänomene feststellbar:
- **Reduktion der Vielfalt der Wortformen:** z.B. kein oder ein und derselbe Artikel für Nomen „die Ball, die Sonne, die Brot"
- **vorrangiger Gebrauch von Inhaltswörtern:** „Bild, malen, essen, schön, traurig"
- **vereinfachte Syntax:** „raus gehen", „Bauteppich spielen"
- **Analogiebildungen:** „Fatma, hast du kleine (kurze) Haare!" (Fatma war beim Friseur.)
- **Verneinungen mit „nicht":** „Nein, nicht Hände waschen!" und Umschreibungen: „Mehmet kein Hunger"
- **Wortneuschöpfungen:** „Da ein Mann, der hat Privatbaum, da sind Äpfel drauf" (Äußerung eines Jungen beim Besuch eines Kleingartens)
- **Verallgemeinerung von Regeln, die sie erkannt haben:** „malen – gemalt, lachen – gelacht, singen – gesingt"

←→ Partizipation
Wie können Eltern, die nicht Deutsch sprechen, an der Sprachförderung ihrer Kinder beteiligt werden?

Dabei handelt es sich um Übergangsphänomene, d.h. nach kurzer Zeit sind Fortschritte erkennbar.

Ein erfolgreicher früher Zweitspracherwerb ist davon abhängig, dass sich die Sprachförderung im Kindergarten an den Entwicklungsfortschritten des Kindes orientiert und in vielfältiger Weise in den pädagogischen Alltag ›integriert‹ ist. Darüber hinaus ist die sprachliche Anregung in der Erstsprache im Elternhaus ein wichtiger Baustein für einen erfolgreichen frühen Zweitspracherwerb.

Integration der Sprachförderung in den pädagogischen Alltag → S. 314

Abb. 5.3 Die Wertschätzung der Erstsprache ist wichtig für den Zweitspracherwerb.

Mit dem Erwerb der deutschen Sprache im Kindergarten können Situationen auftreten, die die Motivation des Kindes beeinträchtigen. So tritt manchmal eine gewisse Verunsicherung bei Eltern auf, die nicht Deutsch sprechen, da ihr Kind einen „sprachlichen Vorsprung" im Vergleich zu ihnen aufweist. Manchmal lehnen Kinder für eine Zeit ab, in ihrer Erstsprache zu sprechen, weil das Bedürfnis nach Zugehörigkeit zur Kindergruppe so groß ist, dass sie nur noch Deutsch sprechen möchten. Wesentlich für die mehrsprachige Entwicklung ist, dass die Umgebung des Kindes der Mehrsprachigkeit gegenüber positiv eingestellt ist. Da Sprachen ein höchst unterschiedliches Ansehen haben, nehmen Kinder diese verschiedenen Wertigkeiten wahr und ziehen sich manchmal aus dem Spracherwerb in einer Sprache zurück. Dies kann bis zu einer Sprachverweigerung in der Erst- oder Zweitsprache führen. Deshalb ist die Wertschätzung der Erstsprache des Kindes von enormer Bedeutung für einen erfolgreichen frühen Zweitspracherwerb.

Bereits mit Eintritt in das Schulalter eignen sich Kinder neue Sprachen nicht mehr so schnell an wie in der frühen Kindheit. Die Gründe hierfür sind vielfältig. Neuere Forschungen weisen darauf hin, dass mit zunehmendem Alter die angeborenen Erwerbsstrategien nicht mehr so leicht auf eine zweite Sprache übertragen werden können, da Reifungsprozesse im Gehirn dieses erschweren. Das Gehirn spezialisiert sich auf die Muttersprache und damit werden z. B. lautliche Differenzen in anderen Sprachen zunehmend schlechter wahrgenommen.

REFLEXION | IMPULS | LERNORTKOOPERATION

Diskutieren Sie, ob eine muttersprachlich türkisch sprechende Erzieherin mit allen Kindern ihrer Gruppe in ihrer Sprache kommunizieren sollte, um den frühen Zweitspracherwerb in der türkischen Sprache von monolingual deutschsprachigen Kindern anzuregen.

5.1.4 Ebenen des Spracherwerbs

Wenn Kinder die Sprache für sich entdecken, dann eignen sie sich gleichzeitig Sprachkompetenzen auf vier Strukturebenen der Sprache an, die miteinander in Verbindung stehen und in jeder sprachlichen Äußerung zu finden sind:

Die Ebene des sozialen Austauschs – pragmatisch-kommunikative Ebene
Die wichtigste Funktion von Sprache ist die, sich mit anderen Menschen auszutauschen und Bedürfnisse, z. B. nach Zuwendung oder Anerkennung, zu befriedigen. Schon Säuglinge nutzen diese Ebene durch Schreien, Gesten, Suche nach Blickkontakt und Lautäußerungen. Die Feinfühligkeit, mit der Bezugspersonen diese kommunikativen Äußerungen beantworten können, entscheidet darüber, ob sich das Kind ›wahr- und angenommen‹ fühlt. Die ersten Wörter, die das Kind mit ca. zwölf Monaten spricht, beziehen sich fast immer auf die Bezugspersonen oder Grundbedürfnisse wie Nahrung oder Flüssigkeit. Auch Kinder, die die zweite Sprache im Kindergarten erwerben, lernen zunächst Wörter, welche ihnen den Kontakt erleichtern bzw. mit denen sie ihre Bedürfnisse befriedigen können.

Bindung → S. 164 Band 1

Schon im ersten Lebensjahr erfasst das Kleinkind im Tagesablauf wiederkehrende kommunikative Situationen, möchte daran teilhaben und lernt so wichtige Kommunikationsregeln, z. B. dass man auf die Äußerung der Bezugsperson mit einer entsprechenden Mimik oder Gestik und einer Lautäußerung „antwortet" und wartet, wie der Kommunikationspartner reagiert.

Die Ebene der Aussprache – phonetische und phonologische Ebene
Diese Ebene umfasst die Sprechbewegungen, Atmung, Stimmgebung und Betonungsmuster (phonetisch) und das Hören/Unterscheiden von Lauten sowie die Regeln, nach denen Laute zu Worten zusammengestellt werden (phonologisch).
Bedeutsam für die Entwicklung der Aussprache sind folgende körperliche Voraussetzungen:

- Entwicklung des Sprechapparates: Zwerchfell, Lungen, Bronchien und Kehlkopf
- Entwicklung der verschiedenen Muskelgruppen der Sprechwerkzeuge: Mundraum und Lippen, Zunge
- Entwicklung des Gehörs und des Sehsinns

Die moderne Säuglingsforschung hat herausgefunden, dass Babys, die erst wenige Tage alt sind, schon zwischen ihrer Muttersprache und anderen Sprachen unterscheiden können. Bereits im Mutterleib haben sie die Sprache ihrer Mutter in ihrer Sprechmelodie und Betonung kennengelernt und im Gedächtnis verankert. Erste Lautproduktionen und die Reaktionen der Bezugspersonen motivieren den Säugling, mit Lauten zu experimentieren und bereits erzeugte Laute zu wiederholen.
Lautbildungsketten wie „bababa“ stellen vom sechsten Lebensmonat an eine wichtige Übungsphase dar, in welcher der Säugling zunehmend Kontrolle über seine Sprechwerkzeuge erwirbt und sich so auf die erste Wortproduktion vorbereitet. In allen Sprachen werden die ersten Wörter des Kleinkindes mit Lauten gebildet, die zu den Lauten gehören, die das Kind zu diesem Zeitpunkt hervorbringen kann:

Dabei werden die ersten Wörter noch nicht immer lautsprachlich korrekt gebildet, da die jeweiligen Sprechbewegungen für die korrekte Artikulation erst erlernt werden müssen. Es herrschen Vereinfachungen vor: „nane“ für „Banane“, „Pibel“ für „Spiegel“, „nis“ für „nicht“ oder „dün“ für „grün“.

Prävention
Wie können Erzieherinnen dazu beitragen, dass Vorsorgeuntersuchungen wahrgenommen werden?

Die Abweichungen stellen keine Fehler dar, sondern sind Teil eines normalen Sprachentwicklungsprozesses. Etwa im Alter von drei bis vier Jahren sind diese Vereinfachungen verschwunden bzw. nur noch wenige zu hören. Schwierige Lautkombinationen wie z. B. „str“ oder „pfl“ werden spätestens im sechsten Lebensjahr richtig gebildet.
Bedeutsam für einen erfolgreichen Spracherwerb auf der Ebene der Aussprache sind auch hier die angemessene sprachliche Anregung und Unterstützung durch die ›Bezugspersonen‹. Weiterhin ist es wichtig, die körperlichen Entwicklungsprozesse durch die entsprechenden ›Vorsorgeuntersuchungen‹ beim Kinderarzt überprüfen zu lassen, damit z. B. Hör- und Sehbeeinträchtigungen frühzeitig erkannt werden. Insbesondere eine positive Entwicklung der Mundmotorik ist für die Aussprache sehr wichtig.

Bezugsperson → *S. 564 Band 1*
Vorsorgeuntersuchung → *S. 778 Band 1*

Die Ebene der Bedeutung – semantische Ebene

Worte zu sprechen würde keinen Sinn machen, hätten sie nicht eine Bedeutung, die von den Gesprächspartnern geteilt wird. Mit Worten können Dinge repräsentiert, Vorstellungen aufbaut werden. Die Ebene der Bedeutung umfasst den aktiven Wortschatz, den der Mensch gebraucht, und das Sprachverständnis bzw. den passiven Wortschatz, den ein Mensch verstehen kann. Grundsätzlich versteht ein Kind eher und in einem viel größeren Umfang die Bedeutung von Äußerungen, als dass es die Wörter aktiv gebraucht. Der Wortschatzerwerb ist an bestimmte Entwicklungsvoraussetzungen gebunden, das sind Fähigkeiten wie z.B. ›Wahrnehmung‹, ›Informationsverarbeitung‹ und Gedächtnis, ›Denken‹ und ›Lernen‹. Der Wortschatzerwerb erfolgt in einem ›ko-konstruktiven Bildungsprozess‹.

Wahrnehmung → S. 102
Informationsverarbeitung → S. 106
Denken → S. 406
Lernen → S. 406 Band 1
ko-konstruktiver Bildungsprozess → S. 404

Über die Erfahrung, dass sich Ereignisse im Tagesablauf, wie z.B. das Füttern, Baden und Anziehen, zuverlässig und vorhersehbar vollziehen und von den Bezugspersonen sprachlich begleitet werden, bildet sich beim Kind eine Verknüpfung zwischen Handlungen, Gegenständen, Personen mit der dazugehörigen Sprache. Es holt z.B. die Windel aus dem Regal, wenn die Erzieherin es dazu auffordert.

Nachdem Kinder mit ca. zwölf Monaten bereits erste Worte sprechen, bauen sie im zweiten Lebensjahr in einem sehr schnellen Tempo ihren passiven und aktiven Wortschatz aus. Diese Phase bezeichnet man als „›Fast Mapping‹", in der das Wort mit einer bestimmten Bedeutung bzw. einem Kontext verknüpft wird, das zu einem vorläufigen Verständnis der Bedeutung des Wortes führt. So kann der Begriff „Maus" durch das häusliche Umfeld zunächst an den Gegenstand „Computermaus" geknüpft sein, bevor das Kind die Bedeutung des Begriffes als Tier erfasst hat. Hilfreich ist für den Wortschatzerwerb die bereits erworbene kommunikative Fähigkeit des Kindes, durch Zeigen auf etwas oder durch die Frage „Is das?" den Namen des Gegenstandes zu erfahren und im Gedächtnis abzuspeichern. Wesentlich für den Wortschatzerwerb sind sinnliche Erfahrungen. Über das Greifen des Balls erfasst das Kind seine Eigenschaften und Funktionen, es begreift, was es damit tun kann und bildet den Begriff „Ball".

Fast Mapping
engl.: schnelle Zuordnung, Fähigkeit, eine erste Annahme darüber zu entwickeln, was ein neues Wort bedeutet, selbst wenn es nur wenige Male gehört wurde

Der Aufbau des Wortschatzes basiert auf der Fähigkeit des Kindes zur Kategorisierung. Diese kognitive Fähigkeit hilft ihm, einen Zusammenhang zwischen Erfahrungen und entsprechenden Begriffen herzustellen. Dabei kommt es zu sogenannten „Über- bzw. Untergeneralisierungen".

BEISPIEL **Übergeneralisierung:** Beim Zoobesuch werden alle Tiere als „Hund" bezeichnet, da das Kind die Säugetiere, die es dort zum ersten Mal sieht, als ähnlich wahrnimmt. So wie der Familienhund haben sie z.B. vier Beine und Fell. „Oma" wird für alle Frauen gebraucht, die älter aussehen bzw. der eigenen Oma ähnlich sind.
Untergeneralisierung: Das Wort „nulli" benutzt das Kind nur für seinen eigenen Schnuller, aber nicht für andere.
Der Begriff „Urlaub" ist von der Bedeutung nur an die Reise der Familie nach Mallorca gebunden – „Unser Urlaub heißt Mallorca".

Durch die zunehmende Differenzierung der Wahrnehmung sowie des Denkens und die anregungsreiche Kommunikation mit seinen Bezugspersonen und anderen Kindern differenziert sich das **Bedeutungsnetzwerk der Begriffe** immer weiter aus. Das Kind lernt z. B. zu unterscheiden, dass es Löwen, Tiger und andere Raubkatzen gibt, die gemeinsame Merkmale haben und deshalb zum Oberbegriff „Raubkatzen" gehören. Und auch der Familienhund kann im Schulalter mit der zunehmenden Abstraktionsfähigkeit im ›Denken‹ in die Kategorie „Säugetiere" als Oberbegriff eingruppiert werden.

kognitive Entwicklung → *S. 398 Band 1*

Abb. 5.4 Kleinkind beim „Schlauchen"

Im Wortschatzerwerb zeigt sich auch die kreative Denkleistung des Kindes in besonderer Weise, indem es für Gegenstände oder Handlungen eigene Begriffe durch die Kombination von bereits erworbenen Wörtern bildet:

„Einkaufszeitung" – Werbeprospekt
„Kleidjacke" – Mantel
„Schaukelheiamacher" – Wiege
„schlauchen" – mit dem Gartenschlauch sprengen

Im Alter von 18 Monaten beherrscht das Kind ungefähr 50 Wörter, im Alter von 24 Monaten schon etwa 200. Im Laufe der nächsten Lebensjahre wächst der Wortschatz rasant an. Als erwachsener Mensch kann man in seiner Erstsprache über einen aktiven Wortschatz im Umfang von ca. 60 000 Wörtern verfügen.
Wesentlich für einen erfolgreichen Wortschatzerwerb ist, dass das Kind in einer anregungsreichen Umwelt vielfältige Erfahrungen macht, diese mit den Bezugs-personen und anderen Kindern teilt und in einem ko-konstruktiven Prozess sein ›Weltwissen‹ aufbauen kann. So eignet es sich Weltwissen an, das sich als Sprachwissen manifestiert.

Weltwissen → *S. 21*

Die Ebene der Grammatik – syntaktische und morphologische Ebene
Durch die Fähigkeit, Worte zu Sätzen zusammenzustellen (Syntax) und Worte zu beugen (Morphologie), können Zusammenhänge und komplexe Sachverhalte ausgedrückt werden. Jede Sprache hat ihre eigenen grammatischen Regeln.

Während die Regeln des Satzbaus die Position der Wörter bestimmen, sorgen die Regeln der Morphologie dafür, dass die Wörter, die im Satz auftreten, in ihrer Form richtig zueinander passen. In der deutschen Sprache gibt es z. B. verschiedene Artikel für die Nomen, die sich im Satz entsprechend verändern:
„**die** Katze" – Nominativ
„Der Junge gibt **der** Katze etwas zu fressen." – Dativ

Die jeweiligen Wortformen bilden die richtigen Platzhalter im Satzbau. Es gibt in der deutschen Sprache einerseits eine breite Variation möglicher Wortstellungen im Satz. Für die Stellung des Verbs im deutschen Hauptsatz ergeben sich aber nur zwei Positionen: die linke oder rechte Satzklammer.

Vorfeld	Linke Satzklammer	Mittelfeld	Rechte Satzklammer
Gestern	räumte	Ferat die Bauecke	auf.
Ferat	hat	gestern die Bauecke	aufgeräumt.
Die Bauecke	wurde	gestern von Ferat	aufgeräumt.
Ferat	wollte	gestern die Bauecke	aufräumen.

Tab. 5.5 Feldermodell deutscher Sätze; in Anlehnung an Tracy, Rosemarie (2008): Wie Kinder Sprachen lernen. Und wie wir sie dabei unterstützen können. Francke, 2. überarb. Auflage, Tübingen

Obwohl es vielfältige grammatische Regeln in der Morphologie und Syntax der deutschen Sprache gibt, vollzieht sich der Spracherwerb auf der grammatischen Ebene in der Regel überwiegend problemlos und schnell.
Kinder eignen sich einen großen Teil der Grammatik ihrer Erstsprache im Alter von eineinhalb bis vier Jahren an. Dieser Erwerb verläuft bei ihnen meist ohne große Anstrengung und auch ohne eine bewusste Anleitung durch Bezugspersonen. Dies scheint höchst bemerkenswert, da erwachsene Sprachlerner sich oft beim Erlernen der Grammatik einer Fremdsprache schwertun. Bis heute ist nicht abschließend geklärt, wie genau es Kindern gelingt, die Wortformen- und Wortstellungsregeln ihrer Erstsprache(n) so schnell zu beherrschen. Wissenschaftler gehen davon aus, dass es angeborene Spracherwerbsstrategien gibt, die im Säuglings- und Kleinkindalter den Spracherwerb steuern.

Meilensteine beim Erwerb des Satzbaus

Bei der Entwicklung der kindlichen Kompetenz, Sätze zu bauen, unterscheidet man vier wichtige Meilensteine. In welchem Alter sie erreicht werden, variiert von Kind zu Kind. Die Altersangaben gelten für den Erwerb des Deutschen als Erstsprache.

Meilenstein 1 Einwortäußerungen	ca. 1–1,5 Jahre	„da", „nein", „auf", „Mama", „Auto", „haben"
Meilenstein 2 Erste Wortkombinationen aus Nomen und Verben, viele Satzbestandteile fehlen noch	ca. 1,5–2 Jahre	„Mama Auto fahren" „Nino nicht Auto fahren" „Opa weg, Hause gangen"
Meilenstein 3 Erste einfache Hauptsätze mit Verben in der zweiten Position. Die Verben werden grammatikalisch korrekt gebildet, Artikel noch nicht immer	ca. 2–2,5 Jahre	„Ich geh raus." „Da kommt der Bus." „Was ist das?" „Wo geht der hin?"
Meilenstein 4 Haupt- und Nebensatzkombinationen	ca. 3–4 Jahre	„Guck mal, was ich gebaut hab!" „Der weint, weil er traurig ist."

Tab. 5.6 Meilensteine beim Erwerb des Satzbaus in Anlehnung an Tracy, Rosemarie (2008): Wie Kinder Sprachen lernen. Und wie wir sie dabei unterstützen können. Francke, 2. überarb. Auflage, Tübingen

Sprachliche Regeln lernen

Neben einer angeborenen Voraussetzung, Sprache im frühen Kindesalter zu lernen, wird in der wissenschaftlichen Forschung davon ausgegangen, dass die Kinder die Satzbaustrukturen aus dem sprachlichen Angebot der Bezugspersonen konstruieren. Spontane Nachahmung im Dialog, Klassifizierungen und Analogiebildungen weisen auf einen aktiven kognitiven Aneignungsprozess des Kindes hin, der durch eine ›sprachfördernde Kommunikation‹ mit dem Kind unterstützt werden muss. Dabei bildet das Kind ein unbewusstes Wissen über die Regeln der Sprache(n) und wendet diese im Gespräch mit anderen an.

sprachfördernde Kommunikation → S. 319

Beispiel	Erläuterung
„Willst du auch mit schlauchen?“	Verbkonstruktion in Anlehnung an das Nomen „Schlauch“, korrekte Platzierung im Satzbau (Fragesatz) einschließlich richtiger Wortform. Hatte das Kind den Rasen gesprengt, sagte es z. B. „Heute habe ich wieder viel geschlaucht (statt des Verbs „gesprengt“)
„Ich schlafte.“	Analogiebildung zu „Ich machte.“
„Ich bin verkältet.“	Analogiebildung zu Verbformen mit der Vorsilbe „ver-“
„Du hast mich doch übergestern gebringt, oder?“	Hier zeigt sich eine semantische Wortschöpfung „übergestern“ für „vorgestern“ als kreative Denkleistung. Weiterhin zeigt sich die Anwendung grammatischer Regeln durch Analogiebildung an dem Verb „gebringt“, das noch nicht ganz richtig gebildet wurde, die Vorsilbe „ge-“ von der morphologischen Struktur aber richtig erkannt wurde.

Wie die Beispiele verdeutlichen, weisen Fehler auf der grammatischen Ebene häufig auf intelligente Denkprozesse des Kindes hin.

Zusammenspiel der vier Ebenen des Spracherwerbs

In der Realität des Spracherwerbs vollziehen sich Aneignungsprozesse auf allen vier Ebenen der Sprache gleichzeitig. Kinder erlangen im Verlauf des Spracherwerbs auf allen Ebenen gleichzeitig Kenntnisse und bauen ihre Fähigkeiten aus. Sobald wir sprechen, tun wir das mit bestimmten Zielen und Absichten (pragmatisch – kommunikative Ebene), wählen wir die passenden Worte aus unserem Wortschatz (semantische Ebene), bilden wir die Worte nach grammatischen Regeln der jeweiligen Sprache (syntaktisch-morphologische Ebene) und formen die Äußerungen mithilfe der Lautbildungsregeln über den Einsatz der Sprechbewegungen (phonetisch-phonologische Ebene).
In einem fein abgestimmten, höchst kreativen Prozess erwirbt das Kind eine der komplexesten Fähigkeiten menschlicher Existenz.

REFLEXION — **IMPULS** — LERNORTKOOPERATION

Nehmen Sie spontane sprachliche Äußerungen von Kindern mithilfe eines Aufnahmegerätes auf und dokumentieren Sie diese schriftlich. Untersuchen Sie die sprachlichen Äußerungen unter dem Gesichtspunkt des Spracherwerbs auf der jeweiligen Sprachebene bzw. Sprachbildungsstrategien bei mehrsprachig aufwachsenden Kindern.

BEISPIEL Tina (4,7) hat den Becher mit Kakao aus Versehen umgeworfen. Der Vater fragt in freundlich ermahnendem Tonfall: „Welcher Bösewicht hat das gemacht?“ Daraufhin lächelt Tina verschmitzt und sagt: „Das war ein Liebewicht.“ Tina hat nicht nur ein ausgeprägtes Sprachverständnis auf der semantischen Ebene, ein hohes Maß an pragmatisch-kommunikativer Kompetenz zeigt sich auch in der Art und Weise, wie sie ihrem Vater antwortet. Dies ist gepaart mit der sehr kreativen semantischen Umformung „Liebewicht“. Ganz selbstverständlich verläuft die Entschlüsselung des Fragesatzes des Vaters als Aufforderung, Stellung zu beziehen. Tina produziert ohne Schwierigkeiten die entsprechenden Laute für die Wortformen in einem syntaktisch korrekten Satz, der dem Vater auf der pragmatisch-kommunikativen Ebene den Ball wieder zuwirft und sicher ein Lächeln auf seinem Gesicht statt eines „bösen Blicks“ erzeugt. Tina erlebt sich mit Sprache erfolgreich.

5.1.5 Phasen des Spracherwerbs im Überblick

Ein Kind kann die Phasen des Spracherwerbs nur erfolgreich durchlaufen, wenn ›kognitive‹, ›sozial-emotionale‹ Entwicklungsprozesse, die ›Wahrnehmungsentwicklung‹ und die ›Bewegungskoordination‹ „Schritt halten“. Es gibt Richtwerte für eine altersgemäße Sprachentwicklung auf den verschiedenen Sprachebenen, die empirisch gut abgesichert sind, aber der Spracherwerb eines Kindes verläuft höchst individuell. Wie groß der Spielraum für die individuelle Entwicklung sein kann, sollen folgende Beispiele veranschaulichen.

kognitive Entwicklung → *S. 398*
sozial-emotionale Entwicklung → *S. 189*
Wahrnehmungsentwicklung → *S. 217*
Bewegungskoordination → *S. 147*

Einzig sein frühes Sprechen war uns aufgefallen. Martin war neun Monate alt, als er den ersten Zweiwortsatz sprach: „ Eite aus“ und „Eite an“, bezogen auf die Ampel vor dem Haus.

Kaum dass er mit fünfzehn Monaten laufen lernte, sprach er mit siebzehn Monaten seinen ersten Satz mit sieben Wörtern. Das kam so: Während einer Autofahrt auf einer Landstraße fuhr ein LKW mit Anhänger donnernd an uns vorüber. Überrascht hörten wir vom Rücksitz den Kommentar: „Ein ganz großer Laster war das eben.“ Vorher hatte er kaum gesprochen.

Wenn Kinder gelegentlich schon im fünften Monat oder aber erst im fünfzehnten Monat erste Wörter artikulieren, gehört dies noch zur Bandbreite normaler Entwicklung. In der sog. Bristol-Studie wurden 128 Kinder im Alter von 3;6 Jahren getestet. Die sprachlich fortgeschrittensten Kinder hatten gegenüber den langsamsten einen Entwicklungsvorsprung von dreißig Monaten! In einer deutschen Untersuchung wurden 120 Kinder mehrfach getestet. Auch hier waren bei Viereinhalbjährigen schon Entwicklungsunterschiede von über einem Jahr festzustellen. Jeder Mensch ist einzigartig, keiner will sich ganz einem Schema einfügen.

Butzkamm, Wolfgang/Butzkamm,Jürgen (1999): Wie Kinder sprechen lernen. Francke, Tübingen, S. 281, 287

Wolfgang Wendlandt hat die multifaktorielle Entwicklung der Sprache in Form eines Baumes dargestellt. Diesen Sprachbaum finden Sie im Internet z. B. unter: **www.logopaediewiki.de/wiki/Sprachbaum**

Wertevermittlung
Wie lassen sich die Berücksichtigung der individuellen Entwicklung und die Orientierung an Entwicklungsrastern so vereinbaren, dass das jeweilige Kind als Subjekt gesehen wird?

Dennoch kann auf eine Orientierung an Richtwerten nicht verzichtet werden, um keine wertvolle Zeit zu verlieren, wenn Kinder Unterstützung benötigen. Auch für eine Einschätzung, welche Entwicklungsfortschritte das Kind gemacht hat, ist ein Vergleich mit ›Entwicklungsrastern‹ sinnvoll.

Entwicklungsraster → *S. 135*

Sprachpyramide

Das folgende Schaubild der Sprachpyramide nach Wolfgang Wendlandt nimmt Bezug auf den Spracherwerb in den verschiedenen Sprachebenen und setzt mit Altersangaben eine Entwicklungsnorm, die sich daran orientiert, dass zu diesem Zeitpunkt ca. 90 % der Kinder diesen Entwicklungsschritt vollzogen haben.

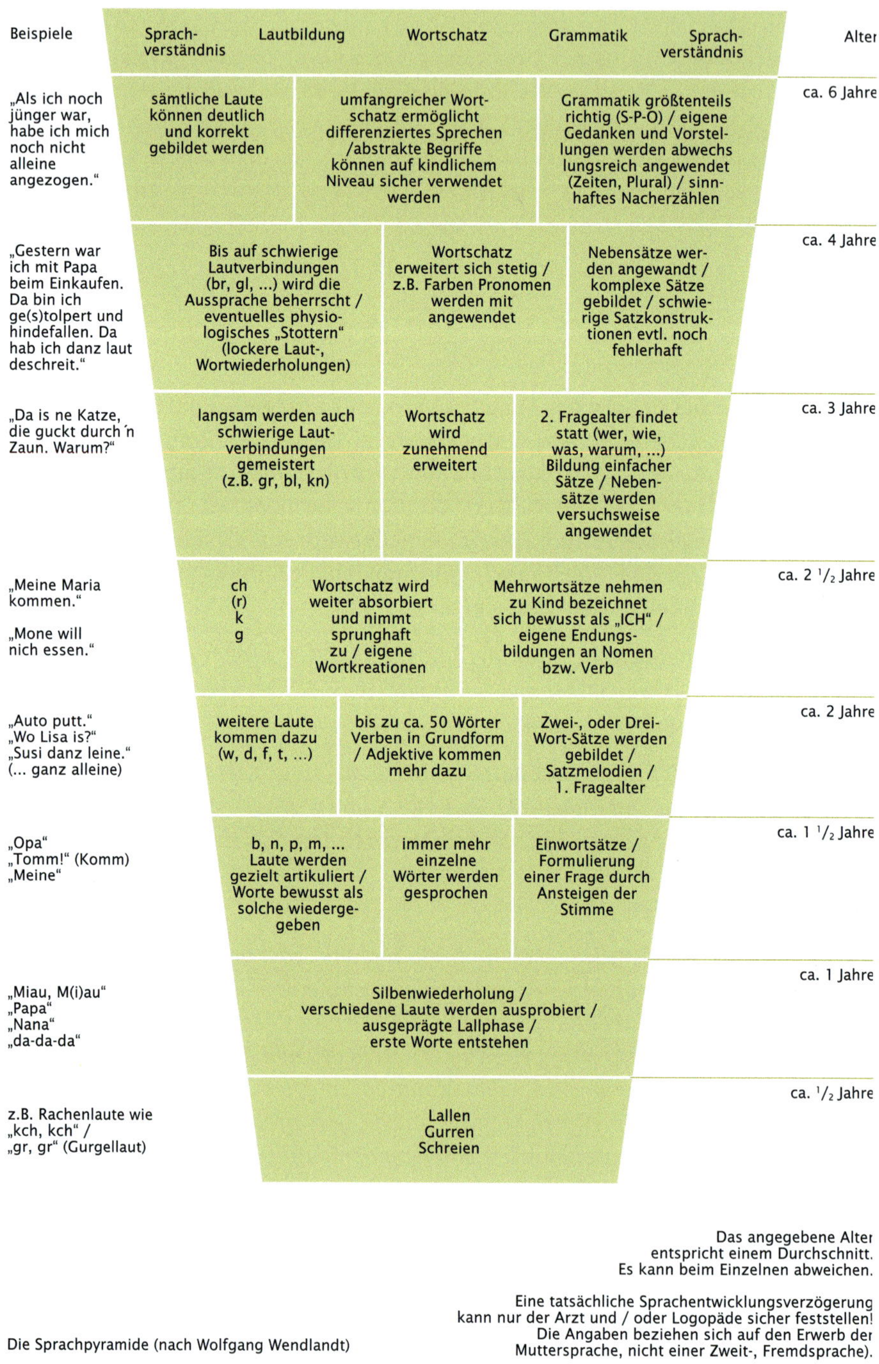

Abb. 5.7 Sprachpyramide nach Wendlandt, Wolfgang (2000): Sprachstörungen im Kindesalter. Thieme, Stuttgart, New York, S. 25

5.2 Bedeutung und Ziele sprachlicher Bildungsarbeit

5.2.1 Bedeutung der Sprache

Sprache erfüllt für Menschen zentrale Funktionen:

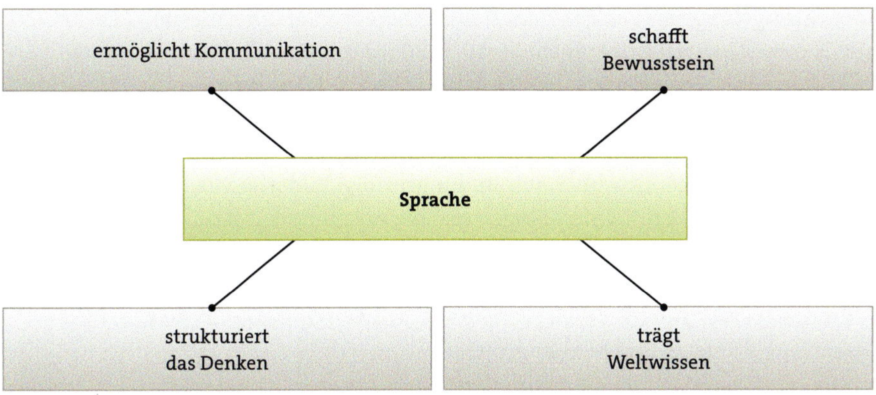

Sprache ist ein Mittel der Kommunikation

Menschen als soziale Wesen sind existenziell auf ›Bindungen‹ und ›Beziehungen‹ zu anderen Menschen angewiesen. Evolutionsbiologen sehen in dieser anthropologischen Tatsache einen Grund für die Entstehung der Sprache in der Entwicklung des Menschen. Wortsprache soll sich im Zusammenhang mit dem Werkzeuggebrauch und der Differenzierung der Handgeschicklichkeit entwickelt haben. Die Körpersprache – Gestik und Mimik – ist ständiger Begleiter unserer sprachlichen Äußerungen und hat ebenfalls einen sehr wichtigen Mitteilungscharakter. Zum Beispiel erwerben Gehörlose über die ›Gebärdensprache‹ eine vollwertige Kommunikationsfähigkeit.

Bindung → *S. 164 Band 1*
Beziehung → *S. 175 Band 1*
Gebärdensprache → *S. 495 Band 1*

Sprache ermöglicht den Menschen, sich zu verständigen, am gesellschaftlichen Leben teilzuhaben und dieses mitzugestalten. Sprachen sind das Tor zur Welt, schaffen Zugang zu anderen Kulturen.

Sprache strukturiert unser Denken

Sprache macht unabhängig von Raum und Zeit.
Wir können mithilfe der Sprache über etwas sprechen, das weit zurückliegt. Wir können uns gedanklich mit einer Sache beschäftigen, unabhängig davon, ob sie gerade vor unseren Augen sichtbar ist.
Sprache fasst zusammen, ermöglicht kreative Einfälle und steuert unsere Gedanken. Sprache wird damit als „innere Sprache" zu einem Instrument der Steuerung menschlichen Handelns. Die Begriffsbildung ermöglicht es, Erfahrungen und Zusammenhänge im Gedächtnis abzuspeichern, das Denken anzuregen und Weltwissen zu erwerben: Ein Wort, das ein Kind nicht kennt, ist ein Gedanke, den es nicht denken kann.

Sprache schafft bewusstes Sein – Bewusstsein

Sprache ermöglicht es, über unsere eigene Person, unser Handeln und seine Auswirkungen nachzudenken. Sie wird zum Werkzeug für die Entwicklung von Einsicht, Wertvorstellungen und vorausschauendem Denken.

Schriftsprache trägt das Wissen der Welt
Mithilfe der Schriftsprache können wir über große Distanzen kommunizieren, etwas festhalten, unsere Gedanken ordnen und Erkenntnisse dokumentieren.

Bildungsverständnis → S. 14

Bildungspläne → S. 27

Nachhaltigkeit
Wie kann Kindern und Jugendlichen die Bedeutung der Sprache für die Welt von heute und morgen nahe gebracht werden?

Sprache wird als Schlüsselkompetenz bezeichnet, weil sie den ›Zugang‹ zu Bildung und gesellschaftlicher Teilhabe eröffnet. Daraus erwächst eine große Verantwortung für die pädagogische Arbeit. Sprachbildung hat in den ›Bildungsplänen‹ für Tageseinrichtungen in den verschiedenen Bundesländern einen zentralen Stellenwert und ist eine Querschnittsaufgabe in allen Bildungsbereichen. Da insbesondere Erfahrungen mit Schriftkultur, sogenannte Literacy-Erfahrungen, ein sehr unterschiedliches Gewicht in der jeweiligen familiären Sozialisation haben, erwächst den Bildungseinrichtungen eine große Verantwortung. Lese- und Schreibkompetenzen entscheiden maßgeblich über den Bildungserfolg. Bilderbuchbetrachtungen, das Vorlesen und Erzählen, Reimen, Singen und die Auseinandersetzung mit Schrift stellen wesentliche Komponenten einer Literacy-Erziehung im Vorschulbereich dar. Aber auch in Horteinrichtungen und in der Arbeit mit Jugendlichen sollten Wege gefunden werden, Interesse für Formen literarischer Sprache zu wecken, z.B. durch Lesenächte, Theater- und Medienprojekte.

In der durchgängigen systematischen sprachlichen Bildungsarbeit ist die Qualität des sprachfördernden Kommunikationsverhaltens der Erzieherin entscheidend für einen erfolgreichen Spracherwerb einschließlich bildungssprachlicher Kompetenzen. Weiterhin benötigt die Erzieherin die Fähigkeit, sprachliche Schwerpunkte mit der Arbeit im jeweiligen Bildungsbereich zu verknüpfen.

5.2.2 Ziele auf den verschiedenen Sprachebenen

Sprachebenen → S. 301

didaktisch-methodische Planung → S. 60

Die Zuordnung der Ziele zu den ›Sprachebenen‹ ermöglicht der sozialpädagogischen Fachkraft eine bessere Übersicht, um sprachliche Schwerpunkte in die pädagogische Planung einzubeziehen. In der Regel sollten die Förderschwerpunkte in den Sprachebenen auf der Ebene der ›didaktisch-methodischen Planung‹ von Bildungssituationen miteinander verknüpft werden.
Eine eher funktionsorientierte methodische Vorgehensweise bietet sich dann an, wenn spezifische Probleme im Spracherwerb auf einer der Sprachebenen beim Kind ›beobachtet‹ wurden und diese in eine zusätzliche gezielte Förderung einmünden sollen. Dies gilt auch für die Unterstützung von Kindern, die sich in einer sprachheiltherapeutischen Behandlung befinden und hier in Absprache mit der ›therapeutischen Fachkraft‹ eine gezielte Unterstützung angezeigt ist.

Beobachtung von Spracherwerb und -stand → S. 337

Zusammenarbeit mit therapeutischen Fachkräften → S. 533 Band 1

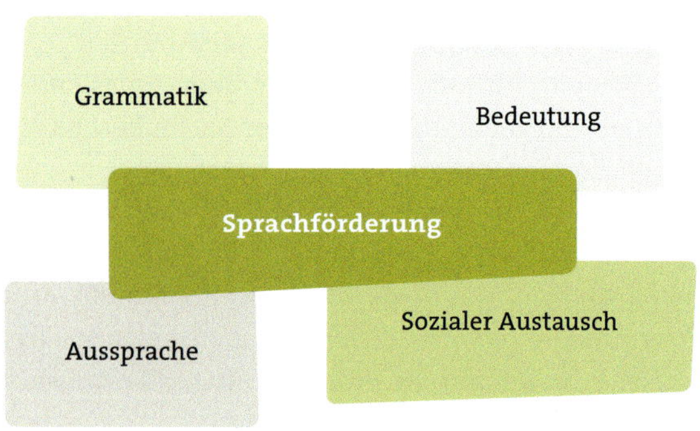

Abb. 5.8 Sprachförderung auf verschiedenen Sprachebenen

Die folgenden Zielangaben und Beispiele für Teilfähigkeiten beziehen sich nicht nur auf Förderschwerpunkte im Elementarbereich. Die Förderung sprachlicher Kompetenzen muss als eine durchgängige Sprachbildung bis ins Jugendalter angelegt werden.

Ebene des sozialen Austauschs – pragmatisch – kommunikative Ebene
Soziale Kompetenz beinhaltet die Fähigkeit zur Kommunikation und die Sprache ist dafür das zentrale Werkzeug. Daher ist die Erlangung einer nonverbalen und verbalen Kommunikationsfähigkeit im sozialen Handeln das übergreifende Ziel.

Ziele auf der pragmatisch-kommunikativen Sprachebene	Beispiele für Teilfähigkeiten
Sprachselbstbewusstsein erweitern	Sprechfreude zeigen, sich über Gestik, Mimik, Betonung und Melodie der Sprache ausdrücken können, andere Ausdrucksformen für sich entdecken: Bewegung, Spiel, Musik, Tanz, kreative Gestaltungsaktivitäten, Medien; etwas erzählen können
Dialogfähigkeit erweitern	eigene Wünsche und Empfindungen formulieren, von sich etwas erzählen, Ideen einbringen, zuhören können, sich auf die Äußerung des Gesprächspartners beziehen, Kompromisse finden, argumentieren, einen Konflikt im Gespräch lösen
Pragmatisch-kommunikative Handlungsmuster erweitern	sich begrüßen und verabschieden in verschiedenen sozialen Situationen, um etwas bitten, Kritik äußern, in einer Großgruppe sprechen, Kontakt zu Erwachsenen im sozialen Umfeld aufnehmen, soziale Rollen übernehmen und ausgestalten
Soziale Sensibilität erweitern	Fähigkeit zur Perspektivenübernahme und Empathie, kulturelle Handlungsmuster in der Kommunikation berücksichtigen können

REFLEXION — **IMPULS** — LERNORTKOOPERATION

Beobachten Sie eine Kleingruppe beim sozialen Rollenspiel. Nehmen Sie ihre Gespräche auf und untersuchen Sie diese aus der Sicht der pragmatisch-kommunikativen Sprachebene.

Ebene der Aussprache – phonetische und phonologische Sprachebene
Um Sprachlaute bilden zu können, müssen die Funktionskreise der Atmung, Stimmgebung und Sprechbewegungen sehr fein aufeinander abgestimmt sein, deshalb bezieht sich die Förderung auf diese Bereiche. Ebenso wichtig ist die Anregung der auditiven Wahrnehmung, da die Lautkombinationen der Sprache über das Ohr aufgenommen und im Gehirn entschlüsselt werden. Jede Sprache hat ihre eigene Melodie, die Art, wie Wörter und Sätze betont werden. Hierfür bringt der Sprecher Tonhöhe, Lautstärke, Geschwindigkeit und Pausen miteinander in einen Einklang und transportiert mit dieser „Begleitmusik" auch eine bestimmte Bedeutung, die vom Zuhörer entschlüsselt wird.

Ziele auf der phonetisch-phonologischen Sprachebene	Beispiele für Teilfähigkeiten
Mundmotorik fördern	gezielte und bewusste Bewegung von Zunge, Lippen, Kiefer; Zungenbrecher sprechen können, komplexe Lautkombinationen in verschiedenen Sprachen sprechen können
Atmung und Stimmbildung anregen	mit der Stimme Betonungsmuster, Lautstärke und Tempo bewusst modulieren; Lieder singen; Gedichte, Verse und Sprechrollen im Theater oder Rollenspiel sprachgestaltend sprechen; unterschiedliche Sprachen in einen Sprechgesang integrieren
Phonologische Bewusstheit fördern	Wörter aus dem Lautstrom herausfiltern und entschlüsseln, Silben, Anfangslaute und Reime im Lautstrom erkennen, Lautdifferenzierungen in der gesprochenen Sprache erkennen, Zuordnung von Lauten zu Buchstaben als Voraussetzung für den Schriftspracherwerb

Ebene der Bedeutung – semantische Ebene

Die Erweiterung des Wortschatzes ist ein zentraler Bereich der sprachlichen Bildungsarbeit. Dabei geht es sowohl um die Förderung des Sprachverständnisses (rezeptiver Wortschatz) als auch um den aktiven Gebrauch von Wörtern beim Sprechen (produktiver Wortschatz). Beide Teilprozesse hängen miteinander zusammen. Gerade durch den Gebrauch von Wörtern in bestimmten Handlungssituationen, in denen Weltwissen sinnlich erfahren wird, differenziert sich auch die Bedeutung. Sach- und Wortwissen sind aufeinander bezogen und werden häufig über handlungsorientierte Aneignungsprozesse erworben.
Die Stufen der Aneignung können mit dem Dreischritt „greifen, begreifen, Begriff" beschrieben werden.

Ziele auf der semantischen Sprachebene	Beispiele für Teilfähigkeiten
Wortschatzerweiterung im aktiven Sprachgebrauch	Begriffsinventar der Inhaltswörter (Nomen, Verben, Adjektive) und Funktionswörter (der, die, ein, unter, über, weil) erweitern und korrekt verwenden, Wörter beim Sprechen im Gedächtnis abrufen können, räumliche und zeitliche Begriffe korrekt verwenden, mit Sprache spielen, Fachwörter verwenden
Wortschatzerweiterung im Bereich des Sprachverständnisses	Bedeutungsgehalt des einzelnen Wortes erweitern, abstrakte Begriffe verstehen, z. B. Spielregel, gestern, kontextungebundene Sprache verstehen, d. h. den Sinngehalt aus einer Geschichte, Erzählung oder anderen mündlichen bzw. schriftlichen Textformen erschließen
Aufbau von Strategien zum Wortschatzerwerb	Begriffe über sinnliche Erkenntnistätigkeit erschließen, Kategorisierungen und andere Denkoperationen beim Wortschatzerwerb einsetzen, Fragen zum Gegenstand, bzw. zum Bedeutungsgehalt von Wörtern stellen können, Worterklärungen geben, Erst- und Zweitsprache vergleichen, schriftsprachliche Fähigkeiten zur Erweiterung des Wortschatzes nutzen können

BEISPIEL Maximilian (4;2 Jahre) lernt beim Kochen der Kürbissuppe zum ersten Mal einen Kürbis kennen. Er fasst ihn an, will ihn hochheben, riecht an ihm und klopft auf der Schale mit seinen Fingern und hält sein Ohr dran. Dabei spricht er: „Oh, wie ein gelber Ball, ganz schwer, so fest, wie ein dicker Kopf. Was isn das?"
Die Familie von Silja (5;6 Jahre) fährt bald in den Urlaub. Silja spricht mit ihrer Erzieherin darüber: „Bald fahren wir nach Mallorca, das wird schön." Erzieherin: „Wann denn?" Silja: „Übergestern, ach Quatsch, übermorgen, gestern ist ja schon vorbei!" Sie hält kurz inne. „Warum heißt es eigentlich nicht übergestern, sondern vorgestern?"

Ebene der Grammatik – syntaktische und morphologische Ebene

Für Kinder ist es im Rahmen ihrer grammatikalischen Sprachentwicklung wichtig, die Vielfalt der Satzstrukturen zu hören. Sie brauchen Bezugspersonen und Fachkräfte, die selbst eine reichhaltige Sprache verwenden, dann verläuft der Spracherwerb auf der morphosyntaktischen Sprachebene in der Regel ohne große Probleme. Eine hervorragende Anregung bieten regelmäßige Vorlesesituationen und das Erzählen von Geschichten. Für eine systematische Förderung der Grammatik ist es wichtig, zunächst im Wortschatzerwerb für eine ausreichende Sicherheit zu sorgen. Insbesondere die ›Regeln der Verbstellung‹ in der deutschen Sprache sind grundlegend für den weiteren Erwerb von komplexen Satzmustern, den Gebrauch der Zeit- und Pluralformen.

Feldermodell deutscher Sätze → S. 305

Ziele auf der grammatischen Sprachebene	Beispiele für Teilfähigkeiten
Aneignung von Satzbaustrukturen unterstützen	Verbstellung im Satz je nach Tempus und Satzbau korrekt einsetzen, grammatikalisch komplexe Satzstrukturen im aktiven mündlichen und schriftlichen Sprachgebrauch verwenden
Morphologie (Wortbildung) im Satzbau erweitern	Artikel der Satzstruktur gemäß verwenden, Plural-, Zeit- und Steigerungsformen korrekt verwenden, Kasus und andere Regeln für die Wortbildung im Satz beachten, Erst- und Zweitsprache auf der grammatikalischen Ebene vergleichen können

BEISPIEL Umuts (5;6 Jahre) Mutter kommt aus dem Iran, sein Vater aus Deutschland. Er erzählt im Stuhlkreis folgende Geschichte: „Und ich war in Urlaub am Meer, da ist Papa zu mein Schwester getaucht, die hat geschrien. Die glaubt, da ist ein Fisch, die fresst die auf. War aber nur was Grünes am Bein."

5.3 Sprachliche Bildungsarbeit gestalten

Abb. 5.9 Erzieherinnen schaffen Sprechanlässe

Ausgangspunkt für eine professionelle sprachliche Bildungsarbeit ist eine systematische Einbettung von Sprechanlässen in den pädagogischen Alltag. Damit kommt der Erzieherin eine bedeutsame Rolle als Sprachvorbild zu. Ihr Kommunikationsverhalten im Dialog mit dem Kind oder dem Jugendlichen beeinflusst maßgeblich einen erfolgreichen Spracherwerb. Sprachförderkompetenzen einer sozialpädagogischen Fachkraft zeigen sich insbesondere in der Fähigkeit, Anlässe für eine sprachfördernde Entwicklungsbegleitung des Kindes zu erkennen und zu nutzen. Damit ist Sprachbildung eine Querschnittsaufgabe, sie sollte in der pädagogischen Arbeit in allen Bildungsbereichen sichtbar werden. Erzieher schaffen im Rahmen ihrer Bildungsangebote immer auch sprachliche Anforderungssituationen, in denen Kinder bzw. Jugendliche ihre Sprachkompetenzen auf den verschiedenen Sprachebenen entwickeln, anwenden und erproben können.

spezifische Fördermaßnahmen → *S. 504 Band 1*
Sprachentwicklungsprobleme → *S. 503 Band 1*
Konzeption → *S. 720 Band 1*
Netzwerkarbeit → *S. 533 Band 1*
Übergänge → *S. 654 Band 1*

Darüber hinaus sind ›spezifische Fördermaßnahmen‹ bei den Kindern erforderlich, die ausgeprägte ›Sprachentwicklungsprobleme‹ in ihrer Erstsprache bzw. im Zweitspracherwerb zeigen. Weiterhin benötigt eine professionelle sprachliche Bildungsarbeit eine Verankerung in der ›Konzeption‹ der Einrichtung und ›Netzwerkarbeit‹ mit Fachkräften anderer Bildungseinrichtungen, z. B. in der Gestaltung von ›Übergängen‹ vom Kindergarten in die Grundschule.

5.3.1 Sprachförderkompetenz der sozialpädagogischen Fachkraft

Kinder lernen nur dann sprechen, wenn sie sich trauen, die Sprache im Kontakt zu anderen Menschen anzuwenden und sich dabei erfolgreich erleben. Deshalb müssen sie in kommunikativen Beziehungen folgende Erfahrungen machen:

- Ich werde wahrgenommen: Ich werde gesehen, mir wird zugehört.
- Ich werde angenommen: Ich werde so akzeptiert, wie ich bin. Ich erhalte Wertschätzung, ohne dass ich etwas Besonderes leisten muss.
- Ich werde verstanden: Mein Gegenüber bemüht sich, die Welt mit meinen Augen zu sehen.
- Ich bin erfolgreich: Ich kann mit meinen sprachlichen Äußerungen etwas bewirken, das für mich befriedigend ist (Selbstwirksamkeit).

Das eigene Sprachverhalten reflektieren

Sprachförderkompetenz zeigt sich in einem bewussten und einfühlsamen Umgang mit Kommunikation in der pädagogischen Praxis. Dieses schließt die Reflexion des eigenen Kommunikationsverhaltens ebenso ein wie die Einsicht, welche Modellfunktion die Erzieherin in der Vermittlung von Sprechen und Sprache im Alltag für die Kinder hat.

REFLEXION IMPULS LERNORTKOOPERATION

„Man denkt, man spricht sehr gut, doch wenn man sich mal aufnimmt und dann genau hinhört, merkt man ‚hoppla' – man spricht doch viel in kurzen Sätzen, Befehlsformen, Ja/Nein-Fragen. Sich selbst darüber bewusst zu werden, wie man mit den Kindern spricht, ist der erste Schritt zur Sprachförderung.

(Aussage einer Erzieherin)

Nehmen Sie zu dieser Aussage Stellung und reflektieren Sie Ihre bisherigen Erfahrungen in der sozialpädagogischen Praxis zum Sprachverhalten von sozialpädagogischen Fachkräften.

Nutzen Sie in Ihrem nächsten Praktikum die Gelegenheit, sich in der pädagogischen Alltagskommunikation aufzunehmen. Hören Sie sich die Aufnahme an und reflektieren Sie Ihr eigenes Sprachverhalten.

ZUM WEITERDENKEN

„Die ErzieherIn-Kind(-er)-Interaktion ist konstitutiv für die Qualität der Betreuung im Kindergarten. [...] Kontos et al. (vgl. Winsler & Carlton 2003) belegen in ihren Studien, dass sich die ErzieherInnen in 81% der Freispielzeit zwar in der Nähe des Kindes befinden, aber nicht mit dem Kind interagieren – es sei denn, um das Kind zum Spiel aufzufordern oder direkte Anweisungen zu geben. [...] Nationale und internationale Studien belegen, dass im Interaktionsverhalten der ErzieherIn das bewusste sprachliche Handeln eine untergeordnete Rolle spielt (vgl. z. B. Barres 1973). Kontos (1999) sowie Kontos und Wilcox-Herzog (1997; 1998) haben herausgefunden, dass ErzieherInnen nur 18% der Zeit für eine anregende Kommunikation nutzen. [...] Auch die von Roux (2002) im Rahmen des Evaluationsprojekts „Kindersituationen" durchgeführte Befragung der Kinder ergab, dass die Kommunikation in vielen Kindergärten durch „Verhaltensregeln" bestimmt wird.

König, Anke (2007): Dialogisch-entwickelnde Interaktionsprozesse als Ausgangspunkt für die Bildungsarbeit im Kindergarten. Bildungsforschung, Jahrgang 4, Ausgabe 1
Download: http://bildungsforschung.org/index.php/bildungsforschung/article/view/54/57 am 27.4.2013

Gemeinsame Aufmerksamkeit herstellen

Sprache wird an und mit einer Sache gelernt, Kinder entdecken die Welt und möchten ihre Entdeckungen mit ihren Bezugspersonen teilen. Die Wissenschaftlerin Barbara Zollinger hat in ihren Untersuchungen die Bedeutung des ›**triangulären Blickkontaktes**‹ für die Sprachentwicklung herausgearbeitet. Um die Sprache als Kommunikationsmittel zu entdecken, ist es wichtig, dass das Kind das Dreieck zwischen „Ich", „Du" und „Gegenstand" herstellen, d. h. die Welt der Dinge mit der Welt der Personen verknüpfen kann.

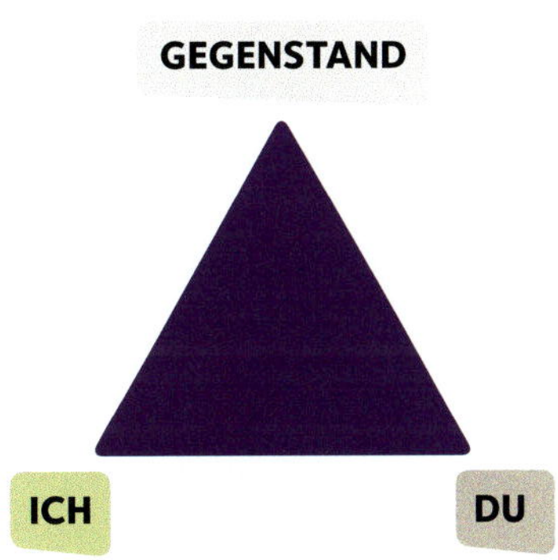

Wertevermittlung

Welche Werte lassen sich aus dem Prinzip der gemeinsamen Aufmerksamkeit ableiten?

triangulär

lat. tri = drei; angulus = Winkel
dreieckig

Barbara Zollinger verdeutlicht den **triangulären Blickkontakt** an einem Beispiel:

> *Das Kind greift die Rassel, schüttelt sie und schaut nun sofort zu mir, als ob es fragen wollte: „Hast du das gehört?" oder „Was meinst du dazu?" Ich lächle und sage: „Wau, die Rassel macht ja richtig Krach." Das Kind wendet sich wieder der Rassel zu, schüttelt sie kurz und schaut wieder zu mir in der deutlichen Erwartung einer Reaktion. Durch diesen Blick zeigt das Kind, dass es sein Erlebnis mit dem Gegenstand teilen will; der Gegenstand bildet deshalb die eigentliche Basis der Mitteilung. ... Zwischen zwölf und achtzehn Monaten bildet dieser Blick die zentrale Form jedes kommunikativen Austausches; bei jedem kleinen Ereignis „fragt" das Kind auf diese Weise, was wir dazu sagen, und lernt so, die Wörter mit den Gegenständen und Handlungen zu verknüpfen: es entwickelt ein erstes Sprachverständnis.*
>
> Zollinger, Barbara (2002): Wenn Kinder die Sprache nicht entdecken. Haupt Verlag, Bern, S. 12

Kommunikation → S. 198 Band 1

Ob die Erzieherin ein Bilderbuch mit Kindern betrachtet, ein naturwissenschaftliches Bildungsangebot durchführt oder eine Bildungssituation im Freispiel begleitet, das Grundprinzip der gemeinsamen Blickrichtung auf eine Sache findet sich überall wieder. Auch in der Arbeit mit Jugendlichen ist die Basis für einen argumentativen Aushandlungsprozess das gemeinsame Thema. Dieses Herstellen von gemeinsamer Aufmerksamkeit auf etwas Drittes ist davon abhängig, wie gut die beteiligten ›Kommunikationspartner‹ zuhören und sich dem Gesprächspartner aktiv zuwenden. Hierfür sind körpersprachliche Signale ebenso wichtig wie der Blickkontakt. Eine einladende Geste, ein Nicken oder ein Lächeln ermutigen den Kommunikationspartner, in den Dialog zu treten bzw. ihn fortzusetzen.

Handlungen mit Sprache begleiten

Gerade die immer wiederkehrenden Abläufe und Aktivitäten im Tagesablauf bieten viele Anlässe für die Erzieherin, ihre Handlungen zu versprachlichen. Insbesondere die Begriffsbildung und das Sprachverständnis (semantische Sprachebene) werden hierdurch angeregt. Häufig ist besonders in wiederkehrenden Alltagssituationen ein reduziertes Sprachverhalten anzutreffen. Ein Erzieher sagt z. B. zum Kind: „So – Tischdienst (zeigt auf den Servierwagen), alles muss auf den Tisch da rauf." Besser sollte das Handeln mit Sprache begleitet und als Anlass für die Kommunikation mit dem Kind genutzt werden: „Jetzt decken wir den Tisch. Was brauchen wir denn alles? ... Möchtest du schon einmal die Tassen auf dem Tisch verteilen? Jetzt fehlen noch die Teller, ich hole sie und du kannst bitte für diesen Tisch noch fünf Gabeln vom Servierwagen holen. ... "

Die Sprache des Kindes modellieren

Modellierung heißt, dass die sozialpädagogische Fachkraft die kindliche Äußerung wieder aufnimmt und sie verändert zurückspiegelt. Das Kind kann so eine inhaltlich bestätigende Rückmeldung zu seinen Äußerungen erhalten und gleichzeitig wird die dialogische Kommunikation mit dem Kind unterstützt. Es bekommt nicht den Eindruck, falsch zu sprechen oder versagt zu haben, was negative Auswirkungen auf die Sprechfreude hätte. Gleichzeitig hört es die richtige Formulierung bzw. Aussprache. Begriffe, Klangbilder und Satzstrukturen können sich so einprägen.

Kongruenz in der Sprachförderung → S. 318

pädagogische Beziehungsgestaltung → S. 175 Band 1

Dabei ist zu beachten, dass die Modellierung nicht künstlich, sondern ›kongruent‹ in der ›pädagogischen Beziehungsgestaltung‹ zum Kind erfolgt.

In Anlehnung an Wolfgang Wendlandt und Lilian Fried unterscheidet man folgende Modellierungstechniken:

Indirekte Korrektur (corrective feedback) Rückmeldung in korrekter Form durch Umstrukturierung bzw. Erweiterung durch Hinzufügen weiterer Äußerungen	Kind: „Ich bin ganz schnell gelauft!" Fachkraft: „Stimmt, du bist ganz schnell gelaufen." Kind: „Au no Tuchen habe." Fachkraft: „Du möchtest noch ein Stück Kuchen haben? Den findest du wohl ganz lecker."
Reformulieren über aktives Zuhören Rückmeldung durch das Ansprechen der Gefühle des Kindes	Kind: „Hier doof. Ecke put." Fachkraft: „Ja, das ärgert dich, das kann ich verstehen. Du hast den Tonkarton an der Ecke aus Versehen eingerissen."
Bestätigende Wiederholung die korrekte Äußerung des Kindes wird als positive Verstärkung wiederholt	Kind: „Das ist ein Eichhörnchen." Fachkraft: „Richtig, das ist ein Eichhörnchen."
Reformulieren über das Einbringen weiterführender Ideen und Fragen	Kind: „Bin fertig. Wie weiter?" Fachkraft: „Schön, dass du mit dem gebastelten Mobile fertig bist. Möchtest du einen Faden anbringen, damit du das Mobile aufhängen kannst?" Kind: „Valentina schon nach Hause gegeht." Fachkraft: „Warum ist Valentina schon nach Hause gegangen? Wann ist sie denn nach Hause gegangen?"
Ermutigung und Bestätigung	Kind: „Weiß nicht, vielleicht grün." Fachkraft: „Richtig, der Trecker mit Anhänger ist grün. Du findest bestimmt noch etwas auf dem Bild, das grün ist."
Erweiterung über Selbstaussagen	Kind: „Da duck!" Fachkraft: „Ja, den Regenbogen finde ich auch schön. Der hat so viele bunte Farben, gelb ...!"
Kommentare, Wissenserweiterung	Kind: „Das schmeckt gut." Fachkraft: „Das ist Apfelmus, den kann man aus Äpfeln kochen. Zuerst ..."
Kontrastierung in die Rückmeldung kann eine Kontrastierung auf der Ebene der Morphosyntax oder/und der Begriffsbildung eingebaut werden	Kind: „Alle Ball rot anmalt – guck mal, alle." Fachkraft: „Schön, du hast nicht nur einen Ball, sondern alle Bälle rot angemalt." Kind: „Die Brot schmeckt gut." Fachkraft: „Du magst das Brot gern, der Bäcker backt die Brote jeden Tag frisch."

Die Qualitätsdimensionen der Sprachförderkompetenz beachten

Nach Lilian Fried lassen sich vier Qualitätsdimensionen für die ›Sprachförderkompetenz‹ einer sozialpädagogischen Fachkraft beschreiben. Sie sind in der Dortmunder Ratingskala zur Erfassung sprachförderrelevanter Interaktion (DO-RESI) zusammengefasst. Sie sind eine Hilfe bei der Konzeption der Sprachförderungsmaßnahmen und wichtige Reflexionskriterien im Anschluss an die Durchführung von Bildungsangeboten und Merkmale für das Erfassen der ›Prozessqualität‹ der Sprachförderung.

Prävention
Inwieweit unterstützen die Modellierungstechniken das Erleben von Selbstwirksamkeit?

Sprachförderkompetenz
spezifisches Wissen und Können, das eine pädagogische Fachkraft braucht, um alle sich stellenden Sprachförderaufgaben und -probleme erfolgreich zu bewältigen bzw. alle sich anbietenden Sprachförderanlässe und -chancen fruchtbar zu machen

Prozessqualität → *S. 701 Band 1*

Abb. 5.10 Sprechanregende Materialien zur Verfügung stellen

Qualitätsdimension: Organisation

Gesprächsführung
- auf Einhaltung der Gesprächsregeln achten
- an Äußerungen des Kindes anknüpfen
- Gespräche zwischen Kindern anregen
- Gesprächsimpulse angemessen setzen
- Kinder, die sich wenig beteiligen, ermutigen

Pädagogischer Überblick
- alle teilnehmenden Kinder während eines Angebotes im Blick haben
- schriftliche Aufzeichnungen während des Tagesablaufes anfertigen
- auf Beobachtungen bei der Planung von Angeboten zurückgreifen
- Angebot mit individuellen Spielräumen je nach Entwicklungsstand des Kindes machen

Planung, Routinen
- Tages- bzw. Wochenpläne mit Bezug zu den Bildungsvereinbarungen und -vorgaben schriftlich festhalten
- Pläne flexibel realisieren: als Orientierung nutzen und durchbrechen, wenn es pädagogisch sinnvoll erscheint
- Zusammenarbeit mit Eltern in verschiedener Form konzeptionell verankern
- Kinder bei der Planung einbeziehen

Vorkehrungen für Kinder mit besonderem Sprachförderbedarf
- verschiedene Verfahren zur Sprachstandserfassung anwenden
- Förderung auf den jeweiligen sprachlichen Entwicklungsstand abstimmen, Zone der nächsten Entwicklung berücksichtigen
- spezielle Angebote für Kinder mit Sprachentwicklungsstörungen machen, ggf. an Fachdienste vermitteln
- spezielle Materialien zur Sprachförderung nutzen
- Erstsprache mehrsprachiger Kinder einbeziehen

Sprachfördergewohnheiten
- Kinder im Tagesablauf anregen, sich sprachlich auszudrücken
- sprachanregende Materialien frei zur Verfügung stellen und gezielt anregen
- Rituale im Alltag zur Förderung der Kommunikation, z. B. Morgenkreis, Erzählstein, etablieren
- Dialog in vielfältigen Situationen, z. B. im Freispiel, beim Frühstück bewusst nutzen
- sprachliche Äußerungen des Kindes bekräftigen und ermutigen

Tab. 5.11

Qualitätsdimension: Beziehung

Grad der Kontrolle
- selbstbestimmtes Handeln, Eigenaktivität von Kindern bekräftigen und ermutigen
- Situationen, die selbstständiges Handeln besonders fördern, planen
- Wahlmöglichkeiten geben
- auf Einhaltung der Gruppenregeln achten

Empathisches Zuhören
- Blickkontakt suchen, aufmerksam zuhören
- Sprecherwechsel und Pausen als Dialog bewusst gestalten
- durch Paraphrasieren der sprachlichen Äußerungen zum Weitersprechen ermutigen
- aktives Zuhören und das bewusste Zurückspiegeln der Emotion, die das Kind ausdrückt, einsetzen

Kongruenz
- Körpersprache in Übereinstimmung mit sprachlichem Ausdruck bringen
- mit Mimik und Gestik die pädagogische Intention unterstützen
- Körpersprache zur Verdeutlichung von Inhalten verstärkt einsetzen
- Gefühle szenisch und sprachlich ausdrücken – durch die pädagogische Fachkraft und durch die Kinder

Nähe
- Kind bewusst mehrfach im Tagesablauf mit Namen ansprechen, Blickkontakt suchen
- Signale des Kindes angemessen beantworten, Körperkontakt zulassen
- Bedürfnisse des Kindes verbalisieren und als Frage anbieten
- geistige Nähe herstellen, indem über gemeinsame Absichten, Erfahrungen gesprochen wird

Tab. 5.12

Handlungen verbalisieren
- Handlungen der Kinder verbalisieren
- Kommentare von Kindern zu Handlungen aufgreifen
- eigene Handlungen kommentieren und Handlungsplanungen verbalisieren („lautes Denken")
- mit Kindern Handlungen planen
- Kinder zur Stellungnahme auffordern

Abb. 5.13 Handlungen verbalisieren

Engagement
- in den verschiedenen Phasen des Tagesablaufs aufmerksam beobachten
- gemeinsame Aktivitäten mit einzelnen Kindern durchführen
- ganz bei der Sache sein, sich über das Interesse der Kinder freuen
- eigene Gefühle zu Aktivitäten und Begeisterung für das Thema äußern

Sensitivität
- Kontakt zum Kind aktiv und entwicklungsgemäß herstellen
- Signale des Kindes einfühlsam deuten
- Nähe-Distanz-Regulation bewusst gestalten
- Möglichkeiten der Metakommunikation nutzen, indem Missverständnisse oder Konflikte thematisiert werden

Qualitätsdimension: adaptive Unterstützung

Instruktionswechsel
- Instruktionsmethoden, z.B. Vormachen, verbale Anleitung, Anschauung, flexibel einsetzen
- Kinder anregen, sich gegenseitig etwas zu zeigen, sich zu helfen oder etwas zu erklären
- individuelle Hilfestellung und Anregung geben

Informationen einholen
- Impulse setzen, die Kinder dazu anregen, über Erlebtes zu berichten, Wissenszusammenhänge darzustellen
- Kinder anregen, sich gegenseitig etwas zu zeigen, zu erklären
- einzelne Kinder gezielt ermutigen, über Erfahrungen zu berichten
- Materialien und Medien hierzu gezielt einsetzen

Anregung
- Raum mit anregenden Materialien für unterschiedliche Interessen gestalten
- Kindern, die Schwierigkeiten haben, sich auf eine Aktivität zu konzentrieren, pädagogisch angemessene Möglichkeiten der Beschäftigung anbieten
- Anregungen aus der aufmerksamen Beobachtung der Kinder situativ entwickeln
- Eigenaktivität und Engagiertheit von Kindern „schützen"

Lernmöglichkeiten aufzeigen
- Fragen und Interessen der Kinder aufgreifen und Möglichkeiten aufzeigen, wo und wie Informationen hierzu zu finden sind
- Kinder ermutigen, sich Herausforderungen zu stellen
- Kinder ermutigen, sich gegenseitig zu helfen

Verständnissicherung
- Verständnisschwierigkeiten sensibel wahrnehmen und mithilfe von Wiederholung, unterstützender Gestik, Mimik bzw. durch Veranschaulichung klären
- nonverbale Signale von Kindern verbalisieren und durch Nachfragen klären
- Aussagen des Kindes paraphrasieren/modulieren, andere Kinder zur Lösung des Kommunikationsproblems einbeziehen

Tab. 5.14

Abb. 5.15 Individuell unterstützen und anregen

Qualitätsdimension: sprachlich kognitive Herausforderung

Themen benennen, entdecken
- Themen der Kinder aufgreifen, Anregungen dazu geben
- Themen der pädagogischen Fachkraft für die Kinder interessant einbringen
- Wahlmöglichkeiten geben

Abb. 5.16 Themen entdecken

Grammatisch komplexer Input
- Satzmuster und Satzkonstruktionen im Sprachstil der Fachkraft vielfältig variieren
- corrective Feedback als erweiternde Wiederholung von sprachlichen Äußerungen des Kindes nutzen, die grammatikalisch unvollständig sind
- sprachlich anspruchsvollere Situationen aktiv nutzen, z. B. beim Vorlesen einer Geschichte oder Beschreibung eines Experiments

Vielfalt des Wortschatzes
- Wortschatz der pädagogischen Fachkraft variationsreich und auf ein Thema bezogen spezifisch nutzen
- neue Wörter veranschaulichen, wiederholen und abwechslungsreich versprachlichen
- spontane Sprachspiele von Kindern unterstützen

Zusammenhänge eines Themas erklären, erfragen
- kindgerechte Zusammenfassung über den Wissenszuwachs, den Lernweg geben
- gemeinsame Rückschau auf das Projekt oder Bildungsangebot halten
- Teile eines Themas gemeinsam mit den Kindern erschließen
- Materialien, Medien in geeigneter Form bereitstellen

Themen verbinden
- Zusammenhänge zwischen dem neuen Thema und schon bereits bekannten Themen herstellen
- Möglichkeiten der systematischen Erschließung eines Themas durch Erkundung, Befragung geben
- eigene Erlebnisse und Erfahrungen einbeziehen

Offene Fragen
mit Fragen
- verschiedene Antwortmöglichkeiten lassen
- Details vertiefen
- sich auf Erkenntnisse, Beobachtungen der Kinder beziehen
- sich auf Meinungen, Auffassungen der Kinder beziehen
- zu Vermutungen, Erklärungen anregen

Abb. 5.17 Details vertiefen

Tab. 5.18

Tab. 5.11, 5.12, 5.14, 5.18 Qualitätsdimensionen von Sprachförderkompetenz; nach Fried, Lilian/Briedigkeit, Eva (2008): Sprachförderkompetenz. Selbst- und Teamqualifizierung für Erzieherinnen, Fachberatungen und Ausbilder. Cornelsen, Berlin

REFLEXION — **IMPULS** — LERNORTKOOPERATION

Wählen Sie eine Qualitätsdimension von Sprachförderkompetenz aus. Beobachten Sie unter diesem Gesichtspunkt eine sozialpädagogische Fachkraft im pädagogischen Alltag.

Familiensprachen der Kinder/Jugendlichen aufgreifen

Die Erzieherin kann die Wertschätzung der Familiensprachen von Kindern, die mehrsprachig aufwachsen, in vielfältiger Weise ausdrücken:

- Sie fragt nach der Bedeutung und der richtigen Aussprache des Namens und übt die korrekte Aussprache.
- Sie integriert Grußformeln in den verschiedenen Familiensprachen in Begrüßungs- und Abschiedsphasen.
- Sie visualisiert Schriftzeichen aus den Sprachen als Anregung.
- Sie lädt Eltern oder andere Angehörige ein, um eine Geschichte in ihrer Sprache erzählen zu lassen, ein Lied mit den Kindern einzuüben usw.
- Sie integriert zweisprachige Bilderbücher in die Leseecke und schafft Tonträger in den Familiensprachen der Kinder an.
- Sie singt mit den Kindern im Begrüßungskreis ein Begrüßungslied in den Familiensprachen.
- Sie fordert Kinder/Jugendliche auf, die Rolle des „Sprachlehrers" zu übernehmen, und lernt einfache Wörter bzw. kommunikative Redewendungen.

←→ Förderung von **Medienkompetenz**
Wie können digitale Medien eingebunden werden, um die Wertschätzung der Familiensprachen auszudrücken?

5.3.2 Literacy – Bildungsprozesse anregen

Die Bedeutung von Literacy-Bildung

Der Begriff „Literacy" beschreibt nicht nur die Grundfertigkeit des Lesens und Schreibens, sondern auch Textverständnis, Erfahrungen mit der Lese- und Erzählkultur der jeweiligen Gesellschaft, Vertrautheit mit Literatur und anderen schriftbezogenen Medien sowie Kompetenzen im Umgang mit der Schriftsprache. In unserer Gesellschaft spielt Schrift eine bedeutsame Rolle. Literacy-Kompetenzen entscheiden wesentlich über die Möglichkeit des Menschen, an gesellschaftlichen Prozessen teilzuhaben, und über den Erfolg in allen Schulfächern. Die familiären Sozialisationsbedingungen von Kindern hinsichtlich ihrer Literacy-Erfahrungen unterscheiden sich beträchtlich. Die sich daraus ergebende Chancenungleichheit markiert einen wesentlichen Auftrag der Bildungseinrichtungen für Kinder und Jugendliche.

Die Literacy-Erziehung zielt auf

- sprachliche Abstraktionsfähigkeit,
- Lesefreude,
- Vertrautheit im Umgang mit Büchern, Zeitungen und technischen Medien, die Schrift verwenden,
- Fähigkeit, Geschichten zu erzählen, eigene Geschichten zu erfinden,
- sinnentnehmendes Verständnis von Texten (literarische Texte und Sachtexte) aus ihnen lernen zu können,
- Verfassen von eigenen Texten und sie als individuelle Ausdrucksmittel, zur Kommunikation mit anderen und zur Unterstützung von Selbstbildungsprozessen zu nutzen.

Die Stiftung Lesen liefert zahlreiche Informationen zum Thema:

www.stiftung-lesen.de

Inklusion

Welche Möglichkeiten haben Kinder und Jugendliche mit sogenannter geistiger Behinderung, Schrift und Texten zu begegnen?

Die sozialpädagogische Fachkraft als Vorbild

Für Kinder aus bildungsfernen Elternhäusern ist die Erzieherin wichtiges Vorbild für den Umgang mit Schrift und Text. In jeder Einrichtung sollte es schriftliche Dokumente geben, bei denen die Kinder oder Jugendlichen erleben, wie damit gearbeitet wird bzw. an denen sie sich selbst beteiligen: Der Geburtstagskalender, der Speiseplan, das Gruppenbuch, das Aufschreiben von Beobachtungen oder das Protokoll über Ergebnisse aus der Kinderkonferenz sind Beispiele für eine Schriftkultur. Es geht im Elementarbereich nicht darum, dass Kinder schon vor der Schule systematisch Lesen und Schreiben lernen sollen, sondern um die Begegnung mit Schrift. Die Einstellung der Erzieherin zum Lesen, ihre eigene Freude an Büchern, Theaterstücken oder schriftbasierten digitalen Medien beeinflusst den Stellenwert, den sie diesem Bereich in der pädagogischen Arbeit beimisst. Insbesondere in der Arbeit mit älteren Kindern und Jugendlichen kann das eigene Interesse an literarischen Veröffentlichungen, die Sicherheit im Umgang mit einem Lexikon oder dem Internet oder der Bericht über einen Besuch im Theater eine Vorbildfunktion übernehmen.

REFLEXION | **IMPULS** | LERNORTKOOPERATION

Reflektieren Sie Ihre eigene Einstellung zum Lesen und Schreiben. Wie ist sie entstanden, welche positiven und negativen Einflüsse gab es? Sie können hierzu eine Lebenslinie zeichnen, in der Sie wichtige Einflussfaktoren symbolisch darstellen.

Abb. 5.19 Wortwerkstatt

Raumgestaltung und Materialauswahl

Bücher, Zeitschriften, digitale Medien brauchen einen Ort, der einen Rückzug vom Gruppengeschehen ermöglicht, zum Verweilen einlädt und auf die jeweiligen altersspezifischen Bedürfnisse der Kinder oder Jugendlichen Rücksicht nimmt. Darüber hinaus können Einrichtungen mit Funktionsräumen Sachbücher den Aktivitäten zuordnen. Das Buch mit naturwissenschaftlichen Experimenten steht im Bereich „Forschen und Entdecken", es lädt zum Anschauen und Ausprobieren ein. In einem Jugendzentrum kann ein offenes Bücherregal – finanziert durch Bücherspenden – dazu anregen, sich kostenlos ein Buch mit nach Hause zu nehmen. Wenn möglich, sollten auch Bücher und Zeitschriften in den Herkunftssprachen angeboten werden. Im Elementarbereich gibt es inzwischen eine ganze Reihe von Bilderbüchern, die zweisprachig aufgebaut sind. In Form von Plakaten oder Schreibvorlagen können verschiedene Schriftzeichen der Sprachen visualisiert werden. Eine „Wortwerkstatt" mit vielfältigen Materialien zum Schreiben unterstützt den Bildungsprozess im Elementarbereich. Die Einrichtungen können eine Kooperation mit öffentlichen Bibliotheken und anderen Anbietern im Medienbereich eingehen.

Anregung des Schriftspracherwerbs

Neugier und Interesse an Schrift zeigen sich bei vielen Kindern schon in der frühen Kindheit. Viele können ihren Namen schreiben und fragen von sich aus „Wie heißt dieser Buchstabe?“ oder „Wie heißt dieses Wort?“. Die Anfänge des Erwerbs der Schriftsprache, des Lesens und Schreibens, liegen weit vor der Schule. Am Ende der Kindergartenzeit sind die Entwicklungsunterschiede der Kinder in diesem Bereich sehr groß. Vielfältige Erfahrungen mit der Schriftsprache in der frühen Kindheit spielen deshalb für das Erlernen von Lesen und Schreiben eine große Rolle.

Das Schreiben lernen umfasst verschiedene Teilfähigkeiten: gerichtete Schreibbewegungen, Formgebung und das Erfassen des Zusammenhangs zwischen Lauten und Buchstaben. Es stellt darüber hinaus eine komplexe sensomotorische Leistung dar, die an Entwicklungsvoraussetzungen der visuellen und auditiven Wahrnehmung sowie der Motorik gebunden ist. Dabei sind Schreiben und Lesen lernen wechselseitig aufeinander bezogen. Die Einsichten in Bau und Funktion von Schrift werden in verschiedenen Phasen gewonnen, für die ein Kind – abhängig von seinen Literacy-Erfahrungen – unterschiedlich viel Zeit benötigt.

Entwicklung des Schreibens

Die Entwicklung des Lesens und Schreibens beginnt bereits lange vor der Schule. Sie verläuft in Phasen. Dabei gilt, dass die Kinder nicht eine Phase abschließen, bevor sie in die nächste kommen. Sie setzen vielmehr die erworbenen Strategien noch über den Schuleintritt hinaus nebeneinander ein.

1. Kritzelstufe

Die ersten „Briefe“ schreiben diejenigen Kinder, die Eltern, Erzieher oder ältere Geschwister schreibend beobachten können, schon im dritten Lebensjahr (2–3 Jahre).
Das gerichtete Kritzeln erkennt man daran, dass eine gedachte Linie erkennbar ist und die Schreibrichtung häufig schon von links nach rechts gewählt wird, wenn es sich um die deutsche Sprache handelt. Nach und nach lassen sich in den Kritzeleien Grundformen erkennen, die wiederholt werden. Manchmal wird das Geschriebene spontan benannt, was einen wichtigen Erkenntnisprozess darstellt: Zeichen stehen für etwas – Schriftsprache als Symbolsystem wird in seinen Anfängen erkannt. Man kann mit Stift und Papier eine dauerhafte Nachricht produzieren.

2. Schreiben einzelner Buchstaben

Kinder suchen ab dem vierten Lebensjahr (3–4 Jahre) einen Zugang zur Schrift durch das Abmalen von Buchstaben. Durch Experimente mit den Grundformen Gerade, Bogen und Kreis erfinden sie Zeichen neu. Meist erfolgt hier noch kein Bezug zwischen der Laut- und Buchstabenebene.

3. Von der Buchstabenform zur Buchstabenfolge – logographisches Stadium

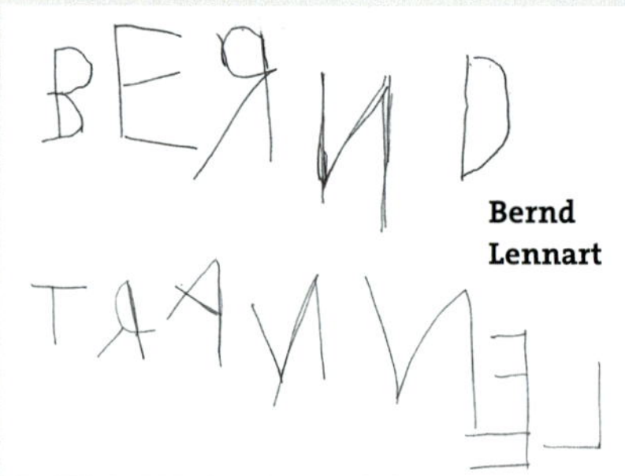

Bernd
Lennart

Im fünften Lebensjahr (4–5 Jahre) erkennen die Kinder, dass Wörter durch Buchstabenfolgen gebildet werden. Sie versuchen, bestimmte für sie wichtige Wörter zu schreiben, dabei prägen sie sich das Wortbild als Ganzes ein. Häufig treten in dieser Phase noch Raumlageverwechslungen auf, sodass manche Buchstaben spiegelbildlich geschrieben werden.
Das Kind erkennt, was ein Wort ist. Das führt dazu, dass es sich für die Buchstaben (Grapheme) in einer bestimmten Abfolge interessiert.

4. Von der Buchstabenfolge zur lautorientierten Kurzschrift – halbphonetisches Stadium

Maus
Nutella

Im sechsten Lebensjahr (5–6 Jahre) erkennen die Kinder, dass Buchstaben (Grapheme) sichtbare Zeichen für bestimmte Laute (Phoneme) sind. Dieser Lernprozess stellt den bedeutsamsten Meilenstein für den Schriftspracherwerb dar. Mit der Erkenntnis, dass Buchstaben für einen Laut stehen, schreiben die Kinder die Wörter nun so, wie sie sie hören, d.h. welche Laute sie heraushören. Dadurch entstehen sogenannte „Wortruinen". Die Einsicht in wesentliche Funktionen von Schrift – sich mitteilen können und eigene Gedanken in eine bleibende Form bringen – wird zu einem Motor für die Motivation des Kindes im Schriftspracherwerb.

5. Von der lautorientierten Kurzschrift zur Lautschrift – phonetisches Stadium

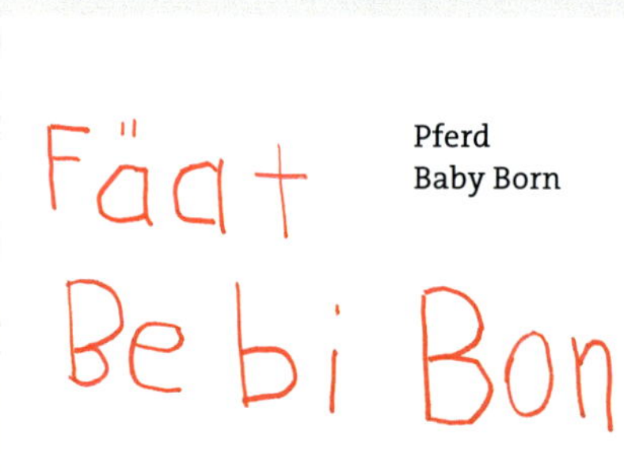

Pferd
Baby Born

Etwa ab dem Schuleintritt sind die Kinder zunehmend in der Lage, Wörter lautlich zu gliedern, und erwerben systematisch mehr Buchstaben, die sie mit bestimmten Lauten verknüpfen. So beginnen sie auch Kleinbuchstaben zu verwenden, wobei es dabei noch zu spiegelbildlichen Schreibweisen kommen kann, weil die Raumlage noch nicht sicher erkannt wird (b-d; q-p).

6. Von der Lautschrift zur Beherrschung von Rechtschreibmustern – orthographisches Stadium

Durch die zunehmende Lesefähigkeit des Kindes und durch systematischen Unterricht passt das Kind die lautgetreue Schreibweise der Rechtschreibung an. Dabei treten lautgetreu geschriebene Wörter neben orthographisch korrekt geschriebenen Wörtern in freien Texten gemeinsam auf. Das Entwicklungstempo variiert hier noch einmal stark; insbesondere die Fähigkeit, Wörter aus dem visuellen Gedächtnis abzurufen, scheint diesen Prozess maßgeblich zu beeinflussen. Grundlegend ist aber auch das Eigeninteresse des Kindes an Schrift, das maßgeblich durch die Schriftkultur im Elternhaus und in den Tageseinrichtungen beeinflusst wird. Am Ende des ersten Schuljahres zeigen sich deshalb sehr große Entwicklungsunterschiede.

Tab. 5.20 Phasen der Schreibentwicklung. In Anlehnung an: Valtin, Renate (2004): Lesen und Schreiben lernen. Schüler, Velber Verlag, Seelze; Barth, Karlheinz (1995): Kinder entdecken die Schrift. Kindergarten heute 2

Entwicklung des Lesens

Die Entwicklung des Lesens erfolgt ebenfalls weit vor dem eigentlichen Schuleintritt parallel zu den genannten Phasen der Schreibentwicklung und steht mit ihr in einer Wechselwirkung.

1. Als-ob-Vorlesen	
	Kleinkinder in einem lesefreundlichen Umfeld beginnen schon im zweiten Lebensjahr auf der Stufe des „Als-ob-Lesens" das Verhalten von lesenden Erwachsenen nachzuahmen, zum Teil „lesen" sie den Inhalt der Geschichte z. B. zu einem Bilderbuch vor und imitieren dabei die entsprechenden Betonungsmuster.
2. Naiv-ganzheitliches Lesen	
„ALDI", „Audi", „POST"	Das Erfassen von Wörtern in ihrer Ganzheit markiert den nächsten Entwicklungsschritt des „naiv-ganzheitlichen Lesens". Häufig vorkommende Wörter aus der Lebenswelt des Kindes werden in ihrer Ganzheit erfasst, z. B. der eigene Name am Haken der Umkleide im Kindergarten.
3. Beginnende Einsicht in den Laut-Buchstaben-Bezug	
das Kind liest beim Wort „Papier" das Wort „Papa"	Mit der Einsicht in den Buchstaben-Laut-Zusammenhang werden die Wörter oft von ihrem Anfangslaut her erraten. Auch einfache Buchstaben-Laut-Kombinationen („au") werden erkannt und erlesen.
4. Gefestigte Einsicht in die Laut-Buchstaben-Beziehung	
„Ende" gelesen als „eendee"; „ hier" gelesen als „hiieerr"	Mit Schuleintritt lernen die Kinder viele Buchstaben kennen und versuchen, die Wörter buchstabenweise zu erlesen. Es gelingt ihnen häufig noch nicht, die Bedeutung des Wortes zu erfassen, obwohl sie alle Buchstaben richtig lautiert und zu einem Wort zusammengezogen haben. Das Arbeitsgedächtnis des Kindes ist so gefordert, dass der Sinn des Wortes zunächst in den Hintergrund rückt.
5. Fortgeschrittenes Erlesen	
Vorsilben: „ver-"; Endungen: „-ung"; Zischlaute: „tz", „sch"; kurze, häufig vorkommende Wörter als Ganzheit: „ich", „der", „in", „weil"	Mit zunehmender Übung erfasst das Kind über sein Gedächtnis größere Einheiten in einem Buchstaben-Laut-Zusammenhang bzw. in einer Ganzheit vom Wortbild. Es entwickelt die Fähigkeit, Wörter und kurze Sätze flüssig zu lesen, bestimmte Betonungsmuster einzusetzen und den Inhalt zu verstehen.
6. Automatisierung der Lesefähigkeit	
„Afugrnud enier Sduite an enier elingshcen Unvirestiät ist es eagl, in wlehcer Rienhnelfoge die Bcuhtsbaen in eniem Wort sethen. Das enizg wcihitge dbaei ist, dsas der estre und ltzete Bcuhtsbae am rcihgiten Paltz snid. Der Rset knan ttolaer Bölsdinn sein, und du knasnt es torztedm onhe Porbelme lseen." Valtin, Renate (2004): Lesen und Schreiben lernen. In: Schüler, Velber Verlag, Seelze, S. 88	Wie gut sich die Lesefähigkeit im Laufe der schulischen Sozialisation entwickelt, ist höchst unterschiedlich. Sicheres, sinnentnehmendes Lesen ist eine Schlüsselkompetenz für den Bildungserfolg. Es braucht sehr viel Übung und Geduld. Lesen und Schreiben zu lernen ist eine Fähigkeit, für die der Mensch eine hohe Motivation und Anstrengungsbereitschaft aufbringen muss, da es sich um kognitiv sehr anspruchsvolle Lernprozesse handelt. Insbesondere Kinder mit Lese-Rechtschreib-Schwierigkeiten benötigen besondere Aufmerksamkeit und Förderung.

Partizipation

Wie können Kinder und Jugendliche bei der Planung und Durchführung der Angebote beteiligt werden?

Im Internet finden sich zahlreiche Informationen und Ideen zur Leseförderung, z. B. unter:

www.lesefoerderung.de

www.lesen-in-deutschland.de

Der Deutsche Bildungsserver verlinkt zudem zu zahlreichen regionalen und überregionalen Organisationen:

www.bildungsserver.de/Lesefoerderung-Lesekompetenz-2418.html

Förderung der Lese- und Schreibentwicklung

Die Lese- und Schreibentwicklung kann durch viele Impulse unterstützt werden:

- Kinder dichten zu einem selbst gemalten Bild eine Geschichte, die Erzieherin schreibt sie in Druckbuchstaben auf. Dann werden die Geschichten mit dem Bild in ein „Geschichtenbuch" geheftet, das für die Kinder frei zugänglich ist. Sie können sich die Geschichten „vorlesen" bzw. erzählen.
- Ein Fotobuch über einen Ausflug wird mit Text unterlegt und steht in der Bücherecke zur Verfügung.
- Ich-Bücher über jedes Kind geben einen Anreiz zum „Als-ob-Lesen" und zum Erzählen.
- Kinder schreiben Briefe an Verwandte, Freunde, gehen zur Post und versenden sie.
- Ein Stempelkasten und andere Schreibgeräte stehen in der Wortwerkstatt zur Verfügung. Auch eine mechanische Schreibmaschine hat einen hohen Anreiz für Kinder, sich mit Schrift zu beschäftigen.
- Zu einem Bildmemory werden mit den Kindern Wortkarten hergestellt und Bild-Wort-Pärchen als Spielanreiz gesucht.
- Grundschulkinder gestalten eigene Bücher mit Geschichten, die Texte können auch mithilfe des Computers geschrieben werden.
- Schreibspiele für Grundschulkinder bieten einen Anreiz in Kombination mit Wettbewerb und Gemeinschaftsgefühl.
- Kinder/Jugendliche stellen ihr Lieblingsbuch vor, erstellen eine kommentierte Leseliste von Jugendlichen für Jugendliche.
- Kinder/Jugendliche führen Protokoll bei gemeinsamen Planungen und Besprechungen.
- Jugendliche nehmen Partnerschaften zu Mädchen und Jungen aus anderen Städten, Ländern über das Internet auf.
- Buchprojekte und größere Veranstaltungen werden in Zusammenarbeit mit den örtlichen Bibliotheken oder den Schulen geplant

Förderung von phonologischer Bewusstheit

Phonologische Bewusstheit bezeichnet die Fähigkeit, Wörter in Silben zu gliedern, Reime zu erkennen und Laute herauszuhören. Sie stellt eine wichtige Vorläuferfähigkeit für den Schriftspracherwerb dar. Von Phonembewusstheit im engeren Sinne spricht man, wenn die Lautstruktur einzelnen Buchstaben zugeordnet werden kann. Sehr bekannt ist das Würzburger Trainingsprogramm (WüT), ein Förderprogramm, das in vielen Kindertageseinrichtungen zum Einsatz kommt. Es handelt sich um ein systematisches Programm mit einer genauen Anleitung zur Durchführung.
Der Einsatz systematischer Förderprogramme in der Sprachförderung wird durchaus kontrovers diskutiert.

Viele traditionelle Laut- und Reimspiele, Lieder und Verse fördern die phonologische Bewusstheit im weiteren Sinne, indem die Kinder einzelne Laute in einem gehörten Wort identifizieren oder Reime zu vorgegebenen Wörtern bilden.

Hier sollen nur einige Beispiele genannt werden:

- Geschichten, bei denen ein Wort vorher festgelegt wird, z. B. bei einer Wettergeschichte das Wort „Regen". Der Erzieher erzählt anschaulich eine Wettergeschichte, bei der immer dann alle Kinder in die Hände klatschen, wenn das Wort „Regen" auftaucht.
- Silben klatschen im Begrüßungskreis: Jeder Name wird reihum sprachgestaltend in Silben zergliedert und geklatscht.
- Wörter mit zwei oder drei Silben sammeln und klatschen lassen.
- Sortierspiele mit Anfangslauten: Was im Gruppenraum fängt mit dem Laut „sch" an?
- Bildkarten werden bestimmten Lauten zugeordnet, hierzu können auch Memorykarten abgewandelt werden.
- Auf ein Plakat werden alle Namen der Kinder, geordnet nach ihren Anfangsbuchstaben, geschrieben bzw. die Kinder schreiben sie selbst und zeichnen ein Selbstbildnis dazu.
- Ein Anlaut-Poster (A wie Affe usw.) aufhängen oder mit den Kindern gemeinsam herstellen.
- Beispiele für Schriftzeichen aus anderen Sprachen aufhängen, z. B. Name des Kindes in lateinischen, kyrillischen, chinesischen Schriftzeichen, hierzu die Herkunftssprachen der Kinder berücksichtigen und ggf. die Eltern bitten, die Namen in der Herkunftssprache aufzuschreiben.
- Gesellschaftsspiele zur Förderung der phonologischen Bewusstheit anbieten.

🌐 Anregungen zur Sprachförderung finden Sie z. B. hier:

www.ifp.bayern.de
→ projekte
→ laufende Projekte
→ Das Sprachberater-Projekt

www.dji.de/sprachfo-kita

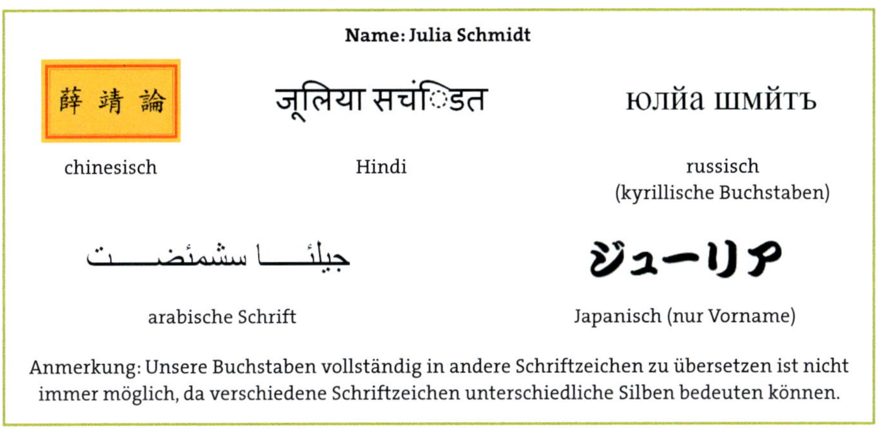

Abb. 5.21 Der Name in verschiedenen Schriften bzw. Sprachen

REFLEXION **IMPULS** LERNORTKOOPERATION

Entwickeln Sie Spielideen bzw. wandeln Sie bekannte Spiele so ab, dass sie eine der genannten Teilfähigkeiten fördern:

- Wort im Satz erkennen
- Silben im Wort wahrnehmen
- Laut am Anfang eines Wortes
- Reime erkennen oder bilden

Bilden Sie eine Kleingruppe und erproben Sie Ihre Ideen in der Lerngruppe. Setzen Sie Ihre Ideen anschließend in einer Kindertagesstätte um.

Bildungsanregungen aus der Kinder- und Jugendliteratur

www.stiftunglesen.de/vorlesestudie-2012

Kinder, die in Familien aufwachsen, in denen nicht regelmäßig vorgelesen wird und Bücher keinen Stellenwert im Familienalltag haben, sind in ihrem schulischen Lernerfolg benachteiligt. Dies belegen verschiedene Studien.
Ihre bildungssprachlichen Kompetenzen können sich nur unzureichend entwickeln. Kinder- und Jugendliteratur ›erzählt‹ Geschichten, nutzt Sprache in ihrer Symbolfunktion und unterstützt so den Erwerb der kontextungebundenen Sprache.

Erzählen → S. 332

Ausgehend von dieser Erkenntnis ergibt sich eine besondere Verantwortung der sozialpädagogischen Fachkräfte für eine systematische Leseförderung in allen Altersgruppen. Diese sollte sich nicht nur auf Bücher beschränken, sondern ›digitale Medien‹ mit einbeziehen. So zeigt die Vorlesestudie 2012 der Stiftung Lesen eine hohe Nutzung von Apps und E-Books für Kinder, die im Familienalltag auf Tablets und Smartphones gespeichert werden. Diese Entwicklung ist im Blick auf die Leseförderung aktiv zu nutzen, da auch Familien aus bildungsfernen Schichten häufig über digitale Medien verfügen.

digitale Medien → S. 340

Leseförderung wird von einer großen Anzahl an Organisationen in Deutschland verantwortet. Diese bieten einen vielfältigen Ideenpool an, der von jeder sozialpädagogischen Einrichtung genutzt werden kann.

Ausgewählte Links zum Thema Leseförderung/Kinder- und Jugendliteratur:
www.bildungsserver.de/Praxisanregungen-materialien-zur-fruehkindlichen-Lesefoerderung-5463.html

Zu den wichtigsten Gattungen der Kinder- und Jugendliteratur gehören im Einzelnen: Kinderlyrik (Gedichte, Reime, Lieder), Bilderbücher, Kinderbücher, Märchen, Sachbücher, Jugendbücher, Comics und Mangas. Die folgende Übersicht gibt exemplarisch einen Einblick in die Bedeutung und Qualitätskriterien für bestimmte Gattungen.

Abb. 5.22 Jugendliteratur

Gattung	Bildungsanregung	Qualitätskriterien
Bilderbuch		
▪ Elementarbilderbuch ▪ Szenenbilderbuch ▪ wirklichkeitsnahes Bilderbuch ▪ fantastisches Bilderbuch ▪ Sachbilderbuch ▪ Märchenbilderbuch ▪ religiöses Bilderbuch	▪ bieten ersten Kontakt mit Buch- und Lesekultur durch emotionale Zuwendung ▪ fördern visuelle und auditive Wahrnehmung und Begriffsbildung ▪ bringen in Kontakt mit kontextungebundener Sprache ▪ erfassen und versprachlichen Vorgänge und Abläufe des täglichen Lebens ▪ bauen Weltwissen auf und erweitern es ▪ bieten Identifikationsmöglichkeit und Anregung für die Verarbeitung eigener Gefühle, Eindrücke und Erlebnisse ▪ regen Kreativität und Fantasie an	▪ Elementarbilderbuch: stabil und nicht zerreißbar, Einzelbilder, kein oder wenig Text, geeignet für ein Kleinkind ▪ Szenenbilderbuch: wirklichkeitsnahe, nicht klischeehafte Darstellung ▪ Sachbilderbuch: anschauliche und auf die Altersgruppe abgestimmte Informationen, angemessenes Verhältnis von Text und Abbildungen, verständliche Sprache ▪ fantastisches Bilderbuch: fantasievolle Bildsprache und Geschichte, die Identifikationsmöglichkeiten eröffnet ▪ Märchenbilderbuch: künstlerisch ansprechende Illustration, Text und Bild unterstützen einfühlsam die Aussagekraft ▪ religiöses Bilderbuch: Veranschaulichung religiöser Inhalte über eine Bildsprache, die nicht verniedlicht oder zu abstrakt ist

Kinderbuch		
▪ realistische Kindergeschichten ▪ fantastische Kindergeschichten	▪ bieten Identifikationsmöglichkeiten über die Kinder, die als Handelnde in der Geschichte auftreten ▪ zeigen Wege auf, Probleme zu überwinden ▪ bieten eine Möglichkeit, Träume, Wünsche und Fantasie auszuleben ▪ machen literarische Sprache in ihrer symbolischen Kraft erfahrbar ▪ wecken Lesefreude durch das Eintauchen in eine Geschichte durch Vorlesen oder Selberlesen	realistische Kindergeschichten: ▪ keine klischeehaften Darstellungen, Erzählung mit Kindern, die sich aktiv handelnd mit ihrer Lebenswelt auseinandersetzen ▪ Bewältigung von Problemen, Anforderungen realitätsnah fantastische Kindergeschichten: ▪ Erzählung mit abenteuerlichen Elementen, mit Übergängen zwischen Fantasie und Realität ▪ Identifikationsmöglichkeit über die Hauptperson(en) in der Erzählung ▪ sprachlich anregend und stilistisch reichhaltige literarische Sprache
Jugendbuch		
▪ realistische Erzählungen ▪ fantastische Erzählungen	▪ bieten Auseinandersetzungsmöglichkeiten mit gesellschaftlichen und jugendkulturellen Problemen, Prozessen und Herausforderungen ▪ unterstützen die Identitätsfindung im Jugendalter über literarische Rollenmodelle ▪ ermöglichen emotionale Stabilisierung durch Lesen als Ausdruck eines Eigenlebens ▪ erweitern bildungssprachliche Kompetenzen und Weltwissen	▪ keine klischeehaften Darstellungen und Rezepte für die Lösung von schwierigen Lebenssituationen ▪ Spannung und eine schlüssige Erzähldramaturgie ▪ fantasievolle und kreative Erzählhandlung ▪ literarische Sprache bzw. sprachlich auf die Erzählhandlung abgestimmter Sprachduktus

REFLEXION ◀ **IMPULS** LERNORTKOOPERATION

Zeichnen Sie einen Zeitstrahl von Ihrer Geburt bis heute. Ordnen Sie Bücher aus den verschiedenen Gattungen zu, an die Sie sich noch erinnern. Wenn es möglich ist, befragen Sie hierzu auch Ihre Eltern.
Wählen Sie ein Beispiel aus und schreiben Sie kurz auf, was Sie daran besonders schön, gruselig, schwierig oder interessant fanden.
Reflektieren Sie, ob Sie eher ein Leser oder Nichtleser sind. Suchen Sie nach möglichen Einflussfaktoren in Ihrer Lebensgeschichte.

REFLEXION **IMPULS** ▶ LERNORTKOOPERATION

Erkunden Sie den Lesebereich Ihrer Einrichtung und Formen der Leseförderung. Erstellen Sie hierzu eine Fotodokumentation.
Bilden Sie Gruppen zum gleichen Arbeitsfeld (Krippe, Kindergarten, Ganztagsschule, Jugendzentrum u.a.). Vergleichen Sie Ihre Fotodokumentationen und entwickeln Sie einen Kriterienkatalog für eine pädagogisch angemessene Leseförderung (Beispiele für best practise).

Ausgewählte Links zum Thema Leseförderung/Kinder- und Jugendliteratur:

www.schule-bw.de/unterricht/paedagogik/lesefoerderung

www.jugendliteratur.org

www.bildungsserver.de/Lesefoerderung-Lesekompetenz-2418.html

www.bibliotheksportal.de/themen/bibliothek-und-bildung/lesefoerderung.html

www.lesen-in-deutschland.de

www.wortwusel.net

www.lesestart.de/kitas.html

www.stiftunglesen.de

Abb. 5.23 Dialogisches Buchlesen

Wertevermittlung
Welche Werte werden durch die Geschichten transportiert?

Dialogisches Bilderbuchlesen

Das Bilderbuch bietet durch seinen Inhalt und seine Illustrationen eine Vielzahl von Gesprächsanlässen, in denen Dinge, Situationen und Gefühle von Personen benannt und beschrieben werden können. Beziehungen zwischen den handelnden Personen und zwischen Text und Bild werden hergestellt. Eigene Erfahrungen können damit in Verbindung gebracht werden. In kleinen Gruppen von ca. vier Kindern erfahren die Kinder eine individuelle Zuwendung, indem die Erzieherin die sprachliche Anregung auf das Sprachniveau, ihre Interessen und Fragen abstimmen kann. Häufig verlangen Kinder, dass das gleiche Buch immer wieder vorgelesen bzw. gemeinsam betrachtet werden soll. Sie verbinden mit der Bilderbuchbetrachtung Momente von Nähe und ungeteilter Aufmerksamkeit und befriedigen so ihr Bedürfnis nach Geborgenheit. Diese Erfahrung legt die Basis für eine erfolgreiche Lesesozialisation, in der Bücher mit positiven Emotionen verbunden werden. Weiter zeigen sich deutliche Lernfortschritte durch die Wiederholung insbesondere bei den sprachlich weniger kompetenten Kindern, die auch von den Äußerungen der anderen Kinder zum Bilderbuch profitieren. Die Ausbildung sprachlicher Muster wird unterstützt und die Begriffsbildung nachhaltig stabilisiert. Durch das mehrfache Vorlesen entsteht ein differenziertes Textverständnis. Dinge oder Handlungen, die beim ersten Mal noch gar nicht wahrgenommen wurden, werden bei Wiederholungen bemerkt und unterstützen so das Einnehmen unterschiedlicher Perspektiven.
Weiterhin erfahren die Kinder vieles über Schrift und Buchkultur und sie hören literarische Sprache, die sich von der mündlichen Alltagskommunikation unterscheidet. Wichtig ist, dass ein Dialog zwischen den Kindern und der Erzieherin zur Geschichte im Buch entsteht.

Bei der Durchführung des dialogischen Bilderbuchlesens sollte die Erzieherin folgende methodische Leitlinien beachten:

- Vorleseort so wählen, dass Nähe zur vorlesenden Person hergestellt werden kann, alle gut in das Buch schauen können und eine gewisse Abschirmung von Geräuschen aus dem Gruppengeschehen möglich ist, z. B. Lesesofa mit Stoffbaldachin und Bücherregal als abgegrenzter Bereich
- Bücher auswählen, die eine abgeschlossene Geschichte anbieten, Interessen der beteiligten Kinder aufgreifen und eine ansprechende Illustration zeigen
- Regelmäßigkeit im Tages- und Wochenrhythmus anstreben, das schafft für die Kinder eine kontinuierliche Sprachfördersituation und Sicherheit
- Einstieg so wählen, dass sich die Kinder auf den Inhalt konzentrieren können, z. B. Einführung über den Buchtitel und die Abbildung auf dem Cover
- sprachgestaltend lesen – Tempo und Betonung dem inhaltlichen Geschehen anpassen, bei großem Erzählbedürfnis der Kinder Textpassagen in eigenen Worten wiedergeben
- Fragen zu den Bildern, dem Fortgang der Geschichte stellen, Bezüge zum eigenen Erleben der Kinder herstellen, möglichst offene Fragen stellen, die Kinder zu komplexen Antworten herausfordern: z. B. Wie findest du ...? Warum ...? Was würdet ihr denken ...? Was passiert, wenn ...? Was ist eigentlich nicht gut? Wie könnte die Geschichte weitergehen?
- Kinderäußerungen mithilfe von ›Modellierungstechniken‹ erweitern und so indirekt korrigieren, sie mit Respekt und Anerkennung kommentieren
- spontane Fragen der Kinder aufnehmen, andere Kinder mit einbeziehen, Bedeutungen und Zusammenhänge klären

Modellierungstechniken → S. 317

- unbekannte Begriffe gemeinsam mit den Kindern klären, veranschaulichen und den inhaltlichen Bezug verdeutlichen
- am Ende der Bilderbuchbetrachtung Zeit und Raum für Einschätzungen, spontane Äußerungen und erneutes Ansehen bestimmter Seiten geben, Bezüge zu eigenen Erfahrungen durch Fragen herstellen
- das Buch in die Hände der Kinder geben, sie wollen es manchmal noch in ihren eigenen Worten erzählen, damit werden auch das Gedächtnis und der Wortabruf gefördert.
- Anregungen für die weitere Auseinandersetzung mit dem Buch geben: Bild malen, Rollenspiel oder andere Formen der szenischen bzw. kreativ gestalterischen Aktivität

REFLEXION — IMPULS — LERNORTKOOPERATION

Wählen Sie ein Thema, zu dem Sie Bilderbücher aus der Bibliothek ausleihen. Wählen Sie drei Bücher aus, die Sie besonders ansprechen. Begründen Sie Ihre Auswahl schriftlich.
Entwickeln Sie zu einem Bilderbuch Fragen und weitere Ideen für die Durchführung des dialogischen Bilderbuchlesens.
Erproben Sie das dialogische Bilderbuchlesen mit einer Kleingruppe im Kindergarten. Dokumentieren Sie Ihre Übung mithilfe einer auditiven Aufnahme.
Reflektieren Sie Ihr Sprachverhalten aus der Sicht der Kriterien für eine dialogische Bilderbuchbetrachtung.

Kinderlyrik – Gedichte, Sprüche und Fingerspiele
Schon Babys und Kleinkinder in der Krippe lieben Verse und Fingerspiele, die als Rituale den Tagesablauf begleiten und Geborgenheit vermitteln. Sie wecken bei Kindern auf spielerische Weise die Lust daran, selbst zu sprechen. Wenn etwa die eine Zeile lautet: „Morgens früh um sechs“, dann ergibt sich fast wie von selbst die Fortsetzung „Kommt die kleine Hex“. Die gereimte Struktur schult die Konzentration und die Merkfähigkeit, das Sprachgefühl sowie den Wortschatz. Kindergedichte haben einen schönen Klang, lassen sich leicht erlernen, aufsagen oder singen, sie sind oft lustig und schließlich kann man sie ohne Mühe in Fingerspielen oder anderen szenischen Gestaltungen umsetzen. Kinder, denen das Prinzip des Reimens früh genug klar ist, entwickeln auch ein Bewusstsein dafür, dass Wörter aus Silben bestehen und einen Anfang und ein Ende haben – eine wichtige Voraussetzung für den Erwerb von phonologischer Bewusstheit als wichtiger Vorläuferfähigkeit für den Schriftsprach-erwerb.

Inklusion
Inwieweit kann Kinderlyrik die inklusive Arbeit unterstützen?

BEISPIEL Die Erzieherin Mira Yildrim wickelt den kleinen Enno. Dabei lässt sie vier Finger einer Hand über den Bauch des Kindes laufen – zunächst langsam, dann schneller, dann wieder langsamer. Zum Schluss kitzelt sie Enno am Kinn. Dabei integriert sie den Vers: „Ich bin ein kleiner Bär und tapse so daher. Ich trödel und trottel, ich zuckel und zottel – ganz ohne Sorgen verleb ich den Morgen.“

Mit Messer, Gabel und Löffel als Spielfiguren lässt sich das folgende Gedicht von Christian Morgenstern sehr einfach inszenieren. Literarische Sprache wird lustvoll erprobt und zur Freude aller in Szene gesetzt.

Herr [Löffel] und Frau [Gabel],
die zankten sich einmal
Der [Löffel] sprach zur [Gabel]:
Frau [Gabel], halt den Schnabel,
du bist ja bloß aus Stahl!

Frau [Gabel] sprach zum [Löffel]:
Ihr seid ein großer Töffel
mit eurem Gesicht aus Zinn,
und wenn ich euch zerkratze
mit meiner Katzentatze,
so ist eure Schönheit hin!

Das [Messer] lag daneben
und lachte: Gut gegeben!
Der [Löffel] aber fand:
Mit Herrn und Frau aus Eisen
ist nicht gut Kirschen speisen,
und küsste Frau [Gabel] galant – die Hand.

(Christian Morgenstern)

[Löffel] = Löffel [Gabel] = Gabel [Messer] = Messer

Das Gedicht von Christian Morgenstern gibt vielfältige Anregungen zum Erkunden neuer Begriffe: „Töffel“, „Zinn“, „Eisen“, „speisen“, „galant“, Redewendungen: „halt den Schnabel“, „gut gegeben“. Gerade für den Erwerb von bildungssprachlichen Kompetenzen ist es bedeutsam, dass Kinder frühzeitig mit literarischer Sprache in Kontakt kommen und diese lustvoll erleben.

Prävention
Welchen Einfluss hat das Erzählen auf die Bewältigung von Lebensereignissen?

Erzählen

Das Erzählen fällt Kindern schwerer als das Sprechen im alltäglichen Umgang. Beim alltäglichen Sprechen beziehen sie sich zunächst auf Menschen und Dinge, die gegenwärtig wahrnehmbar sind. Erzählend müssen sowohl die Handlungen wie die Situationen, in denen gehandelt wurde, sprachlich umschrieben und damit für die Hörer vorstellbar gemacht werden. Darin liegt ein besonderer Anreiz zum Erwerb bildungssprachlicher Kompetenzen, da die Kinder so lernen, kontextungebundene Sprachhandlungen zu verwenden. Zunächst fällt es den meisten Kindern jedoch leichter, Tageserlebnisse sprachlich wiederzugeben, von den Erfahrungen zu berichten, die von der erwarteten täglichen Routine abweichen und sich deshalb als erzählenswert darstellen. Indem sie davon vor den anderen berichten, ordnen sie zugleich ihre Erinnerung, machen sie sich darüber bewusst und lernen, sie in sprachlichen Äußerungen weiterzugeben. Auch die Erzieherin sollte Gelegenheiten zum freien Erzählen von Geschichten wahrnehmen. Dabei kann zunächst beim Erzählen, z. B. von Märchen, auf szenisches Spiel in Form eines Tischtheaters mit Figuren als Veranschaulichung zurückgegriffen werden. Für die Schulung des Sprachverständnisses und die Entwicklung von sprachlicher Abstraktionsfähigkeit ist eine Erzählung einer Geschichte oder eines Märchens ohne Visualisierung sehr anregend für den Erwerb von Literacy-Kompetenzen.

REFLEXION **IMPULS** LERNORTKOOPERATION

Recherchieren Sie im Internet zum Thema „Märchen erzählen“. Bereiten Sie ein Märchen so vor, dass Sie es vor einer Gruppe im sozialpädagogischen Arbeitsfeld vortragen können. Sie können auch szenische Elemente mit einbeziehen. Planen Sie eine entsprechende Raumgestaltung für die Aktivität.

Literacy- Förderung im Jugendalter

Insbesondere dann, wenn der Schriftspracherwerb im Schulalter voranschreitet, und auch im Jugendalter haben viele ein großes Interesse an eigenen Textproduktionen. Jugendliche schreiben Gedichte, gestalten eine Schülerzeitung oder führen ein Tagebuch. Darüber hinaus hat die schriftliche Kommunikation in den sozialen Netzwerken im Internet einen hohen Stellenwert. In Zusammenhang mit musikalischen Aktivitäten werden Liedtexte geschrieben, ein Rap komponiert und andere Formen der szenischen Inszenierungen erprobt. In der Arbeit mit Jugendlichen gilt es, diese Interessen aufzugreifen, ihnen Möglichkeiten zu eröffnen, sich mit ihren Textproduktionen selbstwirksam zu erleben. So können Kinder und Jugendliche an Schreibwettbewerben teilnehmen, mithilfe von technischen Medien können sie ein Drehbuch für einen Film oder ein Hörspiel schreiben.

Abb. 5.24 Liedtexte vortragen

Abb. 5.25 Geschichten schreiben

Partizipation
Welche Angebote fördern die Teilhabe Jugendlicher am öffentlichen Leben?

Einerseits basiert ein gelungener Bildungsweg auf erweiterten Lesekompetenzen, doch Leistungsdruck erzeugt selten Lust am Lesen. Im Jugendalter ist das Leseinteresse höchst unterschiedlich verteilt. Insbesondere Jungen aus bildungsfernen Elternhäusern, die mehrsprachig aufwachsen, gehören zu einer Risikogruppe mit geringen schriftsprachlichen Kompetenzen. Lesepaten versuchen Jugendliche aus dieser Gruppe aktiv in ihrem Bildungsweg zu unterstützen. Ein weiteres Angebot sind Leseclubs, die das Lesen durch die Vorbildfunktion von Gleichaltrigen fördern. In freizeitorientierter Atmosphäre treffen sich Kinder und Jugendliche regelmäßig, um gemeinsam zu lesen, zu spielen und mit Medien viele kreative Dinge auszuprobieren. Leseclubs sind attraktive Lernumgebungen mit einem breiten und pädagogisch wertvollen Medienangebot. Vom Vorlesen über Theater spielen bis hin zum Erstellen eines Hörspiels reichen die Aktivitäten, die in Ganztagsangeboten an Schulen, aber auch in Bibliotheken und Jugendeinrichtungen angeboten werden.

Informationen zu Leseclubs: www.stiftunglesen.de/leseclubs

Informationen des DJI zur Sprachförderung finden Sie unter:
www.dji.de/sprachfo-kita

5.3.3 Spracherwerb durch Bildungsangebote in anderen Bildungsbereichen anregen

„Das deutsche Jugendinstitut hat seit vielen Jahren verschiedene Forschungsprojekte und Expertisen begleitet, die sich mit der Sprachförderung in Kindertageseinrichtungen beschäftigen. Ein besonderes Augenmerk liegt hierbei auf der Frage, wie sprachliche Bildungsarbeit als Querschnittsaufgabe in allen Bildungsbereichen integriert werden kann. In unserem Konzept ist Sprachförderung weder ein eigenständiges Bildungsthema noch ein zusätzliches Angebot. Vielmehr geht es darum, Sprache in den Bildungsalltag zu integrieren, sie tagtäglich als Querschnittsthema über alle Bildungsbereiche hinweg zu verankern. Ob Musik, aktive Medienarbeit, Bewegung oder Naturwissenschaften – in allen Bildungsthemen des Kindergartens steckt Sprache als wichtiges Mittel zum Beispiel der Beschreibung, der Äußerung, der Kommunikation.

Jampert, Karin u. a. (Hrsg.) (2009): Kinder-Sprache stärken! Band 2. verlag das netz, Weimar, Berlin, S. 7

Sprachliche Bildung
In welchen Bildungsangeboten haben Sie bisher die Sprachförderung ausdrücklich einbezogen?

In den Kapiteln dieses Lehrwerks wird die pädagogische Arbeit in den einzelnen Bildungsbereichen vorgestellt. Deshalb erfolgt hier lediglich ein zusammenfassender Überblick auf die Sprachförderpotenziale in den Bildungsbereichen. Dabei geht es immer um eine sprachliche Anregung, die im Einklang mit den Zielsetzungen und methodischen Leitlinien des jeweiligen Bildungsbereichs stehen sollte. Exemplarisch wird hier Bezug auf die Bildungsbereiche Bewegung, Musik und Naturwissenschaften im Elementarbereich genommen. Sprachbildung ist eine Querschnittsaufgabe, die Sprachförderkompetenz der Erzieherin zeigt sich in allen Bildungsbereichen und darf nicht auf den Elementarbereich beschränkt bleiben.

Bildungsbereich Bewegung
Mit dem Körper und durch Bewegung drückt sich der Mensch aus, erkundet sich und seine Umwelt. Es gibt einen engen Zusammenhang zwischen Körpererleben als sinnlicher Erkenntnistätigkeit und dem Erwerb der Sprache.

Bewegungsaktivitäten	Anregungspotenzial für den Spracherwerb
Spontane Bewegungshandlungen und körpersprachliche bzw. rhythmische Ausdrucksformen, Bewegung und Sprache im Einklang	körpersprachliche Ausdrucksfähigkeit in Gestik und Mimik, Lautbildung und Sprachrhythmus, Atmung, Stimmbildung
Materialerfahrung und sinnliche Wahrnehmung in den Bewegungshandlungen	Begriffsbildung, Erweiterung des Wortschatzes, auch mit Blick auf Raumwahrnehmung
Thematische Bewegungsgeschichten und -spiele	Anregung der geistigen Vorstellungskraft und Fantasie, mit Sprache Dinge und Personen umdeuten
Angeleitete Gruppenspiele mit Regeln	Sprachverständnis, Anwendung von sprachlichem Wissen (Mengenangaben für Mitspieler, Reihenfolge und andere Kategorisierungen), kommunikative Absprachen
Gemeinsames Bauen und Konstruieren von Bewegungslandschaften und -parcours	Ziele und Absprachen treffen, Erfahrungen und Vorschläge austauschen und abstimmen, Handlung unter Verwendung von abstrakten räumlichen und zeitlichen Begriffen planen
Nachbesprechen von Bewegungsaktivitäten	Wortschatzerweiterung zu Gegenständen und Bewegungsabläufen, Stellung beziehen, Ideen zur Veränderung entwickeln

Tab. 5.26 Verbindung von Bewegungsaktivitäten und Spracherwerb: in Anlehnung an Jampert, Karin u. a. (Hrsg.) (2009): Kinder-Sprache stärken! Wie viel Sprache steckt in Bewegung und Naturwissenschaften? verlag das netz, Weimar, Berlin, S. 29–30

Bildungsbereich Musik

Sprachförderung mit musikalischen Mitteln erfolgt durch Anregungen zu Erfahrungen mit Stimme und Körper, durch Singen sowie klangliche Spiele und Experimente mit der Stimme. Stimmbildung ist Sprachbildung.

Jedes Kind kann Klänge erzeugen, auf allem, was Töne oder Geräusche von sich gibt. Kinder spielen mit Stimme und Sprache, beziehen die Bewegungen ihres Körpers ein. Musik ist mit Bewegung, Tanz, Sprache verbunden. Man kann Hörer oder Mitspieler sein. Gemeinsames Musizieren fordert ein hohes Maß an sozialem Handeln und Verstehen. Musik bietet Verständigungsmöglichkeit über Sprachgrenzen hinweg.

Förderung von Medienkompetenz

Welche medialen Mittel können Sprachförderung mit Musik sichtbar machen?

Musikalische Aktivitäten	Anregungspotenzial für den Spracherwerb
Lieder singen ▪ zu bestimmten Themenfeldern ▪ mit Lautmalereien ▪ zu bestimmten Gelegenheiten ▪ Erzähllieder ▪ Spiel- und Bewegungslieder	Atmung und Stimmbildung, Mundmotorik, Lautbildung und Lautbewusstheit, Betonung, Rhythmus, Melodie, Erweiterung des Wortschatzes und des Sprachverständnisses, literarische Sprache – außergewöhnliche Begriffe , prgamatisch-kommunikative Rituale wie z. B. Geburtstagslied
Musik hören und machen ▪ mit dem eigenen Körper ▪ mit Alltagsmaterialien ▪ mit Orff-Instrumentarium ▪ mit Instrumenten	Klänge wahrnehmen und differenzieren, rhythmische Variationen erproben, Namen der Instrumente und ihre Klangfarbe benennen und beschreiben, Musik und Sprache als Selbstausdruck erleben, Absprachen treffen
Lieder und Musik aus anderen Kulturen	in anderen Sprachen singen und musizieren, Instrumente und Klangfarben aus anderen Kulturen benennen und beschreiben

Tab. 5.27 Verbindung von musikalischen Aktivitäten und Spracherwerb; in Anlehnung an Jampert, Karin u. a. (Hrsg.) (2009): Kinder-Sprache stärken! Wie viel Sprache steckt in Musik und Medienarbeit? verlag das netz, Weimar, Berlin, S. 19–23

Abb. 5.28 Stimmbildung ist Sprachbildung

Nachhaltigkeit
Wie kann die Verantwortung für die Umwelt sprachlich adressatengerecht thematisiert werden?

Bildungsbereich Naturwissenschaften

Die Naturwissenschaften bieten Kindern die Möglichkeit, viele Warum-Fragen zu stellen. Kinder fokussieren ihre Aufmerksamkeit auf ihre Umgebung, schauen auf bestimmte Phänomene. Durch genaue Beobachtung und gezieltes Experimentieren können sie ihre Vermutungen zur Beantwortung ihrer Fragen überprüfen. Die ausgeprägte Neugier und Wissbegierde sowie Lernfähigkeit dieser Altersstufe kann dafür genutzt, um ein naturwissenschaftliches Grundverständnis aufzubauen.
Hierzu gehört auch die Anregung des eigenständigen Denkens, das in Form von Fragen und Vermutungen geäußert wird. Daher ist dieser Bereich untrennbar mit sprachlichen Denkoperationen und Interaktionen in der Forschergruppe verbunden.

Naturwissenschaftliche Aktivitäten	Anregungspotenzial für den Spracherwerb
Sinnliche Naturerfahrung	Wortschatzerweiterung und Anregungen für die Wortbildung im Bereich des Satzbaus durch Beschreibung und Vergleich, Sortier- und Klassifizierungen in Ober- und Unterbegriffe
Experimente planen, durchführen und auswerten ▪ Fragestellung formulieren ▪ Vermutungen äußern ▪ Experiment durchführen ▪ protokollieren ▪ Schlussfolgerungen ziehen	Sprache wird zum Werkzeug des Denkens, Vermutungen, Zusammenhänge und Phänomene werden genau beschrieben: komplexe Haupt- und Nebensatzstrukturen, verschiedene Frageformen, Möglichkeitsform, Zeitformen, Klassifikation und Vergleich, Fachsprache, schriftsprachliche Dokumentationsformen, Recherche von schriftlichen Informationen

Tab. 5.29 Verbindung von naturwissenschaftlichen Aktivitäten und Spracherwerb; in Anlehnung an Jampert, Karin u. a. (Hrsg.) (2009): Kinder-Sprache stärken! Wie viel Sprache steckt in Bewegung und Naturwissenschaften? verlag das netz, Weimar, Berlin, S. 59–60

Abb. 5.30 Sprachliche Experimente können auch am Computer umgesetzt werden.

Medienpädagogische Anregungen für die frühkindliche Bildung finden Sie hier:
www.bibernetz.de

Bildungsbereich Medien

Wenn Kinder aktiv mit Medien arbeiten, bereichert dies in vielfältiger Weise ihre sprachlichen Ausdrucksfähigkeiten. Beim Sprechen in ein Mikrofon oder der Aufnahme eines selbst geschriebenen Hörspiels wird Sprache bewusst eingesetzt und die Aufmerksamkeit für die eigene Sprache erhöht sich.
Die Dokumentation von Ereignissen in einem Fotobuch mit entsprechenden Bildunterschriften fordert zu schriftsprachlicher Gestaltung heraus. Die selbst gestalteten Bücher regen zum Erzählen und Berichten an.
Videoproduktionen erfordern schriftliche Regieanweisungen und eine Inszenierung mit Szenen und Dialogen. Damit entsteht eine Sensibilität für Körpersprache, Betonung und bildgestütztes Erzählen.
Das Interesse für literarische Texte kann durch eigene Textproduktionen in digitaler Form geweckt werden. Sprachliche Stilmittel werden durch freies Schreiben kreativ erprobt.

5.3.4 Spracherwerb und Sprachstand beobachten und dokumentieren

Es empfiehlt sich, die sprachliche Entwicklung eines Kindes ab seinem Eintritt in die Krippe oder den Kindergarten zu beobachten. Dabei können verschiedene Wege der Beobachtung des Spracherwerbs und der Einschätzung des Sprachstandes unterschieden werden.

Einschätzung anhand spontaner Sprachäußerungen im pädagogischen Alltag
Der natürliche Spracherwerbsverlauf im Sinne des Erwerbs von Entwicklungsfortschritten auf den vier Sprachebenen kann mithilfe von Ton- und Videoaufnahmen bei gezielten Redeanlässen, die in bestimmten Abständen erfolgen, dokumentiert und ausgewertet werden. Auch schriftliche Notizen im Anschluss an Kommunikationssituationen im pädagogischen Alltag bieten eine gute Grundlage dafür, ob sich Entwicklungsfortschritte beim Kind zeigen oder nicht. Entwicklungsverläufe im Spracherwerb sind höchst individuell, dennoch kann eine Erzieherin durch diese fortlaufende Beobachtung im pädagogischen Alltag Aussagen darüber treffen, ob sich Fortschritte im Spracherwerb zeigen oder nicht. Wichtig ist der ›Austausch‹ über Sprachfortschritte der Kinder im Team, um subjektive ›Wahrnehmungen‹ und evtl. ›Fehleinschätzungen‹ zu reflektieren.
Ein Bezug auf Entwicklungstabellen, z. B. die Entwicklungstabelle nach Kuno Beller, Meilensteine der Entwicklung, Entwicklungsgitter nach Ernst Kiphard, Sprachpyramide nach Wolfgang Wendlandt, bietet dabei eine Orientierung an Normen für eine altersentsprechende Sprachentwicklung im Erstspracherwerb Deutsch. Schwieriger ist die Einschätzung der Kinder, die mit dem Zweitspracherwerb Deutsch in der Einrichtung beginnen. Zunächst einmal ist nicht ganz klar, auf welchem Stand des Erstspracherwerbs sie sich befinden, auch wenn im Elterngespräch hierzu Informationen erfragt wurden. Hier ist eine systematische Beobachtung des Spracherwerbs in der Zweitsprache unabdingbar.

Einschätzung auf der Grundlage systematischer Instrumente zur Beobachtung des Sprachstandes
Besteht bei Kindern mit Deutsch als Erst- oder Zweitsprache Unklarheit, ob sie eine besondere Förderung benötigen, sollten die Sprachfähigkeiten systematisch erfasst und überprüft werden, um einen individuellen Förderplan – gegebenenfalls unter Einbeziehung anderer Fachkräfte – zu erstellen. Mit den Beobachtungsbögen Sprachverhalten und Interesse an Sprache bei Migrantenkindern in Kindertageseinrichtungen (SISMIK) sowie Sprachentwicklung und Literacy bei deutschsprachig aufwachsenden Kindern (SELDAK) von Michaela Ulich und Toni Mayr vom Staatsinstitut für Frühpädagogik München liegt ein Verfahren vor, das die Beobachtung an sprachlichen Situationen im Alltag orientiert. Zu sprachrelevanten Situationen, wie z. B. am Frühstückstisch oder bei einer Bilderbuch-betrachtung in einer Kleingruppe, werden Beobachtungsfragen gestellt, deren Beantwortung in ein Raster eingetragen wird. Die Auswertung erfolgt mit einer standardisierten Auswertungstabelle. Der Ansatz erfordert eine Beobachtung über einen längeren Zeitraum, denn eine Momentaufnahme spiegelt häufig nicht den tatsächlichen Sprachstand des Kindes wider. Der Vorteil dieser beiden Beobachtungsinstrumente liegt darin, dass die Auswertung einen Bezug zu individuellen Förderschwerpunkten für das Kind herstellt und dieses im Begleitheft auch gut veranschaulicht wird.

Beobachtung von Bildungsprozessen → *S. 115*

Personenwahrnehmung → *S. 109*

Beobachtungsfehler → *S. 111*

Im Internet finden Sie Informationen und Bezugsquellen zu:
Entwicklungstabelle nach Beller
www.entwicklungstabelle.de

Entwicklungsgitter nach Kiphardt
www.verlag-modernes-lernen.de

Sprachpyramide nach Wendtland in der Broschüre „Spracherwerb im Kindergarten“, Download
www.vhs-st.de/familienwelten/

Infos zu SISMIK und SELDAK finden Sie hier:
www.ifp.bayern.de/projekte/sismik.html

www.ifp.bayern.de/materialien/beobachtungsboegen.html

Sprachstandserhebungen vor dem Übergang in die Schule

In vielen Bundesländern geht gezielten Sprachfördermaßnahmen eine Einschätzung des Sprachstandes vor der Einschulung voraus. So wurde zum Beispiel in Nordrhein-Westphalen ein Test zur Sprachstandserhebung für alle vierjährigen Kinder eingeführt. Im Auftrag des Schulministeriums hat Lilian Fried das Testverfahren „Delfin 4 – Diagnostik, Elternarbeit und Förderung von Sprachkompetenz Vierjähriger in NRW" und eine Handreichung mit dem Titel „Sprachförderorientierungen" entwickelt. Der Test hat eine sogenannte Screening-Funktion, d.h., es handelt sich um ein standardisiertes Schnell-Testverfahren zur Erfassung von Sprachentwicklungsauffälligkeiten und -verzögerungen. Für die Kinder, die die erste Stufe bestanden haben, ist der Test beendet. Es besteht kein besonderer Förderbedarf. Für die anderen Kinder wird der Förderbedarf noch einmal genauer in einem zweiten Test erhoben. Die Sprachförderung erfolgt in Zusammenarbeit mit Grundschullehrkräften bzw. speziell ausgebildeten Sprachförderkräften.

Infos zu Delfin 4 finden Sie unter:

www.schulministerium.nrw.de
→ Bildungsportal
→ Schulsystem
→ Schulformen
→ Grundschule
→ Sprachstand

Delfin 4 - Stufe 2	Besuch im Pfiffikus-Haus (BiP) - Durchgang 2013	L. Fried

4. Untertest: Sätze nachsprechen (SN)

Für die Übungsaufgabe wird kein Punktwert vergeben.

		Äußerung des Kindes:	**Mögliche Punktzahl**	**Erreichte Punktzahl (Rohwert)**
1.	**Vorgabe:**	Die Katze wird von Lena gefüttert.	6	
	Kindäußerung:			
2.	**Vorgabe:**	Heute rennen die Kinder schnell zur Schule.	7	
	Kindäußerung:			
3.	**Vorgabe:**	Ayla kann ihren Schlüssel nicht finden.	6	

Abb. 5.31 Ausschnitt aus Delfin 4, Stufe 2, Download: www.schulministerium.nrw.de/BP/Schulsystem/Schulformen/Grundschule/Sprachstand/Sprachstandsfeststellung_zwei_Jahre_vor_der_Einschulung/Protokollheft_Stufe2_2013.pdf

Ein Überblick über unterschiedliche Verfahren zur Einschätzung des Sprachstandes und der Sprachentwicklung findet sich unter:

http://cgi.dji.de/bibs/271_2232_ExpertiseFried.pdf

www.bmbf.de/pub/bildungsreform_band_elf.pdf

Die Diskussion über methodische Standards von bestehenden Verfahren dauert an, die Wissenschaft arbeitet an der Entwicklung neuer Testverfahren.

Die Erfahrungen mit den verschiedenen Sprachstandserhebungen und Testverfahren werden in Zukunft zeigen, wie es gelingen kann, Kinder mit einem Förderbedarf frühzeitig zu erfassen und welche Effekte das auf einen gelungenen Spracherwerbsprozess haben wird. Darüber hinaus wird es weiterhin bedeutsam sein, wie kompetent sozialpädagogische Fachkräfte die Sprachentwicklung der Kinder im Rahmen einer prozessbegleitenden Beobachtung im pädagogischen Alltag einschätzen können.

REFLEXION | **IMPULS** | LERNORTKOOPERATION

Erkunden Sie in Ihrem Bundesland, ob es eine verpflichtende Sprachstandserhebung gibt, wann sie stattfindet und wie sie durchgeführt wird. Befragen Sie Beteiligte, Erzieher, Grundschullehrkräfte, Sprachförderkräfte oder Eltern zu ihren Erfahrungen mit dem Verfahren.

5.3.5 Sprachbildung in der Arbeit mit Familien anregen

Eltern sollten mit ihren Kindern in der Sprache bzw. den Sprachen sprechen, in denen sie sich kompetent fühlen und emotionale Sicherheit dem Kind gegenüber ausdrücken können. Entscheidend für einen erfolgreichen Erstspracherwerb bzw. den Erwerb von mehreren Sprachen ist die sprachanregende Kommunikation in der Familie, in der Literacy-Erfahrungen ermöglicht werden. Je früher Kinder mit Deutsch als Zweitsprache in Kontakt kommen, desto größer ist die Wahrscheinlichkeit, dass sie ihre Familiensprache(n) und die deutsche Sprache erfolgreich erlernen. Das wird durch einen frühen Besuch von Kindertageseinrichtungen maßgeblich unterstützt. Für den Aufbau einer tragfähigen ›Erziehungs- und Bildungspartnerschaft mit Eltern‹ im Bereich der sprachlichen Bildungsarbeit sind die Wertschätzung der kulturellen Wurzeln, der Herkunftssprache(n) und eine verlässliche Kontaktaufnahme notwendig. Dabei sollten alle Formen der Zusammenarbeit mit Eltern genutzt werden.

Erziehungs- und Bildungspartnerschaft mit Eltern → *S. 564 Band 1*

Der Erzieher
- ermittelt im Aufnahmegespräch Informationen zur Sprachbiografie des Kindes: Einschätzung der Eltern zum Spracherwerb, Familiensprache(n) des Kindes, besondere Interessen und Vorlieben in Bezug auf Literacy-Erfahrungen: Lieder, Geschichten, Bilderbücher. Falls die sprachliche Kommunikation schwierig ist, sollte eine Dolmetscherin hinzugezogen werden. Auch andere Eltern oder Erzieher können diese Rolle übernehmen, wenn sie die jeweilige Familiensprache verstehen.
- ermutigt Eltern zur Hospitation und kommt über ihre Beobachtungen mit ihnen ins Gespräch.
- informiert, wenn es erforderlich ist, in den Familiensprachen zu Fragen der Sprachentwicklung und der Sprachförderung. Hierzu nutzt er die „Elternbriefe", die in verschiedenen Sprachen erschienen sind.
- fördert den Kontakt zwischen den Eltern durch vielfältige Aktivitäten und eine Willkommenskultur in der Einrichtung, führt Elterngespräche, in denen er den Spracherwerb des Kindes beschreibt, Dokumentationen hinzuzieht und mit den Eltern gemeinsam Vorschläge für die Unterstützung im Elternhaus entwickelt.
- integriert die Familiensprachen der Kinder in Projekte durch das Vorlesen und Erzählen von Geschichten und Märchen bzw. das Singen von Liedern.
- bindet Familien durch Angebote der Elternbildung in die pädagogische Arbeit der Einrichtung ein.

Hinweise zu Elternbriefen finden Sie hier:
www.ifp.bayern.de/materialien/elternbriefe.html

Bedeutsam ist ein differenzierender Blick auf die jeweiligen sprachlichen Sozialisationsbedingungen in den Herkunftsfamilien. Mit der Anwendung des Stereotyps der sogenannten „Migrantenfamilie" kommt es häufig zu unzulässigen Verallgemeinerungen. Die kulturellen, sozialen und sprachlichen Sozialisationsbedingungen von Müttern und Vätern, die bzw. deren Eltern oder Großeltern nach Deutschland eingewandert sind, unterscheiden sich erheblich. Dies gilt es beim Aufbau einer Bildungs- und Erziehungspartnerschaft mit Eltern in den Blick zu nehmen. Auch in der Arbeit mit Eltern, deren Kinder einsprachig aufwachsen, ist es wichtig, die spezifischen Ressourcen der jeweiligen Familie zu stärken um Mütter und Väter in die Sprachbildung ihrer Kinder aktiv einzubeziehen.

Inklusion
Welche Maßnahmen helfen dabei, Vorurteile bewusstzumachen und abzubauen?

6 MEDIEN

Abb. 6.1 Kinder wachsen von Anfang an und ganz selbstverständlich mit Medien auf.

Einordnung und Einteilung von Medien

Kommunikation → S. 198 Band 1

Medien sind ›Kommunikationsmittel‹. Sie transportieren Informationen. Es gibt technische Medien, wie beispielsweise das Internet oder den Fernseher, und Printmedien, wie das Buch und die Zeitung. Medien sind folglich ein Mittel oder Verfahren, um Informationen in Form von Text, Bild und Ton zu verarbeiten, zu speichern und zu verbreiten. Weiterhin wird unterteilt in digitale und analoge Medien. Der Unterschied liegt in der Art und Leistung des gesendeten Signals. Die digitalen Medien werden auch als „Neue Medien" bezeichnet.

Analoge Medien	Digitale Medien
Schallplatte/Kassette	CD
Videokassette	DVD
Röhrenfernseher	digitales Fernsehen, Plasmabildschirm
Telefon	Handy
Sofortbildkamera	Digitalkamera
Buch	E-book-Reader

Tab. 6.2 Beispiele für analoge und digitale Medien in der Gegenüberstellung

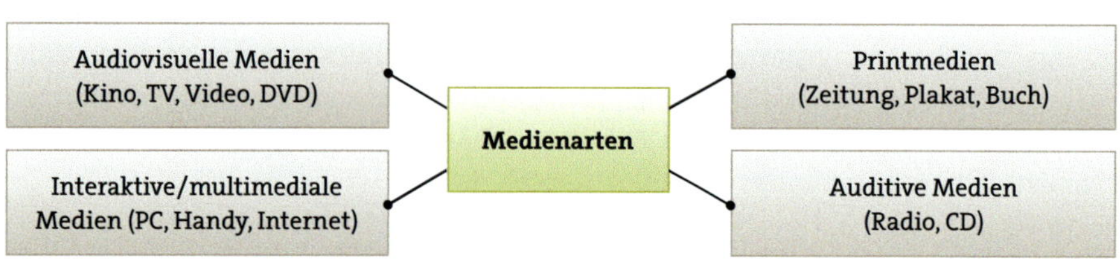

Abb. 6.3 Medienarten im Überblick

Der Umgang mit Medien hat sich verändert. Medien dienen nicht mehr ausschließlich dem Konsum, sondern können auch ›interaktiv‹ genutzt werden. Sie haben sich zudem dahingehend weiterentwickelt, dass die Informationsvermittlung auch über alle Sinneskanäle erfolgt.

interaktiv
auf Interaktion beruhend, wechselweise

Sinneskanal	Beispiel der medialen Nutzung
Taktil/haptisch (Tastsinn)	„wischen" am Tablet-PC
Olfaktorisch (Geruchssinn)	Geruchskino
Vestibulär (das Gleichgewicht betreffend)	Spielkonsole
Visuell (Sehsinn)	Filme
Auditiv (Gehör)	Hörbuch, Podcasts

Tab. 6.4 Informationsvermittlung über verschiedene Sinneskanäle

Mit der zunehmenden Verbreitung insbesondere auch der neuen Medien wurde der Begriff der Massenmedien geprägt. Massenmedien sind Kommunikationsmittel, die eine weite Verbreitung finden. Sie ermöglichen Massenkommunikation. Beispiele für Massenmedien sind Zeitungen, Fernsehen oder das Internet.

6.1 Sozialisationseinflüsse und entwicklungsspezifische Grundlagen

In unserer heutigen Gesellschaft werden Kinder und junge Heranwachsende von Medien geprägt. Ihr Alltag ist von medialen Einflüssen bestimmt. Teilweise setzen sich Kinder den Medien bewusst aus und teilweise wirken Medien unbewusst auf sie. Betrachtet man den Weg zur Schule oder zur Kindertagesstätte, kommt es neben dem bewussten Gebrauch eines Handys oder MP3-Players auch zu unbewusstem Medienkonsum. Die Wege sind beispielsweise durch am Straßenrand platzierte Werbung, in analoger (z.B. Plakatwerbung) oder digitaler Form (z.B. digitale Werbetafeln), geprägt. Nach der Schule läuft zu Hause während des Essens in manchen Familien der Fernseher und am Nachmittag steht der PC zur Verfügung.

6.1.1 Mediale Entwicklung

Der alltägliche Umgang mit Medien ist das Ergebnis einer langen Entwicklung. Wenn man die ersten Höhlenmalereien mit in die Mediengeschichte einbezieht, kann man erste Zeugnisse von Inhaltsvermittlung über Medien seit 40.000 v.Chr. nachweisen. Die ältesten Schriften stammen aus der Zeit ca. 6.600 v.Chr. Die Verbreitung der ersten **Bücher** begann im 15. Jahrhundert.

Auf das gedruckte Wort folgte das bewegte Bild. Der Film hielt zunächst Einzug in die Kinos, danach verbreiteten sich das Schwarz-Weiß-**Fernsehen und Radios** in den Haushalten. Das Fernsehen entwickelte sich weiter und wurde zu dem color-stereo-high-definition TV, wie wir es heute kennen.

Schrittweise gewann der **Computer** an Bedeutung. Dieser wurde fortwährend weiterentwickelt und eröffnete dem Nutzer eine immer größere Bandbreite an Verwendungsmöglichkeiten.

Schließlich verbreiteten sich der **Walkman** und das **Handy**, die durch den **MP3-Player** bzw. schrittweise durch das **Smartphone** abgelöst wurden.

Durch das **Internet** wurde der Computer immer attraktiver. Er bietet die Chance, die digitale Welt zu erkunden, Daten auszutauschen und Informationen aus der ganzen Welt abzurufen.

Web 2.0 und Jugendschutz → *S. 326 Band 1*

Das ›**Web 2.0**‹ beschreibt die Weiterentwicklung des Internets. Es ist nicht mehr nur das Konsumieren von Inhalten, sondern auch das eigene Produzieren von Inhalten möglich. Das Web 2.0 ist somit eine veränderte Nutzung und Wahrnehmung des Internets.

WLAN-Hotspot
kabelloser Internetzugriff an bestimmten Orten

Die **Tablet-PCs**, worunter leichte, sehr flache, tragbare Computer zu verstehen sind, ermöglichen dem Nutzer fortan jederzeit Zugriff auf die abgespeicherten Daten. Durch ›WLAN-Hotspots‹ können die Besitzer von Tablet-PCs und Smartphones das Internet jederzeit und überall nutzen.

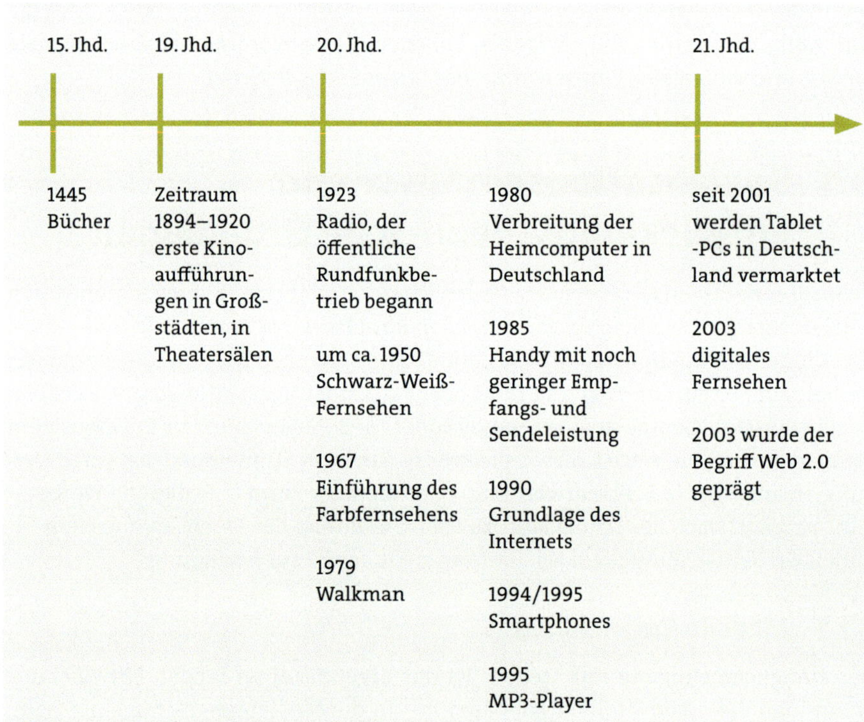

Abb. 6.5 Zeitstrahl der Medienentwicklung

Sämtliche Medien waren mit ihrer Entstehung erheblicher Kritik ausgesetzt. Hierbei ging mit der Etablierung neuer Medien die Kritik an den vorhandenen zurück. Bücher werden inzwischen als bildungsfördernd angesehen und das Fernsehen wurde im Verlauf zum gängigsten Medium in Familien.

Den einzelnen Medien wurden und werden unterschiedliche Chancen und Risiken zugeschrieben.

Medium	Kritik	Positiver Nutzen
Buch	möglicher negativer Einfluss auf den Leser	▪ Wissensvermittlung (z.B. Schulbuch) ▪ Verbesserung der Lesefähigkeit und des Ausdrucks ▪ Vielzahl an Genres
Fernsehen	Kinder würden: ▪ rastloser ▪ aggressiver ▪ in ihrer Fantasieentfaltung eingeschränkt ▪ träge und bewegungsfaul ▪ manipuliert ▪ übermäßig mit Werbung konfrontiert	▪ deckt inhaltlich ein breites Interessenspektrum ▪ jederzeit verfügbar ▪ Wissensvermittlung (z. B. Reportagen und Polittalk)
Radio	▪ Propaganda, z.B. in der NS-Zeit ▪ Werbung	▪ großes Musikangebot für alle Altersklassen und in vielen Genres ▪ Nachrichtenübertragung ▪ in der Anschaffung günstiges technisches Gerät ▪ Informationsquelle
PC/Tablet-PC	▪ altersinadäquate Inhalte werden verfügbar ▪ verringert die Bewegung von Kindern ▪ Vernachlässigung des sozialen Umfeldes ▪ schlimmstenfalls pathologische Computersucht	▪ Lernsoftware für alle Altersklassen ▪ technisches Verständnis und Interesse entwickeln ▪ eröffnet kreative, spielerische Entfaltungsmöglichkeiten ▪ Informationsquelle
Walkmann/ MP3-Player	▪ Verursachung von Gehörschäden ▪ Abschottung von der Außenwelt	▪ Abgrenzung und Identitätsbildung durch Musik ▪ Freizeitbeschäftigung
Handys/ Smartphones	▪ hohe Strahlenbelastung ▪ Vernachlässigung des persönlichen Umfeldes	▪ schnelle Kommunikationswege ▪ leichte Recherchemöglichkeit ▪ Zuverlässigkeit durch zusätzliches digit. Notizbuch und Timer
Web 2.0	▪ Unübersichtlichkeit ▪ geringe Kontrolle	▪ Mitgestalten/kreative Ausdruckform ▪ Teilhabe

Tab. 6.6 Chancen und Risiken verschiedener Medien

REFLEXION **IMPULS** LERNORTKOOPERATION

Der antike griechische Philosoph Platon warnte mit Entwicklung der Schrift vor der Verminderung des „Gedächtnisvermögens" und der „Vernachlässigung der unmittelbaren Präsenz des Gegenübers".
Wie positionieren Sie sich bezüglich der Ansicht Platons?

Inhalte der KIM-Studie:
www.mpfs.de/462.html

Mediale Entwicklung in den privaten Haushalten
Die Vielfalt und Weiterentwicklung der Medien gehen mit einem hohen Verbreitungsgrad einher. Die KIM-Studie (Kinder und Medien) belegt, dass alle Haushalte ein Fernsehgerät besitzen. Ein PC befindet sich in nahezu allen Haushalten (95 %). Ein Vergleich mit KIM-Studien der vergangenen Jahre zeigt besonders im Bereich der neuen Medien einen Anstieg der Geräteausstattung:

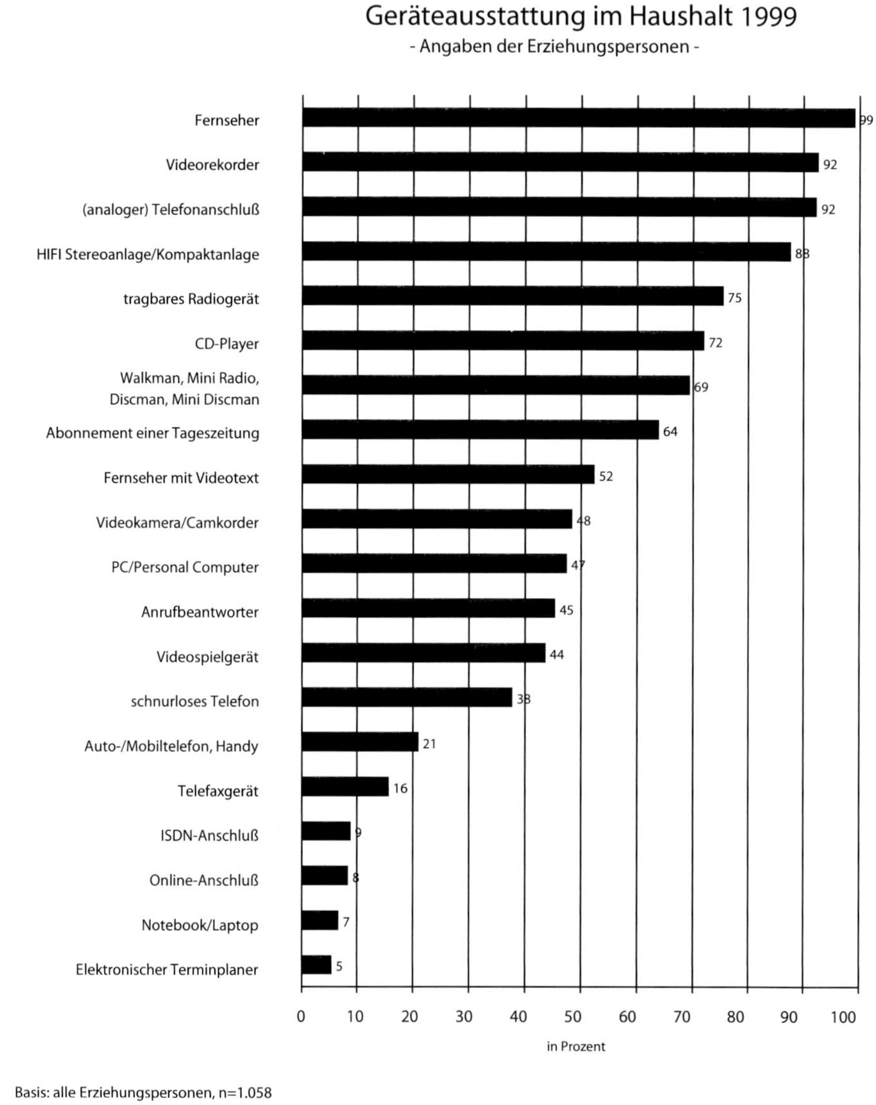

Quelle: KIM-Studie 1999, S. 55

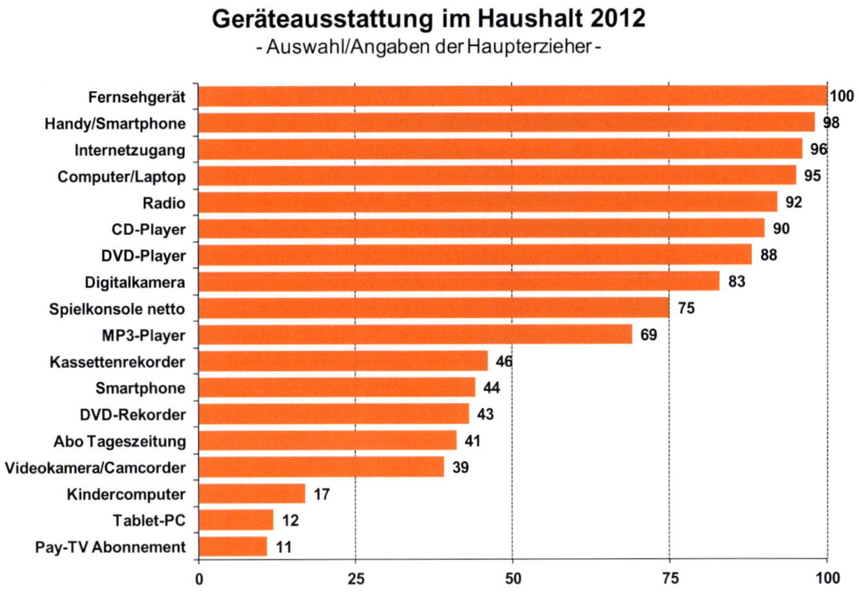

Quelle: KIM-Studie 2012, S. 8

Nicht nur die Ausstattung in den Haushalten allgemein stieg in den vergangenen Jahren an, der Gerätebesitz der Kinder und Jugendlichen ist im Vergleich auch deutlich angestiegen.

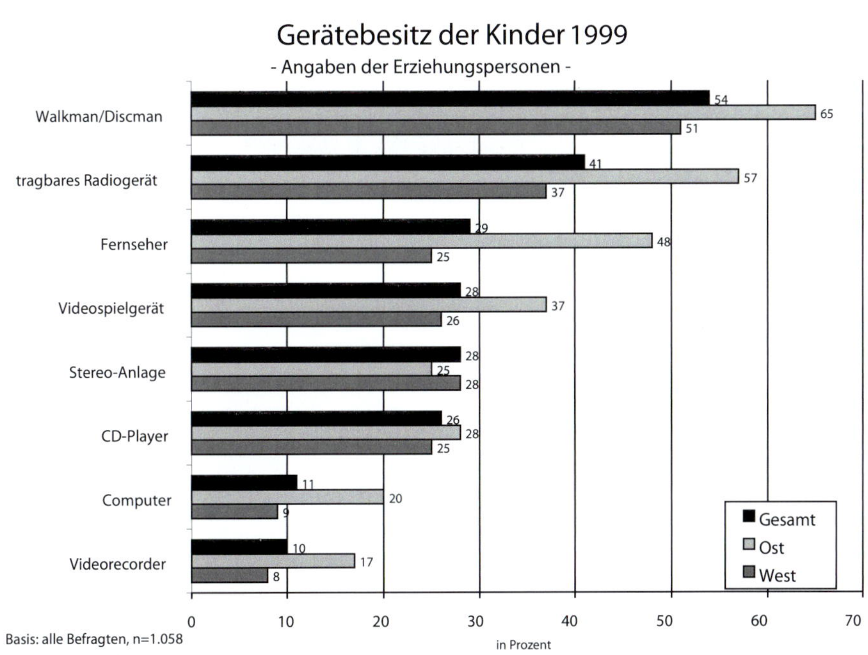

Quelle: KIM-Studie 1999, S. 56

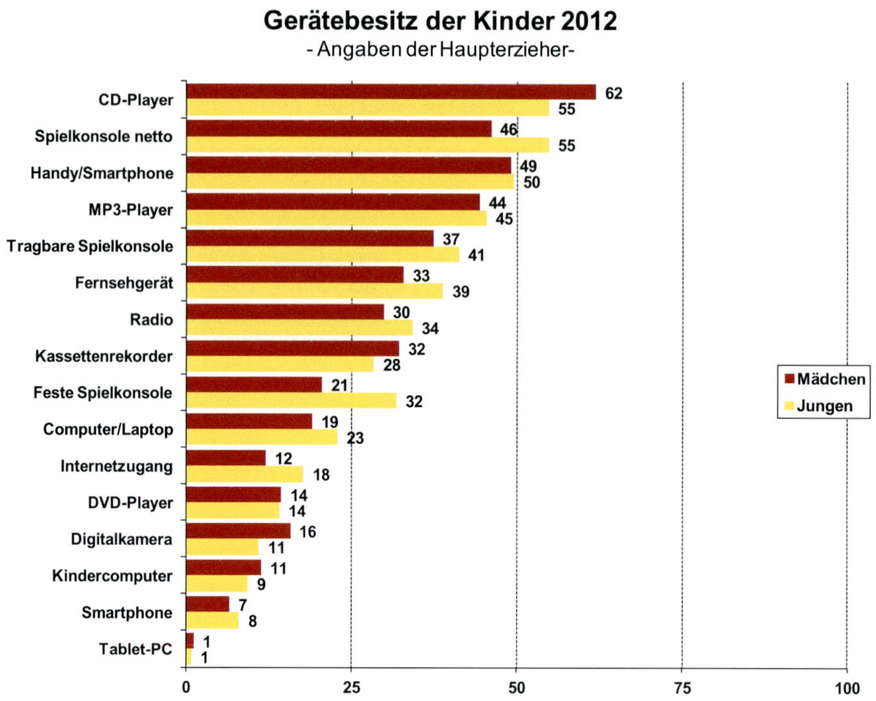

Quelle: KIM-Studie 2012, S. 9

Inhalte der JIM-Studie
www.mpfs.de/index.php?id=276

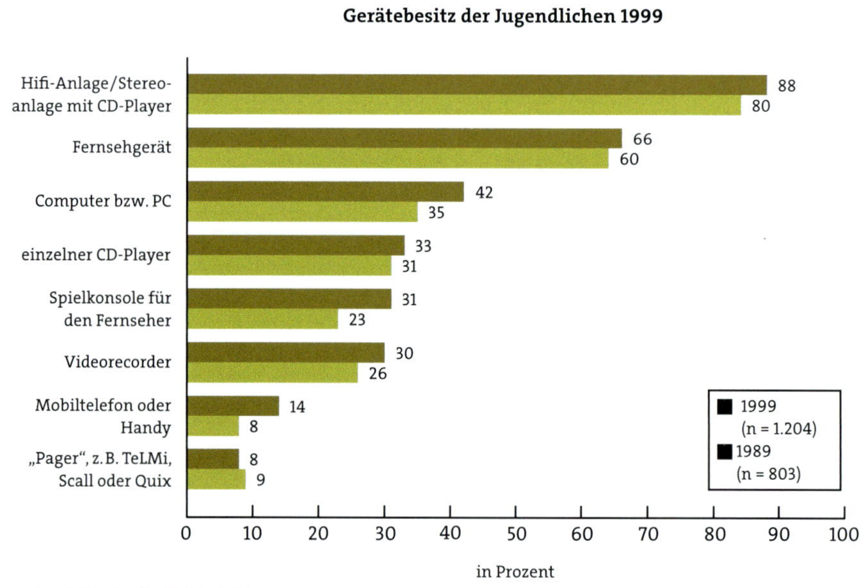

Quelle: JIM-Studie 1999, S. 14

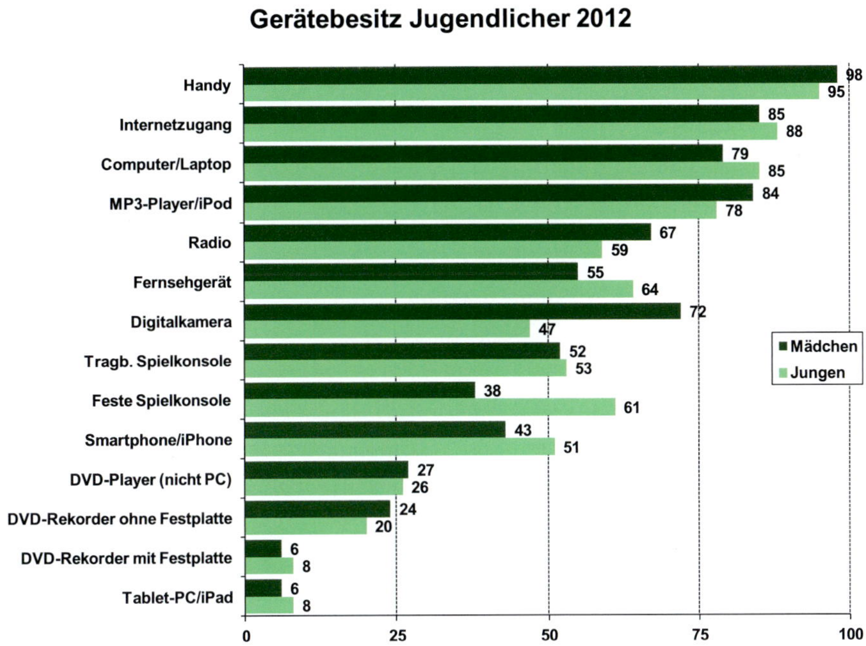

Quelle: JIM-Studie 2012, S. 8

Obwohl Medien kontrovers diskutiert werden, erfahren sie eine zunehmende Verbreitung in der Gesellschaft. Vor diesem Hintergrund ist eine fördernde, aufklärende, ›partizipative‹ ›medienpädagogische‹ Bildungsarbeit unerlässlich.

Partizipation → S. 240 Band 1
Medienpädagogik → S. 359

6.1.2 Mediennutzung und Diversitätsaspekte

In Abhängigkeit von der Medienausstattung ergibt sich die Medienbiografie von Kindern und Jugendlichen. Medienbiografie beschreibt hierbei den Einsatz bestimmter Medien in Abhängigkeit vom Alter. Durch die weite Verbreitung einzelner Medien in der Gesellschaft und entsprechend in den Haushalten kam es folglich zu einem Wandel der Medienbiografie. Diese wurde in der aktuellen FIM- Studie (Familie, Interaktion & Medien) untersucht. Hierzu wurden Eltern befragt, ab welchem Alter ihre Kinder begannen, spezifische Medien zu verwenden.

Weitere Inhalte der FIM-Studie finden Sie unter:
www.mpfs.de
→ FIM-Studie

Altersabhängige Mediennutzung

Kinder nutzen demzufolge von den digitalen Medien zuerst den Fernseher. Das durchschnittliche Alter des „Erstkonsums“ wurde von den Eltern auf vier Jahre geschätzt. In der Befragung wurde festgestellt, dass die Kinder prozentual früher mit Medien in Berührung kommen, je jünger die Eltern sind. Kinder mit älteren Geschwistern nutzen Medien gleichermaßen deutlich früher.

Medienbiographie
Durchschnittsalter des Erstgeborenen bei der ersten Mediennutzung

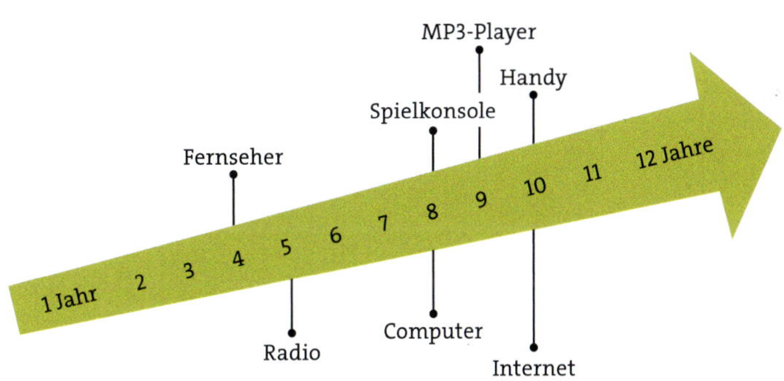

Quelle: FIM-Studie 2011, S. 62

Die **FIM-Studie** legt ebenfalls zugrunde, dass die Kinder je nach Alter unterschiedliche Medienpräferenzen in ihrem Alltag besitzen:

- Die Drei- bis Fünfjährigen favorisieren es, sich Bücher vorlesen zu lassen. An zweiter Stelle steht für sie die Nutzung eines Fernsehgeräts und an dritter Stelle folgt das Hören von CDs und Kassetten.
- Bei den Sechs- bis Elfjährigen steht an erster Stelle der Fernseher. Es folgen das Telefonieren als wichtiger Alltagsbestandteil, das Abspielen von CDs und Kassetten sowie das Lesen bzw. Vorlesen lassen von Büchern.
- Zwölf- bis Neunzehnjährige ziehen den Fernseher ebenso dem Telefonieren vor. An dritter Stelle folgt die Internetnutzung.

REFLEXION | IMPULS | LERNORTKOOPERATION

Vergleichen Sie Ihre Medienbiografie mit der heutiger Kinder und Jugendlicher. Welche Unterschiede und welche Übereinstimmungen stellen Sie fest? Was folgern Sie daraus? Haben diese Übereinstimmungen und Unterschiede Auswirkungen auf Ihre persönliche Haltung gegenüber Medien? Hat dies Einfluss auf Ihre pädagogische Arbeit?

Medienkompetenz → S. 361

Folglich steigt nicht nur die Medienausstattung in den Haushalten stetig an, die Kinder kommen auch tendenziell früher und häufiger mit Medien in Kontakt. Diese Nutzungsintensivierung führt jedoch noch nicht zu ›Medienkompetenz‹, sondern nur zu einer veränderten Wahrnehmung. Medien werden als alltäglich wahrgenommen. Bei Kindern und Jugendlichen wird häufig von „digital natives“ (digitale Eingeborene) gesprochen. Sie gehen ohne Berührungsängste an Medien heran und nutzen sie wie selbstverständlich. Dies sollte aber nicht als angeborene Medienkompetenz fehlinterpretiert werden. Sie kommen mit der Bedienung gut zurecht sind aber anfällig für Risiken wie z. B. Manipulation oder Ausspähung aufgrund mangelnder Vorsicht. Die Medienkompetenz für eine verantwortungsvolle und zielführende Nutzung muss vermittelt werden.

Abhängigkeit der Mediennutzung von Tageszeit und Umfeld

Die Medienvorlieben von Kindern unterscheiden sich aber nicht nur nach dem Alter. Die KIM-Studie 2010 wies eine variable Nutzungspräferenz in Abhängigkeit von Tageszeit und Umfeld auf. Zum Aufstehen oder dem Mittagessen wird z. B. eher das Radio oder der Fernseher eingeschaltet, während auf dem Schulweg bevorzugt das Handy oder der MP3-Player genutzt werden. Das gewählte Medium ist ebenso davon abhängig, ob es alleine durch das Kind genutzt oder zum Zeitvertreib gemeinsam mit Eltern oder Freunden eingesetzt wird.

Lernen am Modell → S. 412 Band 1

Darüber hinaus wirken sich der Bildungsstand der Eltern und deren Medienkonsum auf das Medienverhalten der Kinder aus. Zum Beispiel verbringen laut KIM-Studie Haupterzieher mit niedrigem Bildungsabschluss deutlich mehr Zeit vor dem Fernseher als vor dem Computer oder mit Büchern. Kinder orientieren sich an den Mediengewohnheiten ihrer ›Eltern‹.

Peergroup → S. 226 Band 1

Im Verlauf der Entwicklung gewinnen die ›Peergroup‹ und das weitere Umfeld maßgeblich an Bedeutung für die Medienpräferenzen der Kinder.

Die individuelle Mediennutzung muss auch ausgehend von einem ›divergierenden‹ Bildungsstand analysiert werden. Prägende Kriterien sind hierbei das Verhalten und die gezielte Förderung durch das soziale Umfeld. Die Mediennutzung divergiert je nachdem, wie und wo Kinder aufwachsen. In Abhängigkeit hierzu bestimmen sich die Wahl des Mediums, der Inhalt und das Konsumverhalten.

divergierend
unterschiedlich, verschiedenartig

BEISPIEL Der fünfjährige Christian sitzt am Nachmittag mit seinem älteren Bruder vor dem PC und spielt „World of Warcraft" (Rollenspiel; übersetzt „Welt des Kriegshandwerks"). In diesem Spiel werden alleine oder als Gruppe einzelne Missionen absolviert. Die Spieler können in dieser Fantasiewelt kämpfen, mit anderen kommunizieren oder handeln, um letztlich den Charakter der eigenen Spielfigur auszubauen. Dieses Spiel ist verbal und inhaltlich nicht auf das Alter von Christian zugeschnitten (›USK‹ 12 Jahre).
Der fünfjährige Benoît spielt mit seinem Vater „Fragenbär für die Vorschulklasse". Dort gibt es z. B. Suchbilder, in denen Fehler gefunden werden müssen, oder Bilder, bei denen Formen erkannt und zugeteilt werden sollen. Benoît lernt, genau hinzuschauen und eingebaute Fehler zu entdecken und sich auf eine Sache genau zu konzentrieren.
Christian erhält andere Impulse als Benoît. Christian wird andersartige Ansprüche an Medieninhalte stellen und potentziell andere Interessen entwickeln. Benoît erfährt die Konsole als Unterhaltungsmedium, das seine Fähig- und Fertigkeiten unterstützt.

USK
Unterhaltungssoftware Selbstkontrolle, übernimmt die Alterskennzeichnung für Computerspiele

REFLEXION IMPULS LERNORTKOOPERATION

Welche Erfahrungen haben Sie in Ihrer Praxiseinrichtung mit der Mediennutzung der Kinder und Jugendlichen gemacht? Wie werden Medien in den Familien der Kinder und in deren Freizeit genutzt? Überlegen Sie, welche Auswirkung dies eventuell auf Ihr pädagogisches Handeln hat.

6.1.3 Voraussetzungen für die Fähigkeit, Medienangebote zu rezipieren

Von Geburt an ist die Sinneswahrnehmung des Kindes weit entwickelt. Rein physiologisch betrachtet ist der Wahrnehmungsapparat des Kindes ab dem zwölften Lebensmonat voll funktionsfähig. Die Sinneswahrnehmung allein ist aber nicht ausreichend, um Medien vollumfänglich zu rezipieren.

Es gibt drei entwicklungsspezifische Kompetenzen, die als Grundvoraussetzung für die Fähigkeit, Medienangebote rezipieren zu können, erforderlich sind:
- kommunikative Kompetenzen und Symbolverständnis
- kognitive Kompetenzen und Sinnverstehen
- emotionale Kompetenz

Kommunikative Kompetenz und Symbolverständnis
Zur vollständigen Rezeption von Massenmedien ist das Verständnis allgemein verbreiteter Symbole erforderlich. Das bedeutet, dass Kinder Symbole als Kommunikationsmuster erkennen können. Symbole sind hierbei nonverbale Signale jeglicher Art. So verwenden z. B. Säuglinge Gestik und Laute zum Kommunizieren. Diese Kommunikation funktioniert durch die Vertrautheit mit den Eltern. Solche selbst erdachten Laute oder Gesten entwickelt das Kind schon ab dem neunten Lebensmonat.

Um das Symbol-Verständnis auf Massenmedien anzuwenden, benötigt es eine Weiterentwicklung dieses Verständnisses. Die Medien verwenden allgemein verbreitete Symbole, wie z. B. Tränen für Trauer, welche erlernt und verstanden werden müssen.

Kognitive Kompetenz und Sinnverstehen
Das Sinnverstehen erfordert drei wesentliche Grundvoraussetzungen:

- Die Fähigkeit, sich in andere hineinzuversetzen. Kindern gelingt es erst im Verlauf des zweiten Lebensjahres, sich in andere einzufühlen. Erst ab diesem Alter entwickeln sie z. B. die Fähigkeit, andere zu trösten. Vorher empfinden sie fremden Kummer wie den eigenen. Die Entwicklung geht somit weg von Gefühlsansteckung hin zur Empathie. Sie lernen immer mehr sich in andere hineinzuversetzen, aber erst im Alter von zwölf Jahren können sie komplexere zwischenmenschliche Abläufe erschließen.
- Die Fähigkeit, Narration zu verstehen. Dies bedeutet, Erzählschemata zu verstehen. Um z. B. eine Situation genau zu erfassen, müssen die Ereignisfolgen genau verstanden werden. Kinder lernen durch wiederkehrende Schemata schon früh Ereignisfolgen kennen, z. B. Aufstehen, Frühstücken, Zähneputzen, Anziehen. Ab dem dritten Lebensjahr erschließen sie auch komplexere Ereignisfolgen, z. B. die jährliche Geburtstagsfeier. Bei Filmen ist es nicht so einfach, die Erzählstruktur zu erkennen. Anders als bei Märchen, die mit „Es war einmal ..." beginnen und mit „und wenn sie nicht gestorben sind ..." enden, sind Filme wesentlich komplexer. Die Handlung im Film basiert z. B. zeitlich nicht zwingend auf einer chronologischen Abfolge. Sechsjährige können z. B. Rückblenden noch nicht verstehen. Um solche Medienformate richtig zu erschließen, ist das entsprechende Strukturverständnis erforderlich.
- Erkennen von kommunikativen Absichten. Dies beinhaltet bei der Rezeption von Medien das Unterscheiden zwischen Werbebotschaften und Wissensvermittlung sowie zwischen realen und fiktiven Darstellungen. Diese Fähigkeit ist im Grundschulalter noch sehr gering ausgeprägt und entwickelt sich erst im weiteren Lebensverlauf.

Emotionale Kompetenz
Emotionale Kompetenz bedeutet, zwischen den Gefühlen zu differenzieren, die als interessant und positiv oder als belastend bzw. beängstigend empfunden werden.

Darüber, wann diese Kompetenzen im Einzelnen entwickelt sind, ist eine konkrete Angabe nicht möglich. Entsprechend kann auch eine altersspezifische Medienempfehlung nur vage sein (vgl. Abb 6.7.).

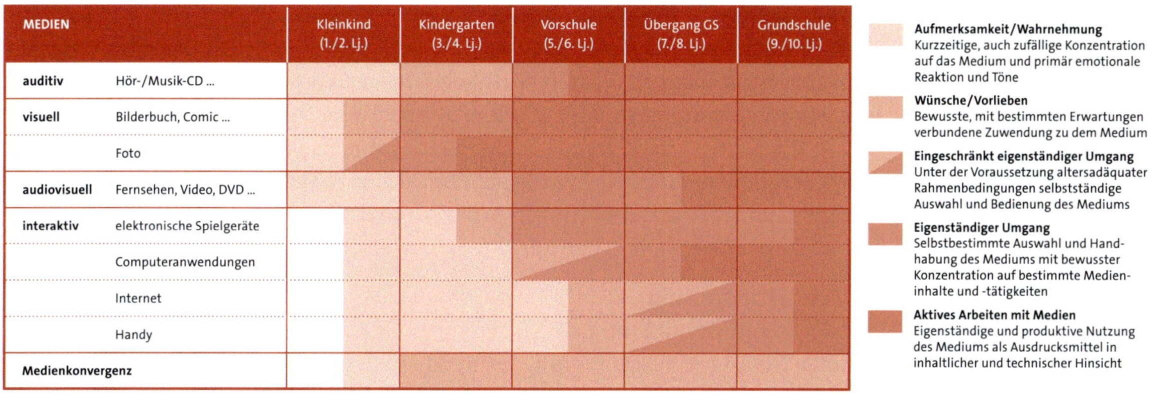

Abb. 6.7 Quelle: Durchgeb(k)lickt? Kinder und Medien (6/2007)

6.1.4 Ausdrucksweise

Sprache → S. 296

Die ›Sprache‹ von Kindern und Jugendlichen unterliegt seit Generationen unterschiedlichen Einflüssen und diente von jeher dazu, sich abzugrenzen. Auf diese Weise entstanden in der Vergangenheit unterschiedliche Fantasiesprachen, die durch Silbenverdrehungen oder Austauschen einzelner Buchstaben ein System hatten und nur für Eingeweihte verständlich waren. Auch Zeichensprachen unterschiedlichster Art wurden bislang entwickelt. So ist folglich in allen Generationen eine unterschiedliche Sprachentwicklung zu beobachten. Daneben wird die Jugendsprache von gesellschaftlichen Wandlungsprozessen geprägt und spiegelt diese wider.

Kommunikation immer und überall

Die Sprache der aktuellen Generation von Kindern und Jugendlichen ist geprägt durch die Verwendung neuer Medien. Die vielfältigen Kommunikationswege haben sowohl positive als auch negative Entwicklungen zur Folge.

So ist beispielsweise eine Veränderung dahingehend zu beobachten, dass die Möglichkeit, immer und überall kommunizieren zu können, dazu führen kann, dass mehrere beieinandersitzende Personen z.B. über das Handy nur mit anderen, nicht anwesenden Personen kommunizieren. In diesem Fall wird die virtuelle Kommunikation der realen vorgezogen. Gleichzeitig birgt die unbegrenzte Kommunikationsmöglichkeit die Chance, problemlos jederzeit mit Menschen, egal wo sie leben, in Kontakt zu stehen und mit ihnen uneingeschränkt zu kommunizieren. So gibt es Austauschprojekte in Schulen, die die Plattform Internet nutzen, um die Kommunikation der Schüler über den Besuch hinaus zu fördern und ihre Fremdsprachenkenntnisse dadurch zu erweitern.

Abb. 6.8 Vertraute Begrüßung unter Freunden

Veränderung der Kommunikation in neuen Medien
Im Gebrauch der neuen Medien wird eine veränderte Sprache angewandt, was darauf zurückzuführen ist, dass in Kurznachrichten viele Informationen in wenig Text eingebunden werden müssen. Zudem ist es in Chaträumen wichtig, sich schnell mitzuteilen, bevor der Gesprächsstrang eine neue Richtung annimmt. Dies bedarf einer prägnant kurzen Informationsübermittlung. Hieraus entwickelten sich Abkürzungen und Wortneuschöpfungen in der Ausdrucksweise der jüngeren Generation, die auszugsweise auch in den Sprachgebrauch integriert werden.

Beispiele hierfür sind:
- lol = (laughing out loud) laut lachen
- rofl = (rolling on floor laughing) lachend auf dem Boden wälzen
- abf = allerbeste Freundin
- bff = (best friends forever) beste Freunde für immer
- hdgdl = hab dich ganz doll lieb
- KA = keine Ahnung
- HF = (have fun) viel Spaß
- CU = (see you) bis bald
- WE = Wochenende
- GN8 = gute Nacht
- 4U = (for you) für dich
- *grmpf* = ärgern
- *freu* = ich freue mich

Abb. 6.9 Emoticons drücken in digitalen Nachrichten Gefühle aus.

Kürzel wie oben angeführt binden Kinder und Jugendliche in ihre verbale Kommunikation mit ein. Sie erzählen von ihrer „abf" und sagen nach der Erzählung einer witzigen Anekdote „lol". Sie sprechen aus, was sie schreiben. Da sich über Textnachrichten Gefühle nicht so deutlich zum Ausdruck bringen lassen, gibt es zahlreiche Emoticons (z.B. Smileys), die das Geschriebene emotional untermauern sollen, um so Missverständnissen vorzubeugen. In Sterne gesetzte, konkret benannte Emotionen können die Smileys ersetzen.

Die Kommunikation ist schneller und einfacher geworden. Es können schnell Absprachen mit mehreren Personen an unterschiedlichsten Orten getroffen werden. Es ergibt sich die Notwendigkeit, auf den bewussten Gebrauch der Kommunikationsmöglichkeiten zu achten. Reale Kontakte im direkten Umfeld sollten durch die unbegrenzten Kommunikationsmöglichkeiten selbstverständlich nicht in den Hintergrund rücken. Hierzu ist es wichtig, Kinder- und Jugendliche entsprechend zu sensibilisieren sowie ihnen einen entsprechenden Umgang ›vorzuleben‹.

Lernen am Modell → S. 412 Band 1

6.1.5 Medienwirkung und Wahrnehmung

Die Wirkung der Medien ist trotz zahlreicher Forschungsarbeiten nicht abschließend geklärt. Es gibt in der Wirkungsforschung vielfältige Ansätze und Modelle, um die Wirkung der Medien auf den Menschen zu beschreiben. Aufgrund der Vielzahl der Forschungsmodelle sind hier exemplarisch die bekanntesten angeführt. Diese Ansätze haben unterschiedliche Perspektiven in den Blick genommen. Aus der Perspektive des aktiven Rezipienten (Nutzers) ergibt sich ein anderes Ergebnis, als aus der Perspektive des passiven Nutzers, der den Medien ausgeliefert ist.

Theorien	Beispiele
Uses-and-gratification-approach (Nutzen und Belohnungsansatz): Der Rezipient zieht einen positiven Nutzen aus der Verwendung des Mediums, wie beispielsweise Entspannung, Unterhaltung, Aktion.	▪ Karl spielt ein Sportspiel, um sich auszutoben. ▪ Klara legt sich nach der Schule aufs Bett und hört Musik, um sich zu entspannen.
Stimulus-Response-Modell: Hiernach wird von jedem Reiz, der auf das Individuum einwirkt, eine Reaktion ausgelöst. So würde von ein und demselben Reiz ein und dieselbe Reaktion bei jedem Individuum ausgelöst.	▪ Beim Anschauen eines Horrorfilmes werden alle Zuschauer aggressiv. ▪ Meditationsmusik lässt die Zuhörer entspannen.
Agenda-Setting-Theorie: Medien beeinflussen, worüber wir nachdenken. Je nach vermitteltem Inhalt werden unsere Gedanken auf ein bestimmtes Thema gelenkt.	▪ Wenn in der Werbung Schokolade beworben wird, kreisen die Gedanken danach um Süßigkeiten. ▪ Wird in den Nachrichten über Unruhen gesprochen, werden sich die Gedanken im Anschluss auf politische Themen oder Sicherheit in der Welt beziehen.
Das **Kontaktmodell** ergänzt die Agenda-Setting-Theorie: je häufiger wir mit der gesendeten Information konfrontiert werden, desto mehr erhöht sich unsere Aufmerksamkeit.	▪ Wenn wir mehrfach auf Schokoladenwerbung stoßen, erhöhen sich unsere Aufmerksamkeit und das Bedürfnis. ▪ Wenn wir häufiger von Unruhen hören, reagieren wir aufmerksamer auf alles, was diese Thematik beinhaltet, und wir werden uns intensiver mit der ihr beschäftigen.
Die Theorie der **Schweigespirale**: Hiernach können Minderheitsmeinungen durch gezielten Medieneinsatz verbreitet werden. Durch die Darstellung gerät die eigene Meinung ins Wanken. Der Mensch reagiert, aufgrund der Annahme, die medial dargestellte Meinung sei allgemeiner Konsens mit Schweigen.	▪ Würden die Medien einen Bericht senden, in dem eine Verschwörungstheorie so dargestellt wird, als wäre sie allgemeiner Konsens, würde der Rezipient aufgrund seiner Unsicherheit mit Schweigen reagieren. ▪ Würde Rassismus durch mediale Ausführung so dargestellt, als wäre dies die Meinung der meisten Menschen, so geriete der eigene Standpunkt ins Wanken und der Mensch würde mit Schweigen reagieren.

Tab. 6.10 Theorien für die Wirkung von Medien

Das sehr komplexe Thema der **Medienwirkung** auf Kinder und Jugendliche ist weiterhin stark in der Diskussion. Hierbei besteht lediglich Einigkeit darüber, dass von Medien eine Wirkung ausgeht. Wie genau sie wirken, ist von zahlreichen Faktoren und nicht zuletzt vom Individuum selbst abhängig. Diese Faktoren entscheiden über aktives oder passives Verhalten des Nutzers.

Je nachdem, ob ein aktives oder passives Nutzungsverhalten überwiegt, können selbst- oder fremdbestimmte Reaktionen die Folge sein. Hieraus ergeben sich positive oder negative Wirkungen für das Individuum.

FSK
Freiwillige Selbstkontrolle (der Filmwirtschaft) Alterskennzeichnungen für Filme

BEISPIEL Die dreizehnjährige Angela schaut den Film „Django Unchained", der eine ›FSK-Freigabe‹ ab 16 Jahren hat. Der Film handelt von einem ehemaligen Sklaven, der mit einem Kopfgeldjäger seine versklavte Frau befreit. Er enthält sehr überspitzte Gewaltszenen und zeigt die Sklaverei in ihrer Brutalität. Angela wird durch den Film mit Gewalt konfrontiert. Als aktive Nutzerin wählt sie den Film, um sich zusammen mit Freundinnen zu gruseln, sie klammern sich aneinander und schalten gelegentlich auf Pause. Sie können im Anschluss über Szenen, die sie besonders irritiert haben, sprechen. Hierdurch verändern sich die Verarbeitungskriterien, da das Gesehene gemeinsam reflektiert werden kann. Angela als passive Nutzerin würde sich fürchten und wäre dieser überfordernden Situation ausgeliefert. Sie würde versuchen, sich zu distanzieren, oder sie verfiele in hilflose Starre. Das Ausmaß ihrer Angst ist davon abhängig, ob sie selbst Gewalterfahrungen erlebt hat.

Medienwirkung bei Gewaltdarstellungen
Es gibt unterschiedliche Einflussfaktoren hinsichtlich der Medienwirkung, welche nachfolgend am Beispiel von Gewalt im Fernsehen dargestellt werden sollen.

Die Wirkung ist von der **Art und Weise der Darstellung** abhängig. Wird z. B. Gewalt selektiv als probates Mittel zur Zielerreichung dargestellt und die Bedeutung für das Opfer ausgeblendet, wird ein verzerrtes Bild geschaffen. Diese Wirkung ist problematisch, wenn sie unreflektiert bleibt. Konsequenz wäre die Annahme, Gewalt sei partiell gerechtfertigt. Unterschiedliche Wirkungen werden auch in Abhängigkeit davon erzeugt, ob es sich um einen Zeichentrickfilm oder eine reale Darstellung handelt oder welche Musik verwendet wird.

Wahrnehmung → S. 102

Weiterer Einflussfaktor ist die **individuelle Wahrnehmungssituation**. ›Wahrnehmung‹ ist hierbei der Prozess von der Informationsaufnahme bis hin zur Informationsverarbeitung unter Berücksichtigung subjektiver Bewertung, z. B. individueller Lebenserfahrung. Wenn das Wahrgenommene z. B. einen direkten Bezug zur Lebenswelt hat, wird es entsprechend der Erfahrung bewertet.

BEISPIEL Ein Kind, das in den Medien Gewalt sieht, kann sowohl verängstigt als auch unbeirrt reagieren je nachdem wie es die wahrgenommene Situation bewertet. Erlebt Rebecca zu Hause Gewalt in der Familie als gängiges Lösungsmuster, wird sie das medial Wahrgenommene stärker ängstigen als Gülcan, die Gewalt aus dem Elternhaus nicht kennt.

Durch einen direkten Bezug zur Lebenswelt können sich die Rezipienten nicht vom Gesehenen distanzieren. Für sie ist das Gesehene nicht Fiktion, sondern bestehende Realität. Entsprechend nehmen Kinder und Jugendliche, die Gewalt erfahren, gezeigte Gewalt anders wahr als solche, die zu Gewalt keinen Bezug haben.

Zudem ist der **Entwicklungsstand des Kindes** als individueller Einflussfaktor zu berücksichtigen, da dieser über die Fähigkeit, zwischen Realität und Fiktion zu differenzieren, entscheidet. Auch ist der Entwicklungsstand ein Kriterium dafür, inwieweit das Kind kognitiv in der Lage ist, das Gesehene zu bewerten und zu verarbeiten.

Einen weiteren Faktor bildet das **soziale Umfeld**. Wichtig ist hier, wie und durch wen es unterstützt wird. Die Reflexionsfähigkeit des Kindes hängt entscheidend davon ab, ob das Kind allein gelassen wird oder ob es Fragen stellen kann, die z. B. während der Rezeption des Filmes entstehen. Erwachsene, die teilhaben und Ansprechpartner sind, können das Kind stabilisieren, wenn es unsicher ist. Das Kind hat die Chance, Nähe aufzusuchen, wenn es sie braucht. Wird es aufgefangen, hat das Gesehene einen anderen Einfluss und damit einhergehend eine andere Wirkung auf das Kind.

Wird die Wahrnehmung von Kindern und Jugendlichen im Zusammenhang mit Medien diskutiert, so stehen Gewaltdarstellungen und ihre möglichen Auswirkungen zumeist im Fokus. Die beschriebenen Einflussfaktoren werden nachfolgend skizzenhaft am Beispiel der Gewaltdarstellung im Fernsehen erläutert.:

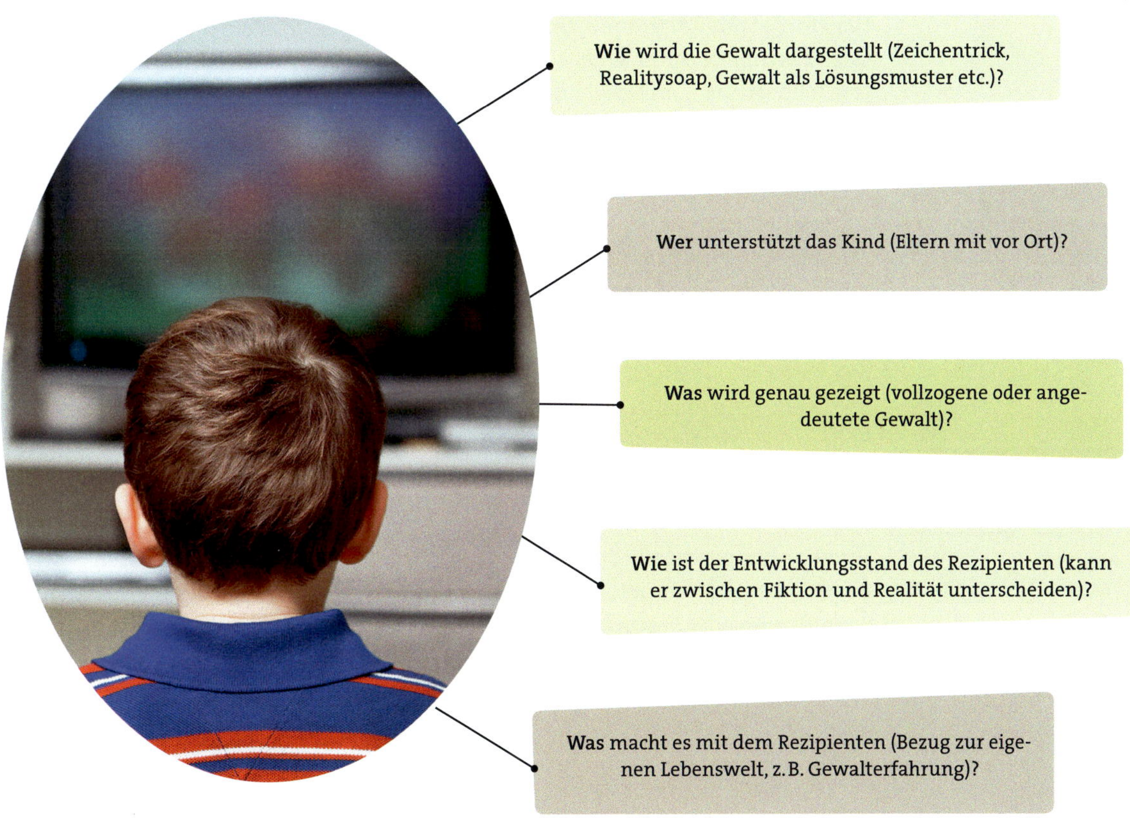

Aus dem Zusammenspiel der Theorien der Medienwirkung und den individuellen Einflussfaktoren haben sich unterschiedliche **Theorien zur Wirkung von Gewaltdarstellungen in Medien** entwickelt:

Stimulationsthese	Durch das Ansehen von Gewalt sind kurzfristig die Aggressivität des Rezipienten gesteigert und seine Gewaltbereitschaft erhöht.
Inhibitationsthese	Durch die dargestellte Gewalt kann ein Impuls zu aggressivem Verhalten ausgelöst werden. Dem wird durch die anerzogene Angst vor der eigenen Aggression und den damit verbundenen Konsequenzen entgegengewirkt. Das Ausmaß der Gegenwirkung ist somit in großem Maße von der elterlichen Erziehung abhängig.
Habitualisierungsthese	Durch regelmäßige Konfrontation mit fiktiver Gewalt geht diese Theorie davon aus, dass der Mensch langfristig gesehen abstumpft. Außerdem vermindert sich seine emotionale Reaktion gegenüber medialer Gewalt. Bei dauerhafter Konfrontation kann ein Gewöhnungseffekt entstehen.
Katharsisthese	Durch das Miterleben der Gewalt wird das eigene Ausleben der Gewalt überflüssig. Diese Theorie spricht von einer Ventilfunktion. Angestaute Ängste, Aggressionen oder Frust können herausgelassen werden.

Tab. 6.11 Theorien zur Wirkung von Gewaltdarstellungen in Medien

Überfordernde Medieneinflüsse

Es gibt nicht nur Unterschiede in Bezug auf die Wirkung und Wahrnehmungsfaktoren, sondern auch im Umgang mit überfordernden Medieneinflüssen. Solche Überforderungssituationen können beispielsweise sein:

- dargestellte Pornografie
- psychische oder physische Gewalt
- mediale Konfrontation mit Ängsten
- zu schnelle Schnitte
- Inhalte, die kognitiv überfordern

Laut der Kim-Studie 2012 sind 23 % der Kinder beim Fernsehen bereits mit Inhalten konfrontiert worden, die nicht für Kinder geeignet waren. 16 % haben im Fernsehen schon einmal etwas gesehen, was sie ängstigte. 11 % wurden mit unangenehmen Bildern konfrontiert. Zu überfordernden Medieneinflüssen kommt es bei einer ›Kumulation‹ mehrerer ungünstiger Wahrnehmungsfaktoren. Je nach Umgang damit unterscheiden sich die Auswirkungen auf das Individuum.

Kumulation
Häufung, Anhäufung

Untersuchungen haben ergeben, dass Kinder von Gewalt, die sie in Medien gesehen haben, Abstand nehmen, wenn sie das benötigen. Dies erfolgt, indem sie entweder wegschauen oder wegschalten. Ein weiterer kindlicher Lösungsansatz ist, die körperliche Nähe einer vertrauten Person aufzusuchen, um sich wieder sicherer zu fühlen. Manche Kinder distanzieren sich von dem Gesehenen, indem sie sich verdeutlichen, dass es sich um ein fiktiv dargestelltes Ereignis handelt.

Umgang mit überfordernden Medieneinflüssen

Das Wahrgenommene verarbeiten Kinder, indem sie über das Gesehene sprechen, bevorzugt mit Freunden, oder indem sie es in ihr Spiel einbauen und die Szenen nachspielen. Sind durch das Gesehene Ängste oder Unsicherheiten entstanden, wiederholen sie die Konfrontation mit dem Gesehenen so lange, bis sie sich damit für sich selbst zufriedenstellend auseinandergesetzt haben. Sie schauen dann z. B. einen Film, der sie ängstigt, immer wieder, stellen zahlreiche Fragen und spielen diese Situation nach, bis sie das Thema gedanklich bearbeitet haben und es abschließen können. Tun sie das nicht, tritt das Wahrgenommene durch das Unterbewusstsein hervor (Träume).

Linktipp:
www.flimmo.de
bietet Informationen zu Kinderfernsehsendungen.

Jugendliche reagieren hier sehr ähnlich. Sie teilen ihre Medienerfahrungen auch mit Freunden. Sie suchen Nähe, indem sie sich z. B. an den Arm des Sitznachbarn klammern, oder senken den Kopf hinter den verschränkten Knien, wenn sie den Spannungsbogen nicht mehr aushalten.

Diese Verhaltensweisen sind Teil einer sogenannten Angstlust von Kindern und Jugendlichen. Sie setzen sich einem Spannungsbogen aus, den sie kaum aushalten, in dem Vertrauen, dass das Gesehene eine gute Wendung nehmen wird. Dieses Vertrauen besitzen sie, da das die bekannte Grundstruktur von Filmen ist, mit denen sie aufwachsen. Sie setzen sich der Spannung und dem Adrenalin aus im Wissen, dass ein Happy End folgt und sie wieder unbeschwert ausatmen können. Sie loten ihre emotionalen Grenzen aus.

Abb. 6.12 Angstlust bei Jugendlichen.

Schwierigkeiten bereiten in diesem Zusammenhang Nachrichten. Sie konfrontieren Kinder und Jugendliche häufig mit schwer zu verarbeitenden Bildern und mit Katastrophen, die Realität sind. Hier ist besondere Unterstützung erforderlich, da eine unreflektierte Rezeption zur kognitiven und emotionalen Überforderung führen kann. Unterstützung meint hier, dass die Kinder und Jugendlichen die Möglichkeit haben sollten, zu reflektieren und hierzu einen Ansprechpartner zur Seite zu haben. Sollte diese Unterstützung nicht möglich sein, sollen Kinder und Jugendliche aber dennoch selbstverständlich am Weltgeschehen teilhaben dürfen. Hier können altersspezifische Nachrichtenangebote, z. B. LOGO-Kindernachrichten, förderlich sein, die aber bislang nur sehr vereinzelt angeboten werden.

Förderung von Medienkompetenz
Wie kann die Reflexionsfähigkeit von Kindern und Jugendlichen in Bezug auf Berichterstattungen im Fernsehen angeregt werden?

REFLEXION | IMPULS | LERNORTKOOPERATION

Wie oben dargestellt, gibt es beim Medienkonsum Überforderungssituationen für Kinder und Heranwachsende. Ein sinnvoller Umgang ist hier häufig das Hinzuziehen eines Erwachsenen. Wie können Sie als pädagogische Fachkraft die Reflexion wahrgenommener Medienangebote altersgerecht unterstützen?

Auswirkungen von überfordernden Medieneinflüssen
Bei Kindern ist in der Verarbeitung ein geschlechtsspezifisches Verhalten erkennbar. Während Mädchen deutlich zum Ausdruck bringen, was sie ängstigt, geben sich Jungen ab einem Alter von ca. acht Jahren selbstbewusster. Sie verleugnen ihre Angst vor den anderen, womit sie sich zumeist selbst emotional stark überfordern.

Kinder, die sich von negativen Medieneinflüssen nicht distanzieren können, sind dieser überfordernden Situation ausgeliefert. Sie können hierauf unterschiedlich reagieren. Starke Unruhe oder Angst können eine mögliche Folge sein. Das soziale Umfeld ist bei dieser Betrachtung nicht außer Acht zu lassen. Vermittelte Wert- und Normvorstellungen, die Gewalt als adäquat definieren und durch mediale Einflüsse untermauert werden, können zu einer erhöhten Aggression oder zu sozial unangepasstem Verhalten bei Kindern und Jugendlichen führen.

ZUM WEITERDENKEN Es besteht eine intensive Debatte, inwiefern mediale Gewalt und Amokläufe in einem direkten Zusammenhang stehen. Eine Positionierung ergibt sich aus den obigen Darstellungen. Die Kombination aus Art und Weise wahrgenommener Gewalt, dem sozialen Umfeld und dem individuellen Entwicklungsstand sind Erklärungsansätze für einen solchen Gewaltausbruch. Der Gesamtzusammenhang muss immer beachtet werden. Entsprechend ist eine verallgemeinerte Aussage, dass wahrgenommene Gewalt zu Gewaltausübung führe, undifferenziert und zu einfach gedacht. Vielmehr muss beispielsweise bedacht werden: Warum besitzt dieses Kind eine Waffe? Woher kommt der angestaute Hass? Wie ist das soziale Umfeld des Kindes? Welchen Ausweg sieht das Kind durch diesen Amoklauf?

Ego-Shooter
Computerspiel, bei dem der Spieler aus der Ich-Perspektive agiert und dabei Schusswaffen verwendet

Abb. 6.13 Szene aus dem Spiel „Counterstrike".

BEISPIEL Zwei unterschiedliche Gruppen Jugendlicher treffen sich, um gemeinsam den ›Ego-Shooter‹ „Counterstrike" zu spielen. Sie spielen dasselbe Spiel über denselben Zeitraum, dennoch wird es unterschiedliche Auswirkung haben in Abhängigkeit von der Gruppenkonstellation, den einzelnen Charakteren, den Gesprächen während des Spiels oder der Gesamtstimmung.

Um die Medienwirkung beurteilen zu können, sind folglich die multifaktoriellen Einflüsse bzw. Bedingungen kritisch zu beachten. Um eine abschließende Meinung entwickeln zu können, ist ebenfalls darauf zu achten, welches Individuum dieses Medium in welcher Weise nutzt und aus welchem Bedürfnis heraus. Wichtig ist hierbei, dass Kinder zum aktiven Rezipienten werden. Sie müssen lernen, die Medien für sich zu nutzen, sie bewusst zu reflektieren und zu hinterfragen. Hierzu brauchen sie die Unterstützung durch Erwachsene.

REFLEXION **IMPULS** LERNORTKOOPERATION

Der Kriminologe Christian Pfeiffer vertritt die These: „Killerspiele stumpfen ab und führen zur Verrohung unserer Gesellschaft." Wie stehen Sie zu dieser Aussage? Welche Argumente sprechen dafür und welche dagegen?

6.2 Bedeutung und Ziele von Medienpädagogik

Die pädagogische Arbeit im sozialen Handlungsfeld zielt darauf ab, das Idividuum in seiner Entwicklung zu unterstützen und zu fördern. Dieser Anspruch besteht bei allen Anforderungen und in allen Lebenslagen. Insbesondere die Massenmedien prägen die Lebenswelt von Kindern und Jugendlichen. Die Medienpädagogik bietet Chancen für die jüngere Generation, frühzeitig Medien zu erschließen, kritisch zu hinterfragen und selbstverständlich zu verwenden. Hierzu zählen auch Konzepte für Eltern und pädagogische Fachkräfte, die darauf abzielen, Kinder und Jugendliche im Umgang mit Medien zu fördern und sie in ihrer Entfaltung und Eigenständigkeit zu unterstützen. Dies kann sowohl in der Projektarbeit als auch als integraler Bestandteil jeglicher Erziehungstätigkeit, in der elterlichen Erziehung oder der Jugendhilfe, durchgeführt werden.

6.2.1 Grundlagen der Medienpädagogik

Der Begriff der Medienpädagogik ist bislang nicht einheitlich definiert. Dies ist unter anderem darauf zurückzuführen, dass Medienpädagogik im Spannungsfeld gesellschaftlicher, sozialer und politischer Veränderungen steht und somit unterschiedlichen Einflüssen ausgesetzt ist.

Ansätze
In der Medienpädagogik werden im Wesentlichen zwei gegensätzliche Ansätze diskutiert. Dies sind zum einen der bewahrpädagogische Ansatz und zum anderen der aktive, handlungskompetente Ansatz.

Ausgehend vom **bewahrpädagogischen Ansatz**, der Kinder vor allem schützt, was sie möglichen Risiken aussetzen könnte, müssten Medien verboten werden, um Kinder vor deren negativen Einflüssen zu bewahren. Dieser Ansatz versteht den Konsumenten als überwiegend passiven Nutzer, der durch Abschottung, vor möglichen Gefahren und Überforderung geschützt werden soll. Vertreter des bewahrpädagogischen Ansatzes sind der Psychologe, Psychiater und Hirnforscher Manfred Spitzer, sowie der Kriminologe Christian Pfeiffer. Da sich Medien in unserer Gesellschaft etabliert haben, Kinder also nicht von Medien ferngehalten werden sollen oder können, hilft dieser Ansatz nicht, um Kinder zielgerichtet zu unterstützen und zu fördern.

REFLEXION | **IMPULS** | LERNORTKOOPERATION

Am 04.05.2011 begann der Gehirnforscher und Psychiater Manfred Spitzer seinen Vortrag bei der öffentlichen Anhörung im Bundestag wie folgt: „Bildschirmmedien machen dick, unaufmerksam, senken die Leistung in der Schule und führen zu mehr Gewalt in der realen Welt." Was denken Sie über diese Ansicht? Was würden Sie auf diese Aussage antworten?

Unter **www.youtube.de** Suchwort: Manfred Spitzer finden Sie verschiedene Vorträge des Gehirnforschers.

Zum bewahrpädagogischen Ansatz bietet ein **aktiv handlungsorientierter Ansatz** konkrete Förderkonzepte, sodass sich die weitere Darstellung hierauf beschränkt. Dieser Ansatz wechselt die Perspektive. Der Nutzer wird nicht als passiver Konsument verstanden, sondern als aktiver selbstbestimmter Verwender. Vertreter dieses Ansatzes sind die beiden Erziehungswissenschaftler und Medienpädagogen Horst Niesyto und Dieter Baacke.

Neben dem **bewahrpädagogischen Ansatz** und dem **aktiv handlungsorientierten Ansatz** werden weitere Ansätze vertreten, die die beiden Ansätze teilweise kombinieren oder einen etwas anderen Förderfokus setzen. Der Schul- und Medienpädagoge Werner Sacher untergliedert sie wie folgt:

- Der **behütend-pflegende Ansatz** besagt, dass Kinder vor schädlichen Medieneinflüssen behütet, aber positive mediale Inhalte befürwortet und „gepflegt" werden sollen.
- Der **bedürfnisorientierte Ansatz** orientiert sich am Nutzungsverhalten. Er geht davon aus, dass Kinder und Jugendliche durch den Medienkonsum Grundbedürfnisse befriedigen möchten. Dies sind z. B. Orientierung, Stimulierung, Sinnesanregung oder Zugehörigkeit.
- Auf Grundlage des **kritischen Ansatzes** sollen Kinder und Jugendliche dazu befähigt werden, die Medien kritisch zu analysieren, um manipulative Beeinflussung zu verhindern.
- Der **handlungs- und kommunikationsorientierte Ansatz** offeriert Kindern und Jugendlichen die Möglichkeit, die Medien eigenständig zu verwenden und darüber ihre zwischenmenschliche und gesellschaftliche Kommunikation zu verbessern.
- Der **integrative Ansatz** wurde speziell für den Schulalltag entwickelt. Er verbindet das Lernen durch und mit Medien. Alle Medien sollen im Schulalltag integriert und genutzt werden. Alle außerschulischen Medienerfahrungen sollen ebenso in den Schulalltag einfließen.

Ausgehend vom aktiv handlungsorientierten Ansatz bedeutet Medienpädagogik die Vermittlung von Medienkompetenz mit der Chance, aus Kindern und Jugendlichen aktive, reflektierte, handlungskompetente Rezipienten zu machen. Hierbei ist die Zielsetzung der Medienpädagogik das Vermitteln von Inhalten über ein bestimmtes Medium. Das Endprodukt steht nicht im Vordergrund. Andernfalls wäre jedes Produzieren von Beiträgen, wie z. B. für Tageszeitungen und Radio, als Medienpädagogik zu klassifizieren. Der Wissenserwerb sowie das Erleben und Reflektieren der eigenen Fähig- und Fertigkeiten stehen im Fokus.

Die Fachkraft fördert das experimentelle Arbeiten, hält sich aber im Hintergrund. Sie ist unterstützend und anregend tätig. Gefördert wird das eigenständige Lernen unter der Berücksichtigung, dass auch aus Fehlern nützliche Erkenntnisse für das weitere Handeln gezogen werden können. Folglich begleitet und fördert die Medienpädagogik das selbstbestimmte Arbeiten, Lernen und Rezipieren.

Medienpädagogik umfasst die Arbeit mit Kindern und Jugendlichen, die Fortbildung von ›Multiplikatoren‹ sowie die Arbeit mit Eltern, Lehrern und sonstigen Betreuungspersonen und Institutionen.

Multiplikatoren

Personen, die Wissen weitergeben. Klassische Multiplikatoren in der sozialen Arbeit sind z. B. Lehrerinnen, Erzieherinnen und Sozialpädagogen.

REFLEXION **IMPULS** LERNORTKOOPERATION

Kommen Sie mit Kolleginnen Ihrer Praxiseinrichtung ins Gespräch über die verschiedenen medienpädagogischen Ansätze. Sprechen Sie darüber, weshalb in der Einrichtung auf diese oder eine andere Weise mit den Heranwachsenden gearbeitet wird.

6.2.2 Ziele der Medienpädagogik

Das Ziel der Medienpädagogik ist die Medienkompetenzvermittlung. Hieraus ergeben sich Teilziele, die im Folgenden näher erläutert werden.

Der Medienkompetenzbegriff

Der Erziehungswissenschaftler Dieter Baacke unterteilt die Medienkompetenz in vier Teilbereiche:

Teilbereich	Ziel
Medienkritik ist die Überprüfung der Medien auf Inhalt, Bedeutung, Gestaltung, Aussage, Wirkung und ihren Nutzen. Medienkritik umfasst die Analyse der soeben benannten Kriterien und die anschließende Bewertung sowie die entsprechende Übertragung auf das eigene Medienhandeln.	Durch den Umgang mit Medien und deren kritische Analyse lernen Heranwachsende gezielt Medieninhalte zu überprüfen und zu bewerten. Durch das Verständnis der Bild- und Symbolsprache lernen sie Medienbotschaften gezielt zu entschlüsseln und ihren Konsum zu reflektieren. Heranwachsende sind folglich weniger beeinflussbar, wenn sie Manipulationsmethoden kennen.
Medienkunde bezieht sich auf das Wissen um die inhaltliche Vielfalt der Medien (Genrekunde) sowie die Verwendung der Medien aus technischer Sicht. Es geht um klassische Wissensbestände, aber hier ist auch die Fähigkeit gemeint, neue Geräte bedienen zu können.	Die Heranwachsenden werden durch das Wissen um die Vielfalt der Mediengeräte sowie deren spezifisches Verwendungsspektrum zu medienkundigen Nutzern. Das Ergebnis orientiert sich weg vom passiven Medienkonsum, hin zum aktiven Medienhandeln. Sie können sich in den Medienwelten orientieren und diese überblicken, z. B. Wie verhalte ich mich im Chat? Wie verhalte ich mich, wenn mich jemand im Chat belästigt?
Mediennutzung umfasst die Kompetenz, Medien zielgerichtet zu verwenden und zu verstehen, sowohl rezeptiv als auch interaktiv. Dies umschließt sowohl das Wahrnehmen von Medien, z. B. Fernsehen, als auch das Verwenden der Medien, z. B. Internetrecherchen zur Informationsbeschaffung. Das Anbieten von Medien, z. B. einen eigenen Internetblog zu pflegen, ist ebenfalls der Mediennutzung zuzuordnen.	Der bewusste Umgang mit Medien sowie die gezielte Selektion sind als Ausdruck einer kompetenten Mediennutzung das Ziel. Hierzu gehört auch, sich z. B. vor dem Fernseher von einer ›Sitcom‹ berieseln zu lassen, wenn das eine bewusst getroffene Entscheidung ist. Kinder und Jugendliche werden so zu mündigen, eigenständigen, medienkompetenten Nutzern.
Mediengestaltung bedeutet die Verwendung der Medien mit dem Ziel der Produktion eines kreativen, innovativen, ästhetischen Ergebnisses, z. B. Drehen eines Videofilms oder Erstellung von Powerpoint-Präsentationen bei Referaten.	Medien dienen als gestalterisches Mittel und als kommunikative Ausdrucksform, um sowohl emotionale als auch sachliche Inhalte zu transportieren. Hierdurch besteht eine weitere Ausdrucksform und die Fantasie wird angeregt.

Tab. 6.14 Vier Teilbereiche der Medienkompetenz nach Dieter Baacke

Sitcom
als Situationskomödie angelegte Serie im Fernsehen

Medienkompetenz ist folglich die Fähigkeit, Medien nach eigenen Interessen selbstgesteuert zu verwenden, das Wahrgenommene kritisch zu hinterfragen und das Wissen um die Möglichkeit, die Medien zum ästhetischen Selbstausdruck gestalterisch verwenden zu können. Ein reflexiver Blick auf das eigene Medienverhalten ist hierbei Grundvoraussetzung medienkompetenten Handelns.

Erscheinungsformen

Es kristallisieren sich drei Erscheinungsformen der medienpädagogischen Bildungsarbeit heraus. Das Ineinandergreifen dieser drei Ausprägungen macht eine tief greifende, effektive medienpädagogische Arbeit aus.

Praxisprojekte

Beispiele für medienpädagogische Praxisprojekte → S. 376

Durch spielerisch umgesetzte ›medienpädagogische Praxisprojekte‹ werden besonders die Mediennutzung und Medienkompetenz gefördert. In Form von anregend gestalteten kleinen Einheiten können Kinder und Jugendliche Medien als kreatives, gestalterisches Medium erfahren und nutzen lernen. Sie können z. B. lernen. Hörspiele zu gestalten, Kurzfilme zu drehen, zu schneiden und selbst zu vertonen oder Comic-Zeichnungen zu digitalisieren und zu bearbeiten. Diese Form der Praxisprojekte weckt das Interesse der Heranwachsenden.
Sie gestalten selbst aktiv mit. Dies bereitet ihnen Spaß und ermöglicht inhaltlich und gedanklich tiefer einzusteigen. Die Mediennutzung und Anwendung, nicht das Endprodukt, stehen im Vordergrund. Nur wer weiß, wie Medien funktionieren und worauf geachtet werden muss, kann auch selbstbestimmt, aktiv und kritisch damit umgehen.

Fächerübergreifende Inhaltsvermittlung durch den Einsatz von Medien

Im Vordergrund steht hier die Behandlung von fächerübergreifenden Inhalten wie z. B. der kindgerechte Wissenserwerb, Sinnesschärfung, Rassismus oder kulturelle Unterschiede. Der Erwerb technischer Fertigkeiten ist hierbei ein positives Nebenprodukt. Für Heranwachsende geht von vielen Medien eine große Faszination aus. Sie sind neugierig und lassen sich gerne auf die Arbeit mit Medien ein. Die Vermittlung von Wissen erfolgt hier entsprechend nicht durch Frontalunterricht. Die Heranwachsenden beschäftigen sich beispielsweise mit einem vorgegebenen Thema, wie z. B. Rassismus, das sie medial umsetzen sollen.
Durch die kreativ-schöpferische Komponente und die Verwendung der Medien sind neben dem eigentlichen Thema Anreize geschaffen worden. Die Kinder und Jugendlichen werden sich so mit mehr Spaß an das Thema begeben und entsprechend mehr Motivation und Ausdauer zeigen. Inhalte, die durch die Fachkraft unterstützend oder ergänzend eingebracht werden, erreichen die Teilnehmer gezielt. Die Teilnehmer können das Thema so schrittweise tief gehend bearbeiten und werden die Inhalte einfacher abrufen können, ohne dass sie diese zuvor unter Leistungsdruck erwarben.

Medienpädagogik im Alltag

Es muss nicht um Projektarbeit gehen, wenn man von Medienpädagogik spricht. Im Alltag bieten sich zahlreiche medienpädagogische Berührungspunkte an. Diese sind sehr kostbar und pädagogische Fachkräfte können hier bereits einen wichtigen Beitrag zur Vermittlung von Medienkompetenz leisten. Kinder erzählen von ihren Medienerlebnissen besonders, dann wenn sie diese nicht verstanden haben oder Fragen aufgeworfen wurden. Sie suchen nach Erklärungen, die sie dringend benötigen, um das Gesehene zu verarbeiten. Offenheit gegenüber Medienthemen ist sehr wichtig für Kinder. Wenn sie wissen, dass sie über Medieninhalte sprechen dürfen, wenden sie sich bei Unsicherheiten oder unangenehmen Erfahrungen vertrauensvoll an die Fachkraft. Wenn ein Kind über Fernseherlebnisse spricht, die für sein Alter ungeeignet sind, ist es nicht gutzuheißen, dass das Kind solche altersinadäquaten Filme schauen darf. Dennoch ist das Alltag in manchen Familien, besonders wenn es ältere Geschwister gibt. Aufgabe der Fachkraft ist es, damit umzugehen und das Kind mit seinen Erfahrungen und Erlebnissen aufzufangen. Gerade in diesen Fällen ist der Bedarf besonders hoch.
Anders als in der medienpädagogischen Projektarbeit ist in diesem Aufgabenbereich kein technisches Hintergrundwissen erforderlich. Jede Fachkraft ist mit ihren Kompetenzen gefragt und kann diese wichtige Aufgabe erfüllen. Ihre Aufgabe besteht folglich darin, Gesprächsanlässe wahrzunehmen und zu nutzen.

REFLEXION IMPULS LERNORTKOOPERATION

Wie begegnen Sie der Medienpädagogik im pädagogischen Alltag und wie können Sie ihr mehr Raum bieten?

6.3 Methodische Grundlagen und Aufgaben der sozialpädagogischen Fachkraft

6.3.1 Situativer Ansatz

Der ›situative Ansatz‹ bedeutet, dass sich das Handeln der sozialpädagogischen Fachkraft an den Interessen und der ›Lebenssituation‹ orientiert. Aus der Beschäftigung mit den Kindern und Jugendlichen heraus entstehen spontan geschaffene Lernfelder.

situativer Ansatz → S. 363 Band 1
Lebenswelten → S. 367 Band 1

BEISPIEL Eine Gruppe Schülerinnen interessiert sich für Pinguine. Die Lehrerin nimmt dies wahr und bietet ihnen die Möglichkeit, das Thema medial aufzuarbeiten. Die Schülerinnen entscheiden sich, eine ›Multimedia-Collage‹ zu entwerfen und dazu Clips, Bilder und kurze Texte im Internet zu suchen. Sie werden im technischen Bereich, im gestalterischen Bereich, sowie im Themenbereich Pinguine Wissen erwerben.

Multimedia-Collage
In einem Dokument werden mehrere unterschiedliche Mediendateien verwendet, z. B. Verknüpfung von Text, Bild und Ton.

Durch die Verwendung eines spannenden Mediums oder Bearbeitung eigener Interessen entwickeln die Teilnehmer mehr Spaß und Aufnahmefähigkeit. In der alltäglichen Betreuungssituation bieten sich zahlreiche Möglichkeiten einer situativen medienpädagogischen Förderung. Hierzu zählen bereits Gespräche über Fernsehsendungen oder Kindergeschichten.

Abb. 6.15 Wenn Kinder Interesse an einem Thema zeigen, kann man dies medial aufbereiten.

6.3.2 Diversitätsaspekt

Diversitätsansatz → S. 431 Band 1

Der ›Diversitätsansatz‹ kann mit der Metapher „das Kind da abholen, wo es steht" hergeleitet werden.

kognitive Entwicklung → S. 398 Band 1

Kinder und Jugendliche bringen aufgrund der bislang erfolgten Förderung und der ›kognitiven Fähigkeiten‹ unterschiedliche Grundvoraussetzungen mit. Selbst Kinder und Jugendliche derselben Altersklasse können unterschiedliche Interessen und Kompetenzen haben.

Es kann Wissensbereiche geben, in denen Einzelne besonders hervorstechen können, andere, in denen sie Lücken aufweisen. Die Kommunikation ist unterschiedlich ausgeprägt und je nach Charakter sind Kinder und Jugendliche eher forsch oder zurückhaltend.

BEISPIEL Marie (9 Jahre) interessiert sich für Tiere. Sie hat einen Opa, der mit ihr zusammen im Internet nach Tieren sucht, die es auf der Welt gibt. Zusammen drucken sie die Bilder der unterschiedlichen Tierarten aus und unterhalten sich darüber, wo diese Tiere leben, was sie fressen und wie viel Gewicht sie haben. Anschließend kleben sie die Tiere auf die entsprechenden Kontinente auf einer Weltkarte, auf denen sie leben. Marie hat durch die Förderung ihres Großvaters in diesem Bereich ein sehr umfangreiches Fachwissen erworben, das sie anderen Kindern voraushat. Führt sie regelmäßig mit ihrem Opa und ihrem Umfeld anspruchsvolle Gespräche, wird ihre ›Sprachentwicklung‹ ebenfalls entsprechend ausgeprägt sein.

Sprachentwicklung → S. 297

Entwicklungsstand → S. 86

Entsprechend dem individuellen ›Entwicklungsstand‹ muss berücksichtigt werden, dass die Kinder und Jugendlichen weder über- noch unterfordert sind. Die sozialpädagogische Fachkraft bringt Flexibilität mit ein, um die Lerninhalte adäquat anzupassen. Dies kann bedeuten, altersgerechte Computerprogramme auszuwählen oder je nach vorhandenen Fähigkeiten einfacher zu bedienende Medien einzusetzen. Beispielsweise ist das Drehen eines Videofilmes komplexer als das Fotografieren. Einzelne Teilnehmer können als Berater für andere eingeteilt werden oder sie erhalten schwierigere Aufgaben.

Inklusion → S. 362 Band 1

Den ›Inklusionsgedanken‹ aufgreifend, sollten die Kinder und Jugendlichen mit ihrer Verschiedenheit nicht in seperate Gruppen eingeteilt werden, sondern miteinander arbeiten.

BEISPIEL Klara (20 Jahre) hat eine geistige Behinderung und ist in ihrer kognitiven Entwicklung verzögert. Babu ist 19 Jahre und weder körperlich noch geistig eingeschränkt. Beide können am selben Medienprojekt teilnehmen und sich aktiv beteiligen. Klara und Babu können möglicherweise Unterschiedliches aus dem Projekt für sich herausziehen, eine Trennung in „stärkere" und „schwächere" Gruppen würde ihnen aber die Möglichkeit entziehen, voneinander zu lernen.

←→ Inklusion
Wie kann der Einsatz von Medien dazu genutzt werden, um die Inklusion zu fördern?

Die Berücksichtigung des Diversitätsaspekts ermöglicht, dass alle Menschen, unabhängig von Alter und möglichen Beeinträchtigungen, gleichberechtigt die Chance haben, einen angemessenen Umgang mit Medien zu erlernen. Der Ansatzpunkt und die Methode sind flexibel anzupassen und daher stets variabel.

6.3.3 Altersorientierte Förderung

Bei der Förderung von Kindern und Jugendlichen muss darauf Rücksicht genommen werden, wie alt sie sind. Hier ist neben dem tatsächlichen Alter die Beachtung des Entwicklungsstandes wichtig.

Es gibt Medien, die für sie interessanter oder geeigneter sind als andere. Entsprechend müssen die medienpädagogischen Konzepte dem Alter und Entwicklungsstand der Zielgruppe angepasst werden. Ob die entsprechenden Rahmenbedingungen und die personelle Ausstattung vorhanden sind, muss im Einzelfall geprüft werden.

Abb. 6.16 Die Auswahl des Mediums hängt vom Alter sowie vom Interesse der Kinder und Jugendlichen ab.

Beispielsweise ist der eigenständige Umgang mit dem PC aufgrund des kognitiven Entwicklungsstandes nur eingeschränkt für jüngere Kinder geeignet. Bei Computerprojekten ist dem Rechnung zu tragen. Es gibt z. B. spezielle Lerncomputer für Kinder, die in der Nutzung sehr vereinfacht sind, sodass diese eigenständig verwendet werden können. Es gibt zudem Computermäuse, die kleiner und deshalb für Kinder aufgrund der ergonomischen Form leichter zu bedienen sind. Alternativ kann das Kind zusammen mit den Eltern oder Erziehern erste Lernerfahrungen im Umgang mit einem herkömmlichen oder einem Tablet-PC und dem Internet machen. Aufgrund der Alltagsrelevanz ist es eine wichtige Erfahrung für die Kinder, den Umgang zu erlernen.

BEISPIEL Der zehnjährige Chan darf nicht ins Internet, weil seine Mutter zu große Bedenken hat, dass er dort mit negativen Inhalten in Berührung kommt. Seinen Freunden hat Chan bereits ein paar Mal beim Surfen und Chatten zugesehen. Der PC, der zu Hause steht, unterliegt einem ausgesprochenen Verbot für Chan. Als seine Mutter einkaufen geht, widersetzt er sich dem Verbot und verwendet den PC selbst zum Chatten, was ihm großen Spaß bereitet. Er chattet heimlich regelmäßig in einem Forum für Erwachsene. Hierbei kommt er in Berührung mit unangemessenen Kommentaren und Aufforderungen.

Es ist wichtig, die Medieninteressen von Kindern und Jugendlichen wahrzunehmen und sie zu unterstützen, die Medienwelten altersadäquat kennenzulernen. Im Folgenden sind Medien und Projektbeispiele exemplarisch aufgeführt.

Medium	Praxisprojektidee für Kinder	Praxisprojektidee für Jugendliche
PC/Tablet-PC	Bei spezieller Software werden z. B. auf die einzelnen Tasten der Computertastatur Fotos und Effekte gelegt. Diese Arbeit übernimmt die pädagogische Fachkraft. Dann wird Musik abgespielt und die Kinder können nun im Rhythmus der Musik durch Betätigen der Tastatur ihren eigenen kleinen Clip schneiden. Die Musik wird automatisch mit der ausgewählten Bilderreihenfolge unterlegt. Die Arbeit übernimmt das Programm (z. B. „Arkaos").	Ältere Kinder und Jugendliche können diese Software eigenständig verwenden, um zu ihrem Lieblingslied einen ästhetisch inszenierten Clip mit ihren eignen Fotos zu erstellen.
Fotoapparate	Kinder machen Fotos. Diese werden anschließend in Bildbearbeitungsprogrammen verändert. Sie bekommen zunächst nur einen Effekt, wie z. B. einen Farbfilter, gezeigt und können diesen austesten. Hierzu müssen sie diesen nur anklicken und schon haben sie ihre Bilder technisch verändert. Nach und nach können je nach Aufnahmefähigkeit weitere Effekte eingebracht werden.	Ältere Kinder können das Bildbearbeitungsprogramm facettenreicher verwenden. Sie probieren die Effekte mit ihren Einstellungsoptionen, wie z. B. Farbsättigung, Lichteffekte, aus. Im Anschluss können mit ihnen die Möglichkeiten der digitalen Veränderung angesprochen und Vergleiche zu aktuellen Jugendmagazinen gezogen werden.
Videokamera	Die Kinder filmen sich und schauen z. B. traurig oder gefährlich in die Kamera. Im Anschluss werden die Aufnahmen angeschaut. Danach legt die sozialpädagogische Fachkraft unter die Emotionen entsprechende Musik und der Film wird erneut angesehen. Anschließend wird mit den Kindern das Gesehene besprochen. Ziel ist es, dass die Kinder lernen, ihre Emotionen zu reflektieren und die manipulative Wirkung der Vertonung einschätzen zu können.	Mit dieser Altersgruppe ist schon ein kleines Filmseminar möglich. Ein Kurzclip zu einem Wunschthema kann mit Unterstützung selbst gedreht und geschnitten werden. Gegebenenfalls kann eine Einführung in die Wirkung von Perspektiven und Musik gegeben werden.
Filme	Mit den Kindern wird zusammen ein Film angesehen. Danach malen oder basteln sie alle die Figur, die ihnen am besten gefallen hat, und erzählen danach reihum, warum sie diese Person interessiert hat. Ziel ist es, dass die Kinder das Gesehene reflektieren.	Mit ihnen wird ein schwieriges Thema, das Inhalt des Films ist (z. B. Gewalt), im Anschluss diskutiert. Hier kann eine Podiumsdiskussion wie im Fernsehen ausgerichtet werden.
Smartphones	Mit den Kindern wird zusammen ein Geocach (digitale Schnitzeljagd) gemacht. Mit jedem gefundenen Ort erhalten sie neue GPS-Daten, um den nächsten Ort und schlussendlich den „Schatz" zu finden. Die Navigations-App hilft, die Orte zu finden.	Hier kann das Geocaching einen weiteren räumlichen Umfang und schwierigere Fragen beinhalten.

Tab. 6.17 Projektideen für verschiedene Medien und Altersgruppen

Bei allen Medien gilt, dass Kinder und Jugendliche einbezogen werden können. Wie sehr die Nutzung oder Reflexion in die Tiefe gehen kann, ist vom Entwicklungsstand abhängig. Demzufolge muss ein geplantes Medienprojekt ›situativ‹ ansetzen und am Alters- bzw. Entwicklungsstand der Teilnehmer orientiert sein.

situativer Ansatz → S. 363

6.3.4 Grundhaltung der sozialpädagogischen Fachkraft

Die medienpädagogische Fachkraft hat eine wichtige unterstützende Funktion. Grundvoraussetzung erfolgreicher medienpädagogischer Arbeit ist neben der Freude am Umgang mit Kindern und Jugendlichen Offenheit und Interesse an der Arbeit mit Medien. Eine wertschätzende Haltung gegenüber den Kindern und Jugendlichen ist entscheidend dafür, wie viel die Heranwachsenden sich selbst zutrauen und worauf sie sich in der gemeinsamen Arbeit einlassen. Nur wenn die Kinder und Jugendlichen das Gefühl haben, mit ihren Interessen, Fragen und Besonderheiten ernst genommen zu werden, können sie sich öffnen und ihr Potenzial vollständig entfalten. Um z.B. einen sicheren, kompetenten Umgang mit Medien zu lernen, müssen sie erleben, dass ihnen dieser zugetraut wird. Dies ist nicht der Fall, wenn ihnen, bevor sie sich ausprobieren können, bereits alles erklärt oder gar das Medium aus der Hand genommen und gezeigt wird. Unterstützung meint folglich dabei sein und Hilfe dann anbieten, wenn sie benötigt wird.

Der gelehrte und vorgelebte Umgang mit Medien ist wichtig dafür, wie Kinder den Umgang mit Medien erleben und selbst vollziehen. Wenn z.B. Eltern oder Erzieher auf Facebook alle ihre persönlichen Daten preisgeben, werden die Kinder hierfür ebenfalls wenig Sensibilität entwickeln.

Aufgabe der Fachkraft ist es, Medieninhalte mit der Zielgruppe zu reflektieren und hierdurch einen kritischen Umgang zu fördern. Grundvoraussetzung hierfür ist eine Akzeptanz und Offenheit gegenüber den tatsächlichen Mediengewohnheiten und Medienerlebnissen der Kinder. Hierbei muss die Erzieherin altersinadäquate Medieninhalte als Realität akzeptieren, welche gerade Anlass für eine Reflexion sein sollten.

BEISPIEL Die fünfjährige Katja erzählt montags, dass sie am Wochenende mit ihrer Schwester „Der Herr der Ringe" geschaut hat (›FSK‹-Freigabe 12 Jahre). Sie erzählt von den hässlichen Orks. In der Erzählung kristallisiert sich heraus, dass sie vor diesen Angst hatte. In dem anschließenden Gespräch oder Spiel sollte die sozialpädagogische Fachkraft die Thematik dringend aufarbeiten, bis Katjas Angst überwunden ist. Dies merkt sie daran, dass Katja in ein anderes Gespräch oder Spiel übergeht. Mit Katja kann zudem besprochen werden, was sie tun kann, wenn sie das nächste Mal ›Angst beim Fernsehen‹ hat. Da es sich um altersinadäquate Inhalte handelt, sollte ein anschließendes Gespräch mit den Eltern in Erwägung gezogen werden.

FSK → S. 354

Umgang mit überfordernden Medieneinflüssen → S. 357

Fachkraft in der Projektarbeit

In der medienpädagogischen Projektarbeit entsteht viel über einen kreativen, gestalterischen Prozess. Die Kinder und Jugendlichen sollen ermutigt und bestärkt werden. Sie dürfen mit Spaß und Interesse das gewählte Medium erforschen. Gezielte Hinweise auf das Verhalten und den Umgang mit Medien können sie unterstützen. Es ist aber nicht notwendig, ihnen alle Steine aus dem Weg zu räumen, sondern sie auch ihre Erfahrungen im Umgang machen zu lassen. Fehler können helfen, Lösungsmuster zu entwickeln. Hierbei ist sehr wichtig, dass die Kinder bei Bedarf nicht alleine sind und wissen, wo sie Unterstützung erhalten.
Die Fachkraft selbst muss sich im Umgang mit dem Medium sicher fühlen. Hierfür ist es nicht erforderlich, alle technischen Details zu kennen. Es genügt eine gewisse Grundkenntnis im Umgang. Jede Projektidee, die im Kopf ist, kann vorher zu Hause mit den eigenen kreativen Ideen ausprobiert und erforscht werden. Dies ist der erste wichtige Schritt hin zu mehr Erfahrung und Sicherheit.
Allgemeine Unsicherheit muss vor Projektbeginn abgelegt sein, da sie sich sonst auf die Kinder überträgt. Eine Fachkraft, die ein bestimmtes Medium ablehnt, sollte folglich kein Medienprojekt mit diesem anbieten. Die ›Authentizität‹ ist eine wichtige Grundvoraussetzung in der Arbeit mit Kindern und Jugendlichen, die ein sehr gutes Gespür besitzen. Sie werden sich auf das Projekt nur einlassen, wenn sie fühlen, dass die Fachkraft hinter den Aussagen steht, die sie trifft.

Authentizität

Fachkraft ist aufrichtig und verstellt sich nicht. Die Haltung der Fachkraft stimmt entsprechend mit ihren Aussagen, ihren Handlungen und Gesichtsausdrücken überein.

Modelllernen → S. 412 Band 1

Im allgemeinen Umgang ist es wichtig, den Kindern einen kritisch-reflektierten und zielgerichteten Umgang mit Medien vorzuleben. Sie orientieren sich an den Erwachsenen in ihrem Umfeld (›Modelllernen‹). Wer einen vernünftigen Umgang mit Medien fördern will, muss diesen selbst praktizieren.

Zu den Fähigkeiten und Fertigkeiten der sozialpädagogischen Fachkraft sollte auch zählen, aus dem Spiel heraus Bildungsanlässe wahrzunehmen und darauf abgestimmte Angebote zu unterbreiten.

BEISPIEL Der fünfjährige Carlos interessiert sich während eines Spaziergangs für Blätter und erfragt die dazugehörigen Baumarten. Seine Erzieherin schlägt ihm vor, alle Blätter zu fotografieren und gemeinsam nachzuschlagen, um welche Bäume es sich handelt. Aus den Fotos erstellen sie dann gemeinsam ein Memory, was ermöglicht, dass auch die anderen Kinder der Gruppe die unterschiedlichen Baumarten spielerisch lernen können.

www.landesfilmdienste.de
www.die-medienanstalten.de
www.stiftung-medienpaedagogik-bayern.de

Wichtig zu erwähnen ist, dass die sozialpädagogische Fachkraft nicht alles können muss. Fühlt sie sich also nicht sicher, sieht bei ihren Kindern und Jugendlichen aber die Notwendigkeit der medienpädagogischen Förderung, ist es zielführender, sich Unterstützung hinzuzuziehen und zu einem späteren Zeitpunkt erst eigenständig Projekte anzubieten. Hierzu ist eine Vernetzung mit spezialisierten Medienpädagogen hilfreich. Alternativ kann auf von den Bundesländern geförderte Einrichtungen wie z. B. Landesfilmdienste, Landesmedienanstalten oder auf Stiftungen wie z. B. die Stiftung Medienpädagogik Bayern zurückgegriffen werden.

Fachkraft in der alltäglichen Betreuung

Bei der ›Medienpädagogik im Alltag‹ bestehen andere Anforderungen an die Fachkraft. Hier ist ein Grundlagenwissen ohne technische Kenntnisse ausreichend. Die Kernaufgabe besteht darin, Mediengespräche zu eröffnen und Ansprechpartner zu sein.

Medienpädagogik im Alltag → S. 362

Hierzu bedarf es einer hohen Sensibilität, um thematische Anknüpfungspunkte wahrzunehmen und Gespräche gezielt daraus zu entwickeln. Kinder und Jugendliche erzählen, was sie im Rahmen ihres Medienkonsums erleben, und benötigen teilweise Unterstützung. Ein Jugendlicher erzählt z. B., dass bei Facebook regelmäßig Beleidigungen auf seine Pinnwand geschrieben werden. Jede Fachkraft kann hier auch ohne Erfahrung mit sozialen Netzwerken erklären, welche Umgangsweisen es mit ›Cybermobbing‹ gibt. Durch die Offenheit gegenüber Medienthemen erfahren die Kinder und Jugendlichen die Fachkraft als Ansprechpartner.

Abb. 6.18 Cybermobbing erleben Jugendliche immer häufiger.

Cybermobbing
Personen werden über Medien wie das Handy oder das Internet bloßgestellt und beleidigt.

In Fällen von Cybermobbing ist es wichtig, die Gesamtsituation genauer zu erfragen und z. B. herauszufinden, welches Ausmaß die Beleidigungen haben. In Abhängigkeit hiervon ist das weitere Vorgehen zu planen. Der Mobber kann gesperrt werden. Dies allein beendet die Beleidigung nicht, wenn der Mobber aus dem sozialen Umfeld stammt. Dann ist ein Gespräch mit Täter und Opfer wichtig. Hierbei ist je nach psychischer Verfassung des Opfers Vorsicht geboten. Über einen Einbezug der Eltern sollte zusätzlich nachgedacht werden.

In ganz gravierenden Fällen ist auf Unterstützung in Form polizeilicher oder psychologischer Beratung zu verweisen. Je nach Schwere des Cybermobbings ist über eine Strafanzeige nachzudenken. Cybermobbing wird nicht generell bestraft. Es gibt aber Handlungen des Cybermobbings, welche einen Straftatbestand erfüllen.

www.klicksafe.de/themen/kommunizieren/cyber-mobbing/

Hierzu zählen die folgenden Paragraphen:
- § 185 StGb Beleidigung
- § 186 StGb Üble Nachrede
- § 187 StGb Verleumdung
- § 238 StGb Nachstellung
- ggf. urheberrechtliche Delikte (z. B. bei Verwendung von Fotos ohne persönliche Zustimmung)

Förderung von Medienkompetenz
Welche Methoden aus dem Bereich Ästhetik und Kunst können die Reflexion von Medieninhalten unterstützen?

Eine weitere Anforderung an die Fachkraft ist es, die Reflexion von Medieninhalten verbal oder kreativ anzuregen.

6.3.5 Partizipation in der medienpädagogischen Praxis

Abb. 6.19 Jugendliche interessieren sich für das Medium Film.

›Partizipation‹ bedeutet Beteiligung. Den Kindern wird nichts vorgeschrieben, sondern sie können mitentscheiden. In Bezug auf medienpädagogische Projektarbeit können sie sowohl beim inhaltlichen Thema als auch bei der Wahl des Mediums mitreden. Für die Förderung der medialen Fähigkeit ist es unerheblich, ob ein Film zum Thema Rapmusik oder Umweltschutz gedreht wird. Ebenso ist die Bearbeitung eines Themas, wie z. B. Rassismus, unabhängig davon möglich, ob hierzu ein Film gedreht oder ein Hörbeitrag aufgenommen wird. Wichtig ist, dass die Teilnehmer intensiv mitarbeiten und sich mehr mit Thematik und dem Medium auseinandersetzen, wenn diese mit ihren Interessen deckungsgleich sind.

Partizipation → *S. 240 Band 1*

BEISPIEL In einer Jugendfreizeiteinrichtung ist ein Medienprojekt angedacht. Die sozialpädagogische Fachkraft führt angesichts der Planung ein Gespräch mit der Gruppe. Sie befragt die Jugendlichen im Alter von zwölf bis 17 Jahren zu ihren Interessengebieten und welche Medien sich zur Umsetzung der vorgeschlagenen Themen eignen. Hierbei ergibt sich, dass die Teilnehmer Interesse daran haben, einen Musikclip zu produzieren. Die Aufmerksamkeit wird viel höher sein als beim Erstellen einer Fotocollage.

Zudem ist grundlegend darauf zu achten, dass die Teilnehmer sich ihren Fähigkeiten entsprechend einbringen dürfen. Hierzu können gezielt Zuständigkeiten verteilt oder einzelne, besonders fortgeschrittene Teilnehmer als Berater für andere eingeteilt werden.

Jedes Gruppenmitglied ist als ein wichtiger Teil der Gruppe und des Projektes anzusehen. Damit wird eine Bindung erreicht, die für die Gruppe sehr wichtig ist.
Es ist sinnvoll, Kinder und Jugendliche daran zu beteiligen, ihre ›Lernumgebung‹ selbstverantwortlich zu gestalten.

Gestaltung der Lernumgebung → *S. 53*

Sie halten sich an Strukturen und Vereinbarungen leichter, wenn sie einbezogen werden. Haben sie die Regeln mitentworfen, können sie diese leichter annehmen. Beispielsweise kann mit Teilnehmern die Vereinbarung erarbeitet werden, dass neben den Computer eine Wäscheleine gehängt wird, an der mit Portraitfotos markiert ist, wer als Nächstes an der Reihe ist. Durch das gemeinsame Erarbeiten stößt dies auf mehr Akzeptanz.

6.3.6 Nachhaltigkeit in der medienpädagogischen Praxis

Um dafür zu sorgen, dass die medienpädagogischen Inhalte nicht nur punktuell aufgenommen, sondern langfristig erworben werden, ist es unerlässlich, im Vorfeld zu überlegen, wie ›Nachhaltigkeit‹ gewährleistet werden kann. Hierzu benötigen die Kinder und Jugendlichen regelmäßige Bezüge des Erlernten zu ihrem Alltag. Die bearbeiteten Inhalte werden nach einiger Zeit nicht mehr so präsent sein. Es ist entsprechend notwendig, den Kindern und Jugendlichen aufbauende Angebote zu unterbreiten. Sie sollen in regelmäßigen Abständen weitere Informationen erhalten und sich schrittweise tiefer gehend mit dem Thema beschäftigen und auseinandersetzen.

Nachhaltigkeit → *S. 36*

Beispiele für Nachhaltigkeit in der medienpädagogischen Praxis:
- Nach einem Projekt zur ›Sinnesschärfung‹ wird auf alltägliche Wahrnehmungssituationen (z.B. ein pfeifender Vogel, der Geruch einer Zitrone) hingewiesen.
- Nach einem Projekt zum Thema Datensicherheit werden regelmäßig Gesprächsanlässe zum Thema geboten (z.B. anhand eines Facebook-Profils, auf Grundlage eines Zeitungsartikels).
- Nach einem Projekt zum Thema ›Cybermobbing‹ wird regelmäßig z.B. durch Kooperationsspiele ein soziales Miteinander gefördert.
- Nach einem Projekt zum Thema Werbung werden regelmäßig Bezüge im Alltag aufgewiesen (z.B. bei Werbespots, die laufen, oder im Einkaufsmarkt bei Kaufentscheidungen).

Sinnesschärfung → *S. 372*
Cybermobbing → *S. 369*

Hierzu sind keine aufwendig geplanten Medienprojekte notwendig, sondern regelmäßige Impulse sowie die Bezugnahme auf bearbeitete Inhalte im Alltag.

6.3.7 Ganzheitlicher Ansatz

Die ganzheitliche Förderung eines Kindes oder Jugendlichen erfolgt durch die Berücksichtigung und Einbeziehung des sozialen Umfeldes und der individuellen ›Lebenswelt‹. Die individuelle Lebenswelt von Heranwachsenden beinhaltet ihre Lebenssituation mit allen Erfahrungen, Erlebnissen, der persönlichen Förderung, der Bedingung des Heranwachsens und ihren Entwicklungsmöglichkeiten. Ein Projekt, das die individuelle Lebenswelt des Kindes nicht berücksichtigt, kann dessen Bedürfnissen nicht gerecht werden.

Lebenswelten von Kindern und Jugendlichen → *S. 367 Band 1*

Das soziale Umfeld besteht aus der ›Peergroup‹, der ›Familie‹ und den sonstigen Bezugspersonen. Das soziale Umfeld kann entsprechend seinen Fähigkeiten das Kind in der Verarbeitung und Weiterentwicklung der Medienkompetenz unterstützen. Ohne das Wissen um Projektinhalte werden z.B. die Eltern Aussagen, die sich auf Projektinhalte beziehen, nicht aufgreifen können, weil ihnen der Zusammenhang fehlt. Sind sie einbezogen, können sie einen weiterführenden Wissenserwerb fördern. Hierdurch sind zum einen eine breiter gefächerte und zum anderen eine nachhaltigere Förderung gewährleistet. Nachhaltigkeit wird dadurch erreicht, dass Eltern, Lehrer etc. über die genauen thematischen Inhalte des Projekts informiert sind, damit sie aufgeworfene Fragen der Kinder zuordnen und gezielt beantworten können.

Peergroup → *S. 226 Band 1*
Familie → *S. 542 Band 1*

Möglichkeiten der Einbeziehung von Bezugspersonen
Um die Eltern einzubeziehen, ist beispielsweise ein themenbezogener Elternabend im Vorfeld eines Projekts ratsam. In diesem werden die genauen Inhalte, die den Kindern vermittelt werden, und auch die Methoden, wie diese Wissensvermittlung erfolgt, dargestellt. Dies bietet ein hohes Maß an Transparenz und die Eltern fühlen sich einbezogen. Den Eltern wird Raum für Fragen geboten. Dies gilt auch für über das Projekt hinausgehende Fragen.

Abb. 6.20 Infobroschüre für Eltern der Initiative „Schau hin!"

Bezugspersonen haben, unabhängig von Projektarbeit, große Unsicherheiten im Bereich der Medienerziehung. Viele Eltern fühlen sich in diesem Themenbereich überfordert, weil sie sich selbst noch nicht intensiver mit der Medienwelt auseinandergesetzt haben. Hier sind die sozialpädagogischen Fachkräfte gefordert, die Eltern zu begleiten, zu unterstützen und ihnen konkrete Tipps zu geben, wo sie weitere Informationen finden, welche Medien bzw. Medieninhalte für die Kinder empfehlenswert sind und was sie beachten sollen (z.B. Medienzeiten). Manche Eltern gewinnen durch medienprojektorientierte Elternabende Informationen zu Themenbereichen, mit denen sie sich inhaltlich nicht näher auseinandergesetzt haben, andere werden für die ihnen bekannten Themeninhalte sensibilisiert. Eltern, die zum Elternabend nicht kommen können, sollten die Informationen z.B. durch Infobroschüren zur Verfügung gestellt werden. Im Nachhinein kann den Eltern auch zusammen mit dem entstandenen medialen Produkt eine kurze Zusammenfassung über den Projektverlauf und die Inhalte gegeben werden.

6.3.8 Sinnesschärfung durch den gezielten Einsatz von Medien

Sinneswahrnehmung → S. 255

Einzelne Medien sprechen bestimmte ›Sinne‹ besonders intensiv an. Dementsprechend eignet sich ein gezielter Einsatz zur Wahrnehmungsförderung. Hierbei ist zwischen einer allgemeinen und einer medienorientierten Wahrnehmungsförderung zu differenzieren.

Der **allgemeine Förderansatz** bietet die Möglichkeit, Kinder in ihrer Sinneswahrnehmung zu stärken. Medien können so gezielt das bewusste Sehen fördern, eine Unterstützung für das differenzierte Hören bieten sowie als sprachliche Ausdrucksform Verwendung finden. Durch den Einsatz der Medien ist eine gezielte Fokussierung möglich. Gerade für Kinder und Jugendliche mit einer geringen Aufmerksamkeitsspanne kann ein Projektangebot, das gezielt einen Sinn anspricht, sehr hilfreich sein. Abhängig davon, welcher Sinn durch die gemeinsame Arbeit angesprochen werden soll, ist das entsprechende Medium zu wählen.

Der **medienorientierte Förderansatz** analysiert Medieninhalte und Gestaltungsformen. Durch eine Vergegenwärtigung der Darstellung bietet er die Möglichkeit, unbewusster Beeinflussung zu begegnen. Beide Ansätze stehen nebeneinander und bauen nicht zwingend aufeinander auf.

Allgemeine Förderung des Sehsinns

Um den Sehsinn zu fördern, bieten sich Video, Film und insbesondere die Fotografie an. Nur die Fotografie spricht ausschließlich den Sehsinn an. Keine weiteren Sinneseindrücke lenken ab, was dem Heranwachsenden mehr Konzentration und eine intensivere Fokussierung auf die eigene visuelle Wahrnehmung ermöglicht.
Durch die Fotografie setzen sich die Heranwachsenden in kreativer Form mit dem bewussten Sehen auseinander. Schnell verdeutlicht sich anhand von Fotoaufnahmen, dass z. B. ein Gegenstand unterschiedlich wahrgenommen werden kann. Aus verschiedenen Perspektiven betrachtet wirkt er anders. Detailaufnahmen bieten andere Wahrnehmungsmöglichkeiten und transportieren andere Aussagen als Gesamtaufnahmen. Die Teilnehmer lernen, dass visuelle Wahrnehmung von vielen Faktoren abhängt und dass es unterschiedliche Perspektiven gibt. Je nach Betrachter und Inszenierung kann ein und derselbe Gegenstand unterschiedlich aussehen, obwohl es der identische Gegenstand bleibt.

Abb. 6.21 Betrachten von Detailaufnahmen als Wahrnehmungsschulung

BEISPIEL Ein Apfel, der auf einem Tisch liegt, ist, flüchtig wahrgenommen, ein Apfel auf einem Tisch. Detailliert betrachtet weist der Apfel vielleicht ein Wurmloch oder eine kleine Delle auf. Vielleicht spiegelt sich ein kleiner Lichteffekt auf seiner Schale oder der Tisch mit dem Apfel steht z. B. auf einem Marktplatz.

Die Auseinandersetzung mit den unterschiedlichen Möglichkeiten der visuellen Wahrnehmung sensibilisiert die Teilnehmer für visuelle Sinneserfahrungen. Sie erkennen verschiedene Formen der Darstellung und deren Wirkung. Sie lernen differenzierter zu sehen.

Medienorientierte Förderung des Sehsinns

Um Medieninhalte bewusster wahrzunehmen, bietet sich z. B. mit Jugendlichen eine ›Filmanalyse‹ an. Sie schauen den Film bewusster und aufmerksamer. Dadurch, dass sie auf Filmtechniken und Inszenierung der Szenen achten, ist ihre visuelle Sinneswahrnehmung besonders angeregt. Kennen Jugendliche das Repertoire der Filmemacher, werden sie weitere Filme ebenso prüfen und analysieren. Ihr Blick und ihre Wahrnehmung werden dadurch deutlich geschärft. Eine passive Einflussnahme oder Manipulation wird unwahrscheinlicher. Eine Verknüpfung der beiden oben geschilderten Förderansätze bietet die Auseinandersetzung mit Bildbearbeitungsprogrammen. Diese weisen schnell und eindrücklich auf, wie leicht veränderbar das Gesehene ist und wie wirklich es trotz Veränderung noch aussieht. Die Teilnehmer erkennen z. B., wie durch minimale Veränderung eines Fotos andere Wirkungseffekte entstehen. Sie können den Transfer zu Jugendjournalen leicht herstellen. Sie erkennen, dass die Coverfotos, in denen z. B. Pickel und Bauch retuschiert wurden, keine Abbilder der Realität sind. Hierdurch wird eine Brücke vom differenzierten Sehen zum kritischen Sehen geschlagen. Nicht alles Gesehene ist so, wie es scheint. Es besteht ein Unterscheid zwischen Fiktion und Realität. Dieser Brückenschlag ist für Kinder ein wichtiger Lernprozess, der als Folge des bewussten Sehens erfolgen kann.

Filmanalyse

Gemeinsames Ansehen und bewusstes Reflektieren eines Films. Analyse bedeutet Fragen aufzuklären, wie z. B.: Was genau wurde gesehen? Wie wurde es dargestellt? Warum wurde es so dargestellt? Welche Aussage wurde dadurch transportiert? Welche Perspektiven wurden verwendet? Welche Detailaufnahmen sind bewusst eingesetzt worden, um das Geschehen zu verdeutlichen?

Geräusche raten

Aus dem Internet oder von einer CD werden den Kindern Geräusche vorgespielt und sie dürfen mit geschlossenen Augen raten, um welches Geräusch es sich handelt.

Klangfarbe

Jeder Klang hat unterschiedliche Nuancen, die als Klangfarben bezeichnet werden. Hierfür verantwortlich ist, wie und mit welchem Instrument der Ton erzeugt wurde.

differenziertes Hören → S. 219

Allgemeine Förderung des Hörsinns

Zu einer gezielten Förderung des Hörsinns empfiehlt sich der Umgang mit einem CD-Player oder einem Computer. ›„Geräusche raten"‹ macht nicht nur Kindern Spaß, sondern kann auch eine Herausforderung für Jugendliche sein. Durch das Raten der Geräusche lernen Heranwachsende die Vielfalt der Töne und Klänge kennen. Sie erfahren, wie viele Geräusche ein und denselben Ursprung haben und dennoch anders klingen. Die Abgrenzung voneinander ist schwierig und schult das Gehör. Die Differenzierung der Geräusche und die bewusste Auseinandersetzung damit sensibilisiert die auditive Wahrnehmung der Heranwachsenden.

BEISPIEL Es gibt unterschiedliche Arten von Klingeltönen für das Handy und dennoch werden sie lediglich als Klingeln erkannt und undifferenziert als Klingeln bezeichnet.

Neben dem „Geräusche raten" eignet sich das Produzieren von Geräuschen zur auditiven Sinnesschärfung. Durch die Produktion von Geräuschen erfahren die Teilnehmer, welche Möglichkeiten bei der Geräuscherstellung zur Verfügung stehen. Bei der Nachstellung von Geräuschen erlernen sie sogar ›Klangfarben‹ zu unterscheiden. Sie tasten sich nach und nach an den Ursprungsklang heran, bis sie ihn genau treffen. Hierdurch hören sie ›differenzierter‹.

Medienorientierte Förderung des Hörsinns

Anhand von Filmmusik kann erarbeitet werden, welche große Rolle die akustische Wahrnehmung beim Ansehen eines Filmes spielt. Erwartungen werden durch auditive Reize unterbewusst geweckt oder verstärkt. Dadurch haben Menschen beim Erklingen bestimmter Musik Erwartungen an die folgende Handlung.
Neben der Filmmusik spielt die Nachvertonung von Filmen eine große Rolle. Verwendete Geräusche sind entscheidend dafür, was der Zuschauer wahrnimmt und wie er das tut. Geräusche wie Schritte, Atem oder das Nachladen einer Waffe sind für den Spannungsaufbau wichtig und mit Bildern und Erwartungen verknüpft. Eine solche unterbewusste Beeinflussung führt zu einem eher passiven Medienkonsum und bietet Raum für Manipulationen. Um dem entgegenzuwirken, kann mit Kindern und Jugendlichen z. B. eine neutrale Szene aufgenommen werden, in der zwei Personen aufeinander zugehen. Diese Szene kann beliebig mit Musik und Geräuschen unterlegt werden und transportiert, abhängig von den unterlegten Geräuschen, unterschiedliche Erwartungen an den Handlungsverlauf und den Kontext. Den Kindern und Jugendlichen wird durch eine solche Verbildlichung die unterschiedliche Wirkung der verwendeten Musik und Geräusche verdeutlicht. Sie werden im Anschluss viel bewusster bei Filmen auf die Musik und die eingespielten Geräusche achten und Spaß daran haben, Einflussfaktoren aufzudecken.

Abb. 6.22 Durch die Erfahrung der Sinnesschärfung wird man Filmgeräusche und -musik viel bewusster wahrnehmen.

Allgemeine Förderung der Sprache

Die ›Sprachentwicklung‹ von Kindern und Jugendlichen kann unterschiedlich gut ausgeprägt sein. Kinder und Jugendliche mit Migrationshintergrund können sich im Umgang mit Sprache unsicherer fühlen oder haben aufgrund ihrer Bilingualität (Zweisprachigkeit) sogar ein besonders feines Sprachgefühl. Jedes Individuum hat eine eigene Sprachgeschichte. Unter Berücksichtigung dieser divergenten Entwicklung können Sprachförderprojekte für Kinder und Jugendliche angeboten werden. Zur Förderung des bewussten und differenzierten Sprechens eignet sich das Erstellen eines Hörspiels mit einfacher Computersoftware zur Tonaufzeichnung (z.B. die Freeware Audacity). Ein Hörspiel ist besonders empfehlenswert, da bei dessen Erstellung die Sprache besonders in den Vordergrund tritt. Die Heranwachsenden können dabei Erfahrungen im Umgang mit ihrer Stimme machen. Sie können einen Brummbären mit tiefer Stimme oder ein quirliges Eichhörnchen mit ganz heller Stimme sprechen. Sie lernen, die Stimme als Ausdrucksform zu verwenden. In der Stimme kann Ruhe oder Hast, je nach Schnelligkeit der Wortfolge, zum Ausdruck gebracht werden. Sie lernen, ihre Stimme auf differenzierte Weise bewusst einzusetzen. Beim Hörspiel müssen sich die Teilnehmer eine kleine Geschichte mit passenden Dialogen ausdenken, die sie einsprechen. Beim nachträglichen Anhören können sie die eigene Sprache reflektieren.

Sprachentwicklung → S. 297

Ähnliche Effekte können mit der Nachvertonung eines kleinen Ausschnitts aus einem Zeichentrickfilm erreicht werden. Hier müssen sie Dialoge orientiert an den Bildern entwickeln und anschließend möglichst passend zu den Mundbewegungen des Protagonisten einsprechen werden. Die Teilnehmer erfahren auf unterschiedliche Weise, wie differenziert Sprache verwendet werden kann und welche unterschiedlichen Aussagen durch die gezielte Verwendung von ›Sprachmelodie‹ und Klangfarbe transportiert werden.

←→ Sprachliche Bildung
Welche weiteren medienpädagogischen Projektideen fallen Ihnen zur Sprachförderung ein?

Sprachmelodie
Intonation der angewandten Sprache

Medienorientierte Förderung der Sprache

Die Analyse sprachlicher Mittel gibt z.B. Aufschluss über die Manipulationsmöglichkeiten von ›Werbung‹. Den Kindern können unterschiedliche Sprachmittel, wie z.B. Metaphern (Verbildlichungen), Reime und ›Alliterationen‹, erklärt werden. Es ist darauf zu achten, nur einfache und nicht zu viele Begriffe zu erklären. Danach kann mit Kindern gemeinsam Werbung angeschaut und Werbeslogans können auf ihre verwendete Sprache hin analysiert werden. Mit den Kindern lassen sich neue Slogans unter Verwendung derselben sprachlichen Stilmittel erstellen. Neben der Förderung des Umgangs mit Sprache wird ihnen so aufgezeigt, wie Medien Sprache verwenden, um den Konsumenten zu beeinflussen.

Abb. 6.23 Cover Materialpaket „Augen auf Werbung" von Media Smart e.V.

Manipulation durch Werbung → S. 353

Alliteration
Sprachfolge, die mit demselben Anfangsbuchstaben beginnt, z.B. Milch macht müde Männer munter

www.mediasmart-lehrer.de
Informationen für Eltern und Lehrer zum Thema Kinder und Werbung

6.4 Beispiele für die Gestaltung der Bildungsarbeit

Anwendungsfelder der Medienpädagogik → S. 362

Medienpädagogik im Alltag → S. 362

Von den drei praktischen ›Anwendungsfeldern der Medienpädagogik‹ erfordern die Praxisprojekte sowie die fächerübergreifende Inhaltsvermittlung eine detaillierte Planung. Hierzu werden nachfolgend die notwendigen Planungsschritte in Form allgemeiner Leitlinien dargestellt. Die ›Medienpädagogik im Alltag‹ bleibt außen vor, da sie keiner vorausschauenden Planung bedarf, sondern in die alltägliche Betreuung einfließt.

Nach der Entwicklung der Leitlinien wird anhand dieser ein Praxisprojekt entwickelt. Auf den Projektvorschlag folgt eine allgemeine Darstellung der inhaltlichen Grundlagen.

6.4.1 Leitlinien

In den nachfolgenden Leitlinien werden die im allgemeinen Teil dargestellten Grundlagen in Planungsschritte eingeteilt. Hierbei ist jedoch zu berücksichtigen, dass die Reihenfolge nicht zwingend ist, sondern nur eine grobe Orientierung darstellt. Bei der konkreten Projektentwicklung ergeben sich immer wieder Wechselwirkungen der einzelnen Grundlagen und Planungsschritte, die sich einer allgemeinen Darstellung entziehen.

Analyse der Zielgruppe
- Alter und Entwicklungsstand der Zielgruppe
- Mediensozialisation der Teilnehmer
- Medieninteressen der Zielgruppe
- Ressourcen und Schwächen im Medienumgang bzw. der Medienreflexion

Bedarfsermittlung
- Welche Themeninhalte benötigt die Zielgruppe aktuell, um z. B. gegen Manipulation, Verbreitung persönlicher Daten, Cybermobbing oder Pornografie geschützt zu sein?
- Welche Unterstützung / Aufklärung / Förderung benötigt die Zielgruppe in Bezug auf dieses Medium oder dieses Thema?
- Wie kann diese Unterstützung / Aufklärung / Förderung in Bezug auf die Zielgruppe altersgerecht aussehen?
- Was fasziniert sie und warum? Was prägt die Lebenswelt?

Hauptziel
Es sind unterschiedliche Hauptziele denkbar. Eine Projektplanung sollte immer einzelne Hauptziele definieren, um Methoden gezielt einsetzen zu können. Insbesondere kommen als Ziele in Betracht:

Medienkompetenz → S. 361
fächerübergreifende Inhaltsvermittlung → S. 362
Sinnesschärfung → S. 372
reflektierter Medienkonsum → S. 361

- ›Umgang‹ mit Medien
- ›Inhaltsvermittlung‹, z. B. Thema Rassismus
- ›Sinnesschärfung‹
- ›reflektierter Medienkonsum‹

Wahl des Mediums

Die Wahl des Mediums orientiert sich am Bedarf und der Zielgruppe!

Hierzu können zwei Fragen hilfreich sein:

- Welches Medium ermöglicht eine gute Darstellung des gewählten Projektinhalts? Bei einem ›Projekt zur Sinnesschärfung‹ ist beispielsweise zu berücksichtigen, welches Medium sich besonders anbietet.
- Welches Medium spricht die Zielgruppe an?

Projekt zur Sinnesschärfung → S. 372

Projektentwurf

Die konkrete Planung muss die vorhandenen Rahmenbedingungen und Fähigkeiten der Teilnehmer berücksichtigen:

- Orientiert sich der gewählte zeitliche Rahmen an der Zielgruppe?
- Welche technische Ausstattung ist erforderlich und welche ist vorhanden?
- Muss ich Geräte leihen und entsprechend reservieren?
- Welche räumlichen Bedingungen sind für das Projekt nötig?
- Muss ich einen Computerraum reservieren?

Eine Reflektion der eigenen Haltung ist erforderlich. Im Vorfeld sollte die Rolle der Fachkraft vor dem Hintergrund des Lernzieles überdacht und ein inhaltlich abgestimmter Elternabend nach Möglichkeit projektbegleitend durchgeführt werden.

Durchführung des Projekts

- Sensibilisierung für das Medium oder Verwendung des Mediums zur Sensibilisierung des Rezipienten, z. B. Sinnesschärfung, Manipilation
- kritische, reflexive Haltung unterstützen
- technische Fertigkeiten im Umgang mit dem Medium schulen
- mediale Ausdrucksfähigkeit oder Gestaltungsmöglichkeiten aufweisen bzw. fördern
- Kinder bei ihren Medienerfahrungen begleiten und unterstützen
- wichtige Erfahrungen oder Erkenntnisse der Teilnehmer aufgreifen und dadurch vertiefen

Berücksichtigung der ›Nachhaltigkeit‹

Nachhaltigkeit → S. 36

- Kleine Folgeangebote sind in die Planung mit einzubeziehen und im Anschluss an das Projekt durchzuführen.
- Die ›Fachkraft im Alltag‹ kann Projektinhalte aufgreifen und weitere Bezüge zum Thema herstellen.

Fachkraft in der alltäglichen Betreuung → S. 369

6.4.2 Projektvorschlag „PC- und Internetsicherheit für Kinder"

Ausgangssituation

Im Rahmen der erweiterten Grundschule sind in der Nachmittagsbetreuung im Hort Mädchen und Jungen im Alter von ca. neun Jahren zu betreuen. Die Betreuungszeiten sind von 12 Uhr bis 16 Uhr. In einer Gruppe befinden sich 16 Kinder, davon zehn Jungen und sechs Mädchen. Die Kinder werden von einer Fachkraft mit vollem Stellenumfang und einer Teilzeitkraft betreut. Der Hort liegt fünf Gehminuten von der Grundschule entfernt am Stadtrand. In der näheren Umgebung befinden sich ein Neubaugebiet und eine Wohnhaussiedlung im sozialen Brennpunkt. Der Bildungsstand der Kinder ist sehr gemischt. In der Grundschule befindet sich ein Computerraum, der nachmittags nicht genutzt wird. Darin stehen fünf Computer und ein Drucker zur Verfügung.

Projektvorschlag

Zielgruppe

Die Teilnehmer des Projekts sind ca. neun Jahre alt. Kinder dieses Alters haben erste Grunderfahrungen mit Medien gemacht. Sie können die meisten Geräte bereits eigenständig einschalten. Sie können Fotos selbst machen: wenn in der Familie eine Videokamera vorhanden ist, kennen sie den Aufnahmeknopf. Einige haben Erfahrung mit Spielekonsolen. Zumindest einmal damit gespielt hat in diesem Alter der Großteil der Kinder. Einen MP3-Player können sie üblicherweise vollständig bedienen. Bei PCs wissen sie in der Regel, wie sie eine CD einlegen. Sie wissen, wie sie mit der Computermaus etwas anklicken und dass sie im Internet beim Betätigen eines Links auf die entsprechende Seite gelangen. Bei der Handynutzung ist der Wissensstand sehr unterschiedlich und hängt u. a. davon ab, ob sie bereits eines verwenden durften oder eines besitzen.

Die Kinder kommen aus verschiedenen sozialen Schichten, was darauf schließen lässt, dass die ›Mediensozialisation‹ entsprechend unterschiedlich ist.

Mediensozialisation

Die Entwicklung und Identitätsbildung des Heranwachsenden erfolgt nicht mehr nur durch den Einfluss von Familie, Schule und Peergroup, sondern zusätzlich durch den Einfluss von Medien.

Medienbiografie → S. 347

Bedarfsermittlung

Laut ›Medienbiografie‹ kommen Kinder spätestens ab acht Jahren mit Spielkonsolen und Computern in Berührung. Ab neun Jahren kommt verstärkt der MP3-Player dazu und mit zehn Jahren folgen die Handynutzung und das Surfen im Internet.
Ein Handy besitzen einige Kinder in diesem Alter noch nicht. Ab zehn Jahren steigt bei Kindern die Zahl der Handybesitzer an. Hier empfiehlt sich eher ein zukünftiges Projekt, sonst fehlt der direkte Lebensweltbezug.
Bei der Verwendung der MP3-Player sind die Kinder relativ sicher.
Im Alter von neun Jahren wecken Spielkonsolen das Interesse von Kindern. Kinder dieses Alters spielen häufig die Spiele, die in der Familie bereits vorhanden sind. Sie kennen zumeist eine Vielzahl altersgerechter Spiele nicht.
Der Computer wird zusehends interessanter. Die Kinder haben noch Schwierigkeiten, sich im Internet zurechtzufinden. Sie klicken schnell, auch ohne zu wissen, auf welche Seiten sie gerne möchten. Sie sind aber prinzipiell sehr interessiert und fasziniert von der Arbeit am PC. Es ist ein Grundbedürfnis von Kindern, die Welt zu entdecken. Das Internet bietet eine Möglichkeit dazu.

Zielsetzung/Hauptziel

Aufgrund der unerschöpflichen Fülle von Informationen, die das Internet bietet und die bei ungeschulten Kindern zu erschwerter Orientierung führt, kristallisiert sich ein Bedarf zur Schulung der Internetnutzung als denkbares Hauptziel heraus. Alternativ könnten der Umgang und das Aufweisen altersadäquater Konsolenspiele Schwerpunktthema sein. Hinweise zu pädagogisch wertvollen Spielen bieten Prämierungssiegel wie z. B. „Pädi", „Tommy", „Giga-Maus".

Daneben wären beispielsweise Projekte zur Sinnesschärfung oder ein thematisches Projekt zu einem derzeit in der Schule behandelten Thema denkbar. Nachfolgend wird als Hauptziel die Internetnutzung definiert. Zielsetzung ist folglich, die Kinder im Umgang mit dem PC und dem Internet zu schulen.

Empfehlenswerte, prämierte Computerspiele finden Sie unter: www.bundespruefstelle.de/bpjm/Jugendmedienschutz-Medienerziehung/computer-konsolenspiele,did=115196.html

Wahl des Mediums

Da die Internetnutzung im Vordergrund steht, ist die Wahl des Mediums bereits durch die Bestimmung des Hauptziels festgelegt.

Projektentwurf

- Gegenfalls sollten Räumlichkeiten reserviert werden.
- Gegebenfalls muss die technische Ausstattung ausgeliehen werden.
- Die Fachkraft sollte inhaltlich mit der Thematik vertraut sein, alternativ ist ein Referent zu organisieren.
- Der zeitliche Rahmen sollte bei dieser Zielgruppe max. 45 Minuten pro Einheit betragen, die über mehrere Tage verteilt werden.
- Die ›Diversität‹ ist zu berücksichtigen und die ›Partizipation‹ zu fördern.
- Bei einem Elternabend ist das Ziel, technische und inhaltliche Unterstützungsmöglichkeiten aufzuweisen sowie eine kooperative Zusammenarbeit einzuleiten.

Diversität → *S. 431 Band 1*
Partizipation → *S. 240 Band 1*

Durchführung

Die Projekttage sollten inhaltlich vorgeplant sein, ggf. ergeben sich situativ kleine Änderungen, aber der Rahmen sollte überdacht und im Hinblick auf die Zielgruppe konzipiert sein. Dies bedeutet einen inhaltlichen und zeitlich auf die Zielgruppe zugeschnittenen Umfang. Dieser könnte z. B. in folgende Kleinschritte aufgeteilt werden:
Kurze Einführung – dann spezielle ›Kinderseiten‹ spielend erkunden

1. ›Kindersuchmaschinen‹ werden vorgestellt – Kinder erproben diese
2. Fotos ausdrucken
3. Textdokument schreiben
4. Suchmaschinen für Erwachsene erklären – Umgang begleiten

Kinderseiten → *S. 380*
Kindersuchmaschinen → *S. 380*

Berücksichtigung der Nachhaltigkeit

Die ausgedruckten einzelnen Bilder und Texte der Kinder können z. B. in einer großen Gesamtcollage zum Thema „PC & Internet" zusammengetragen werden. Wenn die Fachkraft während des Projektes Fotos gemacht hat, können diese ebenfalls mit dazugeklebt werden. Diese Collage lässt sich am Schluss im Gruppenraum aufhängen und erinnert so täglich an das Medienprojekt. Die Kinder sollten in regelmäßigen Abständen mit den erlernten Inhalten erneut in Berührung kommen, um das erworbene Wissen zu vertiefen und zu festigen.

Inhaltliche Grundlagen „Kids sicher im Netz“

Es gibt unterschiedliche Bestandteile einer kindgerechten Internetnutzung. Zum einen gibt es technische Möglichkeiten, wie z. B. Vorinstallationen auf dem Computer. Zum anderen gibt es spezielle Kinderseiten im Internet. Durch die technischen Vorkehrungen kann keine abschließende Sicherheit gewährleistet werden. Letztlich sollten diese nur unterstützend zu einer begleiteten Nutzung verstanden werden, bis die Kinder einen kompetenten, eigenständigen Umgang im Internet erlernt haben.

Folgende Dinge sollte man bei der Vorinstallation auf dem PC beachten:

- Es gibt unterschiedliche Filtersoftware. Aufgabe dieser Programme ist es, kinder- und jugendgefährdende Inhalte aufzuspüren und zu sperren.
- Den Kindern kann ein eigenes Benutzerkonto mit eingeschränkten Rechten auf dem PC angelegt werden. Dann sehen sie nicht den Surfverlauf der Erwachsenen und können keine Veränderungen am PC vornehmen, die ggfs. die Sicherheit betreffen.
- Die Einrichtung einer Startseite für Kinder ist ebenfalls eine gute Unterstützung zur Orientierung im Internet.

Geeignete Startseiten für Kinder:
www.blinde-kuh.de
www.surfen-ohne-risiko.net
www.multikids.de

Kindgerechte Seiten im Internet

Es gibt spezielle Seiten, die kindgerecht die ersten Schritte im Internet unterstützen. Diese Seiten bieten zahlreiche kindgerechte Inhalte, die für einen längeren Zeitraum das Interesse der Kinder wecken. Es gibt auch spezielle Suchmaschinen für Kinder. Diese ermöglichen eine bessere Orientierung im Internet. Sie sind kindgerecht aufbereitet. Bei herkömmlichen Suchmaschinen sind die Ergebnisse so unübersichtlich, dass sich jüngere Kinder nicht gut orientieren können und so schneller auf für sie ungeeignete Seiten gelangen können.

Die ersten Schritte im Internet unterstützen z. B.:
www.internet-abc.de
www.internauten.de

Geeignete Suchmaschinen für Kinder sind z. B.:
www.blinde-kuh.de
www.helles-koepfchen.de
www.fragfinn.de
www.spielstrasse.de
www.internet-abc.de

Abb. 6.24 Erwachsene sind dafür verantwortlich, dass Kinder sicher im Netz unterwegs sind.

Für Kinder, die Interesse daran haben, E-Mails zu schreiben, sollte zuvor der Umgang mit Mails thematisiert werden. Sie sollen zwei E-Mail-Adressen besitzen: eine, um sich z. B. auf Kinderseiten zu registrieren, und eine, die ausschließlich zum Mailschreiben verwendet wird und nur an vertraute Personen weitergegeben werden darf. Ihnen muss erklärt werden, dass sie nur Mails öffnen dürfen, deren Absender sie kennen, und auch nur Anhänge, bei denen sie sicher sind, dass sie vertrauenswürdig sind. Sie sollen wissen, dass sie auch vorsichtig sein müssen. Wenn sie unsicher sind, können sie fragen. So lernen sie abzuwägen und Maileingänge vor dem Öffnen kritisch zu hinterfragen. Ein bewusster Umgang wird hierdurch gefördert. Zum Einrichten der E-Mail-Adresse empfehlen sich entsprechende Kinder-E-Mail-Seiten.

Geeignete Kinder-E-Mail-Seiten sind z. B.:
www.mail4kidz.de
www.kidsmail24.de

Für ältere Kinder, die im Schreiben schon fortgeschritten sind und sich für Chaträume interessieren, gibt es Kinderchaträume. Diese werden durch Moderatoren überblickt, die dafür Sorge tragen, dass sich nur Kinder im Chat bewegen und dass die Inhalte kindgerecht sind. Die Moderatoren laden die Inhalte erst hoch, nachdem sie geprüft sind. Vorher werden sie nicht öffentlich.

Bei der Wahl des Chatnamens sollte ein Nickname (Spitzname) verwendet werden, der keinen Aufschluss über Name, Alter oder Wohnort des Kindes gibt.

Ältere Kinder werden sich in Chaträume begeben, die prinzipiell für ihre Altersgruppe angedacht sind, in denen sich aber Menschen unter falscher Identitätsangabe befinden können. Mit ihnen muss besprochen werden, welche Gefahren es im Chat gibt und welche Möglichkeiten sie haben, darauf zu reagieren. Spricht sie jemand in unangemessener Weise an, beleidigt oder belästigt sie, müssen sie wissen, dass sie sich nicht schämen müssen. Ihnen muss im Vorfeld ein Handlungsspielraum gegeben werden, damit sie nicht in der Situation aus Angst und Unsicherheit gar nicht reagieren. Mit ihnen kann anhand einer konkreten Situation besprochen werden, welche Möglichkeiten sie haben, wenn sie z. B. jemand fragt, welche Unterwäsche sie tragen. Hierbei gibt es in Foren die Möglichkeit, einzelne Nutzer zu ignorieren oder dem Administrator zu melden. Alternativ können die Eltern gerufen, nicht geantwortet oder Beweise gesichert werden, um ggf. Strafanzeige bei der Polizei zu stellen.

Beispiele für Kinderchats:
www.kindernetz.de
www.blinde-kuh.de/chat
www.seitenstark.de/chat
www.toggo.de
www.tivi.de

ZUM WEITERDENKEN Häufig werden Kinder und Jugendliche Opfer von sexueller Belästigung und Diskriminierung in den sog. Chatrooms. Die Täter suchen gezielt diesen Weg aus, um ihre sexuellen Fantasien auszuleben. So ergab eine Studie der Züricher Stadtpolizei, dass Kinder und Jugendliche, die in einem Chatroom für unter 15-Jährige kommunizieren, im Durchschnitt nach 2,6 Minuten sexuell angemacht werden. 89 % aller Chatroom-Besucher zwischen sieben und 17 Jahren haben schon sexuelle Zudringlichkeit erlebt (www.schaugenau.ch).

Prävention
Welche Möglichkeiten der präventiven Arbeit gibt es, um Kinder in Bezug auf Mediennutzung zu stärken?

m-nett:	wann wirst du 13?
elisa12:	noch 2 monate
m-nett:	ahso
m-nett:	hätte dich ehr so auf 16 geschätzt (sorry)
elisa12:	wär ich gern schon
m-nett:	warum?
elisa12:	dann darf man mehr
m-nett:	achso klar
m-nett:	klapprt das mit dem foto?
elisa12:	ich habs jetzt geschickt

Abb. 6.25 Auszug aus einem Internet-Chat (Quelle: www.chatten-ohne-risiko.net)

Klingelton- und Handybilddownloads stellen Kostenfallen im Internet dar, da sie meist an Abonnements geknüpft sind. Kindern sollte erklärt werden, dass sie generell im Internet nichts alleine bestellen oder downloaden. Neben der Kostenfalle besteht bei Musikdownloads die Gefahr, eine illegale Handlung zu begehen.

7 NATUR UND UMWELT

Abb. 7.1 Natur und Umwelt sind immer im Wandel: im Rhythmus der Jahreszeiten und fortschreitend mit der Zeit.

Verantwortung für Natur und Umwelt

Der Zustand der natürlichen Lebensgrundlagen auf der Erde hat sich in den letzten Jahrzehnten dramatisch verschlechtert. Wie konnte es in so kurzer Zeit, einem Augenblick in der Entwicklungsgeschichte des Menschen, dazu kommen? Der größte Teil der Weltbevölkerung lebte bis vor Kurzem im Einklang mit der Natur. Der Häuptling der Duwamish-Indianer, Chief Seattle, sagte 1855:

> " *[...] dass die Erde unsere Mutter ist. [...] Die Erde gehört nicht dem Menschen, der Mensch gehört zu der Erde [...] Alle Dinge sind miteinander verknüpft, wie das Blut, das eine Familie eint [...] Was immer der Erde widerfährt, widerfährt den Söhnen der Erde. Der Mensch hat das Netz des Lebens nicht geknüpft, er ist kaum ein Faden darin. Was immer er dem Netz antut, er tut es sich selbst an.*
>
> Chief Noah Seattle 1855 in einer Rede vor dem Präsidenten der USA

Über 150 Jahre später und längst nicht überall auf der Erde beginnen sich diese Erkenntnisse vor dem Hintergrund der rücksichtslosen Ausbeutung der Natur in der Folgezeit durchzusetzen. Schnelles Handeln ist erforderlich, um den bedrohlichen Folgen der tief greifenden Veränderungen der Umwelt entgegenzuwirken und damit auch die natürlichen Lebensgrundlagen des Menschen zu erhalten. Aber wie soll das gehen? In Anbetracht der Globalisierung müsste es ganz einfach sein. Jeder Mensch ist Teil der Weltgemeinschaft und trägt Verantwortung für die globale Situation. Aus dieser Verantwortung heraus handelt er ›nachhaltig‹ und bewahrt die Natur. Die Realität aber sieht anders aus. Um das zu erreichen, braucht es Zeit. Zeit, in der die Kinder, die jetzt heranwachsen, die Natur in ihrer Vielfalt erleben, vielfältige Beziehungen zu ihr aufbauen, sie schätzen lernen und so bewahren. Das erscheint zwar vor dem Hintergrund der Kindheit heute und angesichts der aktuellen globalen Situation fast nicht machbar, aber es führt kein Weg daran vorbei.

Nachhaltigkeit
im Wortsinn: länger andauernde Wirkung
auf verschiedene Systeme bezogene Zielsetzung (z. B. ökologisch, wirtschaftlich, sozial), die die Konsequenzen gegenwärtigen Handelns und damit die Verantwortung für die Zukunft betont

Natur und Umwelt als Bildungsbereiche

Die Begriffe Natur, Umwelt, Ökologie und Nachhaltigkeit sind heute angesichts der weltweiten Bedrohung der Lebensgrundlagen durch den Menschen in aller Munde. Wir müssen uns umweltbewusst verhalten. Wir und künftige Generationen müssen mehr im Einklang mit der Natur leben, als das in den letzten Jahrzehnten der Fall war. Wir müssen ökologisch kompetent und nachhaltig handeln. Was ist unter diesen Begriffen zu verstehen?

Abb. 7.2 Rotbuchenwald

Das ist im Falle der **Natur** nicht eindeutig. Natur soll hier als das nicht vom Menschen Gemachte, als Urzustand, betrachtet werden. Dabei ist gar nicht so klar, was unter der zu schützenden Natur zu verstehen ist. Einerseits Vielfalt, andererseits weiträumige Eintönigkeit, z. B. Rotbuchenwälder, die ohne Einfluss des Menschen weite Teile Deutschlands bedecken würden. Heute gibt es davon nur noch Relikte.

Die **Umwelt** dagegen beinhaltet die gesamte Umgebung eines Lebewesens, also auch ›anthropogene‹ Faktoren. Die Umwelt kann daher für jeden sehr verschieden sein, sie ist für Kinder auf dem Land eine ganz andere als für Kinder in der Stadt und für Schulkinder wieder anders als für Erwachsene. Umwelt ist immer im Wandel, die Geschwindigkeit des Wandels war aber nie so hoch wie in der heutigen Zeit.

anthropogen
durch menschliches Handeln geprägt oder beeinflusst

Ökologie betrachtet die Wechselbeziehungen zwischen Organismen und ihrer Umwelt und zwischen Organismen untereinander. Es geht also um komplexe Zusammenhänge, die bei intakter Natur vom wirtschaftenden Menschen nicht bzw. in der heutigen Zeit kaum beeinflusst sind, in unserer Umwelt dagegen im Allgemeinen sehr, da der Mensch den Naturraum durch Siedlungen, Verkehrsflächen, Landwirtschaft etc. stark verändert hat. Chief Seattle weist auf die Wechselbeziehungen hin und liefert im Grunde eine Definition von Ökologie. Die Vernetzung des Menschen mit der Umwelt und damit seine Verantwortung werden von ihm erkannt. Natur- und Umweltschutz bedürfen der Kenntnis ökologischer Zusammenhänge.

Durch **nachhaltiges Handeln** will man heute erreichen, dass der Einfluss des Menschen auf die natürlichen Lebensgrundlagen gering bleibt, damit zukünftige Generationen möglichst wenig in ihren Entwicklungsmöglichkeiten beeinträchtigt werden. Das bedeutet z. B. für die nachhaltige Forstwirtschaft einerseits, dass nicht mehr Holz geschlagen werden darf als nachwächst. Andererseits hat die nachhaltige Forstwirtschaft auch das Ziel, die Forsten in naturnahe Wälder umzuwandeln. Diese sind ökologisch wertvoller und erfüllen damit wichtige Funktionen wie Boden-, Wasser- und Klimaschutz. Hinzu kommt die Verbesserung der Biodiversität (biologische Vielfalt), da eine stärkere Gliederung dieser Wälder eine Vielzahl an Lebensräumen für Pflanzen und Tiere ermöglicht.

ZUM WEITERDENKEN Der Kerngedanke der Nachhaltigkeit lautet: Zukünftige Generationen sollen dieselben Chancen auf ein erfülltes Leben haben wie wir. Um das zu ermöglichen, hat die UN für die Jahre 2005 bis 2014 die Weltdekade „Bildung für nachhaltige Entwicklung" ausgerufen.

Informationen zur UN-Dekade „Bildung für nachhaltige Entwicklung" finden Sie hier:
www.bne-portal.de
www.unesco.de/bne.html

7.1 Sozialisationseinflüsse und entwicklungsspezifische Grundlagen

7.1.1 Kindliches Forschungsinteresse

> *Den Kopf zurückgeneigt, um fragend zu mir hoch zu sehen, [...]*
> *Und atemlos erzählst du von all den Begebenheiten,*
> *Gedanken und Geschichten, die dir grad´ im Kopf rumgeh´n,*
> *Übersiehst dabei nichts am Weg und zeigst mir Winzigkeiten,*
> *Die hab´ ich schon seit einer Ewigkeit nicht mehr geseh´n.*
>
> Reinhard Mey aus dem Lied „Ich frag´ mich seit ´ner Weile schon“, veröffentlicht auf „Mein Apfelbäumchen“, 1989

Kinder bringen für das Anliegen, die Natur und Umwelt kennenzulernen und dort Erfahrungen zu sammeln oder Erlebnisse zu haben, alle Voraussetzungen mit. Sie sind ausgesprochen neugierig, haben Freude an der Natur und sind an Zusammenhängen interessiert. Sie leben ganz nah in Beziehung zu ihrer Umwelt. Deshalb werden sie beim Draußensein so angeregt, ihr Kopf ist voll von Gedanken und Geschichten, kein Wunder bei all den möglichen Begebenheiten. Sie sind dann wirklich atemlos vor Begeisterung. Das ist vor dem biologischen Hintergrund nicht verwunderlich. Sie müssen die Welt erkunden, um in ihr leben zu können. Das ›Gehirn‹ ist eben nicht fertig entwickelt, sondern dies geschieht erst im Zusammenspiel mit der Umwelt. Das ist ein großer Vorteil, da so eine Anpassung an jede Umwelt mit den dort herrschenden Bedingungen möglich ist, natürlich nur, wenn die grundlegenden Lebensansprüche in dieser Umwelt erfüllt werden. Das kindliche Gehirn sucht die Reize, die es braucht, um sich optimal zu entwickeln. Dazu ist es notwendig, oft draußen zu sein, damit vielfältige Natur- und Umwelterfahrungen gesammelt werden können, z. B. bei einem Waldbesuch. Hier ist es möglich, die Umwelt mit allen Sinnen zu erkunden. Dem kommt entgegen, dass die Stoffwechselaktivität im Gehirn in den ersten Lebensjahren kontinuierlich steigt, womit auch die hohe Aktivität der Sinnessysteme im Zusammenhang mit dem kindlichen Bewegungsdrang in den ersten Lebensjahren nicht verwunderlich ist.

Entwicklung des Gehirns → S. 83

Man erkennt dies an den vielen Dingen, die Kinder entdecken und die Erwachsene nicht mehr sehen. Diese „Winzigkeiten“ geben Anlass zu vielen Fragen:

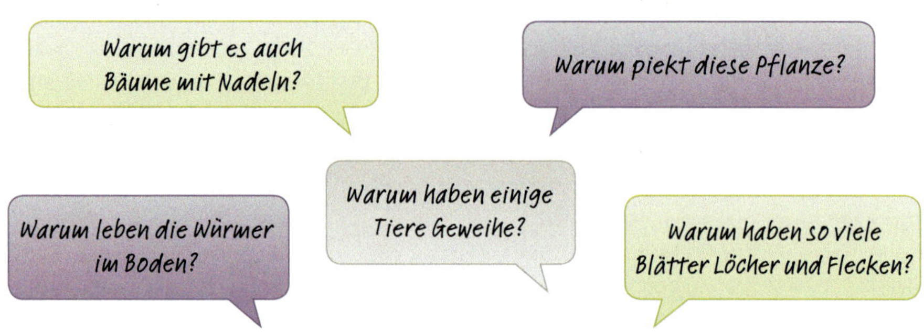

Diese vielen Fragen betreffen oft Anpassungen von Pflanzen und Tieren an ihre Umwelt, Fraßspuren oder jahreszeitliche Phänomene, d.h., es geht hierbei um ›Ökologie‹. Damit kann der Grundstein für die Entwicklung eines Verständnisses von Ökologie von den Kindern selbst gelegt werden.

Ökologie → S. 383

7.1.2 Naturentfremdung

Dem steht allerdings die zunehmende Naturentfremdung gegenüber. Die Distanz zur Natur bzw. zur naturnahen Umwelt wird immer größer. Zusammenhänge gehen verloren, die Welt erscheint den Kindern zerstückelt, sie verlieren den Überblick. Natur spielt im Alltag von Kindern und Jugendlichen kaum noch eine Rolle, es fehlen Naturerfahrungen und Naturerlebnisse sowie elementare Kenntnisse. Die Ursachen dafür sind vielfältig und spiegeln gesellschaftliche Veränderungen wider, die z. B. mit ›Medialisierung‹, Verhäuslichung und ›organisierter Kindheit‹ einhergehen.

Medialisierung → *S. 347*
organisierte Kindheit → *S. 364 Band 1*

Kinder und Jugendliche sind als Lebewesen Teil der Natur. Sie leben in einer Umwelt, von der sie abhängig sind. Verschiedene Umweltfaktoren bedingen ihre individuelle und stammesgeschichtliche Entwicklung, d. h., sie sind Individuen einer Art, die durch die Evolution der Lebewesen entstand.

Die Sonderstellung des Menschen basiert im Grunde nur auf der Entwicklung eines Organs, des Gehirns. Diese Tatsachen werden heute verdrängt. Vor allem Jugendliche stehen der Natur teilweise unwissend gegenüber, sie begreifen sich meist nicht als Naturwesen. Zusammenhänge und Kenntnisse, die ihren unmittelbaren Alltag betreffen, z. B. ihre Ernährung, sind häufig unbekannt.

←→ Partizipation
Wie können Kinder und Jugendliche im Natur- und Umweltschutz beteiligt werden?

Bei vielen jungen Erwachsenen, auch (angehenden) Erzieherinnen, sieht es nicht viel besser aus. Kenntnisse über die heimische Tier- und Pflanzenwelt sind äußerst gering. Oft sind mehr Kenntnisse über Tiere und Pflanzen anderer Länder vorhanden, z. B. können asiatische und afrikanische Elefanten unterschieden werden. Dagegen kennt fast niemand die Rotbuche, die Baumart, die dem Buch den Namen gab. Auch das Erkennen einer Eiche bereitet Probleme, dabei zieren ihr Laub und ihre Frucht die 1-, 2- und 5-Centmünzen, früher schon die DM-Münzen.

Abb. 7.3 Eichenblatt und Münze. Die Eiche, früher ein Symbol der Stärke und verehrt, heute für viele Menschen ohne Bedeutung.

Diese Baumart spielte also in der Vergangenheit eine große Rolle, sie hat heute stellvertretend für vieles andere an Bedeutung verloren. Dies ist vor dem Hintergrund der globalen und lokalen Situation der Umwelt fatal. Alle Welt spricht heute vom Rückgang der Biodiversität, dem Aussterben von Tier- und Pflanzenarten soll entgegengewirkt werden. Im Übrigen geht es dabei auch um den Erhalt ihrer Lebensräume und damit letztlich ebenfalls um einen Beitrag zum Schutz der globalen natürlichen Lebensgrundlagen für uns Menschen. Wer soll sich aber für Schutz und Erhalt einsetzen und warum, wenn der Begriff aufgrund fehlender Kenntnisse für die meisten Menschen eine Worthülse ist und das Aussterben von Arten nicht als Verlust empfunden wird, da sie für viele Menschen bedeutungslos sind?

7.2 Bedeutung und Ziele

7.2.1 Schutz der Lebensgrundlagen

Netzwerk → S. 555 Band 1

Naturvölker gibt es so gut wie nicht mehr und damit auch kein Leben im Einklang mit der Natur. Wir alle stehen dieser Realität gegenüber. Das ›Netzwerk‹ des Lebens gerät durch die wachsende Weltbevölkerung zunehmend unter Druck. Lebten im Gebiet der USA vor dem Erscheinen weißer Siedler maximal 2 Mio. Indianer, so sind es heute über 300 Mio. Amerikaner, also mehr als das 150-fache in nur etwa 300 Jahren. Auch wenn hier Zuwanderung eine große Rolle spielt, so ist das Wachstum der Bevölkerung weltweit gewaltig und hält unvermindert an, die Verdoppelungszeit der Weltbevölkerung liegt heute bei etwa 45 Jahren! Dies führt zu einem enormen Druck auf Umwelt und Ressourcen, vor allem durch die Ernährung dieser vielen Menschen und deren Energieverbrauch. Dazu kommt eine weltweit steigende Nachfrage nach Konsumgütern, die durch die Forderung nach mehr Wirtschaftswachstum immer weiter unterstützt wird.

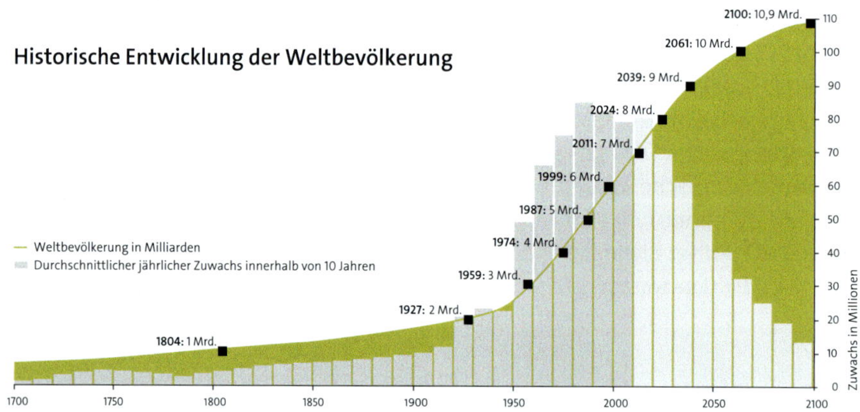

Abb. 7.4 Entwicklung der Weltbevölkerung
Grafik: Stiftung Weltbevölkerung
Quelle: Vereinte Nationen, World Population Prospects: The 2012 Revision, 2013

Biosphäre
belebte Hülle der Erde

Allerdings gibt es in einigen Industrieländern trotz bestehender Probleme viele Lösungsstrategien, die mit hohem technischem und finanziellem Aufwand zu einer Verbesserung vor allem der Luft- und Wasserqualität führen. Global betrachtet aber gefährdet die unkontrollierte Entwicklung die gesamte ›Biosphäre‹ und damit den Menschen, der von ihr abhängig ist.

Im 21. Jahrhundert werden Verteilungskämpfe um Ressourcen zu erwarten sein, vor allem, da der Lebensstil reicher Länder als Vorbild gilt. Weiterhin wird es Bevölkerungsverschiebungen geben, da Teile der Erde nicht mehr die Lebensbedingungen von Menschen erfüllen werden. Allein der prognostizierte Anstieg des Meeresspiegels um 0,5–1 m innerhalb dieses Jahrhunderts würde viele Küstenebenen durch Überschwemmungen gefährden. Dies betrifft Gebiete, in denen weltweit die meisten Menschen leben und wo viele landwirtschaftliche Nutzflächen zu finden sind. Damit erhöht sich der Druck auf die Umwelt und die Ressourcen in den anderen Teilen der Welt immer weiter.
Vor diesem Hintergrund wird die Bedeutung der Beschäftigung mit dem Lernfeld Natur und Umwelt heute und in Zukunft deutlich.

7.2.2 Respekt und Umweltbewusstsein

Die Beschäftigung mit Natur und Umwelt muss im Kleinen beginnen, die Dramatisierung der globalen Lage führt kaum bzw. gar nicht zu Veränderungen. Das Sein in der Natur bzw. in der naturnahen Umwelt ist für die Persönlichkeitsentwicklung von Kindern und Jugendlichen vor dem Hintergrund ihres biologischen Erbes wichtig. Ihre Entwicklung braucht die Möglichkeiten und Gegebenheiten, die sie dort vorfinden. Hier gibt es unzählige Bewegungsanlässe und -möglichkeiten, hier können körperliche Grenzen erfahren werden.

›Bewegung‹ ist ein Kennzeichen für Leben. Nur durch Bewegung werden alle Sinne beansprucht, auch die heute oft vernachlässigten wie der ›vestibuläre‹ oder ›kinästhetische‹ Sinn. Ein ganzheitliches, alle Sinne umfassendes Lernen ist möglich. Es werden Grundlagen für die Entstehung von Gesundheit, die Entwicklung des Selbst, das Sozialverhalten und die kognitive Entwicklung gelegt. Draußen gibt es Erlebnisse mit Pflanzen und Tieren, Erfahrungen mit Erde oder Steinen, ökologische Zusammenhänge und jahreszeitliche Rhythmen werden erlebt und erfahren. Nur so können Kinder eine Beziehung zur Natur bzw. zu Naturerscheinungen in ihrer Umwelt entwickeln, sei es in der Stadt, auf dem Land oder auch nur auf dem Gelände einer Kindertagesstätte. Sie müssen sich als Teil des Ganzen sehen, als Naturwesen, die von der Natur abhängig sind. Der Spruch über dem Eingang des Berliner Botanischen Gartens macht dies deutlich:

Abb. 7.5 Bewegungsanlässe

> *Habt Ehrfurcht vor der Pflanze. Alles lebt durch sie.*

Pflanzen versorgen uns mit Sauerstoff und stellen den Beginn jeder Nahrungskette dar, d. h., jede Nahrungsenergie für andere Organismen entsteht in ihren grünen Blättern, also brauchen auch Fleischfresser letztlich grüne Blätter. Diese Zusammenhänge und damit auch Ehrfurcht oder Respekt vor dem Lebendigen müssen Kindern so früh wie möglich nahegebracht werden.

> *Nur wenn Kinder heranwachsen, die Respekt vor allem Lebendigen haben, sind die Probleme für alle Lebewesen auf diesem Planeten und deren Zukunft zum Besseren zu wenden.*
>
> Jane Goodall, britische Primatenforscherin (Quelle: Die Welt kompakt. Nachrichten, 05. 09. 2011)

Die Voraussetzungen dafür bringen Kinder und Jugendliche mit, sie müssen sich nur die Offenheit für alle ihre Fragen und das primäre Interesse an Natur- und Umweltthemen bewahren. Die Ansprache aller Sinne und viele Erfahrungen und Erlebnisse in der Natur, vor allem positive, die durch das Leben tragen, können zu einer emotionalen Beziehung führen. So gelingt es, eine Beziehung zum Lebendigen aufzubauen und ›Umweltbewusstsein‹ zu entwickeln.

Dabei können und müssen Erzieherinnen unterstützend mitwirken. Dadurch wird den Zielen der Weg bereitet, engagiert Verantwortung für die natürlichen Lebensgrundlagen zu übernehmen und das Leitmotiv des nachhaltigen Handelns auf der Grundlage von Sachkompetenz und kritischer Sichtweise umzusetzen.

←→ Prävention

Inwieweit sind der Aufenthalt draußen und Natur- und Sinneserfahrungen bedeutsam für die Gesundheit bzw. eine gesunde Entwicklung?

Bewegung → S. 144

vestibulär

Vestibularapparat: Gleichgewichtsorgan im Ohr; den Gleichgewichtssinn betreffend

Kinästhesie

Wahrnehmung der Bewegung und der Lage des Körpers bzw. der Körperteile

Umweltbewusstsein

Einsicht, dass der Mensch die natürliche Umwelt gefährdet, ökologische Zusammenhänge stört und damit seine Lebensgrundlagen vernichtet

7.3 Methodische Grundlagen und Aufgaben der sozialpädagogischen Fachkraft

7.3.1 Erreichen von Bedeutsamkeit

" *Man sieht nur, was man kennt.*
Johann Wolfgang von Goethe

Natur soll in ihrer Vielfalt erlebt, geschätzt und erhalten werden. Die Einsicht, dass der Mensch seine natürlichen Lebensgrundlagen gefährdet, soll angebahnt werden. Hierbei spielt die Vorbildfunktion der Erzieherinnen eine große Rolle. Die eigene Verantwortung der Umwelt gegenüber muss ihnen klar sein, sie müssen wertorientiert mit ökologischen Ressourcen umgehen. Erzieherinnen müssen Nachhaltigkeit als Prinzip globalen Lernens, das viele ökologische Fragen berührt, bei ihrer Arbeit berücksichtigen. Dazu müssen sie u. a. ökologische Zusammenhänge kennen, naturwissenschaftliche Erkundungsprozesse von Kindern und Jugendlichen erkennen und begleiten. Allerdings ist es mit diesen wichtigen Aufgaben längst nicht getan. Viel dringlicher ist es, dass sie selbst die Phänomene der Natur erleben und entdecken. Nur so können sie Kindern und Jugendlichen eine emotionale Bindung zur Natur ermöglichen und die Begeisterung des Entdeckens an sie weitergeben.
Erleben und Entdecken – Wie soll das gehen angesichts der Vielfalt in der Natur und der Fülle von Aspekten, die Umweltthemen betreffen?
Das Zitat Goethes verdeutlicht die Notwendigkeit, Kenntnisse zu erwerben. Es geht dabei nicht so sehr um Artenkenntnis, sondern eher um das Bekanntsein mit etwas, im Sinne von: „Das habe ich schon einmal gesehen.", „Ich weiß, was man damit alles machen kann.", „Ich weiß, was passiert, wenn ..."
Um etwas kennenzulernen, muss es wahrgenommen werden. Das ist einerseits wegen der Vielfalt der Natur gar nicht so einfach, andererseits bietet die Natur unzählige Gelegenheiten, bei denen alle Sinne angesprochen werden können. Damit aber etwas bewusst wahrgenommen werden kann, muss es eine Bedeutung haben.

Bedeutsamkeit für Kinder
Lernt ein Kind beispielsweise eine Baumart in vielfältiger Weise kennen, dann gewinnt sie für dieses Kind an Bedeutung. Diese Bedeutung zu vermitteln ist Aufgabe von Erzieherinnen. So könnte Naturliebe entstehen und damit dem Schutz der Natur der Weg bereitet werden, indem eine motivationale Basis für die Beschäftigung mit Natur- und Umweltthemen geschaffen wird.

Abb. 7.6 Die Rosskastanie bietet viele Möglichkeiten.

Abb. 7.7 „Knospenexplosion" der Rosskastanie – auch ein taktiles Erlebnis

BEISPIEL Das Absterben alter Rosskastanienbäume durch starken Miniermottenbefall im Laufe einiger Jahre ist vielen Menschen egal, sie zeigen keine Betroffenheit, da sie keine Beziehung zu dieser Baumart haben. Sie hat für diese Menschen keine Bedeutung. Das ist vergleichbar mit dem Lesen von Todesanzeigen in der Zeitung, von denen man kaum betroffen ist, wenn man die Namen nicht kennt. Kennt man aber den Namen einer Person, auch wenn nur sehr weit entfernt, dann ist man berührt. Kinder, die diese Baumart kennen, weil sie z.B. aus den Früchten Kastanienketten oder Tiere gebastelt, unter den schattigen Kronendächern gespielt, die riesigen Blütenstände bestaunt, das Laub gesammelt, oder sich über die stachelige Schale gewundert haben, werden auf Berichte über das Absterben nach mehreren starken Befallsjahren hintereinander anders reagieren, da sie unter Umständen eine emotionale Beziehung zu dieser Baumart aufbauen konnten. Diese wird noch ausgeprägter sein, je stärker ökologische Zusammenhänge angesprochen wurden, z.B. Bestäubung der Blüten, Verbreitung der Samen, Bedingungen für das Keimen, die Frucht als Nahrung für Tiere, die klebrigen Knospenschuppen als Witterungsschutz im Winter oder die braune Schale als Schutz vor den UV-Strahlen der Sonne. Daneben lassen sich weitere Bezüge herstellen, z.B. über die Verwendung der Samen als Hustenmittel für Pferde, hufeisenförmige Blattnarben nach dem Laubfall (Name), der Vergleich mit der Esskastanie, die Bedeutung als Straßenbaum oder die Verwendung als Medizin bei Venenleiden.

Abb. 7.8 Miniermottenbefall der Rosskastanie

Bedeutsamkeit für Jugendliche

Bei Jugendlichen stehen eher andere Aspekte im Vordergrund. Bedeutung haben in erster Linie Themen, die von ihnen selbst eingebracht werden und die ihren Alltag betreffen. So lernen die Jugendlichen Wichtiges und für sie Bedeutsames über Natur und Umwelt eher nebenbei. Wichtig sind dabei konkrete Handlungen, die sichtbaren Erfolg zeigen. Das können z.B. Umweltaktionen wie das Müllsammeln im Wald sein. Darüber wird in der Lokalpresse berichtet, die Menge des Mülls wird sichtbar und damit der Sinn und Erfolg dieser Aktion. Auch der Miniermottenbefall der Rosskastanie kann Ausgangspunkt für Umweltaktionen sein. Nach dem Laubfall im Herbst ist es hilfreich, ihr Laub zu sammeln und zu verbrennen, da die Puppen der Miniermotte darin überwintern. So wird der Befall im nächsten Jahr deutlich verringert, womit die Überlebenswahrscheinlichkeit der Bäume auf lange Sicht steigt.

Durch solche Aktionen übernehmen Jugendliche Verantwortung im überschaubaren Rahmen. Das positive Gefühl, etwas für die Lebensqualität im eigenen Umfeld getan zu haben, stärkt das Selbstbewusstsein der Jugendlichen und die Beschäftigung mit Natur und Umwelt kann so einen Bedeutungszuwachs erfahren.

REFLEXION **IMPULS** LERNORTKOOPERATION

Was bedeutet Ihnen Natur? Was davon möchten Sie an Kinder und Jugendliche weitergeben? Begründen Sie.

7.3.2 Didaktische Überlegungen zur Vermittlung natur- und umweltkundlicher Inhalte

Wahrnehmung → S. 102

kognitive Entwicklung → S. 398 Band 1

Die Komplexität der Umwelt muss bei der Beschäftigung mit ihren Inhalten bedacht werden. Auch müssen die Verbindungen zu allen Entwicklungsbereichen, z. B. zur Entwicklung der ›Wahrnehmung‹ und zur ›kognitiven Entwicklung‹, vor dem individuellen Hintergrund der Kinder bzw. Jugendlichen, z. B. ihrem Alter und ihren Erfahrungen, bei der pädagogischen Arbeit gesehen werden.
Dabei sollte die jeweilige Umwelt der Kinder und Jugendlichen mit ihren speziellen Gegebenheiten und Anknüpfungspunkten im Mittelpunkt stehen. Die Begegnung mit den Inhalten, Phänomenen und Naturerscheinungen muss in Zusammenhängen erfolgen, also nicht wie in der Schule, wo eine Aufsplitterung in verschiedene Fächer die Regel ist. Zusammenhänge machen neugierig, den Kindern und Jugendlichen sollen Wege aufgezeigt werden, wie sie sich diesen selbstständig nähern können. Dabei haben die Lernenden Einfluss auf die sich ergebenden Inhalte und die Materialien, die sie benötigen. Das ganzheitliche Lernen, also kognitiv, emotional, motorisch, kreativ etc., muss bei der pädagogischen Arbeit im Lernfeld Natur und Umwelt berücksichtigt werden. Das geht nur durch aktives Erleben, direkte Begegnung und in einer Atmosphäre, in der sich die Kinder wohlfühlen und frei entscheiden können. Nur so werden die Sinne der Kinder umfassend angesprochen, nur so entsteht Abwechslung, da ständig neue Themen und Möglichkeiten, sich ihnen zu nähern, angestoßen werden. Hierbei muss auf eine sinnvolle Reihenfolge und die Portionierung der Inhalte geachtet werden.
Diese Vielfalt ermöglicht es Kindern und Jugendlichen, sich zu beteiligen und einzubringen, unabhängig von ihren Vorerfahrungen und ihrem Entwicklungshintergrund.

Inklusion
Wie lassen sich individuelle Entwicklungsgeschichten bei Umwelterkundungen berücksichtigen?

Abb. 7.9 Frühblüher als Anlass zum Betrachten

7.3.3 Methoden zur Natur- und Umwelterkundung

Die folgenden Lernformen ermöglichen die konkrete Annäherung an Natur und Umwelt, dieser komplexe Bereich wird so handhabbar, Zusammenhänge können erlebt werden. Grundlagen für das spätere Denken und Handeln entstehen. Auf dieser Basis kann sich Verantwortung für die natürlichen Lebensgrundlagen entwickeln.

- **Beobachten:** Kinder bringen ideale Voraussetzungen mit: Ausdauer, Konzentrationsfähigkeit und Neugier. Oft faszinieren Kleinigkeiten aus dem Alltag, für Erwachsene kaum nachvollziehbar. Kinder erlangen so ein differenziertes Bild ihrer Umwelt, Zusammenhänge werden erfahrbar, Fragen werden aufgeworfen. Diesen Fragen kann man durch Untersuchungen, Experimente oder Exkursionen nachgehen.
- **Betrachten:** Hier steht der Erkenntnisgewinn im Hintergrund, bestimmte, meist besinnlich schöne Anlässe führen zum Versunkensein, z. B. die Farben des Himmels oder der bunte Teppich der Frühblüher im Wald. Beim Betrachten von Lebewesen können deren Merkmale genauer erfasst werden.

- **Sammeln:** Der Mensch sammelt alles Mögliche. Vor allem Strandwanderer halten die Augen nach Steinen, Muscheln, Fossilien oder Bernstein offen. Für Kinder sind schon Moos, Blätter, Früchte, ›Gallen‹ oder Federn besondere Dinge, die mitgenommen werden. Diese Dinge faszinieren vor allem durch Farb- und Formenreichtum, aber oft auch durch ihre Oberflächenstrukturen. Steine sind z. B. angenehm glatt, Moos ist zart und weich. Die Blätter verschiedener Baumarten unterscheiden sich, aber auch innerhalb einer Art wird jedes Blatt zum Individuum. Die Wahrnehmung differenziert sich, die Fantasie wird angeregt, was sich in der kreativen Arbeit niederschlagen kann, wenn gesammelte Gegenstände verarbeitet werden.

Gallen
Wucherungen an Pflanzen, die durch verschiedene Tierarten und auch andere Organismengruppen, z. B. Pilze, hervorgerufen werden können

- **Vergleichen:** Gefundenes oder Beobachtetes regt zum Vergleichen an. Beispielsweise weisen die Zapfen verschiedener Nadelbaumarten viele Gemeinsamkeiten auf, andererseits können sie auch innerhalb einer Art sehr verschieden sein. Nach bestimmten Kriterien lassen sich hier unterschiedliche Zuordnungen treffen. Dies schult das logische Denken, vor allem wenn hieran auch ökologische Zusammenhänge thematisiert werden.
- **Spielen:** Dem Spiel kommt auch beim Entdecken der Umwelt eine große Bedeutung zu. Beim Spiel setzen sich Kinder und Jugendliche mit der Umwelt auseinander, wobei das Draußensein viele Gelegenheiten bereithält. Spielen draußen, vor allem im Wald mit seinen vielen Möglichkeiten, regt die Fantasie an und fordert zu immer neuen Tätigkeiten und vielfältigen Bewegungen heraus, wobei auch Probleme bewältigt werden müssen. Hierbei lernen Kinder und Jugendliche nicht nur etwas über die Umwelt, sondern verbinden dies mit positiven Erlebnissen, was eine emotionale Beziehung zur Natur anbahnen kann.
- **Kreativsein:** Es zeigt sich beim Malen, wie detailliert und lustvoll die Umwelt von Kindern schon in den ersten Grundschuljahren wahrgenommen wird. Zum Beispiel wird nach Ausflügen das Wesentliche von Pflanzen und Tieren oder ihres Lebensraumes dargestellt.

Abb. 7.10 Vergleichen: Zapfen verschiedener Nadelbäume und Gallen

  Die in der Natur gefundenen Materialien lassen sich auch in vielfältiger Art und Weise verarbeiten, was zu differenzierter Wahrnehmung und zum Erfahren physikalischer Gesetzmäßigkeiten führen kann. Kinder und Jugendliche lernen so Materialeigenschaften kennen, die verschiedene Verarbeitungsvarianten möglich machen oder verhindern.

Inklusion
Natur ist Vielfalt. Wie kann man das für inklusive Angebote nutzen?

- **Untersuchen:** Beim Untersuchen gehen Kinder und auch Jugendliche den Dingen nicht nur äußerlich auf dem Grund. Gegenstände werden auseinandergenommen, geöffnet oder zerbrochen. So werden Zusammenhänge von Bau und Funktion deutlich oder Erscheinungen können erklärt werden.
- **Experimentieren:** Kinder stellen viele Fragen. Diese können Ausgangspunkt für ein Experiment sein. Naturgeheimnisse lassen sich enthüllen, indem etwas unter festgelegten Bedingungen untersucht und probiert wird. Durch Experimente lässt sich die Beobachtungsfähigkeit steigern, sie vermitteln klare Vorstellungen und schulen das logische Denken. Sie haben einen hohen Behaltenswert, da sie mit Aktivität und Interesse verbunden sind. So kann das Verständnis für natur- und umweltorientierte Themen gefördert werden, vor allem wenn Experimente in Zusammenhänge eingebettet sind.

Die Schutzgemeinschaft Deutscher Wald liefert viele Informationen, u. a. zum Waldwissen:
www.sdw-nrw.de

Natur und Umwelt im erzieherischen Alltag

Das Wichtigste ist es, nach draußen zu gehen und damit Natur- und Umwelterfahrungen zu ermöglichen. Dem evolutionär verankerten Umwelterkundungsdrang muss Zeit und Raum gegeben werden. Kinder und Jugendliche tun alles Mögliche, sie beobachten, sammeln, spielen, wobei das Gehirn seine eigene Entwicklung steuert. Es geht aber bei dieser offenen Form nicht nur um kognitive Aspekte, sondern auch um besinnlich-emotionale. Ihr Stellenwert muss unbedingt bedacht werden. Ein Versunkensein in die Natur, ungestört, intensiv, alles aufnehmend, führt zu einer emotionalen Beziehung zu ihr, sie wird so für jeden auf eine besondere Weise bedeutsam.

Angesichts des Bildungsauftrags, den Erzieherinnen erfüllen müssen, ist es aber auch notwendig und sinnvoll, geplante Angebote in den pädagogischen Alltag zu integrieren. Dazu müssen sie sachkompetent sein. Die Befürchtung, hierbei fachlich überfordert zu sein, ist oft bestimmend und verhindert dann Naturbegegnungen und die Beschäftigung mit den vielfältigen Inhalten des Lernfelds Natur und Umwelt. Das sollte nicht dazu führen, dass die Beschäftigung mit den Inhalten in diesem Lernfeld vermieden wird. Erzieherinnen sollten sich bewusst sein, dass die Umwelt so komplex ist und ökologische Zusammenhänge so vielfältig sind, dass man gar nicht alles wissen kann. Wichtig sind vor allem Offenheit und die Freude daran, den Dingen gemeinsam mit Kindern und Jugendlichen auf den Grund zu gehen. Die kindliche Neugier muss erhalten, die eigene wieder geweckt werden. Dazu sollten die Methoden abwechslungsreich angewendet werden und die Schwerpunkte auf Aktivität und Anschaulichkeit liegen.

REFLEXION | **IMPULS** | LERNORTKOOPERATION

Wie schätzen Sie Ihre Kenntnisse in Bezug auf Natur und Umwelt ein? Wo liegen Ihre Stärken, wo sehen Sie Defizite? Wie gehen Sie damit um?

Bei all dem geht es darum, Natur und Umwelt in den pädagogischen Alltag zu integrieren, am besten so, dass ökologische Zusammenhänge erleb- und verstehbar werden. Natur soll erfahren, die Umwelt der Kinder und Jugendlichen erkundet werden. Das dabei entstehende naturwissenschaftliche Grundwissen ist notwendig, damit sie Umweltbewusstsein entwickeln können. So wird nachhaltiges Handeln für die zukünftige Generation bedeutsam und äußert sich in ihrer konkreten Lebensgestaltung.

Abb. 7.11 Natur erleben und verstehen

7.4 Beispiele für die Gestaltung der Bildungsarbeit

7.4.1 Naturbegegnungen

Waldspaziergang

Für die erste Begegnung mit der Natur bzw. der naturnahen Umwelt ist ein Waldspaziergang geeignet. Der Wald wird als Lebensraum für Pflanzen und Tiere erfahrbar, er hat bestimmte Eigenschaften, die ihn von seiner Umgebung unterscheiden: Licht- und Schattenspiel, Temperatur- und Luftfeuchtigkeitsunterschiede oder die Gliederung in verschiedene Stockwerke. Er offenbart sich nicht gleich wie offenes Gelände, er hat etwas Geheimnisvolles. Und es gibt hier viel zu entdecken!

Wälder und Waldstücke gibt es überall, sie sind für jeden erreichbar. Dennoch waren laut Jugendreport Natur der Universtät Marburg 2010 rund 14 % der Stadtkinder noch nie in einem Wald. Eine Annäherung an den Wald und damit an Natur und Umwelt ist vor diesem Hintergrund dringend erforderlich. Erzieherinnen können allein durch das Ermöglichen von Waldspaziergängen oder Waldtagen viel erreichen.

Abb. 7.12 Geheimnisvoller Wald

Den Jugendreport Natur, die Ergebnisse einer Studie der Universität Marburg, finden Sie hier: www.natursoziologie.de

REFLEXION IMPULS LERNORTKOOPERATION

Um einen Einblick in die Vielfalt zu gewinnen, werden beliebige Naturgegenstände im Wald gesammelt und mitgenommen. Diese sollen im Wald oder in der Einrichtung genau betrachtet und untersucht werden. Mithilfe von Naturführern oder durch Befragungen soll herausgefunden werden, worum es sich handelt. Jeder Teilnehmer nimmt einen Gegenstand mit und nennt Gründe, weshalb er diesen mitgenommen hat. Welche Fragen lassen sich zu diesem Naturgegenstand stellen?

Führt man regelmäßig Waldtage oder Ähnliches durch, wachsen die Kenntnisse und der Lebensraum Wald gewinnt immer mehr an Bedeutung. Er wird dann bald nicht mehr nur „grün" sein, sondern kann durch die gewonnenen Kenntnisse und die dabei auftretenden individuellen Erfahrungen und Erlebnisse immer differenzierter betrachtet werden. Immer mehr Mosaiksteine komplettieren so ein Bild, was eigentlich nie fertig werden kann, aber immer vollständiger wird. Die vorhandenen Mosaiksteine entsprechen notwendigen Kenntnissen, damit Neues integriert werden kann.

BEISPIEL Die Studierenden einer Fachschule für Sozialpädagogik in Berlin liefen mehr als zwei Jahre lang beinahe täglich an einem riesigen Haselstrauch vorbei, der freistehend direkt neben dem Eingang der Schule steht. Als ihnen ein Zweig davon im Unterricht präsentiert wurde, konnte niemand sagen, worum es sich handelte und wo sich ein Strauch mit solchen Blättern befinden könnte.

Man sieht eben doch nur, was man kennt.

Ist einiges bekannt, kann immer stärker differenziert werden und aufgeworfene Fragen werden konkreter. Über Merkmale von Pflanzen kommen z. B. deren Anpassungen und damit ökologische Zusammenhänge in den Blick. Lebensräume können immer mehr in ihrer Differenziertheit, d. h. mit der Vielfalt ihrer Umweltfaktoren und Kreisläufe, begriffen werden.
Hinzu kommt in den gemäßigten Breiten, also in unserer Klimazone, das Phänomen des Wechsels der Jahreszeiten. Diese Rhythmik und die damit einhergehenden Veränderungen bestimmen nicht nur unser Leben, sondern auch das aller Tier- und Pflanzenarten, die bei uns vorkommen. Dieser Wandel ist immer wieder erstaunlich und unter ökologischen Gesichtspunkten mit vielfältigen Aspekten verbunden. All dies soll am Beispiel der Betrachtung nur einer Pflanzenart, der schon erwähnten Hasel, verdeutlicht werden:

Abb. 7.13 Blühende Hasel

Abb. 7.14 Hasel im Schnee

Haselstrauch

" *Mit Eis bedeckt ist noch der See, noch herrscht im Walde Winters Schweigen.*
Sieh, da fällt Goldstaub auf den Schnee von der blühenden Hasel Zweigen.
Johannes Trojan: Der Haselstrauch

Hätten Sie den Wald im Frühjahr besucht, so hätten Sie vielleicht einen blühenden Haselzweig mitgenommen. Bei seiner Untersuchung hätten Sie winzige rote Fäden, die weiblichen Blüten, und lange, herunterhängende, gelbe, dicke Fäden, die männlichen Blütenstände, gesehen. Mitgenommen hätten sie ihn wegen seiner Auffälligkeit oder wegen der weichen Kätzchenblüten als taktilem Eindruck.
Fragen, die ihnen in den Sinn kommen, könnten z. B. folgende sein:
Warum blüht der Strauch so früh?
Wann sind die Früchte reif?
Warum färbt sich das Laub gelb?
Wer frisst die Blätter, wer die Früchte?
Wer bohrt kreisrunde Löcher in die Früchte?
Wo bleibt das Laub?

Es treten immer neue Fragen auf, Zusammenhänge werden deutlicher. Mit der Hasel eng verwandte Arten wie Birke und Erle weisen vergleichbare Blütenstände auf. Auch ganz andere Arten haben Gemeinsamkeiten: Auffällige Blüten fehlen, Laubfall im Herbst, Knospen mit Knospenschuppen, die im Sommer angelegt werden und geschützt überwintern. All das sind Beispiele für ökologische Zusammenhänge. Diese Arten sind an den Winter angepasst, Laub würde erfrieren, Schneelast darauf die Bäume zerstören, es muss also im Herbst fallen. Pflanzen, die vom Wind bestäubt werden, brauchen keine auffällig duftenden und außergewöhnlich aussehenden Blüten. Sie können wie die Hasel früh blühen, da sie nicht auf Bestäuber angewiesen sind. Das ist sogar von Vorteil, da der Pollen vom Laub ungehindert durch den Wind transportiert werden kann. Windverbreitung ist Zufall, der Strauch braucht also viel Pollen, zwei Millionen Pollenkörner pro Kätzchen, um die Fruchtbildung sicherzustellen (Goldstaub auf dem Schnee). Das sind nur einige Aspekte für ökologische Zusammenhänge. Es lässt sich auch an Allergien und jahreszeitliche Phänomene anknüpfen: Was bedeutet Winters Schweigen? Wieso fällt Schnee, entsteht Eis? Auch die Stoffkreisläufe lassen sich durch die Zersetzung des Laubes thematisieren. Der Wald düngt sich durch dessen Zersetzung von ganz alleine.

Dieser Strauch könnte im Wald immer wieder aufgesucht werden. Veränderungen werden festgestellt und dokumentiert, z. B. in Form eines Fotobuches. Der Strauch könnte auch auf dem Gelände einer Kindertagesstätte Platz finden. Ökologie ist also gar nicht so abstrakt, sie ist an jeder Pflanze, jedem Tier und direkt vor der Haustür greifbar.

REFLEXION | **IMPULS** | LERNORTKOOPERATION

Kreisläufe und jahreszeitliche Veränderungen.
Wählen Sie einen Baum im Wald, im Park oder auf dem Gelände einer Kindertagesstätte aus.
Besuchen Sie Ihren Baum bzw. den Ihrer Gruppe im Verlauf eines Jahres in regelmäßigen Abständen und dokumentieren Sie die Veränderungen (Fotos, Texte, Zeichnungen).

Abb. 7.15 Differenzierte Betrachtung der Hasel. Aus: Thomé, Otto Wilhelm (1885): Flora von Deutschland, Österreich und der Schweiz. Verlag Friedrich von Zezschwitz, Gera

Abb. 7.16 Jahresablauf der Tulpe, Darstellung von Lara, 8 Jahre

Jahreszeiten

Die Jahreszeiten, vor allem der Frühling, hatten früher für die Menschen eine sehr große Bedeutung. Heute können sie oft kaum noch unterschieden werden. Es gibt viele Möglichkeiten, die Jahreszeiten gemeinsam mit Kindern und Jugendlichen intensiver zu erleben, z. B.:

- Pflanzen von Zwiebeln und Knollen von Frühblühern im Herbst und Dokumentation des Werdens und Vergehens ab dem Frühjahr. Gegebenenfalls geht dies auch in größeren Pflanzgefäßen.
- Erstellung eines phänologischen Kalenders: Welche Pflanzenarten blühen wann? Hier lassen sich z. B. Fotos oder gepresste Pflanzen verwenden, die monatsweise aufgeklebt werden. Der Höhepunkt der Vegetationsentwicklung im Mai wird deutlich, im Herbst oder Winter blühen nur ganz wenige Arten.
- Tierbeobachtungen: Feststellung der Zahl der Vogelarten im Garten der Einrichtung zu verschiedenen Zeiten, beachten ihres Gesangs, ihrer Geräusche.
- Wetterstation: Dokumentation der Temperaturen im Jahresverlauf.
- Experimente mit Wasser: Verdunstung und Gefrieren.
- Veränderungen im Wald: Lichteinfall am Boden zu verschiedenen Zeiten, Laubfärbung und Laubfall im Herbst, Überwinterungsstrategien von Pflanzen und Tieren herausfinden.
- Anbau von Gemüse im Garten: Feststellen des Werdens, der Fruchtreife und des Vergehens.
- Verwenden jahreszeitlichen Materials: Basteln und Dekorieren mit Früchten und Blättern, Verarbeitung zu Nahrungsmitteln oder Getränken.

7.4.2 Methoden zur Natur- und Umwelterkundung mit Kindern

Gespräche → S. 424

Ein Waldbesuch ermöglicht nicht nur eine erste Annäherung, er kann auch Ausgangspunkt für die Anwendung aller oben aufgeführten Methoden zur Natur- und Umwelterkundung sein. Dabei spielen ›Gespräche‹ eine große Rolle, die den Kindern im Zusammenspiel mit den verschiedenen Methoden das Verstehen der Welt erleichtern.

Abb. 7.17 Frischling

Abb. 7.18 Damwild

Beobachten: Beobachtungsanlässe gibt es unzählige, z. B. lässt sich das Verhalten von Tieren, das Reifen von Früchten oder die Verbreitung von Samen durch den Wind beobachten, aber auch das Herabfallen des Herbstlaubes oder sein Treiben auf der Wasseroberfläche eines Baches, der Schneefall oder das Plätschern der Wellen eines Sees. Tieren kommt eine besondere Bedeutung zu. Sie können sich auffällig bewegen oder Geräusche machen, sie zeigen artspezifisches Verhalten, z. B. bei der Nahrungsaufnahme, und fühlen sich sehr verschieden an. Besonders faszinierend können Wildgehege sein, wo man Wildschweine, Rot- oder Damwild beobachten kann. Bei Langzeitbeobachtungen lassen sich im Jahresverlauf viele Veränderungen feststellen: Jungtiere im Frühjahr, die ganz anders aussehen, sich anders verhalten, sich anders bewegen; Tiermütter, die die Jungtiere säugen, sie schützen; die Brunft des Rotwildes im Herbst, wenn die Tiere sich wieder anders verhalten. Zur Verbesserung der Wahrnehmungsfähigkeit können nummerierte Abbildungen von Tieren verwendet werden, denen man die beobachteten Tiere zuordnet. Lesen ist dann nicht erforderlich. Dabei muss genau hingeschaut werden, obwohl sich die Tierarten deutlich voneinander unterscheiden. Das fällt auch Erwachsenen schwer, vor allem, wenn Abbildungen von Tieren dabei sind, die nicht im Gehege gehalten werden.

Betrachten: Der Wald bietet viele Möglichkeiten, vor allem zu verschiedenen Jahreszeiten. Im Mittelpunkt können detaillierte Betrachtungen z. B. eines Baumes stehen: Wie groß ist er? Welche Farben hat er? Wie sehen seine Blätter, Knospen, Früchte und Blüten aus? Auch hier können häufige Baumarten, die auf einem ausgesuchten Waldstück vorkommen, in Form von nummerierten Abbildungen ausgegeben werden, die Rinde, Blätter/Nadeln, Knospen und Fruchtstände zeigen. Je nach Alter der Kinder müssen die Anzahl beschränkt bzw. die Unterschiede zwischen den Arten mehr oder weniger deutlich sein. Dann müssen die abgebildeten Bäume gesucht und den Nummern auf dem Blatt zugeordnet werden.

Sammeln: Die naturnahe Umwelt ist voll von Dingen, die Kindern ins Auge springen, die sie mitnehmen wollen. Das kann offen sein und sich einfach ergeben. Um die Wahrnehmung anzuregen, können gezielte Sammelaufträge vergeben werden, z. B. etwas Weiches, Duftendes, Spitzes, Rundes oder Buntes zu finden. Diese Gegenstände, die für Kinder Schätze sind, können gemeinsam betrachtet werden. Gemeinsam wird nach Antworten auf aufkommende Fragen gesucht. Dabei können Bestimmungsbücher oder Naturführer helfen. Oft sind auch ökologische Zusammenhänge herstellbar, z. B. könnte etwas Spitzes ein Dorn und damit ein Fraßschutz sein. Etwas Duftendes könnte eine Blüte sein, die mithilfe des Duftes Bestäuber anlockt. Die gesammelten Gegenstände ergeben unzählige Gesprächsanlässe und ermöglichen es allen Kindern, sich hierbei einzubringen.

Vergleichen: Für Vergleiche gibt es unzählige Möglichkeiten. Gesammelte Gegenstände können verglichen, weitere Gegenstände, die ähnlich aussehen sollen, können gesucht werden. Die Geweihe der Huftiere, Fruchtstände und die Blätter verwandter Baumarten können verglichen werden, z. B. weisen Ahornblätter verschiedener Arten deutliche Unterschiede auf, obwohl sie eine grundlegende Übereinstimmung zeigen.
Auch die Blüten der verschiedenen Pflanzenfamilien sind sich sehr ähnlich, haben andererseits aber zum Teil deutliche Unterschiede. Andere Pflanzenfamilien, z. B. die Verwandten der Zwiebel, ähneln sich im Geruch. Diese Vergleiche ermöglichen einen Einblick in die Vielfalt. Es gibt viele verschiedene Arten, der Begriff Biodiversität lässt sich mit Leben füllen. Diese Vielfalt kann auch in Worten ausgedrückt werden. Blätter sind z. B. gesägt, gebuchtet, gekerbt, spitz zulaufend oder pfeilförmig. Blüten sind verschiedenfarbig, groß oder klein, viele oder wenige an einem Blütenstand, haben Ober- und Unterlippen, einen Sporn oder viele Zungen.
Diese Vielfalt gibt es oft schon auf dem Gelände einer Kindertagesstätte zu entdecken. Durch Aussaat oder Anpflanzung kann mit wenig Aufwand nachgeholfen werden.

Sprachliche Bildung
Welche Rolle können das Beobachten, Sammeln und Vergleichen bei der Förderung des Facettenreichtums von Sprache spielen?

Spielen: Neben freien Spielen, die Kinder, angeregt durch die Vielfalt des Waldes, spielen, erfinden und immer wieder variieren, sind auch angeleitete Spiele von Bedeutung. Einige Beispiele dafür finden sich in der folgenden Übersicht:

Name	Durchführung	Bedeutung
Finde deinen Baum	Die Kinder bilden Paare. Einem Partner werden die Augen verbunden, der andere führt diesen auf Umwegen zu einem Baum. Dieser soll erkundet werden, indem er betastet, gerochen oder umarmt (Durchmesser) wird. Der Partner wird zurückgeführt und muss dann „seinen" Baum sehend wiederfinden. Dann wird getauscht.	Die Kinder kommen den Lebewesen näher, die den Wald bilden. Das Kennenlernen von Baumarten wird ermöglicht. Da mehrere Sinne beteiligt sind, ist der Behaltenswert groß. Auch viele Erwachsene erinnern sich noch an Düfte der Kindheit, z. B. dem von Harz oder Kiefernadeln.
Walddomino	Materialien aus dem Wald sammeln, z. B. Zapfen, andere Fruchtstände, Blätter, Steine. Zu Beginn legt ein Spieler zwei verschiedene Waldgegenstände nebeneinander auf den Boden. Der nächste Spieler legt einen passenden Gegenstand, z. B. einen weiteren Fichtenzapfen, an ein Ende an. Daneben legt er einen anderen Gegenstand aus seinem Vorrat. Der Nächste ist dran. Wer nicht anlegen kann, setzt aus, wer als Erster alles ablegen konnte, gewinnt.	Die Vielfalt des Waldes wird deutlich. Naturmaterialien werden mit verschiedenen Sinnessystemen erfahren, ökologische Aspekte lassen sich aufgreifen, z. B. Fraßspuren an Zapfen, Blättern, Rinde.
Verstecken von Haselnüssen	Die Spieler erhalten einige Nüsse, die sie in einem bestimmten Gebiet, das nicht allzu groß sein sollte, verstecken müssen. Nach einer kleinen Pause suchen die Spieler die versteckten Haselnüsse. Wer findet die meisten?	Eichhörnchen, Haselmäuse, Häher etc. verstecken Haselnüsse und legen einen Vorrat an, nur ein Teil wird wiedergefunden. Dadurch kann die Hasel über weite Strecken verbreitet werden. Auch die Kinder finden nicht alle wieder, es geht ihnen wie den Haselmäusen.

Es gibt unzählige Möglichkeiten wie sich Kinder und Jugendliche auf spielerische Art und Weise mit dem Lebensraum Wald beschäftigen können, aber alle führen zu einer differenzierteren Sicht und damit zu immer mehr Anknüpfungspunkten.

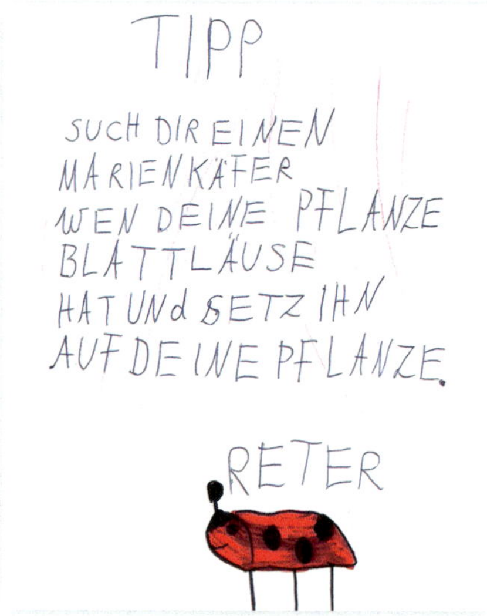

Abb. 7.19 Biologische Schädlingsbekämpfung, Lara, 8 Jahre

Abb. 7.20 Waldzerstörung, Lara, 8 Jahre

Abb. 7.21 Eindrucksvoller Löwenzahn

Kreativsein: Kinder malen und zeichnen, was sie besonders beschäftigt. Dabei zeigen sich auch ökologische Zusammenhänge und Bedrohungen der Umwelt.

Aus Früchten von Bäumen lassen sich alle möglichen Figuren basteln. Es können Tiere wie Kastanienraupen oder Igel entstehen. Möglich sind auch Bilder aus verschiedenen Materialien, z.B. kann ein aufgemalter Igelkopf mit Blättern oder Bucheckern zu einem Igel vervollständigt werden. Dabei lernen Kinder Baumarten kennen und unterscheiden, die Verbreitung von Pflanzen durch ihre Samen kann thematisiert werden. Unter ökologischen Gesichtspunkten ist die Herstellung eines Zapfenhygrometers interessant. Ein Zapfen, z.B. von der Schwarzkiefer, der sehr groß ist, öffnet sich bei Trockenheit und schließt sich bei Feuchtigkeit durch Quellbewegung. Befestigt man eine Nadel oder Ähnliches an einem Zapfenschuppen, so zeigt sie je nach Feuchtigkeit nach oben oder unten. Dies kann durch eine Skala mit Beschriftung (trocken-feucht) verdeutlicht werden. Das Herausfallen der Samen macht nur bei Trockenheit Sinn. Sie werden so an trockenen Tagen als Drehflieger weit davongetragen. Die Flugweite kann bis zu 1000 Meter betragen. An Regentagen fallen sie einfach zu Boden, sie können nicht wegfliegen und die Verbreitung der Baumart wäre nicht effektiv. Ein weiterer Anknüpfungspunkt ist der Bau der Samen im Hinblick auf seine Flugeigenschaften: Warum fliegt er? Welche Strategien gibt es bei anderen Baumarten?

Experimentieren: Kleinere Versuche lassen sich draußen durchführen, z.B. kann mit verschiedenen Baumsamen experimentiert werden: Wie weit fliegen sie, wenn sie aus bestimmten Höhen freigelassen werden? Welche Rolle spielen Wind und Luftfeuchtigkeit dabei? Es kann nach Unterschieden und Gemeinsamkeiten im Bau gesucht werden. Geeignet sind die Samen von Fichten, Ulmen, Hainbuchen, Ahornarten und Linden. Gemeinsam sind ihnen Tragflächen, die verschieden gestaltet sind und unterschiedliche Flugvarianten bewirken. Eindrucksvoll sind vor allem die Propeller der Ahornarten, die bei Wind enorme Flugweiten erreichen können. Auch andere Pflanzen können im Hinblick auf ihre Samenverbreitung untersucht werden. Der reife Fruchtstand des Löwenzahns (Butter- oder Pusteblume) mit seinen Schirmchen ist gerade für Kinder sehr eindrucksvoll. Wie der Name Pusteblume sagt, kann mit kräftigem Pusten ein Großteil der Früchte abgelöst und mit dem Lufthauch fortgetragen werden.

Ebenso beeindruckt Kinder die Frucht des Springkrauts, die bei Berührung aufplatzt und die Samen zum Teil meterweit herausschleudert. Wegen dieser Eigenschaft kennt fast jeder diese Pflanze. Und darum geht es. Es müssen möglichst viele Anknüpfungspunkte, Besonderheiten und Erlebnisse her. Mit Kletten lässt sich ebenfalls experimentieren. Woran haften die Fruchtstände (Kletten) besonders gut? Ein Vergleich mit Klettverschlüssen bietet sich an. Daran anknüpfend lässt sich die Tierverbreitung von Samen thematisieren. All das ist dann wieder Ökologie, Wechselbeziehungen zwischen Organismen und ihrer Umwelt und Organismen untereinander werden verdeutlicht! Je mehr Zusammenhänge sich herstellen lassen, desto besser kann die Natur in ihrer Komplexität begriffen werden.

Alles bedingt sich, treten Veränderungen auf, dann können viele Arten betroffen sein. Diese Erfahrungen im Kleinen lassen sich letztendlich auf Ökosysteme übertragen und damit können irgendwann die Auswirkungen globaler Veränderungen vorstellbar werden. Hierfür müssen dann aber schon viele Mosaiksteine zusammengetragen worden sein.
Neben Experimenten, für die nur gefundene Naturmaterialien benötigt werden, gibt es solche, die mit geringem Zeit- und Materialaufwand durchgeführt werden können.

Untersuchen und Experimentieren am Beispiel einer Pflanzenart:
Das Schöllkraut ist eine Pflanzenart, die bei uns häufig vorkommt. Auffällig ist, dass die Pflanze mit grünen Blättern überwintert, während von anderen Wildpflanzen kaum etwas zu sehen ist. Woran könnte dies liegen? Um der Frage nachzugehen, bietet sich ein einfaches Experiment an.
Durchführung und Beobachtung: Man pflückt ein Blatt ab und taucht dieses in ein mit Wasser gefülltes Glas. Das Blatt zeigt sehr deutlich einen Silberglanz, der schön anzusehen ist.
Erklärung: Aufgrund der wasserabweisenden Beschichtung des Blattes bildet sich zwischen seiner Oberfläche und dem Wasser eine Luftschicht. An dieser wird das einfallende Licht total reflektiert, sodass aufgrund dieser Spiegelwirkung ein Silberglanz entsteht.

Abb. 7.22 Schöllkraut

Ökologischer Aspekt: Die wasserabweisende Eigenschaft der Blätter legt nahe, dass es sich bei der Beschichtung um einen Witterungsschutz handelt. Das Winterhalbjahr bei uns ist lang und feucht, sodass Blätter ohne diesen Schutz verfaulen würden. Zur Verdeutlichung kann man eine Serviette mit Kerzenwachs betropfen, so dass eine größere Fläche mit Wachs entsteht. Beträufelt man die Serviette mit Wasser, so bleibt das Wachs trocken, der Rest wird durchfeuchtet. Beim Parallelversuch wird eine Serviette ohne Wachsschicht mit Wasser beträufelt. Diese kann ohne Kraftaufwand zerteilt werden. Die durch Wachs geschützte Stelle der anderen Serviette ist nicht zerteilbar. Wasserabweisende Schichten schützen also vor feuchter Witterung.

Auch für Untersuchungen eignet sich diese Pflanze. Betrachtet man im Sommer die Fruchtstände, erkennt man beim Aufplatzen oder wenn man die Frucht öffnet die schwarzen Samen. Betrachtet man diese mit einer Lupe genauer, fallen weiße Anhänge auf. Diese sind sehr ölreich und stellen für Ameisen einen Leckerbissen dar. Sie verschleppen die Samen, verlieren aber einige, sodass die Pflanze oft oben auf Bäumen oder Mauern wächst. Auch dies ist wieder ein ökologischer Aspekt. Werden beim Untersuchen Pflanzenteile entfernt, tritt gelboranger Saft aus. Dieser ist etwas giftig und ein altbekanntes Warzenmittel. Mit dieser Pflanze sind weitere interessante Aspekte verbunden. Früher nahm man an, dass der Saft alle vier Elemente enthielte und der Stein der Weisen hergestellt werden könne. In der Alchemie sollte daraus aufgrund der Färbung Gold hergestellt werden. All diese Aspekte regen die Fantasie an und veranlassen Kinder zur Untersuchung anderer Arten.

Wie bisher deutlich wurde, sind die Methoden zur Umwelt- und Naturerkundung beim pädagogischen Vorgehen nicht voneinander isoliert.

7.4.3 Methoden zur Natur- und Umwelterkundung mit Jugendlichen

Ausgangslage

Viele Jugendliche haben sich der Natur und der natürlichen Umwelt sehr entfremdet, ihnen fehlen Anknüpfungspunkte durch Erlebnisse und Erfahrungen in und mit der Natur und ihrer Umwelt. Das Fehlen von Kenntnissen und umweltbewusstem Verhalten geht damit einher. Aber natürlich gibt es auch unter Jugendlichen solche, die sich besonders engagieren und interessieren. Die Gruppe der Jugendlichen ist schon aufgrund ihrer großen Altersspanne, die heute von elf bis zu 25 Jahren reicht, sehr heterogen. Somit ist eine große Vielfalt an Themen und Fragestellungen erforderlich. Diese sollten viele Gestaltungsmöglichkeiten und Spielräume bieten, um den individuellen Entwicklungsständen und Interessen gerecht zu werden. Die Blickwinkel der Jugendlichen sind wichtig, eine Abkehr vom Erwachsenenblick und von der Dominanz des Agierens von Erwachsenen, wie in der Schule oder in der pädagogischen Umweltbildung, sind notwendig. Sie stehen dem Bedürfnis nach ›Selbstbestimmung‹ im Wege. Es sollten daher keine ökologischen Detailfragen im Vordergrund stehen, sondern persönliche Interessen, Wert- oder Beziehungsfragen von Jugendlichen. Ausgangspunkte sollten also konkrete Situationen sein, die verschiedene Lebensbereiche bzw. Themen unterschiedlicher Richtungen verknüpfen, d. h., die an den jugendlichen Alltag gebunden sind, Alltagswissen aufbauen und erweitern und vor allem deshalb als sinnhaft und bedeutungsvoll gesehen werden.

Selbstbestimmung → S. 330 Band 1

Wichtig dabei ist, sich in ›Gruppen‹ zusammenzufinden, andere Jugendliche kennenzulernen und sich mit ihnen auszutauschen. Eine hohe Interaktionsdichte und der Umgang mit anderen tragen zur Geborgenheit in der Gruppe bei, Jugendliche fühlen sich so wohler, haben eher positive Erlebnisse und Spaß. Dem Bedürfnis nach Anerkennung, Selbstbestimmung und Solidarität kann im Idealfall entsprochen werden. Im Zusammenhang mit Aktivität und Selbstorganisation in der Gruppe reifen Selbstbewusstsein, Verantwortungsbereitschaft und damit die Persönlichkeit. Die Persönlichkeitswerdung muss der Beschäftigung mit Inhalten aus dem Lernfeld Natur und Umwelt also nicht entgegenstehen, sondern kann unter Umständen durch die Beschäftigung damit unterstützt werden.

Gruppe → S. 220 Band 1

Beispiele

Waldbesuche anregen: Jugendliche stehen dem Wald in der Regel aufgeschlossen gegenüber. Sie verbinden Waldbesuche mit Geborgenheit, positiver Stimmung und Spaß, wenn es um Aktivitäten geht mit z. B. Spielen, Verstecken oder Mountainbiken. Die Grundlage für Anknüpfungspunkte, vielfältige Erfahrungen und Erlebnisse ist somit gegeben. Diese Aspekte lassen sich aufgreifen und erweitern, z. B. durch eine **Wald-Rallye**. Diese allerdings vorbereitungsintensive Methode ermöglicht das Heranführen an Natur und Umwelt durch die Hintertür. Die zu lösenden Aufgaben können Methoden der Natur- und Umwelterkundung berücksichtigen. Denkbar sind künstlerische oder handwerkliche Gestaltungsaufgaben, bei denen mit Naturmaterialien z. B. Kunstwerke oder Bauwerke wie Wippen, Schaukeln oder Brücken entstehen können. Auch Sammel-, Beobachtungs- oder Experimentieraufgaben lassen sich ohne Weiteres bei den verschiedenen Aufgaben berücksichtigen.

Diese Gemeinschaftserlebnisse in der Natur, die die Identitätsfindung unterstützen, sind vor allem in der ›**Erlebnispädagogik**‹ bedeutsam: Durch solche Angebote lassen sich völlig neue Erlebnisse und Erfahrungen in der Natur gewinnen, in bestimmten Situationen auch individuelle Grenzerfahrungen. Hier stehen Gruppenaktivitäten mit Verantwortungsübernahme und gegenseitigem Helfen im Vordergrund. Da dies von Jugendlichen als wichtig erachtet wird, wird das Erleben positiv empfunden, eine emotionale Bindung zur Natur wird möglich.

Erlebnispädagogik → *S. 75; S. 290 Band 1*

Bei diesen Möglichkeiten der Natur- und Umweltbegegnung kann **Umweltlernen** nebenbei stattfinden. Tier- oder Pflanzenarten, Tierbauten, Tierspuren, Wucherungen oder ›Hexenbesen‹ an Bäumen fallen auf. Die Problematik des Waldsterbens kann deutlich werden, da die Kronen vieler Bäume auffallend licht sind, gerade bei Nadelbäumen fehlen einige Nadelgenerationen. Auch ökologische Beziehungen können erkannt werden. Beispielsweise taucht die sonst so häufige Rosskastanie nicht im Wald auf, sie ist bei uns der Konkurrenz anderer Baumarten unterlegen. Daneben gibt es weitere Arten, die aus fremden Regionen eingeführt wurden und so konkurrenzstark sind, dass sie einheimische Arten verdrängen. Beispiele sind das Kleinblütige Springkraut und die Späte Traubenkirsche. Das alles wird im Wald oft sehr deutlich. Bei **Umweltaktionen** kann die Traubenkirsche aus dem Wald entfernt werden. Die Beseitigung von Plastikmüll in der Umwelt ist eine weitere Möglichkeit für Umweltaktionen. Oft wird dieser von Vögeln für den Bau ihrer Nester verwendet. Hiervon ausgehend kann auf die Problematik der Verschmutzung der Meere durch Plastikmüll Bezug genommen werden, viele Meerestiere verenden dadurch. Die Notwendigkeit des Schutzes der Umwelt auf der ganzen Welt wird deutlich. Und es lässt sich etwas dagegen tun: Müllaktionen im Wald = Global Denken – Lokal Handeln. Dem kommt die Vorliebe von Jugendlichen für Tiere, vor allem für Meeressäuger, entgegen.

Hexenbesen

meist durch Pilze hervorgerufene besenartige Missbildung an Ästen von Bäumen

Abb. 7.23 Hexenbesen

Eigene Ergebnisse, Eigenaktivität und Selbstorganisation können bei der Arbeit in **Projekten** betont werden. Das gemeinsame Kochen bietet beispielsweise hier viele Möglichkeiten, das Wissen über Natur und Umwelt zu erweitern. Dieses Wissen wird als sinnhaft angesehen, da es sich um Alltagswissen handelt: Woher kommen die benötigten Lebensmittel, wie sehen Anbau und Verarbeitung aus? Bei eigenem Anbau lassen sich viele ökologische Aspekte verdeutlichen. Dem Bedürfnis nach Verantwortungsübernahme und Geborgenheit kann z. B. durch die Einbeziehung von Kinder- und Jugendfarmen Rechnung getragen werden. Alltagswissen im Bereich Ernährung kann durch die Arbeit mit Tieren erweitert werden. Hier bieten sich Tätigkeiten wie Eiersammeln, Kühe melken, Milch verarbeiten etc. an.

Im kreativen Bereich können **Kunstwerke** aus Naturmaterialien oder **funktionale Objekte** entstehen, die z. B. schwimmen oder fliegen können. Dabei können Wissen und Erkenntnisse über Natur und Umwelt gewonnen werden. Welche Bedingungen müssen etwa beim Fliegen erfüllt sein? Ein Vergleich mit Pflanzensamen, die Flugeigenschaften haben, oder von Vögeln bietet sich an. Durch solche Vergleiche wurden die Grundlagen für Flugmaschinen des Menschen gelegt. Bedeutung hat hier Otto Lilienthals Werk „Der Vogelflug als Grundlage der Fliegekunst“. Solche Schöpfungen können dem Bedürfnis der Jugendlichen nach Erschaffung von Nützlichem oder Dauerhaftem und dem nach Anerkennung entgegenkommen.

Abb. 7.24 Kunstwerk aus Naturmaterialien

8 MATHEMATIK, NATURWISSENSCHAFT UND TECHNIK

Abb. 8.1 Kinder möchten sich die Welt im Ganzen erschließen.

Natur → S. 382

Sprachliche Bildung
Welche Möglichkeiten der Nutzung der kindlichen Neugier gibt es, um die Sprachentwicklung zu fördern?

Vorbild Natur

Schon immer haben Menschen die sie umgebende ›Natur‹ sinnlich wahrgenommen – sie beobachtet und gefühlt, ihr gelauscht – und daraus Schlüsse gezogen, um sie in ihrem Alltag anzuwenden. Auch wenn es heute manchmal schwer vorstellbar ist: Alle Errungenschaften in Forschung und Technik gehen letztendlich auf das große Vorbild Natur zurück. Natur hat Strukturen. Wir sehen sie in einer Apfelblüte – und erkennen sie wieder in der quer durchgeschnittenen Frucht. Strukturen sind zu hören im Gesang der Vögel, zu fühlen auf dem Stamm einer Eiche. In Strukturen erkennt der Mensch Muster, die er aufnimmt, abstrahiert und sammelt. Aus diesem Fundus ahmt er nach und stellt neu zusammen. So entwickelt er Lösungen von Problemstellungen und schafft eigene Kreationen.
Dieses Urerbe bringen auch die Kinder des 21. Jahrhunderts mit auf die Welt: Ihre Neugier ist wie eine kollektive Erinnerung an das Wissen, das in der Natur und über sie erschlossen werden kann. Ohne unser Zutun beginnen sie schon als Babys zu experimentieren: Was passiert, wenn der Gegenstand fällt? Ist das immer so? Und mit zunehmender Sprachkompetenz entwickeln sie eines ihrer wirkungsvollsten Instrumente: die hartnäckige Nachfrage „Warum?".

Naturwissenschaftliche Disziplinen

Kinder möchten sich die Welt als Ganzes erschließen – sie spalten nicht ihre Wissbegierde nach wissenschaftlichen Disziplinen auf. Entsprechend waren auch in der Geschichte der Europäer Mathematik und Naturwissenschaften ursprünglich als Fragen nach dem Wesen der Natur Teil der Philosophie. Erst im 16. Jahrhundert begann allmählich die Unterscheidung von Geistes- und Naturwissenschaften. Es dauerte bis ins 19. Jahrhundert, bis die Naturwissenschaften (einschließlich Mathematik und Technik) eine eigene Fächergruppe wurden. Für die frühkindliche und Schulbildung fasst man heute unter dem Begriff Naturwissenschaft die Sparten Biologie, Chemie und Physik zusammen. In diesen Bereichen stehen die belebte und die unbelebte Natur im Mittelpunkt.

Das Interesse gilt Zusammenhängen, Zusammensetzungen und dem Wechselspiel von Kraft und Energie. Die Technik setzt dann physikalisches Wissen in praktische Anwendung um. Für Kinder interessant ist außerdem die älteste Naturwissenschaft, die Astronomie – Sonne, Mond und Sternenhimmel haben seit jeher die Menschen fasziniert und inspiriert.
Was aber ist Mathematik? Spontane Antworten sind oft „Zählen", „Rechnen" und „komplizierte Aufgaben". Mathematik lässt sich nicht wirklich exakt definieren. Der Begriff geht auf das griechische mathēmatikē téchnē, auf die Kunst des Lernens, zurück. Mathematik ist somit eine Grundlage für alle anderen Wissenschaften. Sie wird gerne als „Wissenschaft der Muster" bezeichnet. Mathematik erkennt Strukturen, für die sie losgelöst von Objekten Gesetzmäßigkeiten formuliert und aus ihnen wiederum neue Muster entwickelt. Mathematische Muster erst erschließen das Erforschen biologischer, physikalischer, chemischer Prozesse und führen zum intellektuellen Verständnis der faszinierenden Phänomene der Natur.

Abb. 8.2 Von der Apfelblüte zur Frucht: Muster der Natur wiederholen sich auf faszinierende Weise.

Probleme kann man niemals mit derselben Denkweise lösen, durch die sie entstanden sind.
Albert Einstein, Physiker (1879–1955)

Bildung für nachhaltige Entwicklung

Die Deutsche UNESCO-Kommission hat im Rahmen der Weltdekade der Vereinten Nationen ›„Bildung für nachhaltige Entwicklung"‹ im April 2010 ein Papier verabschiedet: „Zukunftsfähigkeit im Kindergarten vermitteln: Kinder stärken, nachhaltige Entwicklung befördern". Darin ruft sie die Bundesländer und konkret auch sozialpädagogische Fachkräfte auf, die Bildung für nachhaltige Entwicklung als zentrale Leitlinien in der frühkindlichen Erziehung zu verankern. Die für das menschliche Leben existenzielle Bedeutung naturwissenschaftlicher Phänomene lasse sich beim forschenden, entdeckenden Lernen besonders gut darstellen und für Kinder begreifbar machen.
Eine nachhaltige Bildung setzt an der Entdeckungs- und Lernfreude der Kinder sowie ihrer Offenheit, neue Erfahrungen zu machen, an. Sie fördert die Kompetenzen, eigene Schlüsse zu ziehen, Dinge kritisch zu hinterfragen und im ›demokratischen Verständnis‹ zu gemeinsamen Erkenntnissen zu gelangen. So können junge Menschen neue Strategien entwickeln, die Aufgaben und Herausforderungen in Umwelt, Wirtschaft und Gesellschaft zukunftsweisend anzugehen.

Bildung für nachhaltige Entwicklung → *S. 36*

Den Aufruf der Deutschen UNESCO-Kommission finden Sie hier:
www.unesco.de/ua20-2011.html

demokratisches Verständnis → *S. 242 Band 1*

8.1 Die Entwicklung von Wissen und Denken

8.1.1 Konstruktivismus und Ko-Konstruktivismus

Zwei grundlegende Ansätze sind für die Betrachtung der kognitiven Entwicklung von besonderer Bedeutung:

Konstruktivismus → S. 416 Band 1

- Der Selbstbildungsansatz oder ›Konstruktivismus‹ geht davon aus, dass Menschen ihr Lernen und Denken selbst gestalten. Dies schließt ein, dass Bildung in Abhängigkeit von den individuellen Erfahrungen stattfindet.
- Dagegen ist der soziokulturelle oder Ko-Konstruktivismus ein systemischer Ansatz. Er sieht den Menschen als Teil der sozialen Gemeinschaft. Der Mensch erschließt sich die Welt im Austausch mit anderen. Durch sein eigenes Lernen beeinflusst er wiederum die Gemeinschaft. In diesem Konzept ist enthalten, dass ohne Anregung von „außen" – durch andere, Ältere, Erfahrenere – das Potenzial des Einzelnen nicht vollständig entwickelt werden kann. Durch die Interaktion mit der Gemeinschaft fließen insbesondere kulturelle Einflüsse verstärkt in die Entwicklung ein.

Vergleicht man diese Anschauung mit der Entwicklung der Wissenschaften, so gibt es Parallelen. Einst auf philosophischen Ursprung gründend, haben sich über viele Generationen hinweg Wissenschaften als Spezialgebiete immer weiter differenziert und weiterentwickelt. Dabei haben die Erfahrenen ihr Wissen mit den Nachfolgenden geteilt und Anregungen gegeben. Dies ist Grundlage gewesen, dass die neuen Generationen immer neue Erkenntnisse und Fertigkeiten entwickelt, Bewährtes verfeinert und Widerlegtes verworfen haben.

Lew Wygotski → S. 404 Band 1

ZUM WEITERDENKEN Als geistiger Vater des Sozio-Konstruktivismus gilt der russische Psychologe ›Lew Wygotski‹ (1896–1934). Er beschrieb die „Zone der proximalen Entwicklung" als Schnittmenge dessen, was ein Kind zum aktuellen Zeitpunkt beherrscht und lernen kann, und dem, was ihm augenblicklich (noch) nicht möglich ist: Diese Schnittmenge sah er als potenziellen Lernzuwachs, wenn das Kind eine (möglichst minimale) fachkundige Unterstützung erfährt. Lernen könne am effektivsten gelingen, wenn eine Herausforderung (nicht Überforderung) dazu motiviert. Eben diese Herausforderung komme dabei von „außen" – von einem Älteren, Erfahrenen.

Erzieherinnen müssen nun keine Entscheidung zwischen den Konzepten Konstruktivismus oder Ko-Konstruktivismus treffen. Menschen und ihre Bildungsprozesse sind immer individuell. Unterschiedliche Erklärungsmodelle können in unterschiedlichen Situationen durchaus hilfreich sein. Wesentlich aber sind das Einfühlungsvermögen und die Beobachtungsgabe der sozialpädagogischen Fachkraft. Es gilt, jedes Kind dort abzuholen, wo es gerade steht. Wenn Kinder dazu auch in einer Gruppe – mit Älteren, Erwachsenen – gemeinsam forschen und sich rege sprachlich austauschen, fördert das neue Begriffsbildungen und die Reflexion über das eigene Denken und Lernen. Die Entwicklung der ›Metakognition‹ ist ein zentrales Anliegen der naturwissenschaftlichen Bildung.

Metakognition

Nachdenken über das eigene Denken und Lernen, führt zum „Wissen über das Wissen"

8.1.2 Wissensbasis und Wissenszuwachs

„Überall geht ein frühes Ahnen dem späteren Wissen voraus.
Alexander von Humboldt, Naturforscher (1769–1859)

Darüber, wie ein Kind ›lernt‹, gibt es verschiedene Theorien und eine lebendige Forschung. Bezüglich ihrer kognitiven Entwicklung sind Kinder lange unterschätzt worden. So gilt das ›Stufenmodell von Jean Piaget‹ (Konstruktivismus) als Meilenstein in der ›Entwicklungspsychologie‹, wurde aber durch neuere Forschungen relativiert. Piaget ging davon aus, dass die kognitive Entwicklung des Kindes bestimmte Strukturen aufweist, die unabhängig von den thematischen Inhalten sind. Man weiß heute, dass Kinder ihr Denken auch bereichsspezifisch entwickeln und in bestimmten Bereichen („Domänen") bereits ein sogenanntes ›„intuitives Wissen"‹ mit auf die Welt bringen. Zu diesen Domänen gehören neben der Sprache insbesondere die Bereiche Mathematik, Biologie und Physik. Schon Säuglinge können Mengen mit nicht mehr als drei bis vier Elementen voneinander unterscheiden. Sie wissen, dass Lebewesen sich selbst bewegen können, während leblose Gegenstände von außen bewegt werden müssen. Und sie wissen bereits, dass zum Bewegen solch unbelebter Objekte Kraft erforderlich ist.
Die neuere Forschung hat nachgewiesen, dass für die Entwicklung des Denkens dem Erwerb von naturwissenschaftlichem Wissen eine entscheidende Bedeutung zukommt. Dies entspricht der Menschheitsgeschichte, in der das Wissen über die Natur das Überleben sichern konnte (Nahrung, Begegnung mit Tieren, Wetterphänomene). Erst in der vertrauten Lebenswelt des Kindes, erst auf der jeweils erworbenen Wissensgrundlage können Kinder ihre kognitiven Kompetenzen voll entfalten und weiterentwickeln.

Lerntheorien → *S. 406 Band 1*

Stufenmodell von Piaget → *S. 400 Band 1*
Entwicklungspsychologie → *S. 396 Band 1*

intuitives Wissen
unmittelbares, nicht auf systematisch reflektierter Erkenntnis beruhendes Wissen

8.1.3 Entwicklung von Zähl- und Rechenkompetenzen

In der kognitiven Entwicklung spielt das Heranreifen von Zählkompetenz eine wichtige Rolle. Zahlen sind ein abstraktes Konzept, das sich ein Kind in zahlreichen Schritten erschließt. Es sind dabei fünf Zählprinzipen zu verstehen:

- Prinzip der Eins-zu-Eins-Zuordnung – jedes Objekt wird genau einmal gezählt: Keines wird ausgelassen, keines wird zweimal gezählt, zwei verschiedenen Objekten werden unterschiedliche Zahlen zugeordnet.
- Ordinalitätsprinzip – die Rangfolge, insbesondere die Zahlenreihe, ist stabil: 1 2 3 4 ... und genauso: 1. 2. 3. 4. ...; sprachlich: der Erste, der Zweite, der Dritte, einmal, zweimal, dreimal ...
- Kardinalitätsprinzip – die letzte gezählte Zahl benennt die Anzahl der Objekte: Das Wort Drei, die Zahl 3, wird beim Abzählen für ein einzelnes Objekt (das an 3. Stelle!) verwendet, aber auch für die Gesamtheit von drei Objekten: drei Autos, drei Bausteine ...
- Abstraktionsprinzip – man kann alle beliebigen einzelnen Dinge zählen, nicht nur Objekte von Mengen, die nach bestimmten Merkmalen sortiert sind, z. B. nicht nur die Jacken, sondern alle Gegenstände, die an der Garderobe hängen.
- Prinzip der Irrelevanz der Reihenfolge – egal, wo man beginnt und in welcher Reihenfolge gezählt wird: Das Zählergebnis ist gleich.

Abb. 8.3 Die Zählkompetenz spielt eine wichtige Rolle.

Für den **Erwerb von Zähl- und Rechenkompetenzen** hat der Neurowissenschaftler Stanislas Dehaene (*1965) ein neuronales Modell beschrieben, das Triple-Code-Modell (1992), das drei Komponenten in unterschiedlichen Hirnregionen hat:

Komponenten	Das bedeutet:
▪ Zahlen werden auditiv-sprachlich repräsentiert. ▪ Zahlen werden visuell-arabisch repräsentiert. ▪ Daraus entwickelt sich sinnstiftend eine räumlich-abstrakte Repräsentation, die man sich vorstellen kann wie einen Zahlenstrahl	▪ Kinder erschließen sich mathematische Konzepte über den Erwerb des zugehörigen Wortschatzes. Dazu gehört auch, dass das Auswendiglernen der Zahlenreihe zwar noch keine Mathematik, dennoch wichtige Voraussetzung für das Zählen und Rechnen ist. ▪ Kinder entdecken und eignen sich die arabischen Ziffern als Repräsentanten von Zahlen an. ▪ Erst auf dieser Basis entwickelt sich bedeutungsstiftend eine abstrakte Repräsentation aller Zahlen. Studien zeigen, dass diese meist nicht vor dem Ende der 2. Grundschulklasse abgeschlossen ist. Erst mit dem „Werkzeug Zahlenstrahl" wird es Kindern möglich, auch mit größeren Zahlen schnell zu rechnen. Für die Aufgabe 23 + 39 müssen sie dann nicht mehr „weiterzählen", sondern greifen quasi geistig auf ihren Zahlenstrahl zu.

Abb. 8.4 Triple-Code-Modell

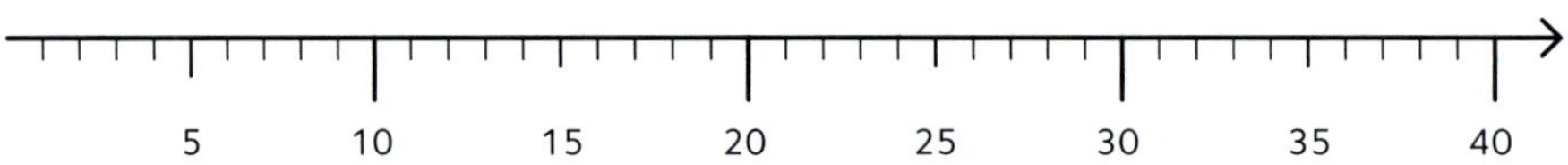

Abb. 8.5 Zahlenstrahl

8.1.4 Kausales Denken und Problemlösungen

Wieso, weshalb, warum? Unermüdlich können Kinder nach den Ursachen von Phänomenen ihrer Lebenswelt fragen. Auch dazu bringen sie die Grundlage schon mit auf die Welt. Ihre Neugier und ihr Bestreben, alle möglichen Zusammenhänge zu erkunden, helfen ihnen, die Welt zu begreifen, zu erklären und einzuschätzen. Daraus erwachsen Sicherheit und Orientierung. Kinder lernen und verstehen, dass viele ihrer Erfahrungen und Beobachtungen in einem ›kausalen‹, also Wenn-dann-Verhältnis stehen. Schon früh beginnen sie, von bekannten Zusammenhängen auf neue zu schließen. Schlussfolgerndes Denken hilft, Probleme zu lösen. Auch dafür ist bereits eine Kernkompetenz angeboren: Schon im ersten Lebensjahr sind Säuglinge erfinderisch, wenn sie Objekte ihres Interesses greifen wollen, und entwickeln Strategien, ihr Ziel zu erreichen.

kausal
lat. causa = Ursache, Grund; auf dem Verhältnis zwischen Ursache und Wirkung beruhend

8.1.5 Aus kindlichen Theorien entwickelt sich logisches Denken

Aus ihren Erfahrungen und Erkenntnissen heraus entwerfen Kinder ihre eigenen Theorien, wie die Welt „funktioniert" – sogenannte Alltagstheorien. Diese weisen bei jüngeren Kindern auch ›animistische‹ und magische Komponenten auf und stimmen zunächst oft nicht mit der realen Wirklichkeit der Erwachsenen überein. Das schlussfolgernde Denken sowie das Entwickeln und Erproben von immer neuen Problemlösungsstrategien bewirkt, dass diese naiven Theorien mit zunehmendem Alter überdacht und angepasst werden. Auch hier zeigt sich die Parallele zur ›Entwicklung der Wissenschaften‹. Allmählich entsteht so die Fähigkeit zur Abstraktion und logisches Denken kann sich entwickeln.

Animismus
Glaube an menschenähnliche Mächte oder Geister, Glaube an die beseelte Natur

Entwicklung der Wissenschaften → S. 402

Die Logik eines Zwölfjährigen ist bereits strukturell vergleichbar mit der eines Erwachsenen. Das logische Denken wiederum ist unabdingbar für die Fähigkeit, wissenschaftlich zu denken und zu arbeiten.

8.1.6 Entwicklung des Denkens in den Lebensphasen

Das Kind im ersten Lebensjahr	
verfügt über einen „intuitiven Mengensinn“	Es erkennt Mengenunterschiede, wenn sie genügend auffällig sind: Größenverhältnis mind. 1:2. Kriterium ist aber nicht die Anzahl der Elemente, sondern die Ausdehnung der Menge. 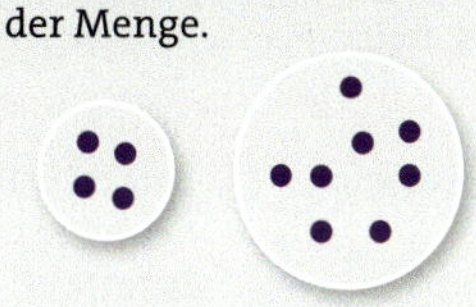
kann simultan erfassen (erkennen, ohne abzuzählen)	Es kann Mengen mit nicht mehr als 3 oder 4 Elementen unterscheiden: Hat es die Wahl, greift es mit 6 Monaten gezielt 3 statt 2 Kekse. Zwischen 5 oder 6 Keksen wählt es zufällig. 
bereitet sein Wissen über Addition und Subtraktion vor	Es bemerkt, wenn Mengen verändert werden, wenn etwas dazu kommt oder weggenommen wird.
bildet erste Kategorien (trifft Unterscheidungen)	Es unterscheidet im Alter von wenigen Wochen Menschen von Gegenständen (unbelebten Dingen). Im Laufe des ersten Lebensjahres verfeinern sich diese Kategorien: Menschen, Tiere, Pflanzen, Gegenstände usw.
erfährt sich in der Zeit	Es erkennt Rhythmen: schlafen – wach sein, essen – satt sein (Zusammenhang mit Kategorien!); Tagesablauf in seiner Umgebung usw.
erfährt sich im Raum	Es entwickelt Raumvorstellungen über seine eigene Körpererfahrung und die Entfernung von interessanten Objekten. Es lernt z. B., in Sichtweite versteckte Gegenstände an der entsprechenden Stelle wieder zu erwarten.

ZUM WEITERDENKEN Woher weiß man, dass ein wenige Wochen altes Kind Mengen unterscheidet? Zeigt man einem Säugling immer wieder die Abbildung einer Menge, so verliert er nach einer gewissen Anzahl an Wiederholungen das Interesse daran: er habituiert (gewöhnt sich daran). Zeigt man ihm dann eine andere Mengenabbildung, so weckt diese neues Interesse, wenn der Unterschied zur ersten groß genug (1:2) ist: er dishabituiert.

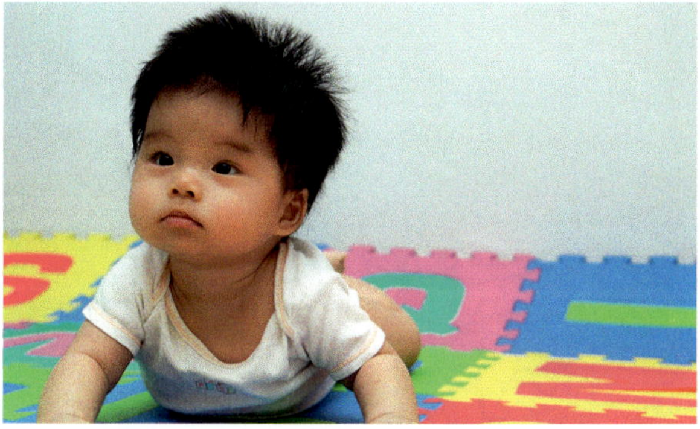

Abb. 8.6 Schon kleine Kinder treffen Unterscheidungen.

Abb. 8.7 Das Kind erobert den Raum.

Das Kind im Verlauf der Lebensjahre von 1 bis 3	
lernt Mengen zu unterscheiden	Nun auch bei einem Größenverhältnis von 2:3. Es beginnt, einzelne Elemente zu zählen.
erkennt Reihenfolgen	Es versteht allmählich, dass Mengen durch ein Mehr oder Weniger miteinander in Verbindung stehen. Es kann Stapeltürme bauen.
beginnt Operationen mit Mengen zu verstehen	Es entwickelt Ansätze, den Mengen die Kardinalzahlen zuzuordnen, und erkennt: Wenn man weiter (dazu) zählt, wird die Menge größer.
erkennt Objekte, die man zählen kann	Muggelsteine kann man gut zählen, Sandkörner nicht.
baut am mathematischen Wortschatz	Es lernt Zahlwörter, erkennt, dass Zahlen eine feste Reihenfolge haben. Es interessiert sich für Würfelbilder und Ziffern.
übt das Zählen	Es versteht das Prinzip der Eins-zu-Eins-Zuordnung.
verfeinert seine Kategorien in Unterkategorien	Es weiß nun etwa, dass Vögel und Hunde Tiere sind. Das Kind entwickelt so Vorläuferkompetenzen für das Abstraktionsprinzip des Zählens.
erfährt Handlungen in der Zeit	Es erkennt zeitliche Abfolgen von Handlungen aus seinem Alltag, z. B. beim Kochen: Wasser erhitzen, Nudeln dazugeben, warten – evtl. mit Zeitschaltuhr – abschütten .... Das Kind nimmt entsprechende Worte in seinen Wortschatz auf: „zuerst", „dann", „jetzt", ...
erobert den Raum	Das Kind lernt krabbeln und laufen und viele andere Möglichkeiten, sich im Raum zu bewegen. Dadurch entwickelt sich die Orientierung im Raum enorm weiter. Gleichzeitig wächst der zugehörige Wortschatz: oben, unten, vorne, hinten, unter, über, ...

BEISPIEL In der Waldgruppe eines Kindergartens: Alina (5;7 Jahre) beobachtet eine Spaziergängerin, die mit Hunden unterwegs ist. Sie hat zwei Beagles an der Leine – dreifarbig, mit Schlappohren. Ein kleiner weißer Hund springt nebenher. „Schau mal!", sagt Alina zu Leon (3;4 Jahre), und dieser antwortet: „Zwei Hunde". „Drei", korrigiert Alina, „drei Hunde!" „Zwei Hunde und ein Falscher", stellt Leon klar.

Das Kind im Verlauf der Lebensjahre von 3 bis 6	
kann Mengen unterscheiden	Nun auch bei einem Größenverhältnis von 4:3. Es weiß jetzt, dass die Unterscheidung durch Zählen feststellbar ist.
vervollständigt sein Wissen über die Ordnung von Mengen	Es versteht die Beziehung „mehr – weniger" und drückt sich darüber sprachlich aus.
erweitert Wissen über Operationen mit Mengen	Es versteht, dass man Mengen aufteilen kann, damit die Anzahl der Objekte besser zu erfassen ist. 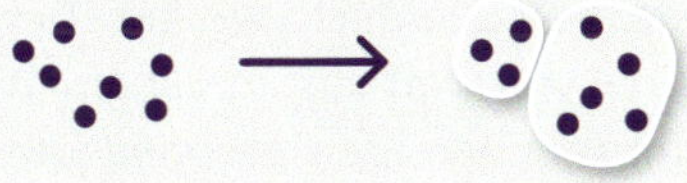
verfeinert mathematischen Wortschatz und den Umgang mit arabischen Ziffern	Es lernt zuverlässig zu zählen und Zahlensymbole (Würfelbilder, Ziffern) zu erkennen.
erwirbt weitere Zähl- und Rechenkompetenz	Es erweitert sein Verständnis auf alle ›Zählprinzipien‹. Im Alter von 4 Jahren entwickeln die meisten Kinder ein besonderes Interesse am Rechnen.
schaut in die Vergangenheit und in die Zukunft	Es weiß und kann in der richtigen Reihenfolge erzählen, was es an einem Tag erlebt hat (in individuell „groben" Abschnitten, etwa: morgens, nachmittags, heute Abend). Mit etwa 4 Jahren entwickelt das Kind daraus ein Gefühl von sich selbst in der Vergangenheit und erwirbt so Vorläuferkompetenzen, sein eigenes Befinden und Handeln zu reflektieren bzw. zu planen.
kann Raum und Wege beschreiben	Mit der Zunahme an sprachlicher Kompetenz kann es Beziehungen im Raum immer besser beschreiben und Wegbeschreibungen verstehen. Das Kind entwickelt allmählich das Verständnis für Wegskizzen und ein-fache Straßenkarten.

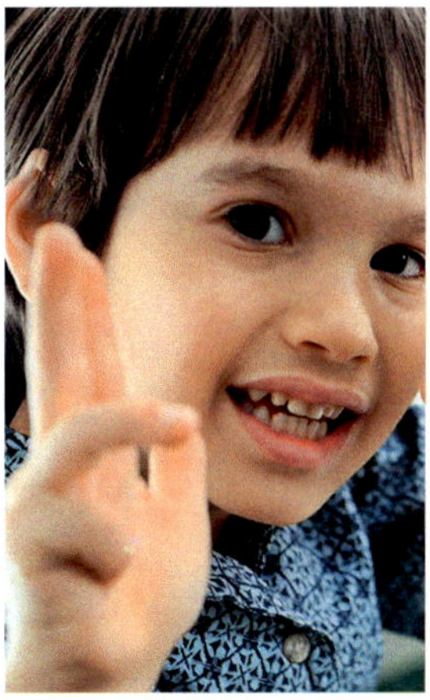

Abb. 8.8 Das Kind zählt zuverlässig.

Zählprinzipien → S. 405

Das Kind im Verlauf der Lebensjahre von 6 bis 12
entwickelt die während der ersten Lebensjahre aufgebauten Kompetenzen weiter. Während der Grundschulzeit bildet sich die von ›Dehaene‹ beschriebene Repräsentation des „inneren Zahlenstrahls", sodass nun die Rechenkompetenzen enorm steigen und zunehmend komplexere Aufgabenstellungen gelöst werden können. Das Kind kann abstrahieren und entwickelt logisches Denken. Etwa im Alter von 12 Jahren ist seine Logik vergleichbar mit der Erwachsener.

innerer Zahlenstrahl nach Dehaene → S. 406

Abb. 8.9 Komplexe Aufgaben werden gelöst.

8.2 Bedeutung und Ziele

Werte und Normen → S. 433

Das Wissen um Vorgänge und Gesetzmäßigkeiten in der Natur hat Menschen im Laufe ihrer Geschichte in die Lage versetzt, zahllose Errungenschaften von kultureller Bedeutung zu machen. Der praktischen Umsetzung naturwissenschaftlicher Erkenntnis verdanken wir Technologien, die sich rasant weiterentwickeln: Kommunikations- und Medizintechnik sind nur zwei Anwendungsgebiete mit fundamentalem Einfluss auf das Leben. ›Werte und Normen‹ der Gesellschaft müssen immer wieder neu überdacht werden: Der Mensch greift mit seinem Handeln in die Natur ein – wie weit darf er gehen? Wie viel Respekt haben wir vor Lebensmitteln – um welchen Preis erhöhen wir die Produktionen? Die Entdeckungen und Erfindungen des Menschen sind immer ambivalent – ohne Schatten gibt es kein Licht.

Damit die Erde für künftige Generationen ein Lebensraum des Friedens, des gegenseitigen Respekts und der Wertschätzung ihrer natürlichen Zyklen sein kann, ist es notwendig, dass schon Kinder Verständnis für die Prozesse der Natur entwickeln. Selbst zu forschen und mit gewonnenen Erkenntnissen eigene Erfindungen zu kreieren, macht Kindern Spaß und stärkt ihr Selbstvertrauen. Das Bewusstsein, dass auch sie Mitschöpfer ihrer Umwelt sind, ist Grundlage, für den Umgang mit den Ressourcen der Erde und das soziale Gleichgewicht Mitverantwortung zu übernehmen.

Engramm
Spur, die durch Erfahrungen im Gedächtnis hinterlassen wird

Für Erzieherinnen von besonderer Bedeutung ist die mathematisch-naturwissenschaftliche Bildung im Kindergartenalter. Kinder zeigen von Anfang an großes Interesse an Phänomenen, die naturwissenschaftliche Themen berühren. Die frühe naturwissenschaftliche Bildung legt ›Engramme‹, die wie Pfade an das (intuitive) Vorwissen des Kindes anknüpfen. Diese Pfade sind eine Basis für die Schulzeit und können in den späteren Lebensjahren zu Straßen ausgebaut werden. Bekommt hingegen die frühkindliche Neugier keine Nahrung, so verkümmert das Interesse und das Kind wendet sich anderen Beschäftigungen zu. Die Welt braucht aber junge Menschen, die mit Liebe und Verantwortung mit der Natur zusammenarbeiten anstatt sie egoistisch und gedankenlos auszunutzen. Dies setzt auch intellektuelle Fähigkeiten voraus.

Erfährt sich ein Kind schon früh mit Freude und Begeisterung als Forscher und Entdecker, so kann seine Neugier auch weiterhin Motor für sein (lebenslanges) Lernen bleiben. Die Erfahrung, eigene Erkenntnisse zu versprachlichen und in der Gemeinschaft mit Kindern und Erwachsenen immer wieder neu zu überprüfen, ist eine gute Grundlage, in der Schulzeit selbstbewusst nachzuhaken, wenn Schulstoff den selbst entwickelten Theorien zunächst so gar nicht entsprechen will.

Zahlreiche Informationen und Materialien bietet z. B. die Jugendstiftung Baden-Württemberg in ihrem Jugendportal unter: **www.forscherland-bw.de**

Für ältere Kinder und Jugendliche liegt die naturwissenschaftliche Bildung vorrangig in der Verantwortung der Schule. Erzieherinnen arbeiten insbesondere in den Bereichen Hort und Ganztagsschule mit den Lehrkräften zusammen. Es gibt ein wachsendes Angebot an Fortbildungen, über die sich sozialpädagogische Fachkräfte in diesem Bildungsbereich weiterqualifizieren können, um auch ältere Kinder professionell beim Forschen und Experimentieren zu begleiten.

8.2.1 Bildungsziele der frühen Mathematik

Die mathematischen Kompetenzen, die schon sehr junge Kinder bereits in den Kindergarten mitbringen, entsprechen den ›kognitiven Fähigkeiten‹, wie sie oben dargestellt wurden. Daran anknüpfend sollen die Kinder aus allen Bereichen ihres Alltags viele unterschiedliche neue Erfahrungen sammeln, versprachlichen und allmählich reflektieren lernen (Metakognition). Wesentlich dabei ist die pädagogische Haltung, dass diese Erfahrungen spielerisch und freudvoll gemacht werden können. Konkret geht es dabei um messen, zählen, ordnen und vergleichen sowie um Erfahrungen in Zeit und Raum.

kognitive Fähigkeiten im Kindergartenalter → S. 409

Im Projekt „Natur-Wissen schaffen" der Deutschen Telekom Stiftung an der Universität Bremen sind diese Kompetenzen in folgende Bereiche eingeteilt:

www.natur-wissen-schaffen.de

- Sortieren und Klassifizieren
- Muster und Reihenfolgen
- Zeit
- Raum und Formen
- Mengen, Zahlen, Ziffern

Auch die amerikanische Elementarpädagogin Nancy Hoenisch führt diese Bereiche als „Brückenpfeiler" an, die es dem Kind ermöglichen, eine Brücke von der konkreten Kinderwelt in die abstrakte Welt der Erwachsenen zu bauen. Den Bereich „Zeit" erweitert sie unter dem Begriff „Wiegen, Messen und Vergleichen" um die Beschäftigung mit Geld, Gewicht und Volumen. Als sechsten Brückenpfeiler fügt Hoenisch die „Grafische Darstellung und Statistik" hinzu.

In beiden Konzepten wird ein ›Dreier-Schritt‹ deutlich, den ein Kind beim Erwerb mathematischer Kompetenzen bewältigt: Zunächst macht es vielfältige Sinnes- bzw. Körpererfahrungen. Diese werden durch die Interaktion mit Kindern und Erwachsenen versprachlicht. Daraus können allmählich Gesetzmäßigkeiten abgeleitet werden.

Dreierschritt: Triple-Code → S. 406

Die mathematischen Kompetenzen, die sich aus den fünf (oder sechs) Themen ergeben, entwickeln sich entsprechend nicht nacheinander, sondern parallel weiter.

Sie werden beim naturwissenschaftlichen Experimentieren gebraucht und beim Forschen immer weiter differenziert und ausgebaut. Insofern ist die frühe Mathematik nie als losgelöster eigener Themenbereich zu betrachten. Kinder haben gerade deshalb Freude an ihrem mathematischen Handeln, weil es sie zu Erkenntnissen und Entdeckungen von Zusammenhängen führt, die ihren gesamten Alltag durchdringen.

Wie sich die Lernprozesse in den beschriebenen drei Phasen vollziehen können, zeigen folgende Beispiele, die gleichzeitig einen Alltagsbezug in unterschiedliche Bereiche herstellen:

Sortieren und Klassifizieren

fördert die Fähigkeit, Kategorien zu bilden und sie in Unterklassen aufzuteilen und zu beschreiben. Daraus entwickelt sich das Verständnis für die ›Klasseninklusion‹: Es gibt Perlen, darunter rote, blaue, große, kleine, solche aus Glas, aus Holz ...

Klasseninklusion

Eine Menge enthält beschreibbare Untermengen.

Drei Phasen

1. Steht ansprechendes Material in genügend großer Menge bereit, sortieren Kinder mit Ausdauer und Freude. Anfangs trennen Kinder bevorzugt nach Farben.
2. Das Kind erklärt, wie es sortiert hat – es benennt Merkmale. Dadurch werden die voneinander getrennten Teilmengen klassifiziert: rote Perlen, blaue Perlen, gelbe Perlen.
3. Allmählich erkennt das Kind, dass beispielsweise Perlen nach mehreren Merkmalen sortiert werden können: rote kleine, rote große, rote aus Holz, rote aus Glas.

Abb. 8.10 Kategorien bilden

Muster und Reihenfolgen

Muster (beim Klatschen)

ebnen den Weg zu komplexeren Strukturen (zum ›Rhythmus‹).

Rhythmus → S. 216

Drei Phasen

1. Muster sind überall zu entdecken: auf der Kleidung, dem Vorhang, im Kopfsteinpflaster, auf Fliesen und im Kaleidoskop. Muster kann man auch hören und spüren: beim Klatschen und Stampfen und Hüpfen etwa.
2. Aus dem Beschreiben von Mustern entwickeln Kinder die Fähigkeit, regelmäßige Muster fortzusetzen.
3. Muster können schließlich im Kopf oder auf dem Papier entworfen und mit Material (Bewegung, Tönen, ...) umgesetzt werden.

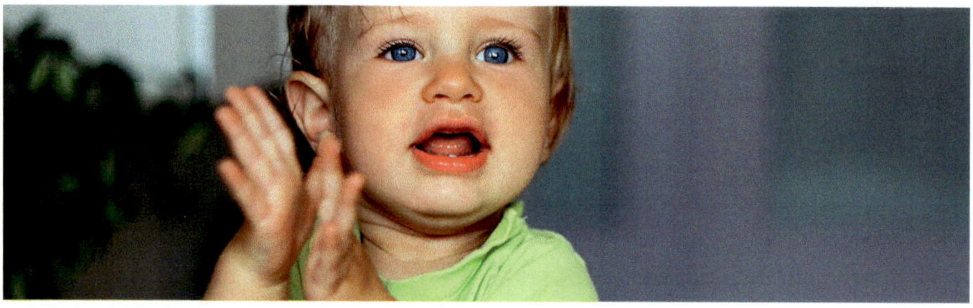

Abb. 8.11 Vom Klatschen zum Rhythmus

Zeit

Erfahrungen mit der Zeitmessung

ermöglichen Abläufe zu strukturieren, Verabredungen zu treffen und einzuhalten.

Drei Phasen

1. Kind beschäftigt sich mit unterschiedlich großen Sanduhren: umdrehen, warten, bis der Sand durchgelaufen ist; schon vorzeitig umdrehen, quer hinlegen usw.
2. Es erzählt, was es beobachtet hat. Dabei vergleicht es die Erfahrungen. Wortschatz: länger, kürzer, zuerst, dann, dauert lange, geht schnell ….
3. Es entwickelt sich eine Vorstellung von Zeitdauer und Zeitmessung. Zeit reicht aus, ein Spiel zu machen, zum Händewaschen, zu kochen … Zeit wird strukturell erfahren.

Abb. 8.13 Zeit messen

Raum und Formen

Erfahrungen mit Grundformen

führen zur ›Geometrie‹ (Länge, Breite, Höhe, Anzahl Ecken, Symmetrie, Volumen).

Drei Phasen

1. Kinder stechen Plätzchen aus und formen sie auch selbst: Kreise, Dreiecke, Quadrate …
2. Wie sehen unsere Plätzchen aus? Wortschatz: rund, eckig, spitz, dünn, dick, flach, … . Wie viele Ecken hat das Plätzchen? Was passiert, wenn man zwei Dreiecke aneinanderlegt? Wie kann man Doppelkekse machen?
3. Es entwickelt sich eine Vorstellung von zusammengesetzten Formen – auch räumlich (Doppelkeks, Terrassenkeks: Zylinder, Kegel).

Geometrie

griech. geometria = Erdmaß, Landmessung
Kunst der Messung auf der Erdoberfläche, Lehre von den Gebilden in Ebene und Raum

Abb. 8.12 Formen entdecken

Mengen, Zahlen, Ziffern

Die Fußballmannschaft erkennt die Eins-zu-Eins-Zuordnung.

Mengenzerlegung gelingt „im Kopf".

Drei Phasen

1. In der Fußballmannschaft bekommt jedes Kind ein Trikot mit seiner Nummer. Die Kinder suchen selbst ihr Trikot aus dem Trikotkoffer aus.
2. Wie viele Kinder sind da, wie viele Trikots sind im Koffer? Was heißt es, wenn ein Trikot im Koffer übrig ist? Woran erkennst du dein Trikot? Welche Zahl ist das auf dem Rücken?
3. Abstraktion: Kind zählt die Anwesenden und kann vorher sagen, ob und wie viele Trikots übrig sind. Es weiß, welche Nummer sein Freund hat; welche Nummer übrig bleibt, wenn der Freund heute nicht da ist …

Abb. 8.14 Nummern erkennen

8.2.2 Bildungsziele Naturwissenschaften

Naturwissenschaftliche Bildung hat zum Ziel, dass Kinder in den Bereichen Biologie, Chemie, Physik und Astronomie altersgerecht Wissen aufbauen und Kompetenzen entwickeln, dieses Wissen durch (schlussfolgerndes) Weiterdenken und eigenes Handeln anzuwenden. Auf dieser Grundlage lernen junge Menschen, für sie und ihre Umwelt relevante Entscheidungen zu verstehen und selbst zu treffen.
Für Kindergarten- und Grundschulkinder sind diese Bildungsprozesse konkret, also im direkten Bezug zu ihrem Lebensalltag zu gestalten. Anknüpfpunkte liefern die Kinder selbst mit ihren Beobachtungen und Fragen.
Entsprechend ergeben sich die Inhalte der frühen naturwissenschaftlichen Bildung:

- Lebenselemente: Feuer, Erde, Wasser, Luft
- Natur mit Pflanzen und Tieren
- Erde und Himmel – Sonne, Mond, Sterne und das All
- Licht und Schall
- Wetter im Jahreslauf
- Energie: Wärme, Strom, Kraftstoffe, Magnetismus

Schon junge Kinder sollen aus vielfältigen Erfahrungen, die sie mit allen Sinnen erleben, in diesen Bereichen grundlegende Erkenntnisse gewinnen, die die Tür zu den Naturwissenschaften öffnen. So kann ein gutes Fundament für die Schulbildung entstehen und die Kinder, die ganz besonders an diesen Themen interessiert sind, bleiben motiviert, diesem Interesse auch außerhalb der Schule weiter nachzugehen.

←→ Nachhaltigkeit
Wie kann die naturwissenschaftliche Bildung für die Entwicklung eines nachhaltigen Lebensstiles genutzt werden?

Wo und wie zeigen sich Kindern beispielsweise die **Elemente** Feuer, Erde, Wasser, Luft? Wie kann man sie segensreich einsetzen – was geschieht, wenn sie außer Rand und Band geraten? Die Nachrichten über verheerende Naturkatastrophen, über Erdbeben, Fluten, Waldbrände und Tornados, erreichen auch die Kinderzimmer. Diesen Bild-ern kann Bild-ung zuverlässige Erfahrungen und Erkenntnisse gegenüberstellen und so einen Beitrag leisten, irrationalen Kinderängsten zu begegnen.

Von Anfang an erleben Kinder, dass **Energie** im Alltag eine große Bedeutung hat. Das Auto braucht Sprit, die Heizung Öl, der Kühlschrank Strom. In der Familie diskutieren Erwachsene über die hohen Preise für Energie. Weil Kinder sehr schnell begreifen, welchen Stellenwert Geld in unserer Gesellschaft hat, wird Energie auch über solche Diskussionen für sie zu einem bedeutsamen Thema. Es erschließt sich zunächst, indem Kinder erkennen, was Energie für uns leistet. Sie wärmt die Mahlzeiten, erhellt das Kinderzimmer und sorgt für Unterhaltung mit Fernseher, Laptop und Smartphone. Welcher Kraftstoff hält aber den menschlichen Körper am Laufen?
Aus der Auseinandersetzung mit diesen Themen können Kinder sich allmählich auch Fragen der Ressourcenschonung und alternativen Energien zuwenden.

REFLEXION | **IMPULS** | LERNORTKOOPERATION

Was wissen Sie noch aus Ihrer eigenen Schulzeit über Licht und Schall? Welche Phänomene in diesem Bereich sind für Kinder unterschiedlichen Alters interessant? Mit welchen anderen Bildungsbereichen lassen sie sich wohl gut verknüpfen?

Die Grundlernform im naturwissenschaftlichen Bereich ist das Experiment. Forscher und Tüftler zu sein, kommt der Neugier und der Entdeckungsfreude von Kindern sehr entgegen und fördert sie ganz entscheidend in ihrer Fähigkeit, Probleme zu lösen. Beim Experimentieren können verschiedene Kompetenzbereiche trainiert werden:

- Beobachten: Daraus ergeben sich Fragestellungen und Ideen, wie ein Experiment ablaufen kann.
- Vermutung (Hypothese) aufstellen, die überprüft werden soll.
- Experiment durchführen: Entwicklung planvollen Handelns und Organisation des Settings.
- Experiment besprechen und dokumentieren: Reflexion bewahrt die Erinnerung, strukturiert Ergebnisse, fördert lernmethodische Kompetenzen; Festhalten von Ergebnissen dient als Grundlage weiterer Forschung und ermöglicht die ›Teilhabe‹ der Gemeinschaft.

Teilhabe → *S. 435 Band 1*

Kinder **beobachten** von Natur aus ihr Umfeld. Dabei muss der Begriff „beobachten" auf alle Sinne bezogen werden. Kinder sehen, hören, riechen, schmecken und fühlen ständig interessante Vorgänge um sich herum. Es kommt deshalb dem sprachlichen Ausdruck auch hier große Bedeutung zu. Aus der Beschreibung der Ausgangslage kristallisieren sich erst wirklich Fragestellungen heraus, die dann bewusst formuliert werden können.
Dies ist Grundlage dafür, eine **Vermutung** über Zusammenhänge oder Abläufe aufzustellen, die anschließend überprüft werden kann.
Beim **Experimentieren** selbst lernen Kinder, ihr Vorgehen zu strukturieren. Liegen das Werkzeug, der Behälter oder der Klebstoff in greifbarer Nähe, wenn sie gebraucht werden? Steht genügend Platz zur Verfügung oder wird es auf einmal viel zu eng? Kinder entdecken durch solche Erfahrungen, dass es hilfreich ist, schon vor der Handlung zu planen, was gebraucht wird. Insbesondere die Erfahrungen, dass während des Tuns überraschend andere Utensilien nötig sind, erweitern wirkungsvoll diese Planungskompetenz. Bei der Durchführung von Versuchen müssen manche Schritte schnell aufeinander folgen, z. B. beim Kleben, andere Schnellschüsse rächen sich im Misslingen des Experiments. All dies sind wertvolle Gelegenheiten, den Wert von Aufmerksamkeit und Konzentration konkret zu erfahren.

Im **Beschreiben und Dokumentieren** des Experimentes werden die Vorteile des ko-konstruktiven Lernens deutlich. Man könnte sagen: Erst wenn andere verstehen können, was geschehen ist, ist der Versuch wirklich beschrieben. Das Interesse einer Gruppe bzw. der Erzieherin oder der Eltern befeuert die Motivation für ein Kind, zu erklären, was es gemacht hat und wie es vorgegangen ist. Dabei erlangt es selbst ein Verständnis für sein eigenes Denken und Lernen. Diese metakognitiven Kompetenzen helfen dem Kind, sein Denken allmählich zu abstrahieren. So entsteht die Fähigkeit, später losgelöst vom Objekt „alte" Ergebnisse noch einmal zu überdenken, neu infrage zu stellen und auf dieser Grundlage weiter zu forschen. Ergebnisse, die in Schriftform, aber auch als Zeichnungen, Fotos oder Film festgehalten sind, tragen – wie bei Erwachsenen auch – entscheidend dazu bei, dass bereits gemachte Erkenntnis nicht in Vergessenheit gerät, sondern wiedererinnert werden kann.

8.2.3 Bildungsziele Technik

Tablet-PC, Smartphone → S. 342

Die Welt, auch die Kinderwelt, ist voller Technik. Elektrische Geräte im Haushalt und Digitalanzeigen an Backofen und Gefrierschrank brummen, summen, piepen und blinken. Für Kinder ist es äußerst interessant, auf die Lichtschalter, auf die Tasten von Fernbedienungen und Musikanlagen zu drücken und zu schauen, was passiert. Selbst die „intuitive Bedienung" von ›Tablet-PCs und Smartphones‹ erfassen schon die Kleinsten sehr schnell. So verwundert es nicht, wenn ein Kleinkind ein Plakat dahin gehend untersucht, ob sich das statische Bild nicht vielleicht doch per Wischtechnik verändern lässt.

Abb. 8.15 Die Welt ist voller Technik.

Technik ist Problemlösen in der Praxis: Gesucht sind Hilfsmittel, die uns das Leben in von uns vorgegebenen Situationen angenehmer, leichter, spannender, abwechslungsreicher, komfortabler machen – die Reihe ließe sich fortsetzen. Der Ursprung von Technik reicht weit in die Menschheitsgeschichte zurück. In der Steinzeit bauten Jäger einfache Werkzeuge, um damit die Jagdbeute bestmöglich zu verwerten. Aus Fell und Knochen entstanden Kleider, Schmuck und Speere.

Die Fertigkeiten, Werkzeuge und Waffen zu bauen, haben unseren Vorfahren das Überleben gesichert – heute gefährden sie den globalen Frieden. Längst sind wir aufgefordert, verantwortungsvoll und kompetent mit Technik umzugehen. Der rasanten Entwicklung allerdings ist schwer zu folgen. Umso wichtiger ist es, Kinder schon früh zu unterstützen, sich dieses für sie so interessante Feld altersgemäß zu erschließen. Der Weg führt dabei an die Anfänge. Kinder sollen

- viele unterschiedliche Materialien kennenlernen:
  - Holz, Metall, Papier, Kunststoff, Glas ...;
- den Umgang mit Werkzeugen üben:
  - Schraubendreher, Feile, Hammer ...;
- Geräte durch Auseinandernehmen kennenlernen;
- Geräte selbst wieder zusammenbauen;
- neue Konstruktionen entwerfen und damit
- eigene Geräte erfinden und bauen.

Unterschiedlichste Kompetenzen des Kindes werden bei diesen Tätigkeiten gestärkt. Kennt das Kind die Eigenschaften eines Materials, so kann es bald entscheiden, mit welchem Werkzeug es am besten arbeitet. Übt es den Umgang mit verschiedenen Werkzeugen, schult es handwerkliche Kompetenzen wie Feinmotorik oder Auge-Hand-Koordination.

Indem es möglichst viele unterschiedliche, zunächst einfache Geräte auseinandernimmt, entzieht es ihnen die „Magie". Es erkennt allmählich, dass es im Inneren immer einzelne Bauteile findet: Zahnräder, Hebel, Leuchten, Kabel, Schrauben usw. Mit diesem Wissen kann das Kind Ideen entwickeln, wie es selbst ein Gerät bauen könnte, das einen bestimmten Zweck erfüllen soll.

Hilfreich ist es, wenn Kinder im Vorfeld durch viele praktische Erfahrungen mathematisch-physikalisches Grundwissen über Räder, Hebel, Flaschenzug, Schwerpunkt und Gleichgewicht, Reibung und Trägheit aufbauen können.

Kreativität → S. 259

Wird das Kind schließlich als **Erfinder** aktiv, kann es sein ganzes ›kreatives‹ Potenzial einsetzen. Dies kann durchaus in ein Dilemma führen: Möglicherweise besticht am Ende das erfundene Gerät in Optik und Design. Wenn es allerdings nicht funktioniert, wird das nicht befriedigend sein. In solchen Prozessen müssen Kinder – und Erzieherinnen – aushalten, dass frustrierende Situationen eintreten. Nicht auf alle Fragen gibt es immer gleich eine Antwort. Die Erfahrung, dass die Erzieherin die Enttäuschung empathisch mit dem Kind teilt, kann sehr wertvoll sein. Beide haben die Chance, den Misserfolg noch einmal „zu überschlafen" und an einem anderen Tag Kompromisse und neue Ideen zu finden. Sie können so eine positive Grundhaltung entwickeln, die die Zuversicht nährt, dass zumindest „irgendwann" die kindliche Vision der neuen Erfindung Realität werden wird.

ZUM WEITERDENKEN Mit der sogenannten **Walt-Disney-Strategie** haben Erfinderträume die Chance, sich innovativ zu realisieren: Es werden drei voneinander getrennte Räume eingerichtet. Im Träumer-Raum werden Träume und Visionen als Ideen und Vorschläge formuliert. Im Realisten-Raum nimmt das Team diese Vorschläge entgegen und entwirft einen Plan, wie sie realisiert werden können. Im Kritiker-Raum prüfen die Experten den Entwurf: Ist er vollständig durchdacht, hat er Fehler, wo sind bei der Realisierung Probleme zu erwarten? Mit diesen Einwänden geht der Entwurf zurück an die Realisten zur erneuten Bearbeitung und Korrektur. Falls der Traum noch weitere Details oder Kompromisse erfordert, geht die Bearbeitung auch zurück zu den Träumern. Indem die drei Räume – und Teams – voneinander getrennt arbeiten, können sie ihr spezielles Potenzial (Kreativität, Praxiswissen, analytischer Weitblick) voll entfalten. Der Traum wird Wirklichkeit, wenn alle drei Abteilungen zufrieden sind.

Diese Kreativitätstechnik eignet sich insbesondere für die Jugendarbeit. Ziele und Visionen können mit Beteiligung der Jugendlichen geklärt, konkretisiert und in umsetzbare Lösungskonzepte überführt werden.

Der sprachlichen Interaktion kommt auch im Bildungsbereich Technik große Bedeutung zu. Kinder lernen eine Vielzahl neuer Begriffe. Sie beschreiben und erklären Funktionsweisen und können darüber ein Verständnis für die Gefahren beim Umgang mit Technik entwickeln. Sozialpädagogische Fachkräfte werden dem Thema „Sicherheit im Umgang mit Technik" den gebührenden Raum geben. Die Erzieherinnen treffen die Entscheidung, welche Gegenstände nicht dem Kind überlassen werden können und deshalb außerhalb seiner Reichweite untergebracht sind. Gemeinsam mit den Kindern können aber Regeln aufgestellt werden, wie mit welchen Werkzeugen und Geräten umzugehen ist.

←→ Förderung von Medienkompentenz

Wie kann technisches Verständnis förderlich für einen kompetenten Mediengebrauch sein?

Aus der Erklärung, wie ein Gerät funktioniert, ergibt sich das Gespräch über seine Auswirkung auf die Lebensbedingungen der Zielgruppe – das können Menschen, Tiere, Pflanzen sein. Größer gefasst kann sich also die Auseinandersetzung mit den Auswirkungen auf die Umwelt anschließen. Kinder entwickeln auf diese Weise ein erstes Verständnis für die Zusammenhänge von Umwelt, Wirtschaft und sozialer Gemeinschaft: Technische Bildung fördert die Kompetenzen, Probleme zu lösen und gleichzeitig allmählich ökologische Verantwortung zu übernehmen.

8.2.4 Mathematik ist immer mit dabei

Das naturwissenschaftliche Experimentieren kommt ohne mathematische Kompetenzen als Grundlage nicht aus. Das folgende Beispiel zeigt das Zusammenspiel der „Disziplinen“ auf und verdeutlicht gleichzeitig, wie sich aus einer einfachen, konkreten Beobachtung Ideen zum Forschen für Kinder unterschiedlichen Alters ergeben und weiterentwickeln können.

Beobachten:

Es regnet ⟶ Es gibt Pfützen. – Wasser perlt vom Autodach ab. – Tropfen hängen an Blättern und Zweigen. – Regen fällt aus den Wolken. – Regen platscht aus der Dachrinne.

Kinder spielen mit Wasser und „organisieren ihr Experiment“:

Sortieren + klassifizieren — Verschiedene Gefäße zum Einfüllen und Aufnehmen von Wasser herholen:
- Eimer, Schüssel, Teller, Spiegelfliese
- Gießkanne, Schlauch, Spritze, Pipette

Versuche und Fragen:

Muster + Reihenfolgen Mengen vergleichen Zuordnungen — *Kann ich mit der Gießkanne das Schüsselchen füllen? Ist die Pipette geeignet, den Eimer zu füllen? Wie viel Wasser kommt auf einmal aus der Gießkanne, aus der Spritze, aus dem Schlauch?*

Neue Fragen:

Geld — *Wofür ist die Pipette interessant? Ko-Konstruktion (Herausforderung): Erzieherin fragt: „Wie viele Tropfen passen auf ein 5-Cent-Stück?“*

Neue Handlung:

Zahlen, Raum + Formen — *5-Cent-Stück besorgen und mit der Pipette Wasser auftropfen.*

Erkenntnis:

Zeit — *Zuerst wächst die „Wasserkugel“, dann läuft das Wasser über.*

naturwissenschaftliche Grundkenntnis: Oberflächenspannung des Wassers

Neue Fragen:

Wie viele Tropfen passen auf andere Geldstücke – auf andere Gegenstände ...

Ko-Konstruktion:

Was passiert, wenn man zuerst einen kleinen Tropfen Geschirrspülmittel auf das Geldstück tropft?

8.3 Methodische Grundlagen

„Alles, was Menschen hilft, was sie einlädt, ermutigt und inspiriert, eine neue, andere Erfahrung zu machen als bisher, ist gut für das Hirn und damit gut für die Gemeinschaft.

Gerald Hüther (*1951), Neurobiologe; in: Begeisterung ... veröffentlicht unter www.gerald-huether.de/populaer/veroeffentlichungen-von-gerald-huether/texte/begeisterung-gerald-huether/index.php

Wieso, weshalb, warum? Mit diesen Fragen machen sich Kinder daran, ihre Welt nicht nur sinnlich, sondern auch kausal zu durchdringen und ihrem Erleben eine zunehmend tiefere Sinndeutung zu erschließen. Erwachsene können schnell ins Schwitzen kommen, wenn sie an sich selbst die Anforderung stellen, sie müssten den Kindern prompt, vollständig und kindgerecht alle Fragen beantworten. Zum Glück ist das nicht so: Kinder wollen ihre Welt selbst erkunden, sie brauchen keine allwissenden Erwachsenen, sondern deren einfühlsame und unterstützende Begleitung. Entsprechend sind Erzieherinnen offen für Ideen und Vorschläge der Kinder und bereit, mit ihnen gemeinsam zu lernen.

8.3.1 Grundlegendes klären

Was die naturwissenschaftlichen Fächer, allen voran die Mathematik, angeht, spalten sich die Sympathien der Erwachsenen. Die eigenen Erinnerungen an die Schulzeit münden in diesem Bereich nicht selten in das Resümee „Das habe ich nie verstanden". Andere haben die kindliche Freude am Ausprobieren und Knobeln ins Erwachsensein gerettet. Oftmals haben Eltern und Lehrer diese Weichenstellung entscheidend beeinflusst.

REFLEXION | IMPULS | LERNORTKOOPERATION

Welche Erfahrungen haben Sie mit dem Fach Mathematik gemacht?
Erinnern Sie sich an Ihre eigene Kindheit und Schulzeit. Wer hat Sie bestärkt und motiviert – wer hat Ihnen die Beschäftigung mit mathematischen Themen verleidet?
Wie viel Mathematik sollte heute noch jeder Mensch verstehen? Reichen nicht Experten, die uns mit komfortabler Software ausstatten?
Welche mathematischen Fähigkeiten verwenden Sie in Ihrem Alltag? Welche Situationen sind das? Nennen Sie Beispiele!

Der Bildungsauftrag für die Naturwissenschaften im Elementarbereich ist seit etwa einem Jahrzehnt in den Bildungsplänen der Länder verankert. Dennoch gibt es bei den Erzieherinnen noch skeptische Zurückhaltung:

- Vorbehalt 1: Kinder unter sechs Jahren haben die kognitiven Voraussetzungen noch nicht.
- Vorbehalt 2: Kindergartenkinder können noch nicht naturwissenschaftlich experimentieren.
- Vorbehalt 3: Andere Bereiche wie Sprache, Bewegung und kreative Erziehung sind in diesem Alter wichtiger.

Die Antworten auf diese Vorbehalte sind bereits gegeben:

Piaget → S. 398 Band 1

Entwicklungsstand des Kindes → S. 86

- Die auf ›Piaget‹ beruhenden Erkenntnisse wurden durch neuere Studien relativiert.
- Die Erwartungen, wie ein Experiment abzulaufen hat, sind dem ›Entwicklungsstand des Kindes‹ anzupassen.
- Mathematik, Naturwissenschaften und Technik sind von Sprache nicht zu trennen. Kinder denken beim Forschen häufig „laut". Im Austausch über ihre gewonnenen Einsichten üben sie, andere zu verstehen und sich selbst für andere verständlich auszudrücken. Ausgangspunkt für mathematisch-naturwissenschaftliches Handeln ist das Interesse der Kinder, das immer bereichsübergreifend in den konkret erfahrbaren Alltag eingebunden ist. Bewegung und Kreativität sind immer eingeschlossen.

Abb. 8.16 Es gibt viele Gelegenheiten, neue Fragen zu stellen.

8.3.2 Vom Umgang mit Fehlern und „falschen" Theorien

„Das ist falsch!" Wenn diese Bewertung noch dazu in harschem Tonfall kommt – wie vernichtend fühlt sich das an? Ein innerliches Zusammenzucken, das die Lust, weiter nachzudenken, im Keim erstickt. Solche Situationen kennen wohl alle Menschen.

Auch die klügsten unserer Vorfahren haben lange „gewusst", dass die Erde eine Scheibe ist. Erst durch viele Beobachtungen und Schlussfolgerungen konnten sie die Gestalt der Kugel begründen und (viel später) beweisen. Wissen ist nicht statisch, sondern es fließt. Forschung hat immer auch Fehler korrigiert und Irrtümer revidiert.

Beim kindlichen Entdecken und Schlussfolgern gibt es in diesem Verständnis keine Fehler, sondern Gelegenheiten, immer wieder neue Fragen zu stellen. Die einfühlsame Erzieherin hält aus, dass Kinder durch ihr Forschen zu Erkenntnissen kommen können, die nicht dem wissenschaftlichen Sachverhalt entsprechen. Sie wird, was „eigentlich richtig ist", nicht über die Kinder ausgießen, sondern aufmerksam beobachten, ob und wie sie Impulse für eine weitere Auseinandersetzung mit dem entsprechenden Thema setzen kann. Je öfter Kinder sich auch untereinander über ihre Erfahrungen austauschen, sich gegenseitig Ergebnisse erklären, desto eher können sie „unter sich" Irrtümer erkennen und korrigieren. Das macht Kinder stark und selbstbewusst und gleichzeitig offen dafür, dass auch „Versuch und Irrtum" eine funktionierende Problemlösestrategie ist.

REFLEXION **IMPULS** LERNORTKOOPERATION

Ein Kind rechnet Ihnen eine Aufgabe vor und nennt ein falsches Ergebnis. Es fragt Sie: „Das stimmt doch, oder?"
Wie können Sie antworten? Wie sehen Ihre Antworten in Abhängigkeit vom Alter des Kindes aus?

8.3.3 Räume öffnen

Der erste Raum, den es zu öffnen gilt, ist der **Raum des eigenen Bewusstseins**: In vielen alltäglichen Handlungen steckt schon Mathematik, stecken Forschen und Experimentieren und die Technik ohnehin. Sozialpädagogische Fachkräfte sind gut beraten, wenn sie von der Spontanität der Kinder lernen und ihren Bildungsauftrag nicht so sehr tiefernst, sondern vielmehr freudig wahrnehmen.

BEISPIEL Gemeinsam essen – alle helfen mit!

- Frühstückseier kochen = Experiment mit Zeit, Wasser, Technik (Herd/Eierkocher)
- Tisch decken = kreative Mathematik
- Teller, Becher, Löffel benennen: sortieren + klassifizieren; Kategorien: Besteck, Geschirr; Unterklassen: Gabeln, Löffel, Teller, Becher
- Jeder bekommt einen Teller, einen Löffel, ... : Eins-zu-Eins-Zuordnung
- Gegenstände arrangieren, Tischfläche einteilen: Muster, Formen, Raum
- Obstteller richten: Muster, Formen, Mengen
- Zählen: Wie viele sind wir? Wie viele Teller brauchen wir? Können wir auch rückwärts zählen?
- Was ist zu tun? Mathematische Aktivitäten erkennen und darüber sprechen!

Erst im sprachlichen Austausch wird Kindern klar, dass sie für ihr Handeln Mathematik nutzen und dies in anderen Situationen anwenden können.

Für das Kind von entscheidender Bedeutung ist der **soziale Raum**, ein Klima, in dem es sich sicher und wohlfühlt. Es braucht die Gewissheit, dass seine Ideen und Vorschläge als wertvolle Beiträge geschätzt sind. Es muss sich äußern und in Entscheidungen einbringen können. Es gibt kein Falsch im forschenden Denken.

Abb. 8.17 Ein Sortierregal regt zu vielen mathematischen Aktionen an.

Um tätig zu werden, braucht es zudem den **materiellen Raum** mit genügend vielen ansprechenden Materialien, die für die Kinder sichtbar und zugänglich sind:

- Spielmaterial in vielen unterschiedlichen Größen, Farben, Formen: z. B. Bauklötze, Perlen, Autos, Muggelsteine, Spielfiguren, Würfel
- Alltagsobjekte in größeren Mengen: z. B. Flaschenkorken, Wäscheklammern, Knöpfe, Schrauben, Schlüssel
- Naturmaterialien: z. B. Bohnen, Kastanien, Eicheln, Muscheln, Sternanis
- Schnüre, Stäbe, Schläuche, Säckchen

Dazu kommen

- Behälter in unterschiedlichen Größen, Plastikflaschen mit unterschiedlich großer Öffnung; Löffel, Schaufeln, Zangen;
- zum Messen, Wiegen und Vergleichen: Metermaß, Messbecher, Balkenwaage, Sanduhren oder Kurzzeitwecker;
- Pipetten, Lupen, Mikroskop und Werkzeuge.

←→ Partizipation
Wie können Kinder an der Einrichtung von Forscherstätten beteiligt werden?

Kinder sollten außerdem Zugang zu Wasser und Sand haben. Je nach räumlichen Möglichkeiten und Gesamtkonzept können Funktionsräume, Forscherecken oder ganze Forscherlabore eingerichtet werden. In diesen Lernwerkstätten können Kinder nach Herzenslust ganz frei forschen.

8.3.4 Berücksichtigung der Geschlechter

Immer noch ergreifen deutlich weniger junge Frauen als Männer naturwissenschaftlich-technische Berufe. Traditionelle Rollenbilder werden oft unbewusst in der Gesellschaft weitervermittelt. Im Bildungsbereich Mathematik, Naturwissenschaften, Technik ist das genaue Hinschauen besonders wertvoll: Mädchen dürfen Mädchen sein und Jungen dürfen Jungen sein. Dies kann in der anregenden Lernumgebung in der Auswahl der bereitgestellten Materialien berücksichtigt werden. In einem Sortierregal zum Beispiel lässt sich ein breites Spektrum von Holzperlen über Kieselsteine zu Schrauben und Muttern unterschiedlicher Form und Größe anbieten.
Gleichzeitig vermag gerade die Technik scheinbar geschlechtsspezifische Interessensgebiete zu verbinden, sodass sie für alle Kinder gleichsam von Bedeutung sind. Beispiele können sein: mit Zahnrädern konstruierte Karottenschäler, Webrahmen und Strickmaschine, windgetriebene Fahrzeuge für Püppchen und andere kleine Fahrgäste.

Abb. 8.18 und 8.19 Technik ist auch für Mädchen interessant.

8.3.5 Professionelle Haltung der Erzieherin im forschenden Alltag

Inklusion
Wie können Sie den kulturellen Hintergrund der Kinder wertschätzend sichtbar machen?

Sozialpädagogische Fachkräfte wissen um die kognitiven Entwicklungsschritte eines Kindes und begegnen ihm in Wertschätzung des aktuellen Entwicklungsstandes. Sie können im kindlichen Spielen und Handeln Anknüpfpunkte an mathematisch-naturwissenschaftliche Themen erkennen. Sie zeigen dem Kind gegenüber Interesse an seinem Tun, indem sie nachfragen und das Kind auffordern, zu erklären und zu zeigen. Anknüpfend an das Vorwissen des Kindes inspirieren sie durch Auswahl und Gestaltung von Aktivitäten und Material dazu, Wissen weiterzuentwickeln. Das Interesse liegt immer stärker auf dem Handeln des Kindes als auf einem angestrebten Ergebnis. Sie lassen den Kindern Zeit zum Staunen und öffnen sich dafür, dass Experimente durch entstehende neue Fragen überraschend unterschiedlich verlaufen können. Sie wissen, dass besonders kleine Kinder oft passiv bleiben und sich auf das Beobachten beschränken. Erzieherinnen ermutigen aber auch zurückhaltende Kinder, sich zu beteiligen, und wissen Herausforderungen spannend und wohldosiert einzusetzen.
Erzieherinnen machen sich also gemeinsam mit Kindern ans Erforschen neuer Zusammenhänge, sind selbst Erkenntnissen auf der Spur und lernen. Im Sinne der Ko-Konstruktion kann dabei die Einbeziehung von Eltern oder ortsansässigen Experten, z.B. Handwerker, Imker, Bäcker, bereichernd sein und Bezüge in die Lebenswelt der Erwachsenen verdeutlichen.

8.3.6 Projektarbeit

Besonders gut für die Beschäftigung mit naturwissenschaftlichen Phänomenen eignet sich die ›Projektarbeit‹. Wenn sich eine ganze Gruppe über einen längeren Zeitraum einem für sie interessanten Thema widmet, sind auch hier die Prozesse wichtiger als das Ergebnis.

Projektarbeit → S. 251 Band 1

Alle Beteiligten bringen ihre Ideen ein, Entscheidungen werden gemeinsam getroffen. Es gilt, im Einzelfall demokratisch abzustimmen. Kommunikation und Kooperation werden gefördert. Sie sind wichtige Grundlagen für das gemeinsame Lösen von Problemen. Die Form des Zusammenarbeitens kann in jeder Projektphase dem Bedürfnis der Kinder entsprechend variiert werden. So beschäftigen sich vielleicht Kleingruppen mit verschiedenen Aspekten eines Phänomens und es gibt gleichzeitig Raum, dass Kinder sich auch einmal losgelöst von einer Gruppe in ihre Überlegungen vertiefen. Erkenntnisse können gewonnen und dann miteinander besprochen und geteilt werden. Dies ist ganz im Sinne des ko-konstruktiven Lernens und führt die Kinder immer wieder zum Nachdenken über ihr eigenes Lernen und zum Überdenken bisheriger Überzeugungen. Das Interesse, das ihren Erläuterungen zuteilwird, stärkt ihr Selbstvertrauen und motiviert, sich weiteren Herausforderungen zu stellen.

8.3.7 Programme und didaktisches Material

Für die frühe mathematische Bildung sind unterschiedliche Programme mit eigens konzipierten Materialien entwickelt worden. Zwei davon, beide wissenschaftlich evaluiert, seien als Beispiele genannt:

- Komm mit ins Zahlenland von Gerhard Friedrich und Team
- Mathe 2000, Projekt der Universität Dortmund

Komm mit ins Zahlenland: www.ifvl.de/zahlenland/index.html

Mathe 2000: www.mathematik.uni-dortmund.de/ieem/mathe2000/index.html

„Komm mit ins Zahlenland" knüpft an die magische Welt der Kinder an. Das Projekt „Mathe 2000" wurde bereits 1987 gegründet und setzt auf die „unverpackte Mathematik", die Kinder von Anfang an als Wissenschaft von interaktiv erforschbaren Mustern entdecken sollen.

In wissenschaftlichen Studien ist nachgewiesen worden, dass Kinder, die an einem dieser Programme teilgenommen hatten, gegenüber der Vergleichsgruppe ohne Teilnahme im Hinblick auf ihre mathematischen Kompetenzen beim Eintritt in die Schule Vorteile hatten. Ebenfalls erwiesen ist, dass bei entsprechender Förderung bereits im Kindergarten der etwaigen Entwicklung einer Rechenschwäche entgegengewirkt werden kann. Ob Einrichtungen deshalb solche Mathematik-Programme einsetzen oder nicht: Die Ergebnisse belegen, dass die frühe mathematische Bildung tatsächlich wirkungsvoll ist und dem Kind den Übergang in die Schule erleichtert.

Es gibt für mathematisches und naturwissenschaftliches Lernen ein reiches Angebot an Materialkoffern und Experimentierkästen. Mit Bausätzen beispielsweise für Dosenhupe, Alarmanlage oder Solarradio können schon jüngere Kinder für sie interessante technische Geräte bauen.

Solche Materialien sollen aber die pädagogische Arbeit nur ergänzen oder können den sozialpädagogischen Fachkräften den Einstieg in diesen Bildungsbereich erleichtern. Wesentlich ist jedoch die bereichsübergreifende Einbettung mathematisch-naturwissenschaftlicher Inhalte in den Alltag der Kinder.

8.3.8 Das metakognitive Gespräch

sprachlicher Austausch → S. 46

Dem ›sprachlichen Austausch‹ über gemachte Erfahrungen, gewonnene Erkenntnisse, aber auch über fehlgeschlagene Versuche kommt in der naturwissenschaftlichen Bildung eine große Bedeutung zu. Solche Gespräche können mit dem einzelnen Kind in Spielpausen, z. B. bei den Mahlzeiten, geführt werden oder auch in der Forschergruppe zu vereinbarten Zeiten, etwa wenn Tagesergebnisse gemeinsam dokumentiert werden.

Die Fragen der Erzieherin lauten etwa:
- Was hast du denn heute Morgen gemacht?
- Was hast du zuerst gemacht / geholt / genommen / ausprobiert?
- Welche Idee hattest du dann?
- Wie hast du denn das gemacht?
- Und was ist dann passiert?
- Woran hast du denn das gemerkt?
- Hat dir jemand dabei geholfen?
- Wie bist du auf die Idee gekommen, dass es so funktioniert?
- Wieso hast du zuerst <diese Handlung> gemacht?
- Was ist denn nun dabei herausgekommen?
- Hat das etwas mit <einer anderen Erkenntnis> zu tun?
- Wie hast du das verändert?
- Was weißt du denn jetzt über die Luft / das Wasser / <das Forschungsobjekt>?

Die Erzieherin sollte das Fragewort „Warum“ vermeiden. Viele Kinder erleben in ihrem Umfeld diese Frage gekoppelt an eine (auch unausgesprochene) Aufforderung zur Rechtfertigung: „Warum (um alles in der Welt) hast du .... gemacht?“ Rechtfertigungen gehören auch bei fehlgeschlagenen Experimenten nicht zum entdeckenden Lernen.
Interessierte Fragen jedoch regen das Kind an, selbst noch einmal zu reflektieren, wie es vorgegangen ist, was es dabei erkannt, wo es die Unterstützung anderer erhalten und wie das gemeinsame Arbeiten gewirkt hat. Auf diese Weise erlangen Kinder „Wissen über ihr eigenes Wissen“. Gleichzeitig erkennen sie mit der Zeit, wie sie selbst lernen und denken, welche Strategien für sie persönlich erfolgreich sind und welche nicht.

8.4 Beispiele für die praktische Bildungsarbeit

8.4.1 Mathematik im Alltag der Kindertagesstätte: Eine Woche mit der 5

Die nähere Beschäftigung mit einer bestimmten Zahl lässt sich gut in den Wochenablauf der Kindertagesstätte integrieren. Insbesondere kann die Woche mit der Zahl sehr gut mit dem Einsatz von „Komm mit ins Zahlenland“ oder „Mathe 2000“ kombiniert werden. Ganz bewusst soll die Hinwendung zur Zahl in alltäglichen, den Kindern bekannten Situationen erfolgen. Je nach dem pädagogischen Konzept der Einrichtung kann das auf vielfältige Weise geschehen. Beispiele können sein:

Vorbereitung: Die Fünf soll in die Kindertagesstätte eingeladen werden. Die Kinder gestalten Einladungen oder ein Plakat, das im Eingangsbereich den Besuch ankündigt.

Einbeziehung in Rituale – z. B. Stuhlkreis:
Ein Kind oder die Erzieherin beginnt mit dem Abzählreim:
„Mein Finger geht im Kreise auf eine kurze Reise
und bleibt mein Finger da bei dir, dann sag ich ‚Guten Morgen' dir."
Alle zählen mit: Eins – zwei – drei – vier – fünf: Guten Morgen, Jeremiah.
Jetzt geht Jeremiah in die Mitte und zählt, evtl. mit Unterstützung der Gruppe, zum nächsten Kind. So geht es weiter, bis fünf Kinder in der Mitte sind. Es wird immer geprüft, ob weitere Runden notwendig sind.
Die fünf Kinder gehen wieder an ihren Platz und begrüßen mit Unterstützung der Gruppe die restlichen Kinder ...

Kinder gestalten eine Ausstellung zum Thema „Fünf".

Kinder bringen von zu Hause etwas mit, was die Fünf repräsentiert. Sie erklären, was das ist, was es mit der Fünf zu tun hat.

Detektive im Haus: Wo sehen wir die Ziffer 5 im Gruppen- oder Funktionsraum? – Kalender, Telefon, Kapitel und Seiten im Buch ...

Kinder gehen als Fünfer-Dektektive ins Freie. Wo steckt die Fünf? Sie finden Blütenblätter, Baumgruppen, das Blatt der Rosskastanie usw. Sie legen Fünfer-Gruppen und Muster mit Steinen, Blättern, Zapfen; Dokumentation für die Ausstellung: Die Kinder zeichnen oder malen, was sie gefunden haben, bzw. bringen die Materialien mit.

Im Turnraum: Wie sieht ein Fünfeck aus? Fünf Kinder legen sich auf den Boden zu einem Fünfeck. Beim fünften Trommelschlag stehen sie wieder auf. Kinder hüpfen fünfmal. Wer ist der Fünfte in der Reihe?

Eine Fünfer-Geschichte erfinden, spielen, erzählen und dokumentieren: Mit Spielmaterial stellen die Kinder fünf Katzenbabys in einem Korb dar. Zwei schaffen es, darüberzuklettern. Wie viele sind jetzt noch im Korb? Die Geschichte wird für die Ausstellung dokumentiert: gezeichnet, gemalt, mit Spielsachen aufgebaut und fotografiert.

Kinder entwickeln im Laufe der Woche mindestens fünf eigene Ideen!
Am Ende der Woche wird die Fünf mit Dank für die Erlebnisse ins Wochenende verabschiedet, z. B. indem die Kinder ihre Ausstellung auflösen oder im Stuhlkreis ein Abschlusslied für die Fünf singen.

Lernerfahrungen

- Viele konkrete Begegnungen mit der Fünf: die eigenen Finger, die Fünf an Objekten be-greifen und sehen, Wörter mit Fünf hören und selbst sprechen oder singen, mit dem eigenen Körper Teil der Fünf sein, die Fünf spüren.
- Die Fünf als Ziffer und Würfelbild erkennen und sehen: Alle Zählprinzipien, Mengenzerlegung und einfache Addition/Subtraktion werden während der Woche immer wieder anders erlebt.
- Kinder, die selbst Fünfer-Ideen entwickeln, sind damit bereits auf der abstrakten Ebene: Die Idee wird „vor dem inneren Auge" entwickelt und dann im Materiellen umgesetzt.

8.4.2 Mathematik im Lernarrangement: Geld

(Zielgruppe: bis zu 10 Kinder ab 5 Jahre)

www.kerensalee.de

Die Idee stammt von der Konzeptgestalterin und Lernbegleiterin Kerensa Lee, die zusammen mit dem Freinet-Pädagogen Anton Strobel das Konzept „Mathematik erfinden mit gleichem Material in großer Menge" entwickelt hat.
Es genügt ein Raum mit leer geräumtem Tisch, auf dem ein Säckchen mit mehreren Tausend 1-Cent-Stücken ausgeleert wird.
Nicht nur Kinder, auch Jugendliche und Erwachsene: Da kann niemand widerstehen, den Geldberg anzufassen, zu bewegen, zu verschieben, eine zusammenhängende Fläche oder aber Teilmengen als Inseln zu bilden. Das macht Spaß: in die Fülle greifen und Geldstückchen auftürmen, zählen, Muster daraus legen und schließlich ganze Cent-Landschaften entwerfen.
Bevor die Cents wieder in das Säckchen wandern, halten Bilder, Texte und Fotos die Werkschöpfungen für die Erinnerung fest.

Wertevermittlung
Wie kann ein gesundes Verhältnis zu Geld durch Projekte gefördert werden?

Lernerfahrungen
Bei diesem Tun aktivieren und trainieren kleine und große Kinder alle mathematischen Grundkompetenzen. Haben sie die Unordnung des ausgeschütteten Centbergs genügend ausgiebig als Ganzheit bewegt, verändert und wieder zusammengeschoben, dann wenden sie sich den Einzelteilen zu. Der Kontakt mit Geld motiviert in besonderer Weise zum Zählen – das kennen die Menschen seit frühester Kindheit. Beim Zählen großer Mengen liegt es für ältere Kinder und Jugendliche nahe, Strukturen zu bilden – etwa in Fünfergruppen – als Türmchen oder in Würfelbildgestalt. Es kommt dabei zum Zuge, dass wir fünf Objekte (im Ursprung die fünf Finger einer Hand!) als Gesamtheit wahrnehmen und größere Anzahlen fast automatisch in Fünfergruppen plus Rest zerlegen. Aus diesen Strukturen heraus legen Kinder (und Erwachsene!) schließlich von ganz alleine Straßen, Treppen, Muster, Türme. Mathematik wird so zum ästhetischen Vergnügen.

Abb. 8.20 Geld motiviert zum Zählen.

Gruppe → S. 220 Band 1

Dazu kommen Lernerfahrungen in der ›Gruppe‹: Kinder lernen zu kooperieren und aufeinander Rücksicht zu nehmen. Manche setzen dabei ihre eigenen Ideen auf gruppenverträglich begrenzter Tischfläche alleine um. Manche schauen beim anderen ab: Welches Muster entsteht da gerade? Sie ahmen es nach, verändern es: machen es „schöner" oder auch einfach kaputt. Wieder andere vereinbaren, gemeinsam weiterzubauen: „Ich da und du da!" Der Gruppenprozess verläuft individuell unterschiedlich. Am Ende hat sich vielleicht doch die ganze Gruppe zu einem Team zusammengerauft.

Gerade bei etwas älteren Kindern oder Jugendlichen entsteht so häufig eine ambitionierte Gruppe, die mit Ausdauer und Leidenschaft – durchaus mit einem gewissen Perfektionismus gepaart – so lange arbeitet, bis das anfängliche Cent-Chaos in die für jeden einzelnen akzeptable Ordnung übergeführt ist.

8.4.3 Naturwissenschaft im Experiment: Elektrostatik

(Zielgruppe: Kinder ab 4 Jahre)

Die Ausgangsfrage kommt aus dem kindlichen Erleben: Warum stehen beim Kämmen die Haare zu Berge?

Benötigt werden:
- ein Kunststoffkamm
- Luftballons und Wollfäden zum Anknüpfen
- einige Plastik-Teelöffel
- einige Tischtennisbälle
- ein Wollknäuel
- einige kleine Papierschnipsel, z. B. aus dem Locher

Vorbereitung
Das Kämmen wird vorgeführt – ggf. reibt die Erzieherin den Kamm zuvor am Wollknäuel. Die Kinder äußern Vermutungen, welche die Erzieherin nicht korrigiert.

Der Versuch
Jedes Kind bläst seinen Luftballon auf und verknotet ihn. Die Erzieherin hilft, wo sie gebraucht wird.
- Anstelle eines Kamms haben wir jetzt einen Luftballon, anstelle unserer Haare haben wir unseren Pullover.
- Statt die Haare zu kämmen, reiben wir den Ballon am Pullover.
- Was passiert, wenn wir den Ballon jetzt an den Körper / an die Wand / an die Haare halten und loslassen? Wenn wir ihn an die Haare halten? Können wir zwei „geriebene" Ballons so an der Schnur halten, dass sie sich berühren?

- Die Kinder probieren noch eine Weile aus, was sie mit dem Ballons machen können.

Die Erklärung liefert die Erzieherin, die Vorschläge und Einwände der Kinder werden aber aufgenommen:
„Wenn wir den Ballon am Körper reiben, entsteht Kraft. Das könnt ihr selbst merken, ihr strengt euch ja an! Die Kraft ist jetzt auf dem Ballon. Dort heißt sie ‚Ladung'. Sie entsteht, weil sich kleinste elektrisch geladene Teilchen, die Elektronen, vom Pullover zum Ballon hin bewegt haben. Auch wenn wir sie nicht sehen, bewegen sich diese Elektronen in allem, was wir anfassen können, und sogar in der Luft."

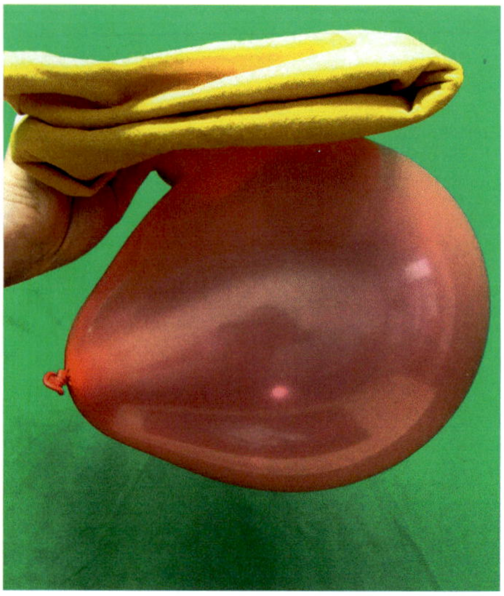

Abb. 8.21 Elektrostatisch aufgeladener Luftballon

Normalerweise haben unser Pullover und auch der Luftballon also ihre eigenen **Elektronen** und sind deswegen ausgeglichen.
Wenn wir aber den Luftballon am Pullover reiben, nimmt sich der Luftballon von den Pullover-Elektronen welche weg und lädt sich damit auf.
Er will aber eigentlich ausgeglichen sein. Wenn er also wieder zum Pullover kommt, gibt er die weggenommenen Elektronen zurück. Der Pullover nimmt sie auf, weil sie ihm ja gefehlt haben. Wenn alles zurückgetauscht ist, fällt der Ballon herunter. Diese Kraft, die beim Reiben entsteht, ist auch eine elektrische Kraft. Ihr kennt schon den Strom. Der kommt aus der Steckdose und fließt durch die Leitungen. Unsere Kraft hier ist anders als der Strom. Sie bleibt, wo sie entstanden ist, und ist ungefährlich für uns. Diese Kraft nennt man statische Elektrizität. Man sagt auch: Der Ballon ist elektrostatisch aufgeladen – so wie manchmal unsere Haare, wenn der Kamm Elektronen von ihnen weggenommen hat. Zwei aufgeladene Ballone stoßen sich ab, weil sie alle beide Elektronen loswerden möchten."

Weitere Anwendungen zum Vertiefen der Erkenntnisse

Die Erzieherin zeigt den Kindern Zaubertricks:

- Ein Plastikteelöffel wird am Wollknäuel einige Sekunden gerubbelt und aufgeladen. Auf einem Tisch mit glatter Oberfläche liegt ein Tischtennisball. Die Erzieherin nähert vorsichtig den aufgeladenen Löffel – ohne den Ball zu berühren. Dieser fängt an, sich zu bewegen, und kann mit dem Löffel über den Tisch geführt werden.
- Einige kleine Papierschnipsel werden auf den Tisch gestreut. Ein Kind lädt den Kamm oder den Plastiklöffel am Wollknäuel oder Pullover auf und nähert sie den Schnipseln. Diese „fliegen" an Kamm bzw. Löffel.
- Die Kinder führen auch diese Versuche selbst durch.

Abschlussgespräch und Dokumentation

metakognitives Gespräch → S. 424

Die Erzieherin und die Kinder fassen noch einmal zusammen, was sie beobachtet und gelernt haben (›metakognitives Gespräch‹). Sie überlegen gemeinsam, wie sie ihr Experiment dokumentieren können.

Lernerfahrungen

- Elektrostatische Aufladung ist abhängig von der Luftfeuchtigkeit. Das Phänomen „Haare stellen sich" tritt deshalb nicht bei jedem Kämmen auf und ist so für die Kinder zunächst keine Erfahrung, die zuverlässig eingeordnet werden kann. Durch die Versuche lernen Kinder, dass sie elektrostatische Kraft selbst erzeugen und in einen kausalen Zusammenhang stellen können.
- Die Kinder stellen fest, dass statische Elektrizität ungefährlich ist, egal, ob ein geladener Gegenstand den Körper, die Haare oder die Wand berührt.
- Sie machen die Erfahrung, dass sie mit ihrem neuen Wissen unterhaltsame Spiele und Tricks entwickeln können. Das elektrostatische Aufsammeln von Papierschnipseln ist außerdem eine Erleichterung für alltägliche Aufräumarbeiten. Das stärkt die Motivation, auch weiterhin unbekannte Phänomene zu ergründen.
- Die Kinder lernen neue Begriffe kennen: Ladung, statische Elektrizität, Elektronen, elektrostatische Aufladung.

8.4.4 Technik: Strom in der Kartoffel

(Zielgruppe: Kinder ab 5 Jahre)

Einstieg ins Thema
Kinder haben bereits Vorwissen über elektrischen Strom und Stromerzeugung. Fragestellung: Können wir selbst Strom erzeugen?

Benötigt werden:
- 1 Kartoffel
- 1 Schraube oder Nagel aus Zink
- 1 Ein-Cent-Stück
- Kopfhörer

Experiment
- Die Kartoffel durchschneiden.
- In eine Hälfte die Cent-Münze und die Schraube nebeneinander hineinstecken.
- Kopfhörer aufsetzen und den Stecker so an die Schraube halten, dass er gleichzeitig den Cent berührt.
- Jetzt hört man es knistern.

Was knistert da?
Die Kinder bringen ihre Vermutungen ein. Sie können, evtl. mit Hilfestellung, eine Verbindung zur Elektrizität herstellen.

Die Erzieherin erklärt (junge Kinder staunen, ohne verstehen zu müssen):
„Der Saft der Kartoffel leitet Strom, er ist ein ‚Elektrolyt'. Wenn Zink (Schraube) und Kupfer (Cent-Stück) mit dem Saft in Verbindung kommen, gibt das Zink Elektronen an das Kupfer ab.

So entstehen ein Minus- (Schraube) und ein Pluspol (Cent-Stück). Das geschieht unterschiedlich, weil Kupfer ein ‚edleres' Metall als Zink ist und seine Elektronen besser festhält als das Zink. Wenn man jetzt durch Kabel bzw. den Stecker des Kopfhörers die beiden Metalle verbindet, wollen sich die Ladungen des Plus- und Minuspols ausgleichen: Es fließt tatsächlich Strom. Wichtig ist: Die Kartoffeln sind nach dem Experiment nicht mehr zum Essen geeignet. Die Entsorgung als Kompost ist umstritten. Es könnten Metallionen austreten und in den Boden eindringen."

Abb. 8.22 Es knistert in der Kartoffel.

Varianten
Kinder finden heraus, dass der Versuch auch mit Früchten gelingt, z. B. mit Apfel oder Zitrone.

Lernerfahrungen
- Kinder entdecken, dass Strom auch aus Pflanzen gewonnen werden kann. Das fördert das Verständnis für alternative Energien.
- Die Nahrungsmittel sind anschließend ungenießbar, die Kinder müssen sie entsorgen – das regt zum Nachdenken über ›Ökologie und Umweltschutz‹ an.

Ökologie und Umweltschutz → S. 383

Ergänzung
Mit Kartoffelstrom können bereits kleine LEDs betrieben werden. Dazu sind zwei bis drei Kartoffeln, bestückt mit Cent und Schraube, verbunden durch Klingeldraht mit Krokodilklemmen in Reihe zu schalten. Im Handel erhältlich sind auch Bausets für eine Kartoffeluhr.

8.4.5 Naturwissenschaft im Projekt: Gesunde Ernte

(Zielgruppe: Kinder ab 4 Jahre)

Das Thema kann im Frühling mit Kindern ab fünf Jahren durch aktuelle Bezüge vorbereitet werden. Die Natur erwacht aus dem Winter, was wächst jetzt wieder? Welche Lebensmittelgeschäfte kennen Kinder vom Einkaufen? Was sind die Lieblingsspeisen? Was liegt in der Frühstücksdose? Für einen Einstieg bieten sich auch Bilderbücher an.

Mögliche Inhalte
- Kinder legen ein Beet an – alternativ werden Pflanzkübel verwendet.
- Sie wählen Wurzel-, Blatt-, Frucht- und Blütenpflanzen aus, die sie im Frühjahr/Frühsommer einsäen oder als Jungpflanzen setzen (z. B. Radieschen säen, Kohlrabi und Kopfsalat pflanzen, Schnittlauch säen, Erdbeeren pflanzen, Sonnenblumen und Wiesenblumen säen).
- Kinder pflegen das Beet und beobachten und dokumentieren das Wachstum der Pflanzen.
- Kinder ernten und verwerten, was sie gesät und gepflanzt haben.
- Kinder laden zum Projektabschluss Eltern und Nachbarn zum Marktstand ein.

Abb. 8.23 Ein Beet anlegen

Abb. 8.24 Ernten

Lernerfahrungen

- **Mathematik:** Kinder teilen das Beet (die Pflanzkübel) ein für Saatgut und Pflanzung; dazu beachten sie zeitliche Abfolgen des Wachstums.
- **›Biologie‹:** Sie lernen unterschiedliche Teile der Pflanzen kennen, beobachten das Wachstum und eignen sich Begriffe an: Samen, Wurzeln, Blatt, Blüte, Frucht. Sie erfahren konkret, dass wir unterschiedliche Pflanzenteile essen. Sie lernen die Bedürfnisse von verschiedenen Pflanzen kennen und berücksichtigen sie.

Biologie → S. 382

- **Physik/Technik:** Kinder erleben den Einfluss des Wetters auf das Wachstum, erfahren ihren Umgang mit Kraft bei den Gartenarbeiten. Sie benutzen Gartengeräte, planen den Transport von Erde, gefüllten Gießkannen oder Pflanzgut. Sie benutzen zur Arbeitserleichterung unterschiedliche Geräte, wie Schubkarre, Sackkarren oder Bollerwagen. Sie setzen möglicherweise schiefe Ebene, Hebel und Flaschenzug ein.
- **›Ernährung‹:** Selbst Geerntetes essen und zubereiten fördert die Wertschätzung für Nahrungsmittel.

Ernährung → S. 144

- **›Soziales Lernen‹:** Beim Marktstand präsentieren die Kinder die von ihnen produzierten Lebensmittel und Blumen. Sie erfahren Wertschätzung für ihre Arbeit.

soziales Lernen → S. 412 Band 1

Die **Dokumentation** ist auf vielfältige Art und Weise möglich. Die Teilnehmer können z. B. eigene Projekthefte führen, in die sie ihre Beobachtungen und Erfahrungen in Bildern und Worten (mit Hilfe) eintragen. Foto- und Filmdokumentation bieten sich genauso an wie Portfolios.

Die **Reflexion** erfolgt in sinnvollen Abständen im Projektverlauf. Die o. a. möglichen Inhalte können als Meilensteine angesehen werden, nach deren Erreichen die Kinder darüber sprechen, was sie wie gemacht haben. Zum Abschluss bespricht die Erzieherin mit der Gruppe, welche Schlussfolgerungen die Kinder aus dem Projekt ziehen: War es viel Arbeit, die Erdbeeren selbst anzubauen? Wie schmeckten die denn? Metakognitiv geht es um Themen, wie jeder für sich die eigene Teilnahme erlebt hat: Welche Fertigkeiten habe ich gelernt und geübt? Was ist misslungen, was hat mir Spaß gemacht? Wie kam es zu den Erfolgen und wie zu den Fehlern, woran habe ich gemerkt, dass mein Beitrag zum Projekt wertvoll war?

Abb. 8.25 Geräte nutzen

Abb. 8.26 Produkte präsentieren

9 RELIGION, GESELLSCHAFT UND ETHIK

Abb. 9.1 Religion spielt im Leben von Kindern und Jugendlichen eine Rolle.

9.1 Grundlagen und Ziele von Wertebildung

9.1.1 Vielfalt an Weltanschauungen

2010 gehörten in Deutschland jeweils ca. 30 % der Bevölkerung der katholischen und evangelischen Kirche oder keiner Religionsgemeinschaft an. Rund 5 % waren muslimisch und 3 % verteilten sich auf eine Vielzahl von Religionen, von „A" wie Anglikaner bis „Z" wie Zeugen Jehovas. Aber die Zahlen sind regional sehr unterschiedlich. So stellen in den ländlichen Regionen des Südens und des Westens die Christen, manchmal sogar nur einer Konfession, mehr als die Hälfte der Bevölkerung, in den östlichen Bundesländern und großen Städten dagegen sind es die Menschen ohne Religionszugehörigkeit. Andererseits gibt es in den großen Städten Kindertagesstätten und Schulen, die mehrheitlich von muslimischen Kindern besucht werden. Es treffen also unterschiedliche Weltanschauungen und damit Wertvorstellungen aufeinander.

BEISPIEL In einer städtischen Kindertagesstätte erzählt ein Kind türkischer Eltern begeistert: „Am Freitag gehe ich mit meinem Vater in die Moschee. Dort beten wir zu Allah."
Darauf antwortet die Erzieherin: „Deinen Allah lässt Du besser zu Hause."

Wie in einem Spiegel treffen in dem Beispiel aufeinander: ein Kind, für welches Religion ein selbstverständlicher Bestandteil des Lebens ist, und eine Kindertagesstätte, die sich als religionsfreier Raum versteht. Wie das Zusammenleben trotzdem gelingen kann, ist Thema der Ethik. So wie in dem Beispiel geschehen, ist es allerdings kein guter Weg, weil das Kind mit seinen Bedürfnissen abgewiesen wird.

9.1.2 Begriffsbestimmungen

Gesellschaft, Werte und Normen

Mit „Gesellschaft" werden die Verbindung von Menschen in einem gleichen Lebenszusammenhang, z.B. eines Landes, sowie die Ordnungen und Regeln, mit denen sie ihr Zusammenleben gestalten, bezeichnet. „Werte" sind die dafür geltenden und erstrebenswerten Grundsätze, z.B. dass die Würde des Menschen unantastbar ist (Artikel 1 Grundgesetz). Die konkreten Bestimmungen, wie z.B. Gesetze, aber auch ungeschriebene Vereinbarungen, sind „Normen".

Religion, Agnostiker, Atheismus, Weltanschauung

„Religion" bezeichnet die Beziehung eines Menschen zu einer Macht außerhalb seiner selbst und der Welt sowie die Bereitschaft, das eigene Leben, das Verhältnis zu anderen und zur Welt an dieser Beziehung auszurichten. In der Gesellschaft wird Religion erkennbar, wenn sie von mehreren Menschen praktiziert wird, z.B. an Gottesdiensten und den dafür errichteten Gebäuden oder an Speise- oder Kleidungsvorschriften.
Menschen, für die Religion keine Bedeutung hat, werden heute häufig als ›Agnostiker‹ bezeichnet. ›Atheismus‹ meint dagegen die feste Überzeugung, dass es keinen Gott gibt; sie kann mit dem Kampf gegen Religion verbunden sein.
Ein neutraler Begriff für religiöse und nichtreligiöse Einstellungen ist „Weltanschauung" – der Blick des Menschen auf die Welt, der sich weder im Fall von Religion noch im Fall von Atheismus ausschließlich rational erklären lässt.

Agnostiker
von griechisch „nicht wissen"

Atheismus
von griechisch „ohne Gott"

Ethik, Moral

Ethik als Wissenschaft sucht Antwort auf die Frage nach dem, was zu tun ist, nach dem richtigen Handeln. Dazu untersucht sie die in einer Gesellschaft vorhandenen Werte und Normen (s.o.). Diese lassen sich mit dem Begriff „Moral" zusammenfassen. In der Alltagssprache werden insbesondere die Eigenschaftswörter „ethisch" und „moralisch" gleichbedeutend verwendet, wobei „Moral" und „moralisch" oft mit strengen Vorschriften und Mahnungen („moralischer Zeigefinger") in Verbindung gebracht werden.

9.1.3 Gesellschaft und Religion

Weltanschauliche Neutralität – Staat und Religion

Der Staat ist nach dem Grundgesetz weltanschaulich neutral. Staat und Kirche sind getrennt, arbeiten aber in vielen Bereichen zusammen – z.B. wenn neben anderen Organisationen auch Kirchen Träger von Kindertagesstätten oder Jugendhilfeeinrichtungen sind. Abseits der rechtlichen Regelungen wird Religion vielfach als Privatsache angesehen und man kann sagen, dass die deutsche Gesellschaft in weiten Teilen ›säkular‹, d.h. frei von Bindungen an eine Religion, geprägt ist.
Andererseits hat das Christentum in einer mehr als tausendjährigen Geschichte die Kultur Deutschlands geprägt. Vieles ist selbstverständlich geworden und der religiöse Ursprung oft nicht mehr bewusst. So haben z.B. von den sechs bundesweiten Feiertagen nur zwei ihren Ursprung außerhalb des Christentums. Hinzu kommen Feiertage, die nur in einem Teil der Bundesländer gelten und christliche Wurzeln haben, wie z.B. Fronleichnam, Allerheiligen oder Reformationstag.

säkular
weltlich, im Sinne von religionsunabhängig

Neujahr (1. Januar)
Karfreitag (Freitag vor Ostern)
Ostern – Sonntag und Montag (zwischen dem 23. März und 25. April)
Tag der Arbeit (1. Mai)
Christi Himmelfahrt (40 Tage nach Ostern)
Pfingsten – Sonntag und Montag (50 Tage nach Ostern)
Tag der deutschen Einheit (3. Oktober)
Weihnachten (25./26. Dezember)

■ religiöser Ursprung ■ säkularer Ursprung

Abb. 9.2 Übersicht über bundesweite Feiertage

In der Gegenwart trifft diese in vielen Teilen säkulare Gesellschaft mit dem Islam auf eine Religion, deren Mitglieder ihren Glauben vielfach offen leben und dieses Recht einfordern: Sei es das Verbot, Schweinefleisch zu essen, oder das Fasten im Ramadan; sei es das Kopftuch von Frauen, das auch religiös begründet wird, oder das fünfmalige Beten am Tag. Das führt zu einer doppelten Herausforderung: Zum einen muss sich die Gesellschaft mit einer Religion auseinandersetzen, die ihr fremd ist, weil sie erst seit ca. 40 Jahren in Deutschland vorkommt. Zum anderen muss sie akzeptieren, dass Menschen ihre Religion offensiv und anders vertreten, als sich dies in der langen Geschichte des Christentums eingespielt hat.

REFLEXION | **IMPULS** | LERNORTKOOPERATION

„Fremdheit", d.h. die Begegnung mit „dem Anderen", „dem Unvertrauten", kann unterschiedlich bewältigt werden, z.B. indem man versucht, sie zu ignorieren und sich dementsprechend „wie immer" zu verhalten; oder indem eingefordert wird, dass das Gegenüber sich „den Gepflogenheiten" doch bitte anpassen möge; aber auch, indem versucht wird, den bereichernden Aspekt von Diversität zu erfassen. In welchen Zusammenhängen ist Ihnen „Fremdes" begegnet? Wie sind Sie damit umgegangen, eher abwehrend-ängstlich oder eher neugierig? In welchen Situationen fühlten und fühlen Sie sich „fremd"?

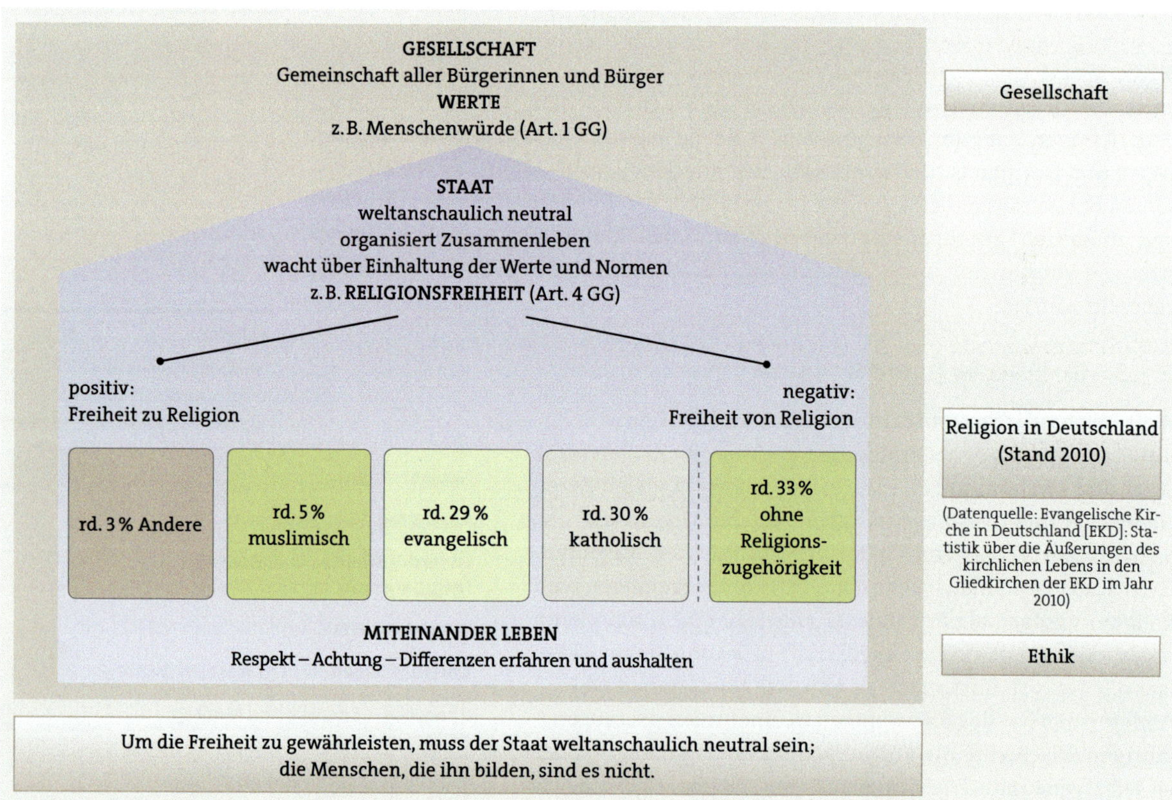

Abb. 9.3 Verteilung der Religionszugehörigkeit und Verhältnis von Gesellschaft bzw. Staat und Religion. Die konkrete Ausgestaltung des Zusammenlebens bedarf der Anwendung ethischer Prinzipien.

Manchmal endet ein solcher Konflikt vor Gericht, z.B. in der Frage, ob eine Lehrerin ein Kopftuch tragen darf oder ob muslimische Mädchen in der Schule am gemeinsamen Schwimmunterricht teilnehmen müssen. Aber Gerichte sind nur bedingt geeignet, Probleme des Zusammenlebens zu klären. Besser ist es, beide Seiten gehen in Geduld aufeinander zu und suchen nach gemeinsamen Wegen. So gibt es in einigen Bundesländern inzwischen Verträge zwischen dem Staat und den muslimischen Verbänden, in denen das Verhältnis bis hin zu den Feiertagen und zum Religionsunterricht vereinbart wird. Es sind Verträge, wie sie zwischen dem Staat und den christlichen Kirchen eine lange und bewährte Tradition haben.

Religionsfreiheit

Artikel 4 des Grundgesetzes garantiert „die Freiheit des Glaubens, des Gewissens und die Freiheit des religiösen und weltanschaulichen Bekenntnisses" und gewährleistet „die ungestörte Religionsausübung". Dieser **positiven Religionsfreiheit** entspricht eine **negative Religionsfreiheit**, nach der niemand zu einer religiösen oder weltanschaulichen Haltung und Handlung gezwungen werden darf. Der Staat hat also kein Recht, eine Weltanschauung wie z.B. den Kommunismus oder eine Religion wie z.B. das Christentum vorzuschreiben. Es besteht sowohl eine Freiheit **zur** Religion als auch eine Freiheit **von** Religion. Indem das Grundgesetz zugleich die ungestörte Religionsausübung garantiert und die staatlichen Institutionen verpflichtet, dieses Recht zu sichern, wird Religionen und Weltanschauungen Raum in der Öffentlichkeit zugesichert. Sie haben also nicht nur in den eigenen vier Wänden und der Privatsphäre einen Platz. Und Neutralität bedeutet dann, keine Religion zu bevorzugen. Wird umgekehrt Religion ausgeklammert, wird das Neutralitätsgebot ebenfalls verletzt: Wenn keine Weltanschauung bevorzugt werden darf, dann darf auch keine benachteiligt werden.
Und was für den Staat gilt, gilt ebenso für alle seine öffentlichen Einrichtungen wie Kindertagesstätten, Schulen, Heime oder Krankenhäuser.

←→ Inklusion
Was bedeutet das Recht auf Religionsfreiheit für die inklusive Arbeit in konfessionellen Einrichtungen?

9.1.4 Ethische und religiöse Bildung als sozialpädagogische Aufgabe

» *Ethik ist die Lehre vom guten Leben unter Bedingungen von Konflikten.*

Rendtorff, Trutz (1999): Vom Beruf der Ethik. In: Nachrichten der Evang.-luth. Kirche in Bayern, 6/1999, S. 161–167

Differenz erfahren und aushalten

Menschen leben in Gemeinschaft und sie sind auf die Beziehung zu anderen angewiesen. Schon Säuglinge brauchen für ihre ›Entwicklung‹ nicht nur elementare Dinge wie Nahrung und Pflege, sondern ebenso die emotionale Zuwendung und die Ansprache. Menschen sind aber auch verschieden, sie haben unterschiedliche Eigenschaften, Wünsche und biografische Erfahrungen. Die Antworten auf die Frage, was ein „gutes Leben" sei, werden sich in manchen Punkten ähneln, in anderen aber werden sie sich deutlich unterscheiden, ja im Gegensatz zueinander stehen. Das führt zu Konflikten, die gelöst werden müssen, wenn das Leben des Einzelnen und das Zusammenleben in der Gemeinschaft gelingen sollen. Dabei sind in den meisten Fällen nicht die Konflikte selbst das Problem, im Gegenteil: Die Persönlichkeit eines Menschen bildet sich erst durch die Erfahrung von Differenz, dass andere anders sind, anders denken, urteilen und handeln als ich. Zu Problemen kommt es, wenn die Bereitschaft fehlt, auf andere zu hören und auf sie zuzugehen, oder wenn die eigenen Interessen mit Macht und im schlimmsten Fall mit Gewalt durchgesetzt werden.

Entwicklungstheorien
→ *S. 396 Band 1*

Wertevermittlung
Warum ist der Umgang mit den Kategorien „richtig" und „falsch" wichtig bei der Entwicklung eigener Werte?

Beurteilen und werten

„Richtig" oder „falsch", „gut" oder „böse" sind die Begriffe, mit denen das Verhalten anderer beurteilt wird. Dabei beziehen sich „richtig" und „falsch" auf Werte und Normen, die den Maßstab setzen. „Gut" und „böse" dagegen schließen eine Wertung ein. Weder die Maßstäbe noch die Wertungen sind im Menschen angelegt, sondern sie entwickeln sich im Laufe eines Lebens und können sich verändern. Wichtige Bezugspersonen beeinflussen diese Entwicklung ebenso wie Veränderungen innerhalb einer Gesellschaft. Die Gleichstellung von Mann und Frau z. B. steht zwar seit 1949 im Grundgesetz, aber noch vor 50 Jahren musste eine verheiratete Frau, die berufstätig sein wollte, ihren Mann um Erlaubnis fragen. Aus heutiger Sicht ist eine solche Bevormundung undenkbar.

Erziehung ist niemals neutral

Sowohl bei Eltern als auch bei sozialpädagogischen Fachkräften gibt es eine Tendenz, Kinder so wenig wie möglich zu beeinflussen. Dahinter stehen vielleicht eigene negative Erfahrungen der Erwachsenen mit einer autoritären Erziehung und Zwang, auf jeden Fall aber der Wunsch, den Kindern ein möglichst großes Maß an persönlicher Freiheit in Bezug auf das eigene Leben zu lassen. Sie sollen sich später selbst entscheiden können – für oder gegen das Lebensmodell der Eltern, für oder gegen einen bestimmten Beruf, für oder gegen eine Religion.

Eine solche Einstellung entspricht dem Freiheitsgedanken unserer Gesellschaft. Sie ist durch das Grundgesetz gedeckt, wenn es festhält, dass die Würde des Menschen unantastbar ist, also auch kein Zwang ausgeübt werden darf, und in dem die Glaubens- und Gewissensfreiheit garantiert werden. Aber die Vorstellung, Kinder könnten in einem weltanschaulichen Vakuum aufwachsen und völlig unbeeinflusst zu ihrer wahren Persönlichkeit finden, entspricht nicht der Realität. Kein Mensch lebt in einer Schneekugel, völlig abgeschottet von äußeren Einflüssen, wie z. B. dem Verhalten seiner Bezugspersonen. Erziehung ist daher niemals neutral.

So kann sich niemand die Gesellschaft, in die er geboren wird, aussuchen oder die Sprache, mit der er aufwächst, frei wählen. Beide aber prägen den Menschen unwiderruflich. Und die Persönlichkeit entwickelt sich erst, wenn sich Kinder mit ihrer Umwelt und mit anderen Menschen auseinandersetzen. Dafür aber müssen sie wissen, woran sie mit einem Erwachsenen sind. Wer möglichst viele Einflüsse von Kindern fernhalten will, wird auch seine eigenen Überzeugungen lieber verbergen. Das aber hilft nicht den Kindern, sondern es bewahrt den Erwachsenen nur vor Fragen, auf die eine Antwort vielleicht schwerfällt.

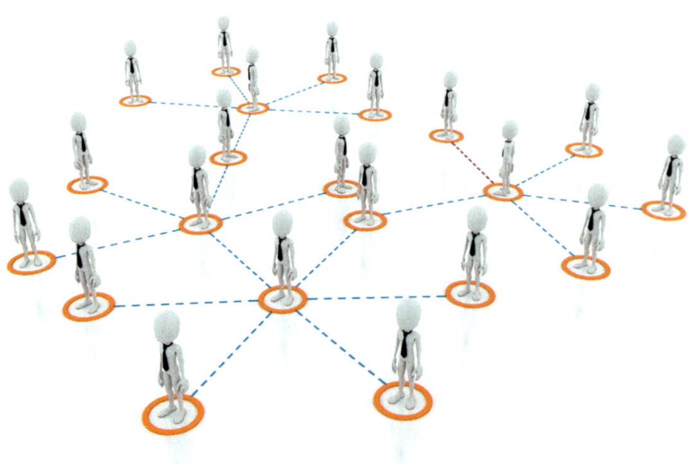

Abb. 9.4 Jeder Mensch ist verbunden mit anderen Menschen und wird von ihrem Verhalten beeinflusst.

Kinder haben

> *ein Recht darauf zu erfahren, wer wir selber sind und was wir als Lebensoption verfolgen. Ohne unsere eigene Kenntlichkeit können Kinder sich nicht kenntlich werden. Sie müssen unsere Lehre ja nicht annehmen. Aber sie müssen wenigstens etwas haben, wovon sie sich verabschieden können.*
>
> Steffensky, Fulbert (1995): Freiheit, Gewaltlosigkeit, Spiel. In: Evangelische Kirche in Deutschland, Synode (Hrsg.): Aufwachsen in schwieriger Zeit – Kinder in Gemeinde und Gesellschaft. Gütersloher Verlagshaus, Gütersloh, S. 159

Die Freiheit besteht also darin, sich von etwas verabschieden zu können, nicht darin, von möglichst vielen Überzeugungen und Vorstellungen abgeschirmt zu werden.

Mit weltanschaulicher Vielfalt umgehen

Wenn die Freiheit des Kindes, sich von den Überzeugungen und Vorstellungen der Erwachsenen verabschieden zu können, gegeben ist, dann unterscheiden sich eine religiöse und eine nicht-religiöse Erziehung nur in ihrer Position – aber beide hinterlassen ihre Spuren. Das Recht jedes Menschen, seine Überzeugung frei wählen zu können, ist im ›Grundgesetz‹ verankert und spiegelt die Wertevielfalt einer pluralistischen Gesellschaft wider. Insofern sind Kenntnisse über Religion und Religionen geradezu eine Voraussetzung dafür, das Recht der Religionsfreiheit in Anspruch nehmen zu können. Und eine Einrichtung mit einem öffentlichen Bildungsauftrag, die einen Bereich menschlicher Identität, wie z.B. die Religion, ausklammert, handelt fahrlässig, denn sie verhindert damit, dass die Kinder lernen, mit religiöser und weltanschaulicher Vielfalt umzugehen. Nur dann wächst die Bereitschaft, die Überzeugungen anderer zu respektieren und rücksichtsvoll mit dem umzugehen, was anderen wichtig ist. Eine Weltanschauung oder Religion aber, welche die eigene Überzeugung als absolut setzt und Menschen mit anderer Überzeugung abwertet, missachtet oder sogar verfolgt, ist mit den Werten einer freien Gesellschaft nicht vereinbar.

Grundgesetz → *S. 320 Band 1*

Methodisch-didaktische Anregungen und Leitgedanken

Ein religionssensibles Klima ist nicht gleichzusetzen mit religiöser Erziehung, bietet aber die Möglichkeit, dass unterschiedliche Religionen und Weltanschauungen geäußert werden können. Es hilft Kindern aus religiös geprägten Familien, wenn sie erfahren, dass es Menschen gibt, die nicht glauben. Umgekehrt hilft es Kindern aus nicht-religiösen Familien, wenn sie erfahren, dass es Menschen gibt, denen ein Gott wichtig ist. Ein Überblick über die in einer Einrichtung vertretenen Religionen einschließlich der Menschen, die keiner Religion angehören, hilft, sich auf die ›Vielfalt‹ einzustellen und Äußerungen oder Fragen der Kinder aufzunehmen.

Unterschiedliche Kulturen müssen die grundlegenden Werte wie Achtung und Respekt anerkennen. Zum Beispiel hilft es Mädchen und Jungen aus patriarchal geprägten Familien, wenn sie erfahren, dass Mann und Frau in Deutschland nicht nur rechtlich gleichberechtigt sind, sondern dieselbe Würde haben.

In den seltensten Fällen werden die ›Konzeption‹ einer Einrichtung und die Überzeugungen aller Eltern übereinstimmen. Manchmal fordern Eltern mit Nachdruck ein, dass ihre Überzeugungen auch in der Kindertagesstätte vertreten werden. Zugleich wollen sozialpädagogische Fachkräfte Rücksicht auf die Elternhäuser nehmen. Rücksichtnahme ist wichtig; wichtiger aber ist, dass die in der Einrichtung geltenden Werte für alle Beteiligten transparent sind. Beruhen Sie auf den Prinzipien von Freiheit, Respekt und Achtung, müssen Forderungen der Eltern im äußersten Fall zurückgewiesen werden, wenn sie diesen Prinzipien widersprechen.

Vielfalt → *S. 448 Band 1*

←→ Sprachliche Bildung

Welche Bildungsangebote können zu einer religions- und kultursensiblen sprachlichen Bildung beitragen?

Konzeption → *S. 720 Band 1*

Kindertagesstätten und andere sozialpädagogische Einrichtungen sind nicht der verlängerte Arm der Eltern, sondern eine öffentliche Einrichtung mit einem Erziehungs- und Bildungsauftrag. Und die „Kleinen" können mit Differenzen oft besser umgehen als die „Großen".
Zum Bildungsauftrag einer sozialpädagogischen Einrichtung gehört, dass Kinder und Jugendliche etwas über die Wurzeln der Kultur erfahren. Wenn z.B. vier von sechs Feiertagen religiösen Ursprungs sind, bieten sie einen Anlass, über die ursprüngliche Bedeutung zu informieren und zu sprechen und sie zu der Bedeutung, die sie für die Kinder und Jugendlichen haben, in Beziehung zu setzen.

REFLEXION | **IMPULS** | LERNORTKOOPERATION

Um Ihre eigene Einstellung zu Fragen religiöser und ethischer Bildung „sichtbar" zu machen, können Sie ein persönliches Journal führen, in dem Sie Fragen stellen, wie z.B.: Wie haben sich meine (religiösen) Werte entwickelt? Zu welcher Zeit war meine Bindung an Religion stärker, zu welchen Zeiten war sie schwächer? Welche (Konflikt-)Situationen in meinem bisherigen Leben spielten dabei eine Rolle? Gab es Widersprüche zwischen meinen religiösen oder auch nicht-religiösen Werten bzw. Auffassungen und denen der Kinder oder Jugendlichen? Wie bin ich mit diesen Widersprüchen umgegangen?

9.2 Sozialisationseinflüsse und entwicklungsspezifische Grundlagen

9.2.1 Stufen moralischen Urteilens und Entwicklung des Gewissens

Biologisch betrachtet gehört der Mensch zur Gattung der Säugetiere. Als solches ist er eingebunden in die Regeln der Evolution. Aufgrund seiner kognitiven und kommunikativen Fähigkeiten ist der Mensch aber auch in der Lage, sein Verhalten bewusst zu steuern und entgegen diesen Regeln zu handeln, z.B. wenn Schwache geschützt werden. Diese Fähigkeiten sind angeboren, aber wie sie genutzt werden, ist Ergebnis der Sozialisation und kulturell unterschiedlich geprägt. Entsprechend der kognitiven und psychischen Entwicklung verläuft auch die Entwicklung der moralischen Vorstellungen in Schritten.

Das ist meins ...

Abb. 9.5 Unterscheidung von „mein" und „dein"

BEISPIEL Zwei Jungen spielen in der Sandkiste. Der eine Junge schiebt einen Laster durch den Sand. Der andere Junge möchte auch damit spielen; er nimmt ihn sich. Der erste Junge reißt ihm das Spielzeug wieder aus den Händen, Streit entsteht, und am Ende weinen beide hilflos.

In dieser Situation machen beide Kinder Erfahrungen, die unbewusst prägen. Es ist die Unterscheidung von „mein“ und „dein“ und die Erfahrung, dass andere verteidigen, was ihnen gehört. Vielleicht gehört auch die Erfahrung dazu, dass der Stärkere siegt.
Greift jetzt ein Erwachsener ein, so wird er den Konflikt mit Regeln strukturieren. Er wird darauf hinweisen, dass man anderen nichts wegnehmen darf, und vielleicht vorschlagen, dass die beiden Jungen abwechselnd mit dem Laster spielen sollen. Die Regel lautet also: Du darfst anderen nichts wegnehmen. Aber auch: Du sollst abgeben. Aufgrund solcher Erfahrungen entwickeln sich Vorstellungen dessen, was „richtig“ und „falsch“ ist.

Moralische Entwicklung nach Lawrence Kohlberg
Diese Prozesse sind wissenschaftlich untersucht worden. Ein noch immer gängiges Modell geht auf den amerikanischen Psychologen Lawrence Kohlberg (1927–1987) zurück. Er teilt die moralische Entwicklung in drei Ebenen mit jeweils zwei Stufen ein. Alle derartigen Modelle bieten eine Orientierung, sie helfen, das Verhalten von Menschen zu verstehen. Sie beschreiben eine Entwicklung, dürfen aber nicht als ein starres Programm missverstanden werden.
Die einzelnen Stufen kommen auch selten in reiner Form vor, sondern sie mischen sich mit anderen. Für eine einseitig schematische Erklärung ist die Entwicklung der Menschen von zu vielen Faktoren abhängig und die Situationen, vor die sie gestellt werden, sind vielschichtig.

Ebene	Stufe	Orientierung an …	Beispiel Stehlen
Präkonventionell	1	**… Gehorsam und Strafe** Forderungen von mächtigen Anderen werden anerkannt und deren Strafen gefürchtet.	Ich stehle nicht, weil die Eltern es verbieten und weil es bestraft wird.
	2	**… Interessen und Bedürfnissen** Regeln werden im eigenen Interesse befolgt und unmittelbare Interessen anderer anerkannt, Gerechtigkeit muss aber persönlich erfahrbar sein.	Ich stehle nicht, weil ich selber nicht bestohlen werden will.
Konventionell	3	**… Erwartungen und Rollenbildern** Die Erwartungen nahestehender Menschen oder an eine Rolle, z. B. im Beruf, werden erfüllt.	Ich stehle nicht, weil ich dann gelobt oder geliebt werde oder weil ich den Ansprüchen an mich selbst gerecht werden will.
	4	**… Pflicht und sozialer Ordnung** Übernommene Pflichten müssen erfüllt werden; das Einhalten der Regeln festigt die Gemeinschaft.	Ich stehle nicht, weil „man“ das nicht tut und sonst Chaos herrschen würde.
Postkonventionell	5	**… Recht und Vereinbarungen** Regeln sind nicht allgemeingültig, sondern beruhen auf Vereinbarungen von Gruppen/Gesellschaften.	Ich stehle nicht, weil wir uns darauf verständigt haben, es nicht zu tun.
	6	**… Prinzipien** Regeln werden von moralischen Prinzipien wie z. B. Gerechtigkeit abgeleitet oder lassen sich darauf zurückführen.	Ich stehle nicht, weil mein Handeln dem allgemeinen Grundsatz entspricht, die Rechte Anderer zu achten.

Tab. 9.6 Stufen der moralischen Entwicklung nach Kohlberg am Beispiel des Stehlens

Kohlberg hat seine Erkenntnisse gewonnen, indem er Studentinnen und Studenten Situationen, in denen sich jeweils zwei Normen als Dilemma (ausweglose Situation) gegenüberstanden, beurteilen ließ. Spätere Studien zeigten, dass die Ergebnisse in allen Kulturen der Erde gleich ausfielen; die Stufen des moralischen Urteils – nicht die Ergebnisse – scheinen also im Menschen angelegt zu sein.
Das bekannteste dieser sog. **Dilemmata** handelt von Heinz:
Heinz ist verheiratet und liebt seine Frau. Die ist todkrank und nur ein einziges Medikament kann sie retten. Weil es begehrt ist, wird das Medikament zu einem sehr viel höheren Preis verkauft, als es in der Herstellung kostet. Heinz hat nicht genügend Geld und der Apotheker ist nicht bereit, es ihm billiger zu überlassen. Daraufhin bricht Heinz in die Apotheke ein und stiehlt das rettende Medikament.
Was ist schlimmer: Zu stehlen oder einen Menschen sterben zu lassen? Wäre der Fall anders zu beurteilen, wenn Heinz das Medikament für einen Freund stehlen würde? Sollte ein Richter Heinz bestrafen? Kohlberg interessierte sich weniger für die direkten Antworten auf solche Fragen, sondern mehr dafür, wie sie begründet wurden. Daraus leitete er dann drei Ebenen moralischen Urteilens ab.

konventionell
auf die Konvention bezogen

Konvention
Übereinkunft, Vereinbarung

präkonventionell
vorkonventionell

postkonventionell
nachkonventionell

Weil die **zweite Ebene** von den meisten erreicht wird, bildet sie den Maßstab. Kohlberg nennt sie ›„konventionell“‹. Danach wird eine Regel als allgemeingültig und sinnvoll anerkannt und muss nicht begründet werden: Das Verbot des Stehlens wird befolgt, z. B. weil alle es für richtig halten. Wenn jemand gegen das Verbot handelt, wird er nicht nur bestraft, sondern auch von der Mehrheit moralisch verurteilt. Beides bestätigt die Gültigkeit des Verbots.
Um zu der zweiten Ebene zu gelangen, muss der Einzelne lernen, nicht nur sich und seine Interessen im Blick zu haben. Kohlberg nennt diese **erste Ebene** ›„präkonventionell“‹, weil nicht die Regel an sich, sondern individuelle Interessen den Maßstab bilden: Das Verbot des Stehlens wird z. B. aus Angst vor Strafe befolgt, das Stehlen selbst aber nicht negativ beurteilt. Das bedeutet: Wer stiehlt, soll sich nicht erwischen lassen.
Die **dritte Ebene** nennt Kohlberg ›„postkonventionell“‹, weil auch hier nicht die Regel an sich gilt, sondern erst im Zusammenhang mit einer für den Einzelnen nachvollziehbaren Begründung. Dann wird das Verbot des Stehlens befolgt, weil z. B. alle sich darauf verständigt haben.
Wie das Beispiel von Heinz zeigt, ließe sich die Tabelle 9.5 auch auf die Forderung, das Leben eines Menschen zu retten, anwenden. Auf den Stufen 1 und 2 würden sich die Betroffenen eindeutig für eine der sich gegenüberstehenden Normen entscheiden und die andere ausblenden; ab Stufe 3 beginnen sie, die Normen gegeneinander abzuwägen. Wenn sie sich dann für eine entscheiden, tun sie es in dem Bewusstsein, die andere zu verletzen; sie wird auch nur in diesem besonderen Fall außer Kraft gesetzt.

←→ Prävention
Wie lässt sich Kohlbergs Modell konkret in der gewaltpräventiven Arbeit nutzen?

Zusammenfassung

Als Grundschema ist Kohlbergs Modell nach wie vor hilfreich, um die moralischen Urteile von Kindern und Jugendlichen zu verstehen. Ist das Urteil über das Verhalten bei Kleinkindern zunächst von intuitiven Gefühlen und von außen gesteuert, so werden konkrete Vorstellungen schrittweise verinnerlicht und lenken das Verhalten. Aber erst mit der Adoleszenz kommen moralisches Urteil und eigenes Verhalten zur Deckung. In dieser Phase können die moralischen Urteile als absolut angesehen und entschieden vertreten werden. Erst danach wird erkannt, dass die moralisch „richtige“ Entscheidung aus einer anderen Perspektive auch „falsch“ sein kann.

Allerdings bleiben bei Kohlberg die Gefühle weitgehend unberücksichtigt. Die streitenden Kinder in dem Beispiel reagieren impulsiv und von ihren Gefühlen gesteuert. Später gewinnt der Verstand zunehmend an Bedeutung, aber damit verschwinden Gefühle nicht. Außerdem deuten aktuelle Hirnforschungen darauf hin, dass der Mensch viele Entscheidungen trifft, bevor sie ihm bewusst werden. Lediglich die verstandesmäßige Begründung wird bewusst entwickelt. Trotzdem würden die Antworten auf die Dilemmageschichten auch heute ähnlich ausfallen wie vor 40 Jahren.

Gewissen

Das Gewissen wird gerne mit Gestalten verglichen, die auf eine Person einreden und sie zu einer bestimmten Handlung verleiten wollen. Dieses Bild beschreibt die Entwicklung des Gewissens und seine Funktion recht gut. Denn am Anfang sind es ja wirklich außenstehende Personen, die einem Kind sagen, was es zu tun oder zu lassen hat, die sein Verhalten mit Lob oder Tadel beurteilen oder die Möglichkeiten zur Lösung eines Konfliktes aufzeigen.

Untersuchungen haben gezeigt, dass Zwang oder Strafe nur selten dazu führen, dass ein gewünschtes Verhalten internalisiert, also verinnerlicht und folglich ein Teil der Persönlichkeit wird. Das entspricht einer Einstellung, wie sie nach Kohlberg für die Stufe 1 charakteristisch ist. Werden Regeln dagegen begründet, kann sich die Einsicht entwickeln, dass sie – mit unterschiedlichen Begründungen – sinnvoll sind, was den weiteren Stufen Kohlbergs entspricht.

Jetzt gelten die Regeln auch dann, wenn niemand da ist, der ihre Einhaltung fordert. Die Person erinnert sich, ihr Gewissen wirkt; neutral wird auch vom „moralischen Selbst“ gesprochen. Manchmal geschieht das erst nach einer Tat mit einem schlechten Gefühl und manchmal wird die Person in einen Gewissenskonflikt gestürzt.

Methodisch-didaktische Leitgedanken

Das Modell von Kohlberg kann eine erste Orientierungshilfe in der sozialpädagogischen Arbeit bieten. So kann z. B. die sozialpädagogische Fachkraft anlässlich eines Konflikts versuchen, im Gespräch mit den Beteiligten herauszufinden, welche Begründung dem Verhalten zugrunde lag.

Regeln zu begründen stärkt die Einsicht in ihren Sinn. In der Arbeit mit Jugendlichen können z. B. Gespräche mit Zeitzeugen der NS-Zeit im Rahmen eines Projekttages oder Gespräche über Abtreibung Anlässe für die Auseinandersetzung mit eigenen und den Werten anderer bieten. Diese Form der Unterstützung bei der Entfaltung des Wertebewusstseins fördert auch die Entwicklung einer selbstständig denkenden, urteilenden und handelnden Persönlichkeit.

Auch wenn ein Mensch negativ handelt, sollte zwischen der Tat und der Person unterschieden werden. Gerade für Kinder ist es wichtig zu erfahren, dass sie auch nach einem Verstoß angenommen sind. Als Strafe Aufmerksamkeit oder Zuwendung zu entziehen, hilft nicht, das Verhalten zu ändern.
Wenn eine Person im Zuge der Auseinandersetzung mit unterschiedlichen Werte- und Sinnsystemen in einen Gewissenskonflikt gerät, ist es wichtig, sie in ihrem Konflikt so zu begleiten, dass sie ihn aushält und zu einer Lösung findet, die sie persönlich vertreten kann.

9.2.2 Stufen religiöser Entwicklung

←→ Förderung von Medienkompetenz
Inwieweit beeinflusst die heutige (allgegenwärtige) Mediengesellschaft die persönliche Sinnsuche des Einzelnen?

Werden Regeln und Urteile religiös begründet, erhalten sie für die Gläubigen zusätzliches Gewicht und können zu einer göttlichen Norm werden. Die Regel, dass man nicht stehlen soll, wird zum Gebot Gottes: „Du sollst nicht stehlen." Weil dieses Gebot von Gott kommt, kann es nicht infrage gestellt werden. An die Stelle der „mächtigen Anderen", die Kohlberg auf Stufe 1 anführt, tritt Gott, dessen Autorität unabhängig von Entwicklungsstufen ist.
Das gilt allerdings nur eingeschränkt, denn auch die religiöse Entwicklung verläuft in Stufen, in denen die Autonomie des Menschen immer größere Bedeutung gewinnt. Diese Prozesse hat u. a. der amerikanische Theologe James Fowler *1940 untersucht.

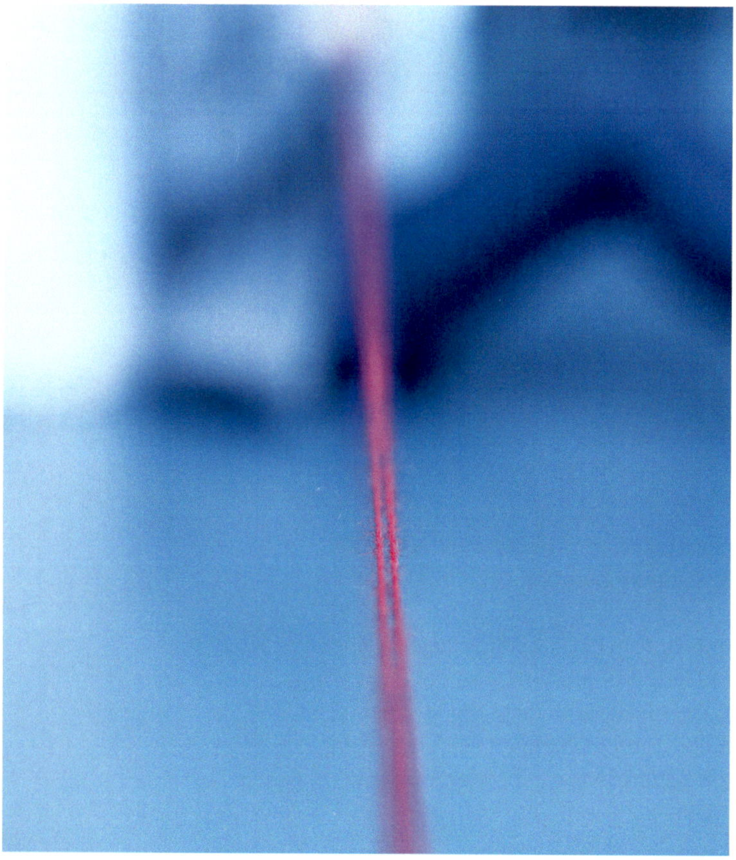

Abb. 9.7 Bei der Deutung seines Lebens sucht der Mensch nach seinem „roten Faden".

Wo komme ich her? Wo gehe ich hin? Wozu lebe ich?
Fowler geht davon aus, dass jeder Mensch sein Leben deuten muss, damit es einen Sinn erhält. Es genügt nicht, positive und negative Erlebnisse aufzuzählen, sondern der Mensch sucht nach einem „roten Faden", nach einer Erklärung, die auch widersprüchliche Erfahrungen zusammenfasst.
Die Antworten, die gefunden werden, sind individuell und lassen sich nicht logisch aus der Wirklichkeit ableiten. Dennoch prägen sie das Fühlen, Denken und Handeln eines Menschen. Daher bezeichnet Fowler solche Erklärungsversuche als Glaube.
Er hat aber nicht nur konkrete Religionen mit ihren Traditionen, Ritualen und Glaubenssätzen im Blick, sondern jede Deutung, die sich mit dem Begriff „Weltanschauung" benennen lässt.

Aus Interviews mit Personen unterschiedlichen Alters hat Fowler ein Modell entwickelt, das ebenfalls sechs Stufen aufweist. Es lässt sich mit denen der moralischen Entwicklung von ›Kohlberg‹ oder der kognitiven Entwicklung von ›Piaget‹ verbinden. Sie werden im Folgenden kurz vorgestellt, weil alle Menschen, religiöse und nicht-religiöse, in diese Prozesse verwickelt sind. Die Kenntnis der Stufen kann zudem hilfreich sein, wenn man die Geschichte des eigenen Weltbildes und Wertesystems reflektiert.

Kohlberg → S. 439
Piaget → S. 398 Band 1

Stufe	Kennzeichen	Bedeutung für Religion
1 Intuitiv projektiv	Eindrücke aus der Lebenswelt werden **intuitiv**, d. h. ohne vorgegebene logische Muster, verarbeitet und auf das eigene Weltbild **projiziert**, d. h. übertragen.	Gott und Welt fallen zusammen.
2 Mythisch wörtlich	Geschichten werden grundsätzlich **wörtlich** verstanden.	Zum Beispiel die **Mythen** von der Erschaffung der Welt und des Menschen werden wie wissenschaftliche Erklärungen aufgefasst; eine Deutung findet nicht statt.
3 Konventionell	Vorstellungen der Erwachsenen werden ungefragt übernommen.	Die **Konventionen**, d. h. vorgegebene Formen, sind wichtiger als eine persönliche Auseinandersetzung
4 Individuell reflektierend	Traditionen und Vorstellungen werden infrage gestellt und **reflektiert**; sie werden **individuell** angepasst oder verworfen.	Form und Inhalt der Religion müssen persönlich glaubwürdig sein; die Bindung an religiöse Gemeinschaften wird locker.
5 Verbindend	Individuelle und traditionelle Vorstellungen werden verbunden.	Lehre und Rituale der Religion bekommen eine persönliche Deutung und können so wieder angenommen werden.
6 Universal	Die Vorstellung einer **universalen**, alles umfassenden Liebe, einer Gerechtigkeit, die nicht mit konkretem Verhalten verrechnet werden kann, und ein grenzenloses Vertrauen in das Leben.	Lehre und Rituale der konkreten Religionen verlieren an Bedeutung. Eher eine philosophische Position, die nur von wenigen Menschen erreicht wird (Fowler nennt als Beispiele Mahatma Ghandi, Martin Luther King).

Tab. 9.8 Stufen der religiösen Entwicklung nach Fowler

Für die **erste Stufe** ist kennzeichnend, dass Fantasie und Wirklichkeit zusammenfallen. Begriffe der Erwachsenen können dabei eine andere Bedeutung bekommen. In diesem Weltbild kann es Monster geben und Gott, und natürlich kann das Kuscheltier fühlen wie das Kind.

Auf der **zweiten Stufe** haben Geschichten, insbesondere Mythen und Bilder, eine zentrale Bedeutung. Kinder leben mit und in solchen Geschichten, die ihnen in der Welt Orientierung geben. Die Welt der Fantasie und die Realität werden von den Kindern zwar als verschieden erlebt, aber der Wechsel von der einen in die andere ist für sie kein Problem.

Die unreflektierte Übernahme der Vorstellungen der Erwachsenen auf der **dritten Stufe** ereignet sich nicht nur in Bezug auf Religion, es können auch religionskritische und ablehnende Positionen des Atheismus sein.
Die **vierte Stufe** ist mit der Adoleszenz verbunden, wenn die Jugendlichen auf der Suche nach der eigenen Identität sind. Sie kann aber auch erst später erfolgen, etwa weil die Überzeugungen in der „Peergroup" zunächst genauso selbstverständlich sind wie das, was vorher galt. Das Weltbild, das entsteht, kann einem Patchwork gleichen – entscheidend ist, dass es für den Betroffenen stimmig ist und er die Überzeugungen akzeptieren kann. So kann z. B. der Glaube an Gott entschieden abgelehnt werden, aber gleichzeitig können Engel eine wichtige Funktion als Beschützer und Begleiter haben.
Die **fünfte und sechste Stufe** werden erst im Erwachsenenalter erreicht.

Sprachliche Bildung
Wie lassen sich die Stufen nach Fowler für Angebote der sprachlichen Bildung nutzen?

Alle sechs Stufen sind auf kognitive Fähigkeiten angewiesen. Die Wahrnehmung des Menschen beginnt aber viel früher. Darum hat Fowler die **Stufe 0** vorangestellt, die er mit „vorsprachlich" bezeichnet und für die er in Anlehnung an Erikson die Bedeutung des Vertrauens betont.
Was das für die Religion bedeutet, hat der Theologe Fulbert Steffensky *1933 so beschrieben:

> *Kinder lernen Religion nicht hauptsächlich als Lehre, sondern als eine Art Heimatgefühl, das sie mit bestimmten Zeiten und Rhythmen, mit Orten und mit Ritualen verbinden. Sie lernen Religion also von außen nach innen. [...] Zuerst ist die äußere Figur der Religion da und sind die Leute da, die das Kind schätzt und liebt und denen es anmerkt, daß ihnen die Figuren der Religion wichtig sind. [...] Es gibt ein tiefes Verstehen, das sich nicht über den Weg des Nachdenkens, der Sprache und des Arguments ereignet.*
>
> Steffensky, Fulbert (2002): Religion im Kinderzimmer. In: Der alltägliche Charme des Glaubens. Echter-Verlag, Würzburg, S. 70–77

Die Fragen nach dem Woher, Wohin, Wozu des Lebens beschäftigen auch Kinder und Jugendliche – mit jeweils eigenen Fragestellungen. Für Erwachsene kann es ein Gewinn sein, sich auf ihre Suchbewegungen, auf ihre Vorstellungen und Fantasie einzulassen, zuzuhören und nachzufragen. Und es entlastet, da sie keine gültigen, unwiderruflichen Antworten erwarten. Denn:

- Kinder erobern sich ihren Lebensraum schrittweise und verändern dabei ständig ihr Weltbild. Das gilt für den Bereich der sichtbaren Dinge ebenso wie für den Bereich der unsichtbaren. Sie machen sich – auf ihre Weise – Gedanken. Kinder sind „kleine Philosophen".
- Der Platz, den Kinder Beobachtungen und Erfahrungen in ihrem Weltbild zuweisen, ist selten endgültig. Vielmehr experimentieren sie, suchen sie so lange nach Antworten, bis „es passt". Und wenn es morgen nicht mehr „passt", dann fragen und suchen sie neu.
- Zum Beispiel können sich hinter der Frage „Wo komme ich her?" ganz andere Interessen verbergen als die, etwas über Zeugung und Geburt zu erfahren. Vielleicht will sich das Kind vergewissern, dass es gewollt, angenommen und geliebt ist.
- Oder ein Jugendlicher „ringt darum", ein für sich stimmiges Weltbild zu finden und sich in spirituellen Fragen klarer zu werden, z. B. für sich zu bestimmen, wie sich Naturwissenschaft und Glaube zueinander verhalten.

9.3 Methodische Grundlagen und Aufgaben der sozialpädagogischen Fachkraft

Unabhängig davon, ob Werte religiös begründet werden, prägen sie die Haltung eines Menschen sich selbst, der Welt und anderen gegenüber. Sie werden also nicht nur kognitiv vermittelt, sondern viel stärker durch das Verhalten.
Gerade Kinder haben ein feines Gespür für Stimmungen; sie nehmen sensibel wahr, ob Erwachsene das, was sie sagen, auch meinen und leben. Darum gehört es zur Professionalität einer sozialpädagogischen Fachkraft, dass sie sich ihrer eigenen ›Einstellungen‹ z. B. in Bezug auf Religion bewusst wird – was sie positiv geprägt hat und prägt, welche Konflikte sie erfahren und welche Verletzungen sie erlitten hat. Das erleichtert es, das eigene Verhalten in Bezug auf die anvertrauten Kinder und Jugendlichen zu reflektieren.

pädagogische Grundhaltung
→ *S. 176 Band 1*

Werden Einstellungen unbewusst weitergegeben, d. h. nicht auf der Basis von Offenheit, Wertschätzung und Akzeptanz für andere sowie ohne die Reflexion der eigenen Biografie und Identität, haben die Betroffenen selten die Möglichkeit, sich damit auseinanderzusetzen oder dagegen zu wehren. Abgeleitet hieraus ergibt sich in der Planung und Vorbereitung von Bildungsangeboten, die Alters- und Gruppenstruktur sowie die für die Kinder und Jugendlichen relevanten religiösen Regeln und Werte zu berücksichtigen und die Methodenwahl auch hieran auszurichten.

9.3.1 Feste

Feste sind „Hoch-Zeiten", weil sie sich aus dem Alltag herausheben. Die Abwechslung macht ihren Reiz aus. Außerdem werden sie in der Regel geplant und vorbereitet, was Spannung erzeugt und Vorfreude weckt.

Feste gliedern mit ihrem Rhythmus die Zeit

Wenn Feste sich regelmäßig wiederholen, strukturieren sie die Zeit. Diese Rhythmisierung ermöglicht es, sich zu orientieren. Die ersten Feste haben sich an der Natur orientiert. Der Mond mit seinem Zyklus von 29 Tagen bildet die Monate ab. Der Sonnenstand gliedert das Jahr in vier Teile. Die längste und die kürzeste Nacht sowie die beiden Tag- und Nachtgleichen im Frühjahr und im Herbst setzen den Beginn der Jahreszeiten. Sie laden dazu ein, auf diese Tage Feste zu legen.
Es spricht vieles dafür, dass sich die ersten Feste um Fruchtbarkeit und Ernte bildeten. Das spiegelt sich auch in den verschieden Erntefesten der Gegenwart. Da der Mensch das Wachsen der Pflanzen oder den Erfolg bei der Jagd nur zum Teil beeinflussen kann, wurden dahinter göttliche Mächte vermutet.
Später wurden andere religiöse Motive aufgenommen, aber oft blieb es bei den von der Natur vorgegebenen Terminen. Weihnachten zum Beispiel wird in der Nacht vom 24. auf den 25. Dezember gefeiert, weil Jesus das Licht der Welt genannt wird und die Tage von da an wieder länger werden. Sein tatsächlicher Geburtstag ist unbekannt. Ostern wird am ersten Sonntag nach dem ersten Vollmond nach Frühlingsanfang gefeiert und fällt daher jedes Jahr auf ein anderes Datum.

Nachhaltigkeit
Welche Elemente bewirken die Nachhaltigkeit religiöser Feste und Traditionen?

Feste verbinden Vergangenheit und Gegenwart

Jedes Fest, das regelmäßig begangen wird, erinnert an ein Geschehen in der Vergangenheit und schlägt eine Brücke in die Gegenwart. Der Jahrestag eines Paares z. B. markiert nicht nur eine Etappe des gemeinsamen Weges, sondern vergegenwärtigt den Anfang und wichtige Stationen. Indem sie sich daran erinnern, wie es begann und was sie gemeinsam erlebt haben, vergewissern sich die beiden, dass sie auch in der Gegenwart und der Zukunft zueinander gehören.
So dienen religiöse Feste auch dazu, Gottes Handeln in der Gegenwart abzubilden. Sie zeigen, dass es zu jeder Zeit eine Bedeutung hat. Daher ist es nicht nur für Kinder interessant, sich eine Religion über ihre Feste zu erschließen. Denn Religion will gelebt und erfahren werden. An ihrem Anfang stehen Feier, Geschichten und deren spielerische Darstellung. Das gesprochene Bekenntnis und die mit dem Verstand formulierte Lehre folgen erst später. Dann aber können sie eine Religion auch dominieren.

Feste des Christentums

Die christliche Tradition kennt drei große Feste: Weihnachten, Ostern und Pfingsten. Sie sind jeweils mit einer Zeit der Vorbereitung verbunden. Die Adventszeit führt zu Weihnachten, die Passions- oder Fastenzeit von Aschermittwoch an zu Ostern. Und fünfzig Tage nach Ostern liegt Pfingsten. Der Name stammt von dem griechischen Wort für 50.

- **Ostern** ist das älteste Fest, es spiegelt das Zentrum des christlichen Glaubens: Mit der Auferstehung Jesu wird der Sieg des Lebens über den Tod gefeiert. Ostern ist aber nicht denkbar ohne die Kreuzigung, an die zwei Tage zuvor am Karfreitag erinnert wird.
- **Weihnachten** ist erst später entstanden. Die Geburt Jesu zeigt, dass Gott alle Macht ablegt und Mensch wird, verletzlich wie ein Säugling und sterblich. Weil die Geburt eines Kindes den Erfahrungen der Menschen näher liegt als die Auferstehung, konnte es sich im Laufe der Zeit zum für viele Menschen wichtigsten Fest im Jahreslauf entwickeln.
- **Pfingsten** ist noch jünger. Es steht für Gottes Zusage, dass er die Menschen begleitet. Traditionell wird das mit dem Heiligen Geist ausgedrückt.

Feste wandeln sich: z. B. Weihnachten

Feier und spielerische Darstellung als Ursprung jedes Festes hat sich bei Weihnachten am deutlichsten bewahrt. Jedes Krippenspiel und jede Krippendarstellung setzen die Geschichte von der Geburt des Kindes im Stall von Bethlehem in Szene. Stern und Engel haben hier ihren Ursprung. Kerzen stehen für Licht und Wärme und können als Zeichen der Liebe Gottes gedeutet werden. Selbst der Tannenbaum hat im Baum des Lebens im Paradiesgarten eine Entsprechung, deshalb wird er mit Äpfeln verziert. Und der Weihnachtsmann hat sein rot-weißes Gewand von einem katholischen Bischof übernommen. Im Englischen trägt er noch seinen Namen: „Santa Claus" – Heiliger Nikolaus. Die Farben rot und weiß kamen Coca Cola im vergangenen Jahrhundert für seine Werbung entgegen.
Wer das Fest nicht in seiner religiösen Bedeutung feiern mag, dem bieten sich heute andere Deutungen wie „Fest der Liebe" oder „Fest der Familie" an. Sie erlauben es sogar Angehörigen anderer Religionen mitzufeiern. Wer Weihnachten abschaffen wollte, würde sich wahrscheinlich nicht nur den Zorn der Christen zuziehen.

So lässt sich am Beispiel von Weihnachten ablesen, wie sich die Festkultur verändern kann. Stern und Engel, Weihnachtsbaum und Weihnachtsmann haben sich aus ihrem ursprünglichen Zusammenhang gelöst und werden vermarktet. Damit Kinder und Jugendliche erfahren, welche Bedeutung religiöse Feste für Gläubige haben, lohnt es sich, mit ihnen die Ursprünge zu erforschen. Feste leben davon, dass sie vom Alltag abgegrenzt sind und eine bestimmte Zeit haben. Unser Lebensstil aber ist davon geprägt, dass prinzipiell alles zu jeder Zeit und in beliebiger Menge verfügbar ist. In der Vergangenheit kennzeichnete traditionelles Weihnachtsgebäck wie z. B. Spekulatius oder Christstollen bestimmte Tage, Spekulatius den Nikolaustag am 6. Dezember und Christstollen den ersten Weihnachtstag. Heute werden sie die ganze Advents- und Weihnachtszeit über gegessen und liegen oft schon ab Oktober zum Kauf in den Geschäften. Unabhängig vom religiösen Ursprung solcher Traditionen kann das Kinder verwirren: Das Gebäck steht schon auf dem Tisch, aber es ist noch lange nicht Weihnachten.

Abb. 9.9 Auch wenn er auf verschiedenste Weise geschmückt wurde und wird - der Weihnachtsbaum hat eine lange Tradition.

Feste in anderen Religionen

Viele der christlichen Feste haben ihren Ursprung im Judentum. Es besitzt ebenfalls eine reiche Festtradition. Die wichtigsten sind Passah/Pessach, das wie Ostern im Frühjahr gefeiert wird und an die Befreiung des Volkes Israel aus der Sklaverei in Ägypten erinnert, sowie Jom Kippur, der große Versöhnungstag im Herbst.

Der Islam kennt dagegen nicht so viele Feste, die von allen Gruppen gefeiert werden. Für alle zentral sind aber das Opferfest, mit dem an den Gehorsam Ibraims Gott gegenüber erinnert wird, und das Ende des Fastenmonats Ramadan. Der muslimische Kalender richtet sich ausschließlich nach dem Mond. Das Mondjahr aber ist um elf Tage kürzer als das Sonnenjahr. Deshalb wandern die Feste des Islams und die jährliche Fastenzeit durch die Jahreszeiten.

Jede Woche ein Fest

Neben den Festen im Jahreslauf kennen Judentum, Christentum und Islam auch die Struktur der Woche mit jeweils sechs Arbeitstagen und einem Ruhetag. In allen drei Religionen geht dies auf die Erzählung zurück, nach der Gott die Welt in sechs Tagen geschaffen hat und am siebenten Tag ruhte.

- Das **Judentum** begeht diesen Tag nach unserem Kalender am Samstag und erinnert daran, dass Gott am siebenten Tag, dem letzten der Woche, ruhte.
- Das **Christentum** begeht den Tag nach unserem Kalender am Sonntag und erinnert an die Auferstehung Jesu am ersten Tag der jüdischen Woche (s.o.).
- Der **Islam** begeht den Tag nach unserem Kalender am Freitag und erinnert daran, dass der Mensch am sechsten Tag geschaffen wurde.

Abb. 9.10 Kalender mit Sonntagen in Rot

Diese Zeitstruktur wird durch den Lebensstil der Gegenwart aufgeweicht. Das Freizeitverhalten in der Gesellschaft erfordert es, dass immer mehr Menschen an Sonn- und Feiertagen arbeiten müssen, und Maschinen arbeiten wirtschaftlicher, wenn sie ohne Unterbrechung laufen. Der Einzelne hat weiterhin seine wöchentliche Ruhezeit, aber nicht mehr unbedingt mit anderen gemeinsam, was das Erleben von Gemeinschaft erschweren kann.

Abb. 9.11 Der Geburtstagskuchen ist Teil eines „Passageritus".

Feste im Lebenslauf

Neben den Festen im Laufe eines Jahres gibt es solche, die mit den Stationen des Lebens verbunden sind: Geburt, Übergang vom Kind zum Erwachsenen, Heirat, Tod und natürlich immer wiederkehrend der Geburtstag. Dazu haben sich Rituale entwickelt, die den Übergang anzeigen, ihn in einen größeren Zusammenhang stellen und mit einem übergeordneten Sinn deuten. Soziologen nennen sie „Passageriten". Alle Religionen kennen solche lebensbegleitenden Feste.

Das erste individuelle Fest, das Kinder kennenlernen, ist ihr Geburtstag. Er zeigt an, dass die Zeit vergeht und die Lebenszeit des Menschen begrenzt ist.

Partizipation

Durch welche Gestaltungselemente kann die Teilhabe aller auf Kindergeburtstagen gefördert werden?

ZUM WEITERDENKEN Der Geburtstag war wohl nie ein religiöses Fest, aber umgekehrt werden in der Religionsgemeinschaft der Zeugen Jehovas aus religiöser Überzeugung die Geburtstage nicht gefeiert. Der Mensch soll sich nicht selbst feiern. Als Beleg dienen zwei Geschichten aus der Bibel, in denen Geburtstage ein schreckliches Ende nehmen, weil sich Menschen über Gott stellen. Zum einen der babylonische König Belschazzar, der in der Nacht nach seiner ausgiebigen Geburtstagsfeier umgebracht wird (Daniel 5), zum anderen Herodes, der ebenfalls an seinem Geburtstag Johannes den Täufer enthaupten lässt, damit seine Stieftochter für ihn einen Schleiertanz aufführt (Markusevangelium 6).

Weitere Anregungen für die Gestaltung interreligiösen Zusammenlebens in sozialpädagogischen Einrichtungen

In den meisten Fällen finden sich in einer Einrichtung Kinder unterschiedlicher religiöser Herkunft. Es ist für sie und ihre Eltern ein Ausdruck von Respekt, wenn zu ihren Festen Glückwünsche ausgesprochen werden. Im Internet finden sich interreligiöse Festkalender, die für jedes Jahr aktualisiert werden.

Kinder können in der Gruppe darüber berichten, wie das Fest in ihrer Religion gefeiert wird.

Weil Kinder über das Erleben eines Festes mehr erfahren als über Erzählungen, wollen manche Einrichtungen es den Kindern ermöglichen, ihr Fest mit den anderen zu feiern. Wenn keine der pädagogischen Fachkräfte dieser Religion angehört, sollte das Fest unbedingt zusammen mit betroffenen Eltern vorbereitet und durchgeführt werden.

Informationen über die verschiedenen Religionen, ein Lexikon, interaktive Seiten und Übersichtskarten finden Sie hier:

www.religionen-entdecken.de

BEISPIEL Wenn in einer Einrichtung Eltern den Zeugen Jehovas angehören und es ablehnen, dass ihre Kinder den Geburtstag anderer mitfeiern, dann wird es sich im Einzelfall nicht verhindern lassen, dass Kinder an diesen Tagen erst später kommen oder zu Hause bleiben. Die Eltern sollten aber darauf hingewiesen werden, dass hier die Überzeugungen der Religion und das Zusammenleben in der Gruppe in einem Widerspruch zueinander stehen. Das Kind kann in eine Außenseiterposition geraten.

Im kollegialen Austausch, z.B. im Rahmen einer Teambesprechung, können die unterschiedlichen Interpretationen einer (Konflikt-)Situation zusammengetragen und zum Bildungsauftrag in Bezug gesetzt werden. Daran anschließend kann das Team Ideen entwickeln, wie es Diskussionsanlässe zu Fragen interreligiösen Zusammenlebens schaffen kann. Zum Beispiel kann ein Besuch von Gottesdienst- und Gebetsräumen verschiedener Religionen organisiert und im Anschluss daran mit den Kindern diskutiert werden, indem etwa die jeweiligen „Verhaltensregeln" und deren Hintergrund und Ursprünge beleuchtet werden.

9.3.2 Erzählen

Menschen erzählen – was sie erlebt haben, was sie beschäftigt, was sie planen. Kinder sind in ihrem Bedürfnis, sich mitzuteilen, manchmal nur schwer zu bremsen. Sie sind auch gute Zuhörer. Romane und Filme sind ebenfalls Erzählungen; sie lassen diejenigen, die sie lesen oder sehen, an den erfundenen Schicksalen anderer teilhaben. Wer zuhört, taucht ein in eine andere Welt. Und manche Telenovela ist so dicht an der Wirklichkeit, dass die dargestellten Personen Teil des eigenen Lebens werden können.

Identität bildet sich durch Erzählen

Ein Kind möchte wieder und wieder eine bestimmte Geschichte vorgelesen bekommen. Aber wehe man versucht, etwas Abwechslung hineinzubringen und die Geschichte zu verändern. Dann wird sofort protestiert. Das Kind kennt die Geschichte auswendig und könnte sie selbst erzählen. Es möchte sie dennoch immer wieder erzählt bekommen, weil es mit dieser Geschichte und in dieser Geschichte lebt. Sie ist ein Teil von ihm. Darum ist es wichtig, Kindern Geschichten zu erzählen oder vorzulesen. Eine gut erzählte Geschichte, von einer vertrauten Person vorgetragen, ist wirkungsvoller als jede DVD. Denn sie gibt nicht nur eine Botschaft weiter, sondern schafft Beziehung.

Auf ähnliche Weise entsteht die Lebensgeschichte eines Menschen. An vieles aus der eigenen Kindheit können sich Erwachsene nur erinnern, weil ihre Eltern es ihnen erzählt haben. Am Ende kann manchmal nicht mehr unterschieden werden, ob etwas bewusst erlebt oder „nur" erzählt wurde. Und jedes Mal, wenn Menschen aus ihrer Geschichte erzählen, wird die Erinnerung erneuert und manchmal fast unmerklich verändert. Menschen sind ständig dabei, ihr Leben neu zu deuten, ihm einen Sinn zu geben, und sie tun es durch Erzählen.

Abb. 9.12 Vier Generationen

Es gibt es Geschichten, in denen sich die Erfahrungen von vielen Menschen verdichtet haben. An den Fall der Mauer in Berlin und die Grenze, die Deutschland mehr als 40 Jahre teilten und auch an den 9. November 1989 können sich viele erinnern. Die Bilder sind Teil der Lebens- und Familiengeschichte. Sie verbindet sich mit der Geschichte des Landes, die bei den offiziellen Feiern im Mittelpunkt steht.

Religion lebt vom Erzählen
Das Christentum ist eine Erzählgemeinschaft. Vom Judentum hat es den reichen Schatz an Erzählungen des Alten Testamentes übernommen und im Neuen Testament wird Jesus selber zum Geschichtenerzähler.
Die Geschichten der Religionen handeln immer von Gott **und** vom Menschen. Sie erzählen z.B. vom Anfang, von der Bestimmung des Menschen, von Gut und Böse. Das sind keine Tatsachenberichte, sondern Mythen, Geschichten aus einer Zeit vor aller Zeit. In solchen Geschichten haben sich kollektive Erfahrungen niedergeschlagen und können dazu beitragen, dem Leben einen Sinn zu geben. Mythen finden sich aber nicht nur in Religionen, sondern auch in Sagen und Märchen bis hin zur Fantasy-Literatur.

Abb. 9.13 David gegen Goliath

Andere Geschichten erwähnen Gott nur am Rande. Die von Josef und seinen Brüdern handelt von einem Streit unter Geschwistern. Und an ein Märchen erinnert die Geschichte vom Hirtenjungen David, der den großen und starken Kämpfer Goliath besiegt. Mit Lanze und Schwert hätte er keine Chance, aber der Kieselstein, den David mit seiner Schleuder schießt, trifft den Riesen an einer ungeschützten Stelle des Kopfes und tötet ihn. Als Belohnung erhält David die Tochter des Königs zur Frau ...
Solche Geschichten helfen Kindern, ihre Konflikte zu bearbeiten oder ihre Ängste zu thematisieren. Sie lernen, dass Größe und Stärke nicht alles sind, sondern dass auch der Kleine und vielleicht auch der Freche gewinnt.
Die Motive religiöser Geschichten haben die Kultur geprägt; sie waren und sind Vorlagen für Romane und Filme. Diese werden nicht verstanden, wenn man den Ursprung nicht kennt.

Erzählen – verbinden
Erzählen schafft Beziehung, darum ist es wichtig, dass es so frei wie möglich geschieht. Das erleichtert den Blickkontakt und Bewegungen, die das Erzählte unterstreichen. Dafür ist es hilfreich, sich mit der Geschichte vertraut zu machen und Anfang sowie Schluss schriftlich festzuhalten. Denn mit den ersten Worten wird die Aufmerksamkeit der Zuhörenden gewonnen und am Ende folgt in der Regel die Pointe.
Wörtliche Rede, kurze Sätze, Verben statt Substantive machen eine Erzählung lebendig. Adjektive enthalten häufig eine Wertung und sollten daher sparsam benutzt werden.

←→ **Förderung von Medienkompetenz**
Welchen Einfluss haben die Medien heute auf die Gestaltung und Dokumentation von Lebens- und Familiengeschichten?

Figuren, z. B. Puppen, visualisieren das Gesagte und helfen insbesondere kleineren Kindern, der Erzählung zu folgen.

Bei Jugendlichen kann die Auseinandersetzung mit Literatur unterschiedlicher Genres – z. B. Heldenmärchen und Fantasy-Literatur, die oftmals ja kulturübergreifende Archetypen zum Thema haben, zeitgenössische Auseinandersetzungen mit z. B. Männlichkeit bzw. Weiblichkeit, Mut, Widerstand, Aufrichtigkeit in Filmen, Printmedien und im Internet – Diskussions- und Reflexionsanlässe schaffen.

9.3.3 Kinder und Jugendliche begegnen dem Tod

In Filmen und in den Nachrichten werden Sterben und Tod zwar immer wieder und in allen Variationen dargestellt, in der Realität aber werden sie meist verdrängt. Gestorben wird in Altenheimen und Krankenhäusern, abseits des Alltags.
Sterben ist ein biologischer Vorgang und der Tod stellt den Menschen vor Fragen, die sich mit der Naturwissenschaft alleine nicht beantworten lassen:

- Der Tod signalisiert, dass die Lebenszeit begrenzt ist. Wie soll sie genutzt werden?
- Der Tod beendet das Leben. Gibt es „danach“ noch etwas? Und was geschieht mit dem, was einem Menschen wichtig war?
- Der Tod ist ein endgültiger Abschied. Was tröstet und ermutigt, weiterzuleben?

Der schlimmste Fall

> *Ein Kind aus einer Gruppe war gestorben und das Team beratschlagte, wie man jetzt mit dem Thema umgehen sollte. Man kam zu der Entscheidung: ‚Am besten machen wir gar nichts. Schließlich sind wir kein kirchlicher Kindergarten.*
>
> Theorie und Praxis der Sozialpädagogik. Sonderheft 38, Friedrich Verlag, Seelze, 2000

Die Reaktion des Teams ist verständlich. Der Tod eines Kindes ist wohl das Schlimmste, was in einer Einrichtung passieren kann. Die Erzieherinnen und Erzieher sind selbst betroffen, weil sie eine Beziehung zu dem Kind hatten. Jetzt den Eltern zu begegnen und für die anderen Kinder da zu sein, kann jedes Team überfordern.
Aber natürlich ist es keine Lösung, das Ereignis „totzuschweigen“. Die Kinder merken ja, dass jemand fehlt, können es aber nicht ansprechen. Sie haben Fragen, die nicht gestellt werden dürfen. Das ist ein idealer Boden für wilde Fantasien und für Ängste. Darum ist Transparenz geboten. Über das Geschehen müssen Kinder und Eltern sachlich informiert werden. Für die Kinder haben die Mitarbeiterinnen und Mitarbeiter auch in diesem Fall eine besondere Bedeutung. Sie bieten Halt und Orientierung. Dazu aber müssen sie nicht besonders stark sein.
Wenn die Kinder die Trauer der Erwachsenen wahrnehmen, hilft es ihnen, mit der eigenen Trauer umzugehen. Stärke zeigt sich darin, zu der eigenen Ratlosigkeit zu stehen. Wer alles perfekt macht, wird unnahbar. Trauernde aber brauchen Nähe. Wichtig ist auch, dass sich die pädagogischen Fachkräfte ihrer eigenen persönlichen und fachlichen Grenzen in der Begleitung von Trauerprozessen bewusst sind. Ein Beratungsgespräch mit den Eltern mit dem Hinweis auf geeignete Hilfeangebote durch Psychologen ist ein Ausdruck pädagogischer Professionalität.

Kinder fragen nach Sterben und Tod

Auch Kinder haben Fragen zu Sterben und Tod. Sie stellen sie in jeder Altersstufe anders und entsprechend fallen ihre Antworten unterschiedlich aus. Aber die Angst vor Verlust begleitet sie von Anfang an. Der Säugling muss erfahren, dass die Mutter wiederkommt, um Vertrauen zu entwickeln. Der Tod eines Haustieres oder der Verlust des geliebten Kuscheltieres können das Leben im ersten Moment genauso durcheinanderbringen wie der Tod einer Bezugsperson. Möglichst schnell den Hamster oder den Teddy zu ersetzen ist keine Hilfe, weil es die Auseinandersetzung mit dem Verlust verhindert und Menschen sich nicht ersetzen lassen. Wichtiger ist es, die Kinder zu begleiten und ihrer Trauer Raum zu geben. Dabei werden Erwachsene auch mit ihren eigenen Fragen und Zweifeln konfrontiert. Warum sollte man sie nicht mit Kindern teilen?

Die Entwicklung des Sterblichkeitswissens

Aufgrund der kognitiven und emotionalen Entwicklung sind das Wissen über den Tod und die Fähigkeit, ihn zu verarbeiten, je nach Alter unterschiedlich ausgeprägt. Grob lassen sich zwei Phasen unterscheiden: das Vorschul- und das Grundschulalter.

Zwischen drei und fünf Jahren …	Zwischen sechs und neun Jahren …
… bedeutet Tod Bewegungslosigkeit. Denn zwischen belebter und unbelebter Welt wird nicht unterschieden.	**… ist Tod verbunden mit dem Ende der Körperfunktionen.** Tote atmen nicht und sie benötigen auch keine Nahrung.
… ist der Tod ein zeitlich begrenzter Zustand und umkehrbar. Denn die Fähigkeit, Zeiträume zu überblicken, ist nicht entwickelt, „für immer" oder „ewig" sind nicht vorstellbar. Der Tod wird dann z. B. mit dem Schlaf oder einer Reise verglichen.	**… ist der Tod unumkehrbar.** Wer gestorben ist, kommt nicht mehr zurück. Gleichzeitig entwickelt sich ein sachliches Interesse für das, was mit den Verstorbenen geschieht, auch für eher makabre Details.
… hat das Kind Macht auch über den Tod. Denn das Denken ist egozentrisch. Das kann in einigen Fällen zu Schuldgefühlen führen. So z. B., wenn das Kind sich aus Wut gewünscht hat, dass der Bruder tot sein soll und dieser Fall tatsächlich eintritt.	**… hat der Tod Macht über die Menschen.** Einige Kinder personifizieren den Tod als „Sensenmann", Skelett", „Teufel" u. a. Noch gilt: Wer aufpasst, kann ihm entgehen.
… betrifft der Tod ausschließlich andere, in der Regel alte Menschen. Das Kind selbst hält sich für unsterblich. Sollte es sterben, würde es an einem anderen Ort weiterleben, essen, trinken und spielen.	**… kann der Tod alle Menschen treffen und auch durch Krankheit oder Unfall eintreten.** Die Kinder fragen nach den Ursachen. Zuletzt erkennt das Kind an, dass es selbst sterblich ist.
… ist der Tod wenig angstbesetzt. Denn er bedeutet ja nicht das Ende und betrifft das Kind nur mittelbar.	**… ist der Tod mit Ängsten verbunden.** Die Kinder entwickeln erste Schutzkonzepte und überlegen, was nach dem Tod kommen könnte.

Tab. 9.14 Entwicklung des Sterblichkeitswissen. Nach: Schwarz, Elisabeth (2002): Gastvorlesung im Rahmen des Erasmus-DozentInnenaustausches an der Päd. Hochschule Nagykörös/Ungarn (5. 3. 2002). Religionspädagogisches Institut Loccum, Unterrichtsmaterialien zum Download)

Wo Erwachsene aufgrund ihrer Erfahrungen mit Tod und Trauer empfindlich reagieren, können Kinder beider Altersgruppen zum Teil ganz unbefangen mit dem Thema umgehen. Eine Fünfjährige kann einem alten Menschen sagen: „Du stirbst doch bald", weil dies ihrem Wissen entspricht. Und ein Achtjähriger kann den Opa fragen: „Wenn du stirbst, bekomme ich dann deine Taschenuhr?", weil er weiß, dass Tote keine Uhr benötigen.
In keinem der beiden Fälle wünscht sich das Kind den Tod des Angesprochenen. Das muss man sich klarmachen, um angemessen reagieren zu können. Anschließend kann man sachlich darauf hinweisen, dass solche Äußerungen andere traurig machen können.
Die Beispiele zeigen, wie wichtig es ist, mit den Kindern im Gespräch zu sein. Außerdem sollten Erwachsene darauf achten, ob das Kind aus einem Sachinteresse heraus fragt oder ob sich dahinter eine existenzielle Unsicherheit bzw. Angst verbirgt. Kinder verarbeiten vieles spielerisch, d. h., die Motive sind manchmal nicht sofort zu erkennen. Ein Mädchen, ca. sechs Jahre alt, gibt sich einen anderen Namen und sagt zu seinen Eltern: „Ich heiße Chrissi. Meine Eltern sind gestorben. Nehmt ihr mich auf?" Das Spiel hat einen ernsten Hintergrund: Dem Kind ist klar geworden, dass die Eltern sterben können. Damit bricht die elementare Frage auf, wer sich dann um das Mädchen kümmern wird. Und es ist gut, wenn ihm ebenso spielerisch vermittelt wird, dass dann Menschen da sein werden – Großeltern, Paten, Onkel, Tanten ...

Der Trauerprozess
Trauernde durchleben verschiedene Phasen. Auch diese Einteilung soll helfen, ihr Verhalten zu verstehen. Es kommt vor, dass Menschen für einige Zeit wieder in die vorherige Stufe zurückfallen oder dass sich die Stufen überschneiden. Die Betroffenen sollten in jedem Fall Zeit und Gelegenheit haben, zu trauern und dies in ihrem Tempo zu tun.

Der amerikanische Psychologe J. William Worden hat Aufgaben formuliert, vor denen Trauernde in der jeweiligen Phase stehen:

- **Die Tatsache des Todes akzeptieren**
  Vor allem wenn der Tod unerwartet eintritt, können viele Betroffene es zunächst nicht wahrhaben wollen.
- **Den Trauerschmerz erfahren und zulassen**
  Wut und Trauer brechen auf, Gefühle, für die sich manche schämen. Sie haben aber ebenso ihr Recht wie der häufige Wechsel der Emotionen zwischen Verzweiflung und Dankbarkeit.
- **Sich anpassen an eine Umwelt, in der der Verstorbene fehlt**
  Trauernde suchen nach Spuren des Menschen, den sie verloren haben. Weil der Verstorbene nicht gefunden werden kann, kommt es zu einem schrittweisen Loslassen.
- **Dem Toten einen neuen Platz zuweisen und sich dem eigenen Leben zuwenden**
  Der Trauerprozess kommt zum Abschluss, er hat den Betroffenen verändert.

Das Diakonische Werk der Evangelischen Kirche in Deutschland hat die Broschüre „Wie Kinder trauern" zum Download bereitgestellt unter:

www.diakonie.de/broschuere-wie-kinder-trauern-9545.html

Auf dem Landesbildungsserver Baden-Württemberg finden Sie die Handreichung „Vom Umgang mit Trauer in der Schule":

www.bildung-staerkt-menschen.de

→ Suchmaske: „Trauer"

Wie Kinder trauern

Vor den genannten Aufgaben stehen auch Kinder. Allerdings verlaufen die Phasen weniger geordnet als bei Erwachsenen. Kinder können in einem Moment weinen und im nächsten fröhlich spielen. Damit schützen sie sich vor Überforderung. Statt sich der unbekannten Situation auszusetzen, greifen sie auf vertraute Verhaltensweisen zurück. Sie leben und verarbeiten ihre Trauer in Etappen. Erwachsene sollten diese Sprünge akzeptieren. Das Kind sendet Signale, wenn es Hilfe und Begleitung braucht.

Weil die kognitiven Fähigkeiten noch nicht ausgebildet sind, suchen sich die Emotionen andere Ventile: Wut, Schreien, unmotiviertes Lachen, Aggression auch engen Vertrauten gegenüber, Apathie, Rückfall in überwundene Verhaltensweisen wie Einnässen. Verbote oder Androhung von Strafe helfen in dieser Situation nicht. Am besten lässt man das Kind gewähren und zeigt ihm, dass man da ist.

Schließlich ist zu beachten, dass Kinder die Trostbilder, die Erwachsene ihnen anbieten, vor allem im Vorschulalter wörtlich verstehen. Wenn Opa im Himmel ist und es ihm da besser geht als hier, gibt es doch eigentlich keinen Grund, traurig zu sein. Dann kann darauf hingewiesen werden, dass man traurig ist, weil dieser Mensch für immer gegangen ist und fehlt, nicht weil er im Himmel ist. Es sollten aber keine Bilder angeboten werden, hinter denen die oder der Erwachsene nicht selbst stehen. Opa sieht nicht von einer Wolke herunter; er kann aber in den Erinnerungen da sein.

Tod in der Religion

Der Tod stellt das Leben des Menschen radikal infrage: Soll das alles gewesen sein? Was wird mit dem, was einem Menschen wichtig war? Was wird mit ihm selbst? Religionen stellen das Leben des Menschen in einen größeren Zusammenhang: Es hat seinen Ursprung bei Gott und es erfüllt sich bei ihm. Das muss nicht mit Vorstellungen von einem Leben nach dem Tod verbunden sein. Das **Judentum** z. B. kennt sie nur im Ansatz. Leben ist der Zeitraum zwischen Geburt und Tod. Aber in dieser Zeit ist der Mensch von Gott gehalten.

Abb. 9.15 Das Entpuppen eines Schmetterlings – ein Bild für eine Verwandlung

Im Gegensatz dazu ist die Auferstehung Jesu zentral für das **Christentum**. Sie bestätigt aber zuerst, dass Gott in diesem Menschen das Leben geteilt hat. Und wenn die Hoffnung auf die Auferstehung auch dem Einzelnen dient, dann um ihm die Sorge um sein Leben zu nehmen. Er kann es nicht verlieren und ist daher frei, so zu handeln, wie Jesus es getan hat. Darum findet sich im Neuen Testament auch keine Beschreibung, wie das Leben nach der Auferstehung aussieht. Erst im Mittelalter haben sich die Menschen das Leben im Himmel und in der Hölle in allen erfreulichen und erschreckenden Details ausgemalt. Die christliche Auferstehungshoffnung lässt sich mit einem Schmetterling vergleichen: Um ein Schmetterling zu werden, muss die Raupe „sterben", sie spinnt sich ein. Sie scheint tot, bis sie verwandelt schlüpft und die leere Hülle zurückbleibt.

Auch der **Islam** kennt die Auferstehung der Toten. Im Gericht wird entschieden, ob das Paradies oder die Hölle auf den Menschen wartet. Beide werden im Koran z. T. plastisch beschrieben.

Beeinflusst von fernöstlichen Religionen haben sich in der jüngeren Vergangenheit auch in Europa Vorstellungen von einer Wiedergeburt in diese Welt verbreitet. Was jedoch hier meist als positives Bild der Hoffnung wahrgenommen wird, ist dort eher eine Last. Der Mensch ist eingebunden in den Kreislauf der Wiedergeburt. Was jemand in seinem vorherigen Leben getan und gelassen hat, bestimmt sein Karma. Und dieses entscheidet, in welcher Form er wiedergeboren wird, ob z. B. als Tier, als Mensch oder als Erleuchteter. Und es ist das Ziel, die höchste Stufe zu erreichen und damit dem Kreislauf zu entrinnen. Der Mensch soll zur Ruhe zu kommen und in das Nichts, das Nirwana, eingehen.

Die Realität des Todes annehmen

Die Konfrontation mit dem Tod führt alle Beteiligten an Grenzen. Darum ist es hilfreich, den Tod nicht erst dann zu thematisieren, wenn es sich nicht vermeiden lässt, sondern auch vorher. Pläne für das, was zu tun ist, wenn ein Kind, ein Elternteil oder eine Mitarbeiterin/ein Mitarbeiter stirbt, erleichtern das Verhalten im Ernstfall. In ihnen ist festgelegt, wer Kinder, Mitarbeiter, Eltern benachrichtigt. Formulierungsvorschläge sind hilfreich, ebenso vorbereitetes Material, um einen Trauertisch zu gestalten. Vor allem mit Medien, die mit den Kindern genutzt werden können, sollten alle sozialpädagogischen Fachkräfte vertraut sein.

Mit den Kindern kann das Thema Sterben und Tod auch ohne aktuellen Anlass angesprochen werden. Es gibt eine Reihe von Bilderbüchern und Filmen, die dabei helfen. Jeder Herbst bietet einen Anlass, das Vergehen zu bedenken. Und ein Gang über den Friedhof bietet die Gelegenheit, sowohl die Sachfragen der Kinder aufzunehmen als auch die Sterblichkeit zu thematisieren.

Sozialpädagogische Fachkräfte können zudem im Internet Bildungsangebote für Kinder und Jugendliche zum Thema Sterben und Tod recherchieren und zum Diskussionsanlass nehmen.

Oft stellt sich die Frage, ob Kinder bei einer Beerdigung dabei sein sollen. Sie lässt sich nicht klar beantworten. Grundsätzlich ist es sinnvoll, dass sie erfahren, was nach dem Tod eines Menschen passiert. Aber die Entscheidung sollte im Einzelfall und zusammen mit dem Kind getroffen werden. Entscheidet es sich dafür, sollte ihm das ermöglicht werden. Dabei ist es hilfreich, eine Person zu bitten, sich um das Kind zu kümmern, falls es die Situation nicht aushält. Entscheidet sich das Kind dagegen, sollte man dies akzeptieren und es auf keinen Fall zwingen, mitzukommen. Aber letztlich müssen sich auch die Eltern fragen, ob sie dazu in der Lage sind.

Da Menschen sehr verschieden trauern, da der Trauerprozess von Fall zu Fall unterschiedlich abläuft und da auch die beste „Vorbereitung" die konkrete Trauerarbeit nicht ersetzen kann, sollte im Zweifelsfall psychologische Begleitung und Betreuung hinzugezogen werden.

REFLEXION | **IMPULS** | LERNORTKOOPERATION

Der gesellschaftliche Umgang mit Sterben und Tod ist tabuisiert. Davon zeugen die Handlungsunsicherheit und das Unwohlsein bis hin zur Beklemmung, wenn Tod und Sterben thematisiert werden. Wann haben Sie zuletzt über Sterben und Tod in Ihrer Familie oder in Ihrem Freundes- und Bekanntenkreis gesprochen? Wie verlief dieses Gespräch? Gab es „Zögerlichkeiten"? Wurde versucht, das Thema möglichst schnell zu wechseln? Stellten Sie andere Versuche, dem Thema auszuweichen, fest? – Bei Ihnen? Bei Ihren Gesprächspartnern?

12 Band 1
24 Band 2

B

12 Band 1
24 Band 2

C

D

E

12 Band 1
24 Band 2

F

12 Band 1
24 Band 2

G

H

12 Band 1
24 Band 2

I

J

K

12 Band 1
24 Band 2

L

M

12 Band 1
24 Band 2

N

O

P

12 Band 1
24 Band 2

Q

R

12 Band 1
24 Band 2

12 Band 1
24 Band 2

T

U

V

12 Band 1
24 Band 2

W

Z

BILDQUELLENVERZEICHNIS

S. 14 shutterstock/ID1974; **S. 15** akg-images; **S. 18** Mauritius Imagesmauritius images/United Archives; **S. 19** F1online; **S. 25** shutterstock/Rafal Olkis; **S. 26** shutterstock/iofoto; **S. 27** shutterstock/ZouZou; **S. 34** Hessisches Ministerium für Soziales und Integration/Hessisches Kultusministerium; **S. 35** shutterstock/Tyler Olson; **S. 36** Deutsche UNESCO-Kommission e.V.; **S. 40** shutterstock/Poznyakov; **S. 43** shutterstock/Olga_Phoenix; **S. 50** shutterstock/Deivukas999; **S. 52/1** shutterstock/Diego Cervo; **S. 52/2** Krüper, W., Bielefeld; **S. 52/3** shutterstock/Pavel L Photo and Video; **S. 52/4** Krüper, W., Bielefeld; **S. 54** picture-alliance/dpa; **S. 55** Mauritius images; **S. 56/1** Krüper, W., Bielefeld; **S. 56/2** Krüper, W., Bielefeld; **S. 56/3** shutterstock/Artazum and Iriana Shiyan; **S. 61** Welz, N., Berlin; **S. 62/1** Corbis Germany; **S. 62/2** shutterstock/Dieter H; **S. 63/1** Corbis Germany; **S. 63/2** Krüper, W., Bielefeld; **S. 64/1** laif; **S. 64/2** laif; **S. 64/3** laif; **S. 64/4** F1 Online; **S. 65** Corbis Germany; **S. 67** Welz, N., Berlin; **S. 68** Krüper, W., Bielefeld; **S. 69** Ingo Siegner, Leuenhagen & Paris; **S. 73** shutterstock/Andresr; **S. 76** Krüper, W., Bielefeld; **S. 77** Krüper, W., Bielefeld; **S. 80** shutterstock/Zurijeta; **S. 82** Mair, J., München; **S. 83** Raichle, G., Ulm; **S. 84** shutterstock/Zurijeta; **S. 86** shutterstock, mharzl; **S. 87** Welz, N., Berlin; **S. 91** shutterstock/2xSamara.com; **S. 93** Welz, N., Berlin; **S. 96** shutterstock/Aleksandr Markin; **S. 99** Krüper, W., Bielefeld; **S. 100** Krüper, W., Bielefeld; **S. 101** shutterstock, Kelly Boreson; **S. 102** shutterstock/Vaclav Volrab; **S. 106** Welz, N., Berlin; **S. 111** bridgemanart.com; **S. 112** Spiegel Grafik; **S. 115** Welz, N., Berlin; **S. 117** Welz, N., Berlin; **S. 118** shutterstock/oliveromg; **S. 126/1** shutterstock/Pavlov Mikhail; **S. 126/2** mauritius images/alamy; **S. 127** shutterstock/Tracy Whiteside; **S. 128** Beller, S., Berlin; **S. 129** Shutterstock/Marcin Balcerzak; **S. 133** Fröhlich, C., Pirmasens; **S. 135** Welz, N., Berlin; **S. 139** Krüper, W., Bielefeld; **S. 140** shutterstock/lightpoet; **S. 142** Telschow-Malz, S., Berlin; **S. 144** shutterstock/matka Wariatka; **S. 147** shutterstock/hxdbzxy; **S. 148** Mair, J., München; **S. 151** shutterstock/Lucertolone; **S. 153** Welz, N., Berlin; **S. 157** shutterstock/Surkov Dimitri; **S. 159** Welz, N., Berlin; **S. 162/1** shutterstock/Jörg Beuge; **S. 162/2** shutterstock/Elena Elisseeva; **S. 162/3** glowimages; **S. 164** Globus; **S. 168** shutterstock/Petrenko Andriy; **S. 169** Krüper, W., Bielefeld; **S. 174** Krüper, W., Bielefeld; **S. 175** Krüper, W., Bielefeld; **S. 177** shutterstock/Jeanie333; **S. 178** shutterstock/Martin Good; **S. 179/1** Krüper, W., Bielefeld; **S. 179/2** Krüper, W., Bielefeld; **S. 186** shutterstock/Diego Barbieri; **S. 187** Hartleb, R., Berlin; **S. 188** shutterstock/szefei; **S. 189** Krüper, W., Bielefeld; **S. 195** shutterstock/Marcel Mooij; **S. 196** shutterstock/Alan bailey; **S. 197** shutterstock/Michelle D. Milliman; **S. 198** picture-alliance; **S. 200** shutterstock/B Calkins; **S. 201** shutterstock/Hal P; **S. 203** shutterstock/Pavel L Photo and Video; **S. 204** shutterstock/kondratyuk; **S. 208** shutterstock/Christophe Testi; **S. 208/2** shutterstock/Monkey Business Images; **S. 208/3** shutterstock/MJTH; **S. 209** Krüper, W., Bielefeld; **S. 211** Welz, N., Berlin; **S. 214** Mischa Keijser/cultura/Corbis; **S. 216** shutterstock/Anna Jurkovska; **S. 220** shutterstock/Angela Luchianiuc; **S. 222** Welz, N., Berlin; **S. 227** shutterstock/Joy Brown; **S. 231/1** shutterstock/Umkehrer; **S. 231/2** shutterstock/Marcus Gann; **S. 233** shutterstock/David Stuart Productions; **S. 234** shutterstock/Denis Kuvaev; **S. 235** Raichle, G., Ulm; **S. 238** Welz, N., Berlin; **S. 241** shutterstock/Iurii Davydov; **S. 243** picture-alliance/dpa; **S. 244** Imago; **S. 245** Studio49 Musikinstrumentebau GmbH; **S. 246** Studio49 Musikinstrumentebau GmbH; **S. 247** Welz, N., Berlin; **S. 248** shutterstock/2xSamara.com; **S. 249/1** shutterstock/Ilike; **S. 249/2** shutterstock/greenland; **S. 250** Perret, D., Voerde; **S. 253** culture-images/Lebrecht; **S. 254** shutterstock/B Calkins; **S. 256** Weber, U., Moers; **S. 257/1** Welz, N., Berlin; **S. 257/2** Welz, N., Berlin; **S. 260** shutterstock/YanLev; **S. 262** shutterstock/Isantilli; **S. 264** Welz, N., Berlin; **S. 268** shutterstock/Serhiy Kobyakov; **S. 269** Rott-König, A., Berlin; **S. 270/1** Weber, U., Moers; **S. 270/2** Rott-König, C., Berlin; **S. 270/3** Weber, U., Moers; **S. 271/1** Weber, U., Moers; **S. 271/2** shutterstock/mixfree; **S. 273** shutterstock/Catalin Petolea; **S. 274** glowimages; **S. 275** shutterstock/Bildagentur Zoonar GmbH; **S. 277** Welz, N., Berlin; **S. 279** shutterstock/Poznyakov; **S. 280** glowimages; **S. 281** shutterstock/PiggingFoto; **S. 282** Rottkönig, C., Berlin; **S. 283** Kreuels, A., Mettman; **S. 284** A1PIX; **S. 285** shutterstock/Thirteen; **S. 286** shutterstock/Eric Broder Van Dyke; **S. 287** shutterstock/Elena Dijour; **S. 288** Kreuels, A., Mettman; **S. 289** shutterstock/RonGreer.Com; **S. 290** Kreuels, A., Mettman; **S. 291** shutterstock/Photobank; **S. 292** shutterstock, Ilike; **S. 293** Jeff Friesen, Kanada; **S. 294** Allimages; **S. 295/1** shutterstock/Dmitry Kalinovsky; **S. 295/2** shutterstock/Marina Lohrbach; **S. 296** shutterstock/Chubykin Arkady; **S. 299** shutterstock/Mandy Godbehear; **S. 300** shutterstock/vita khorzhevska; **S. 302** Welz, N., Berlin; **S. 304** shutterstock/Fernando Cortes; **S. 314** shutterstock/Denis Babenko; **S. 318** Alice-Salomon-Fachschule, Hannover; **S. 319/1** Alice-Salomon-Fachschule, Hannover; **S. 319/2** Alice-Salomon-Fachschule, Hannover; **S. 320/1** shutterstock/Bend images; **S. 320/2** Alice-Salomon-Fachschule, Hannover; **S. 322** Alice-Salomon-Fachschule, Hannover; **S. 323/1** Ruff, A., Burgdorf; **S. 323/2** Ruff, A., Burgdorf; **S. 324/1** Ruff, A., Burgdorf; **S. 324/2** Ruff, A., Burgdorf; **S. 324/3** Ruff, A., Burgdorf; **S. 324/4** Ruff, A., Burgdorf; **S. 328** Alice-Salomon-Fachschule, Hannover; **S. 330** Alice-Salomon-Fachschule, Hannover; **S. 333/1** fotolia; **S. 333/2** shutterstock/Tadas_Naujokaitis78; **S. 335** shutterstock/Diego Cervo; **S. 336** shutterstock/Blend Images; **S. 340** shutterstock/Alexey Losevich; **S. 351** shutterstock/Helder Almeida; **S. 352** shutterstock/Aaron Amat; **S. 355** shutterstock/B Calkins; **S. 357** shutterstock/CandyBox Images; **S. 358** F1online; **S. 363** shutterstock/Pressmaster; **S. 365/1** Krüper, W., Bielefeld; **S. 365/2** shutterstock/Fotoluminate LLC; **S. 369** shutterstock/Ronald Sumners; **S. 370** shutterstock/Kuzma; **S. 372** www.schau-hin.info; **S. 373** shutterstock/Olesya Feketa; **S. 374** shutterstock/Monkey Business Images; **S. 375** Media Smart e.V.; **S. 377** Welz, N., Berlin; **S. 380** shutterstock/Ilike; **S. 382/1** Herrmann, U., Berlin; **S. 382/2** Herrmann, U., Berlin; **S. 382/3** shutterstock/nadiya_sergey; **S. 382/4** Herrmann, U., Berlin; **S. 383** Herrmann, U., Berlin; **S. 385/1** shutterstock/Olegusk; **S. 385/2** shutterstock/kada; **S. 386** Vereinte Nationen; **S. 387** shutterstock/Odua Images; **S. 388/1** shutterstock/MN Studio; **S. 388/2** Herrmann, U., Berlin; **S. 389** Herrmann, U., Berlin; **S. 390** shutterstock/Catalin Petolea; **S. 391/1** Herrmann, U., Berlin; **S. 391/2** Herrmann, U., Berlin; **S. 391/3** Herrmann, U., Berlin; **S. 392/1** shutterstock/Matt Jeppson; **S. 392/2** shutterstock/Pavel L Photo and Video; **S. 393** shutterstock/Nikita Tiunov; **S. 394/1** Herrmann, U., Berlin; **S. 394/2** Herrmann, U., Berlin; **S. 395/1** www.biolib.de; **S. 395/2** Sieg, Lara, Berlin; **S. 396/1** shutterstock/Eduard Kyslynskyy; **S. 396/2** shutterstock/scattoselvaggio; **S. 398/1** Sieg, Lara, Berlin; **S. 398/2** Sieg, Lara, Berlin; **S. 398/3** shutterstock/maxslu; **S. 399** Herrmann, U., Berlin; **S. 401/1** Herrmann, U., Berlin; **S. 401/2** shutterstock/Robert Naratham; **S. 402** shutterstock/Chepko Danil Vitalevich; **S. 403/1** shutterstock/Carmen Steiner; **S. 403/2** shutterstock/antpkr; **S. 403/3** shutterstock/Givina; **S. 405** shutterstock/Olesya Feketa; **S. 407** shutterstock/Kenishirotie; **S. 408/1** shutterstock/B Calkins; **S. 408/2** Welz, N., Berlin; **S. 409/1** shutterstock/ZouZou; **S. 409/2** shutterstock/Monkey Business Images; **S. 411** Welz, N., Berlin; **S. 412/1** Krüper, W., Bielefeld; **S. 412/2** shutterstock/Katsiaryna Drobysheva; **S. 413/1** shutterstock/infocus; **S. 413/2** shutterstock/jaySi; **S. 413/3** shutterstock/Amy Myers; **S. 416** shutterstock/Gladskikh Tatiana; **S. 420** shutterstock/Monkey Business Images; **S. 421** Hummel, S. , Weingarten; **S. 422/1** shutterstock/Shestakoff; **S. 422/2** Walter Kraul GmbH, www.spielzeug-kraul.de; **S. 426** shutterstock/Gabriel12; **S. 428** www.kidsweb.at; **S. 429** Hummel, S. , Weingarten; **S. 430/1** shutterstock/Sergiy Bykhunenko; **S. 430/2** shutterstock/bikeriderlondon; **S. 431/1** shutterstock/Krylova Ksenia; **S. 431/2** shuttersock/Nimazi; **S. 432** fotolia/vsurkov; **S. 436** shutterstock/Digital Genetics; **S. 438** Norbert Schaefer/vario images; **S. 441** Welz, N., Berlin; **S. 442** Krüper, W., Bielefeld; **S. 447/1** shutterstock/Alexey Stiop; **S. 447/2** shutterstock/Korn; **S. 448** shutterstock/Basileus; **S. 449** shutterstock/FamVeld; **S. 450** mauritius images/imagebroker; **S. 454** shutterstock/del. Monaco

ZUORDNUNG DER ENTWICKLUNGSBEREICHE:

Die Erkenntnisse der Entwicklungsforschung sind als **entwicklungsspezifische Grundlagen** den einzelnen Bildungsbereichen zugeordnet. Selbstverständlich spielen die Entwicklungsbereiche, unabhängig von dieser Zuordnung, in jedem Bildungsbereich eine Rolle.

BILDUNGSBEREICH Gesundheit, Bewegung und Ernährung

- körperliche Entwicklung S. 145
- motorische Entwicklung S. 147
- psychosexuelle Entwicklung S. 151

BILDUNGSBEREICH Musik und Rhythmik

- auditive, visuelle und taktile Wahrnehmungsentwicklung S. 218
- musikalische Entwicklung S. 220

BILDUNGSBEREICH Sprache und Literacy

- Sprachentwicklung S. 297
- Entwicklung des Schreibens S. 323
- Entwicklung des Lesens S. 325

BILDUNGSBEREICH Religion, Gesellschaft und Ethik

- moralische Entwicklung und Entwicklung des Gewissens S. 438
- religiöse Entwicklung S. 442